동북아역사 자료총서 31

新唐書 外國傳 譯註 上

譯註 中國 正史 外國傳 11

동북아역사재단
NORTHEAST ASIAN HISTORY FOUNDATION

간행사

동북아역사재단은 전통시대 중국의 정사(正史)에서 외국이나 인근 종족과 관련된 열전(列傳)을 추려 '외국전'으로 정의하고, 2007년부터 장기적으로 외국전 전체를 번역, 주석하여 역주서를 발간하는 일을 추진하고 있습니다. 이미 『사기(史記)』부터 『수서(隋書)』까지 두 차례에 걸쳐 출판하였고, 이번에 3차로 『구당서(舊唐書), 『신당서(新唐書)』, 『구오대사(舊五代史)』, 『신오대사(新五代史)』의 외국전을 역주하여 다시 6권으로 출판하게 되었습니다.

전한(前漢)의 『사기』 이래 중국의 왕조에서는 기전체(紀傳體) 형식으로 이전 왕조의 역사를 편찬하여 이를 정사라 하고, 중화민국(中華民國) 시기에 편찬된 『신원사(新元史)』까지 포함하여 '25사'라고 통칭하였습니다. 이들 정사에는 이웃 국가나 종족에 관한 기록이 별도의 열전으로 편제되어 있습니다. 열전의 명칭은 종족의 이름을 따서 붙이기도 하고, 지역적 구분에 따라 붙이기도 하고, 사방을 중국 중심의 관념체제로 이념화한 '사이(四夷)' 의식에 따라 붙이기도 하였습니다. '외국전'이라는 명칭은 『송사(宋史)』 이후 분명히 나타나지만, 이후에도 '외국'과 더불어 '사이', '만이(蠻夷)', '외이(外夷)'라는 명칭이 쓰였습니다.

중국 정사의 편찬 목적은 기본적으로 국가권력에 의한 통일적 역사인식의 확립에 있었기 때문에 그 체제와 내용에 중국 왕조의 입장이 강하게 반영되었습니다. 특히 외국이나 다른 종족과 관련된 부분은 철저하게 중국 왕조의 시각에서 정리되고 표현되었습니다. 이것은 외국전에 나타난 외국에 대한 인식이 단순히 당시의 실제적 상황만을 반영하는 것이 아니라, 중국 중심의 당위적 이념이 크게 반영되었음을 의미합니다. 그런 점에서 중국 정사 외국전은 중국 중심의 역사인식, 변경인식, 세계인식의 실체를 담고 있는 자료로 평가할 수 있습니다.

오늘날 동아시아에서 역사 귀속을 둘러싼 갈등이나 분쟁을 해소하고 상호 이해의 증진과 공동 발전의 기반을 마련하기 위해서는 상대방의 역사를 존중하면서 객관적 시각에서 역사 연구를 진행해야 할 것입니다. 그런데 역대 중국의 왕조들이 정사에 '외국전'을 두어 상대적으로 풍부한 기록을 남긴 데 비해, 인접 국가나 종족들은 그들 스스로의 입장에서 정리한 역사 기록을 충분히 남기지 못했습니다. 이런 점에서 중국 정사 외국전에 대한 정확한 이해와 연구는 전근대 동아시아 각국의 역사와 문화는 물론, 한중관계를 포함하여 다양한 층위의 동아시아 국제관계를 이해하는 데 절대적으로 중요한 의미를 지니고 있습니다.

역주 중국 정사 외국전은 바로 외국전에 실려 있는 외국의 실체에 대한 이해와 함께, 외국 인식의 이념적 원리와 구조를 정확히 파악하려는 목적에서 기획되었습니다. 아울러 다른 국가나 종족에 대한 서술을 통하여 중국 사서에 기록된 한중관계에 관한 내용이 어떠한 이념적 원리에 의해 서술되었는지 파악하려는 목적도 포함되어 있습니다. 한국사 특히 한국 고대사와 한중관계 연구에 매우 중요한 사료인 중국 정사 '조선전(朝鮮傳)'은 이미 국사편찬위원회에서 역주하여 출간하였습니다. 그러나 조선전만으로는 한중관계의 실체를 파악하기 어렵습니다. 중국 정사 외국전 전체의 맥락 속에서 조선전을 이해할 필요가 있으며, 그렇게 할 때 전근대 한국의 대외관계 및 한중관계의 실상을 보다 종합적으로 파악할 수 있을 것입니다.

국내외적으로 중국 정사 외국전에 대한 전체적인 역주는 처음으로 시도되는 일입니다. 중국 정사 외국전 기사의 방대한 분량과 원문의 난해함, 걸쳐 있는 시간적 길이와 공간적 폭을 생각할 때, 외국전 전체를 역주하는 것은 결코 용이한 일이 아닙니다. 처음인 만큼 번역상의 오류나 체제상의 미비점도 있을 것으로 생각합니다. 그렇지만 역주 중국 정사 외국전은 한문 원사료에 대한 가독성을 높이고 전근대 동아시아 여러 국가와 종족에 대한 전문 지식을 제공하여, 전문 연구자에게는 연구 분야의 확대와 연구 수준의 심화를 가능하게 하고, 일반 시민에게는 동아시아 각국의 역사와 문화 및 교류에 대한 보다 정확한 이해를 가능하게 할 것입니다.

중국 정사 외국전은 외국전 상호간에 내용적, 시대적, 지역적 연계성이 두드러져 그 역주에는 개별 작업과 더불어 공동 작업이 병행되어야 하며 그런 만큼 많은 시간과 노력을 필요로 합니다. 이러한 어려움에도 불구하고 외국전 역주에 참여해주신 학계 연구자들과 재단의 김정희 연구위원에게 진심으로 감사드립니다. 동북아역사재단은 역주 중국 정사 외국전이 중국의 역사인식과 세계인식 연구, 민족문제와 변경문제 연구, 전근대 동아시아 국제관계 연구 등 관련 분야의 연구기반 확충에 크게 기여할 것으로 기대하고, 학문적으로 수준 높은 역주가 이루어지도록 모든 노력을 다할 것입니다. 앞으로 더욱 좋은 역주가 이루어질 수 있도록 지속적인 관심과 격려를 부탁드리며, 이 역주서들이 학문 발전에 유용한 역할을 할 수 있기를 바라마지 않습니다.

2011년 4월 25일

동북아역사재단 이사장 정재정

역자 서문

이 역주서는 전통시대 중국의 정사(正史)에서 외국이나 인근 종족과 관련된 열전을 추려 '외국전(外國傳)'으로 정의하고 번역 주해한 것이다. 『송사(宋史)』 이후 열전의 편명으로 분명히 나타난 「외국전」만이 아니라 지역, 종족명칭이 붙여진 모든 열전이 여기에 포함된다. 역대 중국 왕조에서는 기전체(紀傳體) 형식의 정사(正史)를 만들어 왔는데, 이것은 『사기(史記)』 이래 '25사(史)' 혹은 『청사고(淸史稿)』도 포함하면 '26사'로 근대까지 계속 이어진다. 이들 정사에는 대부분 인근의 종족이나 국가권력과의 관계에 대한 기록이 열전 가운데 편제되어 있다. 그리고 중국의 인접 국가나 종족들은 자신들에 의해 정리된 고대사 기록이 충분하지 못하여 중국 정사의 내용에 의존하여 역사를 복원하는 경우가 많았다. 우리나라에서도 『삼국사기』나 『삼국유사』의 찬술 때 이들 중국 정사를 이용하기도 하였고, 현재까지도 삼국시대 이전의 역사에 대해서는 중국 정사의 기록이 매우 중요한 사료로 간주되고 있다.

중국 정사들의 편찬동기나 과정은 시대별 편차가 없지 않지만, 결과적으로 국가권력에 의해서 최종적으로 정사로 흠정되었다. 이에 따라 『후한서』나 『진서』가 최종적인 정사로 뒤늦게 확정된 뒤 기왕에 편찬되었던 많은 사서들이 모두 인멸되어 버린 예에서 볼 수 있듯이, 정사의 편찬은 원칙적으로 국가권력에 의한 통일적 역사인식의 확립이라는 의미가 강하였다. 물론 위진남북조시대의 각 개별 왕조사와 함께 『남사』와 『북사』가 편찬되었고, 신 · 구의 『당서』와 『오대사』가 병존하기도 하지만, 이는 왕조적 관점에서

두 가지 정사가 모두 유용하다는 판단 때문이다.

그렇기 때문에 정사의 체제나 내용도 중국 왕조의 입장이 강하게 반영될 수밖에 없었다. 특히, 외국이나 다른 종족과 관련된 부분은 대상 종족의 선택, 그 호칭, 풍습이나 사회구조, 대외관계와 교류 등에 대해서 철저하게 중국 왕조의 시각에서 정리되고 표현되었다. 더욱이 정사라는 역사 서술 체제 자체가 시간과 공간적으로 '천하일가(天下一家)'의 왕조적 정통성을 확립하기 위한 이념적 역사 인식에 근거하였기 때문에, 중국의 다른 기록에 비해서도 중화주의(中華主義)적 관념이 더욱 두드러지는 것이 일반적이었다.

중국 정사 외국전은 초기에 '흉노(匈奴)', '남월(南越)', '오환(烏桓)' 등과 같이 종족단위, 혹은 '서역(西域)', '서남이(西南夷)', '동이(東夷)' 등 지역 관념에 입각하여 독립된 열전으로 편제되었다. 그러나 7세기 당왕조(唐王朝)에서 편찬된 정사에서는, 『진서(晉書)』「사이전(四夷傳)」, 『양서(梁書)』「제이전(諸夷傳)」, 『남사(南史)』「이맥전(夷貊傳)」, 『주서(周書)』「이역전(異域傳)」처럼 외국과 인근 종족을 통합적으로 파악하는 개념으로 편제되었다. 또 『수서(隋書)』에서는 「동이전(東夷傳)」, 「남만전(南蠻傳)」, 「서역전(西域傳)」, 「북적전(北狄傳)」으로 나누어 사방을 중국 중심의 관념체제로 이념화한 편제를 채택하였다. 이는 현실적으로 존재하는 대외관계의 실상보다는 천하질서를 당왕조 중심으로 이념화하여 파악하려는 의지의 표현이었다.

그러니 오대(五代)와 송초(宋初)에 편찬된 『구당서(舊唐書)』와 『신당서(新唐書)』에서는 중국 중심의 사이(四夷) 구분 외에 '돌궐(突厥)', '토번(吐藩)', '회골(回鶻)', '사타(沙陀)' 등이 별도의 열전으로 편제되었다. 이는 관념적인 사이의식(四夷意識)과 왕조의 현실적인 대외관계가 혼합된 의식을 반영한다. 특히 당왕조가 자기 중심의 천하질서를 강조한 것과는 달리, 오대와 송대에서는 국제질서의 현실을 인정하였기 때문에, 자신들의 관점에서 당대(唐代)를 서술하면서 나타난 절충적인 인식이었다.

민족국가적 의식이 강한 송대(宋代)에 들어서 현실적인 이해관계에 입각한 국제관계를 중시하였는데, 이를 반영한 것이 원대에 편찬된 『송사』였다. 여기에 처음으로 '외국전(外國傳)'이란 명칭으로 대외관계를 모두 포괄하는 체제가 나타나, 청초에 편찬한 『명사(明史)』에 이르기까지 정사의 일반적인 편제방식으로 지속되었다. '외국(外國)'이라는 표현은 『사기』에서부터 보이는데, 대체로 '이적(夷狄)', '만이(蠻夷)'와는 구분되는 국가 혹은 종족집단으로, 중국 왕조와 우호적인 관계를 유지하는 범위에 국한하여 사용되는 개념이었다. 적대적인 관계 혹은 전쟁 상황에서는 곧바로 '이적'으로 그 호칭이 변화되었다.

'외국'이라는 개념에는 예적(禮的) 관념도 포함되어 있었으므로, 외국도 만이와 동일하게 직공(職貢)의 주체로 파악되었다. 이는 국제관계의 현실 상황과 이념적인 천하질서의 개념을 이중적으로 설정하는 중화주의 관념의 독특한 수사(修辭)였다. 청대에 편찬된 『명사』에서는 유럽의 국가들도 대거 '외국전'에 포함되는데, 청말에 전통적인 천하질서의 관념과 현실적인 국제관계가 충돌하는 의례분쟁이 나타났던 것은 바로 '외국'에 대한 이러한 이중적 관념이 그 요인이었다.

물론, 이 와중에도 비교적 가치관념이 배제된 외국이라는 개념을 부정하는 기류도 나타났다. 화이(華夷) 관념을 특별히 강조한 구양수(歐陽修)에 의해 다시 편찬된 『신오대사(新五代史)』에서는 「사이부록(四夷附錄)」이라는 명칭으로 바뀌기도 한다. 또 명초에 편찬된 『원사(元史)』에서는 '외이전(外夷傳)'이라는 명칭을, 민국초에 편찬된 『청사고(淸史稿)』에서는 '속국(屬國)'과 '번부(藩部)'의 개념을 채택하기도 하였다. 이들의 공통점은 한족의 민족적 위기가 커지거나 혹은 중화주의적 관념이 강조되는 시기에 편찬되었다는 점이다. 즉 한족의 위기가 확대되고 중화주의적 관념이 강조될 경우에 외국과 주변 종족에 대한 표현을 감정적으로 비하하는 경향이 확대되었다.

한편, 『송사』에서는 「외국전」 외에 「만이전(蠻夷傳)」이 별도로 설정되어 있는데, 여기에는 과거 '남만(南蠻)'의 후예인 운남(雲南)·귀주(貴州)·광서(廣西)의 여러 종족들이 포함되어 있다. 이들은 독자적인 정치체제를 확보하지 못하고 생활공동체 단위로 분산 거주하였고, 송왕조의 입장에서는 중앙조정에서 관장하는 국제교류가 아니라 지방조직에 의해 통제되어야 한다는 점에서 외국과 차이가 있었다. 이는 송대에 들어

독립된 정치체제가 확고해진 북방지역의 종족 상황과는 달리, 남방의 제종족은 종족적 통합이 확대되지 못한 현실을 반영하는 것이 분명하다. 그래서 역대로 남월, 서남이, 남만의 후예로 크게 만이(蠻夷)의 범주에 들어 있었지만, 송대에 독립적인 국가권력을 형성하였던 교지(交趾), 대리(大理) 등은 『송사』에서는 「외국전」에 포함되게 되었다.

『명사』에서는 이전에 「외국전」에 편제되어 있던 서역지역을 분리하여 별도로 「서역전」으로 편제하였다. 명대 들어 서역과의 관계에서 공식적인 교류와 관계가 축소되면서 나타난 변화를 반영하는 것이었다. 이와 함께 『송사』에서 「만이전」에 포함되었던 남방의 종족에 대한 기록을 위해 『명사』에서는 새로이 「토사전(土司傳)」을 설정하였다. 토사(土司)는 일정 지역 종족집단의 수령을 명조가 지방관으로 임명하는 제도로서, 결국 종족집단을 하급지방으로 포섭하여 더 적극적으로 통제하는 방식이었다. 이러한 통치 방식은 이미 남조 송(宋), 제(齊) 시기에 시행된 '좌군(左郡)', '좌현(左縣)'에서 그 기원을 찾을 수 있는데, 명대 들어 토사제도(土司制度)로 남방의 여러 민족에게 통일적으로 시행하였다. 이러한 정책의 변화가 반영된 정사의 편제는 『청사고』에서도 계승되었다.

이처럼 외국전의 편제가 해당 왕조의 다른 종족이나 국가에 대한 인식과 정책에 입각하기도 하였지만, 때로는 훗날 편찬 당시의 관념이 반영된 경우도 있었다. 이것은 외국전에 나타난 외국에 대한 인식이 단순히 당시의 실제적인 상황을 반영하는 것이 아니라, 중국 중심의 당위적 이념을 위해 편제되고 기술되었음을 의미한다.

그럼에도 이를 역주하고자 하였던 것은 정사에 나타나 있는 외국의 실체에 대한 이해와 함께 그 이념의 원리와 구조를 정확히 파악하려는 이유 때문이다. 즉 이 역주작업은 일차적으로 해당 종족에 대한 연구와 이해를 추구하는 것을 지향하지만, 한편으로 다른 국가와 종족에 대한 서술을 통하여 한중관계(韓中關係)에 대해 중국 사서에 기록된 내용이 어떠한 이념적 원리하에 서술되었는가를 파악하려는 목적도 있다. 따라서 가능하면 중국과 여타 국가나 종족의 관계에 주목하고 이를 서로 비교함으로써 한중관계의 본질과 특징을 규명할 수 있는 근거를 찾고자 한다.

중국 정사 외국전 모두에 대한 전체적인 역주는 기왕에 출간된 것이 확인되지 않는다. '25사' 중 『신원사(新元史)』를 제외한 '24사'가 『이십사사전역(二十四史全譯)』(北京漢語大詞典出版社, 2004)으로 번역되어 있지만 자세한 주석은 포함되어 있지 않다. 단 『사기』, 『한서』, 『후한서』가 별도로 역주본이 출간되어 있고, 고대를 중심으로 하여 「서역전」과 「흉노전」 등 부분적으로 중국, 일본 및 영어의 역주본이 나와 있다. 우리의 역주작업에서는 이들 역주본은 물론 기타 관련연구들은 가능하면 최대한 참고하여 최상의 역주가 되도록 노력하였다. 국내에서는 우리나라와 관련된 부분만을 모아서 『중국정사조선전역주(中國正史朝鮮傳譯註)』 전5책(국사편찬위원회, 1986~1990)이 출간되어 있다. 이는 매우 상세하게 주석하면서 번역하였기 때문에 여기에 포함된 부분은 이번 역주작업에서는 제외하였다.

이 역주작업은 사업의 목적에 부합하고 정확성을 확대하기 위해 원칙적으로 공동의 작업으로 진행되었다. 전체 사업의 1차 단계로 김정희, 김유철, 하원수의 책임하에 『사기』에서 『신오대사』까지를 그 범주로 하여, 역주원칙을 정하고, 편장별로 역주담당자를 선정 의뢰하였다. 그리고 일부분의 가역주(假譯註)를 통하여 문제점을 파악한 다음 역주원칙을 수정 확정하였다. 역주작업은 편장별 담당자에 의해 초벌 역주가 진행된 다음 동북지역과 서남지역으로 나누어 윤독을 통하여 정확성과 통일성을 기하려고 노력하였고, 최종적으로 하원수, 김유철, 김정희가 각각 교열하였다. 그렇지만 역주에 대한 최종적인 공과는 역주 담당자의 몫이다.

전체적인 역주는 다음의 원칙하에 진행하였다.

첫째, 역주작업은 외국전 전체를 철저히 자료에 근거하여 당시의 역사적 상황과 관념을 한글의 현대적 관념과 용어로 번역한다.

둘째, 역주의 텍스트는 원칙적으로 중화서국(中華書局)의 표점교감본(標點校勘本)을 저본으로 사용한다. 문장의 교감과 표점에 대해 견해를 달리할 경우, 주석을 통하여 이를 설명하도록 한다.

셋째, 역주 대상은 원칙적으로 모두 본문에 한정한다. 중화서국본에 나와 있는 주를 비롯하여 본문에 대한 이전의 주석은 역자의 주석에 포함하여 알기 쉽게 설명하고, 필요한 경우 주석의 원문을 제시하고 번역한다. 다만, 사실관계의 내용이 많이 포함된 『삼국지』 배송지(裴松之)의 주는 원문과 동일하게 역주한다.

넷째, 한자로 표시된 인명과 지명에 대해 번역문에서는 원문을 살리되 주석에서는 당시 현지 언어와 문자에 의한 표현과 발음을 복원하는 데 노력하여 한글 발음으로 적고 괄호 안에 로마자 알파벳으로 표기한다. 특히 지명은 현재의 지명으로 정확히 고증하도록 한다.

다섯째, 가능한 현대의 개념으로 번역하는 것을 원칙으로 하지만, 시대나 지역성이 분명하게 드러나는 특수 용어나 개념 그리고 표현법은 원래의 용어를 번역문에서 살리되 주석을 통하여 현대적 관점에서도 이해가 가능하도록 한다. 인명, 역사적 사건, 종족의 관직이나 사회조직, 풍속 등 주요사항에 대해서는 주석에서 전체적인 이해를 돕도록 설명한다.

여섯째, 중국의 문화나 국가권력의 입장에서 설정된 가치 관념이 반영된 표현들에 대해 번역에서는 원문에 충실하되, 주석을 통하여 그 실체를 설명하도록 한다. 특히 이들 종족들의 신화나 전설, 역사에서 중국 정사 외국전의 기술뿐만 아니라 그 종족 식자층까지도 중국의 고전에 입각하여 서술하는 경향이 자주 나타난다는 점에 주의하여, 이에 대한 역사적 실체를 가능한 한 확인하여 주석에서 설명하도록 한다.

일곱째, 외국전 이외에 다른 사서나 정사 내 다른 열전기록 등을 주석에서 보충하고 그 차이를 설명한다. 특히 해당 국가나 종족의 역사기록이나 고고유물을 최대한 참고하여 중국 정사 외국전이 갖는 한계를 넘어서는 이해를 추구한다. 이때 필요한 경우 다른 문헌의 원문을 전재하고 번역하도록 한다. 다만, 내용상 큰 차이가 없을 경우 번역을 생략할 수 있다.

여덟째, 역주는 철저하게 원문의 이해를 돕는 데 한정하고, 세밀한 사항에 대한 주관적 의견은 가능하면 배제한다. 다만, 학계에서 논란이 되는 문제는 대표적인 참고문헌과 함께 이를 소개한다.

아홉째, 각 편별로 해당 종족의 실상에 대한 간단한 소개, 편장 전체의 줄거리와 구성 그리고 저술과정의 특징, 이전 정사와 중복된 부분이나 차이, 사료적 가치 등을 설명하는 〈해제〉를 포함한다. 아울러 말미에 참고문헌을 덧붙이고, 〈연표〉와 〈세계표〉를 작성하여 본문의 이해를 돕도록 한다.

2011년 4월 12일

김유철 · 하원수 · 김정희

일러두기

1. 역주문의 순서는 저본의 문단 단위로 한문 원문을 앞에 두고 이어서 본문 역주를 배치한다.
2. 원문의 구두점은 중화서국 표점본의 체제를 따르되, 전각기호는 모두 반각기호와 띄어쓰기로, '。'은 '.'로, '、'는 '·'로 바꾼다. 서명과 인명에 대한 기호는 없앤다.
3. 번역은 직역을 원칙으로 하되, 문투를 어색하게 하지 않기 위하여 가급적 현대적 표현으로 바꾼다. 번역문에서 내용의 이해와 문맥의 순조로운 연결을 위해 말을 보충할 경우에는 [ ]에 넣어 처리하고, 부연설명일 경우에는 ( )에 넣는다.
4. 번역문의 문단은 기본적으로 저본에 따르지만, 한 문단이 너무 길어 읽기에 불편한 곳은 단락 전체의 내용 이해에 곤란을 주지 않는 범위 내에서 적절히 문단을 나눈다.
5. 번역문도 원본의 표점과 구두에 맞추는 것을 원칙으로 한다. 그러나 전체적인 문장의 가독성을 높이기 위해 필요에 따라 문장을 끊어 번역할 수 있다.
6. 모든 번역문은 한글을 원칙으로 한다. 다만, 인명, 지명, 국명, 서명, 개념어, 역사적 용어 등의 경우, 그 의미가 명확해질 수 있도록 ( )에 한자를 병기한다. 주석문의 경우 전문가를 대상으로 내용 이해에 중점을 두기 위해 국한문을 혼용한다.
7. 번역문과 주석문에서는 일반적으로 한글의 구두점을 사용한다. 서명은 『 』로, 편명은 「 」로 표기한다.
   - 예1) 『史記』「西南夷傳」, 편명 안에서 내용을 구분할 필요가 있을 때: 『史記』「西南夷傳」〈노래명〉 '노래구절'
   - 예2) 주석문의 사례: 원문은 '必'인데 안사고는 그 뜻이 '極'이라고 했다. 그에 따라 해석하였다([顔]師古曰, "必, 極也. 極保之也").
8. 번역문이나 주석문에서 황제나 인물 그리고 연호에 대해 그 생졸년이나 재위 기간 등을 ( )에 병기하여 이해를 돕는다.
   - 예) 광무제(光武帝: 劉秀, 전6~후57; 재위 25~57), 유흠(劉歆, ?~25), 영제(靈帝: 劉宏, 재위 168~189)
9. 왕조명(王朝名)은 번역문에서는 원문의 표현법을 따르고, 주석문에서는 前漢, 後漢, 曹魏, 孫吳, 蜀漢, 西晉, 東晉, 劉宋, 南齊, 梁, 陳, 北魏, 北周, 北齊로 통일한다.

10. 번역문의 숫자 표기방법은 일, 십 단위까지 구체적으로 나열되어 있을 경우 아라비아숫자로 표기하지만, 관용적이거나 포괄적인 범위를 나타내는 경우 원칙상 한글로 표기한다. (예: '천만인', '팔십만 병사', '천승지국')

11. 번역문에서의 연도 표시는 '본문의 연도표기법(서력기원)'으로 표기한다. 연월일(年月日)이 모두 나타날 경우 사료에 표시된 대로 음력을 그대로 표기하되, 정월, 이월, 시월 등의 표현으로 음력임을 나타낸다.

    예) "건초(建初) 원년(76)", "원봉(元封) 6년(전15) 시월 5일", "영수(永壽) 3년(157, 후한 환제)"

12. 주석의 항목이 인명, 지명, 관명, 역사적 사건, 개념어 등 구체적인 용어에 해당될 경우, 이를 먼저 표기하고 쌍점을 찍은 뒤 설명하여 이해의 편의를 돕는다.

    예) 吳起: 전국시대 군사전략가.

13. 주석과정에서 필요한 경우 과거 주석가들의 주석내용이나 다른 문헌을 소개하는데, 그 내용의 요점을 정리하여 설명한다. 자세한 소개가 필요하다고 판단하는 경우 원문과 함께 제시하고 번역문을 병기한다. 이때 보기 편하도록 괄호 안에 원문을 제시하거나 해설을 첨가할 수도 있다.

    예1) 賨布: 李賢注에서는 『說文解字』를 인용하여 南蠻의 賦라고 하고 있는데, 그 내용이 구체적으로 드러난 것은 晉代 戶調之式이다. 戶調之式에서는 "丁男之戶, 歲輸絹三匹, 緜三斤, 女及次丁男爲戶者半輸. 其諸邊郡或三分之二, 遠者三分之一. 夷人輸賨布, 戶一匹, 遠者或一丈." (『晉書』 권26 「食貨志」: 790)로 규정하고 있는데, 夷人賨布가 戶當 1匹이라고 하여, 賨布는 전국시대 이래 1匹로 고정된 것으로 보인다.

    예2) 武谿: 李賢은 『後漢書』 다른 곳의 주석에서 武谿는 강이름으로, 辰州 盧谿縣에 있다고 하였다(『後漢書』 권18 「吳蓋陳臧列傳第」: 695). 史書에선 '武溪'라고도 표현되어 있는데, 武陵의 五溪 중의 하나이다. 五溪는 沅水유역의 雄溪, 樠溪, 辰溪, 酉溪, 武溪를 가리키는데, 蠻夷의 거주지로 이를 五溪蠻으로 불렀다(『南史』 권79 「夷貊」 하 〈荊雍州蠻〉: 1980).

14. 주석과정에서 다른 문헌을 인용하거나 참고문헌이 필요한 경우, 일반적으로 파악할 수 있는 방식으로 단순하게 병기하고 반드시 말미의 〈참고문헌〉에 그 책의 자세한 서지사항을 밝힌다. 이때 쌍점(:) 뒤의 아라비아 숫자는 쪽수를 의미한다. 제자서나 유교 경전일 경우 권수와 쪽수를 생략한다. 다만, 사전이나 일반적인 공구서에 나와 있는 연대나 단순한 사실에 관한 설명은 특수한 내용이 아닌 경우 구체적 근거를 생략하되, 〈참고문헌〉에는 그 책을 포함시킨다.

    예) (方國瑜, 1927: 34~39), (內藤湖南, 1944: 55), (다니카와, 1988: 37~40), (디코스모 2005: 123), (Hartwell, 1977: 12), (『南史』 권79 「夷貊」 하 〈荊雍州蠻〉: 1980), (『鹽鐵論』 권14 「論功篇」, "刻骨卷木, 百官有以相記."), (『孟子』 「梁惠王」)

차 례

[중권 차례]

[하권 차례]

『신당서(新唐書)』 외국전 해제

『신당서(新唐書)』는 북송(北宋) 인종(仁宗)의 조칙에 의해 경력(慶曆) 4년(1044) 宋祁, 범진(范鎭), 여하경(呂夏卿)이 찬수를 시작하여, 왕주(王疇), 송민구(宋敏求), 유희수(劉羲叟) 등이 참여하고, 마지막으로 구양수(歐陽修)가 마무리하여 가우(嘉祐) 5년(1060) 재상 증공량(曾公亮)에 의해 진상된 당왕조(唐王朝)에 대한 기전체(紀傳體) 정사(正史)이다. 전체가 본기 10권, 지 50권, 표 15권, 열전 150권, 도합 225권으로 구성되어 있다. 오대 후진(後晉)시에 편찬된 『구당서』와 대비하여 『신당서』로 불린다.

전체적으로 통일된 체제에 입각하여 기술되었고, 북송 초에 발굴된 많은 자료들을 이용하여 지(志)가 많이 확대되고 표(表)가 첨가되는 등, 『구당서』에 비해 그 내용이 풍부해졌다. 특히 구양수의 찬(贊)과 서(序)를 통해 역사적 사실에 대한 유학적 관점에서의 평가가 분명히 정리되어, 송원시대에는 『구당서』에 비해 더 많이 유통되었다. 송대에 개념화된 정사 '십칠사(十七史)'에는 『구당서』와 『구오대사』는 빠지고, 『신당서』와 『신오대사』만 포함되어 있었다. 그러나 『신당서』가 구체적인 사실에서의 오류가 적지 않고, 문장을 비롯한 자료의 원본이 많이 훼손되었다고 하여 『구당서』가 중시되면서, 청대 건륭(乾隆)연간에 는 신구당서가 모두 정사 '이십삼사(二十三史)'의 범위에 포함되게 되었다.

『신당서』를 다시 편찬하게 되는 까닭은 송기(宋祁)의 형인 송상(宋庠)이 쓴 <걸수정당서오대사차자(乞修定唐書五代史箚子)>에 의하면, 『구당서』와 『구오대사』는 누락이 많고, 의례(義例)에 순서가 없으며, 서술에서 수미(首尾)가 일치되지 않은 것이 많기 때문이었다. 그런데 증공량이 <진당서표(進唐書表)>에서 이전의 기록이 선악을 드러내어 권계(勸誡)를 삼을 수 없었음을 지적하고 있는 것을 보면, 『신당서』의 편찬 이유가 비단 사실의 정확성이나 완결성의 문제만은 아니었다. 특히 북송 인종(仁宗)연간에는 경력신정(慶曆新政)이 추진되다가 실패하는 등, 국가의 통치방법과 운영원리에 대한 모색이 강하게 요구되는 시기였다. 따라서 전대(前代)인 당왕조의 흥패(興敗)에 대해 분명한 판단이 요구되던 당시, 당대(當代)의 기록을 단순히 정리한 형태의『구당서』에 대한 불만은 어쩌면 당연한 것이었다.

더욱이 송초 당대에 관한 여러 자료들이 새로 발굴되고 정리되면서, 역사적 사실의 문제에 있어서도『구당서』의 문제점이 드러나고 있었다. 북송 인종(仁宗)대 왕요신(王堯臣)과 구양수(歐陽修)가 찬술한『숭문총목(崇文總目』 중 당왕조 역사와 관련된 서적 백여 종 가운데 상당수가 신출 자료들이었다. 특히 무종(武宗) 이후에 대한『육세실록(六世實錄)』148권이 새로이 드러나 당말 관련 자료가 크게 확대되었다. 청대 조익(趙翼)은『입이사차기(廿二史箚記)』에서『신당서』「예문지(藝文志)」에 등재된 당대(唐代)의 사서(史書)들 백수십 종은 모두『구당서』를 찬수한 오대(五代) 시기에 보지 못했던 것들로서, 이 책들을 참고한『신당서』가 자연 더 상세할 수밖에 없다고 지적하였다.

구체적인 작업은 용도각(龍圖閣) 학사로서 사관(史館) 수찬(修撰)을 맡은 송기(宋祁)에 의해서 경력(慶曆) 연간에 시작되었는데, 10여 년이 지난 황우(皇祐) 5년(1054)에 열전 150권을 완성하였다. 이때 송기는 황제에게 <걸재상감수당서소(乞宰相監修唐書疏)>를 올리는데, 열전이 완성되었지만 본기(本紀)와 지(志)는 시작도 못하였음을 고하면서, 재상의『당서』편찬 감수를 청한다. 또 송기는 사관에서 겨우 왕주(王疇) 이하 4명의 관원을 거느리고『당서』를 편찬하므로 사서의 체제나 의론(議論)이 일관되지 못할까 두렵다고 고백하고 있다. 그리고 역사의 시비(是非) 포폄(褒貶)을 담당하는 사신(史臣)은 한 나라의 대신(大臣)이어야 함을 강조하면서 당대(唐代)의 전례를 따라 재상이 당서 편찬을 감수할 필요가 있다고 주장하였다.

『신당서』 열전이『구당서』에 비해 300여 명의 인물이 더 추가되고 대신 60여 명이 빠진 것을 보면, 송기도 새로운 자료를 이용하고 또 나름대로 일정한 기준에 따라 평가를 거치고 있었음이 분명하다. 그렇지만 조정의 일이나 국가의 제도에 관한 문제에 대해서는 쉽사리 판단하기 어려운 처지였으며, 본기와 지에 대한 작업의 진행에 한계를 느끼고 있었던 듯하다. 재상에 의해 전체적인 방향성이 제시되어, 이를 기준으로 본기나 지에 대한 작업을 진행할 필요가 있다고 판단하였던 것이다.

이 때 인종(仁宗)은 구양수(歐陽修)에게『신당서』편찬을 맡긴다. 그는 인종 초에 소위 범중엄(范仲淹)의 경력신정(慶曆新政)에 참여하였다가 실패하고 지방관으로 돌다가 지화(至

和) 원년(1054) 한림학사(翰林學士)로 중앙에 들어오게 되는데, 이때부터 『신당서』 편찬을 주관하게 된다. 구양수는 본기와 지(志), 표(表)를 만들었고, 여기에 송기가 주도하여 만든 열전이 덧보태어져 마무리된 『신당서』가 국자감(國子監)에서 출간되었다. 따라서 일반적으로 『신당서』는 송기와 구양수의 공동편찬으로 기록된다. 지와 표는 범진(范鎭)과 여하경(呂夏卿) 등이 썼다고 전하는데, 이들의 참여도 구양수가 편찬에 관여한 시기 전후에 시작된 것으로 보인다.

결국 『신당서』는 새로운 자료의 보충과 함께, 왕조의 흥패(興敗) 판단을 위해 역사적 사실과 인물에 대한 시비와 포폄을 분명히 하여 『구당서』의 문제점을 극복하려는 목적으로 북송의 조정에 의해 편찬되었다고 할 수 있다. 실제 『신당서』는 장경(長慶)연간 이후 내용을 많이 보충하였는데, 이에 따라 「번진전(藩鎭傳)」, 「번장전(藩將傳)」 등이 열전에 추가되었다. 가치판단과 관련하여서는 「현장전(玄奘傳)」을 비롯한 불교관련 내용을 대폭 삭제하고, 「간신전(奸臣傳)」 등이 새로 추가되었다. 특히 국가권력의 운영체제를 정리한 지(志)에서는 「의위지(儀衛志)」, 「병지(兵志)」, 「선거지(選擧志)」 등이 추가되고, 내용 또한 전체적으로 매우 충실하여졌다. 뿐만 아니라 『한서』 이후 정사에서 사라졌던 표(表)가 다시 나타났는데, 「재상표(宰相表)」, 「방진표(方鎭表)」, 「종실세계표(宗室世系表)」, 「재상세계표(宰相世系表)」 등이 새롭게 창제되었다. 이는 당대의 문벌사회와 당말의 번진체제를 반영하는 것으로, 이에 대한 연구에 주요한 근거가 된다.

인물과 사실에 대한 서술에서는 『실록』이나 『국사』의 변려체(騈儷體) 문장을 고문체(古文體)로 압축한 것이 특징이다. 이것은 전체적 대강의 정리와 그 역사적 평가에 도움을 주지만, 그 결과 원자료가 크게 축소되고 변형되는 것이 불가피하였다. 따라서 사료가치면에서는 『구당서』에 비해 더 개악된 것으로 여겨지는데 특히 주목되는 것은 『구당서』를 참조하면서도 연도나 인물 등 세밀한 부분의 오류와 착오가 많다는 것이다.

이 문제는 이미 출간 직후부터 많이 지적되었는데, 철종 원우(元祐) 4년(1089) 좌조청랑(左朝請郎) 오진(吳縝)이 『신당서규류(新唐書糾謬)』 20권을 출간하여 『신당서』의 연월(年月)과 성명(姓名) 등 오류 400여 곳을 지적하였다. 그는 이어서 소성(紹聖) 원년(1094) <진신당서규류표(進新唐書糾謬表)>를 올려 『신당서』의 문제가 나타나게 되는 요인을 8가지로 지적하였다. 전체적으로 사서 편찬의 체계가 정립되지 못한 채 담당관에게 그냥 맡겨 놓았기 때문에 사관이 책임감 있게 작업하지 않아 나타난 현상이라고 하면서, '초수(初修)'–'심복(審覆)'–

'조신박의(朝臣博議)'의 과정을 거칠 것을 주장하였다. 이에 대한 구체적인 대책은 확인되지 않지만, 당시 사대부들 사이에 이미 『신당서』의 문제점이 자각되고 있었음은 분명하다. 남송(南宋)대 왕응진(汪應辰)이 다시 『당서열전변증(唐書列傳辨證)』 20권을 편찬하여 주로 열전에서의 오류와 결점을 지적하였다.

그러나 새로운 내용이 많이 추가되어 있는 『신당서』의 가치가 『구당서』에 비해 뒤지지 않는다. 따라서 청대(淸代)에는 『구당서』와 『신당서』가 모두 정사에 편입되었고, 두 책을 합본하려는 시도도 나타난다. 심병진(沈炳震)은 『신구당서합초(新舊唐書合鈔)』 260권을 편찬하였는데, 본기의 앞 부분은 『구당서』를 중심으로 『신당서』의 내용을 아래에 분주(分註)하고, 선종(宣宗) 이후의 경우 반대로 『신당서』를 중심으로 하였다. 열전은 장경(長慶) 이전은 『구당서』에서, 장경 이후는 『신당서』를 그리고 지(志) 부분은 『신당서(新唐書)』를 많이 채용하였다. 이외에 왕선겸(王先謙)의 『신구당서합초보주(新舊唐書合鈔補注)』 260권과 조소조(趙紹祖)의 『신구당서호증(新舊唐書互證)』 20권도 이러한 노력의 산물이었다.

『신당서』의 외국전에도 이러한 특징이 잘 드러난다. 전체적인 체제와 내용은 『구당서』를 계승하면서도, 간략한 문체로 정리하며 새로운 내용을 추가하는 방식으로 기술되었기 때문이다. 『구당서』는 동서남북의 사이(四夷)관념에 입각하여 여러 이민족을 정리하면서, 돌궐(突厥) 토번(吐蕃) 회골(回鶻)을 독립하여 분권(分卷)하였는데, 『신당서』에서는 사타(沙陀)를 독립하여 분권하였고, 남만(南蠻) 상·중·하권에서 남조(南詔)의 내용을 크게 확대하여 상·중 2권을 할당한 것이 특징이다.

사타(沙陀)는 원래 서돌궐(西突厥)의 한 부족으로서 현재의 신강(新疆)지역에 거주하고 있었는데, 당 태종(太宗) 정관(貞觀) 연간에 당조에 귀부하여 고구려(高句麗), 설연타(薛延陀), 철륵(鐵勒) 토벌 등에 동원되었다. 토번의 세력를 피해 북정(北庭), 감주(甘州), 염주(鹽州) 등으로 이주하다가, 마침내 태원(太原) 정양천(定襄川)에 정착하였다. 이때 음산북사타(陰山北沙陀)라고 불렸다. 한때 토번에 복속되기도 하였지만, 주로 당왕조에 귀속하여 군대로 동원되면서 한족과의 교류가 확대되었다. 결국 방훈(龐勛)과 황소(黃巢)를 토벌하는 데 공을 세워 독자적인 군사력을 확립하여, 오대시기 후당(後唐)의 이존욱(李存勗), 후진(後晉)의 석경당(石敬瑭), 후한(後漢)의 유지원(劉知遠) 등을 배출하였다.

사타에 대해 『구당서』는 본기와 다른 열전에서 자주 언급하였지만, 「돌궐전」에서는 일체의 언급이 없고, 다만 「토번전」과 「회골전」에서 한두 차례 언급되고 있을 뿐이다. 이는 『구당서』가 편찬된 후진(後晉)의 황실이 사타 계통이라서, 찬자들이 사타를 이민족으로 취급하기 어려웠기 때문에 나타난 현상이 분명하다. 한편 이를 돌궐의 일부로 편입시키지 않고 독립된 권으로 편제한 『신당서』 역시 당시 찬자들의 역사의식과 민족관을 잘 반영하고 있다. 「사타전」의 마지막에 실린 사평(史評)은 이들이 당에 귀순하여 여러 가지 공을 세운 것은 인정하지만, 당말에 천자를 위하여 노력하지 않았다는 것을 비판하고 있다. 이는 구양수를 비롯한 송대 사대부들의 한족 중심의 민족관이 그대로 드러나는 부분이라고 할 수 있다. 『신당서』의 찬자들은 오대 여러 왕조들을 폄하하는 입장에서 그들의 조상이 이민족이라는 것을 강조하려고 의도적으로 사타를 독립된 외국전으로 편제하였다고 생각되는 것이다. 더욱이 사타의 거주지가 이미 송대의 강역 범위를 벗어난 지역이기 때문에, 한족의 순수성을 강조하였던 송대 사대부들에게는 그들의 활동내용과는 무관하게 이민족으로 치부될 수 있었다.

남조(南詔)에 대해 『구당서』에서는 여러 남만(南蠻) 중 하나로서 '남조만(南詔蠻)'을 다루었지만, 『신당서』의 경우 이를 크게 확충시켰다. 그 내용은 대체로 『만서(蠻書)』에 의존하고 있다.

『만서』는 안남경략사(安南經略使) 채습(蔡襲)의 막료였던 번작(樊綽)이 지은 운남지역의 민족과 풍속에 관한 지리서이다. 당시 운남지역과 남조에 관한 가장 상세한 기록이라고 할 수 있는데, 『구당서』에서는 번작과 『만서』에 관한 언급이 전혀 나타나지 않는다. 그에 비해 『신당서』는 「남만전」에 번작의 활동을 자세히 기록하고, 「예문지(藝文志)」에서 그가 쓴 『만서』의 존재를 명기하고 있다.

결국 『신당서』 찬술과정에서는 『만서』를 비롯한 남조와 운남지역에 관한 더 많은 문헌을 참조하였고, 그렇기 때문에 남조와 남만에 대한 기록이 훨씬 풍부하여 편제에 변화가 나타나게 되었다고 할 수 있다. 이는 송초에 발굴된 많은 자료들을 이용하여 그 내용이 크게 확대된 『신당서』의 일반적인 특징이 외국전에 반영된 모습이라고 하겠다.

한편 『신당서』 외국전의 찬술에서 주목되는 인물은 집현교리(集賢校理) 송민구(宋敏求)이다. 그는 왕요신(王堯臣)을 따라 『당서(唐書)』 산수에 참여하였는데, 송기(宋祁)와 송상(宋庠) 형제의 신임을 받았다. 그런데 그가 당 무종(武宗) 이후의 『육세실록(六世實錄)』을 보충하였다는 기록이 있고, 『송사(宋史)』 「예문지」에는 『조공록(朝貢錄)』 20권, 『장안지(長安志) 10권, 『동경기(東京記)』 2권, 『하남지(河南志)』 20권, 『입번록(入番錄)』 2권 등이 그의 저술로 기록되어 있다. 송기가 그를 집현교리로 삼았고, 당의 『육세실록』을 보충하였다는 것을 보면,

『신당서』 열전의 찬술에 직접 간여한 것이 분명하다. 그런데 그가 『조공록』과 『입번록』을 남기고 있는 것을 보면, 이민족과 관련된 자료를 많이 갖추고 있었음을 의미한다. 따라서 『신당서』 외국전의 풍부한 내용에 송민구의 기여가 컸을 가능성이 매우 높다고 할 수 있다.

신당서(新唐書) 권215 상·하

돌궐전(突厥傳)

- 역주: 정재훈
- 교열: 하원수, 김정희

「돌궐전(突厥傳)」 해제

『신당서(新唐書)』 총 225권 중 외국에 관한 열전은 모두 8권인데, 이 가운데 그 첫 자리를 차지하고 있는 것이 바로 「돌궐열전(突厥列傳)」이다. 뿐만 아니라 이것은 상・하 두 편으로 나뉘어질 만큼 많은 양을 차지하고 있으며 외국전 중에서 맨 앞에 자리하고 있다. 이런 구성은 『주서(周書)』와 『수서(隋書)』에 처음 정사에 입전(立傳)된 돌궐이 이 시기에 가장 중요한 주변 민족으로 급성장하였음을 반영하고, 실제로 유라시아 초원지역을 하나로 통일해낸 돌궐이 북방 유목민족의 역사에서 흉노와 필적할 정도로 중요한 의미를 지니게 되었음을 보여준다.

『신당서』 권215의 본전은 형식상 상권에 <서론>과 <돌궐전>, 하권에 비가가한(毗伽可汗) 이후의 <돌궐전>과 <서돌궐전>, 그리고 사론(史論)으로 구성되어 있다. 그러나 <서돌궐전>의 뒷부분에 돌기시(突騎施)의 역사를 담고 있어 실제 5개의 부분으로 나누어져 있다고도 볼 수 있다. 본전의 구체적인 내용을 살펴보기 전에, 우선 돌궐과 서돌궐이라는 두 종족(種族)에 대한 설명이 필요할 듯하다.

돌궐은 투르크(Turk)의 음사(音寫)로서 6세기 초부터 8세기 중반까지 몽골고원과 알타이 산지 등 유라시아 초원지대를 지배했던 유목국가의 명칭이다. 돌궐의 유래와 관련해 『주서』, 『수서』와 『북사(北史)』는 다양한 전설과 신화를 소개하고 있는데, 이리[狼]의 후손임을 자처하였다는 것이 공통점이다.

종족에 대해서도 여러 가지 학설이 분분하다. 남북조시대(南北朝時代)까지 몽골고원에 있었던 정령(丁零)과 칙륵(敕勒), 고차(高車), 철륵(鐵勒)과 동일시하는 견해와 흉노(匈奴)와 혈통상 관련 있다고 보는 주장이 병존한다. 그리고 백인종인 코카서스와 황인종인 몽골인종의 혼혈로 보는 입장, 기존의 북아시아 유목민의 후예 혹은 그 혼혈로 보는 설도 존재한다. 그러나 어느 것도 현재 학계의 통설이라고 하기는 어렵다. 그러나 9세기 중엽 이후 위구르 등 투르크 계통의 여러 유목민 집단이 중앙아시아와 러시아초원, 중동과 이란 등지로 이주하면서 중앙아시아의 인종 분포가 바뀌었고, '투르크'가 광범위하게 존재하는 이 중앙아시아 기원의 유목민들을 대표하는 단어가 되었음은 분명하다.

『주서』, 『수서』, 『북사』에 기록된 돌궐의 풍습을 보면, 그 찬자들의 지적처럼 예전의 흉노와 마찬가지로 목축과 사냥을 하고 이동식 천막에 살면서 계절에 따라 이동하는 유목생활을 하였다. 또 피발(被髮)의 두발 형태, 좌임(左衽)으로 대표되는 복식(服飾), 수계혼(收繼婚, levirate) 제도 등이 모두 흉노나 선비(鮮卑) 등 북아시아 초원지대의 유목민들과 대체로 비슷하다. 그러나 화장(火葬)과 유가족의 얼굴에 상처를 내는 풍습, 무덤 주변에 돌을 늘어놓는 묘표(墓標) 등은 이들만의 고유한 특징이다.

서돌궐은 본래 돌궐제일제국(突厥第一帝國)에 속했으나, 7세기 초에 분열되어 갈라져 나왔다. 본전의 기록에 따르면, 이들은 돌궐과 풍습이 같으나 언어는 조금 달랐다고 한다. 실제로 카간(가한) 씨족(氏族)이 아사나씨(阿史那氏)인 것은 (동)돌궐과 같지만, 서돌궐의 지배를 받는 일부 유목민들이 혈통과 언어 면에서 동돌궐과 차이가 있었음은 인정된다. 그리고 서돌궐이 붕괴한 이후 당조의 기미지배를 거쳐 투르크계 유목부족인 돌기시가 세력을 차지하면서 일시 지배를 하기도 하지만 그들 역시 분열되면서 약화되었다.

본전의 맨 앞에는 『구당서』와 달리 외국전의 서론에 해당되는 내용이 약 10% 정도 되는데, 여기에서 구양수(歐陽修)는 중국의 외국에 대한 정책의 득실을 따짐으로써 당대의 성패를 논하면서 돌궐, 토번(吐蕃), 회골(回鶻), 운남(雲南) 등 외국전을 저술하게 된 동기를 피력하고 있다. 그 다음 본전에서 56% 정도를 차지하는 <돌궐전>은 상, 하권에 걸쳐 다루어지고 있는데, 주로 돌궐제일제국이 붕괴한 이후 동돌궐(東突厥, 혹은 北突厥이라고도 함)의 흥망성쇠에 대한 기록이다. 동돌궐은 630년에 당(唐)에 복속되어 약 50년간 당의 지배를 받았으나, 680년대에 당으로부터 독립하여 60여 년 동안 다시 제국을 건설하였다. 이를 돌궐제이제국(突厥第二帝國)이라고 한다.

본전은 바로 이 돌궐제일제국 말기와 기미지배시기, 그리고 제일제국의 역사인데, 그 서술은 역대 가한과 당의 지배 아래에서 그 우두머리로 임명된 아사나씨 일족 인물을 중심으로 이루어져 있다. 이 가운데서도 돌궐의 전성기와 멸망을 동시에 경험한 힐리가한(頡利可汗, ?~634, 재위 620~630)과 돌궐제이제국의 전성기를 구가한 묵철가한(默啜可汗, ?~716, 재위 691~716), 비가가한(毗伽可汗, 685~734, 재위 716~734) 시기에 많은 지면이 할애되었다. 이는 힐리가한과 묵철가한, 비가가한 시기에 돌궐과 당 사이의 전쟁과 화친, 사신 파견과 조공 등 수많은 사건들이 발생했기 때문이기도 하다. 이밖에 돌궐이 당의 지배를 받았던 시기에 돌궐유민들을 통치했던 아사나사마(阿史那思摩)에 관한 기록이 다른 가한들보다 많은 점이 특이하다.

본전의 후반부인 <서돌궐전>은 서돌궐이 독립한 이후의 역사에 관한 기록인데, 약 33%(서돌궐 26%, 돌기시 7%) 정도를 다루고 있다. 여기에는 서돌궐의 지리적 분포와 풍속, 제도 등에 대하여서는 언급하지 않았는데, 이것은 아마 『수서』와 『북사』에 관련 기록이 이미 상세히 나오기 때문일 것이다. 그러나 이 안에는 당대(唐代) 서돌궐의 흥망만이 아니라 서돌궐의 지배를 받다가 나중에 독립한 돌기시의 역사도 포함되어 있다.

서돌궐에 대한 서술은 통엽호가한(統葉護可汗)과 사발라질리실가한(沙鉢羅咥利失可汗) 시기를 자세히 설명하였다고 해도, 특정 가한에게 지면을 편중되게 할애하지 않았는데, 이것은 내부 분열과 가한의 계속된 교체와 관련되었다. 그 중에서도 다만 패망한 아사나하로(阿史那賀魯)와 아사나미사(阿史那彌射), 아사나미사의 자손인 아사나원경(阿史那元慶)과 아사나헌(阿史那獻), 아사나보진(阿史那步眞)에 대해 비교적 상술하였는데, 이들은 대부분 서돌궐이 망한 후 당으로부터 가한과 도호(都護)의 관직을 받았던 인물들이었다. 이 내용은 서돌궐에 관한 기록 중 많은 비중을 차지하여, 당의 입장을 중심으로 서술된 특징을 잘 보여준다. 또한 돌기시에 대한 기록은 오질륵(烏質勒)과 소록(蘇祿)의 교체를 중심으로 두 세력의 분해 과정을 당조와 관련시켜 설명하고 있다. 그리고 본전의 마지막이자 그 후반부의 끝에 나오는 짧은 사론(史論)은 "찬왈(贊曰)"로 이루어져 있는데, 주로 당 태종(太宗)의 성과를 지적하는 내용으로 이루어져 있다.

다음으로 본전의 특징을 살펴보면, 내용적으로 여타 정사와 마찬가지로 대부분의 내용이 당조와의 외교적인 관계가 관심의 초점이었다. 돌궐 혹은 서돌궐 자체의 역사보다 당과의 전쟁, 화친, 사신 교류에 대한 서술이 압도적으로 많다. 돌궐 문제와 관련된 신하들의 간언과 상소문 등을 자주 인용한 것은 그 좋은 예이다. 반면 본전에 빠진 돌궐과 서돌궐의 풍습과 제도에 대해서는 이전의 사서인 『주서』와 『수서』, 『북사』 등에서 이미 비교적 자세히 다룬 것을 참고할 필요가 있다. 또한 현존하는 비가가한 곧 빌게카간과 궐특근(闕特勤: 퀼테긴), 돈욕곡(暾欲谷: 톤유쿠크) 등의 고대 투르크어로 된 비문과 본전의 비교는 돌궐사 연구에

필수적이다. 이를 통해 많은 돌궐 인명과 관명의 투르크어 표기를 복원할 수 있을뿐더러 사료의 부족을 보충할 수 있다. 사실 돌궐의 역사는 이러한 돌궐인들 자신의 기록을 바탕으로 하고 본전을 단지 참고 자료로만 이용하여 기술되어야 마땅하다고도 하겠다.

또한 본서는 원래의 공문서를 거의 그대로 전재(轉載)한 『구당서』와는 달리 그 내용에 가감을 가하면서 틀린 부분을 수정하는 등의 정제 작업을 했다. 이로 인해 본서는 약 17000여 자 정도로 구성되어 있는 『구당서』에 비해서 약 3000자 이상의 양이 늘어나 내용적으로도 풍부하게 되어 『구당서』에서 빠진 부분을 보충하고 있다. 뿐만 아니라 사실 역시 보다 정확하게 기록하고 있는데, 예를 들어 돌궐 말기 가한의 교체와 관련하여 혼란을 보이는 『구당서』에 비해 본서는 현존하는 회흘 시대의 비문 내용과 일치하는 부분이 훨씬 많다. 물론 그렇다고 해서 원시적인 사료를 포함하고 있는 『구당서』와의 비교 검토가 빠지면 안된다. 왜냐하면 돌궐과 서돌궐에 대한 가장 기본적인 사료로서 두 기록은 미묘한 차이를 보여주고 있는 것을 빼놓고 연구를 진행하는 것이 불가능하기 때문이다. 아울러 『통전(通典)』과 『당회요(唐會要)』 등 당대 문헌과 이후의 『책부원구(册府元龜)』와 『자치통감(資治通鑑)』 역시 빠뜨릴 수 없는 중요한 사료로서 본전과 비교하는 것이 중요하다. 왜냐하면 이상의 기록들은 내용이 대체로 비슷하지만, 표현의 이동(異同)이나 서술의 상략(詳略)에서 서로 다르기 때문이다.

新唐書 外國傳 譯註

「돌궐전(突厥傳)」 역주

夷狄爲中國患, 尙矣. 在前世者, 史家類能言之. 唐興, 蠻夷更盛衰, 嘗與中國亢衡者有四: 突厥·吐蕃·回鶻·雲南是也. 方其時, 群臣獻議盈廷, 或聽或置, 班然可睹也.

이적(夷狄)들이 중국(中國)의 걱정거리가 된 지 오래되었다. [당나라] 이전 시대에 있었던 일은 역사가들이 기록할 수 있었다. 당나라가 일어난 이래로 만이(蠻夷)들이 다시 번성하기도 하고 쇠퇴하기도 했는데, 일찍부터 중국과 대적한 것이 넷 있으니 돌궐(突厥),[1] 토번(吐蕃),[2]

1) 突厥: 6세기 중반 柔然을 무너뜨리고 3세기에 걸쳐 중앙아시아 초원 지대를 호령했던 유목제국을 지칭한다. 突厥은 원래 그 국가의 中核集團이었던 阿史那氏가 속한 부락의 명칭에서 연원한 것으로 고대 투르크어로는 '투르크(Türk 또는 Türük)'의 음사이다. 한편 자신들이 제작한 비문에서는 스스로를 "쾩 투르크(Kök Türk)"라고 표현했다.
6세기 중엽 突厥은 알타이 산지에서 주변의 유목세력인 鐵勒을 병합하고 몽골 초원을 지배하던 유목국가인 柔然마저 격파한 다음에 유목국가를 건설했다(552년). 그 이후에 西魏·北周와 東魏·北齊로 분열된 北中國의 혼란한 상황을 이용해 中國을 압도하면서 동으로 大興安嶺 산맥부터 서로 지금 우즈베키스탄의 초원지대에 있는 鐵門까지 세력을 확대해 遊牧帝國으로 발전할 수 있었다(突厥第一帝國 또는 突厥第一可汗國, 552~630). 하지만 6세기 말 동서로 분열되어 양자가 대결을 벌이게 됨에 따라 서서히 약화되었고, 그 결과 東突厥은 630년에, 西突厥은 657년에 각각 唐朝의 공격을 받아 붕괴되었다. 그 이후 東突厥 세력은 50여 년 동안 羈縻支配를 받다가 680년대 초에 다시 부흥해 몽골 초원을 차지하고 국가를 재건해 약 60여 년 정도 유지했다. 하지만 740년대 중반 계승 분쟁을 틈탄 투르크계 유목민[鐵勒]인 拔悉密(바스밀), 葛邏祿(카를룩), 回紇(위구르)의 공격으로 붕괴되었다(突厥第二帝國 또는 突厥第二可汗國, 682~745). 그 다음 일부 세력이 回紇에게 몽골 초원을 넘겨준 채 中國으로 내려와 살다가 安史의 난 시기(75

회골(回鶻),[3] 운남(雲南)[4]이 이것이다. 바야흐로 그때 여러 신하들이 [그들에 대해] 올린

5~763)에 일시 부흥을 시도했으나 실패하고 약화되었다. 그 이후 突厥은 역사의 무대에서 더 이상 주도적인 역할을 하지 못하고 사라졌지만 그들의 움직임은 중앙아시아만이 아니라 그 주변 지역에서 투르크계 유목민들의 활약을 촉발했다는 점에서 큰 역사적 의미를 갖고 있다(薛宗正, 1992).

2) 吐蕃: 음은 티베트(Tibet)로 추정되고, 그 당시 기록에는 퇴퓌트(Tüpüt)라고 되어 있다. 7세기부터 9세기까지 티베트 고원에 존재했던 나라였다. 일반적으로 吐蕃이라 불리는데 이는 스스로를 '大蕃'이라고 자칭했기 때문이다. 隋代 雅隆 部落聯盟이 발전해 나라가 되었다. 贊普 松贊干布時期에 蘇毗와 羊同 등의 부락을 정복하고 티베트 고원을 통일해 라싸에 도읍을 정했다. 文字를 만들고 법률과 군사제도를 정비했으며 도량형을 통일해 贊普를 중심으로 한 중앙집권국가를 세웠다. 貞觀 14년(640) 唐朝에서 文成公主를 松贊干布에게 시집을 보냈고, 景龍 3년(709)에 金城公主를 贊普 棄隷蹜贊에게 시집을 보내 양국 간의 우호 관계를 맺었다. 安史의 난이 발생한 이후 吐蕃은 唐의 변방이 空虛해진 틈을 타서 隴右 등지를 공격했다. 贊普 赤松德贊 시기에 西域과 河隴 지역을 지배했으며, 唐朝와 불시에 충돌해 한차례 唐의 수도 長安을 점령하기도 했다. 9세기 중기 贊普 達摩가 죽은 이후 통치 집단이 분열하면서 와해되었다. 松贊干布 이후 吐蕃의 贊普는 9代 218년에 걸쳐 재위했다. 吐蕃은 農牧業을 위주로 삼았고 手工業도 매우 발달했으며 唐과 경제와 문화의 교류에 힘쓰기도 했다(佐藤長, 1977; 薛宗正, 1997).

3) 回鶻: 음은 '위구르'인데, 이는 고대 투르크어로 기록된 'Uyghur'의 음사이다. 음운학적으로 '우이구르'로 읽는 것이 타당하지만 관습적으로 '위구르'라고 읽는다. 현재 중국에서는 維吾爾로 전사를 한다. 이것은 回紇 (迴紇: 『舊唐書』) 내지는 回鶻이라고 기록되어 있는데, 回鶻(迴鶻: 『舊唐書』)이라는 기록은 788년 국호 변경 이후부터 사용되었다. 그 의미는 기존 연구에서 '聯合' '結合' 등으로 해석했는데(劉義棠, 1977: 3~60), 근거가 충분한 것은 아니다.

回紇은 중앙아시아 초원에 넓게 퍼져 유목생활을 하는 鐵勒(투르크계 부족)의 일원으로 南北朝시대부터 독자적 움직임이 中國에 포착되기 시작했고, 이때에는 袁紇, 혹은 韋紇이라 음사되어 기록되었다. 이후 이들은 독자세력화를 도모하기도 하고 몽골 초원을 지배했던 柔然 내지는 突厥에 복속되었다가 630년 東突厥(突厥第一帝國, 552~630) 붕괴 이후 薛延陀의 지배를 받았는데, 주로 몽골 초원의 북부지역에 유목을 하면서 거주했다. 그런데 646년 薛延陀마저 唐朝에게 무너지고 遊牧民을 상대로 한 中國의 羈縻支配가 본격화되자 唐朝의 지배를 받으면서 세력 확대를 도모할 수 있었다. 이후 突厥第二帝國(682~745)이 다시 부흥하자 回紇은 그의 지배하에 들어갔다가 740년대 중반 突厥의 약화를 틈타 拔悉密과 葛邏祿 등과 반란을 일으켰다. 그 이후 일시 拔悉密이 세력을 차지하나 回紇은 바로 여타 세력을 제압하고 몽골 초원을 차지했다. 回紇은 安史의 난(755~763)시기에 唐朝를 도운 것을 기회로 경제적 지원을 받아 세력을 확대할 수 있었다. 그와 함께 몽골 초원에 한정되어 있었던 지배영역을 보다 확대하기 위해 서방에 대한 활발한 진출과 오아시스지역의 경영을 추진해 유목제국으로 발전할 수 있었다. 9세기 전반까지 발전을 구가하던 回鶻은 830년대 말에 黠戛斯(키르기즈)의 공격을 받아 붕괴된 이후 몽골 초원을 떠나 주변으로 흩어졌다. 이렇게 몽골 초원을 중심으로 突厥로부터 回鶻로 이어지는 고대 투르크 유목민들의 세계는 중앙아시아의 전반적인 사적 전개 과정에 큰 영향을 미쳤다. 또한 고대 투르크 세계의 전개 특히, 9세기 중반에 발생한 回鶻의 붕괴는 동아시아와 중앙아시아, 그리고 서아시아지역까지 엄청난 정치, 사회, 문화적 변동을 가져와 현재와 같은 인문지리적 환경을 형성하게 했다는 점에서 세계사적인

의논이 조정에 가득하여 [황제께서] 혹은 받아들이기도 하고 혹은 버리기도 했는데, [다음과 같은 사실을] 분명히 알 수가 있다.

劉貺以爲: 嚴尤辯而未詳, 班固詳而未盡, 推其至當, 周得上策, 秦得其中, 漢無策. 何以言之? 荒服之外, 聲教所不逮, 其叛不爲之勞師, 其降不爲之釋備, 嚴守禦, 險走集, 使其爲寇不能也, 爲臣不得也. 「惠此中夏, 以綏四方」, 周之道也, 故曰周得上策.

유황(劉貺)[5]이 [다음과 같이] 적었다. “엄우(嚴尤)[6]는 설명을 잘 했으나 [그 의론이] 치밀

의미가 있다(丁載勳, 2005).

4) 雲南: 지금 中國 雲南省을 중심으로 존재했던 나라인 南詔를 지칭한다. 唐代에 蒙巂, 越析, 施浪, 邆賧, 浪穹, 蒙舍 등 여섯 部落 聯盟을 六詔라고 불렀는데, 그 가운데 蒙舍詔가 가장 남쪽에 위치해 南詔라고 불렀다. 649년 티베트・미얀마 계통 종족인 烏蠻의 細奴羅(高祖 奇嘉王)가 蒙舍詔를 일으켜 大蒙國을 세워 唐朝와 교류했고, 高宗으로부터 細奴羅가 巍州刺史로 임명되었다. 다른 다섯 개의 詔는 吐蕃 영향 아래 있었다. 때문에 唐朝에서는 吐蕃을 견제하기 위해 南詔를 지원했다. 737년 南詔는 石和城(지금의 鳳儀)과 石橋城(지금의 下關)을 공격하며 주변의 25개 부족을 병합하자 唐에서 御史 嚴正誨를 보냈다. 738년 南詔의 皮羅閣(歸義王)이 나머지 詔를 통일해 南詔國을 건설하고, 739년에 巍山에서 太和城(지금의 大理 蒼山 太和村 부근)으로 도읍을 옮기자 唐朝가 왕을 雲南王으로 책봉했다. 하지만 748년 玄宗이 安寧城을 세워 이 지역을 장악하려 하면서 양국의 관계가 악화되었다. 이후 皮羅閣을 이어 왕이 된 閣羅鳳(神武王)이 雲南太守 張虔陀를 죽이고 姚州 등 37개 郡을 점령하며 지금의 貴州省 서북부까지 세력을 넓혔다. 唐朝는 정벌을 시도하나 南詔가 吐蕃과 연합해 대응해서 크게 패배했다. 그 이후 閣羅鳳을 이은 異牟尋(孝恒王)이 779년 羊苴咩城(지금의 大理)로 도읍을 옮기고, 吐蕃의 영향을 물리쳤다. 9세기에 북쪽으로는 四川省 서부의 大渡河, 남쪽으로는 베트남 북부, 서쪽으로는 인도와 미얀마, 동쪽으로는 貴州省과 廣西省의 일부까지 세력을 넓혔다. 이후 南朝는 마지막 왕인 孝哀帝(재위 897~902) 舜化貞까지 13대에 걸쳐 250여 년 동안 지속되었다. 南詔는 다양한 부족들이 연합해서 이루어진 국가로서 각 부족의 독립성이 강해 왕권이 제한되었고, 烏蠻이라고 불리는 티베트・미얀마 계통의 종족이 지배층이 白蠻이라고 불리는 종족을 융합해 나라를 구성했다.

5) 劉貺: 唐代 彭城(지금 江蘇省 徐州)사람으로 자는 惠卿이었다. 劉知幾의 큰 아들이었다. 經史에 능통했고, 天文, 律曆, 醫學, 算學, 音樂에도 밝았다. 劉知幾를 이어 起居郞으로 발탁되었고 右拾遺內供奉, 修國史를 역임했다. 『六經外傳』 37권 저술에 참여했고, 그 외에도 『天官舊事』, 『太樂令壁記』, 『眞人肘後方』 등의 저술을 했으나 남아 있지 않다.

6) 嚴尤(?~23): 新 王莽 때의 大臣이다. 始建國 3년(11) 王莽이 군대를 내어 匈奴를 공격할 때, 嚴尤는

하지 않고,[7] 반고(班固)[8][의 의론]은 치밀하나 부족한데,[9] [기존 대책들의] 지당함을 따져보

討穢將軍이었다. 그 뒤 高句麗가 新에 離叛하자, 王莽은 嚴尤를 파견해 공격한 뒤 高句麗의 이름을 '下句麗'로 바꾸었다. 이 일로 嚴尤는 武建伯이 되었다. 天鳳 3년(16) 大司馬에 제수되었지만 6년에 王莽의 西夷 정벌을 비판했다가 免官되었다. 얼마 뒤 納言大將軍이 되어 綠林軍의 공격을 막았다. 更始 元年(23) 昆陽의 전투에서 패한 뒤, 汝南에 있는 漢 皇族 劉聖의 세력에 투항해 大司馬의 지위를 얻었다가 얼마 뒤 피살되었다. 「匈奴傳」에는 嚴尤의 高句麗 정벌이 등장하지 않지만 『三國史記』 卷13 「高句麗本紀」에 관련 기사가 있다. 당시 遼西尹 田譚이 邊塞를 侵寇한 高句麗 군대를 추격하다가 피살되었는데, 嚴尤는 이 일을 지나치게 문제 삼을 경우 도리어 高句麗가 背叛할 것이고 이에 夫餘·濊貊도 동조할 수 있기 때문에, 慰安策을 쓸 것을 주장했다. 하지만 王莽은 듣지 않고 高句麗를 공격하라고 했다. 嚴尤는 고구려 장수 延丕를 꾀어 목을 베어 京師에 보냈다. 이에 王莽이 기뻐해 高句麗王을 '下句麗侯'라고 改稱하고 천하에 布告했으나, 이후 高句麗의 侵寇는 더욱 심했다고 한다. 그런데 『漢書』 卷99中 「王莽傳」(: 4130)에는 嚴尤가 高句麗侯 騶를 유인 살해했다고 했다. 이는 '我將 延丕'를 살해했다는 『三國史記』와 다른데, 이에 대해 李丙燾는 『漢書』의 기록이 誤傳 내지 과장이 아닐까 추정했다(『國譯 三國史記』 卷13: 227).

7) 嚴尤의 대책 내용은 『漢書』 卷94下 「匈奴傳」(: 3824)에 자세하게 남아 있다. "莽將嚴尤諫曰: '臣聞匈奴爲害, 所從來久矣, 未聞上世有必征之者也. 後世三家周·秦·漢征之, 然皆未有得上策者也. 周得中策, 漢得下策, 秦無策焉. 當周宣王時, 獫允內侵, 至于涇陽, 命將征之, 盡境而還. 其視戎狄之侵, 譬猶蟁蝱之螫, 敺之而已. 故天下稱明, 是爲中策. 漢武帝選將練兵, 約齎輕糧, 深入遠戍, 雖有克獲之功, 胡輒報之, 兵連禍結三十餘年, 中國罷耗, 匈奴亦創艾, 而天下稱武, 是爲下策. 秦始皇不忍小恥而輕民力, 築長城之固, 延袤萬里, 轉輸之行, 起於負海, 疆境旣完, 中國內竭, 以喪社稷, 是爲無策. 今天下遭陽九之阸, 比年饑饉, 西北邊尤甚. 發三十萬衆, 具三百日糧, 東援海代, 南取江淮, 然後乃備. 計其道里, 一年尙未集合, 兵先至者聚居暴露, 師老械弊, 勢不可用, 此一難也. 邊旣空虛, 不能奉軍糧, 內調郡國, 不相及屬, 此二難也. 計一人三百日食, 用糒十八斛, 非牛力不能勝; 牛又當自齎食, 加二十斛, 重矣. 胡地沙鹵, 多乏水草, 以往事揆之, 軍出未滿百日, 牛必物故且盡, 餘糧尙多, 人不能負, 此三難也. 胡地秋冬甚寒, 春夏甚風, 多齎鬴鍑薪炭, 重不可勝, 食糒飮水, 以歷四時, 師有疾疫之憂, 是故前世伐胡, 不過百日, 非不欲久, 勢力不能, 此四難也. 輜重自隨, 則輕銳者少, 不得疾行, 虜徐遁逃, 勢不能及, 幸而逢虜, 又累輜重, 如遇險阻, 銜尾相隨, 虜要遮前後, 危殆不測, 此五難也. 大用民力, 功不可必立, 臣伏憂之. 今旣發兵, 宜縱先至者, 令臣尤等深入霆擊, 且以創艾胡虜.'" 이상의 내용은 『漢書 外國傳 譯註』: 257을 참조.

8) 班固(32~92): 後漢時代의 역사가, 문학가였다. 字는 孟堅으로 扶風 安陵(지금 陝西省 咸陽 동북쪽)사람이었다. 班彪의 아들로 16세에 洛陽太學에 들어갔다가 23세에 아버지 사후에 귀향해 아버지가 저술하던 『史記後傳』이 자세하지 못하다고 여겨 계속적으로 저술을 했다. 明帝 永平 5년(62)에 사적으로 국가를 저술한다고 무고되어 투옥되었다가 동생 班超가 상소해 변호함으로써 풀려났다. 이후에 蘭臺令史가 되었고 典敎秘書 등이 되었다. 왕명을 받고 後漢 개국 이래의 일을 저술해 『世祖本紀』를 공저했고, 스스로 功臣, 平林, 新市, 公孫述 등의 열전 등 28편을 저술했다. 明帝의 명을 받아 마침내 『漢書』를 저술해냄으로써 斷代正史라는 새로운 서체를 만들어 후세의 모범이 되었다. 그 중에서 8表와 天文志는 班昭와 馬續가 이어서 저술했다. 章帝시기에 玄武司馬가 되었고, 建初 4년(79)에 白虎館 회의를 주제했고, 이후에 그 내용을 『白虎通德論』으로 종합했다. 和帝 永元 元年(89)에 大將軍 竇憲을 따라 匈奴 원정에 참여해 中護軍

면 주(周)나라는 상책을 얻었고 진(秦)나라는 중[책]을 얻었으며 한(漢)나라는 대책이 없었다[無策]고 할 수 있다."[10] [이것은] 무엇을 말하는 것인가? [주나라는] 황복(荒服)[11] 밖[에 위치한 곳]은 교화의 가르침이 미치지 못하는 곳이라[여겨,] 그들이 반란을 일으킨다고 군대를 동원하지 않았고 그들이 항복한다고 방비를 늦추지도 않았다. [다만] 방어를 엄격히 하고 요새를 공고히 하여서, [그들이] 노략질 하려 해도 할 수 없었고 [그들이] 신하가 되려 해도 허락하지 않았다. 이렇게 하여 "이 중국[中夏]에 은혜를 베풀고 모든 곳[四方]을 안정시켰다."[12][는 것이] 주나라의 방법이었기 때문에 주나라가 상책(上策)을 얻었다고 [평가]한 것이다.

易稱：「王侯設險以固其國.」 築長城, 脩障塞, 所以設險也. 趙簡子起長城備胡, 燕·秦亦築長城限中外, 益理城塹, 城全國滅, 人歸咎焉. 後魏築長城, 議者以爲人

이 되어 참모 역할을 했다. 그 다음에 行中郎將事가 되었다. 永元 4년에 竇憲이 권력을 잃고 피살되자 삭탈관직이 되어 옥사했다. 이후에 그의 글을 모아 『班固集』이 편찬되기도 했다(『後漢書』 卷40下 「班固傳」: 1330).

9) 班固는 『漢書』 卷94下 「匈奴傳」下: 2994의 論贊에서 다음과 같이 匈奴에 대한 대책을 평가했다. "論曰: 四夷之暴, 其埶互彊矣. 匈奴熾於隆漢, 西羌猛於中興. 而靈獻之閒, 二虜迭盛, 石槐驍猛, 盡有單于之地, 蹋頓凶桀, 公據遼西之土. 其陵跨中國, 結患生人者, 靡世而寧焉. 然制御上略, 歷世無聞; 周·漢之策, 僅得中下. 將天之冥數, 以至於是乎?".

10) 嚴尤와 班固는 모두 北方 種族에 대한 대책에서 "上策은 없고, 周나라는 中策을 얻고, 漢나라는 下策을 얻고, 秦나라는 無策이었다."고 평가했는데, 이상과 같은 "周得上策, 秦得其中, 漢無策."이라는 평가 내용은 劉貺의 입장으로 이해된다.

11) 荒服: 邊疆의 외진 지역이면서도 능히 帝王에게 복종할 수 있는 땅을 뜻한다. 이것은 王畿로부터의 거리에 따라 五服을 둔 제도로부터 나온 것이다. 周代에 每 500리를 1服이라고 하고 그 순서는 甸服, 侯服, 綏服, 要服, 荒服이었다. 대체적으로 거리로 보면 荒服은 王畿로부터 2,500리(일설에는 4,500리에서 5,000리라고도 한다) 밖의 지역으로 가장 외곽에 위치하고 있으며 종족이나 국가들이 존재하는 지역을 의미했다. 반면에 『周禮』 「夏官」 <職方氏>에서는 中國의 구역을 首都로부터 9개의 구역으로 나뉘어 이를 九服이라 했다. 그 중에서 蠻服은 天子의 京畿로부터 4500里 떨어져 있는 여섯 번째 구역 즉, 夷 보다 앞에 있는 지역에 거주해 다른 종족으로서의 성격이 상대적으로 덜한 것으로 되어 있다. 이것은 동심원으로 형성된 中國의 지리 체계 내에 포함되기는 하나 정치적, 도덕적 권위의 중심 지역으로부터 멀리 떨어져 있어 中國의 문화적인 영향을 받지 않는 지리적 범주를 의미한다.

12) 『詩經』의 <大雅 民勞>에 "惠此中國, 以綏四方"이라는 구절이 있다.

治一步, 方千里, 役三十萬人, 不旬朔而獲久逸, 故曰秦得中策.

『주역(周易)』[13]은 "제왕(帝王)과 제후(諸侯)는 요새를 만들어 그 나라를 공고하게 한다."[14]고 하였다. 장성(長城)을 쌓고 장새(障塞)를 수리하는 것은 요새를 만들기 위한 것이다. [그러나] 조간자(趙簡子)[15]가 장성을 세워 흉노[胡][16]에 대비했고, 연(燕)나라와 진(秦)나라도 장성을 쌓아 중국과 그 밖을 구분하고 성채와 참호[塹]를 더 잘 수리하였는데, 성채가 완전해졌음에도 도리어 나라가 망했기 때문에 사람들이 [이러한 대책에] 허물을 돌렸다. [한편] 이후에 후위(後魏)[17]가 장성을 쌓을 때 사람들이 한 사람이 한 보를 수리할 수 있어 사방 천 리면 30만 명의 노역이 필요하니 열흘 내지 한 달 만[의 수고로움]으로 오랜 편안을 얻을 수 있다고 생각했기 때문에 [장성을 쌓고 장새를 수리한] 진나라가 중책[中策]을 얻었다고 한 것이다.

漢以宗女嫁匈奴, 而高祖亦審魯元不能止趙王之逆謀, 謂能息匈奴之叛, 非也. 且冒頓手弑其親, 而冀其不與外祖爭彊, 豈不惑哉? 然則知和親非久安計而爲之者, 以天

---

13) 『周易』: 고대 중국의 철학서로 六經의 하나이다. 萬象을 陰陽 二元으로써 설명해 그 으뜸을 太極이라 했고 그로부터 64괘를 만들었는데, 이에 맞추어 해석을 덧붙였다. 달리 『易經』이라고도 한다.

14) 이 내용은 『周易』 坎卦第二十九 "彖曰, '習坎', 重險也, 水流而不盈. 行險而不失其信, 維心亨, 乃以剛中也, '行有尙', 往有功也. 天險不可升也, 地險山川丘陵也, 王公設險以守其國, 險之時用大矣哉!"에 나오는데 약간의 차이가 있지만 의미는 동일하다.

15) 趙簡子: 春秋 末期 晉의 卿으로 이름은 鞅 내지는 志父였다. 달리 趙孟이라고 불리기도 했다. 그는 晉나라에서 내분이 일어나자 范氏와 中行氏를 타도하고 전493년에 封地를 확대해 이후 趙나라를 세우는 토대를 마련했다.

16) 胡: 일반적으로 匈奴 이전에는 북방의 異民族을 지칭하는 명칭으로 범용되었다가 이후 匈奴帝國이 등장하게 되면서 匈奴를 주로 지칭하는데 사용되었다(陳勇, 2005: 60). 여기에서는 匈奴와 東胡 등을 지칭하는 것으로 주로 사용되었다. 하지만 隋唐代에는 북방에 거주하는 유목민을 지칭하는 것보다는 중앙아시아아의 소그드인[粟特人 또는 昭武九姓]을 지칭하는 말로 사용되었다(모리야스, 2006: 108). 이 단어의 어원은 비중국어 계통인 것으로 보이는데, 현대 몽골어에서 '아들'을 뜻하는 kö'ü와의 유사성이 있는 것으로 추정되기도 한다.

17) 後魏(386~534): 中國 南北朝時代 華北지역을 지배했던 왕조인 北魏를 지칭한다. 다르게는 魏, 元魏, 拓跋魏 등으로 불리기도 한다.

下初定，紓歲月之禍耳．武帝時，中國艾安，胡寇益希，疏而絕之，此其時也．方更糜耗華夏，連兵積年，故嚴尤以爲下策．然而漢至昭·宣，武士練習，斥候精明，匈奴收跡遠徙，猶襲奉春之過舉，傾府藏給西北，歲二億七十萬．皇室淑女，嬪於穹廬；掖庭良人，降於沙漠．夫貢子女方物，臣僕之職也．詩曰：「莫敢不來享，莫敢不來王.」荒服稱其來，不言往也．公及吳盟，諱而不書．奈何以天子之尊，與匈奴約爲兄弟？帝女之號，與胡媪並御；蒸母報子，從其汚俗？中國異於蠻夷者，有父子男女之別也．婉冶之姿，毀節異類，垢辱甚矣．漢之君臣，莫之恥也．魏·晉羌狄居塞垣，資奉踰昔．百人之酋，千口之長，賜金印紫綬，食王侯之俸．牧馬之童，乘羊之隸，齎毳毦邀利者，相錯於路．耒耨之利，絲枲所生，散於數萬里之外．胡夷歲驕，華夏日蹙．方其彊也，竭人力以征之；其服也，養之如初．病則受養，彊則內攻，中國爲羌胡服役且千載，可不悲哉！誠能移其財以賞戍卒，則民富；移其爵以餌守臣，則將良．富利歸於我，危亡移於彼，無納女之辱，無傳送之勞．棄此而不爲，故曰漢無策．

한나라에서는 종실의 딸을 흉노(匈奴)[18]에 시집을 보냈는데, 고조(高祖)[19] 조차 노원[공

18) 匈奴: 기원전 3세기 말 몽골 초원을 통일하고 북아시아 최초로 유목국가를 건설해 발전했다. 그 이후에 漢나라와 대결과 和親을 되풀이 하다가 내분으로 기원후 1세기경에 남북으로 분열되었고, 내부적인 갈등의 증폭과 漢나라의 羈縻政策으로 인해 국가가 붕괴되었다. 그 이후에 주요 세력은 中國 북방으로 내려와 南匈奴를 형성해 三國時代까지 中國의 藩屛으로 존재했고 西晉이 종언을 구하는 永嘉의 喪亂을 계기로 시작된 五胡十六國時代에 漢과 前趙, 北涼 등을 건설하면서 활동하기도 했다. 따라서 匈奴는 그 국가가 붕괴되어 역사적 작용이 소멸된 이후에도 여전히 북아시아 遊牧民族의 典型으로 여타 유목민과 비교 대상이 되었을 뿐만 아니라 심지어 그들을 지칭하는 일반적인 표현으로 사용되었다(사와다 이사오, 2007).

19) 前漢 高祖(재위 전202~전195년): 漢나라를 건국한 劉邦(전256~전195)의 廟號로 諡號는 高帝였으며 달리 高皇帝라고도 했다. 秦나라 말기 泗水 沛縣(지금의 江蘇省 지역) 사람으로 字는 季였다. 일찍이 亭長을 맡았다. 秦 二世皇帝 元年(전209)에 陳勝 吳廣의 봉기에 호응해 沛公이라고 칭했다. 項羽가 진나라의 주력 부대와 대결을 벌일 때 穎川, 南陽을 거쳐 關中으로 들어갔다. 전206년에 咸陽을 함락시키고 秦나라의 법을 폐지하고 關中의 父老와 法三章을 약속했다. 이후에 項羽가 입관하자 그를 감당하지 못하고 복속되어 그로부터 漢王의 칭호를 얻고 漢中으로 들어갔다. 이후 項羽와 4년간의 대결을 벌어 垓河에서 격파하고 칭제했다. 漢나라를 세우고 수도를 長安에 세웠다. 건국 이후에는 제도를 완비하고 전후의 사회적 안정을 꾀했을 뿐만 아니라 異姓 諸侯의 세력을 약화시키기 위해 노력했다.

주](魯元公主)[20]를 골라 [시집을 보내도] 조왕(趙王)[21] [장오(張敖)]의 역모를 막지 못하니, [종실의 딸을 시집보내면] 능히 흉노가 어지럽히는 것을 막을 수 있다는 말은 틀렸다. 황차 묵특[선우](冒頓單于)[22]는 직접 그의 아버지를 죽였는데, 그가 [혼인으로 맺어진] 외할아버지와 힘을 겨루지 않기를 기대한다는 것은 어찌 어리석지 않겠는가? 그러므로 화친은 오랜 안정을 가져줄 계책으로 한 일이 아니라 천하가 갓 안정되었을 때 잠깐의 화를 모면하는 수단이었을 뿐임을 알겠다. [한] 무제(武帝)[23] 시기에 중국이 태평하게 되어 흉노[胡]의 노략

---

20) 魯元公主(?~전187): 漢 高祖의 딸로 呂后의 소생이었다. 食邑이 魯에 있었고, 큰 딸이었기 때문에 魯元이라고 했다. 趙王 張敖와 결혼을 했고, 그의 딸은 이후에 惠帝의 황후가 되었다. 惠帝 2년(전194)에 呂后가 그의 봉읍이 과대하다고 해 成陽郡을 바치라고 하면서 그녀를 太后로 존칭하라고 했기 때문에 魯元太后라고도 한다. 高后 元年에 병으로 죽었다.

21) 張敖(?~전182): 前漢의 諸候王으로 張耳의 아들이었다. 浚儀(지금 河南省 開封)의 사람으로 秦나라 말기에 아버지와 기병해서 陳涉에게 成都君으로 봉해졌고, 이후에 項羽가 아버지를 常山王으로 봉했다. 이후 아버지를 따라 漢나라에 귀순해서 아버지가 趙王으로 봉해졌고, 그를 이어 전202년에 趙王이 되었다. 姓이 張이었기 때문에 張王이라고도 불렸다. 高祖의 장녀 魯元公主와 결혼을 했고, 전206년에 그의 相 貫高 등이 高祖를 살해하려는 일이 벌어지자 폐해져 宣平侯가 되었지만 惠帝가 즉위하자 그의 딸이 皇后가 되었다. 사후에 諡號를 武라고 했다

22) 冒顿單于(재위 전209년~전174년): 음은 묵특 또는 묵돌 등으로 읽기도 하는데, 묵특으로 읽는 것이 일반적이다. 冒頓의 의미는 투르크 또는 몽골어로 영웅을 지칭하는 '바가투르(baghatur)' 내지는 몽골어의 神聖을 지칭하는 '보구드(boghud)' 등으로 해석되기도 한다. 그는 전209년에 아버지인 匈奴의 초대 頭曼單于를 살해하고 스스로 單于가 되었다. 이후 내정을 갖춘 다음 東胡와 月氏 등 인근 부족을 격파하고 오르도스의 樓煩과 白羊 등을 병합했다. 그리고 秦나라가 확보했던 河南 지역을 다시 차지하는 등 세력을 크게 발전시켰다. 나아가 북방의 예니세이강 상류의 丁零과 서북방의 堅昆 등도 복속시켰다. 이를 통해 몽골 초원을 중심으로 중앙아시아를 지배하는 거대한 유목제국을 건설했다. 漢나라와 싸워 이긴 이후에 화친을 통해 더욱 세력을 확대하는 등 匈奴帝國의 성립과 발전에 결정적인 역할을 했다.

23) 前漢 武帝(재위 전141~전87): 이름은 劉徹이고 묘호는 世宗였다. 즉위 후 前代의 權臣들을 면직시키고 어질고 겸손한 선비를 등용해 관리의 자질을 향상시켰다. 五經博士를 두어 儒學에 중점을 두고 전127년부터 諸侯國을 왕의 여러 아들에게 分封해 中央集權을 강화했다. 이후에 全國을 13州로 나누고, 주마다 刺史를 두어 군수를 감독시켰다. 또 運河를 굴착해 농지의 관개와 운송을 도왔다. 대외적으로는 張騫을 大月氏로 파견하고, 장군 衛靑, 霍去病, 李廣 등을 시켜 匈奴를 토벌시켜 오르도스 지방을 회복해 두 개의 郡을 설치했다. 전119년에는 衛靑이 匈奴를 고비 북쪽으로 내쫓았다. 河西에 있던 匈奴 渾邪王이 항복하자 그 곳에 4군을 설치해 중앙아시아와 연결되는 교통로를 확보하다. 이후 西域 諸國의 入貢이 계속되었고 전104년에는 李廣利를 시켜 파미르 고원 북서에 있는 大宛國(페르가나)을 정벌했다. 匈奴에 대한 방어와 西域 교통로 유지를 위해 漢人을 이주시키고 屯田을 설치했다. 남으로 閩越과 東越 두 왕국을 병합했다. 전111년에는 番禺(지금 廣東)에 도읍한 南越을 멸망시킨 다음 9개의 郡을 설치했다.

질이 더욱 줄었는데, [그들과의 관계를] 약화시키고 끊어 버리는 것이 [바로] 이때 [할 일]이었다. [그러나 무제는] 바야흐로 더욱 중국[의 인력]을 소모하며 전쟁이 매년 끊이지 않았기 때문에 엄우가 하책(下策)이라고 생각한 것이었다.

그러나 한나라가 소[제](昭帝)[24]와 선[제](宣帝)[25] 시기에 이르러 무사들은 연습이 [잘] 되고 척후가 촘촘하고 분명하며 흉노가 종적을 감춰 멀리 옮겨갔음에도 불구하고 도리어 봉춘[군](奉春君) [누경(婁敬)[26]]의 잘못된 행동으로 나라의 창고[府藏]를 기울여 서북(西北)

四川省 변경에서 雲南과 貴州에 있는 冉駹, 嶲, 筰, 夜郎, 滇 등의 종족을 귀순시키고 6개의 郡을 설치했다. 동으로는 朝鮮을 공격해 王劍城을 함락시키고 전108년 樂浪・眞番・臨屯・玄郡 등 4개의 郡을 두었다. 성공적인 外治의 성과에 비해 宮殿과 離宮을 짓고, 不老長生을 믿어 方士를 모아 泰山에 封禪하고 각지를 순행해 재정을 압박함으로써 내치에서는 문제를 일으켰다. 그래서 增稅・新稅에다 鹽・鐵을 전매하고 均輸・平準法 등을 실시하는 등 재정 확보 정책을 썼다. 또한 武功爵을 팔기도 했으나 관리의 부정이 심해지고 국민의 생활도 궁핍해져 皇太子의 반란(巫蠱의 亂)이 일어났다. 晩年에는 외정을 중지하고 다시 변경에 있는 輪臺의 屯田을 폐지하는 등 백성을 다스리는 데 힘썼다.

24) 前漢 昭帝(재위 전94~전74; 재위 전87~전74): 이름은 弗陵이며, 武帝의 少子이고 어머니는 趙倢伃였다. 後元 2년(전87) 武帝가 임종하기 전에 太子가 되어 다음날 즉위했다. 나이가 겨우 8세였기 때문에 霍光, 上官桀, 金日磾, 桑弘羊 등이 遺詔를 받아 輔政했다. 즉위 후에도 정치를 霍光에 위임했다. 당시 민생이 피폐했기 때문에 與民休息 정책을 취하고 徭賦을 경감하고 貧民에게 公田을 빌려주고 流民을 招撫했다. 始元 6년(전81)에 郡國의 賢良文學을 모아 鹽鐵회의를 열었고, 곧 榷酤를 罷했다. 또 匈奴와 화친을 회복했다. 정치가 비교적 안정되고 사회경제가 어느 정도 회복되었다.

25) 前漢 宣帝(재위 전91년~49년): 諱는 詢이고 字는 次卿이었다. 武帝의 曾孫이며, 戾太子의 손자였다. 조부 戾太子가 巫蠱의 난에서 죽었기 때문에 어려서부터 민가에서 자랐다. 전74년에 昭帝가 붕어하자 한때 迎立된 昌邑王 賀를 霍光이 폐위시키자 18세의 나이로 皇位를 이었다. 처음에는 霍光이 攝政했으나, 전68년 霍光이 병들어 죽은 뒤에는 霍氏 일족을 제거하고 친히 정사를 맡았다. 地方行政制度를 정비하고, 처음으로 常平倉을 설치해 빈민구제를 도모했다. 한편으로 대외적으로는 匈奴의 쇠퇴를 틈타 烏孫과 손잡고 匈奴를 격파했다. 그리고 鄭吉을 西域都護로 해 소위 西域 36국을 服屬시킴으로써 마침내 匈奴가 약화되어 분열되게 만들었다. 전51년에 南匈奴가 漢나라에 복속하기에 이르렀다. 宣帝시대는 武帝 이후 漢나라의 威勢가 최고도에 달했으므로, 前漢의 여러 황제 중에서도 賢帝로 꼽혔다.

26) 婁敬: 前漢 齊 사람으로 劉敬이라고도 한다. 漢 高帝 5년(전 202) 劉邦이 雒陽을 수도로 삼는다는 소문을 듣고 戍卒로서 알현해 關中에 定都해야 하는 이점을 말하자 劉邦이 바로 長安으로 천도할 것을 결정했다. 劉氏 성을 내렸으며 郎中으로 임명되고 奉春君에 봉해졌다. 高帝 7년(전 200) 高祖가 匈奴를 공격할 때 사신으로 파견되어 돌아와 匈奴를 공격하지 말라고 보고했으나 高祖가 듣지 않다가 白登山에서 포위되었다. 그는 匈奴와 화친할 것을 주장하고 匈奴에 가서 조약을 맺었다. 그 다음에 돌아와 과거 戰國時代의 貴族들을 제압하기 위해 10만여 명을 關中에 徙民하게 하라고 하는 등 强幹弱枝 政策을 추진하는데 기여했다(『史記』 卷99 『劉敬叔孫通傳』: 2715~2720).

에 [재물을] 내려준 것이 매년 2억 7십만이나 되었다. [더욱이] 황실의 숙녀(淑女)[27]가 궁려(穹廬)[28]에 시집가고, 궁정의 양인(良人)[29]이 고비[沙漠][30]로 내려가야만 했다. 무릇 자녀와 토산품을 바치는 것은 신복(臣僕)의 직분이었다. [이것을] 『시경(詩經)』[31]에서는 [다음과 같이] 설명했다. "감히 [재물을] 바치려고 오지 않는 사람이 없고 감히 왕을 만나러 오지 않는 사람이 없다."[32] 황복은 그들이 오면 칭송하지만 가는 것은 [굳이] 말할 필요가 없다. [이런 이유 때문에 애]공(哀公)과 오(吳)나라가 동맹을 한 것을 [『춘추(春秋)』에서] 피휘(避諱)하여 기록하지 않았던 것이다. [그런데] 어찌 존귀하신 천자께서 [도리어] 흉노와 형제의 약속을 맺으실 수 있단 말인가? [또한] 황제의 딸 [즉, 공주]라는 명칭[을 갖고 있는데]도 흉노 여자와 같은 대접을 받고, [흉노의 형사취수 관습에 따라] 어미를 아들이 배필로 맞아들이는 그런 나쁜 습속을[33] 따라야만 할 것인가? 중국이 만이(蠻夷)와 다른 것은 부자남녀(父子男女)의 구분[34]이 있기 때문이다. 예쁘게 단장을 한 [공주의] 모습으로 다른 족속에게 가서 [도리어] 절조에 상처를 입었으니, [이는] 정말 심한 모욕이었다. [하지만] 한나라의 임금과 신하들은 [이것을] 부끄러움으로 여기지 않았다.

---

27) 淑女는 漢代의 女官이다.

28) 穹廬: 목재 기둥과 석가래 그리고 그 골조를 펠트로 둘러싸고 난 다음 그 위에 면포나 가죽을 덮는 형식으로 된 조립식의 이동용 천막(yurt 또는 ger)이다.

29) 良人은 漢代의 女官이다.

30) 沙漠은 건조지역을 의미하는 '고비'를 말하는 것이나 여기에서는 유목민들이 사는 초원지역을 은유적으로 표현한 것이다.

31) 『詩經』: 中國 中原의 詩로서, 시대적으로는 周初부터 春秋초기까지의 것 305편을 수록하고 있다. 원래 3,000여 편이었던 것을 孔子가 311편으로 정리했다고 하나 전해지는 것은 305편이다. 風,雅,頌으로 크게 분류되고 雅는 大雅, 小雅로 나뉜다. 國風은 여러 나라의 민요로 주로 남녀 간의 정과 이별을 다룬 내용이 많다. 雅는 공식 연회에서 쓰는 儀式歌이며, 頌은 종묘의 제사에서 쓰는 樂詩이다.

32) 이 내용은 『詩經』 <商頌 殷武> "維女荊楚, 居國南鄉. 昔有成湯, 自彼氐羌, 莫敢不來享, 莫敢不來王, 曰商是常."에 나온 것이다.

33) 이것은 北方 遊牧民의 兄死取嫂 습관을 지칭하는 것이다. 兄死取嫂는 학술적으로는 '嫂婚制' 또는 '收繼婚(levirate)'라고 한다. 이것은 가계를 상속하는 사람이 선대의 아내를 계승함으로써 종족의 혈통이 없어지는 것을 피하기 위한 목적에 기인했다. 왜냐하면 異姓 아내의 경우 일정한 돈을 주고 그의 출신씨족으로부터 얻어온 것이기 때문이다. 따라서 아버지나 형의 후처를 아들이나 동생이 다시 취함으로써 혈족의 단결을 유지하고 재산이 유출되는 것을 막을 수 있었다. 또한 아버지가 죽은 후 그 처를 본래의 족으로 돌려보냈을 때 대립 문제도 있다는 연구도 있다(武沐, 2005: 42).

34) 三綱을 지칭하는 것이다.

위진(魏晉)시대에 강적(羌狄)[35]이 변경지대에 살고 있었는데, [오히려 이들을] 받들어 보낸 재물이 예전보다 많았다. [중국에서는] 백 명의 [대]추(大酋)와 천명의 [군]장(君長)에게 금인자수(金印紫綬)[36]를 내려주며 왕후의 봉록을 누리게 했다. [때문에] 말을 모는 아이와 양을 기르는 노복으로서 모직물(毳罽)을 가져와 이익을 기대하는 사람들이 서로 길에서 부딪칠 정도였다. [이로 인해] 농사로 얻은 소득과 길쌈의 수입이 수만리 밖으로 흩어져 버리게 되었다. [때문에] 흉노[胡夷]가 날로 교만해졌고 중국[華夏]은 날로 궁핍하게 되었다. 바야흐로 그들이 강하게 되면 백성들의 힘을 다해 원정을 해야만 했고, 그들이 복종하면 처음처럼 길러주어야만 했다. [그들은] 힘들 때 보양을 받아 강해지면 [도리어] 안을 공격하고, 중국이 강과 흉노[羌胡]에게 역(役)을 바친 것 역시 오래되니, 슬프다고 하지 않을 수 있겠는가! 진실로 능히 그 재물을 옮겨 수자리 서는 병졸에게 상을 주게 되면 백성들이 부유하게 될 것이고, 그 작(爵)을 옮겨 방비를 하는 신하에게 주면 장수들이 뛰어나게 될 수 있었을 것이다. [이렇게 함으로써] 부유함과 이익이 우리에게 돌아오게 되고 위험과 망함이 그들에게 옮겨가게 되면, [중국은] 여인을 바치는 수치도 [감수할 필요가] 없고 [재물을] 전하고 보내는 수고로움도 없어졌을 터이다. 이[런 좋은 대책]을 버리고 실행하지 않았기 때문에 한나라가 대책이 없다[無策]고 [평가]한 것이다.

嚴尤謂古無上策，謂不能臣妾之也．誠能之而不用耳．秦無策，謂攘狄而亡國也．秦亡，非攘狄也．漢得下策，謂伐胡而人病．人旣病矣，又役人而奉之，無策也．故曰嚴尤辯而未詳也．

---

35) 羌狄: 羌을 지칭하는데, 서북지역의 오래된 종족 중의 하나였다. 주로 羊을 기르기 때문에 羊의 뜻을 따라 사람들을 羌이라 부른 것으로 알려져 있다. 商代부터 기록이 나타나고 商 말기에 周가 周原에서 일어나 발전해 武王이 商나라를 공격할 때 군사를 보내 회맹에 참가하기도 했고, 春秋時代에 秦나라가 陝西, 甘肅에서 발전하자 점차 서쪽으로 이동하지 않으면 안 되었다. 이때부터 羌은 자체적으로 발전해 越雋羌, 廣漢羌, 武都羌 등으로 불렸다. 秦나라 孝公時期에 굴복했고, 이후 6국을 통일 이후에 동진할 수밖에 없었다. 漢나라 초기 匈奴에 귀부하기도 했다가 교통의 요지인 甘肅을 두고 漢나라와 대결을 벌이기도 했으나 武帝가 이곳에 西海郡을 설치했다. 五胡十六國時代에 내지로 이주한 姚氏가 後秦을 세웠으며, 북동 지역인 寧夏로 이동한 羌의 하나인 党項은 宋代에 西夏를 세워 세력을 떨치기도 했다.

36) 金印紫綬는 黃金의 印章과 印에 붙어 있는 紫色綬帶를 말하는데, 최고의 품계에 해당하는 대우를 해주었다는 의미이다.

엄우가 예로부터 상책이 없었다고 말한 것은 [흉노를] 신첩(臣妾)으로 삼을 수 없었기 때문이다. [그러나] 진실로 그럴 수 있더라도 그럴 필요가 없다. 진나라가 대책이 없었다고 한 것은 적[狄]을 몰아냈지만 나라가 망하였기 때문이다. [그러나] 진나라가 망한 것이 적을 몰아내었던 탓은 아니다. 한나라가 하책을 얻었다고 한 것은 흉노를 정벌해 백성들을 고통스럽게 하였기 때문이다. [그러나] 백성들이 힘들었을 뿐만 아니라 나아가 백성들을 부려서 그들을 받들었으니, [한나라야말로 진정] 대책이 없었다[고 하겠다]. 그러므로 엄우가 설명을 잘 했으나 [그 의론이] 치밀하지 않다고 한 것이다.

班固謂「其來慕義，則接以禮讓」. 何者? 禮讓以交君子，非所以接禽獸夷狄也. 纖麗外散，則戎羯之心生；戎羯之心生，則侵盜之本也. 聖人飮食聲樂不與之共，來朝坐於門外，舌人體委以食之，不使知馨香嘉味也. 漢氏習玩驕虜，使其悅燕·趙之色，甘太官之珍，服以文綺羅紈，供之則增求，絕之則招怨，是飽豺狼以良肉，而縱其獵噬也. 華人步卒利險阻，虜人騎兵利平地，堅守無與追奔競逐，來則杜險使不得進，去則閉險使不得還，衝以長戟，臨以彊弩，非求勝也，譬諸蟲豸虺蜴，何禮讓之接哉? 故曰班固詳而未盡者，此也.

반고는 “그들이 [중국에] 와서 [예]의(禮義)를 흠모한다면 예절과 양보[禮讓]로 [그들을] 대접해야 한다.”라고 말하였다. [이 또한 문제가 있는 것은] 무슨 까닭인가? 예절과 양보는 군자와 사귀는 방법이지 금수나 이적을 접대하는 방법이 아니기 때문이다. [중국의] 곱고 아름다운 것을 밖에 베풀게 되면 융갈(戎羯)[37][처럼 나쁜] 마음이 일고, 융갈의 마음이 일어나면 [그들이 중국에] 쳐들어와 도둑질하게 된다. 성인(聖人)은 음식(飮食)과 성악(聲樂)을 [융갈과] 함께 나누지 않았고 [융갈이] 조공을 오면 문밖에 거주하게 한 다음 역관[舌人]에게 [가축] 날것을 줘 먹으라고 함으로써 [융갈들이 중국의] 향기 좋고 맛난 것을 알지 못하게 했다. 한대에 교만한 흉노[驕虜]를 길들이려고 그들을 연나라와 조나라의 미색에 빠지게 만들고 태관(太官)[38]의 진미를 맛보게 하며 무늬가 있는 비단옷을 입혔기 때문에, [만약 조정에서

37) 戎과 羯은 고대에 중국의 서북지역에 거주하던 종족의 명칭이나, 여기에서 이것은 탐욕스러운 ‘夷狄’의 대명사로 쓰였다.

물자를] 주면 [흉노의] 요구가 늘어나고 [물자의 공급을] 끊으면 [흉노의] 원한을 샀으니, 이는 승냥이나 이리에게 좋은 고기로 배를 불려 마음대로 사냥을 해서 먹게 한 것과 같았다.

[또한] 중국의 보병은 험준한 땅이 유리하고 흉노의 기병은 평평한 땅이 유리하기 때문에 [요새를] 굳게 지킬 뿐 [흉노와] 함께 멀리 나갈 수 없으니, 쳐들어오면 험한 곳을 막아 나아가지 못하게 하고 도망가면 험한 곳을 닫아 되돌아오지 못하게 하며, 긴 창[長戟][39]으로 접전하고 강력한 쇠뇌[强弩][40]로 임전하[여 거리를 두고 싸우]는 것은 [그들을] 이기려는 게 아니다. [흉노는] 벌레, 지렁이, 도마뱀, 살모사[蟲豸虺蜴] 등으로 비유될 수 있는 것들인데 어찌 예절과 양보로 대할 수 있단 말인가? 그래서 반고[의 의론]이 치밀하나 부족하다고 한 것이다.

杜佑謂:

秦以區區關中滅六彊國, 今竭萬方之財, 上奉京師, 外有犬戎憑陵, 陷城數百, 內有兵革未寧, 三紀矣. 豈制置異術, 古今殊時乎? 周制, 步百爲畝, 畝百給一夫. 商鞅佐秦, 以爲地利不盡, 更以二百四十步爲畝, 百畝給一夫. 又以秦地曠而人寡, 晉地狹而人夥, 誘三晉之人耕而優其田宅, 復及子孫, 使秦人應敵於外, 非農與戰不得入官. 大率百人以五十人爲農, 五十人習戰, 故兵彊國富. 其後仕宦途多, 末業日滋. 今大率百人纔十人爲農, 餘皆習佗技. 又秦·漢鄭渠溉田四萬頃, 白渠溉田四千五百頃, 永徽中, 兩渠灌浸不過萬頃, 大曆初, 減至六千畝. 畝朘一斛, 歲少四五百萬斛. 地利耗, 人力散, 欲求彊富, 不可得也. 漢時, 長安北七百里卽匈奴之地, 侵掠未嘗

38) 太官: 관명으로 秦代에는 太官令과 丞이 있었다. 少府에 소속되었는데, 漢代에도 동일했다. 皇帝의 膳食과 燕享의 일을 담당했다. 北魏時代에는 百官의 饌을 담당했고, 光祿卿에 속해 있었다. 이후 北齊, 隋, 唐代에도 동일했다.

39) 長戟은 긴 자루와 자루 끝에 날카로운 날로 된 창끝을 갖고 있어 步兵이 騎兵을 상대하는데 유효한 무기였다.

40) 弩: 활과 비슷하지만 손과 팔 힘이 아니라 기계적 힘으로 화살을 발사할 수 있는 무기이다. 활과 달리 사용자의 팔 힘에 상관없이 일정한 강도로 발사되는 특징을 갖고 있었다. 이는 활은 익히는 데 시간이 많이 필요한 것에 비해 단기간에 조련이 가능하다는 장점을 갖고 있었다. 따라서 훈련되지 않은 병사가 사용하기에는 쇠뇌가 활보다 훨씬 우위에 있지만 장전 시간이 오래 걸려 발사 속도가 활보다 느리다는 점이 단점이었다.

暫息. 計其擧國之衆, 不過漢一大郡, 鼂錯請備障塞, 故北邊妥安. 今潼關之西, 隴山之東, 鄜坊之南, 終南之北, 十餘州之地, 已數十萬家. 吐蕃綿力薄材, 食鮮藝拙, 不及中國遠甚, 誠能復兩渠之饒, 誘農夫趣耕, 擇險要, 繕城壘, 屯田蓄力, 河·隴可復, 豈唯自守而已.

두우(杜佑)[41]가 [다음과 같이] 말했다. 진(秦)나라는 좁은 관중(關中)[42]만으로도 여섯 개의 강한 나라[43]를 멸망시켰는데, 지금 [우리나라는] 천하의 재물을 고갈시켜가며 경사(京師)[44]에 올려 바쳐도 밖으로 견융(犬戎)[45]에게 능욕을 당해 성채 수백 곳을 함락 당했으며, 안에서 군대를 일으킨 것이 그치지 않은 지가 벌써 36년[三紀][46]이나 되었다. 어찌 제도가 방법[術]이 다르고 옛말과 지금이 시세[時]가 다르겠는가? 주나라의 제도는 100걸음을 1무(畝)[47]로 해서 100무를 한 명의 남자에게 주었다. 상앙(商鞅)[48]이 진나라를 도울 때 땅의

41) 杜佑(735~812): 唐代의 宰相으로 理財家, 史學家였다. 京兆 萬年縣(지금 陝西省 西安) 사람으로 字는 君卿이었다. 門蔭으로 벼슬을 시작해 補濟南郡參軍, 剡縣丞이 되었다. 代宗시기에 工部郎中, 撫州刺史, 容管經略使였다. 德宗시기에 楊炎이 재상이 되자 조정에 들어가 工部, 金部郎中을 거쳐 水陸轉運使가 되었다. 이후 戶部郎中, 戶部侍郎으로 활약하다가 盧杞에게 미움을 사서 蘇州刺史로 쫓겨나 嶺南節度使, 淮南節度使가 되었다. 貞元 19년(803) 조정에 들어와 檢校司空, 同平章事가 되었다. 順宗시기에 度支鹽鐵轉運使가 되었고, 憲宗시기에는 司徒, 同平章事가 되고 岐國公으로 봉해졌다. 元和 7년(812)에 병으로 이월 물러났다가 십일월에 죽었다. 학문을 좋아하고 특히 재정과 吏治에 정통했다. 劉秩의 『政典』을 주요 참고 자료로 『通典』 200권을 저술했다(『新唐書』 卷166 「杜佑傳」: 5085).

42) 關中: 동쪽으로 函谷關, 남쪽으로 武關, 서쪽으로 散關, 북쪽으로 蕭關 등의 關 사이에 있는 땅을 말한다. 關中의 지역적 범위에 관해 몇 가지 설이 있다. 첫째, 戰國末 函谷關 以西의 秦國의 故地를 지칭하는 지역이다. 이 경우 巴蜀도 포함한다. 지금 河南省 靈寶縣 서쪽부터 陝西省 전부와 甘肅省 동부, 四川省을 포괄한다. 둘째, 函谷關 서쪽 지역이다. 지금 河南省 靈寶縣 以西와 秦嶺 以北, 甘肅省 동부, 寧夏回族自治區 동남부, 陝西省 북부 지역을 가리킨다. 셋째, 지금 陝西省 關中 平原 지역이다. 넷째, 戰國 秦國의 函谷關 以西의 지역이다. 즉, 지금 河南省 靈寶縣 以西와 陝西省 關中 분지이다. 이 가운데 첫째를 제외한 나머지 세 개의 지리적 범위는 별 차이가 없는데, 이것이 일반적으로 사용되는 關中의 범위이다.

43) 韓, 衛, 趙, 燕, 齊, 楚 등 戰國時代의 여섯 나라를 지칭한다.

44) 京師는 首都를 의미했는데, 隋代에는 大興城이었고, 여기에서는 당시 唐의 수도 長安을 지칭한다. 주55) 長安에 대한 자세한 설명을 참조.

45) 犬戎은 唐代 中國 주변에 거주했던 여러 종족을 지칭하는 관용적인 표현으로 여기에서는 回紇과 吐蕃을 지칭한다.

46) 紀는 12년을 말한다.

이익을 다하지 못한다고 240걸음을 1무로 바꾸어서 100무를 한 명의 남자에게 주었다. 또한 진(秦)나라는 땅이 넓고 사람이 적고, 진(晉)나라는 땅이 좁고 사람이 많았기 때문에 삼진(三晉)[49]의 백성을 끌어들여 농사를 짓게 하면서 그들에게 농지와 택지로 우대를 하고 자손들의 역을 면제시켜 주었으며, 진(秦)나라 사람들로 하여금 밖에서 적을 대응하게 하고 농사와 전투에 종사하지 않는 사람이 관리가 될 수 없게 만들었다. [이로 인해] 대략 100명 중에서 50명이 농사를 짓고 50명이 싸움을 익힐 수 있었기 때문에 군대가 강하고 나라가 부유하게 되었다. [하지만] 그 이후에 관리가 되는 방법이 많아지면서 말업(末業)[50]이 날로 늘어났다. 지금은 대체적으로 100명 중에 겨우 10명만이 농사를 짓고 나머지가 모두 다른 기술을 익히고 있다. 또한 진(秦)나라와 한(漢)나라의 정국거(鄭國渠)[51]는 땅 4만 경(頃)[52]에 물을 대었고, 백거(白渠)[53]는 4,500경에 물을 대었는데, 영휘(永徽)년간(650~655)에 두 관개시설로 물을 대는 것이 점차 줄어 1만 경을 넘지 못했고, 대력(大曆)년간(766~779) 초기에는 6천 무로까

---

47) 畝는 토지 면적을 재는 단위로 周에서는 6尺을 1步(또는 6尺4寸 또는 8尺)로 하고 100步를 畝라고 했다. 秦에서는 5尺을 1步로 하고 240步를 1畝라고 했다. 漢에서도 秦의 제도를 따랐지만 唐에서는 廣1步, 長240步를 1畝로 했다. 戰國時代(1尺이 23.2m)에는 1畝의 면적이 (6×0.232)×(6×0.232)×100 =193.7664m^2이었고, 秦과 前漢時代(1尺이 23.2m)에는 (6×0.232)×(6×0.232)×240=465.0393m^2이었다. 唐代(1尺이 30.0)에는 (5×0.3)×(5×0.3)×240=540m^2이었다

48) 商鞅: 衛鞅 또는 公孫鞅이라고도 한다. 衛나라 公族 출신으로 일찍부터 刑名學에 조예가 깊었다. 魏나라에 仕官하려 했으나 받아주지 않자 秦나라로 가서 孝公에게 채용되어 부국강병의 계책을 세웠다. 儒家와 투쟁하면서 刑法, 가족법, 토지법 등 여러 방면에 걸친 대개혁을 단행해 이후에 秦이 戰國을 통일할 수 있었던 기초를 닦았다. 그 공적으로 列侯에 봉해지고 商(지금 陝西省 商縣)을 봉토로 받으면서 商鞅이라 불리게 되었다. 10년간 秦의 宰相으로 있으면서 엄격한 법치주의 정치를 펴 많은 사람들의 원한을 샀기 때문에 孝公이 죽자 반대파들에게 잡혀 車裂刑에 처해졌다 성립 연대에 대한 논의가 있기는 하나 그의 『商君書』가 남아 있다.

49) 三晉은 戰國時代 晉나라를 해체한 韓, 衛, 趙를 지칭한다.

50) 末業은 本業인 農業 이외의 商工業을 지칭한다.

51) 鄭國渠: 關中 평원의 인공 관개 시설로 秦王 10年(전237年)에 韓나라의 水工이었던 鄭國의 建議로 개착되었다. 10여년의 공사 기간에 걸쳐 완성되었는데, 길이는 300리 정도였고, 4만경의 땅에 관계를 할 수 있게 되어 關中이 비옥하게 되었다. 이후에도 涇水의 주요한 관개 시설로 역할을 했다. 달리 鄭渠라고도 한다.

52) 頃: 100畝의 토지를 말한다.

53) 白渠: 漢代에 關中 평원에 개착된 인공 관개시설로 지금 陝西省 경계에 위치하고 있다. 漢 白公이 개착했기 때문에 이름이 붙었다고 한다. 太始 2年에 趙의 中大夫 白公이 涇水의 谷口에서 櫟陽까지 파서 渭水로 흘러들어가게 했다. 총 200리 정도였는데, 관개를 통해 4500여 경에 물을 댈 수 있었다고 한다.

지 줄었다. 무(畝)당 1곡(斛)[54]씩 생산이 줄었다면, 해마다 4, 5백만 곡이나 줄었다. 땅의 이익이 줄고 사람들의 힘이 흩어지게 되었으니, 강하고 부유하고자 해도 될 수가 없다.

한나라 시절에 장안(長安)[55]에서 북쪽으로 7백 리 떨어진 곳이 바로 흉노 땅이라 침략과 약탈이 조금도 그친 적이 없었다. [그런데 당시 흉노는] 전국의 백성을 모두 따져도 한나라 큰 군(郡)의 하나도 되지 못해,[56] 조착(晁錯)[57]이 장새(障塞)를 갖추자고 청하자 [비로소] 북변이 안정될 수 있었다. 지금 동관(潼關)[58]의 서쪽, 농산(隴山)[59]의 동쪽, 부방[도](鄜坊道)[60]의 남쪽, 종남[산](終南山)[61]의 북쪽[에 걸친] 10여 주의 땅은 이미 [인구] 수가 10만

---

54) 斛은 부피를 재는 용기로서 1斛은 10말[斗]이었다.

55) 長安: 隋唐의 수도로 그 이전에 前漢, 新, 前趙, 前秦, 後秦, 西魏, 北周의 都城이었으며 後漢 獻帝 초기와 西晉 愍帝시기 임시 수도였다. 지금 陝西省 西安市의 서북쪽에 있었다. 前漢 高帝 5년(전202)에 長安縣이 설치되고 高帝 7년(전200)에 長安縣에 定都했다. 惠帝 시기에 65里의 성곽을 쌓았는데, 斗城이라 불렸다. 漢代 長安城은 지금 陝西省 西安市 서북 13里 떨어진 곳에 있었다. 隋唐 長安城은 隋 開皇 2년(582)에 漢 長安 故城의 동남쪽에 새로 건설된 都城이었는데, 大興城이라 불렸다. 大興城은 주위가 67里인데 지금 西安城과 성의 동쪽, 남쪽, 서쪽 일대에 해당한다. 開皇 3년(583)에 이곳에 천도했다. 唐代에 長安城으로 개칭되었으며 京城으로도 불렸다. 天寶 元年(742)에 西京으로 改稱되었고 至德 2년(757)에 中京으로 개칭되었으며, 上都로도 불렸다. 上元 2년(761)에 다시 西京이라 불렸다. 天祐 元年(904)에 洛陽으로 천도한 이후 城이 거의 훼손되어 舊城 북쪽에 新城을 改築하니 이것이 지금 西安城이다. 五代 後唐이 이곳을 陪都로 삼았고 唐末 黃巢와 明末 李自成의 농민군이 이곳을 도읍으로 정하기도 했다. 前漢・隋・唐이 長安에 도읍을 정했기 때문에 長安은 國都의 뜻으로 사용되기도 했다(세호 다쓰이코, 2007).

56) "匈奴는 전국의 백성을 모두 따져도 한나라의 큰 郡의 하나도 되지 못한다."고 한 기록은 『史記』에서 中行說이 한 말인데, 당시 실제 匈奴의 인구를 「匈奴傳」: 3751의 기록("自左右賢王以下至當戶, 大者萬騎, 小者數千, 凡二十四長, 立號曰萬騎.")을 근거로 계산해보면 匈奴의 丁壯이 24만이 되지 않았다. 그것을 다시 戶口數로 계산해도 아무리 많아도 144만 정도 된다. 이것은 漢代에 汝南의 戶가 가장 많을 때 46만이라고 할 때 인구가 260만 정도 된 것과 비교된다.

57) 晁錯(전200~전154): 前漢의 대신으로 朝錯이라고도 한다. 穎川(지금 河南省 禹縣) 사람이었다. 張懷로부터 申不害와 商鞅의 학설을 공부했다. 文帝시기에 太常掌故로 임명되었고, 이후에 太子家令이 되어 景帝의 즉위를 받들어 御史大夫가 되었다. 中農抑商을 주장해 법령을 개정했다. 곡식을 거두어들여 작을 주며 백성들을 장새에 두어 匈奴의 공격에 대비했다. 削藩을 주장해서 중앙집권을 공고하게 하려고 했다. 吳楚七國의 난에 죽임을 당했다(『史記』 卷101 「晁錯傳」: 2745).

58) 潼關: 關의 이름으로 과거에는 桃林塞라고 했다. 前漢시대에 설치된 潼關의 옛 유적은 지금 陝西省 潼關縣 동남쪽에 위치하고 있다. 陝西, 山西, 河南 세 省의 요충으로 일반적으로 險要를 지칭한다.

59) 隴山: 지금 六盤山 남단으로 陝西省, 甘肅省 경계에 위치한 산 명칭이다.

60) 鄜坊道: 方鎭의 명칭으로 달리 渭北鄜坊, 渭北이라고도 한다. 上元 元年(760)에 渭北鄜坊節度使가 설치되었다. 치소는 坊州(지금 陝西省 黃陵 동남쪽)에 있었다. 鄜州, 坊州, 丹州, 延州를 관할했는데, 지금 陝西省

가(家)에 이른다. [또한] 토번은 힘이 약하고 재주가 없으며 먹을 것이 적고 기술이 부족하여 중국에 훨씬 미치지 못하니, 만약 다시 두 관개 시설의 풍요로움을 회복해 농부들을 끌어들여 농사를 짓게 하고 험하고 중요한 땅을 골라 성채를 잘 만들어 둔전(屯田)에 힘을 쏟을 수 있다면, 하[주](河州)[62]와 농[주](隴州)[63]을 다시 되찾을 수 있고 단지 자신만을 지키는 데 그치지 않을 것이다.

至佑孫牧亦曰: 天下無事時, 大臣偷處榮逸, 戰士離落, 兵甲鈍弊, 車馬刓弱, 天下雜然盜發, 則疾驅以戰, 是謂宿敗之師. 此不蒐練之過, 其敗一也. 百人荷戈, 仰食縣官, 則挾千夫之名, 大將小裨操其餘贏, 以虜壯爲幸, 執兵者常少, 糜食者常多, 築壘未乾, 公囊已虛. 此不責實之過, 其敗二也. 戰小勝則張皇其功, 奔走獻狀以邀賞, 或一日再賜, 一月累封, 凱還未歌, 書品已崇, 爵命極矣, 田宮廣矣, 金繒溢矣, 子孫官矣, 肯外死勤於我哉? 此賞厚之過, 其敗三也. 多喪兵士, 顚翻大都, 則跳身而來, 刺邦而去, 迴視刀鋸·菜色甚安, 一歲未更, 已立於壇墀之上. 此輕罰之過, 其敗四也. 大將將兵, 柄不得專, 一曰爲偃月, 一曰爲魚麗, 三軍萬夫, 環旋翔佯, 愰駭之間, 虜騎乘之. 此不專任之過, 其敗五也. 元和時, 團兵數十萬以誅蔡, 天下

宜郡, 黃龍, 黃陵, 洛川, 富縣, 甘泉, 宜川, 延長, 延川, 延安, 安塞, 志丹, 子長 서부 등지에 해당했다. 永泰 元年(765)에 丹州와 延州가 빠지고 綏州를 관할하게 되었다. 大曆 6년(771)에 이름을 渭北節度使로 바뀌면서 丹州와 延州를 다시 관할하게 되었다. 大曆 14년에는 都團練使로 바뀌었다. 建中 4년(783)에 다시 渭北節度使로 환원되었고, 치소가 鄜州(지금 陝西省 富縣)로 옮겼다. 그 해에 都團練觀察防禦使로 바뀌었다. 貞元 3년(787)에 渭北節度使라고 다시 칭하면서 綏州가 빠졌다. 元和 3년(808)에 丹州(지금 陝西省 宜川)이 빠졌고, 中和 2년(882)에 保大軍節度로 바뀌면서 관할에 耀州가 늘어났다.

61) 終南山: 陝西省 西安 남쪽 秦嶺山脈 줄기에 있는 산을 말하는데, 南山이라고도 한다.

62) 河州: 五胡十六國 前涼시기에 설치되었고, 치소는 枹罕縣(지금 甘肅省 臨夏 서남쪽)에 있었다. 北魏時期에 枹罕鎭으로 바뀌었고 치소를 지금 臨夏縣城으로 옮겼다. 孝文帝 太和 16년(492)에 河州로 바뀌었다가 隋 大業 3년(607)에 枹罕郡이 되었다. 武德 2년(619)에 河州가 되었고, 開元년간 관할 구역은 지금 甘肅省 東鄕族自治縣, 和政, 臨夏, 積石山保安族東鄕族, 撒拉族自治縣 등지였다. 天寶 元年(742)에 安鄕郡이 되었다가 乾元 元年(758)에 다시 河州로 환원되었다가 폐지되었다.

63) 隴州: 武德 元年(618)에 설치되었고, 치소는 汧源이 있었다. 관할 구역은 汧源, 汧陽, 南由, 華亭 등지의 縣이었는데, 지금 陝西省 西寶鷄, 千陽, 隴縣과 甘肅省 華亭 등지였다. 天寶 元年(742)에 汧源郡으로 바뀌었다가 乾元 元年(758)에 다시 隴州로 환원되었다.

乾耗，四歲然後能取之，蓋五敗不去也．長慶初，盜子若孫悉來走命，未幾而燕·趙亂，引師起將，五敗益甚，不能加威於反虜．

[두]우의 손자인 [두]목(杜牧)[64]도 역시 [다음과 같이] 말했다. 천하가 [태평해] 아무런 일도 벌어지지 않은 시절에 대신(大臣)들이 자리만 차지해 쉬는 것을 즐기고 전사들은 떨어져 나가 흩어지며 무기와 갑옷이 녹슬어 부서지고 수레와 말은 닳고 쇠약해졌다가, 천하가 혼란하게 되고 도적떼가 일어나서야 급히 달려나가 싸우려고 하는 것이 지게 마련인 군대[의 전형이]라고 할 수 있다. 이것은 훈련을 받지 못한 잘못으로 패전의 첫 번째 [원인]이다.

백 명[의 병사가 실제로] 싸우는데 식량을 조정[縣官]에 의존하면, 천 명의 이름을 끼워 넣어 크고 작은 장수들[大將小裨]이 [허위로 끼워 넣은 인원 몫의] 나머지를 착복하여 [전쟁을 일으킨] 오랑캐가 강건한 것을 다행으로 여겨서, 무기를 쥔 사람이 늘 적고 밥만 축내는 사람이 늘 많으며 쌓은 성채가 아직 마르기도 전에 나라의 창고가 비게 된다. 이것은 실속있게 만들지 못한 잘못으로 패전의 두 번째 [원인]이다.

싸워서 조금만 이겨도 그 공을 크게 부풀리고 부지런히 [전승을 알리는] 문서를 올려 상을 요청하여 혹 하루에 두 번 [상을] 받고 한 달에 몇 번씩 책봉을 받아서, 개선해 돌아와 노래를 부르기도 전에 제수된 관품이 이미 높고 내려진 봉작(封爵)은 지극하여 땅과 집이 넓어졌고 금과 비단은 넘쳐나며 자손들이 [이미 높은] 관직을 얻었는데, 어찌 밖에서 우리[나라]를 위해서 죽기로 노력하겠는가? 이것은 상이 [지나치게] 후한 잘못으로 패전의 세 번째 [원인]이다.

병사들을 많이 잃고 큰 성이 함락되면 자신만 도망쳐 나오거나 나라를 헐뜯으며 [적국으로] 도망가[는 죄를 짓고]도 [패전의 책임으로 받아야 할] 형벌[刀鋸]과 [패전한 병사와 백성들의] 파리한 모습[菜色]을 둘러 보고도 마음의 동요가 없다가 [도리어] 일 년이 되지 않아 [다시

64) 杜牧(803~852): 唐代의 시인, 문학가로서 京兆 萬年縣(지금 陝西省 西安) 사람으로 字는 牧之였다. 杜佑의 손자였다. 文宗시기에 進士가 되었고, 屬文에 뛰어났으며 古今에 통달해 일처리를 잘했다. 처음에 淮南節度使掌書記가 되었다가 監察御史로 발탁되었지만 병으로 물러났다. 左補闕, 史官修撰, 膳部員外郎으로 옮겼다가 黃, 池, 睦, 湖 등 州의 刺史가 되었다. 宰相 李德裕가 그의 재능을 아껴 조정에 들어와 司勳員外郎, 中書舍人이 되었다. 시에 뛰어나 '小杜'라고 불렸다. 『孫子注』 3권, 『杜氏樊川集』 20권 등을 저술했다(『新唐書』 卷166 「杜牧傳」: 5093).

장군과 같은] 중책(重責)의 자리[壇墀之上]에 올라간다. 이것은 벌을 가볍게 한 잘못으로 패전의 네 번째 [원인]이다.

대장이 병사들을 통솔할 때 권력을 전적으로 행사할 수 없어 한쪽은 언월[영](偃月營)[65]을 만들라 하고 [다른] 한쪽은 어려[진](魚麗陣)[66]을 지으라 하니, 삼군(三軍)[67] 일만 명의 병사 빙빙 돌며 우왕좌왕하면서 당황해 하는 사이에 오랑캐의 기병을 이 틈을 탄다. 이것은 전적으로 [통솔권을] 맡기지 않은 잘못으로 패전의 다섯 번째 [원인]이다.

[헌종(憲宗)] 원화(元和)년간(806~820)에 단[련]병(團練兵)[68] 수십만 명이 채[주](蔡州)[69]를 공격했는데, 천하[의 재물]을 고갈시키고도 4년이 지나서야 [비로소] 얻을 수 있었던 것은[70] 모두 [위에서 말한] 다섯 가지 패전[의 원인]을 없애지 못했기 때문이다. [목종(穆宗)] 장경(長慶)년간(821~824) 초기에 도적의 자손들이 모두 와서 투항을 했지만 얼마 지나지 않아 연(燕)과 조(趙)가 다시 반란을 일으켰는데,[71] [황제가] 군대를 보내고 장수를 세웠음에도 다섯 가지 패전[의 원인]이 더욱 심해져 반란을 일으킨 오랑캐들을 제압하지 못했다.

二杜之論如此.

두우와 두목[二杜]이 논한 것이 이상과 같았다.

---

65) 偃月營은 半月形의 陣形을 말한다.

66) 魚麗陣은 물고기가 떼를 지어 앞으로 나아가는 것처럼 둥글고 긴 陣形.

67) 三軍은 군대를 총칭하는 일반적인 표현이다.

68) 團練兵: 團結兵 또는 團兵이라고 한다. 武則天시기에 처음 설치되었다. 일반적으로 殷實, 强壯, 丁男 중에서 선발했다. 정기적으로 모여서 훈련을 하고 그 差徭를 면제해주며 식량을 관에서 공급했기 때문에 府兵과 官健의 중간 정도의 성격을 띤 부대였다. 河北, 隴右, 關中, 劍南 등의 지역에서 鎭防에 참여했다. 至德년간 이후에는 여러 주에도 설치되었고, 團練使를 두었다.

69) 蔡州: 지금 河南省 汝南지역으로 淮西節度使의 治所가 위치하고 있었다.

70) 이상의 사건은 憲宗 元和 9년(814)에 彰義軍節度使 吳少陽이 죽고 그의 아들 吳元濟가 조정으로부터 임명을 받지 못해 반란을 일으키자 조정에서 元和 10년(815) 正月에 토벌이 시작해 元和 12년(817) 十月에 吳元濟를 잡음으로써 종결된 藩鎭의 叛亂을 말한다.

71) 이것은 長慶 元年(821)에 穆宗이 취한 藩鎭에 대한 강압책에 반발해 盧龍節度使인 朱克融, 成德節度使 王庭凑 등 藩鎭의 節度使들이 일으킨 반란이 화북 지역의 藩鎭으로 반발로 확대된 사건을 지칭하는 것으로 燕과 趙는 河北과 山西지역을 의미한다.

廣德·建中間, 吐蕃再飮馬岷江, 常以南詔爲前鋒, 操倍尋之戟, 且戰且進, 蜀兵折刃吞鏃, 不能斃一戎. 戎兵日深, 疫死日衆, 自度不能留, 輒引去. 蜀人語曰: 「西戎尙可, 南蠻殘我.」 至韋皐鑿青谿道以和群蠻, 使道蜀入貢, 擇子弟習書算於成都, 業成而去, 習知山川要害. 文宗時, 大入成都, 自越嶲以北八百里, 民畜爲空, 又敗卒貧民因緣掠殺, 官不能禁. 自是群蠻常有屠蜀之心, 蜀民苦於重征者, 亦欲啓之以幸非常. 歲發戍卒, 不習山川之險, 緩步一舍, 已呵然流汗. 爲將者刻薄自入, 給帛則以疏易良, 賦粟以沙參粒, 故邊卒怨望而巴·蜀危憂. 孫樵謂: 「宜詔嚴道·沈黎·越嶲三州, 度要害, 募卒以守. 且兵籍於州則易役, 卒出於邊則習險, 相地分屯, 春耕夏蠶以資衣食, 秋冬嚴壁以俟寇. 歲遣廉吏視卒之有無, 則官無餽運, 吏無牟盜.」 此其備禦之策可施行者, 著之于篇.

광덕(廣德)(763~764)·건중(建中) 연간(780~783)에 토번이 다시 민강(岷江)[72]까지 [와서] 공격하였는데, 늘 남조(南詔)[73]를 선봉으로 삼아 곱절이나 긴 창을 잡고 한편으로 싸우며 한편으로 나아가도 촉(蜀)[74]의 병사들은 칼에 베이고 화살에 맞으면서도 토번[戎] 병사 하나 죽이지 못했다. [하지만] 토번 병사[戎兵]들은 오래 있게 되면서 병으로 죽는 숫자가 날로 늘어나자 [비로소] 자신이 머물 수 없다고 생각하고 바로 물러나 가버렸다. [이로 인해] 촉 사람들이 "토번[西戎][75]은 그래도 견딜만 하나 남조[南蠻][76]가 우리를 죽이는구나."라고 했다. 위고(韋皐) 때 이르러 청계도(青谿道)[77]를 뚫어 여러 만[群蠻]들과 교류하여[和] [그들이 이] 길로 촉에 [만의] 토산품을 가지고 들어오게 하고, 자제를 골라 성도[부](成都府)[78]에서

72) 岷江: 中國 四川省 岷山山脈에서 시작해 長江으로 흘러들어가는 강으로 길이는 793km이다.

73) 南詔는 雲南에 대한 앞의 자세한 설명을 참조. (주4) 참조).

74) 蜀은 唐代 成都府城을 지칭했다. 秦漢時代이래 隋初까지 蜀郡이 이곳에 있었기 때문에 이름이 유래했다.

75) 西戎은 吐蕃을 지칭한다.

76) 南蠻은 南詔를 지칭한다.

77) 青谿道: 도로의 명칭으로 지금 成都의 서북쪽에 위치하고 있었다.

78) 成都府: 蜀郡의 치소가 있었던 지금 四川省 成都市이다. 貞觀 17년(643)에 蜀縣이 설치되면서 成都縣과 함께 益州의 치소가 되었다. 天寶 元年(742)에 다시 蜀郡의 치소가 되었다가 至德 2년(757) 安史의 난에 玄宗이 와서 지내게 됨에 따라 成都府로 승격되고 南京이 되었다. 上元 元年(760)에 南京이 폐지되면서 劍南四川節度使의 치소가 되었다.

글쓰기와 셈을 익히게 한 다음 학업을 이루면 돌아가게 하자, [이들이] 촉의 산천과 요해를 잘 알게 되었다.

문종(文宗)[79]시기에 [만(蠻)들이] 대거 성도에 들어오면서 월수[현](越嶲縣)[80]으로부터 북쪽으로 8백 리까지의 땅에 백성과 가축이 없어지게 되었고, 또한 패한 군졸과 가난한 백성들이 이를 기회로 약탈하고 살인하는 것을 관에서 막을 수 없었다. 이로부터 여러 만(蠻)[종족]들은 촉을 공격할 마음을 갖게 되었고, [반면에] 촉의 백성들은 거듭된 부역으로 고통스럽게 되자 그들을 끌어들여 [전쟁과 같은] 특별한 일이 일어나기를 바랬다. 해마다 수자리를 서는 병졸을 징발해도 산천의 험함을 익히지 못했고, 천천히 하루만 걸어가도 이미 힘들어하며 땀을 흘렸다. 장수가 된 자는 각박하게 자기 것만 챙겨서 비단을 주면 나쁜 것을 좋은 것으로 바꾸고 곡식을 나누어줄 때 모래를 알곡과 섞었기 때문에 변경의 군졸들이 원망을 해서 파(巴), 촉[81]이 위험하고 걱정스럽게 되었다.

손초(孫樵)[82]가 [다음과 같이] 말했다. "[조정에서는] 마땅히 엄도[현](嚴道縣),[83] 침려[현](沈黎縣),[84] 월수[현](越嶲縣) [등] 세 주에 명령해 요해를 골라 병졸을 모아 지키게 해야만 합니다. 또한 병사의 호적을 [본래의] 주에 두면 역을 [부과하기] 쉽고 변경 출신의 병졸을

---

79) 唐 文宗(809~849, 재위 826~840): 이름은 李昻으로 穆宗의 두 번째 아들로 敬宗의 동생이었다. 처음의 이름은 涵이었고 江王으로 봉해졌다. 寶曆 2년(826)에 景宗이 살해되자 王守澄, 梁守謙이 禁軍을 이끌고 황제로 추대했다. 이 시기 牛李黨爭이 발생했고, 宦官의 해악을 제거하기 위해 王守澄, 梁守謙을 없애려고 했다. 하지만 오히려 太和 9년(835)에 환관 仇士良이 宰相 王涯 등을 죽이는 "甘露之變"이 발생하기도 했다. 開成 2년 國子監에서 石壁九經을 만들어 잘못을 교정했다. 시를 좋아하려 詩學士를 설치하고자 했나. 붕어해 章陵(지금 陝西省 富平 서북쪽)에 묻혔다. 廟號가 文宗이고 시호는 元聖昭獻孝皇帝였다.

80) 越嶲縣: 唐初에 析邛都縣 땅에 설치되었다. 얼마 있다가 邛都縣이 폐지되고 북쪽에 嶲州가 설치되었다. 지금 四川省 西昌에 치소가 있었다.

81) 巴蜀: 지명으로 唐代 劍南道를 지칭하는 것으로 사용되었다. 지금 四川省의 남부의 重慶을 중심으로 한 지역과 북부의 成都를 중심으로 한 지역을 포괄하는 명칭이다.

82) 孫樵: 唐代의 문장가로 字는 可之이고, 關東(지금 陝西省 潼關 이동지역)사람이었다. 宣宗 大中년간(847~859)에 進士가 되었고, 中書舍人으로 제수되었다가 方郎中이 되었다. 『經緯集』, 『孫可之集』을 남겼다(『新唐書』 卷60 「藝文志」 4 <丁部集錄 別集類>: 1608).

83) 嚴道縣: 前漢시대에 설치되어 蜀郡에 소속되었다. 치소는 지금 四川省 滎經에 있었다. 西晉末에 폐지되었다가 北魏시기에 始陽縣(지금 四川省 雅安)에 蒙山郡을 두고 始陽, 蒙山 등을 관할했다. 隋代에 始陽을 嚴道로 바꾸었다. 지금 四川省 雅安 등을 관할했다. 唐代에도 그를 계승했고, 雅州에 소속되었다.

84) 沈黎縣: 隋 開皇 중에 설치되었고, 치소는 지금 四川省 漢源縣 동북쪽에 있었다. 大業 중에 폐지되었다.

뽑으면 [산천의] 험함에 익숙하며 [또한 그] 땅[의 규모와 상황]을 살펴 둔전을 하게 함으로써 봄에는 농사를 짓고 여름에는 누에를 쳐 의복과 식량으로 삼게 하며 가을과 겨울에는 방비를 단단하게 해서 쳐들어올 것을 대비해야 합니다. [이렇게 하면] 해마다 청렴한 관리를 보내 병졸의 유무만 살피면 되니, 관부 곡식을 보낼 필요가 없고 관리들은 도둑질을 하려 할 수가 없습니다." 이것이 그들을 막는 실행 가능한 대책이라 [본] 편에 기록했다.

凡突厥·吐蕃·迴鶻以盛衰先後爲次; 東夷·西域又次之, 跡用兵之輕重也; 終之以南蠻, 記唐所繇亡云.

대저 [본서의 저술은] 돌궐, 토번, 회골은 성쇠의 선후에 따라 순서를 정했고, [사타(沙陀), 북적(北狄)],[85] 동이(東夷),[86] 그리고 서역(西域)[87]을 또한 다음에 두었는데, 용병(用兵)의 경중에 따랐다. [그리고] 마지막으로 남만(南蠻)[88]을 두었고, [그 다음에] 당(唐)나라를 망하게 된 연유를[89] 기록했다.

---

85) 저본 卷215에서 突厥, 卷216에서 吐蕃, 卷217에서 回鶻, 卷218에서 沙陀, 卷219에서 北狄을 다루고 있다.

86) 東夷는 동쪽에 사는 여러 종족을 지칭하는데, 저본의 卷220 「東夷傳」에서 다룬 高麗, 百濟, 新羅, 日本, 流鬼 등을 말한다.

87) 西域은 中國의 서쪽 지역을 뜻하는데, 시대에 따라 그의 지리적 범위가 달라졌다. 이 용어는 『漢書』에 처음으로 나타나며, 원래 동투르키스탄, 즉 지금 新疆維吾爾自治區에 있는 타림 분지에 산재해 있던 오아시스 도시국가들을 지칭했다. 그 이후 中國人의 서방에 관한 지식이 확대되면서 그 지역 범위도 인도에서 로마까지 확대되었다. 그 의미는 일반적으로 넓게는 서투르키스탄, 서아시아, 소아시아, 때로는 인도까지 포함했다. 일반적으로 동투르키스탄과 서투르키스탄을 합친 중앙아시아, 특히 동투르키스탄을 가리키는 말이다. 지금은 中國 중심적이고 지역적인 범주가 모호하다는 이유로 잘 사용되지 않고 있다. 다만 원문과 번역문의 西域은 타림 분지 일대의 오아시스 지역과 알타이산맥 일대의 중앙아시아지역을 포함한다.

西域의 범위에 포괄되는 대상은 저본의 上卷에서 다룬 泥婆羅, 党項, 東女, 高昌, 吐谷渾, 焉耆, 疏勒, 龜茲, 于闐, 天竺, 摩揭陀, 罽賓과 下卷에서 다룬 康, 寧遠, 大勃律, 吐火羅, 識匿, 個失蜜, 骨咄, 蘇毘, 師子, 波斯, 拂菻, 大食 등이다.

88) 南蠻은 南方의 여러 종족을 지칭하는데, 저본의 卷222上과 中에서 다룬 南詔와 下卷에서 다룬 다양한 남방의 여러 종족이 그 대상이다.

89) 저본의 卷223上부터 卷225下까지에서 다룬 「姦臣傳」, 「叛臣傳」, 「逆臣傳」을 말한다.

突厥阿史那氏, 蓋古匈奴北部也. 居金山之陽, 臣于蠕蠕, 種裔繁衍. 至吐門, 遂彊大, 更號可汗, 猶單于也, 妻曰可敦. 其地三垂薄海, 南抵大漠. 其別部典兵者曰設, 子弟曰特勒, 大臣曰葉護, 曰屈律啜·曰阿波·曰俟利發·曰吐屯·曰俟斤·曰閻洪達·曰頡利發·曰達干, 凡二十八等, 皆世其官而無員限. 衛士曰附離. 可汗建廷都斤山, 牙門樹金狼頭纛, 坐常東嚮.

돌궐 아사나씨(阿史那氏)[90]는 대저 옛날 흉노의 북쪽[에 살던] 부[락](部落)[91]이었다.[92]

---

90) 阿史那氏: 突厥의 君主인 可汗을 배출한 氏族으로 核心集團이었다. 突厥 건국 신화 기록에 따르면 원래 母系의 姓이었다가 이후에 君主를 배출하는 氏族의 姓으로 발전했다고 한다. 그 어원에 대해서는 설명이 다양한데, 그 중에서 대표적인 것은 突厥 건국 신화 내용에 따라 '뛰어오르다'는 의미의 ash-ashin 또는 '산을 가로지르다'는 의미의 ashmak으로 보는 입장이다. 그 밖에도 투르크어의 ashina 즉, '우애가 있는', '서로 좋아하는' 등의 의미로 해석하기도 한다(劉義棠, 1990: 474). 그와 달리 동부이란어의 '가치 있는', '고귀한' 등의 의미와 연결을 짓기도 한다(薛宗正, 1992: 47). 이런 해석의 차이는 突厥의 族源을 몽골계통인 투르크냐 아니면 이란계통인 사카의 후예로 볼 것인가와 관련된 문제였다. 이에 대해서는 기존 연구에서 아직까지 계속 논쟁 상태에 있다.

91) 部落: 中國 기록에서 다른 종족 集團의 단위를 나타내는 일반적인 표현이다. 어떤 단위를 특정하기 보다는 인류학적인 개념인 氏族, 部族, 내지는 部族聯合體 등과 같은 다양한 層次의 집단을 통칭한다. 이것을 氏族 내지는 部族 등으로 번역하기도 하나 집단의 규모와 상관없이 동일하게 사용되었기 때문에 간혹 혼란을 일으키기도 한다. 주로 氏族 정도 내지는 그 보다 좀 더 확대된 정도의 규모의 집단을 의미하는데, 경우에 따라서 中國의 기록에 자주 나오는 姓 내지 氏와 같은 단위를 표현하기도 한다.

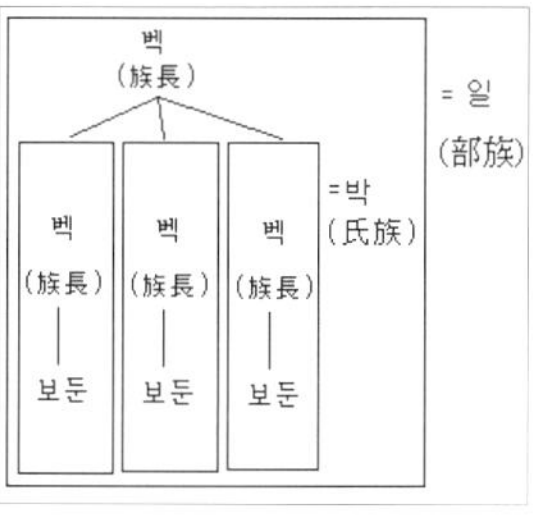

〈씨족 단위의 박(bagh)과 부족 단위의 일(il) 구조〉

突厥에는 일반적으로 氏族 단위를 지칭하는 '박(bagh)' 내부에 '보드(bod)'라는 작은 단위가 여러 개 묶인 '보둔(bodun)'이 존재했다. 보드는 大家族 내지는 親族 정도를 말하고, 보둔은 보드의 복수로 여러 개의 친족집단이 모인 단위 내에서 '피지배를 받는 백성' 내지는 그 구성원 정도를 의미한다. 박(bagh)의 구성원인 보둔에는 掠奪이나 戰爭 등으로 그 내부에 부용이 되어 있는 異族集團도 있었으나 기본적으로는 同族集團의 성격이 강했다. 즉, 공동의 조상을 가진 同族들로 구성된 氏族 단위이거나 아니면 그에 附庸하는 다른 종족들이 일부 포함된 하나의 聯合이면서 그의 행동 단위였다. 따라서 개별적인 遊牧地의 존재 즉, 分地는 일반적으로 이런 단위를 중심으로 정해졌다. 그리고 氏族 정도의 단위인 박(bagh)의 상위에는 그런 단위 몇 개가 모인 연합체인 '일(il)'이 있었는데, 이것은 편의상 部族(tribe)이라고 번역되기도 한다. 일(il)의 지도자는 박(bagh)과 마찬가지로 '벡(beg)'이라고 불렸다. 벡은 일반적으로 단위의 크기와 무관하게 酋長 또는 貴人을 의미했는데, 이것은 국가

[이후에 高昌 서북쪽에 있는 산에 살다가 저거씨(沮渠氏)의 북량(北涼)이 영화(永和) 7년(439)에 멸망하자 아현설(阿賢設)이 5백 가를 이끌고 옮겨가][93] 금산(金山)[94]의 남쪽[95]에 살면서 대대로 연연(蠕蠕)[96]을 섬겼는데, [그 과정에서] 종족의 후손이 많이 늘어났다. [그

권력이 임명하지 않은 '自然發生的인 酋長'으로 '氏族 내지는 部族 단위의 지도자'를 의미하는 보통명사로 사용되었다(丁載勳, 2003).

92) 突厥의 族源과 發祥地에 대해서는 그들의 신화를 기록하고 있는 『周書』 卷50 「異域傳」 <突厥>과 『北史』 卷99 「突厥傳」 譯註에 정리된 자세한 설명과 함께 丁載勳의 연구(2007, 2009)를 참조.

93) 이해를 돕기 위해 『北史』 권99 「突厥傳」의 기록에서 보충했다.

94) 金山: 지금 몽골 초원 서부를 북서쪽에서 남동쪽으로 뻗어 내려간 알타이산맥을 지칭한다. 알타이는 원래 고대 투르크어로 '알툰(altun)'의 '알(al)'이 '아주 붉은 빛'을, '툰(tun)'이 '구리[銅]'을 나타낸다. 따라서 '알툰(altun)'은 바로 원래 '아주 붉은 색의 銅'을 의미했고, 고대 투르크인들은 이를 '黃金'을 가리키는 것으로 사용했다. 여기에서 그의 번역인 金山의 명칭이 유래했다. 한자어로는 阿爾泰山이라고 음사하기도 한다.

몽골 초원의 서부 경계이며 준가르 분지의 북부 경계가 되고, 북서부는 서시베리아의 저지로 이어진다. 러시아, 몽골, 中國에 걸쳐 있으며 전체 길이가 약 2,000km로 러시아(소비에트) 알타이, 몽골 알타이, 고비 알타이로 이루어져 있다. 이 산록으로부터 시베리아와 몽골 초원을 가로지르는 이르티쉬강, 오브강, 셀렝게강 등이 발원한다. 이 알타이 지역은 고대로부터 초원길을 따라 동서의 문화가 교류하면서 발전했던 지역으로 파지리크 유적 등 많은 騎馬遊牧文化가 발전한 이래 지속적인 유목민들의 활동 무대였고, 나아가 突厥이 이곳에서 발원해 중앙아시아의 초원을 통일하는 거대한 국가로 발전하는 등 몽골 초원 서부의 중심 지역이었다.

95) 金山의 남쪽은 대체적으로 지금 新疆維吾爾自治區 북방에 위치한 준가리아분지와 동부에 있는 알타이산맥이 만나는 초원 지대 정도로 추정되는데, 정확한 위치는 알기 어렵다. 경우에 따라서는 突厥의 阿史那氏가 柔然의 지배 하에서 '鍛鐵'을 했다는 기록에 기초해 산지에 거주한 것으로 보기도 한다.

96) 蠕蠕: 5~6세기경 몽골초원에 유목제국을 건설했던 柔然을 지칭한다. 北魏 太武帝가 卑稱해 蟲의 한 종류로 비유하면서 蠕蠕이라고 불리게 되면서 『北史』와 『通典』에는 저본과 같게 蠕蠕으로, 『宋書』·『南齊書』·『梁書』 등에는 芮芮로 불렸는데, 이것은 柔然이 '작은 벌레처럼 꿈틀거린다'는 멸칭의 뜻을 지녔다고 한다. 『周書』에서는 茹茹로 기록하고 있는데 일반적으로는 『魏書』의 柔然이 일반적인 명칭으로 쓰인다.

柔然의 지배집단인 郁久閭氏는 東胡 중 鮮卑의 후예에서 나왔다고 한다. 일설에 의하면 匈奴의 別種이라고 하며, 혹자는 塞外의 雜胡라고 한다. 柔然의 言語와 습속은 초기 拓跋鮮卑와 같았던 것으로 추정된다는 점에서 종족적으로는 몽골계라고 보기도 한다. 4세기 초 車鹿會가 처음으로 백성을 갖게 되면서 스스로를 柔然이라 칭했는데, 그의 의미는 '聰明' 혹은 '賢明'의 뜻이라고 한다. 처음에는 拓跋鮮卑에 臣屬해 지금 內蒙古自治區 河套(오르도스) 동북, 陰山 以北일대에서 遊牧과 狩獵을 하면서 생활했고, 이후에 농업과 수공업을 兼營하기도 했다. 5세기 초에 酋長이었던 社崙이 漠南을 떠나 漠北의 다른 유목민들을 정복하고 스스로를 쿠트바르 카간(Qutbar qaghan, 丘豆伐可汗)이라 칭했다. 이후 체제를

이후 시간이 지나] 토문(吐門)[97][의 시대]에 이르러 비로소 강대해지자[98] 바꿔 가한(可汗)[99]이라 부르니 [이는 과거 흉노의] 선우(單于)[100]와 같았고, [아울러 그의] 아내를 가돈(可

정비하면서 匈奴와 비슷하게 十進法에 기초한 군사와 행정조직을 만들었다. 그 다음에 타림 분지까지 세력을 확장해 그 지역을 지배하에 넣었고, 北魏와 대립해 북쪽 변경을 침공하기도 했으나 北魏의 지속적인 약탈전으로 크게 성장하지 못해 '未完의 遊牧帝國'이라 불리기도 한다. 北魏를 압박하기 위해 靑海를 중심으로 한 吐谷渾 세력과 南朝 여러 나라와 교류를 했으며 485~486년경 그의 지배를 받던 투르크계 유목민인 高車(鐵勒)가 반란을 일으켜 서쪽으로 이동해 독립하게 되면서 점차 쇠퇴하기 시작했고, 마침내 6세기 중반에 鐵勒을 병합한 突厥의 공격을 받아 멸망했다. 그 이후에 일부가 中國으로 내려와서 활동하다가 소멸되었다(周偉洲, 2006).

97) 土門: 突厥의 초대 伊利可汗(재위 552~553)의 이름으로 萬人長을 의미하는 튀멘(Tümen)의 음사이다. 그는 552년에 突厥國家를 건설하고 伊利可汗(재위 552~553)이라 칭했다. 그는 柔然의 지배하에 있다가 550년 鐵勒을 통합한 이후 柔然의 可汗 阿那瓌마저 격파하고 突厥을 건국한 다음 北朝의 왕조들과 교섭을 벌이면서 발전했으나 얼마 지나지 않아 죽었다. 伊利可汗은 고대 투르크어로 일릭 카간(Ilig qaghan)의 음사로 그 의미는 '나라를 세운', '나라의'로 추정된다. 그와 달리 고대 투르크 비문에서는 梵語로 '광대한' 또는 '부유한'의 의미를 갖고 있는 것으로 추정되는 '부만(Bhuman)'과 관련된 부민 카간(Bumïn Qaghan)이라고 기록하고 있어 차이가 있다. 伊利可汗이라는 칭호의 유래가 된 '일(il 또는 el)'의 개념은 帝國이라는 의미만이 아니라 采邑의 성격을 갖고 있는 分封地 또는 部族聯合體 그리고 그 내부의 개별적인 部族長과 氏族長들이 지배하는 단위인 部族, 氏族을 모두 지칭하는 것으로 다양하게 사용되었다. 이 개념은 '토지(土地)'보다는 '人口'를 중심으로 한 개념이라는 점에서 정주 농경지역의 국가 개념과는 근본적인 차이가 있다. 이와 관련해서 앞의 部落에 대한 설명과 도식을 참조.

※앞의 부민 카간(Bumïn Qaghan)이라고 한 것에서 알 수 있듯이 고대 투르크 문자를 음사하는 기호인 'ï'는 원래 그 음이 '으'인데, '이'로 읽고 있다. 이것은 '으'로 읽어야 할 것이 관습적으로 '이'로 굳어진 경우가 많기 때문이다. 예를 들어 종족 명칭인 '키르기즈'는 원래 음사대로라면 '크르그즈(Qïrghïz)'라고 해야 되는데, 일반적으로 굳어진 표현인 키르기즈로 쓰고 있다. 이하에서도 이런 나류의 규칙을 적용해서 ï를 '이'로 읽었다. 하지만 전사된 ï의 표기를 참고해서 그 원음을 이해하기를 바란다.

98) 『舊唐書』에서는 "突厥之始, 啓民之前, 隋書載之備矣, 祗以入國之事而述之."라고 하면서 土門시대의 역사 전개 과정에서 대해서는 『隋書』의 내용을 참조하라고 했다. 그 이하에는 突厥의 관제에 대해서만 동일하게 기록했다.

99) 可汗: 고대 투르크어로 '카간(qaghan)'의 음사이다. 그 음은 gh가 발음 되지 않아 '카안(qa'an) 또는 하안(ha'an)', '칸(qan) 또는 한(han)' 등으로 변화되기도 했다. 이것은 匈奴의 軍葬 칭호였던 單于의 권위가 약화되면서 더 이상 최고 君主로서의 권위를 갖는 명칭으로 사용되지 못하게 되면서 새롭게 柔然과 鮮卑 등에서 등장한 개념이다. 北魏 太武帝시대에 제작된 戞仙洞의 祭文에 拓跋部가 可寒이란 명칭을 사용했다는 점이 확인되고, 乞伏部도 자신의 君主를 可汗이라 칭했다고 한다(朴漢濟, 1988: 174~176). 몽골 초원의 遊牧國家에서 402년 柔然의 首領 社崙이 丘豆伐可汗을 처음으로 사용하면서 그 이후에 遊牧 君主 최고의 칭호로 계속 사용되었다.

敦)[101]이라고 했다. 그 땅의 세 가장자리는 바다[102]에 닿았고, 남쪽은 고비[大漠][103]에 맞닿았다. 그의 다른 부락 군대를 지휘하는 사람을 설(設)[104]이라고 하고, [가한의] 아들과 동생들을 특륵(特勒)[105]이라고 하며 대신(大臣)을 엽호(葉護)[106]라 하고, [그 밑의 관리들을] 굴률

100) 單于: 음은 '선우'이다. 匈奴 君主의 칭호였다. 이후 匈奴의 약화와 함께 각 지역의 소규모 군장들이 이 칭호를 사용해 더 이상 최고 君主로서의 권위를 갖는 명칭으로 사용되지 못하게 되면서 可汗(qaghan)으로 대체되었다.

101) 可敦: 고대 투르크어로 '카툰(qatun)'의 음사로 遊牧君主의 부인을 의미했다. 可賀敦이라고도 표기되기도 하는데, 그 용례는 이미 拓跋 鮮卑의 조상이 살았던 嘎仙洞 石壁 銘文에서도 확인된다(米文平, 1994: 52). 匈奴시대에는 閼氏(연지)라고 했다.

102) 세 곳의 바다는 동쪽으로 遼海, 서쪽으로는 西海, 북쪽으로 北海를 지칭한다. 먼저 遼海는 渤海灣에 인접한 서해 바다를 지칭한다. 고대 투르크 비문에는 "탈루이(talui)" 즉, '바다'로 기록되어 있다. 다음 西海는 中國의 先秦時代 기록에 서방의 바다를 가리키는 범칭으로 사용되지만 구체적으로 어디를 지칭하는지 알 수 없었다. 실제 지명으로의 비정은 아주 다양하게 이루어졌다. 즉, 居延海(지금 內蒙古自治區), 博斯騰湖(지금 新疆維吾爾自治區), 青海(지금 青海省 西寧市), 이식쿨(熱海: 지금 키르기즈스탄), 발하쉬호(지금 카자흐스탄), 아랄해(지금 우즈베키스탄에 위치하는데 咸海라고 한다), 카스피해(지금 이란과 투르크메니스탄, 러시아 둘러싸인 내륙해로 里海라고 한다), 페르시아 만의 아라비아해, 인도양, 홍해 등 다양하다. 고대 투르크 비문에서 突厥의 서쪽 지배 영역을 "테미르 카피그(Temir Qapïgh, 鐵門)"라고 지칭하고 있고, 이곳이 지금 우즈베키스탄에 위치한 곳이라고 비정된다는 점에서 아랄해 내지는 카스피해로 이해해볼 수 있으나 이것 역시 확실한 것은 아니다. 마지막으로 北海는 지금 러시아 시베리아 남동쪽, 이르쿠츠크(Irkutsk)와 브랴야트(Buryatia) 자치공화국 사이에 위치하고 있는 바이칼호(Baikal, 貝加爾湖)를 가리킨다.

103) 일반적으로 大漠은 '사막'을 의미하는 고비를 지칭한다.

104) 設: 고대 투르크어로 '샤드(shad)'의 음사이다. 음역으로 察, 殺, 煞, 失 등의 다른 용례가 있다. 주로 軍政大權을 장악하고 있는 지위였다. 이들은 고위 관리로서 可汗이 직접 통치하지 않는 독자적인 영역을 통치했던 軍司令官 내지는 部族長의 개념으로 이해되기도 하는데, 可汗의 宗室들이 주로 이 지위를 차지했다(護雅夫, 1967: 358).

105) 特勒: 고대 투르크어로 '테긴(tegin 또는 tigin)'의 음사이다. 보통 特勤으로 표기된다. 고위 관직의 하나로 주로 宗室의 子弟들에게 부여된 관칭이었다. 北魏時代에도 直勤 혹은 直懃이 拓跋氏(元氏) 혹은 禿髮氏(源氏)의 이름 앞에 붙이는 예가 碑文 등에 많이 보는데(羅新, 2004: 24~38), 이것이 唐代 사료에 보이는 特勤(오르콘 비문의 tegin의 音譯)과 일치한다고 보고 훗날 몽골어 치긴(chigin)으로 변했다고 한 설명도 있다(Boodberg, 1936: 172).

106) 葉護: 고대 투르크어로 '야브구(yabghu)'의 음사이다. 그의 지위는 일반적으로 可汗의 바로 아래에 해당되는 가장 고위의 관직인데, 주로 서방의 통치자의 명칭으로 쓰였다. 최초의 기록은 突厥帝國의 건국자인 土門의 아버지인 大葉護이었다. 본래 고대 쿠샨이나 인도-스키타이계 종족들에서 쓰여 졌던 칭호였다가 투르크계 종족들에게로 넘어간 것으로 추정되고 있다(그루쎄, 1998: 142). 즉, 月氏의

철(屈律啜),[107] 아파(阿波),[108] 사리발(俟利發),[109] 토둔(吐屯),[110] 사근(俟斤),[111] 염홍달(閻洪達),[112] 힐리발(頡利發),[113] 달간(達干)[114]이라고 했는데, 대저 28등급[115][의 관직]이 있었

수령인 翕侯(Yabghu)와 다른 음사로 보는데, 이 말은 원래 토하라어에서 '땅, 지방'을 뜻하는 'yapoy' 혹은 'ype'라는 말과 연관된 것이라고 한다. 다만 저본에서 葉護를 大臣의 칭호로 설명한 것은 다른 사서의 설명과 다르다. 일반적으로 葉護는 可汗의 다음으로 위상을 갖는 西部領域의 最高統治者로서의 역할을 했다.

107) 屈律啜: 고대 투르크어로 '퀼뤽 초르(külüg chor)'의 음사이다. 초르는 '이르킨(irkin)'과 마찬가지로 씨족장 정도의 위상을 갖거나 아니면 장군을 지칭하는 관칭으로 퀼뤽은 '힘에 센'이라는 형용적인 의미를 갖고 있다. 둘이 합쳐서 하나의 관칭이 된 것으로 보이는데, 일반적인 관칭의 용례는 아니다.

108) 阿波: 고대 투르크어로 '아파(apa)'의 음사이다. 이것은 단독으로 쓰이는 관칭이라기보다는 타르칸과 합쳐 군대를 총괄하는 사령관의 의미로 '아파 타르칸(Apa tarqan)'의 용례로 사용되는 것이 일반적이다.

109) 俟利發: 고대 투르크어로 '일테베르(ilteber 또는 elteber)'의 음사이다. 이 관칭은 柔然시대부터 존재했던 것으로, 일반적으로 部族長 정도의 위상을 갖고 있었다(護雅夫, 1967: 427).

110) 吐屯: 고대 투르크어로 '토둔(todun)'의 음사이다. 주로 피정복 대상에 파견해 徵稅를 하거나 간접적으로 통치를 하는 역할을 담당하는 관리였다.

111) 俟斤: 고대 투르크어로 '이르킨(irkin)'의 음사이다. 일반적으로 氏族長 정도의 위상을 갖고 있었다. 부락의 首領을 지칭하는 호칭으로 官名으로도 사용되었다가 후에는 轉化되어 契丹의 官名 夷離董이 되었다. 일반적으로 작은 종족 단위 추장의 명칭으로 氏族長 정도로 번역되기도 했다(護雅夫, 1967: 427).

112) 閻洪達: 西突厥 시기에 설치된 官名의 하나로 東突厥에는 없는 관직이었다. 俟利發(俟發) 등과 함께 國事를 논의한 것으로 추정되나 확실한 음사는 알 수 없다. 東突厥에서는 조정 내부에서 可汗과 국사를 논의하는 관리를 '부의룩(buyïruq: 梅錄)'이라고 했는데, 이것이 그와 유사한 역할을 했던 것으로 추정된다.

113) 頡利發: 俟利發의 다른 음사로 고대 투르크어로 '일테베르(ilteber 또는 elteber)'의 음사이다.

114) 達干: 고대 투르크어로 '타르칸(tarqan)'의 음사인데, 將軍 내지는 軍司令官의 역할을 했다.

115) 『周書』 등에서 突厥의 관칭이 28등급이었다고 되어 있는데, 『通典』에는 그와 달리 초기에 10등급의 관직이 있고, 그 명칭은 모습, 연령, 얼굴, 피부, 술과 고기, 그리고 짐승 등에서 유래했다고 되어 있다. 이로부터 초기에 10등급이 있다가 이후에 28등급으로 관제가 정비되었다는 추정해볼 수 있다. 따라서 그 변화를 비교해보면 그 특징과 유래를 이해할 수 있다. "土門遂自號伊利可汗, 後魏太武帝時, 蠕蠕主社崙已自號可汗, 突厥又因之. 猶古之單于也; 號其妻爲可賀敦, 亦猶古之閼氏也. 其子弟謂之特勤, 別部領兵者謂之設, 其大官屈律啜, 次阿波, 次頡利發, 次吐屯, 次俟斤. 其初, 國貴賤官號凡有十等, 或以形體, 或以老少, 或以顏色·鬚髮, 或以酒肉, 或以獸名. 其勇健者謂之始波羅, 亦呼爲英賀弗. 肥麤者謂之大羅便. 大羅便, 酒器也, 似角而麤短, 體貌似之, 故以爲號. 此官特貴, 惟其子弟爲之. 又謂老爲哥利, 故有哥利達官. 謂馬爲賀蘭, 故有賀蘭蘇尼闕, 蘇尼, 掌兵之官也. 謂黑色者爲珂羅便, 故有珂羅啜, 官甚高, 耆年者爲之. 謂髮爲索葛, 故有索葛吐屯, 此如州郡官也. 謂酒爲匐你熱汗, 熱汗掌監察非違, 釐整班次. 謂肉爲安禪, 故有安禪具泥, 掌家事如國官也. 有時置附鄰可汗, 附鄰, 狼名也, 取其貪殺爲稱. 亦有可汗位在葉護下者. 或有居家大

으며 [관리들은] 모두 그 관직을 세습했고 인원의 제한이 없었다. 위사(衛士)는 부리(附離)[116] 라고 했다. 가한은 조정을 [어]도근산(於都斤山)[117]에 두었는데, 아장(牙帳)[118] 문에는 금으로 된 이리 머리를 단 독[金狼頭纛][119]을 세웠고, [가한의] 자리는 늘 동쪽을[120] 향했다.[121]

姓相呼爲遺可汗者, 突厥呼屋爲遺, 言屋可汗也."(『通典』 卷197 「邊防」13 <突厥>: 5403~5404).

116) 附離: 고대 투르크어로 '뵈리(böri)'의 음사인데, 그 의미는 '이리(狼)'이다. 突厥의 君主인 可汗을 지키는 親衛部隊를 지칭했다.

117) 於都斤山: 고대 투르크어로 '외튀켄(Ötüken)산'의 음사이다. 고대 투르크 비문에는 "외튀켄 이쉬(ötüken yïsh)"로 기록되어 있는데, 경우에 따라서는 "외튀켄 땅"이라는 의미를 갖고 있는 "외튀켄 예르(Ötüken yer)"라고 표현되기도 한다. 이것은 꼭 산지를 의미하는 것만이 아니라 일정한 범위의 지역을 의미하는 것으로 보인다. 왜냐하면 몽골 초원은 해발 고도가 높아서 대부분 산지이기 때문이다. 中國 기록에서는 이에 대한 음사가 아주 다양하게 나타나는데, 於都斤(『周書』「突厥傳」, 『通典』 卷196, 『北史』 卷99, 『通志』 卷200), 都斤(『隋書』「突厥傳」, 『新唐書』「突厥傳」, 『資治通鑑』 卷175, 『太平寰宇記』 卷194), 度斤(『隋書』「突厥傳」, 『資治通鑑』 卷197), 烏德鞬(『新唐書』「回鶻傳」, 『舊唐書』「李勣傳」), 烏德健(『舊唐書』「迴紇傳」), 尉都健(『舊唐書』「鐵勒傳」), 烏特勒(『唐會要』 卷72), 烏都鞬(『唐會要』 卷73), 鬱督軍(『唐會要』 卷73), 烏羅德鞬(『唐會要』 卷96), 烏德健(『唐會要』 卷98, 『太平寰宇記』 卷199), 烏德建(契苾明碑), 烏德犍(『資治通鑑』 卷215), 乞督軍(『資治通鑑綱目』), 德建(『册府元龜』 卷986) 등이 그것이다.

이 산은 突厥이 聖山으로 여기는 곳으로 과거부터 遊牧世界의 中心地로 이해되었다(山田信夫, 1989: 64.; 護雅夫, 1967: 24~9.; 吉田順一, 1980: 48~61; S, G. Kliashtornyi, 1954: 34). 그곳의 구체적인 위치는 지금 몽골공화국 타미르강(Tamir)과 오르콘강(Orkhon)이 발원하는 항가이(Hangai)산맥지역의 어느 곳 내지는 항가이산맥의 최고봉우리의 하나로 추정되기도 했다. 하지만 그 보다는 동쪽으로 오르콘강이 흘러가고 서쪽으로 후누이강(Qunui), 그리고 남쪽으로 타미르강이 흘러가는 중간에 위치한 삼각형 모양의 산지 가운데 해발 2294미터의 칭겔테이(Chingeltei)봉을 중심으로 여러 개의 봉우리가 이어진 산지로 추정된다. 이 봉우리를 중심으로 약간 높은 서북쪽에 비해 동남쪽으로는 구릉이 나지막이 뻗었고, 그 사이 사이에 오르콘강의 많은 지천이 동쪽과 동남쪽으로 흘러가고 있고 그 남쪽은 항가이산맥 북사면으로 넓게 펼쳐져 있는 곳에 초원이 있다는 점에서 유목민들이 계절 이동을 하면서 거주하기에 좋은 입지 조건에 부합한다. 이곳은 突厥의 중심지였던 호쇼 차이담(Qosho Chaidam)과 回紇(回鶻)시대의 수도였던 카라 발가순(Qara balghasun), 그리고 몽골 제국의 수도인 카라코룸(Qara qorum) 역시 인근에 위치하고 있다는 점 역시 이상과 같은 추정을 가능하게 한다(丁載勳, 2006: 12).

118) 牙帳은 '可汗이 머무는 천막'으로 突厥의 朝廷을 의미한다. 고대 투르크어로는 '오르두(Ordu)'라고 했다. 주로 몽골 초원의 중심지인 외튀켄 땅 즉, 항가이산맥 북사면 오르콘강 유역의 초원 지역에 있었다.

119) 狼頭纛: 遊牧君主가 거주하는 牙帳의 문에 권위를 상징하기 위해 세우는 털로 된 장식이 있는 기치의 하나이다. 이것을 '둑(dugh)' 또는 '툭(tugh)'이라고 한다. 이리 머리를 툭의 장식으로 한 것은 건국 신화에서 그 자신들이 '이리[狼]'에서 유래했다는 사고에서 비롯되었다. 이와 관련해 1956년 몽골공화국의 부구트(Bugut)지역에서 발견된 突厥第一帝國時期 마한 테긴(Mahan Tegin)의 紀功碑(《부구트

隋大業之亂，始畢可汗咄吉嗣立，華人多往依之，契丹·室韋·吐谷渾·高昌皆役屬，竇建德·薛擧·劉武周·梁師都·李軌·王世充等倔起虎視，悉臣尊之．控弦且百萬，戎狄熾彊，古未有也．高祖起太原，遣府司馬劉文靜往聘，與連和，始畢使特勒康稍利獻馬二千·兵五百來會．帝平京師，遂恃功，使者每來多横驕．武德元年，骨咄祿特勒來朝，帝宴太極殿，爲奏九部樂，引升御坐．是歲，始畢牙帳自破，帝問內史令蕭瑀，瑀曰：「魏文帝幸許，城門無故壞，是年文帝崩，豈其類耶?」二年，始畢自將度河，至夏州，與賊梁師都合，又佐劉武周以五百騎入句注，將侵太原．會病死，帝爲發哀長樂門，詔群臣卽館弔其使，遣使者持段物三萬賻之．子什鉢苾幼，不克立，以爲泥步設，使居東偏，立其弟俟利弗設，是爲處羅可汗．

수 대업(大業) [말기] 반란[시기]에 시필가한(始畢可汗)122) 돌길사(咄吉嗣)가 즉위하자 중

비문》이라고 통칭)에는 비문의 윗부분에 다른 비문과 달리 螭首가 아니라 이리가 젖을 먹이는 조각이 새겨져 있다. 이를 통해 突厥이 자신들의 조상을 이리로 설정하고 그를 숭상했음을 확인할 수 있다. 그리고 纛은 자신의 聖數수에 따라 늘어놓는 것이 일반적인데, 突厥의 경우에는 일곱 개를 두었을 것으로 추정된다.

120) 과거 匈奴의 경우에도 『史記』 卷110 「匈奴傳」의 "單于朝出營, 拜日之始生"라는 기록에서 알 수 있듯이 해가 뜨는 동쪽을 신성시하고 그것을 숭배하는 습속을 갖고 있었다. 이와 마찬가지로 突厥의 경우에도 하늘[tengri]과 태양[kün]과 달[ay]의 빛을 숭배했는데, 東方은 해가 뜨는 방향으로 빛과 희망을 상징했다.

121) 저본에는 突厥의 初期 歷史와 習俗에 대해 이상과 같이 기록하고 있는데, 이것은 『周書』, 『隋書』, 『北史』 등에 남아 있는 突厥 초기에 대한 기록을 압축적으로 정리한 것이다. 이와 달리 『舊唐書』에서는 突厥의 始原과 啓民可汗時代까지의 사적을 전혀 다루지 않고 『隋書』의 기록 내용을 이어 기록하고 있다. 따라서 기록상의 차이로 인해 비교가 되는 『新唐書』와 『舊唐書』의 기록 내용은 唐代를 다루고 있는 내용부터 비교가 가능하다. 따라서 아래에서는 두 사서의 기록에 분명한 차이가 있는 경우만 주석을 통해 밝힐 것이다.

122) 始畢可汗(재위 609~619): 突厥의 제9대 可汗으로 이는 고대 투르크어로 '시비르 카간(Sibir qaghan)'의 음사로 추정된다. 즉위하기 이전의 이름이 咄吉嗣 또는 咄吉인데, 이는 고대 투르크어로 '툘리스(Tölis)'의 음사로 추정된다. 그는 啓民可汗(재위 599~609)의 아들로 隋 종실의 여자 義成公主와 결혼을 해 화친을 하기도 했지만 이후에 雁門에서 隋 煬帝를 포위하기도 했다. 隋末 혼란기에 강성하게 되면서 617년에 唐을 도와 隋를 공격하기도 했다. 唐代에는 梁師道와 연합하고 劉武周를 도와 太原을 공격하기도 했다가 이후에 병사했다.

국사람[華人]들이 대거 [돌궐에] 가서 의지했고, 거란(契丹),[123] 실위(室韋),[124] 토욕혼(吐谷渾),[125] 고창(高昌)[126]이 모두 그에 복속되었으며, 두건덕(竇建德),[127] 설거(薛擧),[128] 유무

---

123) 契丹: 종족 명칭으로 '거란'이라고 읽는데, 고대 투르크 비문에는 "키탄(Qïtan)"으로 기록되어 있다. 4세기 이래 동부 몽골 지역을 본거지로 하고 있던 유목민의 하나였다. 東胡의 후예로서 몽골과 퉁구스의 혼혈이라고도 추정되기도 하나 대체적으로 몽골계에 속한다고 보는 것이 일반적이다. 5세기 중엽부터 大興安嶺 남부 遼河 상류인 시라무렌[黃江] 유역에서 遊牧生活을 하고 있던 8개의 부족으로 이루어진 종족이었다(李在成, 1996).

124) 室韋: 종족 명칭으로 『魏書』에는 "失韋"라고 되어 있다 北魏 시기부터 기록이 나오며, 5部로 나뉘어 興安嶺에서 발원하는 嫩江 및 黑龍江 남북 연안에 분포했다. 唐代에는 20部를 포괄했고, 그 중에 額爾古納河(에르구네 쿤) 일대의 蒙兀室韋는 蒙古 部落의 선조로 추정된다. 각 부락의 발전은 불균등했고, 개별 부락은 千戶 또는 몇 개의 千戶로 이루어져 있었으며, 首領은 莫賀咄(바가투르)이라고 불렀다. 北朝시대 이래로 중원지역과 긴밀한 관계에 있다가 突厥에 복속되었다. 契丹이 遼를 건국하는 과정에서 室韋의 일부가 그에 병합되었다(張久和, 1998).

125) 吐谷渾: 종족 명칭으로 음은 '토욕혼'이다. 달리 吐渾, 退渾이라고도 한다. 遼東鮮卑 徒河部 慕容氏에서 나왔다고 전한다. 4세기 초 首領 吐谷渾이 部衆을 이끌고 서쪽으로 이동해 지금 青海省과 甘肅省 일대에 이르러 羌族과 混合했다. 손자 葉延時期 처음으로 吐谷渾을 姓氏와 族名, 혹은 國號로 삼았다. 정치적 중심지는 伏俟城(지금 青海湖 서쪽)에 있었다. 牧畜業에 종사했으며 狩獵과 農業도 겸했다. '青海驄'이란 良馬의 산지였다. 땅이 지금 青海省 黃河 이남에 위치해 누차 南朝로부터 河南王으로 봉해졌기 때문에 그 種族을 '河南'이라고도 칭했다. 또 阿豺라는 이름의 首領이 있었기 때문에 西北諸族은 阿柴虜라고도 불렀다. 南北朝時代 누차 册封을 받았으며, 자주 北朝에 朝貢했다. 北魏 太武帝 太平眞君 6년(445) 서쪽으로 鄯善(지금 新疆維吾爾自治區 若羌 동북쪽)과 于闐(지금 新疆維吾爾自治區 和田일대)일대를 점거했다. 13대 군주 夸呂에 이르러 처음으로 可汗을 칭했다. 隋代에 煬帝의 공격을 받기도 해 약화되었다가 唐代에 이르러 부락이 分散되면서 소멸되었다(周偉洲, 1988; 池培善, 1981; 池培善, 1983).

126) 高昌: 타림 분지 동쪽 투르판(Turfan) 지방에 있었던 오아시스 국가였다. 이 지역은 원래 이란계통의 주민들이 거주했는데, 中國으로부터 且渠氏가 들어와 442년에 국가를 재건한 이후에 麴氏까지 다섯 왕조에 이르는 漢人王國(442~640)의 시대가 전개되었다. 그리고 640년 唐朝의 安西都護府가 설치되면서 中國의 직접 지배를 받다가 이후 840년대 回鶻(Uyghur)의 진출과 함께 13세기까지 高昌回鶻王國이 발전했다. 소규모의 오아시스국가였기 때문에 突厥 등의 유목세력 하에서 나라를 유지했는데 植民된 漢人이 왕국의 지도권을 장악하고, 정치, 사회제도에 中國의 제도를 도입해 한나라 문화와 페르시아풍의 문화가 혼재하는 독특한 문화권을 형성했다. 카라호토(Qara qoto)가 당시의 都城이었다. 아스타나(Astāna) 등의 고분군은 당시 漢人 관료의 묘역으로 이곳에서 대량의 漢文文書와 墓誌銘 등이 출토되었다. 또한 베제클릭 석굴, 토욕 석굴 등에서 고도로 발달된 종교문화를 엿볼 수 있다(伊瀨仙太郎, 1955).

127) 竇建德(573~621): 隋末 봉기를 일으켰던 수령의 하나로 淸河 漳南(지금 山東省 武城 동북쪽) 사람이었

주(劉武周),[129] 양사도(梁師都),[130] 이궤(李軌),[131] 왕세충(王世充)[132] 등이 일어나 패자(霸

다. 大業 7년(611)에 高鷄泊의 수령 高士達에게 투항해 隋朝에 봉기를 했는데, 공을 세워 지위가 높아졌다. 高士達이 죽은 다음에 10만을 이끄는 수령이 되었다. 大業 13(617)년에 스스로 長樂王을 칭했고 丁丑이라고 개원한 다음에 信都, 淸河 등의 鎭을 함락하고 河間에서 隋나라 군대를 격파했다. 그 이후에 河北의 경계를 통제할 수 있게 되었다. 14년에 夏王으로 개칭한 다음에 五鳳이라고 연호를 정하고 樂壽에 도읍을 정했다가 이듬해에 洺州(지금 河北省 永年 동북)에 도읍을 했다. 이후에 宇文化及을 잡아 죽이고 王世充과 긴밀한 관계를 맺어 李世民이 王世充을 공격하자 그를 돕다가 패배해 長安에서 죽임을 당했다(『隋書』卷85 「宇文化及傳」: 1892).

128) 薛擧(?~618): 隋末 봉기를 일으켰던 수령의 하나로 河東 汾陽(지금 山西省 萬榮 서남쪽) 사람이었다. 金城(지금 甘肅省 蘭州市)으로 옮겨 살았는데, 재산이 아주 많았다. 金城府校尉가 되었다가 大業 13년(617) 그의 아들 薛仁杲와 봉기해 西秦霸王이라고 칭했고 秦興이라고 연호를 정했다. 얼마 지나지 않아 隴西의 각 군을 장악하고 10여만의 군대를 거느렸다. 얼마 지나지 않아 황제를 칭하고 天水(지금 甘肅省)를 도읍으로 삼았다. 이듬해 죽자 薛仁杲가 그를 이었으나 패배해 唐에 항복했다(『舊唐書』卷55 「薛擧傳」: 2245).

129) 劉武周(?~622): 隋末 봉기를 일으켰던 수령의 하나로 河間 景城(지금 河北省 交河縣) 사람이었다. 그는 원래 馬邑校尉였다가 大業 13년(617)에 太守 王仁恭을 죽이고 수만의 군대를 모아 天子를 자칭하고 百官을 설치했다. 突厥과 결탁해 雁門, 樓煩, 定襄 등을 점거하고 突厥로부터 定襄可汗의 칭호를 받았다. 이후에 太宗에게 패배해 突厥에 망명했다(『隋書』卷4 「煬帝紀」: 92).

130) 梁師都(?~628): 隋末 봉기를 일으켰던 수령의 하나로 夏州 朔方(지금 陝西省 橫山 서쪽) 사람이었다. 그는 집안이 대대로 豪族이었다. 일찍이 鷹揚郎將이 되었다가 大業 말기에 봉기를 해 스스로 大丞相을 칭했다. 延安 등의 땅을 차지한 다음에 황제를 칭하고 국호를 梁으로, 연호를 永隆이라고 했다. 唐軍에게 패배하자 突厥을 끌어들여 입관을 했으나 성공하지 못했다. 이후에 突厥로 도망갔다가 貞觀 2년(628)에 唐軍이 그를 진압하는 과정에서 堂弟 洛仁에게 피살되었다(『隋書』卷43 「楊子崇傳」: 1215).

131) 李軌(?~619): 隋末 봉기를 일으켰던 수령의 하나로 武威郡 姑臧縣(지금 甘肅省 武威市) 사람이며 字는 處則이었다. 書籍을 널리 탐독했으며 집안은 부유했다. 隋末 鷹州府司馬를 역임했다. 安修仁 등과 河右에서 擧兵했고 大業 13년(617; 혹은 14년이라고도 함)에 河西大涼王이라 자칭했다. 安樂이란 年號를 세웠으며 涼州(姑臧)에 도읍을 정했다가 이듬해에 자립해 皇帝라 칭했다. 張掖과 敦煌 등 河西 5郡을 공격해 점령했다. 이 해 唐 高祖로부터 從弟로 인정받고 涼州總管에 임명되고 涼王에 봉해졌으나 관작을 받지 않았다. 高祖는 은밀히 安修仁의 형 安興貴를 涼州로 보내 반란을 일으키게 했다. 후에 安修仁 형제에게 사로잡혀 長安에서 참수되었다(『隋書』卷4 「煬帝紀」: 92).

132) 王世充(?~621): 隋末 봉기를 일으켰던 수령의 하나로 字는 行滿이고 新豊(지금 陝西省 臨潼縣 동북쪽) 사람이었다. 본래의 姓은 支로 조상이 소그드인[胡人]이었다. 書傳을 읽었고 兵法을 좋아했다. 開皇中 左翊衛가 되고 軍功으로 儀同이 되었으며, 兵部員外郎에 제수되었다. 煬帝때 江都郡丞이 되어 宮監을 거느렸다. 大業 9년(613) 江都에서 渡江해 劉元進·管崇의 난을 진압했다. 또 大業 12년(616) 江都通守가 되어 格謙·盧明月등의 난을 진압했다. 이후 江都로 북상하다가 李密의 군대와 洛口에서 싸워 패배하고 東都로 들어갔다. 宇文化及이 煬帝를 살해하자 元文都 등과 함께 越王 楊侗을 옹립하고 스스로

者)를 칭했음에도 모두 신하로서 [돌궐의 시필가한을] 받들었다.133) [기마]궁사[控弦]134)가 또 100만 명이었는데, [이렇게] 융적(戎狄)이 불같이 강하게 된 것은 과거에 없던 일이었다.

고조(高祖)135)가 태원(太原)136)에서 [군대를] 일으켰을 때 [태원]부(太原府)의 사마(司馬)137) 유문정(劉文靜)138)을 보내 [돌궐에] 가서 안부를 묻고 더불어 화친을 맺으니 시필[가

吏部尙書 鄭國公이 되었다. 이어 元文都 등을 살해하고 尙書左僕射가 되고 내외 軍事를 총괄했다. 偃師에서 李密의 군대를 대파하고 太尉 鄭王이 되었다. 武德 2년(619) 楊侗을 폐위하고 稱帝해 國號를 鄭, 연호를 開明이라 했다. 武德 4년(621) 唐軍이 東都를 포위하자 항복해 長安에 이르렀으나 살해되었다(『北史』 卷79 「王世充傳」: 2660).

133) 당시 薛擧는 金城에서 西秦의 霸王 혹은 皇帝를 칭하고, 竇建德은 河北 東都에서 夏王을 칭했고, 王世充은 洛陽에서 鄭帝를 칭했고, 劉武周는 馬邑에서 突厥로부터 定襄可汗의 책봉을 받았고, 梁師都는 朔方에서 梁帝를 칭하며 突厥에서 大度毗伽可汗이라고 책봉을 받았고, 李軌는 武威에서 涼王을 칭했고, 高開道는 河北에서 燕王을 칭했다. 이들은 이 때 모두 稱帝하면서도 다른 한편 突厥에 稱臣을 함으로써 그의 힘을 빌려 천하를 도모하려고 했다(卞麟錫, 1993).

134) 控은 '당기다'는 의미로, 控弦은 '활을 쏠 수 있는 사람' 즉, '弓士'를 말한다. 따라서 이하에서는 遊牧民들은 대부분 騎兵이라는 점에서 '騎馬弓士'로 번역했다.

135) 唐 高祖(566~635; 재위 618~626): 이름은 李淵으로 籍貫은 隴西郡 成紀縣(지금 甘肅省 通渭縣 동북)이었는데, 후에 狄道(지금 甘肅省 臨洮縣)로 옮겼다. 涼武昭王 李暠의 7代孫이라 자칭했다. 혹자는 본래 趙郡 사람이라 하고, 혹자는 塞北의 사람이라고도 한다. 祖父 李虎는 西魏 八柱國의 하나였으며 大野氏로 賜姓되었다. 北周시대 唐國公으로 追封되었고, 楊堅이 宰相이 되어 다시 本姓을 회복했다. 父 李昞은 北周의 柱國大將軍을 역임했고 唐國公을 襲爵했다. 李淵은 長安에서 태어났으며, 7세에 唐國公의 작위를 세습했다. 隋初 千牛備身에 보임되었다. 大業년간에 譙州·隴州·岐州 등지의 刺史를 지냈으며 滎陽과 樓煩의 太守를 역임했다. 大業 11년(615)에 山西河東慰撫大使에 임명되어 毋端兒의 난을 진압했다. 大業 13년(617)에 太原留守에 임명되었다. 같은 해 오월 작은 아들 李世民, 晉陽令 劉文靜 등과 起兵해 副留守 王威와 高君雅를 살해하고 서쪽으로 진군해 關中을 도모했다. 십일월에 長安을 점령해 代王 楊侑를 天子로 옹립하고(恭帝), 義寧으로 연호를 바꾸었다. 이듬해 오월 楊侑를 폐위하고 자립해 武德으로 改元하고 唐朝를 건국했다. 武德律을 반포해 均田令과 租庸調法을 시행했다. 또 軍府를 설치하고 郡縣制를 州縣制로 바꾸었으며 開元通寶를 발행했다. 武德 7년(624)에 전국을 평정했다. 武德 9년(626)에 玄武門의 變이 발생한 후 강제로 退位당해 太上皇이라 칭해졌다. 貞觀 9년(635) 五月에 병으로 長安의 大安宮에서 죽었다. 十月 獻陵(지금 陝西省 三原縣 동쪽)에 매장되었다. 廟號는 高祖이며, 謚號는 大武皇帝, 尊號는 神堯大聖大光孝皇帝였다.

136) 太原郡: 원래 戰國時代에 설치되었고 漢代, 西晉시대까지 유지되었다. 北魏時代에 國에서 郡으로 바뀌었고, 隋 開皇 3년(583)에 幷州로 바뀌었다. 大業 3년(607)년에 다시 太原郡으로 바뀌었다. 관할 구역은 지금 陽曲, 交城, 平遙, 和順 사이의 晉中 지역이었다.

137) 司馬: 北周와 隋代 勳官이 幕府를 열 때 그 軍府에 둔 관리였다. 지위는 長史 다음으로 군무를 담당하며 本府의 무직을 관리했다.

한]이 특륵(特勒)[139] 강초리(康稍利)[140]를 시켜 말 2천 필과 병사 5백 명을 데리고 와서 [고조와] 만나게 했다. 황제가 경사(京師)를 평정하자 마침내 [돌궐이] 공을 믿고 사자가 매번 오면 대부분 마음대로 교만하게 굴었다. 무덕(武德) 원년(618) 골돌록특륵(骨咄祿特勒)[141]이 조정에 오자 황제가 태극전(太極殿)[142]에서 연회를 베풀고 구부악(九部樂)[143]을 연주하게 하면서 황제의 자리로 [사신을] 당겨 올라와 [앉게] 했다.

이 해에 시필[가한]의 아장이 저절로 무너졌는데, 황제가 내사령(內史令)[144] 소우(蕭瑀)[145]

---

138) 劉文靜(568~619): 唐代 宰相으로 字가 肇仁이었다. 스스로 彭城사람이라고 했는데, 대대로 京兆 武功에서 살았다. 할아버지인 懿가 周의 石州刺史였고, 父 韶은 隋代에 전투 중에 죽어 儀同三司로 추증되었다. 아버지를 이어 어렸을 때 儀同三司가 되었다. 재능이 많아 隋末에 晉陽令이 되었다가 晉陽宮監 裴寂과 친해 唐公 李淵과 봉기를 했다. 공으로 大丞相府司馬가 되었고, 光祿大夫, 魯國公이 되었다. 高祖 즉위 이후에 納言이 되었다. 薛擧를 진압해 民部尙書, 陝東道行帶左僕射가 되었다. 武德 2년(619)에 秦王을 따라 長春宮에 진주해 모반을 일으켰다가 죽임을 당했다(『新唐書』 卷88 「劉文靜傳」: 3733~3736).

139) 特勒: 特勤의 잘못된 음사이다. 이에 대해서는 앞의 特勤에 대한 설명 참조.

140) 康稍利: 중앙아시아의 소그디아나[昭武九姓]에서 온 소그드 인의 하나로 추정된다. 소그드 인들은 자신의 출신 지명에 따라서 姓을 표기하는 것이 그들의 습속이 있었는데, 康은 사마르칸드(Samarkand) 출신을 나타냈다. 그리고 稍利는 '수리카(Surika)' 또는 '소그드(Soghd)'의 음사로 추정된다. 그의 존재를 통해 당시 突厥에 봉사하던 소그드 인이 唐朝와의 교섭에 참여했음을 확인할 수 있다. 왜냐하면 당시 중앙아시아의 교역에 활동하고 있었던 소그드 상인들은 자신들의 이익을 확대하기 위해 유목 정권과 결합해 中國과의 교섭에 적극 참여하고 있었기 때문이다(羽田亨, 1957).

141) 骨咄祿特勒: 고대 투르크어로 '쿠틀룩 테긴(Qutluq tegin)'의 음사이다. 확실하게 어떤 인물인지는 알 수 없으나 宗室의 고위 인물로 추정된다.

142) 太極殿: 唐代 長安城의 皇宮인 太極宮의 正殿이다. 皇帝가 주로 외국 사절을 맞이하는 공식적인 장소로 역할 했다.

143) 九部樂: 隋代에 大宴會에서 연주하기 위해 정리가 된 아홉 가지 음악이다. 그 내용은 淸商伎, 西涼伎, 天竺伎, 高麗伎, 胡旋舞, 疏勒伎, 龜兹伎, 安國伎, 康國伎 등이었다. 이후에 唐代에 十部樂으로 발전했는데, 그것은 燕樂伎, 淸商伎, 西涼伎, 天竺伎, 高麗伎, 疏勒伎, 龜兹伎, 安國伎, 康國伎, 高昌伎 등이었다.

144) 內史令: 隋代에 설치되었는데, 內史省의 長官으로 정원은 2명, 품계는 正三品이었다. 大業 12년(616)에 內書令으로 바뀌었다가 武德 元年(618)에 다시 설치되었다. 3년이 지나 中書令으로 이름이 바뀌었다 機密에 참여하고 朝政을 議決해 宰相의 지위에 있었다.

145) 蕭瑀(575~648): 唐初의 宰相으로 南蘭陵(지금 江蘇省 常州 서북쪽) 사람이었다. 字는 時文이었고, 後梁 明帝의 아들로 新安王으로 봉해졌다. 누이가 煬帝의 황후가 되자 隋나라의 외척으로 內史侍郞과 河池郡守를 역임했다. 大業 13(617)에 李淵이 長安에 들어오자 항복해 宋國公, 民部尙書에 임명되었다. 武德 元年(618)에 內史令으로 정무를 총괄했다. 王世充 진압에 참가해 尙書右僕射가 되었다. 太宗이 즉위하자 尙書左僕射가 되었는데, 판단이 분명하고 의론이 정연하나 마음이 편벽되어 다른 사람의

에게 묻자 [소]우가 [이유를 대답해] 말했다. "[조]위(曹魏) 문제(文帝)[146]가 허[창궁](許昌宮)[147]에 갔을 때 성문이 아무런 이유도 없이 무너지니 이 해에 문제가 돌아가셨는데, 그와 비슷한 것이 아니겠습니까?" [무덕] 2년(619)에 시필[가한]이 몸소 [군대를] 거느리고 [황]하(黃河)를 건너 하주(夏州)[148]에 이르러 적괴(賊魁)인 양사도와 만났으며, 또한 유무주를 5백 명의 기병으로 도우며 구주[산](句注山)[149]으로 들어와 태원을 침공하려고 했다. [그런데 시필가한이] 마침 병이 나 죽자 황제가 애도를 위해 장락문(長樂門)[150]까지 나갔고, 조칙을 내려 여러 대신들에게 객관으로 가서 그 사신을 조문하게 하며 사신을 보내 [비단] 3만 단을 부의(賻儀)로 갖고 가게 했다. 아들인 십발필(什鉢苾)[151]이 어려서 즉위하지 못하게 되자 이보설(泥步設)[152]로 삼아 동편에 살게 했고, 그 [시필가한의] 동생 사리불설(俟利弗設)[153]이

말을 잘 받아들이지 않았다. 貞觀 20년(646) 太宗에게 쫓겨나 商州刺史로 좌천되었다. 다시 宋國公으로 봉해졌고, 이후에 太宗을 따라 玉華宮(지금 陝西省 銅川 북쪽)에 갔다가 죽었다(『新唐書』 卷101 「蕭瑀傳」: 3949).

146) 曹魏 文帝(287~226, 재위 220~226): 三國時代 曹魏를 세운 曹丕로 曹操의 아들이었다. 沛國譙縣(지금 安徽省 亳州) 사람으로 後漢 建安 16(221)에 五官中郎長이 되었다가 丞相副가 되었다. 그의 동생 曹植이 아버지의 총애를 받았지만 끝내 장자로서 魏王 太子의 태자가 되었다. 曹操 사망 이후 魏王과 丞相이 되었고, 陳群을 尙書로 삼아 九品官人法을 실시해 選擧制度를 개선했다. 동생들을 죽여 권력을 강화하고 延康 元年(220) 十月에 漢나라를 대신해 황제를 칭하며 국호를 魏라고 하고 黃初로 개원했다. 세 차례에 걸쳐 吳나라를 공격하나 성공하지 못했다. 사후에 諡號를 文帝, 廟號를 世祖라고 했다. 문학을 좋아해 曹操, 曹植과 함께 三曹라 불릴 정도로 詩賦에 능했다.

147) 許昌宮: 지금 河南省 許昌市 동쪽으로 36리 떨어진 곳에 있었던 許昌故城 즉, 三國時代 許縣에 있었던 궁궐이다. 後漢 建安 元年(196)에 曹操가 獻帝를 맞아들여 洛陽에서 이곳으로 천도를 했다. 許縣은 曹魏 黃初 2년(221)에 許昌縣으로 바뀌었다.

148) 夏州: 北魏 太和 11년(487) 統萬鎭이 승격되어 설치되었다. 치소는 化政郡 巖綠縣(唐代에 朔方으로 개칭되었고 지금 陝西省 靖邊縣 북쪽 白城子)에 있었다. 隋 大業 3년(607) 朔方郡으로 바뀌었다가 貞觀 2년(628)에 다시 夏州가 설치되었다. 관할 구역은 지금 陝西省 靖邊縣 북쪽 紅柳河 유역과 內蒙古自治區 杭綿旗, 烏審旗 등지였다. 天寶 元年(742)에 다시 朔方郡으로 바뀌었다가 乾元 元年(758) 다시 夏州로 환원되었다.

149) 句注山: 雁門에 있는 산으로 陘嶺 또는 西陘山라고도 불렸는데, 古代 9塞 중의 하나였다. 山西省 代縣의 서북쪽에 위치하고 있었다. 이 산으로부터 雁門郡의 명칭이 유래했다.

150) 長樂門: 唐代 長安城 太極宮 남쪽 宮門의 하나로 承天門의 동쪽에 위치하고 있었다.

151) 什鉢苾: 고대 투르크어로 '이쉬바라(Ishbara)'의 음사로 추정된다. 그는 東突厥 始畢可汗의 아들로 이후에 삼촌인 頡利可汗(재위 620~630)과 계승 분쟁을 벌인 突利可汗(Tölis qaghan)이었다. 그는 이후 唐朝와 결탁해 頡利可汗을 공격해 東突厥을 붕괴시키는데 결정적인 역할을 했다.

즉위하니 이 사람이 처라가한(處羅可汗)[154]이 되었다.

處羅復妻隋義成公主，遣使來告，則又潛通王世充，潞州總管李襲譽擊斬其使，取牛羊萬餘. 處羅迎隋蕭皇后及齊王暕之子正道於竇建德所，因立正道爲隋王，奉隋後，隋人沒者隸之，行其正朔，置百官，居定襄，衆萬人. 秦王討武周也，處羅以弟步利設騎二千會并州三日，多掠城中婦人女子去，總管李仲文不能制，以俱儉特勒助屯. 明年，謀取并州置楊正道，卜之，不吉，左右諫止，處羅曰:「我先人失國，賴隋以存，今忘之，不祥. 卜不吉，神詎無知乎? 我自決之.」會天雨血三日，國中犬夜群號，求之不見，遂有疾，公主餌以五石，俄疽發死. 主以子奧射設陋弱，棄不立，更取其弟咄苾嗣，是爲頡利可汗.

처라[가한]이 다시 수나라 의성공주(義成公主)[155]를 아내로 삼은 다음에 사신을 보내 와 알리면서 바로 다시 왕세충과 몰래 교통하자 노주총관(潞州總管)[156] 이습례(李襲譽)[157]가

---

152) 泥步設: 고대 투르크어로 '이둑 샤드(Ïdugh shad)'의 음사로 추정되는데, '성스러운 장군'이라는 의미를 갖고 있다.

153) 俟利弗設: 고대 투르크어로 '일테베르 샤드(Ilteber shad)'의 음사이다. 그는 이후에 處羅可汗(Chor qaghan)이 되었다.

154) 處羅可汗(재위 619~620): 東突厥 啓民可汗의 둘째 아들로 突厥의 제10대 可汗이었다. 원래는 俟利弗設이었다. 그는 형인 始畢可汗(재위 614~619)을 이어 조카 突利可汗을 대신해 可汗이 되었다. 處羅可汗은 고대 투르크어로 '초르 샤드(Chor qaghan)'의 음사이다. 그는 건국 초기 세력이 강하지 못했던 唐朝와 대결을 벌이며 세력을 확대하다가 병으로 죽었다.

155) 義成公主: 隋代 종실의 여자로 義城公主라고도 한다. 開皇 18년(598)에 突厥의 啓民可汗과 결혼했다(『隋書』 卷51 「長孫晟傳」: 1333).

156) 潞州: 北周 宣政 元年(578)에 설치되었고, 치소는 襄垣縣(지금 山西省 襄垣縣 북쪽)에 있었다. 이후 隋 開皇년간에 치소를 壺關縣(지금 山西省 壺關縣 동남쪽)으로 옮겼고, 大業 초기에 上黨郡으로 바뀌었다. 武德 元年(618)에 다시 潞州로 바뀌고 치소가 上黨縣(지금 山西省 長治市)에 있었다. 관할 구역은 지금 山西省 長治市와 武鄕, 沁縣, 襄垣, 黎城, 屯留, 潞城, 平順, 長子, 壺關, 그리고 河北省 涉縣 등지였다. 天寶 초에 다시 上黨郡으로 바뀌었다가 乾元 元年(756)에 다시 원래대로 환원되었다.

157) 李襲譽: 隋末唐初의 大臣으로 조상은 隴西 狄道(지금 甘肅省 臨洮縣 남쪽) 사람인데, 金州 安康으로 이주해 살았다. 字는 茂實이었다. 어려 총명했고, 隋 말기에 軍府司馬가 되었다. 陰世師를 도와 關中 지역의 농민 봉기를 진압했고, 高祖가 長安을 함락한 이후에 太府少卿에 제수되고, 安康郡公으로 책봉

그 사신을 공격해 죽이고 소와 양 만여 마리를 잡았다. 처라[가한]이 수나라 소황후(蕭皇后)[158]와 제왕(齊王) [양]간(楊暕)의 아들 [양]정도(楊正道)[159]를 두건덕의 처소에서 맞아들여 [양]정도를 수왕(隋王)으로 삼아 수나라의 후사로 받들게 하고, 수나라 사람으로 [돌궐에] 투항해왔던 사람들을 속하게 하며 그 역법을 쓰게 하고 백관을 설치해 정양[성](定襄城)[160]에 살게 하자 백성이 만 명이나 되었다. 진왕(秦王) [이세민(李世民)][161]이 [유]무주를 토벌하자 처라[가한]은 동생 보리설(步利設)[162]에게 기병 2천을 이끌고 병주(幷州)[163]에서 사흘 간

되었다. 그의 형인 李襲志와 함께 황실의 일원이 되어 皇帝의 총애를 받았다. 武德 4년(621)에 潞州總管에 임명되었고, 이후에 李世民과 함께 王世充을 토벌하는데 참가했다. 光祿卿, 浦州刺史를 거쳐 揚州大都督府 長史, 江南道巡察大使를 역임했다. 揚州에 있을 때 수리 시설을 개선해 농지를 확대하는 등 큰 공을 세워 백성들에게 큰 이익을 주었다. 이후 조정에 들어와 太府卿을 하다가 涼州都督이 되었고, 金祿光祿大夫가 가해졌다. 縣令을 때려 죽여 제명되어 泉州로 유배를 갔다가 죽었다(『新唐書』 卷91 「李襲譽傳」: 3790).

158) 蕭皇后: 煬帝의 皇后로 後梁 明帝 蕭巋의 딸이었다. 처음에 외가에서 자라다가 文帝가 晉王의 妃를 간택하는데 吉하다고 해 선택되어 皇后가 되었다. 煬帝 사후에 宇文化及을 따라 서쪽으로 돌아오다가 그가 패하자 竇建德에게 갔다가 이후에 突厥로 들어갔다. 貞觀 4년(630) 突厥이 패배하자 京師로 돌아올 수 있었다(『隋書』 卷36 「煬帝蕭皇后傳」: 1111).

159) 楊政道: 齊王 楊暕의 아들로 大業 말에 宇文化及을 따라 河北에 왔다. 武德 2년(619)에 竇建德에게 격파당해 그에게 들어가 鄖公이 되었다가 그의 할머니 蕭后와 함께 處羅可汗에게 가서 隋王이 되었다. 貞觀 4년(630) 李靖이 突厥의 頡利可汗을 격파할 때 唐朝 들어와서 尙衣奉御를 除授받았다.

160) 定襄城: 隋 大業 초에 雲州가 바뀌어 설치된 郡의 치소로, 大利縣(지금 內蒙古自治區 和林格爾縣 서북 土城子鄕 古城)이었다.

161) 秦王: 唐 太宗(599~649; 재위 626~649) 李世民이 皇帝로 즉위하기 이전 王號였다. 唐朝 제2대 황제로 高祖 李淵의 둘째 아들이었다. 隋末 아버지를 따라 太原에서 기병해 長安을 점령했다. 武德 元年(618) 尙書令에 임명되고 秦王에 봉해졌다. 각지에 할거하던 薛仁杲·劉武周·王世充·竇建德·劉黑闥 등을 격파했다. 武德 9년(626) 玄武門의 변을 일으켜 즉위했다. 房玄齡·杜如晦·魏徵 등을 宰相으로 임명했고, 隋가 망한 것을 거울로 삼아 간언을 받아들여 인재를 등용했으며, 吏治에 힘썼다. 이처럼 宣政을 베풀어 사회가 안정되고 경제가 발전했는데, 이를 소위 '貞觀之治'라 한다. 貞觀 4년(630) 東突厥을 평정하자 西北 遊牧民들이 '天可汗'이라 칭했다. 이후 吐谷渾과 高昌을 평정하고 吐蕃과 평화를 유지했다. 중기 이후 전쟁이 많아 점차로 賦役이 늘어났으며 스스로 교만해져 直臣을 멀리했다. 붕어한 이후에 昭陵(지금 陝西省 禮泉縣)에 매장되었으며, 諡號는 文皇帝였다.

162) 步利設: 고대 투르크어로 '뵈리 샤드(Böri shad)'의 음사한 것인데, 뵈리가 親衛部隊를 의미한다는 점에서 突厥의 군주인 可汗을 지키는 親衛部隊의 長으로 추정된다.

163) 幷州: 前漢 武帝 시기에 설치한 13刺史部의 하나로 太原·上黨·雲中·定襄·雁門·代郡 등 여섯 郡을 관할했다. 관할 구역은 지금 山西省 대부분과 河北省 및 內蒙古自治區의 일부였다. 後漢時代 治所가

[관군과] 만나 [머물]게 했는데, [이 때] 성 안에 있는 부인과 여자를 대부분 잡아갔음에도 총관(總管)[164] 이중문(李仲文)[165]이 [이를] 제지하지 못하였고, 구검특륵(俱儉特勒)[166]이 [그곳에] 주둔하는 것을 도왔다.

이듬해(620년)에 병주를 뺏어 [양]정도를 [그곳에] 두려는 계획을 세웠는데, 점을 쳐서 좋지 않다고 좌우가 말하며 저지하자 처라[가한]이 말했다. "나의 아버지[이신 계민가한]께서 나라를 잃고 수나라에 의지[해 다시 나라를 회복]할 수 있었는데, 지금 [그런 은혜를] 잊어버린다면 좋지 않다. 점[괘]가 좋지 않아도 신(神)이 어찌 [이런 사정을] 모르겠는가? 내가 [알아서] 스스로 결정할 것이다." [이 때] 마침 하늘에서 피비가 사흘 동안 오고 나라 안에서 개들이 밤에 무리를 지어 짖었는데 [그것들을] 잡으려고 해도 보이지 않았다. 결국 [처라가한 역시] 병에 걸리자 공주가 [처라가한에게] 다섯 가지 [약]석(藥石)을 먹였음에도 바로 등창이 나서 죽었다. [의성]공주가 아들 오사설(奧射設)[167]이 [용모가] 추하고 [몸이] 약하자 버리고 [가한으로] 세우지 않으며 다시 그 [처라가한]의 동생인 돌필(咄苾)을 거두어 잇게 하니 이 사람이 힐리가한(頡利可汗)[168]이 되었다.

晉陽縣(隋代 太原縣으로 개칭, 지금 山西省 太原市 서남 古城營)에 설치되었다. 이후 관할 구역은 확대되어 西河・五原・朔方・上郡을 더 거느리게 되었고, 代郡은 거의 관할하지 않았다. 이 당시 관할은 山西省 대부분과 陝西省 북부, 內蒙古 狼山・陰山 이남 지역이었다. 後漢末 관할 구역은 축소되었다가 建安 18년(213)에 冀州에 합병되었다. 三國 曹魏 黃初 元年(220)에 다시 설치되었다가 이후 관할 구역이 점차로 축소되었다. 唐代의 관할 구역은 지금 山西省 陽曲縣 이남, 文水縣 이북의 汾水 중류와 그 동쪽 지역이었다. 開元 11년(723)에 太原府로 승격되었다.

164) 總管: 軍事 統帥로서 北周, 隋唐代 원정을 할 때 임시로 군대를 통솔하는 지휘관이었다. 武德 7년(624)에 諸州總管을 都督으로 바꾼 이후에 출정하는 指揮官을 總管이라고 칭했다.

165) 李仲文: 唐初의 大臣으로, 隋末에 鄗(지금 河北省 高邑)에서 봉기해 唐朝에 투항한 이후에 太常少卿이 되었다.

166) 俱儉特勒: 고대 투르크어로 '퀼뤽 테긴(külüg tegin)'의 음사로 추정된다.

167) 奧射設: 處羅可汗의 아들인데, 재능이 뛰어나지 못하다고 해서 可汗이 되지 못했다. 고대 투르크어로 '우스 샤드(Us shad)'의 음사로 추정되는데, 그 의미는 '지혜로운 장군'이다

168) 頡利可汗(?~634, 재위 620~630): 東突厥의 마지막 可汗으로, 이는 고대 투르크어로 '일릭 카간(Ilig qaghan)'의 음사이다. 그는 啓民可汗의 세 번째 아들로 이름이 咄苾이었다. 본래 莫賀咄設(바가투르 샤드)로 五原에 주둔하고 있다가 處羅可汗을 이어 武德 3년(620)에 즉위했다. 唐初에 반란 세력들과 연계를 가지면서 唐朝를 압박하기도 하다가 武德 말기에는 대규모 공격을 해 貞觀 元年(627)에 太宗과 渭水之盟을 맺어 관계를 회복하기도 했다. 그 이후 내부의 반란을 진압하는 과정에서 조카 突利可汗과 갈등을 빚어 唐朝에 칭신을 하게 되었다가 끝내 唐朝의 대대적인 공격을 받고 사로 잡혀 長安에 왔다.

頡利始爲莫賀咄設，牙直五原北．薛擧陷平涼，與連和，帝患之，遣光祿卿宇文歆賂頡利，使與擧絕；隋五原太守張長遜以所部五城附虜，歆并說還五原地．皆見聽，且發兵擊長遜所部會秦王軍．太子建成議廢豐州，并割楡中地．於是處羅子郁射設以所部萬帳入處河南，以靈州爲塞．

힐리[가한]은 [계민가한의 셋째 아들로][169] 처음에 막하돌설(莫賀咄設)[170]이 되어 아장을 오원[군](五原郡)[171]의 북쪽에 두었다. 설거가 평량[군](平涼郡)[172]을 함락하고 [돌궐과] 화친을 맺자 황제가 [이를] 걱정하며 광록경(光祿卿)[173] 우문흠(宇文歆)[174]을 보내 힐리[가한]에게 뇌물을 주어 [설]거와 [관계를] 끊게 했다. [그런데] 수나라 오원태수(五原太守) 장장손(張長遜)[175]이 관할하던 다섯 성을 갖고 돌궐에 투항하자 [우문]흠이 또 [힐리가한에게] 오원

이로 인해 東突厥은 붕괴되어 唐朝의 羈縻支配를 받았다. 長安에 살면서 右衛大將軍으로 관직을 받았는데, 貞觀 8年(634)에 병으로 죽었다. 사후에 歸義王으로 추증되고 시호를 荒이라고 했다.

169) 『舊唐書』에 頡利可汗이 "啓民可汗의 셋째 아들"이라고 되어 있어 보충했다.

170) 莫賀咄設: 고대 투르크어로 '바가투르 샤드(Baghatur shad)'의 음사이다.

171) 五原郡: 隋 大業 元年(605)에 豊州가 바뀌어 설치되었다. 치소는 九原縣(지금 內蒙古自治區 烏拉特前旗 동남 黑柳子鄕 三頂房村 古城 또는 五原縣 서남쪽)이었다. 관할구역은 內蒙古自治區 後套 이동, 陰山 이남, 包頭市 이서와 達拉特, 准噶爾旗 지역이었다. 隋末에 폐지되었다.

172) 平涼郡: 五胡十六國 前秦시기에 설치되었다. 치소는 平涼城(지금 甘肅省 平涼市 서북)에 있었는데, 北魏時代에 치소를 鶉陽縣(지금 甘肅省 花亭縣 西馬峽)으로 옮기고 涇州에 속하게 했다. 관할지역은 지금 甘肅省 花亭, 平涼의 서남과 동남부 일대였다. 隋初에 폐지되었다가 大業 3년(607)에 原州를 바뀌었다. 이 때 치소는 平高縣(지금 寧夏回族自治區 固原縣)에 있었다. 관할 구역은 寧夏 同心縣의 남부와 甘肅省 平涼市지역이었다. 武德 초에 다시 原州라 했다. 天寶 元年(742)에 다시 平涼郡으로 바뀌었다가 乾元 元年(758)에 原州로 바뀌었다.

173) 光祿卿: 南朝이래 光祿勳이 바뀌어 설치되었는데, 隋唐代에도 그대로 이어졌다. 주로 궁궐 문의 관리와 내부에서 사무를 담당했고, 품계가 從三品이었다.

174) 宇文歆: 隋唐時代의 관리로 武德 元年(618)에 都水監으로 突厥에 파견되어 突厥과 薛擧가 연합하는 것을 막기 위해 노력했고, 이후에 右衛將軍이 되었다. 劉武周가 공격할 때 幷州에 있던 李元吉에 가있다가 패배해 京師로 돌아와 죄를 물어 죽임을 당할 뻔하다가 李綱의 변호로 방면되었다. 武德 4년(621)에 李世民을 따라 王世充을 토벌하는데 공을 세워 洪州總管이 되었다. 이듬해에 군대를 이끌고 三觀山에서 突厥을 격파했다(『新唐書』 卷79 「高祖諸子 巢王元吉傳」: 3546).

175) 張長遜(?~637): 雍州 櫟陽 사람으로 隋代에 里長이 되어 陳을 평정하는데 공을 세웠다. 이후 五原郡通守에 이르렀다. 隋末에 突厥에 붙어 割利特勤이 되었으나 이후에 唐朝에 투항해 五原太守가 되었다.

[군]의 땅을 돌려달라고 설득했다. [힐리가한이 이런 제안을] 모두 받아들이고, 또한 군대를 일으켜 [장]장손의 부대와 함께 진왕 [이세민]의 군대를 만났다. 태자(太子) [이]건성(李建成)[176]이 풍주(豐州)[177]를 폐지하고 [그와] 동시에 유중(楡中)[178] 땅을 [돌궐에게] 잘라 줄 것을 의론했다. 이에 처라[가한]의 아들 욱사설(郁射設)[179]이 거느린 만 장(帳)[180]이 하남(河南)[181]에 들어와 살게 되면서 영주(靈州)[182]를 요새[塞]로 삼았다.

얼마 지나지 않아 豐州總管이 되었고, 薛擧를 진압한 공으로 巴國公에 봉해졌다. 이후 遂州總管 등의 관직을 역임했는데, 그는 부임지에서 곳에서 정사를 잘 처리했다고 한다(『新唐書』 卷88 「張長遜傳」: 3745).

176) 李建成(589~626): 高祖의 長子로 아버지가 隋 大業 13년(617)에 거병을 했을 때 左領軍大都督으로 동생 李世民과 함께 左右軍을 지휘해 長安을 탈환했다. 武德 元年(618)에 皇太子가 되었다. 이후 동생과 경쟁을 하다가 626년 玄武門의 變에서 동생 李世民(太宗)에게 죽임을 당했다. 시호가 隱이라 隱太子라고 불렸다.

177) 豐州: 隋 開皇 5년(585)에 永豐鎭이 승격되어 설치되었다. 治所는 九原縣(지금 內蒙古自治區 烏拉前旗 서북 小召鄕 土城村의 古城인데, 혹자는 五原縣 서남 黃河의 北岸이라고도 한다)에 있었다. 관할 구역은 지금 內蒙古自治區 오르도스 서북부와 이북 일대에 해당한다. 大業 初 五原郡으로 改稱되었다가 후에 폐치되었다. 貞觀 4년(630)에 다시 설치되었으나 貞觀 11년(637)에 廢置되었다가 貞觀 23년(649)에 다시 설치되었다. 永徽 4년(653)에는 九原縣이 州의 治所가 되었다. 天寶 元年(742)에 九原郡으로 改稱되었다가 乾元 元年(758)에 다시 豐州로 환원되었다.

178) 楡中: 옛 지명으로 여러 가지 주장이 있다. 최초의 기록은 戰國時代 趙나라 武靈王의 확장 기록에서 나왔다. 이에 대해 曹魏의 蘇林은 上郡에 있다고 했는데, 이곳은 지금 陝西省 동북부에 해당한다. 西晉 徐廣과 北魏의 酈道元은 金城에 있다고 했는데, 이곳은 지금 甘肅省 蘭州市 楡中縣 일대에 해당한다. 한편 唐의 張守節은 勝州 북부 黃河 북안이라고 했는데, 이곳은 지금 內蒙古自治區 河套 동북부에 해당한다. 과거 武靈王이 정복했던 楡中이 林胡의 거주지라는 점에서 그 지역을 지금 河套 東北부에서 大靑山 일대에 이르는 지역으로 추정하기도 한다. 아울러 『元和郡縣圖志』에서는 이곳을 楡林關 동북쪽 黃河 연안지역이라고 설명하고 있다.

179) 郁射設: 고대 투르크어로 '위즈 샤드(Yüz shad)'의 음사로 추정된다.

180) 帳은 목민의 거주 단위인 天幕을 의미하는데, 戶口의 단위로 사용되었다. 대체적으로 유목민들이 核家族을 구성하고 있다는 점에서 1落이 5명 정도였다. 달리 落이라고도 한다.

181) 河南: 黃河 남쪽 지역을 지칭한다. 지금 內蒙古의 河套(오르도스) 즉, 지금 內蒙古自治區 伊克昭盟 일대이다. 河南은 과거 秦나라의 蒙恬이 匈奴를 몰아내고 黃河 이남의 땅을 회복한 다음에 성곽을 쌓고 백성을 이주시킨 다음에 이곳을 '新秦'이라고 했다. 漢 武帝시대에도 이곳을 '新秦中'이라 불렀는데, 여기에서도 이 지역을 지칭한다.

182) 靈州: 北魏 孝昌년간에 설치되었고 치소는 舊薄骨律鎭에 있었다. 北周 시기에 回樂縣이 설치되어 州의 치소가 되었다. 隋 大業 3년(607)에 靈武郡이 바뀌어 설치되었다가 武德 元年(618)에 靈州되었다. 관할 구역은 지금 寧夏回族自治區 中衛, 中寧縣 이북 지역이었다. 開元 이후에 朔方節度使의 관할 하에

頡利又妻義成，以始畢子什鉢苾爲突利可汗，使居東．義成，楊諧女也，其弟善經亦依突厥，與王世充使者王文素共說頡利曰：「往啓民兄弟爭國，賴隋得復位，子孫有國．今天子非文帝後，宜立正道以報隋厚德.」頡利然之，故歲入寇．然倚父兄餘資，兵銳馬多，嶅然驕氣，直出百蠻上，視中國爲不足與，書辭悖嫚，多須求．帝方經略天下，故屈禮，多所舍貸，贈賚不貲，然而不厭無厓之求也．

힐리[가한]이 또한 의성[공주]를 아내로 삼고 시필[가한]의 아들 십발필(什鉢苾)을 돌리가한(突利可汗)[183]으로 삼아 동쪽에 살게 했다. 의성[공주]는 양해(楊諧)의 딸인데, 동생 선경[공주](善經公主)마저 돌궐에 의탁하게 되자 [그녀가] 왕세충의 사자 왕문소(王文素)와 함께 힐리[가한]을 설득하여 말했다. "이전에 계민[가한](啓民可汗)[184]의 형제분들께서 나라를 [두고] 싸웠는데, [계민가한이] 수나라에 의지해 다시 [가한의] 지위를 얻어서 [그의] 자손들이 나라를 차지할 수 있었습니다. 지금 천자는 [수나라] 문제(文帝)의[185] 후사(後嗣)가 아니니

있었다. 天寶 元年(742)에 다시 靈武郡이 되었다가 乾元 元年(758)에 다시 환원되었다.

183) 突利可汗: 東面可汗 즉, 차기 계승권을 갖고 있는 第二可汗이었다. 이는 고대 투르크어로 '퇼리스 카간(Tölis qaghan)'의 음사이다. 匈奴시대의 左賢王과 동일한 역할을 했다.

184) 啓民可汗(재위 599~609): 突厥이 동서로 분열된 이후 東突厥의 가한으로 즉위했다. 이름은 染干인데, 이는 고대 투르크어로 '잠칸(Jamqan)'의 음사로 추정된다. 突厥의 제6대 可汗인 沙鉢略可汗의 아들로 그의 재위시기에 북방에 있으면서 차기 계승자인 突利可汗의 지위를 갖고 있었다. 이후 숙부인 都藍可汗이 즉위한 이후 계승 분쟁의 와중에 빠져들어 隋의 지원을 받아 제8대 可汗이 될 수 있었다. 그는 中國으로부터 意利珍豆啓民可汗으로 책봉되어 漠南에 거주하면서 中國과 긴밀한 관계를 유지했기 때문에 줄여서 啓民可汗이라고 불린다. 그의 책봉명은 고대 투르크어인 意利珍豆와 中國式 표현인 啓民이 혼용된 명칭으로 추정되나 확실한 음사는 알 수 없다. 다만 그 의미를 "意智健"이라고 한 『隋書』의 기록에서 可汗의 중요한 덕목인 賢(bilge)과 勇(alp)를 겸비했다는 것으로 이해할 수 있다. 『北史』에는 唐 太宗 李世民의 이름을 避諱해서 啓人可汗이라고 되어 있다.

185) 隋 文帝(재위 581~604): 隋나라를 건국한 楊堅의 謚號로 廟號는 高祖였다. 後漢의 학자이자 정치가 楊震의 자손으로 西魏 12大將軍 한 사람인 隋國公 楊忠의 아들이었다. 弘農郡 華陰縣(陝西省 渭南縣) 출신이라고 하나 사실은 漢人이 아니고 鮮卑이거나 鮮卑와의 혼혈인 武將 집안 출신인 듯하다. 西魏를 이은 北周에서 아버지의 공으로 높은 지위에 올랐는데, 그의 딸이 北周 宣帝의 妃가 되자 外戚으로 정치적 실권을 장악했다. 580년 宣帝의 아들 靜帝가 어린 나이로 즉위하자 靜帝의 輔政이 되어 정사를 좌우했다. 581년 靜帝로부터 禪讓을 받아 隋나라를 세우고, 長安(지금 陝西省 西安市)을 수도로 정해 大興城이라 했다. 開皇律令을 제정해 제도를 정비하고, 科擧制를 실시해 귀족세력을 억제하는 등 中央

마땅히 [양]정도를 세워 수나라의 두터운 덕을 갚아야만 할 것입니다." 힐리[가한]이 그렇다고 여겼기 때문에 해마다 들어와 노략질을 벌였다.

그러나 [힐리가한은] 아버지와 형이 남긴 재물이 넉넉하고 병사들도 날래며 말도 많았을 뿐만 아니라 자신의 의견만을 주장하는 교만한 기운이 모든 종족[百蠻]들 위에서 군림할 만했고 중국이 [자신을] 상대하기에 부족하다고 보았기 때문에 오만한 말과 글로 [재물을] 많이 청구하려고 했다. 황제도 바야흐로 [내적으로] 천하를 경략해야만 했기 때문에 굴욕스런 예로 [힐리가한에게] 많은 관용을 베풀어 내려줘야 할 물품을 감당할 수 없었는데, 그럼에도 [힐리가한의] 한없는 요구는 그치지 않았다.

四年, 頡利率萬騎與苑君璋合寇鴈門, 定襄王李大恩擊卻之. 頡利執我使者漢陽公瓌·太常卿鄭元璹·左驍衛大將軍長孫順德, 帝亦囚其使與相當. 由是寇代州, 敗行軍總管王孝基, 略河東, 犯原州, 穿延州塞, 諸將與戰, 不能有所俘.

[무덕] 4년(621) 힐리[가한]이 만 명의 기병을 거느리고 [마읍의 도적] 원군장(苑君璋)[186]과 함께 안문[현](鴈門縣)[187]을 노략질하자 정양왕(定襄王) 이대은(李大恩)[188]이 격퇴시켰다. 힐리[가한]이 당나라의 사자인 한양공(漢陽公) [이]괴(李瓌)와 태상경(太常卿)[189] 정원숙

集權制를 강화했다. 그가 정한 官制, 均田制, 府兵制 등은 唐나라 律令의 기초가 되었다. 589년 南朝 陳나라를 평정해 통일했고 突厥을 압박하고, 高句麗를 침공하기도 했다. 皇太子 勇을 폐하고 둘째아들 廣을 太子로 세우고 얼마 있지 않아 병사했다(丁載勳, 2001)

186) 苑君璋: 隋나라 말기 馬邑의 豪强으로 劉武周와 함께 군대를 이끌고 쳐들어왔다가 실패했다. 劉武周 사후에 突厥이 그를 大行臺로 삼아 劉武周의 군대를 통솔하게 하나 얼마 지나지 않아 唐朝의 압박을 받게 되자 투항했다. 다시 突厥 頡利可汗 귀순할 때 다시 항복해 安州都督, 芮國公으로 봉해졌고, 食邑을 500戶 받았다(『新唐書』 卷92 「苑君璋傳」: 3804).

187) 鴈門縣: 隋 開皇 18년(598)에 太子 楊廣의 이름을 諱해 廣武縣이 바뀌어 설치되어 代州의 관할 하에 있었다. 치소는 山西省 代縣에 있었다. 大業 3년(607)에 鴈門郡의 관할로 바뀌었다가 武德 元年(618)에 代州의 관할로 바뀌었다. 이후 玄宗 天寶 元年(742) 鴈門郡으로 관할이 다시 바뀌었다가 乾元 元年(758)에 代州로 환원되었다.

188) 李大恩: 唐의 宗室로 代州總管으로 突厥을 격파하는데 공을 세웠다.

189) 太常卿: 兩漢魏晉南北朝 前期 太常의 존칭이었다가 南朝 梁代에 정식 명칭이 되어 12경의 하나가 되었다. 宗廟園陵, 祭禮禮樂, 天文術數, 學校 등을 담당했고, 明堂, 二廟, 太史, 太祝, 廩犧, 太樂, 鼓吹, 乘黃,

(鄭元璹),[190] [그리고] 좌효위대장군(左驍衛大將軍)[191] 장손순덕(長孫順德)[192]을 잡아 두자 황제 역시 그 사신을 잡아 두고 [돌궐과] 똑같이 하였다. 이로 인해 [돌궐이] 대주(代州)[193]로 쳐들어와서 행군총관(行軍總管)[194] 왕효기(王孝基)를 패배시키고 하동(河東)[195]을 노략질했으며 원주(原州)[196]를 범하고 연주새(延州塞)[197]를 뚫[고 들어오]자 여러 장군들이 더불어

北館, 典客館等令, 丞及陵監, 國學과 籍律都尉, 總章校尉監 등을 관리했다. 隋唐代에는 품계가 正三品이었다.

190) 鄭元璹: 唐代 관리로 外交官으로 활동했다. 隋代 아버지의 공으로 沛國公을 물려받고 右武侯將軍이 되었고, 다시 莘國公으로 봉해졌다. 大業년간에 文城郡(지금 山西省 吉縣)太守로 있다가 李淵이 봉기하자 참여해 太常卿, 參旗將軍이 되었다. 軍法에 정통을 했고, 突厥과의 외교 교섭에 참여했다가 몇 년 구금되었다가 돌아와 鴻臚卿이 되었다. 이후에도 공을 세워 沛國公이 되었다. 죽은 이후에 簡이라는 시호를 받았다(『舊唐書』 卷62 「鄭元璹傳」: 2379).

191) 左驍衛大將軍: 左驍衛의 長官으로 품계는 正三品이었다. 前漢 武帝 시기에 驍騎將軍이 있었는데, 이후의 王朝들에서도 설치되었다. 隋 煬帝 시기에 左右備身府를 左右驍騎衛로 改稱되고 각각 大將軍과 將軍을 설치되었다. 唐代에는 이를 左右驍衛大將軍으로 바뀌었다. 光宅 元年(684)에 左右武威衛大將軍이 되었다가 神龍 元年(705)에 원래의 명칭으로 환원되었다.

192) 長孫順德: 唐初의 將軍으로 文德順聖皇后와 長孫無忌의 族叔이었다. 일찍이 隋末에 隋右勳衛로 高句麗 원정을 피해 太原에 숨었다가 高祖, 太宗과 친하게 되어 봉기 시에 군대를 모집하고 전공을 세웠다. 高祖가 즉위한 이후에 左驍衛大將軍이 되었고, 薛國公에 봉해졌다. 武德 9년(626) 玄武門의 변에 참여했으나 뇌물 사건이 발생해 제명되었다가 다시 澤州刺史가 되었다. 하지만 면직되었고 죽은 이후에 荊州都督으로 추증되고 襄이라는 시호를 받았다. 다시 貞觀 13년(639) 邳國公으로 봉해졌다가 永徽 5년(654)에 開府儀同三司로 추증되었다(『新唐書』 卷105 「長孫順德傳」: 4023).

193) 代州: 隋 開皇 5년(585)에 肆州가 改置되어 설치되었다. 治所는 廣武縣(開皇 18년에 雁門縣으로 改名했는데, 지금 山西省 代縣)에 있었다. 大業 3년(607)에 雁門郡으로 改稱되었고, 唐 高祖 武德 元年(618)에 다시 代州로 바뀌었다. 이후 玄宗 天寶初에 다시 雁門郡으로 바뀌었다가 肅宗 乾元 元年(758)에 다시 代州로 환원되었다. 관할구역은 지금 山西省 代, 繁峙, 原平, 五臺 등의 縣이었다.

194) 行軍總管: 隋唐時代 특정한 軍事的 의도를 갖고 파견한 야전 부대를 '行軍' 혹은 '行營'이라 지칭했다. 그의 지휘관으로 總管을 두어 總司令官으로 삼았는데, 中唐 이후에는 招討使 혹은 都統, 元帥라고 불렀다. 總管이 지휘하는 行軍 여러 개를 총지휘하는 將領을 行軍大總管이라 불렀다.

195) 河東: 원래 秦漢時代에는 지금 山西省 서남부를 지칭하는 명칭이었으나 唐代에 들어서 山西省 전역을 지칭하는 명칭으로 사용되었다. 黃河가 만곡해 남하하는 본류의 동쪽 지역을 지칭했다. 달리 河東郡으로 볼 수도 있는데, 河東郡은 隋代에 설치되었다가 武德 초기에 폐지되었는데, 이런 점에서 전자의 해석이 맞게 보인다. 이후 이곳에는 貞觀 元年(627)에 河東道가 설치되었고, 다시 玄宗時代에 節度使의 方鎮이 설치되기도 했다.

196) 原州: 北魏 正光 5년(524)에 설치되었고, 治所는 高平郡(西魏時代에 高平縣으로 改稱되었으며 지금 寧夏回族自治區 固原縣에 해당)에 있었다. 관할구역은 지금 寧夏回族自治區 固原縣과 甘肅省 平涼市

싸웠으나 사로잡지 못했다.

明年, 還順德等, 且請和, 贄魚膠, 紿云:「固二國之好也.」帝雖未情, 釋其使特勒熱寒等, 厚與金還之. 大恩上言:「突厥飢, 馬邑可圖也.」詔殿中少監獨孤晟共擊之. 晟後約, 大恩不敢進, 屯新城. 頡利自將數萬騎與劉黑闥合圍之, 大恩沒, 士死者數千人. 進擊忻州, 爲李高遷所破. 黑闥以突厥萬人擾山東, 又殘定州. 頡利未得志, 乃率十五萬騎入鴈門, 圍并州, 深鈔汾·潞, 取男女五千, 分數千騎轉掠原·靈間. 於是太子建成將兵出豳州道, 秦王將兵出蒲州道擊之; 李子和以兵趨雲中, 掩可汗後; 段德操出夏州, 狙其歸. 并州總管襄邑王神符戰汾東, 斬虜五百首, 取馬二千; 汾州刺史蕭顗獻俘五千. 虜陷大震關, 縱兵掠弘州, 總管宇文歆·靈州楊師道拒之, 獲馬·橐它數千. 頡利聞秦王且至, 引出塞, 王師還.

이듬해(622년) [장손]순덕 등이 돌아오자 [돌궐이] 또 화친을 청하고 어교(魚膠)를 바치면서 거짓으로 말했다. "두 나라의 우호 관계를 단단하게 하고자 합니다." 황제는 비록 [그들이] 진정성이 없[어 보였]음에도 그 사신인 특륵열한(特勒熱寒)198) 등을 풀어주고 후하게 금을 주어 돌려보냈다. [이]대은이 [상주를] 올려 말했다. "돌궐에 기근이 들었으니 마읍[군](馬邑郡)199)을 도모할 만합니다." [황제가] 조칙을 내려 전중소감(殿中少監)200) 독고성(獨孤

일대에 해당한다. 隋 大業 3년(607)에 州가 廢置되고 平涼郡으로 바뀌었다. 唐初 다시 原州로 설치되었다. 天寶 元年(742)에 다시 平涼郡으로 바뀌었다가 乾元 元年(758)에 다시 原州로 바뀌었다 廣德 元年(763)에 吐蕃에 점령되었다. 貞元 19년(803)에 治所를 平涼縣(지금 甘肅省 平涼市)으로 옮겼다. 元和 3년(808)에 또 治所를 臨涇縣(지금 甘肅省 鎭原縣)으로 옮겼다가 大中 3년(849)에는 平高縣으로 옮겼다. 廣明년간 이후에 다시 治所를 臨涇縣으로 옮겼다.

197) 延州塞: 延州에 있었던 요새로 달리 延安郡이라고도 한다. 武德 元年(618) 延安郡이 바뀌어 설치되었다. 豊林, 延川 등 세 곳의 현을 관할하다가 이후에 아홉 개로 늘어났다. 天寶 元年(742) 延安郡으로 바뀌었다가 乾元 元年에 다시 延州가 되었다. 치소는 지금 延安 延河 북안에 있었고, 관할 구역은 지금 陝西省 延安, 延長, 延川, 子長, 安塞, 志丹과 吳旗 동남부였다.

198) 特勤熱寒: 特勤의 지위를 갖고 있는 것으로 보아 突厥 宗室임에 틀림없으나 확실한 음사는 알 수 없다.

199) 馬邑郡: 隋 大業 3년(607)에 朔州가 바뀌어 설치되었고, 치소는 善陽縣(지금 山西省 朔州市)에 있었다. 관할 구역은 지금 山西省 五寨縣과 恒山 이북, 內蒙古自治區 岱海, 黃旗海 이남 지역이었다. 武德 4년(621)에 朔州로, 天寶 元年(742)에 馬邑郡으로 바뀌었으나 영역은 축소되었다. 乾元 元年(758)에 朔州

晟)[201]에게 [이대은과] 함께 [돌궐을] 공격하라고 했다. [독고]성이 약속에 늦자 [이]대은이 감히 나아가지 못하고 신성(新城)[202]에 머물러 있었다. 힐리[가한]이 몸소 수만 명의 기병을 이끌고 유흑달(劉黑闥)[203]과 함께 연합해 [신성을] 포위해 [공격해서 이]대은이 죽고 병사들도 죽은 자가 수천 명이나 되었다. [힐리가한이] 나아가 흔주(忻州)[204]를 공격하다가 이고천(李高遷)[205]에게 격파를 당했다. [유]흑달이 돌궐 [군사] 만 명을 이끌고 [와서] 산동(山東)[206]을 어지럽히고 다시 정주(定州)[207]까지 해를 끼쳤다. 힐리[가한]이 뜻을 이루지 못하자 바로 15만 명의 기병을 이끌고 안문으로 들어와 병주를 포위하고 분[주](汾州)[208]와 노[주]

로 환원되었다.

200) 殿內少監: 隋代에 皇帝의 生活과 起居 事務를 담당하는 官廳인 殿內省의 次官으로 품계는 從四品이었다. 이후에 殿中省으로 바꾸었다.

201) 獨孤晟: 唐初의 殿內少監으로 李大恩과 突厥을 공격했다가 도중에 突厥과 맹약하고 오히려 李大恩이 이끄는 唐軍을 궤멸시켰다(『舊唐書』 卷194 上 「突厥傳」上: 5155).

202) 新城: 지금 山西省 朔州市 서남쪽에 위치했다.

203) 劉黑闥(?~623): 隋末唐初 반란 수령의 하나였다. 貝州 漳南 사람으로 평소에 竇建德과 친하게 지냈다. 郝孝德을 따라 도둑질을 했고, 李密의 裨將이 되었다가 패해 王世充에게 잡혔다. 그의 騎將이 되었으나 竇建德에게 가서 將軍이 되고 漢東郡公으로 봉해졌다. 武德 4년(621)에 竇建德이 실패한 이후에 大將軍을 칭하면서 河北을 점거하고 漢東王을 칭했다. 李建成에게 패배해 遼陽으로 도망을 갔다가 武德 6년(623)에 부하에게 잡혀 洺州에서 죽임을 당했다(『新唐書』 卷86 「劉黑闥傳」: 3715).

204) 忻州: 隋 開皇 18년(598)에 설치되었고, 治所는 秀容縣(지금 山西省 忻州市)에 있었다. 『元和郡縣圖志』에 의하면 州 경계에 忻川口가 있어 붙여진 이름이다. 大業 2년(606)에 廢置되었고 武德 元年(618)에 다시 忻州가 설치되었다가 관할구역은 지금 山西省 忻州市와 定襄縣에 해당한다. 天寶 元年(742)에 定襄郡으로 改稱되었다가 乾元 元年(758)에 다시 忻州로 환원되었다.

205) 李高遷(?~654): 高祖가 太原에서 기병을 했을 때 중요한 참모의 하나로 岐州 岐山(지금 陝西省 岐山) 사람이었다. 太原에 갔다가 留守 李淵과 관계를 맺고 大業 17년(617) 그를 도와 高君雅, 王威 등을 죽이는데 공을 세워 右三統軍이 되었다. 이후에 關中을 공격해 長安을 함락하는데 공을 세워 左武衛大將軍이 되고 江夏郡公, 檢校西麟州刺史로 봉해졌다. 武德 초기에 突厥과의 전투에서 도망가 유배되었다. 다시 陵州刺史가 되었고, 죽은 다음에 梁州都督으로 추증되었다(『新唐書』 卷88 「李高遷傳」: 3740).

206) 山東: 일반적으로 秦漢時代 이래 華山과 崤山 이동의 지역을 지칭했는데, 漢代에는 關東과 같은 의미로 사용되었다.

207) 定州: 北魏 天興 3년(400)에 安州가 바뀌어 설치되었고, 치소는 盧奴縣(지금 河北省 定州市로 北齊에 이곳을 安喜縣으로 바꾸었다)에 있었다. 관할 구역은 지금 河北省 滿城縣 이남, 安國市과 饒陽縣 이서, 井陘縣과 藁城과 辛集市 이북의 땅이었다. 이후에 점차 축소되었고, 隋 大業 3년(607)에 博陵郡으로, 9년(613)에 高陽郡으로 또 바뀌었다. 武德 4년(621)에 定州로 바뀌었고, 天寶初에 博陵郡으로 바뀌었다가 乾元 初 다시 定州로 환원되었다.

(潞州)까지 깊이 [들어가] 약탈을 해서 남녀 5천 명을 잡았고, 수천 명의 기병을 나누어 원[주](原州)와 영[주](靈州) 사이를 돌면서 약탈하게 했다.

이에 태자 [이]건성이 군대를 이끌고 빈주도(豳州道)[209]로 나아가고, 진왕 [이세민]이 군대를 이끌고 포주도(蒲州道)[210]로 나아가 [돌궐을] 공격했다. 이자화(李子和)[211]가 군대를 이끌고 운중[현](雲中縣)[212]으로 달려가 [힐리]가한의 배후를 가로 막았다. 단덕조(段德操)가 하주로 나아가 그가 돌아가는 길을 막았다. 병주총관 양읍왕(襄邑王) [이]신부(李神符)[213]가

---

208) 汾州: 北魏 太和 12년(488)에 설치되었고, 치소는 蒲子城(지금 山西省 隰縣)에 있었다. 관할 구역은 山西省 汾陽, 孝義, 靈石, 蒲縣, 鄉寧, 五寨縣의 이서 지역이었다. 치소를 孝昌년간에 西河縣(지금 山西省 汾陽縣)으로 옮겼고, 北齊시대에 南朔州로 바뀌었다. 武德 3년(620) 浩州가 바꾸어 汾州가 되었으며 치소가 隰城縣(지금 汾陽縣)에 있었다. 天寶 元年(742)에 西河郡으로 바뀌었다가 乾元 元年(758)에 다시 원래대로 환원되었다.

209) 豳州: 西魏 廢帝 3년(554)에 南豳州가 바뀌어 설치되었다. 치소는 新平郡(지금 陝西省 杉縣)에 있었다. 관할 구역은 지금 陝西省 杉縣, 永壽, 長武, 旬邑 등의 縣이었다. 隋 大業 2년(6060)에 줄어서 寧州에 편입되었다가 武德 원년(618)에 다시 설치되었고, 開元 13년(725)에 北地郡으로 바뀌었다.

210) 蒲州: 北周 明帝 2년(558)에 泰州가 바뀌어 설치되었다. 치소는 蒲坂縣(지금 山西省 永濟市 서남쪽 24리 떨어진 蒲州鎮)에 있었다. 관할 구역은 지금 山西省 永濟, 萬榮, 臨猗, 芮城 등지였다. 隋代에 치소가 蒲坂縣에서 河東縣으로 바뀌었다. 大業 3년(607)에 河東郡으로 바뀌었다가 武德 元年(618)에 다시 설치되었다. 치소가 桑泉縣(지금 山西省 臨猗縣 서남 40리 떨어진 臨晉鎮)에 있었다. 武德 3년(620) 치소를 河東縣으로 옮겼다. 開元 8년(742)에 河中府로 승격되었다가 같은 해 蒲州로 다시 바뀌었다. 天寶 元年(742) 河東郡으로 바뀌었다가 乾元 元年에 다시 蒲州로, 乾元 3년에 河中府로 다시 승격되었다.

211) 李子和: 唐初의 관리로 同州 蒲城(지금 陝西省 浦城) 사람이었다. 본래는 郭氏로 隋나라 말기에 左翊衛가 되었는데, 죄를 지어 楡林에 갔다. 大業 末에 기근이 들자 창고를 털어 백성들에게 나눠어 주고 스스로 永樂王이라고 칭하고 丑平이라고 건원했다. 하지만 남으로 梁師都와 연합하고 북으로 突厥에 칭신하자 始畢可汗이 그를 平楊天子로 책봉하다가 다시 屋利設로 봉했다. 武德 元年(618)에 唐朝에 귀의해 楡林郡守가 되었다가 雲州總管이 되고 金河郡公으로 책봉되었다 이듬해에 郟國公으로 책봉되었다. 이후 突厥과 梁師道에게 핍박을 받아 남으로 내려와 延州에 거주했다. 武德 5년에 太宗을 따라 劉黑闥을 평정해 공을 세웠고, 李氏로 사성을 받고 右武衛將軍으로 임명되었다. 貞觀 11년(637)에 婺州刺史가 되고 夷國公으로 책봉되었다. 顯慶 元年(656)에 黔州都督이 되었다(『新唐書』 卷92 「李子和傳」: 3804).

212) 雲中縣: 武德 4년(621)에 옮겨서 설치되었는데, 雲州의 관할에 있었다. 지금 陝西省 延安市 동쪽이었다. 武德 8년(625)에 豊林縣에 병합되었다.

213) 李神符(578~651): 唐代의 宗室로 字는 神符인데, 李淵을 따라 京師를 함락하고 幷州總管이 되어 突厥과 전투를 벌여 이기고 楊州大都督이 되었으며 宗正卿, 開府儀同三司를 除授 받았다. 永徽 2년(651)에 죽어 獻陵에 배장이 되었다(『新唐書』 卷78 「李神符傳」: 3434).

분[주]의 동쪽에서 싸워 적의 머리 5백을 베어 버렸고, 말 2천 필을 잡았다. 분주자사(汾州刺史) 소의헌(蕭顗獻)도 [포로] 5천 명을 사로잡았다. [그러자] 돌궐[虜]이 대진관(大震關)214)을 함락하고 병사들이 마음대로 홍주(弘州)215)를 약탈했는데, 총관 우문흠과 영주의 양사도가 [그들을] 막고 말과 낙타 수천 필을 얻었다. 힐리[가한]은 진왕 [이세민]이 또 온다는 [소식]을 듣고 [군대를] 물려 장성을 빠져나갔고 당나라 군대[王師] 역시 돌아왔다.

又明年, 與黑闥·君璋等小小入寇定·匡·原·朔等州, 與屯將相勝負. 帝遣太子建成復屯北邊·秦王屯并州備虜, 久乃罷. 俄又破代地一屯, 進擊渭·豳二州, 取馬邑, 不有也, 復請和, 歸我馬邑.

또 이듬해(623년) [돌궐이 유]흑달과 [원]군장 등과 함께 여러 번 정[주](定州), 광[주](匡州),216) 원[주](原州), 삭[주](朔州)217) 등에 쳐들어와 주둔하고 있던 장수들과 서로 승부를 겨뤘다. 황제가 태자 [이]건성을 다시 북변에 주둔하게 하고 진왕 [이세민]을 병주에 주둔하게 해 돌궐에 대비했다가 오래 지나[지 않아] 그만두었다. [그런데] 얼마 지나지 않아 또 [돌궐이] 대[주] 땅에 있는 한 둔영을 격파하고 나아가 위[주](渭州)218)와 빈[주](豳州)의 두 주를 공격

---

214) 大震關: 北周 天和 元年(566)에 설치되었는데, 지금 甘肅省 清水縣 동북쪽 小隴山에 있었다. 본래의 이름은 隴關이었다가 이후에 이름이 바뀌었다.

215) 弘州: 隋 開皇 18(598)에 설치되었는데, 치소가 弘化縣(지금 甘肅省 慶陽縣에서 북쪽 20리 떨어진 곳)에 있었다. 大業 초기에 폐지되었다.

216) 匡州: 武德 6년(623)에 綏福縣 경계로 옮겨 설치되었다. 치소는 지금 陝西省 吳堡縣 서쪽에 있었다. 貞觀 2년(628)에 延福縣에 줄어서 들어갔다.

217) 朔州: 北齊 天保 6년(555)에 설치되었고 치소는 新城縣(지금 山西省 朔州市 서남쪽)에 있었다. 8년(557)에 치소를 招遠縣(隋代에 善陽縣으로 개칭되었는데, 지금 朔州市)으로 옮겼다. 隋 大業 3년(607)에 馬邑郡으로 바꾸었다. 武德 4년(621)에 다시 朔州로 바뀌었다. 天寶 元年(742)에 馬邑郡으로 바뀌었다가 乾元 元年(758)에 朔州로 환원되었다. 관할 구역은 지금 山西省 朔州市와 應縣, 山陽, 神池, 五寨, 偏關, 河曲縣 등지였다.

218) 渭州: 北魏 永安 3년(530)에 설치되었다. 치소가 隴西郡 襄武縣(지금 甘肅省 隴西縣 동남쪽 5리)에 있었는데, 渭水에서 그 이름이 유래했다. 관할 구역은 지금 甘肅省 隴西, 渭源, 漳縣, 定西, 武山 등의 현이었다. 隋 大業 초기에 폐지되었다가 武德 초에 다시 설치되었다. 天寶 초기에 隴西郡으로 바뀌었다가 乾元 초기에 다시 환원되었다. 寶應년간 이후에는 吐蕃에게 함락되었다. 元和 4년(809) 原州 平涼縣

하고 마읍을 얻었으나 지키지 못하고 다시 화친을 청하면서 우리 마읍을 돌려주었다.

七年, 攻原·朔二州, 入代地, 不勝, 更與君璋合攻隴州及陰槃城, 分擊并地, 秦王與齊王元吉屯豳州道以備胡. 君璋與虜出入原·朔·忻·并地, 剽係騷然, 數爲諸將驅逐. 其八月, 頡利與突利兵悉起, 自原州連營而南, 所在震恐, 秦王·齊王拒之.

[무덕] 7년(624) [팔월[219] 돌궐이] 원[주](原州)와 삭[주](朔州)의 두 주를 공격하고 대[주] 땅으로 들어왔으나 이기지 못했고, 다시 [원]군장과 함께 농주와 음반성(陰槃城)[220]을 공격하며 [군대를] 나누어 병[주] 땅을 공격하자 진왕 [이세민]과 제왕(齊王) [이]원길(李元吉)[221]이 빈주도에 주둔하면서 돌궐[胡]에 대비했다. [원]군장과 돌궐[虜]이 원[주], 삭[주], 흔[주], 병[주] 땅에서 나와 약탈을 하고 소란을 피우다가 여러 번 여러 장군들에게 쫓겨났다. 그해 팔월에 힐리[가한]과 [돌리]가한의 군대가 모두 일어나 원주에서 부대를 합쳐 남하하니 가는 곳마다 [백성들이] 무서워 떨었는데, 진왕 [이세민]과 제왕 [이원길]이 [와서 그들을] 저지했다.

初, 關中霖潦, 饟道絕, 軍次豳州, 可汗萬騎奄至, 陣五龍阪, 以數百騎挑戰, 擧軍失色. 秦王馳百騎掠陣, 大言曰:「國家於突厥無負, 何爲深入? 我, 秦王也, 故來自與可汗決, 若固戰, 我纔百騎耳, 徒廣殺傷, 無益也.」 頡利笑不答. 又馳騎語突利

(지금 甘肅省 平涼市)에 달리 渭州가 설치되었다. 廣明 元年(880)에 吐蕃에게 공격을 받아 빼앗겼다가 大中 5년(851)에 수복되었다. 中和 4년(884)에 平涼縣에 다시 설치되었다.

219) 『舊唐書』에는 "八月"이라고 되어 있다.

220) 陰槃城: 陰槃縣의 縣城으로 安定郡에 속해 있었다. 지금 甘肅省 平涼市 동남쪽 40리 떨어진 涇水 북안에 위치하고 있다. 天寶 元年(742)에 潘原縣으로 개칭되었다.

221) 李元吉(603~626): 高祖의 네 번째 아들로 어렸을 때 자는 三胡였다. 아버지가 隋 大業 13년(617)에 거병을 했을 때 太原을 지키고 있었다. 武德 元年(618)에 齊王, 并州總管으로 임명되었다. 2년에는 劉武周의 공격을 받자 太原을 버리고 長安으로 들어왔다가 다시 李世民과 함께 王世充 등을 정벌하는데 성공했다. 太子 李建成과 함께 李世民과 권력 투쟁을 벌였으나 626년 玄武門의 變에서 李世民(太宗)에게 죽임을 당했다. 海陵郡王으로 추증되었고, 시호는 剌였다. 다시 巢王으로 봉해졌기 때문에 巢剌王이라고 불렸다(『新唐書』 卷79 「高祖諸子 巢王 元吉傳」: 3545).

曰:「爾往與我盟, 急難相助, 今無香火情邪? 能一決乎?」突利亦不對. 王將絕水前, 頡利見兵少, 又聞與突利語, 陰相忌, 卽遣使者來曰:「王毋苦, 我固不戰, 將與王議事耳.」於是引卻. 秦王縱反間, 突利乃歸心, 不欲戰, 頡利亦無以彊之, 乃遣突利及夾畢特勒思摩請和, 帝許之. 突利遂自託於王爲昆弟. 帝見思摩, 引升御榻, 思摩頓首辭, 帝曰:「我見若猶頡利也.」乃聽命.

이전에 관중에 장맛비가 내려 군량[을 옮기는] 도로가 끊겼는데, [당]군이 빈주에 머무를 때 [힐리]가한이 만 명의 기병을 이끌고 갑자기 와 오룡판(五龍阪)[222]에 진을 치고 100명의 기병을 보내 싸움을 걸자 [당]군이 무척 놀랐다. 진왕 [이세민]이 100명의 기병을 이끌고 진영을 공격하며 큰 소리로 말했다. "[우리] 나라가 돌궐에 잘못한 것이 없는데, 어찌하여 깊숙이까지 들어왔는가? 내가 진왕이다. 와서 내가 [힐리]가한과 겨루는데 만약 [나와] 싸우고자 한다면 내가 겨우 100명의 기병만을 이끌고 갈 것인데, [이는] 쓸데없이 많이 죽고 다치는 것이 이익이 없기 때문이다." 힐리[가한]이 웃으면서 대답하지 않았다.

또 [진왕이] 기병을 몰아 돌리[가한]에게 말했다. "그대는 이전에 나와 맹서하기를 급하고 어려우면 서로 돕기로 했는데, 지금은 약속했던 마음[香火之情]이 없어졌단 말인가? 한판 할 수 있겠는가?" 돌리[가한] 역시 대답하지 않았다. [진]왕이 막 물을 건너 나아가려고 하자 힐리[가한]이 [진왕의] 병사가 적은 것을 보고 또 돌리[가한]에게 한 말을 들었기에 내심 시기하여 바로 사자를 보내 말했다. "[진]왕은 마음을 쓰지 마십시오. 나는 정말로 싸우려는 것이 아니라 장차 왕과 함께 일을 의논하고자 할 뿐입니다." 이에 [진왕이 군대를] 물려 돌아갔다.

진왕 [이세민]이 반간계를 쓰자 돌리[가한]이 [당에] 귀순할 마음을 갖고 싸우고자 하지 않았고, 힐리[가한] 또한 [그를] 강압할 만큼 강하지 않아 바로 돌리[가한]과 협필특륵(夾畢特勒)[223] [아사나]사마(阿史那思摩)[224]를 보내 화친을 청했고 황제도 허락을 했다. 돌리[가한]

---

222) 五龍阪: 지명으로 지금 陝西省 西彬縣 남쪽에 위치한 곳이다.

223) 夾畢特勒: 고대 투르크어로 '차비쉬 테긴(Chabish tegin)'의 음사로 추정되는데, '名聲이 있는 테긴'을 의미한다.

224) 阿史那思摩(?~647): 東突厥의 宗室로 唐朝로부터 성을 받아 李思摩라고도 한다. 處羅可汗, 頡利可汗時期에 용모가 胡人(소그드 인)처럼 생겨 族類가 아니라는 의심을 사서 군대를 통솔하는 設(샤드)가 되지 못했다. 武德 초기에 여러 차례 조공을 하기 위해 唐朝에 와서 和順郡王으로 봉해졌다. 唐朝가

이 마침내 스스로 [진]왕에게 의탁해서 형제가 되기로 했다. 황제가 [아사나]사마를 만나 [그를] 잡아 당겨 어좌로 끌어왔는데, [아사나]사마가 머리를 숙이며 사양하자 황제가 말했다. "짐이 그대를 보니 힐리[가한]을 만난 것과 같구나." 이에 [황제의] 명을 받아들였다.

突厥旣歲盜邊, 或說帝曰: 「虜數內寇者, 以府庫子女所在, 我能去長安, 則戎心止矣.」 帝使中書侍郎宇文士及踰南山, 將徙都焉. 群臣贊遷, 秦王獨曰: 「夷狄自古爲中國患, 未聞周·漢爲遷也. 願假數年, 請取可汗以報.」 帝乃止. 頡利已和, 亦會甚雨, 弓矢皆弛惡, 遂解而還. 帝會群臣問所以備邊者, 將作大匠于筠請五原·靈武置舟師於河, 扼其入. 中書侍郎溫彦博曰: 「魏爲長塹遏匈奴, 今可用.」 帝使桑顯和塹邊大道, 召江南船工大發卒治戰艦. 頡利遣使來, 願款北樓關請互市, 帝不能拒. 帝始兼天下, 罷十二軍, 尙文治, 至是以虜患方張, 乃復置之, 以練卒蒐騎.

돌궐이 이미 해마다 변경을 도둑질 하자 어떤 사람이 황제를 설득하여 말했다. "돌궐이 여러 번 장성 안에서 노략질한 것은 [장안에] 정부의 창고와 우리 딸들이 있기 때문이니 저희가 만약 장안을 버린다면 돌궐의 [나쁜] 마음[戎心]도 막을 수 있을 것입니다." 황제가 중서시랑(中書侍郎)[225] 우문사급(宇文士及)[226]을 시켜 남산(南山)[227]을 넘어 번(樊)[228]과

貞觀 4년(630)에 東突厥을 무너뜨리고 난 다음 사로잡혔으나 太宗이 그의 충성심을 높이 사서 化州刺史로 삼고 頡利可汗의 부락을 통솔하게 했다. 639년 突厥의 반란 이후에 懷化郡王이 되어 部落들을 河北(지금 오르도스 북방)으로 이동시켜 다스릴 수 있었다. 貞觀 17년(643) 내부의 반란을 통제하지 못하게 되자 다시 長安으로 도망쳐왔다. 太宗이 高句麗를 정벌하러 遼東에 갔을 때 활에 맞아 京師로 옮겨진 이후에 얼마 지나지 않아 죽었다. 兵部尙書, 夏州都督로 추증되고 昭陵에 배장되었다.

225) 中書侍郎: 隋代에는 內史侍郎이라고 했다가 武德 3년(620)에 中書侍郎으로 바뀌었고, 中書省 次官의 역할을 했다. 인원은 2명으로 품계는 正四品이었는데, 機密에 참여하고 朝政을 議決하는 宰相의 지위에 있었다. 高宗 이후에는 西臺侍郎, 鳳閣侍郎, 紫微侍郎이라고 불렸고, 中書令이 주로 명예직으로 바뀌면서 그 일을 대신하게 되자 中書省의 일을 관장했다. 大曆 2년(767)에 품계가 正三品이 되었다.

226) 宇文士及(?~642): 隋末唐初의 大臣으로 雍州(지금 陝西省 西安) 사람이었다. 宇文述의 아들이었다. 開皇 말기에 아버지의 공으로 新城縣公으로 봉해졌다. 隋 文帝의 총애를 받아 그의 딸 南陽公主와 결혼을 했다. 煬帝時期에 尙輦奉御 등으로 역할을 했고 이후에 煬帝를 따라 江都로 갔다. 大業 14년(618) 그의 형인 宇文化及이 煬帝를 시해한 이후 內史令이 되었고, 그를 따라 북상해 黎陽(지금 河南省 浚縣)에 와서 형에게 唐朝에 투항할 것을 권했으나 받아들여지지 않자 혼자 唐에 투항해 여동생을

등(鄧)[229][의 지역]을 살펴 [그곳으로] 도읍을 옮기려고 했다. 여러 신하들이 [수도를] 옮기는 것에 찬성을 했는데 진왕 [이세민]만이 홀로 말했다. "이적[夷狄]이 예로부터 중국의 걱정거리가 되었다고 해서 주나라와 한나라가 [수도를] 옮겼다는 말을 들어본 바 없습니다. 원하옵건대 몇 년만 주신다면 [제가 힐리]가한을 잡아 [황제의 은덕에] 보답하겠습니다." 황제가 이에 [천도 논의를] 멈추었다. [힐리]가한도 이미 화친을 했고 또한 때마침 비가 많이 와 활과 화살이 모두 풀어져 못쓰게 되어 버리자 포위를 풀고 돌아갔다.

황제가 여러 신하들을 모아 변경을 방비하는 방법에 대해 묻자 장작대장(將作大匠) 우균(于筠)[230]이 오원[군]과 영무[군](靈武郡)[231]에 있는 황하 연안에 수군[舟師]을 두어 [돌궐의 공격을] 막기를 청했다. [이에] 중서시랑 온언박(溫彦博)[232]이 말했다. "위나라가 긴 고랑을 파서 흉노를 저지한 방법을 지금도 쓸 수 있습니다." 황제가 상현화(桑顯和)[233]를 시켜 변경

高祖에게 주어서 昭儀로 봉해졌다. 이로 인해 高祖에게 중용되어 李世民을 따라 宋金剛을 정벌하는데 참여했다. 그 공으로 新城縣公으로 봉해졌고 壽光縣主를 아내로 삼았다. 秦王府의 驃騎將軍으로 李世民을 따라 王世充 등을 정벌해서 郢國公으로 봉해졌다. 檢校涼州都督, 殿中監, 蒲州刺史가 되었다. 다시 右衛大將軍으로 太宗의 총애를 받았고, 만년에 殿中監, 金紫光祿大夫 등의 직을 맡았다. 죽은 다음에 左衛大將軍으로 추증되었고 昭陵에 배장되었다(『新唐書』 卷100 「宇文士及傳」: 3934).

227) 南山: 終南山 또는 中南山이라고 하는데, 지금 陝西省의 秦嶺山脈을 말한다.

228) 樊: 지명으로 지금 陝西省 長安縣 동남쪽이다.

229) 鄧: 지명으로 지금 四川省 南坪縣이다.

230) 于筠: 唐初의 관리로 太僕卿, 陝州總管이었다. 武德 2년(619)에 劉武周의 부장 宋金剛의 공격을 받아 포로가 되었다.

231) 靈武郡: 隋 大業 3년(607)에 靈州가 바뀌어 설치되었는데, 치소는 回樂縣(지금 寧夏回族自治區 吳忠市)에 있었다. 관할 구역은 지금 寧夏回族自治區 中衛, 同心縣과 그 이북 지역이었다. 武德 元年(618)에 다시 靈州로 바뀌었다. 開元 9년(721)에 이곳에 朔方節度使가 설치되었고, 天寶 元年(742)에 다시 靈武郡이 되었다. 15년(756) 安祿山이 潼關을 격파하자 玄宗을 이어 肅宗이 이곳에서 즉위를 했다. 乾元 元年(758)에 다시 靈州로 환원되었다.

232) 溫彦博: 唐初의 大臣으로 字는 大臨이고, 幷州 祁縣(지금 山西省 祁縣) 사람이었다. 隋 開皇 말기에 對策 高第로 文林郎, 直內史省으로 제수되었다. 隋末에 幽州總管 羅藝引의 司馬가 되었고, 항복한 이후에 總管府長史, 西河郡公이 되었다. 이후에 中書舍人이 되었다가 侍郎으로 옮겼다. 武德 8년(625)에 突厥에 대한 공격 과정에서 포로가 되어 陰山에 잡혀 있었다. 太宗이 즉위한 이후에 비로소 풀려나 돌아왔다. 中書令이 되었고, 이후 突厥이 항복하자 그들을 오르도스 지역으로 이주시킬 것을 강력하게 주장했다. 虞國公으로 작으로 올랐고, 尙書右僕射를 했다. 사후에 昭陵에 배장되었다(『新唐書』 卷91 「溫彦博傳」: 3782).

233) 桑顯和: 屈突通의 虎牙郎長으로 高祖에게 飮馬川에서 패배한 다음 潼關에서 劉文靜에게 패해 唐朝에

의 큰 도로에 도랑을 파고 강남(江南)[234]에서 배를 만드는 장인을 많이 소집해 전함을 만들도록 했다. 힐리[가한]이 사신을 보내와 북루관(北樓關)[235]에서 호시(互市)[236]를 할 수 있게 해달라고 하자 황제가 거절할 수 없었다. [이 때] 황제가 비로소 천하를 통일해 십이군(十二軍)[237]을 없애고 문치를 받들고자 했으나 돌궐이 더욱 심한 걱정거리가 됨에 [군부를] 다시 두고 보병을 조련하면서 기병을 모아들였다.

八年, 頡利攻靈·朔, 與代州都督藺謨戰新城, 謨敗績. 於是張瑾兵屯石嶺, 李高遷屯大谷, 秦王屯蒲州道. 初, 帝待突厥用敵國禮, 及是, 怒曰:「往吾以天下未定, 厚於虜以紓吾邊. 今卒敗約, 朕將擊滅之, 毋須姑息.」命有司更所與書爲詔若敕. 瑾未至屯, 虜已踰石嶺, 圍并州, 攻靈州, 轉擾潞·沁. 李靖以兵出潞州道, 行軍總管任瑰屯太行. 瑾戰大谷, 敗績, 中書侍郎溫彦博陷于賊, 鄆州都督張德政死之. 遂攻廣武, 爲任城王道宗破. 其欲谷設掠綏州, 請和去. 敗并州數縣, 入蘭·鄯·彭州諸屯, 或小勝, 不能制. 俄寇原州, 折威將軍楊屯擊之, 且發士屯大谷.

[무덕] 8년(625) [칠월][238] 힐리[가한]이 영[주]와 삭[주]를 공격해 대주도독(代州都督)[239]

항복했다.

234) 江南은 長江 이남의 지역을 지칭하는데, 시대에 따라 그 범위는 달랐다.

235) 北樓關: 지금 山西省 應縣 동남쪽에 위치한 關門이다.

236) 互市는 中國이 지정된 장소에서 주변의 종족들과 무역을 하게 한 것을 말하는데, 주변의 종족들을 통제하는 수단으로 이용되었다.

237) 十二軍: 군사 편제를 총칭하는 것으로 武德 2년(619)에 關中에 軍府를 설치하고 12道 즉, 萬年道, 長安道, 富平道, 醴泉道, 同州道, 豳州道, 寧州道, 岐州道, 華州道, 西麟州道, 涇州道, 宜州道를 분속하도록 하면서 이름을 12군이라고 바꾸었다. 12군은 參旗軍, 鼓旗軍, 玄戈軍, 井(丹)鉞軍, 羽林軍, 騎官軍, 折威軍, 平道軍, 招搖軍, 苑游軍, 天紀軍, 天節軍이었다. 군에는 각각 將과 副 1명을 두었고, 각각 關中兵府를 나누어 통솔하면서 耕戰을 독려했다. 武德 6년에 폐지했다가 武德 8년에 突厥이 쳐들어오자 다시 설치되었다.

238) 『舊唐書』에는 "七月"로 되어 있다.

239) 都督: 武官의 官名이다. 曹魏 黃初 3년(222)에 처음으로 설치되었으며 諸州의 軍事를 관장했다. 후에 大都督이 설치되면서 권력과 임무가 더욱 重해졌다. 兩晉南北朝時代에도 여전히 설치되었으며, 刺史와 太守가 겸직하면서 지위가 점차 낮아졌다. 北周에는 大都督·都督·帥都督의 지위가 있었는데, 군대를 통솔하는 軍官의 명칭으로 지위가 낮았다. 隋 煬帝시기에 校尉, 旅帥, 隊正으로 바뀌었다. 唐初에는

인모(藺謨)와 신성에서 싸웠는데 [인]모가 패배했다. 이에 장근(張瑾)의 군대는 석령[관](石嶺關)[240]에 주둔하고, 이고천은 대곡[관](大谷關)[241]에 주둔하고, 진왕 [이세민]는 포주도에 주둔했다. 이전에 황제가 돌궐을 응대할 때 대등한 나라에 대한 예절로 베풀었는데, 이렇게 되자 화를 내면서 말했다. "이전에 짐은 천하가 아직 안정되지 않아 돌궐에게 후하게 대해줌으로써 우리나라 변경[의 걱정거리]를 없애려고 했다. 지금 [돌궐이] 마침내 약속을 저버렸으니 짐이 [저들을] 공격해 없애버리고 결코 관용을 베풀지 않을 것이다." 관리들에게 [돌궐에게] 주는 서신을 조와 칙으로 바꾸라고 했다.

[장]근이 아직 주둔지에 가지 못했을 때 돌궐이 이미 석령[관]을 넘어 병주를 둘러싸고 영주를 공격하며 [군대를] 돌려 노[주]와 심[주](沁州)[242]마저 소란스럽게 만들었다. 이정(李靖)[243]이 군대를 이끌고 노주도(潞州道)로 나아가자 행군총관 임괴(任瑰)도 태행[산](太行山)[244]에 주둔했다. [장]근은 대곡[관]에서 싸워 패하고, 중서시랑 온언박은 적에게 잡혔으며 운주[245]도독(鄆州都督) 장덕정(張德政)도 죽었다. [그러나] 결국 [돌궐이] 광무[현](廣武

大都督府와 都督府를 설치한 다음 上, 中, 下의 三等으로 나누었으며 각자 都督 1명을 두어 諸州의 兵馬와 鎭戍, 양식, 무기 등을 관장하게 했다. 이후에 節度使가 설치되면서 都督의 역할을 대신했다.

240) 石嶺關: 關門의 이름으로 지금 山西省 陽曲縣 동북쪽에 위치하고 있다.

241) 大谷關: 關門의 이름으로 달리 水泉關이라도고 한다. 지금 河南省 洛陽市 東南쪽 大谷口에 위치하고 있다.

242) 沁州: 隋 開皇 16년(596)에 설치되었고, 치소는 沁源縣(지금 山西省 沁源縣)에 있었다. 大業 2년(606)에 폐지되었다가 武德 元年(618)에 다시 沁州로 설치되었다. 天寶 元年(742)에 陽城郡으로 바뀌었다가 乾元 元年(758)에 다시 환원되었다. 관할 구역은 지금 山西省 沁源縣과 安澤縣 북부지역이었다.

243) 李靖(571~649): 唐初의 名將으로 京兆府 三原縣(지금 陝西省 三原縣 동북쪽) 사람이었다. 本名은 藥師였다. 文武를 겸비해 韓擒虎와 楊素, 牛弘의 주목을 받았다. 大業末 馬邑郡丞이 되어 江都에 李淵의 반란 음모를 고하러 가다가 長安에서 길이 막혀 李淵에게 사로잡혔다. 李世民의 탄원으로 풀려나서 李世民의 幕府에 들어가 王世充 평정에 참가했다. 武德 4년(621) 行軍總管으로 李孝恭을 따라 蕭銑을 격파하고 輔公祏를 대파하는 등 江南을 평정했다. 貞觀 3년(629) 李世勣과 함께 東突厥을 격파하고 이듬해 頡利可汗을 사로잡았다. 尙書右僕射로 승진했으나 足疾 때문에 致仕를 청했다. 太宗은 2~3일에 한번 中書門下에 이르러 政事를 平章하라고 詔書를 내렸기 때문에 平章政事의 명칭이 유래했다. 貞觀 9년(635) 吐谷渾을 평정하고 衛國公에 봉해졌으며 초상화가 凌烟閣에 보존되었다. 저서에는 兵書『六軍鏡』3卷이 있으나 亡佚되었고,『李衛公兵法』이『通典』에 산견되는데, 일설에는 위작이라고도 한다.『全唐文』에 3편의 문장이 남아있다(『新唐書』卷93「李靖傳」: 3811).

244) 太行山: 五行山 혹은 皇母山이라고 한다. 지금 河南省, 山西省, 河北省의 교계 지역에 위치하고 있다. 동북쪽에서 서남쪽으로 산맥이 이어져 있다.

縣)[246]을 공격했다가 임성왕(任城王) [이]도종(李道宗)[247]에게 패했다. 욕곡설(欲谷設)[248]은 수주(綏州)[249]에 침입하였으나 화친을 청하고 물러났다. [돌궐이] 병주의 여러 현에서 승리하였지만, 난[주](蘭州),[250] 선[주](鄯州),[251] 팽주(彭州)[252]의 여러 둔영에 들어온 뒤에는 조금 이기기는 하였어도 [당군을 완전히] 제압할 수 없었다. 얼마 있다가 [돌궐이] 원주를 노략질하

245) 鄆州: 隋 開皇 10년(590)에 설치되었고, 치소는 萬安縣(이후에 鄆城縣으로 바뀌었고 지금 山西省 鄆城縣 동쪽 16리)에 있었다. 大業 초기에 東平郡으로 바뀌었다가 武德 초기에 다시 鄆州가 되었다. 貞觀 8년(634)에 치소를 須昌縣(지금 山東省 東平縣 서북쪽)으로 옮겼다. 관할 구역은 지금 山東省 東平, 梁山, 鄆城, 巨野 등 縣이었다. 天寶 초기에 東平郡이 되었다가 乾元 초에 다시 환원되었다.

246) 廣武縣: 五胡十六國時代 後秦에서 처음 설치되었고, 치소는 지금 甘肅省 永等縣에 있었다. 隋 開皇 초기에 邑次縣으로 바뀌었다가 바로 환원되어 涼州에 소속되었다. 다시 邑次縣이 되었다가 大業 2년(606)에 允吾縣으로, 大業 6년(610)에 會寧郡이 되었다. 武德 3년(620)에 다시 廣武縣이 되어 蘭州에 소속되었다. 天寶 元年(642)에 金城郡에, 乾元 초기에 다시 蘭州에 소속되었다가 乾元 2년(759)에 金城縣으로 바뀌었다.

247) 李道宗(609~653): 唐代의 宗室로 將軍이었다. 처음에 任城王이었다가 이후에 江夏王으로 봉해졌다. 劉武周, 竇建德, 王世充, 梁師道의 진압에 참여했으며 頡利可汗을 사로잡기도 했다. 이후 太宗을 따라 高句麗 원정을 하는데, 李勣과 함께 선봉을 맡았다가 전투 중에 다리를 잃었다. 靈州總管, 大理卿, 大同道行軍總管, 刑部尙書, 禮部尙書, 茂州都督, 晉州刺史를 역임했다. 이후에 죄에 연류가 되어 유배를 갔다가 죽었다(『舊唐書』 卷78 「宗室傳」 <江夏王道宗>: 3514).

248) 欲谷設: 頡利可汗의 아들로 그의 관칭은 고대 투르크어로 '위게 샤드(Üge shad)'의 음사로 추정된다.

249) 綏州: 西魏 廢帝 元年(552)에 설치되었고, 치소는 安寧郡 安寧縣(지금 陝西省 綏德縣 동남쪽 50리)에 있었다. 관할 구역은 지금 陝西省 綏德, 清澗, 子長, 子洲, 米脂, 佳縣, 吳堡 등의 현과 橫山縣 동부, 楡林市 남쪽 지역이었다. 隋 大業 元年(605)에 上州로 바뀌어 설치되었다가 3년에 다시 雕陽郡으로 바뀌었다. 武德 3년(620)에 綏州로 다시 설치되어 치소가 여러 번 바뀌었다. 貞觀 2년(628)에 치소가 上縣(지금 陝西省 綏德縣)으로 옮겼고, 관할 구역이 축소되어 지금 綏德, 吳堡, 清澗 등 3개 현과 子長, 子洲의 두 현의 일부였다. 天寶 元年(742)에 上郡이 되었다가 乾元 元年(758)에 綏州로 환원되었다.

250) 蘭州: 隋 開皇 元年(581)에 설치되었고, 치소는 子城縣(지금 甘肅省 蘭州市)에 있었다. 관할 구역은 지금 甘肅省 蘭州市와 臨洮縣 등지였다. 大業 초기에 金城郡이 되었다가 武德 2년(619)에 蘭州로 환원되었다 치소는 五泉縣(지금 蘭州市, 이후에 金城縣으로 개칭)에 있었다. 天寶 元年(742)에 金城郡이 되었다가 乾元 元年(758)에 다시 蘭州로 환원되었다. 관할 구역은 지금 蘭州市 부근 지역이었다.

251) 鄯州: 北魏 孝昌 2년(526)에 鄯善鎭이 바뀌어 설치되었고, 치소는 西都縣(지금 青海省 樂都縣)에 있었다. 관할 구역은 지금 青海省 西寧市와 湟中, 平安, 樂都 등 현이었다. 隋 大業 초기에 西平郡이 되었다가 湟水縣으로 바뀌었다. 武德 2년(619)에 鄯州가 天寶 元年(642)에 西平郡이 되었다가 乾元 元年(758)에 鄯州로 환원되었다. 隴右道採訪使와 隴右節度使의 치소가 있었다. 上元 2년(761)에 吐蕃에게 함락되었다.

252) 彭州: 武德 元年(618)에 설치되었고, 치소는 彭原縣(지금 甘肅省 西峰市 彭原鄕)에 있었다. 관할 구역은 지금 甘肅省 西峰市 지역이었다. 貞觀 元年(627)에 폐지되었다.

자 절위장군(折威將軍) 양둔(楊屯)이 격파하고 또 군대를 징발해 대곡에 주둔했다.

九年, 攻原·靈, 又圍涼州, 進犯涇·原, 李靖與戰靈州, 虜引去. 寇西會州, 圍烏城, 翔徉隴·渭間, 平道將軍柴紹破之於秦州, 斬一特勒·三大將, 虜千級. 大抵虜得志則深入, 負則請和, 不恥也. 其七月, 頡利自將十萬騎襲武功, 京師戒嚴. 攻高陵, 尉遲敬德與戰涇陽, 獲俟斤烏沒啜, 斬首千餘級. 頡利遣謀臣執失思力入朝以覘我, 因夸說曰:「二可汗兵百萬, 今至矣!」太宗曰:「我與可汗嘗面約和, 爾則背之. 且義師之初, 爾父子身從我, 遺賜玉帛多至不可計, 何妄以兵入我都畿, 自夸盛彊耶? 今我當先戮爾矣!」思力懼, 請命, 蕭瑀·封德彝諫帝, 不如禮遣之, 帝不許, 縶於門下省. 乃與侍中高士廉·中書令房玄齡·將軍周範等馳六騎出玄武門, 幸渭上, 與可汗隔水語, 且責其負約. 群酋見帝, 皆驚, 下馬拜. 俄而衆軍至, 旗鎧光明, 部隊靜嚴, 虜大駭. 帝與頡利按轡, 卽麾軍卻而陣焉. 蕭瑀以帝輕敵, 叩馬諫, 帝曰:「我思熟矣, 非爾所知也. 夫突厥掃地入寇, 以我新有內難, 謂不能師. 我若闔城, 彼且大掠吾境, 故我獨出, 示無所畏, 又盛兵使知必戰, 不意我能沮其始謀. 彼入吾地旣深, 懼不能返, 故與戰則克, 和則固, 制賊之命, 在此擧矣!」是日, 頡利果請和, 許之. 翌日, 刑白馬, 與頡利盟便橋上, 突厥引還. 蕭瑀曰:「頡利之來, 諸將多請與戰, 陛下不聽, 旣而虜自退, 其策奈何?」帝曰:「突厥衆而不整, 君臣惟利是視, 可汗在水西, 而酋帥皆來謁我, 我醉而縛之, 其勢易甚. 又我敕長孫無忌·李靖潛師幽州以須, 若大軍躡其後, 伏邀諸前, 取之反覆掌耳. 然我新卽位, 爲國者要在安靜, 一與虜校, 殺傷必多, 彼敗未及亡, 懼而脩德, 與我爲怨, 其可當耶? 今仆械卷鎧, 啗以玉帛, 虜志必驕, 驕則亡之端也, 故曰『將欲取之, 必固與之』.」瑀再拜曰:「非臣愚所逮也!」乃詔殿中監豆盧寬·將軍趙綽護送突厥, 頡利獻馬三千匹·羊萬頭, 帝不納, 詔歸所俘於我.

[무덕] 9년(626) [돌궐이] 원[주]와 영[주]를 공격하고 또 양주(涼州)[253]를 포위하며 나아

253) 涼州: 前漢 元封 5년(전106)에 13州의 하나로 설치된 이래 역시 治所를 달리해가며 改廢되었다. 後漢시대 治所는 隴縣(지금 甘肅省 張家川回族自治縣)에 있었고, 曹魏 黃初년간에 姑臧縣(지금 甘肅省 武威市)

가 경[주](涇州)[254]와 원[주]를 범했는데, 이정이 [그들과] 영주에서 싸우자 돌궐이 물러났다. [돌궐이] 서회주(西會州)[255]를 노략질하고 오성(烏城)[256]을 포위하며 농[주]와 위[주] 사이를 왔다 갔다 하자 평도장군(平道將軍) 시소(柴紹)[257]가 진주(秦州)[258]에서 격파해서 한 명의 특근과 세 명의 대장을 베고 천 명의 적을 사로잡았다. 대체적으로 돌궐은 힘이 생기면 깊숙이 [내지로 쳐]들어왔다가 지면 화친을 청하는 것을 부끄러워하지 않았다.

그 해 칠월에 힐리[가한]이 몸소 10만 명의 기병을 이끌고 무공[현](武功縣)[259]에 쳐들어오

으로 옮겼다. 魏晉시대에는 관할지역이 축소되어 지금 甘肅省 黃河 以西 지역에 한정되었다. 五胡十六國시대에는 前涼, 後涼, 北涼이 모두 여기에서 건국되었다. 隋 大業 初에 武威郡으로 개정되었다가 武德 2년(619)에 涼州로 다시 바뀌었다. 관할 구역은 甘肅 永昌縣 동쪽에서 天祝藏族自治縣의 서쪽 일대였다. 天寶 元年(742)에 武威郡으로 바뀌었다가 乾元 元年(758)에 涼州로 환원되었다. 廣德 2년(764) 吐藩에게 빼앗겼다. 咸通 2년(861) 張義潮가 한차례 수복했다가 北宋 天聖 6년(1028)에 다시 西夏의 수중으로 넘어가 西涼府라 불렸다.

254) 涇州: 北魏 神䴥 3년(430)에 설치되었고, 치소는 臨涇縣(지금 甘肅省 鎭原縣 동남쪽)에 있다가 이후에 安定郡 安定縣(지금 甘肅省 涇川縣 북쪽 5리)로 이동했다. 관할 구역은 지금 甘肅省 涇川, 崇信, 平涼, 華亭, 靈臺와 陝西省 彬縣, 旬邑, 永壽, 그리고 寧夏回族自治區 涇源 등지였다. 隋 開皇 초에 安定郡으로 바뀌었다가 唐代에 다시 복귀되었다. 天寶 元年(742) 安定郡이 되었다가 至德 元年(756)에는 保定郡으로 이름을 바꾸었다가 현이 되어 保定縣이 되었다. 乾元 元年(758)에 다시 涇州로 환원되었다.

255) 西會州: 武德 2년(619)에 會寧鎭이 바뀌어 설치되었고, 치소는 會寧縣(지금 甘肅省 靖遠縣)에 있었다. 관할 구역은 지금 甘肅省 靖遠, 景泰, 會寧縣과 寧夏回族自治區 海原縣 등지였다. 貞觀 8년(634)에 粟州로 바뀌었다.

256) 烏城: 지금 內蒙古自治區 烏審旗 혹은 陝西省 定邊縣 경계였다. 이에 대해 資治通鑑 胡注에서는 鹽州五原縣 烏鹽池 또는 朔方 烏水 부근이라고 했다.

257) 柴紹: 唐代의 駙馬로 將軍으로 字는 嗣昌이고, 晉州 臨汾사람이었다, 어려서 재빠르고 힘이 좋아 關中에서 任俠으로 이름을 떨쳤다. 隋 元德太子의 千牛備身이 되었다. 高祖가 그의 딸을 시집보냈는데, 바로 平陽公主였다. 隋末 반란시기에 右領軍大都督府長史가 되었고, 이후 領馬軍總管을 겸임했다. 이후에 공을 세워 右光祿大夫를 제수 받았다. 武德 元年(618) 左翊衛大將軍이 되어 太宗과 함께 여타 세력들을 진압함으로써 霍國公으로 冊封되었고, 右驍衛大將軍이 되었다. 吐谷渾, 党項 등을 토벌했고, 貞觀 元年(626)에 右衛大將軍이 되었다. 2년에 梁師道를 夏州에서 격파해서 左衛大將軍으로 옮겼고, 華州刺史가 되었다. 7년에 鎭軍大將軍, 行右驍衛大將軍을 가하고 譙國公으로 책봉되었다. 12년에 병으로 죽자 荊州都督 추증되고 시호를 襄이라고 했다(『新唐書』 卷90 「柴紹傳」: 3774).

258) 秦州: 武德 元年(618)에 汾陽郡이 바뀌어 설치되었고, 치소는 汾陽縣(지금 山西省 萬榮縣 서남쪽 寶井村)에 있었다. 관할 구역은 지금 山西省 河津, 萬榮縣이었다. 그 이듬해에 치소를 龍門縣(지금 山西省 河津市 서쪽)으로 옮겼다. 貞觀 17년(643)에 폐지되었다.

259) 武功縣: 武德 초에 稷州에 縣이 설치되었고, 貞觀 元年(627)에 稷州가 폐지되면서 雍州(지금 陝西省

자 경사가 경계를 삼엄하게 했다. [힐리가한이] 고릉[현](高陵縣)[260]을 공격하자 [행군총관 좌무후[위]대장군(左武候衛大將軍)][261] 울지경덕(尉遲敬德)[262]이 그들과 경양[현](涇陽縣)[263]에서 싸워 사근(俟斤) [아사덕]오몰철(阿史德烏沒啜)[264]을 사로잡고 천여 급을 베었다. 힐리[가한]이 모신(謀臣) 집실사력(執失思力)[265]을 입조(入朝)시켜 우리 사정을 살피고 허장성세를 떨며 말했다. "두 가한의 군대가 100만이신데, 지금 [모두] 왔습니다." 태종이 말했다. "짐과 가한은 일찍이 얼굴을 맞대고 화친을 약속을 했는데, 너희들이 바로 배신을 했다. 또 [우리 아버지가] 의병을 일으켰을 때 너희 [가한] 부자가 몸소 짐을 따랐기에 보내 준 옥(玉)과 비단(帛)이 셀 수 없을 정도로 많았는데, 어찌하여 망령되게 군대를 이끌고 우리 수도 근방까지 들어와 스스로가 강성하다는 것을 자랑하고 있느냐? 지금 짐이 너부터 죽여 버려야 마땅할

西安)에 속하게 되었다. 武則天 天壽 2년(691)에 다시 縣城에 稷州가 설치되었다가 大足 元年(701)에 폐지되고 雍州에 속하게 되었다. 치소는 지금 陝西省 武功 서북쪽과 漆水河에 西岸의 舊 武功鎭이었다.

260) 高陵縣: 戰國時代 秦 孝公시기에 설치되었는데, 치소는 지금 陝西省 高陵縣城 서남쪽으로 1리 떨어진 곳에 있었다. 前漢時代에는 左馮翊에 속해 있었다. 曹魏 黃初 元年(220)에 高陸縣으로 바뀌었다. 隋 大業 2년(606)에 다시 이름 高陵縣이 되었다가 3년에 京兆郡에 속하게 되었다. 唐代에는 京兆府에 소속되었다.

261) 『舊唐書』에 따르면, 尉遲敬德은 당시 行軍總管 左武候[衛]大將軍으로 頡利可汗의 공격을 방어했다.

262) 尉遲敬德(585~658): 唐初의 將軍으로 朔州 善陽(지금 山西省 朔縣) 사람이었다. 隋 大業末에 高陽에서 종군을 했는데, 용감하다고 누차 朝散大夫가 제수 되었다. 劉武周의 偏將이 되어 宋金剛과 함께 남침을 해 晉州 澮州를 함락했다. 武德 3년(621), 太宗의 공격을 받아 패전한 이후 투항해 右一府統軍으로 王世充을 공격했고, 그 이후에도 竇建德 등의 진압에도 참여했다. 武德 9년(626) 玄武門의 변에서 李世民의 즉위를 도왔고, 이후에 涇州道行軍總管, 襄州都督 등을 역임했다. 말년에 方術에 빠져 후세에 사람들이 그를 門神의 하나로 숭배했다(『舊唐書』 卷89 「尉遲敬德傳」: 3752).

263) 涇陽縣: 五胡十六國 前秦의 皇始 2년(352)에 池陽縣이 나뉘어 설치되었는데, 扶風郡의 屬縣이었다. 治所는 지금 陝西省 涇陽縣 동남쪽 30里 떨어진 故縣村에 해당한다. 北魏時代에는 咸陽郡의 屬縣이었다. 太平眞君 7년(446)에 廢置되었고 宣武帝 景明初에 다시 설치되었다. 隋 開皇 3년(583)에 治所를 지금 涇陽縣으로 옮겼으며, 雍州에 소속되었다. 大業初에는 京兆郡에, 唐代에는 京兆府에 소속되었다.

264) 阿史德烏沒啜: 突厥 내의 有力氏族의 하나인 阿史德氏族의 酋長이었다. 그의 위상이 俟斤(irkin)이었다는 점에서 부락의 장 즉, 酋長 정도였음을 알 수 있다. 烏沒啜는 고대 투르크어로 '욀뮈쉬 초르(Ölmüsh chor)'의 음사로 추정된다. 『舊唐書』에 "俟斤 阿史德烏沒啜"이라고 되어 있기 때문에 저본에 "阿史德"을 보충했다.

265) 執失思力: 突厥 酋長으로 貞觀年間에 隋 蕭后와 함께 唐朝에 투항해 左領軍將軍이 되었다. 高祖의 딸 九江公主와 결혼을 해 駙馬都尉가 되었다. 이후 죄를 지어 嶲州로 유배를 갔다가 돌아와 歸州刺史가 되었다가 죽었다(『新唐書』 卷110 「諸夷蕃將」 <執失思力>: 4116).

것이다!" [집실]사력이 무서워하며 살려달라고 청했고, 소우(蕭瑀)와 봉덕이(封德彝)[266]가 황제에게 [집실사력을] 예(禮)로써 돌려보내는 것이 낫다고 간언하였지만 황제가 허락하지 않고 문하성(門下省)[267]에 잡아 두었다.

이에 [황제가] 시중(侍中)[268] 고사렴(高士廉),[269] 중서령(中書令)[270] 방현령(房玄齡),[271]

---

266) 封德彝(568~627): 唐初의 관리로 德州 蓨縣 사람이었다. 이름은 倫, 字는 德彝이었다. 隋에서 內史舍人이 되었으며, 宇文化及이 煬帝를 시해한 후에 內史令이 되었다. 하지만 宇文化及이 패하자 唐에 항복해 內史侍郎이 되었다. 武德 3년(620) 中書令이 되었고 密國公에 봉해졌다. 太宗 즉위 이후에 尙書右僕射가 되었다. 아첨에 능했으며 上奏文을 議決할 때 太宗의 옆에서 太宗의 뜻에 따라 고쳤다. 李世民(太宗)과 李建成이 자리를 다툴 때 밖으로는 李世民에 붙었지만 몰래 李建成을 도왔다가 사후 10여 년이 지난 후 폭로되어 封爵을 박탈당했다.

267) 門下省: 魏晉南朝時代에 門下의 여러 성을 총칭하는 명칭이었다가 隋 大業 3년(607)에 5성의 하나로 설치되었다. 역할은 諫諍과 政令 審議를 담당했다. 武德 3년(620) 皇帝의 명령을 최종적으로 심의하는 기구로 尙書, 中書省과 함께 3성의 하나로 자리매김하게 되었다. 軍國政務를 처리하고 中書省에서 초안한 詔令 등을 심의해 尙書省에서 집행하도록 하는 역할을 담당했다. 長官은 侍中이었다.

268) 侍中: 門下省의 長官으로 품계는 正三品이었다. 隋代에는 納言, 侍內로 불리다가 唐代에 다시 설치되었고, 인원은 두 명이었다. 中書, 尙書省 長官과 같은 宰相으로 국정을 논의하는데 참여했다.

269) 高士廉(577~647): 唐初의 관리로 渤海郡 蓨縣(지금 河北省 景縣) 사람으로 이름은 儉이고, 字는 行이었다. 高敬德의 아들로 隋末에 일찍이 治禮郎이 되었다가 朱鳶主簿로 강등되었다. 武德 5년(622)에 唐朝에 귀순해 雍州治中이 되었다. 長孫無忌 등과 함께 玄武門의 變을 모의해 右庶子가 되었다. 貞觀 초기에 侍中이 되었다가 益州大都督府長史로 옮겼다. 이후 吏部尙書가 되어 許國公이 되었다. 貞觀 12(638) 尙書右僕射가 되었다. 죽어 시호를 文獻이라 했고 昭陵에 배장 되었다. 令狐德棻 등과 함께 『貞觀氏族志』를 편찬했다(『新唐書』 卷65 「高儉傳」: 3839).

270) 中書令: 中書省의 長官으로 품계는 正三品이었다. 魏晉시대 中書監과 中書令이 설치되었다. 隋代에는 內史令 혹은 內書令으로 칭해졌으며, 武德 3년(620)에 中書令이라고 바꾸었고 정원은 2명이었다. 機密에 참여하고 朝政을 議決해 宰相의 지위에 있었으며 '令公'으로 존칭되었다. 玄宗 때 쉽게 신하들에게 제수하지 않았으며, 大曆 2년(767) 正二品으로 品階가 상승해 명예직으로 특별한 자격이 있는 사람에게만 제수되었다. 이로 인해 中書令의 역할은 실제로 中書侍郎이 담당했다. 龍朔 2년(662) 西臺右相으로 개칭되었다가 咸亨 元年(670) 이전으로 복귀되었다. 光宅 元年(684) 內史로 바뀌었다가 神龍 元年(705) 원래의 명칭으로 환원되었다. 開元 元年(713) 紫微令으로 改稱했다가 開元 5년(717) 이전으로 회귀했다. 天寶 元年(742) 右相으로 改稱했다가 至德 2년(757) 원래대로 바뀌었다.

271) 房玄齡(579~648): 唐初의 宰相으로 字가 喬(달리는 이름이 喬이고 字가 玄齡이라고도 한다)였다. 齊州 臨淄(지금 山東省 淄博) 사람이었다. 학문을 좋아해 五經에 통달했으며 隋에서 涇陽令을 지냈다. 唐이 關中을 차지한 이후에 李世民에게 귀부해 秦王府記室參軍이 되어 臨淄侯로 책봉되었다. 李世民을 도와 皇帝에 즉위하게 했고, 貞觀 元年에 中書令이 되어 邗國公으로 봉해졌다. 이후에 尙書右僕射, 監修國史가 되었다. 20여 년 동안 杜如晦와 함께 중요 宰相으로 활동했다. 이후에 梁國公으로 봉해졌다. 일찍이

장군(將軍) 주범(周範)[272] 등과 함께 여섯 기(騎)를 몰아 현무문(玄武門)[273]을 나가 친히 위[수](渭水)[274] 가까지 달려가 [힐리]가한과 [위]수를 사이에 두고 그가 약속을 어긴 것을 꾸짖어 말했다. 여러 추장들이 황제를 보고 모두 놀라 말에서 내려 절을 했다. 곧 많은 부대가 도착했는데, [그들의] 기치와 갑옷이 번쩍이며 부대가 숙정하고 엄정하자 돌궐이 크게 놀랐다. 황제와 힐리[가한]이 말고삐를 잡아 멈추자 휘하의 장군들이 물러나 진을 펼쳤다. 소우는 황제가 적을 가볍게 여기자 말 앞에서 조아려 간했고, [이에] 황제가 대답했다. "나의 생각은 깊어 네가 알 수 있는 것이 아니다. 대저 돌궐이 전력으로 쳐들어온 것은 우리나라가 최근에 내란이 발생해 군대를 움직일 수 없을 것이라고 여겼기 때문이다. 짐이 만약 성을 걸어 닫으면 그들이 장차 우리나라를 크게 노략질 할 것이기 때문에, 내가 홀로 나와 무서워하지 않음을 보여주고 또한 군대를 갖추어 [그들로] 하여금 반드시 싸울 것이라는 점을 알게 해, [돌궐의] 예상과 달리 나는 그 원래의 계략을 저지할 수 있는 것이다. 그들이 우리 땅에 이미 깊숙이 들어왔기 때문에 돌아갈 수 없을까 두려워하므로 [지금] 싸우면 이길 수 있고 화친을 해도 [우리에게 유리하도록] 튼튼히 할 수 있으니, 적을 제압할 기회[命]가 여기에 있는 것이다!" 이 날 힐리[가한]이 과연 화친을 청하자 허락했다. 이튿날 백마를 잡아 힐리[가한]과 편교(便橋)[275] 위에서 [화친을] 동맹을 맺자 돌궐이 [군대를] 물려 돌아갔다.

소우가 말했다. "힐리[가한]이 쳐들어오자 여러 장수들 다수가 그와 싸우기를 청했으나 폐하께서 들어주지 않으셨는데, 결국 돌궐이 스스로 물러나니 그 책략은 어떤 것입니까?"

『晉書』 편찬에 참여했다. 죽은 다음에 太尉, 幷州都督로 추증되었고 시호를 文昭라고 했다. 昭陵에 배장 되었다(『新唐書』 卷96 「房玄齡傳」: 3853).

272) 周範: 唐初의 장군으로 달리 周紹范이라고도 한다. 汝南 安成(지금 河南) 사람이었다. 太宗 初에 太原에 주둔해 突厥의 공격에 대비했고, 貞觀年間에는 殿中大監, 左屯衛大將軍를 지냈으며 太宗을 따라 원정에 참여하기도 했다. 進國公으로 봉해졌고, 죽은 다음에 시호를 敬이라고 했다.

273) 玄武門: 長安 宮城 北面의 中門 내지는 太極宮(隋代 大興城)의 북면 정문이다. 隋初에 건립되었고 그 위치는 지금 陝西省 西安市 舊城 북쪽이다. 太宗이 정변을 일으킨 곳으로 유명하다.

274) 渭水: 甘肅省 渭源縣 남쪽 鳥鼠山에서 발원해 동쪽으로 흘러가는 黃河의 支流이다. 동쪽으로 隴西, 武山, 甘谷, 天水 등 縣과 市를 지나 陝西省 중부를 가로로 관통한다. 남쪽에서 斜水, 澇水, 豊水, 滻水, 灞水를 받아들이고 북쪽에서 涇水, 洛水와 합류해 지금 潼關縣에서 黃河로 흘러들어간다. 총연장이 787km 정도이다.

275) 便橋: 便門橋를 말하는데, 前漢 武帝 建元 3年에 처음 건설되었다. 지금 陝西省 咸陽市 남쪽 渭水 위에 있었던 다리였다. 이로 인해 漢 長安城 서쪽에 있는 문이 便門이라 이름이 붙게 되었다.

황제가 말했다. “돌궐은 비록 많지만 정돈이 되어 있지 않고 임금과 신하들은 오직 이익만을 쳐다볼 뿐이며 가한이 [위]수 서쪽에 있는데 추수(酋帥)들이 모두 와서 [동쪽 건너에 있는] 짐에게 절을 하니 짐이 [그들을] 잡아 묶어오는 것은 정말로 쉬운 일이 될 것이다. 또한 짐이 장손무기(長孫無忌)[276]와 이정에게 조칙을 내려 몰래 빈주에 [군대를] 매복시켜 기다리게 하고 대군이 뒤를 좇게 하면서 매복이 앞에서 공격하게 하면 [돌궐을] 잡는 것은 손바닥을 뒤집는 것처럼 쉬울 것이다. 그러나 짐이 즉위한 지 얼마 되지 않아 나라를 다스리는 데 중요한 것이 안정이라 한 번 돌궐과 겨루게 되면 죽고 다치는 사람이 반드시 많게 될 것이고, 그들이 패해도 망하지 않으면 두려워하며 덕을 닦더라도 짐과 원한 관계를 갖게 될 것이니 어떻게 감당할 수 있겠는가? 지금 [우리가] 무기를 내려놓고 갑옷을 말아두며 [그들에게] 옥과 비단을 던져 주면 돌궐의 생각이 교만해질 것인데, 교만하게 되는 것은 멸망의 단초이다. 그러므로 ‘장차 가지려 한다면 반드시 [먼저] 주어야 한다’고 하는 것이다.” [소]우가 두 번 절하면서 말했다. “소신이 우둔해 [황제의 뜻을] 알 수 없었습니다.” 이에 전중감(殿中監)[277] 두로관(豆盧寬),[278] 장군 조작(趙綽)[279]에게 조칙을 내려 돌궐을 호송하게 하자 힐리[가한]이 말 3천 필과 양 만 두를 바쳤는데, 황제가 받지 않고 사로잡힌 [중국]사람을 우리나라에 돌려

276) 長孫無忌(?~659): 唐初의 宰相으로 字는 輔機이고, 河南 洛陽 사람이었다. 조상이 北魏의 황족으로 그 자신의 太祖 長孫皇后의 오라버니였다. 일찍부터 太宗과 친해 원정을 할 때 比部郎中을 역임했고, 上黨縣公으로 봉해졌다. 武德 9년(626) 玄武門의 變에서 太宗을 도와 左武候大將軍이 되었고, 尙書右僕射, 司空, 司徒 등의 직을 맡았으며 趙國公에 봉해졌다가 太子太師가 되었다. 房玄齡 등과 함께 唐律을 제정했다. 貞觀 23년(649)에 褚遂良, 房玄齡 등과 함께 고명을 받아 高宗을 즉위하게 했고 太尉, 同中書門下三品이 되었다. 이후 高宗이 武后를 세우는 것을 반대하다가 黔州로 유배되어 죽임을 당했다(『新唐書』 卷105 「長孫無忌傳」: 4017).

277) 殿中監: 三國時代 曹魏에서 皇帝의 衣食住 등의 일을 담당하는 관리로 설치되었고, 그 이후에도 계속되었다. 北齊時代에는 門下省 내에 殿中局을 두어 監 4명을 두었고, 隋代에는 殿內局에 2명의 監을 두어 장으로 삼고 正六品下로 했다. 煬帝는 이를 殿內省으로 개칭하고 監 1명을 두고 正四品, 少監 1명을 두고 從四品, 丞 1명을 두고 從五品으로 했다. 唐代에는 殿中省으로 바뀌었다. 龍朔 2년(662)에 監, 少監, 丞 등을 中御大監, 中御少監, 中御大夫로 삼았으나 咸亨 元年(670)에 다시 환원되었다.

278) 豆盧寬(?~650): 隋末唐初의 大臣으로 京兆 萬年縣(지금 陝西省 西安 서북) 사람이었다. 隋 文帝의 외조카였다. 大業 말기에 梁泉(지금 陝西省 鳳縣)令이 되었다가 高祖가 關中을 함락하자 郡守 蕭瑀와 함께 豪右를 이끌고 투항해 殿中監으로 발탁되었고, 성이 盧氏로 바뀌었다. 貞觀시기에 禮部尙書, 左衛大將軍이 되고 芮國公에 봉해졌다. 永徽년간에 죽어 特進, 幷州都督으로 추증되어 昭陵에 배장이 되었다. 諡號를 定이라고 했고 다시 원래의 성으로 바뀌었다.

279) 趙綽: 唐代의 관리로 中宗 和思皇后 趙氏의 祖父로 武德年間에 戰功으로 右領軍衛將軍이 되었다.

보내라고만 했다.

> 貞觀元年，薛延陀·回紇·拔野古諸部皆叛，使突利討之，不勝，輕騎走，頡利怒，囚之，突利由是怨望．是歲大雪，羊馬多凍死，人飢，懼王師乘其敝，卽引兵入朔州地，聲言會獵．議者請責其敗約，因伐之，帝曰：「匹夫不可爲不信，況國乎？我旣與之盟，豈利其災，邀險以取之耶？須其無禮於我，乃伐之．」

정관(貞觀) 원년(627) [음산(陰山) 북쪽에 있는][280] 설연타(薛延陀),[281] 회흘(回紇),[282] 발야고(拔野古)[283] 등 여러 부락이 모두 [돌궐에] 반란을 일으키자 [힐리가한이] 돌리[가한]을

280) 『舊唐書』의 기록에서 보충했다.

281) 薛延陀: 종족 명칭으로 고대 투르크계 유목민인 鐵勒의 하나였다. 고대 투르크어로 '시르 타르두쉬(Sir Tardush)'의 음사로 추정된다. 달리 薛延阤라고도 음사되기도 한다. 이들은 주로 톨강 우안, 오르콘강 상류, 후누이강 상류에서 남으로 항가이산맥에 이르는 지역에 살았다가 隋代에 金山 南麓으로 이주했다. 遊牧을 생업으로 삼았으며 西突厥에 복속되어 지냈는데, 그 과정에서 鐵勒 중에서 비교적 강력한 집단의 하나로 성장했다. 본래 匈奴單于 賀剌頭의 후손이었다고 하는데, 前燕 慕容儁 재위시기에 薛部와 雜居했고, 薛과 延陀(延阤)의 두 部가 합쳐 薛延陀로 불리게 되었다고 한다. 可汗을 배출하는 지배집단은 壹利吐氏이었는데, 대대로 强族이었다. 柔然이 멸망한 후 모두 突厥에 속했는데, 部落이 中分되어 鬱督軍山에 있던 일파는 동쪽의 始畢可汗에게 속했고, 貪汗山에 있던 집단은 서쪽의 葉護에게 소속되었다. 貞觀 2년(628)에 추장 夷男이 부락 7만여 家를 이끌고 東突厥에 귀부했다. 이듬해(629년)에 夷男은 太宗에게 可汗으로 책봉되었다. 東突厥이 멸망하자 옛 東突厥의 漠北 故地를 모두 점령했고 薛延阤汗國을 세웠다. 이후 唐帝國과 끊임없이 마찰을 빚었고, 貞觀 20년(646)에 唐朝가 薛延陀의 內亂을 이용해 回紇 등과 연합해 그들을 멸망시키고 그 거주지에 羈縻府州를 설치했다(段連勤, 1988: 398~399).

282) 回紇: 종족 명칭으로 고대 투르크계 유목민인 鐵勒의 하나였다. 唐代 이전에는 袁紇, 혹은 韋紇로, 唐代에는 回紇(迴紇: 『舊唐書』) 혹은 回鶻(迴鶻: 『舊唐書』)이라고 음사되었다. 이는 고대 투르크어로 기록된 'Uyghur 또는 Uighur'의 음사인데, 음운학적으로 '우이구르'로 읽는 것이 타당하나 관습적으로 '위구르'라고 읽는다. 현재 中國에서는 維吾爾로 음사한다. 그 의미는 기존 연구에서 '聯合' '結合' 등으로 해석하기도 하는데(劉義棠, 1977: 3~60), 근거가 충분하지 않다. 回紇은 중앙아시아 초원에 넓게 퍼져 유목생활을 하는 투르크계 부락의 일원으로 南北朝시대부터 독자적 움직임이 中國에 포착되기 시작했다. 이후 점차 독자세력화를 도모하기도 하고 몽골 초원을 지배했던 柔然 내지는 突厥에 복속되기도 했다. 唐代에 唐朝와 협조 관계를 맺으면서 발전하기 시작해 8세기 중반에 遊牧帝國을 건설했다. 이 무렵에는 주로 몽골 초원의 북방에 있는 셀렝게강 주변에 거주하고 있었다(段連勤, 1988: 403).

283) 拔野古: 종족 명칭으로 고대 투르크계 유목민인 鐵勒의 하나였다. 고대 투르크어로 '바야르크

시켜 토벌하게 했으나 이기지 못하고 경장한 채 말을 타고 도망쳐 왔고, [이에] 힐리[가한]이 화를 내며 [그를 옥에] 가두자 돌리[가한]이 이로 인해 원망하[는 마음을 갖]게 되었다. 이 해에 큰 눈이 내려 양과 말이 많이 얼어 죽어 사람들이 굶주리게 되자[284] [힐리가한은] 당나라 군대가 그의 어려움을 이용해 [공격]할까 걱정해 군대를 이끌고 삭주 땅으로 들어와 몰이사냥을 한다고 핑계대었다. [조정 내에서 이를] 논의한 사람들이 그가 약속을 저버린 것을 책망하라고 청하며 토벌하려 하자 황제가 말했다. "필부도 믿음을 저버리지 않는데 어찌 나라가

(Bayarïqu)'의 음사인데,『隋書』「北狄傳」<鐵勒>에서는 "拔也古"라고 달리 표기했다. 지금 몽골공화국의 케룰렌 강과 內蒙古自治區의 후룬 호 사이에 살았던 것으로 보이는데, 용맹하고 騎射에 능했으며 遊牧을 생업으로 삼았다. 僕骨의 동쪽 경계에 위치하며 精兵은 만여 명이었다. 땅은 풀이 풍부해 사람들이 모두 부유했다. 木脚을 착용하고 얼음 위에서 사슴을 쫓아 사냥했고, 아울러 耕種과 사냥을 주업으로 삼았다. 나라에는 좋은 말이 많았으며, 鐵도 생산되었다. 風俗은 鐵勒과 같았으나 言語는 조금 달랐다(段連勤, 1988: 401~402).

284) 몽골 초원의 自然災害는 열악한 자연 환경을 극복하면서 가축을 길러야 하는 유목민들에게 치명적인 영향을 끼쳤다. "큰 눈이 내려 양과 말이 많이 얼어 죽어 사람들이 굶게 되었다."는 기록에서 알 수 있듯이 초원에서 발생하는 재해는 가축의 폐사와 함께 목민들의 기근을 유발시켜 유목 경제 자체의 와해를 가져올 수 있었다. 여기에서 특기하고 있는 자연재해인 暴雪(白災)은 겨울 내지는 겨울에서 봄으로 넘어가는 계절에 나타났다. 폭설은 많은 눈이 초지를 덮어 먹을 것을 잃은 가축들을 아사시킴으로써 유목민들의 생존을 위협했다. 특히, 지역적으로 북위 41도 이북으로 해발 2500~3000미터 이상의 지역에서 빈발하는 폭설은 몽골 초원 어디에서든지 발생할 가능성이 있었기 때문에 특히 위협적이었다. 게다가 폭설의 발생은 주기적이기도 하지만 예측이 거의 불가능한데다가 한파, 눈보라와 동반되었기 때문에 어려움을 더욱 가중시켰다. 그리고 이런 가축의 폐사와 목민의 기근은 면역력 약화와 연결되어 전염병의 창궐을 가져와 유목사회의 와해를 보다 가속시키기도 했다. 또한 遊牧民들이 특히, 자연재해에 쉽게 노출될 수밖에 없었던 가장 큰 이유는 遊牧이 겨울에 乾草를 마련한다거나 畜舍를 설치해 가축을 추위와 재해로부터 방어하지 못하는 열악한 상황에서 나타나는 생활양식이었기 때문이다. 그 외에도 초원에서 발생하는 자연 재해의 종류는 가뭄[黑災], 한파(寒波), 폭설(暴雪: 白災) 등이 가장 대표적이고, 늑대의 습격(狼害: 겨울철 늑대들이 가축을 공격하는 것)과 가축 전염병 등이 있었다. 그 중에서도 초지에 가장 심각한 영향을 미친 것은 여름철의 가뭄[黑災]과 겨울철의 폭설[白災], 그리고 가축 전염병[疫]이었다. 이런 심각한 몽골 초원의 자연 재해는 대체적으로 3년에 한 번을 小災, 5년에 한 번을 中災, 10년에 한 번을 大災라고 할 정도로 주기적이고 반복적으로 발생했다. 따라서 이런 자연재해의 반복적인 발생은 유목국가의 존립을 결정하는 중요한 요소의 하나로 작용했다. 특히, 유목국가의 말기에 재해가 집중해 유목사회를 와해시켰다는 기록이 많이 남아 있는데, 이것은 자연재해에 대한 대응 능력이 약화되면서 내적인 분열이 나타났음을 반영한다. 突厥의 경우에도 자연재해의 발생은 각 부족들의 독자적인 움직임을 초래해 제국의 분열과 약화를 가져오는 요인의 하나로 작용했다(額爾敦布和, 1988: 146).

그럴 수 있겠느냐? 우리가 이미 그들과 맹세를 했는데, 어찌 그 재난을 기회로 어려움을 틈타 잡을 수 있겠느냐? 모름지기 그들이 짐에게 무례를 저질렀을 때 정벌할 뿐이다."[285)]

明年, 突利自陳爲頡利所攻, 求救. 帝曰:「朕與頡利盟, 又與突利有昆弟約, 不可不救, 奈何?」兵部尚書杜如晦曰:「夷狄無信, 我雖如約, 彼常負之, 今亂而擊之, 侮亡之道也.」乃詔將軍周範壁太原經略之, 頡利亦擁兵窺邊. 或請築古長城, 發民乘塞. 帝曰:「突厥盛夏而霜, 五日並出, 三月連明, 赤氣滿野, 彼見災而不務德, 不畏天也. 遷徙無常, 六畜多死, 不用地也. 俗死則焚, 今葬皆起墓, 背父祖命, 嫚鬼神也. 與突利不睦, 內相攻殘, 不和於親也. 有是四者, 將亡矣, 當爲公等取之, 安在築障塞乎?」突厥俗素質略, 頡利得華士趙德言, 才其人, 委信之, 稍專國; 又委政諸胡, 斥遠宗族不用, 興師歲入邊, 下不堪苦. 胡性冒沓, 數翻覆不信, 號令無常. 歲大飢, 裒斂苛重, 諸部愈貳.

이듬해(628) 돌리[가한]이 힐리[가한]의 공격을 받았다고 스스로 말하면서 구해달라고 했다. 황제가 말했다. "짐과 힐리[가한]이 맹약을 했지만 역시 돌리[가한]과도 형제의 약속이 있으니 구하지 않을 수 없다. 어찌하면 좋겠는가?" 병부상서(兵部尚書)[286)] 두여회(杜如晦)[287)]

285) 『舊唐書』에는 侍臣들과 太宗의 대화 내용에 대한 자세한 기록이 있는데, 저본의 내용과 비교해보면 다음과 같다. "侍臣咸曰: '夷狄無信, 先自猜疑, 盟後將兵, 忽踐疆境. 可乘其便, 數以背約, 因而討之.' 太宗曰: '匹夫一言, 尙須存信, 何況天下主乎! 豈有親與之和, 利其災禍而乘危迫險以滅之耶? 諸公爲可, 朕不爲也. 縱突厥部落叛盡, 六畜皆死, 朕終示以信, 不妄討之, 待其無禮, 方擒取耳.'".

286) 兵部尙書: 兵部의 長官으로 품계는 正三品이었다. 曹魏에서는 五兵尙書를 두어 軍事를 관장하게 했다. 西晉時代에는 七兵尙書가 그 이후에 역대에 걸쳐 五兵尙書가 설치되었다. 隋代에도 兵部가 설치되면서 尙書가 長官이었는데, 唐代에서도 그대로 이어받았다. 龍朔 2년(662)에 司戎太常伯으로 改稱되었다. 光宅 元年(684)에 夏官尙書로 바뀌었다가 天寶 11년(752)에 武部尙書로 다시 바뀌었다. 하지만 모두 오래지 않아 원래의 명칭인 兵部尙書로 환원되었다. 兵部는 兵部·職方·駕部·庫部 4司를 관할했으며 武官의 인사와 簞賊, 軍訓, 器仗 등의 관리를 맡았다.

287) 杜如晦(585~630): 唐初의 宰相으로 字는 克明이고 京兆 杜陵(지금 陝西省 西安市) 사람이었다. 일찍부터 영민해 隋代에 관리를 하기도 했으나 물러났다가 李世民에게 발탁되었다. 이후에 秦王府兵曹參軍이 되었다가 陝西總管府長史가 되었다. 이후 李世民과 함께 여러 세력을 격파해 공을 세웠고, 玄武門의 變에 참여해 太子左庶子가 되었다가 바로 兵部尙書, 蔡國公으로 봉해졌다. 貞觀 2년(628)에 檢校侍中,

가 대답했다. "이적은 믿을 수 없으니 저희가 [그들과] 비록 약속을 했다고 하나 그들이 늘 배반하고 지금 [돌궐 내부에서 변란이 일어나] 어지럽게 되었으니 공격하는 것이 멸망시키는 방법입니다." 이에 [황제가] 조칙을 내려 장군 주범에게 태원에 주둔했다가 [힐리가한을] 경략하라고 하자 힐리[가한] 역시 군대를 거느리고 변경을 엿보았다.

[한편] 어떤 자가 이전처럼 장성을 [다시] 쌓고 백성을 징발해 변경을 방비할 것을 청했다. 황제가 말했다. "돌궐에는 한여름인데도 서리가 내렸으며 다섯 개의 태양이 동시에 떠올라 세 달 동안 계속 밝아 붉은 기운이 들에 가득 차 있는데, 그들이 재난을 당하고도 덕을 닦는 데 힘쓰지 않는 것은 하늘을 무서워하지 않기 때문이다. [돌궐이] 옮겨 다니는 곳이 일정하지 않게 되었고 모든 가축[六畜][288]이 대부분 죽었으며 땅은 쓸 수 없게 되었다. [돌궐의] 풍속은 죽으면 [시신을] 태우는데, 지금은 장례를 치를 때 묘를 세워 아버지와 할아버지의 명령[289]을 거스르고 귀신을 업신여기고 있다. [힐리가한이] 돌리[가한]과 화목하지 않고 안에서 서로 공격해 죽인 것은 친족 간에 화합을 하지 않는 것이다. 이런 네 가지 [이유] 때문에 [돌궐은] 망하게 될 것이고, 지금 공 등을 시켜 [힐리가한을] 잡을 수 있는데 어찌 장새를 쌓을 필요가 있겠는가?" 돌궐의 습속은 본래 질박하고 간단한데, 힐리[가한]이 중국 사람인 조덕언(趙德言)을 얻자 그 사람이 재능이 있다고 여겨 [나라 일을] 믿고 맡기게 되면서 점차 [조덕언이] 나라[의 권력]을 전단(專斷)했다. 또한 정치를 여러 호[인](胡人)[290]들에게 맡기

吏部尙書, 總監東宮病魔 등을 맡았다가 그 이듬해 長孫無忌를 대신해 尙書右僕射가 되어 宰相 房玄齡과 함께 정사를 맡았다. 貞觀년간에 律令制度 등을 정비하는 일에 참여했다. 죽은 다음에 司空으로 추증되었고 昭陵에 배장되었다(『舊唐書』 卷96 「杜如晦傳」: 3858).

288) 六畜은 모든 가축을 의미한다. 遊牧의 대상이 되는 가축은 발굽을 갖고 있는 초식성의 '有蹄類'로, 양, 염소, 소, 낙타, 말, 순록, 산양 등이 가장 중요한 가축이었다. 몽골 초원에서는 이 중에서도 순록과 산양을 제외하고 다섯 가지의 가축을 가장 중요하게 여겼다. 그 중에서도 중요도에 따라 말, 소, 낙타, 양, 염소 등으로 나열할 수 있다. 말과 소, 그리고 양과 염소 등이 가장 기본적인 가축인데, 습기가 상대적으로 높아 덜 건조하고 풀이 풍부한 지역에서는 소의 사육 비중이 높고, 고비를 중심으로 한 지역에서는 다른 지역에 비해 낙타, 그리고 북부 산악지역에서는 일부 이끼를 주로 먹는 순록을 사육하기도 한다.

289) 고대 투르크어로 祖法을 '퇴뤼(törü)'라고 하는데, 突厥은 이것을 존숭하는 것을 아주 중요하게 여겼다.

290) 胡人: 여기에서는 중앙아시아 오아시스지역인 소그디아나[昭武]에서 온 소그드 사람을 가리킨다. 원래 胡는 匈奴를 지칭하는 표현으로 사람을 의미하는 'qun' 또는 'hun'의 음사로 이해되었지만 이후에 북방의 다른 족속과 서방의 오아시스지역에서 온 외국인을 통칭하는 말 즉 非中國人의 의미로 주로 사용되었다. 4~5세기경부터 北朝의 안정과 함께 中國에 진출해 교통로 상의 식민취락을 건설하면서

고 종족(宗族)을 멀리하며 쓰지 않고 군대를 일으켜 매년 중국으로 쳐들어오자 부하들이 고통을 견더낼 수가 없었다. 호[인]들의 성정은 물이 끓듯 가벼워 자주 [말을] 뒤집어 믿을 수 없고 명령하는 것도 일정하지 않았다. 해마다 큰 기근이 들어도 거두어들이는 것이 너무 가혹하고 무거워 여러 부락이 더욱 떨어져 나갔다.

又明年, 屬部薛延陀自稱可汗, 以使來. 詔兵部尙書李靖擊虜馬邑, 頡利走, 九俟斤以衆降, 拔野古僕骨同羅諸部·霫奚渠長皆來朝. 於是詔并州都督李世勣出通漠道, 李靖出定襄道, 左武衛大將軍柴紹出金河道, 靈州大都督任城王道宗出大同道, 幽州都督衛孝節出恆安道, 營州都督薛萬淑出暢武道, 凡六總管, 師十餘萬, 皆授靖節度以討之. 道宗戰靈州, 俘人畜萬計, 突利及郁射設·蔭奈特勒帥所部來奔, 捷書日夜至, 帝謂群臣曰:「往國家初定, 太上皇以百姓故, 奉突厥, 詭而臣之, 朕常痛心病首, 思一刷恥於天下, 今天誘諸將, 所向輒克, 朕其遂有成功乎!」

또 이듬해(629) [돌궐에] 속해 있던 부락 설연타가 스스로 가한을 칭하고 사신을 [보내] 왔다. [황제가] 조칙을 내려 병부상서 이정에게 마읍에서 돌궐을 공격하라고 하자 힐리[가한]이 도망갔고 아홉 명의 사근이 백성을 이끌고 항복했으며, 발야고·복골(僕骨)[291]·동라(同羅)[292] 등 여러 부락과 습(霫)[293]·해(奚)[294]의 거장(渠長)[295]들도 모두 조정에 들어왔다.

적극적인 활동을 한 소그드 인을 지칭하는 표현으로 정착되었다. 달리 胡客, 商胡, 胡商 등의 구체적인 표현이 나오기도 하는데, 中國에서는 소그드 인을 총칭해 昭武九姓이라고 했다(森安孝夫, 2007: 108).

291) 僕骨: 종족 명칭으로 고대 투르크계 유목민인 鐵勒의 하나였다. 달리 僕固라고도 한다. 이는 고대 투르크어로 '뵈귀(Bögü)'의 음사로 추정된다. 지금 몽골공화국 톨강 북쪽에 살았다. 習俗은 突厥과 거의 같았다. 多濫葛 동쪽 경계에 거주했으며, 精兵이 만여 명이었다. 同羅와 이웃하며 우호적이었으며 몽골 초원의 가장 북쪽 지역에 거주했다. 唐初에는 鐵勒 15部의 하나였고, 후에 回紇 外九部의 하나가 되었다. 처음에는 突厥에 役屬하다가 후에 薛延陀에 附屬되었다. 薛延陀가 멸망한 후에 金微州가 설치되고 首領 歌濫拔延이 右武衛大將軍 金微府都督으로 임명되었다. 후에 突厥이 흥기하자 唐에 반기를 들고 突厥에 귀부했다. 하지만 다시 開元 초에 수령 僕固設支가 2천 帳을 거느리고 唐나라에 항복했다. 그의 아들 僕固懷恩은 安史의 난을 평정하는데 공을 세워 朔方節度使 河北副元帥에 임명되었으며 大寧郡王에 봉해졌다. 하지만 兎死狗烹을 당해 廣德 元年(763)에 반기를 들어 回紇에 귀부했다. 唐末에는 僕固俊이 西遷한 回鶻(回紇)의 한 일파였는데, 吐蕃을 격파하고 정권을 세웠는데, 역사에서는 이를 '高昌回鶻'이라고 한다.

이에 [황제가] 조칙을 내려 병주도독 이세적(李世勣)[296]을 통막도(通漠道)에서 나아가게 하고, 이정을 정양도(定襄道)에서 나아가게 하고, 좌무위대장군(左武衛大將軍)[297] 시소를 금하도(金河道)에서 나아가게 하고, 영주대도독(靈州大都督) 임성왕 [이]도종을 대동도(大同道)

---

292) 同羅: 종족 명칭으로 고대 투르크계 유목민인 鐵勒의 하나였다. 고대 투르크어로 '통라(Tongra)'의 음사로 추정된다. 薛延陀의 북쪽으로 지금 몽골공화국 헨티산맥 부근에 있었다. 長安으로부터 17,500里 떨어진 곳에 있었다. 호구는 1만 5천이었으며, 풍속은 突厥과 대략 비슷했다. 처음에는 突厥에 臣屬했으나 頡利可汗 시기 內政이 어지럽히게 되자 太宗시기에 우두머리인 俟利發 時健啜이 사신을 보내 內附하게 했다. 天寶 초기에 酋帥 阿布思가 萬餘 帳을 거느리고 항복해 同羅部를 朔方 河南의 땅에 거주하게 하고 廩食을 주었으며, 매년 繒과 絮를 數十萬 段 주었다. 天寶 15년(756)에 배반해 여러 부락을 약탈했다가 다시 漠北으로 돌아갔지만 回紇에게 격파되어 離散되었다. 추장이었던 阿布思는 葛邏祿으로 도망갔다가 北庭節度使 程千里가 현상금을 걸자 사로잡혀 長安에서 戮屍되었다(『通典』 卷199「鐵勒」 <同羅>: 5467; 段連勤, 1988: 401).

293) 霫: 동부 몽골 북부에 거주하던 종족의 하나로 隋代에 潢水(지금 시라무렌) 유역의 북부에 거주했다. 동으로 靺鞨, 서로 突厥, 남으로 契丹, 북으로 烏洛候와 접해 있었다. 산으로 둘러싸인 興安嶺 산맥에 사는 종족으로 수렵을 주로 하였다. 이후에 남하해 시라무렌을 건너 奚에 속하게 되었다.

294) 奚: 동부 몽골지역에 거주하던 종족의 하나로 南北朝時代에는 庫莫奚라고 불렸다. 隋代에는 奚라고 불렸는데, 원래 東胡가 원류였던 것으로 추정된다. 주로 潢水(지금 시라무렌) 유역에 거주했고, 동으로는 契丹과 서로는 突厥, 남으로는 白狼河, 북으로는 霫과 접해 있었다. 처음에는 突厥에 속해 있다가 이후에 세력이 강해졌다. 다섯 개의 큰 部落으로 이루어져 있었다(李在成, 1996). 契丹과 연칭되는데, 비문에는 거란과 타타비(tatabï)가 같이 동부 몽골에 살던 유목세력으로 늘 같이 칭해진다는 점에서 그와 동일한 것으로 이해하기도 한다(禹惠燦, 1997).

295) 渠長은 部落의 酋長을 의미하는데, 고대 투르크어의 '벡(beg)'으로 비정된다.

296) 李世勣(594~669): 唐初 將軍, 宰相으로 曹州 離狐縣(지금 山東省 東明) 사람이었다. 李勣의 본명이었다. 滑州 衛南으로 徙居했다. 本姓은 徐, 이름은 世勣, 字는 懋功이었다. 武德 初 李氏로 賜姓되었고, 永徽中 이름을 勣이라고 바꿨다. 大業 末 瓦崗軍에 투신했다가 후에 李密을 主로 삼고 黎陽倉을 습격했다. 武德初 李密을 따라 唐에 투신해 黎州總管 右武候大將軍 曹國公에 제수되었다. 李世民을 따라 竇建德과 王世充을 평정했으며, 劉黑闥・徐圓郎・輔公祏등과의 전쟁에도 참여했다. 太宗 즉위 후 幷州都督이 되었고, 貞觀 4년(630) 李靖과 함께 突厥을 격파했다. 貞觀 11년(637) 英國公에 봉해지고 兵部尙書에 임명되었다가 朔州道行軍總管이 되어 薛延陀 등을 토벌했다. 晉王 李治가 태자가 된 후 太子詹事 左衛率 同中書門下三品이 되었고, 高宗 즉위 후 宰相이 되었다. 高宗이 王皇后를 폐하고 武后를 세우려 할 때 소극적으로 동의했다. 總章 元年(668) 高句麗에 대한 원정에 참여했다. 사후에 昭陵에 배장이 되었다(『新唐書』 卷93「李勣傳」: 3817).

297) 左武衛大將軍: 左武衛의 長官으로 품계는 正三品이었다. 隋代에 '武'字가 들어가는 명칭을 취해 軍府에 붙였는데, 左武衛府와 右武衛府가 있었으며 大將軍과 將軍이 두어졌다. 唐初에도 隋의 제도를 이어받았고, 光宅 元年(684)에 左右鷹揚衛로, 神龍 元年(705)에 左右武衛로 개칭되었다. 宮廷의 警衛를 관장했다.

에서 나아가게 하고, 유주도독(幽州都督)[298] 위효절(衛孝節)[299] 긍안도(恆安道)에서 나아가게 하고, 영주[300]도독(營州都督) 설만숙(薛萬淑)[301]을 창무도(暢武道)에서 나아가게 해 모두 합쳐 6명의 총관과 군사 10여만 명이 모두 [이]정의 통제 하에서 [힐리가한을] 토벌하게 했다. [이]도종이 영주에서 싸워 사람과 가축을 만여 명 사로잡자 돌리[가한]과 욱사설, 음내특근(蔭奈特勤)[302]이 이끄는 부락이 도망했으며 [이런] 승전을 알리는 편지가 하루 만에 오자 황제가 여러 신하들에게 말했다. "이전에 나라가 막 평정되었을 때에 태상황(太上皇)[303]께서 백성들을 생각해 돌궐을 받들며 거짓으로 신하인 척했는데, 짐은 [이런 상황을] 늘 마음 아파하고 골칫거리로 여겨 천하에 부끄러움을 없애겠노라고 생각했다. 지금 여러 장군들을 보내 가는 곳마다 바로 이겨 짐이 마침내 성공할 수 있게 되었도다!"

---

298) 幽州都督府: 唐代의 軍管區 명칭이었다. 唐 高祖 武德 元年(618)에 幽州總管府가 설치되어 幽州, 平州, 易州, 檀州, 燕州, 北燕州, 營州, 遼州 등 8州를 관할했다. 治所는 幽州였다. 武德 6년(623)에 總管府를 大總管府로 개칭되었고 39州를 관할했다. 武德 7년(624)에 幽州大都督府로 개칭되었으나 武德 9년(626)에 다시 幽州都督府로 강등되었으며, 幽州·平州·景州·瀛洲·東鹽州·滄州·蒲州·蠡州·北義州·瀛洲·營州·平州·檀州·縣主·北燕州 등 17州를 관장했다. 開元 13년(725)에 大都督府로 승격되었다.

299) 衛孝節: 貞觀 초기에 幽州都督로서 恆安道行軍總管가 되어 突厥 공격에 참여했다.

300) 營州: 北魏 太平眞君 5년(444)에 설치되었다. 치소는 龍城縣(지금 遼寧城 朝陽市)에 있었다. 관할 구역은 지금 遼寧省 서남부 大凌河, 小凌河, 六股河, 女兒河 유역 일대였다. 永安 말년에 폐지되었다가 東魏 天平 초에 다시 설치되었고, 그 이후에 관할이 축소되었다. 隋 大業初에 다시 폐지되었다가 唐初에 설치되었다. 萬歲通天 元年(696)에 漁陽縣(지금 天津市 薊縣)으로 치소를 옮겼다. 開元 5년(717)에 다시 치소를 柳城(龍城)으로 옮겼다가 天寶 元年(742)에 柳城郡으로 바뀌었다. 乾元 元年(758)에 다시 營州로 바뀌었다가 이후에 폐지되었다.

301) 『舊唐書』에는 "薛萬徹"이라고 되어 있는데, 이것이 정확하다.
薛萬淑: 涿郡太守였던 薛世雄의 아들이었다. 아버지는 본래 敦煌 사람으로 雍州 咸陽(지금 陝西省 咸陽市)으로 이주한 이후에 그가 태어났다. 隋末唐初에 형 萬均과 함께 高祖에게 투항을 해서 형 萬均은 上柱國, 永安郡이 되었고, 그는 車騎將軍, 武安縣公이 되었다. 이후 突厥을 정벌한 공으로 總軍을 제수받고 작이 郡公이 되었다. 右衛將軍, 蒲州刺史 등을 역임했다. 이후 夷狄을 도와 薛延陀를 격파한 다음에 左衛將軍이 되었다가 丹楊公主와 결혼해 駙馬都尉가 되었다. 高宗 永徽 2년(651)에 寧州刺史가 되었다가 모반사건으로 죽임을 당했다(『新唐書』 卷94 「薛萬徹傳」: 3832).

302) 蔭奈特勤: 고대 투르크어로 '인니 테긴(Yini tegin)'의 음사로 추정된다.

303) 太上皇은 高祖를 지칭한다.

四年正月，靖進屯惡陽嶺，夜襲頡利，頡利驚，退牙磧口，大酋康蘇蜜等以隋蕭皇后·楊正道降．或言中國人嘗密通書於后，中書舍人陽文瓘請劾治．帝曰：「天下未一，人或當思隋，今反側旣安，何足治耶?」置勿劾．頡利窘，走保鐵山，兵猶數萬，令執失思力來，陽爲哀言謝罪，請內屬，帝詔鴻臚卿唐儉·將軍安脩仁等持節慰撫．靖知儉在虜所，虜必安，乃襲擊之，盡獲其衆，頡利得千里馬，獨奔沙鉢羅，行軍副總管張寶相禽之．沙鉢羅設蘇尼失以衆降，其國遂亡，復定襄·恆安地，斥境至大漠矣．

[정관] 4년(630) 정월에 [이]정이 악양령(惡陽嶺)[304]으로 나아가 주둔했다가 밤에 힐리[가한]을 습격하자 [힐리]가한이 놀라 아장을 적구(磧口)[305]로 물렸고, 대추(大酋) 강소밀(康蘇蜜)[306] 등이 수나라 소황후와 양정도을 데리고 항복했다. 어떤 사람이 말하기를 중국인이 몰래 [소황]후와 서신을 왕래한다고 하자 중서사인(中書舍人)[307] 양문관(陽文瓘)이 수사를 해 죄를 따질 것을 청했다. 황제가 말했다. "천하가 아직 하나가 되지 못했을 때 사람들이 수나라를 생각하는 것도 당연하고, 지금 항명을 한 곳[反側]들도 이미 안정되었으니 어찌 죄를 따질 필요가 있겠는가?" 제쳐두고 논의하지 않았다. 힐리[가한]이 궁박하게 되어 철산(鐵山)[308]에 도망가 숨었는데도 병력이 여전히 수만 명이었기 때문에 집실사력을 [조정에

304) 惡陽嶺: 지금 山西省 平魯縣 서북쪽에 위치하고 있는 고개로 定襄 古城의 남쪽에 위치하고 있었다고 한다.

305) 磧口: 고비의 입구를 지칭하는데, 지금 內蒙古自治區의 烏拉特中旗 또는 達爾罕茂明安聯合旗 경계에 있다.

306) 康蘇密: 唐初의 蕃將으로 康蘇蜜이라고도 한다. 본래는 突厥의 大酋였는데, 貞觀 4년(630)에 李靖이 突厥을 격파하고 頡利可汗을 사로잡자 隋나라 蕭皇后를 데리고 당나라에 귀순해서 尙衣奉御을 제수받았다. 이후에 雲麾將軍으로 승진했고, 骨利幹에 사신으로 파견되기도 했다. 『舊唐書』에서 胡酋라고 한 것에서 소그디아나[昭武九姓]의 오아시스 도시인 사마르칸드(Samarkand) 출신의 인물로 추정된다.

307) 中書舍人: 三國時代 曹魏에서 中書省의 속관으로 皇帝의 명칭을 수납하는 일을 맡기 위해 설치되었고, 隋代에는 內史舍人, 內書舍人이라고 불렸다가 武德 3년(620)에 다시 환원되었다. 정원이 6명이었고, 품계는 正五品上이었다. 조회를 시종하고 정무 논의에 참여했다. 皇帝의 조칙을 작성해 전달하는 일을 맡았는데, 정원 6명은 尙書省의 각 부를 하나씩 맡았다. 이후 조칙의 작성이 玄宗 이후 翰林學士가 맡게 됨에 따라 閑職이 되었다.

308) 鐵山: 지금 河北省 臨城縣 서남쪽에 위치하고 있는데, 산의 색깔이 철과 같아 이름을 갖게 되었다고 한다.

들어] 가게 해 거짓으로 애절하게 사죄를 하며 들어와 복속하기를 청하자 황제가 홍려경(鴻臚卿)[309] 당검(唐儉)[310]과 장군 안수인(安脩仁)[311]에게 부절(符節)[312]을 갖고 가 위무하라고 명했다. [이]정은 [당]검이 돌궐이 있는 곳에 있다는 것을 알고 돌궐이 분명 안심할 것이라고 여겨 바로 습격을 해 그 백성을 모두 잡았는데, 힐리[가한]만이 천리마를 얻어 홀로 사발라[설](沙鉢羅設)[313]에게 도망을 갔다가 행군부총관 장보상(張寶相)[314]에게 사로 잡혔다. 사발라설 [아사나]소니실(阿史那蘇尼失)[315]이 백성을 이끌고 항복하여 그 나라가 마침내 망하게

---

309) 鴻臚卿: 鴻臚寺의 장관으로 品階는 從三品이었다. 鴻臚寺는 北齊時代에 처음으로 이름이 붙었으며 漢代부터 大行令 혹은 大鴻臚라고 불렸다. 隋 文帝 開皇 3년(583)에는 廢置되었으나 開皇 12년(592)에 다시 설치되었다. 龍朔 2년(662)에 鴻臚寺가 同文寺로 개칭되었다가 咸亨 初에 다시 원래로 환원되었다. 光宅 元年(684)에 司賓寺로 改稱되었다가 神龍 初에 다시 원래로 돌아갔다. 典客과 司儀 두 部署를 관할했는데, 외국의 사절을 접대하고 凶儀를 관장했다.

310) 唐儉(578~656): 唐初의 大臣으로 字는 茂約이고, 幷州 晉陽(山西省 晉陽) 사람이었다. 北齊 尙書左僕射 邕의 손자였는데, 아버지 鑒은 隋에서 戎州刺史를 지냈다. 일찍부터 아버지 鑒과 高祖가 친분이 있어 그를 도왔다. 大將軍府에서 記室參軍이 되었고, 太宗이 渭北道行軍元帥가 되었을 때 司馬로 京城을 평정해 光祿大夫, 相國府記室 등이 가해지고 晉昌郡公으로 책봉되었다. 武德 元年(618)에 內史舍人이 되었다가 바로 中書侍郎, 散騎常侍로 옮겼다. 獨孤懷恩의 반란을 진압하고 天策府長史로 승진했으며 莒國公에 봉해졌다. 貞觀 초에 突厥에 출정해 民部尙書가 되나 죄를 지어 光祿大夫로 좌천되었다. 죽어 開府儀同三司, 幷州都督으로 추증되었고 昭陵에 배장되었으며 시호를 襄이라고 했다(『新唐書』 卷89 「唐儉傳」: 3759).

311) 安修仁: 唐初의 將軍으로 涼州(지금 甘肅省 武威) 사람이었다. 조상들은 그 지역에서 유력자였다. 大業 말에 같은 동향 사람인 李軌 등과 함께 반란을 일으켜 戶部尙書에 임명되었다. 하지만 李軌와 갈등을 벌인 이후에 그를 잡아 唐朝에 투항한 공으로 左武候大將軍, 申國公으로 책봉되었다. 貞觀 4년(630)에 突厥에 대한 공격에 참여했다(『舊唐書』 卷55 「李軌傳」: 2249).

312) 符節: 원래 세 가지의 종류로 나뉘는데 첫째, 조정에서 명령을 전달하거나 군대를 징발할 때 사용하는 물건으로 金, 銅, 玉, 木으로 만들며 두 개로 나누며 朝廷과 節을 지닌 자가 각각 하나씩 가지고 있다가 두 개를 합쳐 보아 맞으면 효력이 발생했다. 둘째, 使者가 지닌 일종의 통행증도 符節이라고 한다. 대나무를 두 개로 쪼개 使者와 京師에서 하나씩 가지고 이를 합쳐보아 진위여부를 확인해 신빙성을 입증했다. 이 제도는 先秦時代에 시작해 역대 왕조에서 계속 사용했다. 周代에는 門關用 符節, 貨賂用 璽節, 道路用 旌節 등이 있었다. 셋째, 조정과 외국의 왕래를 보증하는 증빙서류이다. 양방이 이를 신표로 삼아 符節의 오른쪽 절반은 朝廷에 남기고 왼쪽의 반은 外官에게 주었다. 朝廷에 일이 생기면 사자를 보내 半符를 지니고 가면 外官은 다시 半符를 꺼내 맞춰본 후 진위를 판별했다.

313) 沙鉢羅設: 고대 투르크어로 '이쉬바라 샤드(Ishbara shad)'의 음사이다.

314) 張寶相: 貞觀 초에 同道行軍總管이 되어 突厥의 頡利可汗을 사로잡았다.

315) 阿史那蘇尼失(?~634): 突厥 啓民可汗의 母弟로 沙鉢羅設로서 小可汗의 지위를 갖고 있었다. 阿史那社

됨에 따라 정양과 긍안[진](恆安鎭)[316]의 땅을 회복해 경계가 고비[大漠]에 이르게 되었다.

頡利至京師, 告俘太廟, 帝御順天樓, 陳仗衛, 士民縱觀, 吏執可汗至, 帝曰:「而罪有五: 而父國破, 賴隋以安, 不以一鏃力助之, 使其廟社不血食, 一也; 與我鄰而棄信擾邊, 二也; 恃兵不戰, 部落攜怨, 三也; 賊華民, 暴禾稼, 四也; 許和親而遷延自遁, 五也. 朕殺爾非無名, 顧渭上盟未之忘, 故不窮責也.」乃悉還其家屬, 館于太僕, 稟食之.

힐리[가한]이 경사에 오자 사로잡은 자들을 태묘(太廟)[317]에 아뢰고 황제가 순천루(順天樓)[318]에 가서 의장대와 시위대를 늘어놓고 관리와 백성들이 관람을 하게 했으며, 관리가 [힐리]가한을 잡아 오자 황제가 말했다. "너의 죄는 다섯 가지이다. 네 애비는 나라가 망하자 수나라에 의지해 살 수 있게 되었음에도 화살 하나도 돕지 않고 [수나라의] 종묘사직에 제사를 바치지 않은 것이 첫 번째이다. 짐과 이웃했는데 믿음을 저버리고 변경을 소란스럽게 한 것이 두 번째이다. 군대가 [강하다고] 믿고 [무기를] 거두지 않아 부락이 원한을 품게 된 것이 세 번째이다. 중국 백성에게 해를 가해 농사짓는 것을 해친 것이 네 번째이다. 화친을 허락했으나 시간을 끌다가 스스로 도망간 것이 다섯 번째이다. [이런 이유로] 짐이 너를 죽이는 것이 결코 명분 없는 일이 아니나 위수 가에서 [맺은] 맹세를 잊지 않았기 때문에 책임을 추궁하지 않겠다." 바로 그 가속 모두를 돌려주어 태복[시](太僕寺)[319]에 안치하고 관부에서

尒의 叔祖였다. 頡利可汗이 李靖에게 패하자 아들 阿史那忠을 시켜서 그를 사로잡아왔다. 이로 인해 太宗에게 크게 우대를 받아 北寧州都督, 右衛大將軍로 임명되고 懷德郡王으로 봉해졌다(『舊唐書』 卷59 「阿史那蘇尼失傳」: 3290).

316) 恆安鎭: 본래 馬邑郡 雲內에 武德 6年(623)에 北恆州로 설치되었다가 7年에 폐지되었다. 貞觀 14年(640) 다시 설치되어 定襄縣이라고 했다. 永淳 元年(682)에 폐지되었다. 開元 18年(730)에 다시 설치되어 이름이 바뀌었다. 이곳에는 陰山道, 靑坡道도 있었는데, 모두 병력이 출동하는 길이었다.

317) 太廟는 帝王의 祖廟를 말하는데, 大廟라고도 한다.

318) 順天樓: 長安城 皇宮에 있는 누각의 하나이다.

319) 太僕寺: 秦漢時代에는 太僕이 설치되어 輿馬에 관한 사무를 관장했다. 後漢時代에는 未央廐令·長樂廐令이 있어 車馬를 관장했다. 西晉時代에 太僕이 설치되었는데 이후 각 왕조마다 설치와 廢置를 반복했다. 南朝 梁은 太僕卿을 두었는데 이후에도 계속되었다. 太僕寺는 乘黃·典廐·典牧·車府 등의 署와

식량을 주라고 했다.

思結俟斤以四萬衆降，可汗弟欲谷設奔高昌，旣而亦來降．伊吾城之長素臣突厥，舉七城以獻，因其地爲西伊州．制詔：突厥往逢癘疫，長城之南，暴骨如丘，有司其以酒脯祭，爲瘞藏之．又詔：隋亂，華民多沒于虜，遣使者以金帛贖男女八萬口，還爲平民．

사결사근(思結俟斤)[320]이 4만의 백성을 이끌고 항복을 했고, [힐리]가한의 동생 욕곡설이 고창으로 도망갔다가 바로 다시 와서 항복했다. 이오성(伊吾城)[321]의 수령이 본래 돌궐의 신하였는데, 일곱 개의 성을 들어 [당조에] 바치자 그 땅을 서이주(西伊州)[322]로 삼았다. 황제가 조서를 내려 말했다. "돌궐이 이전에 전염병이 돌아 장성 이남에 갑작스럽게 해골이 산더미처럼 쌓이게 되었으니 관리가 그들을 위해 술과 포를 갖고 가 제사를 지내고 묻어주어라." 또 조서를 내려 말했다. "수나라 [말기] 혼란으로 중국 백성들이 많이 돌궐에 투항했는데, 사자를 보내 금과 비단으로 남녀 8만 명을 사서 평민으로 되돌리도록 해라."

頡利不室處，常設穹廬廷中，久鬱鬱不自憀，與家人悲歌相泣下，狀貌羸省．帝見憐之，以虢州負山多麕麜，有射獵之娛，乃拜爲刺史，辭不往，遂授右衛大將軍，賜美田宅．帝曰：「昔啓民失國，隋文帝不恡粟帛，興士衆，營護而存立之，至始畢稍彊，

諸牧監을 관할했다. 卿과 小卿이 長官과 次官이었으며 邦國의 廏牧과 車輿의 政令을 관장했다. 龍朔 2년(662)에 司馭寺로 改名되었다가 咸亨 元年(670)에 원래의 명칭으로 환원되었다. 光宅 元年(684)에 司僕寺로 바뀌었다가 神龍 元年(705)에 다시 원래의 명칭으로 돌아갔다.

320) 思結俟斤: 鐵勒 부락의 하나인 思結의 추장으로 관칭은 사근 즉, 고대 투르크어로 '이르킨(irkin)'이었다.

321) 伊吾城: 伊吾의 성채를 말한다. 伊吾는 처음에는 伊吾盧라 칭했고 하미(Hami)라고도 했다. 지금 新疆維吾爾自治區 哈密市 서쪽에 위치하고 있었다. 內地에서 西域으로 통하는 門戶로 後漢 永平 16년(73) 宜樂都尉가 이곳에 설치되었다. 永建 6년(131) 伊吾司馬가 설치되어 屯田을 관리했다. 隋代에 新城을 축조하고 지금 哈密市로 옮겼다.

322) 西伊州: 伊吾에 설치된 羈縻州였다.

則以兵圍煬帝鴈門，今其滅者，殆背德忘義致然耶?」頡利子疊羅支，有至性，旣舍京師，諸婦得品供，羅支預焉；其母最後至，不得給，羅支不敢嘗品肉．帝聞，歎曰：「天稟仁孝，詎限華夷哉!」厚賜之，遂給母肉．

힐리[가한]은 집에 살지 않고 늘 뜰에 천막[穹廬][323]을 치고 살았는데, 오랜 동안 갑갑해하며 즐거워하지 않았고, 집안사람들과 서로 슬픈 노래를 부르며 울어 모습이 야위고 말라갔다. 황제가 [그런 모습을] 보고 가엽게 여겼는데, 괵주(虢州)[324]에 있는 산에 노루와 큰 사슴이 많아 활로 사냥하는 것을 즐길 수 있을 것이라고 해서 바로 [그 땅의] 자사로 삼고자 했으나 [힐리가한이] 사양하고 가지 않자 마침내 우위대장군(右衛大將軍)[325]에 제수하고 좋은 땅과 집을 내려주었다.

[정관 5년(631)에] 황제가 [시신들에게] 말했다. "과거 계민[가한](啓民可汗)이 나라를 잃자 수 문제가 곡식과 비단을 아끼지 않고 군사와 백성들을 일으켜 [계민가한을] 보호해 재기할 수 있도록 했으나 시필[가한]에 이르러 조금 강하게 되자 군대를 이끌고 [수] 양제(煬帝)[326]를 안문에서 포위를 했는데, 지금 그들이 망한 것은 아마 덕을 배신하고 의를 잃어버린

323) 穹廬: 목재 기둥과 석가래 그리고 그 골조를 펠트로 둘러싸고 난 다음 그 위에 면포나 가죽을 덮는 형식으로 된 조립식의 이동용 천막(yurt 또는 ger)를 말한다.

324) 虢州: 원래 隋末 義寧 元年(617)에 郡으로 설치되었다가 武德 元年(618)에 州로 바뀌었다. 치소가 盧氏縣(지금 河南省 盧氏)에 있었다. 관할 구역은 지금 河南省 盧氏, 栾川 지역이었다. 貞觀 8년(634)에 鼎州가 폐지되면서 그 땅이 편입되었고, 虢州는 弘農縣(지금 河南省 靈寶)로 옮겼다.

325) 右衛大將軍: 右衛의 長官으로 품계는 正三品이었다. 前漢時代에 衛將軍이, 曹魏 말기에 中衛將軍이 설치되었다. 西晉初에는 中衛將軍을 左衛將軍과 右衛將軍으로 나뉘어 宿衛營의 병사들을 관장했다. 北齊時代에 左衛將軍과 右衛將軍이 左廂과 右廂을 나뉘어 관장했다. 隋初에 左右衛가 설치되었는데, 煬帝시기에 左右翊衛로 改名되었다가 唐初에 左右衛府로 바뀌었다. 龍朔 2년(662)에는 '府'字가 생략되었다. 右衛府에는 大將軍 1명과 將軍 2명이 있었으며 宮廷의 警衛를 統領했다. 右衛는 親・勳・翊五府와 武安・武成 등 50府의 병사를 관장했다. 府兵制 폐지 이후에도 左右衛의 명칭은 살아남았다.

326) 隋 楊帝(569~618, 재위 604~618): 이름은 廣인데, 다른 이름은 英이었다. 文帝의 둘째 아들로 開皇 元年(581)에 晉王으로 봉해졌다. 이후 武衛大將軍, 上柱國, 雍州牧, 內史令을 거쳤다. 8년(588)에 陳나라를 공격하기 위해 行軍元帥가 되어 원정을 총지휘를 해서 멸망시키고 太尉, 楊州總管이 되었다. 이후 太子 勇을 폐위되자 태자가 되어 즉위했다. 大業律을 반포하고, 州를 郡으로 개편하며 古制에 따라 度量衡을 바꾸고, 과거제를 개선했다. 洛陽 건설, 大運河, 長城 수축 등 토목 공사를 벌였고, 재위 기간 동안 8차례에 걸쳐 대규모 순행을 했다. 특히, 高句麗 원정의 실패로 인해 일어난 農民 蜂起로

까닭 아닐까."[327] 힐리[가한]의 아들 첩라지(疊羅支)[328]는 지극히 [좋은] 성정을 갖고 있어 경사에 살게 된 이후에 여러 부인들이 모두 [관부로부터] 준 물자를 제공받았으며 [첩]라지에게도 주었다. 그의 어미가 가장 늦게 와서 못 받게 되자 [첩]라지가 물품과 곡기를 감히 먹지 못했다. 황제를 [이런 소식을] 듣고 탄식하며 말했다. "하늘이 준 인자함과 효성스러움에는 화이(華夷)의 구분이 없구나!" [황제가] 후하게 [물자를] 주며 마침내 어미에게도 고기를 주었다.

八年, 頡利死, 贈歸義王, 謚曰荒, 詔國人葬之, 從其禮, 火尸, 起冢灞東. 其臣胡祿達官吐谷渾邪者, 頡利母婆施之媵臣也, 頡利始生, 以授渾邪, 至是哀慟, 乃自殺. 帝異之, 贈中郎將, 命葬頡利冢旁, 詔中書侍郎岑文本刻其事于頡利·渾邪之墓碑. 俄蘇尼失亦以死殉. 尼失者, 啓民可汗弟也. 始畢以爲沙鉢羅設, 帳部五萬, 牙直靈州西北, 姿雄趫, 以仁惠御下, 人多歸之; 頡利政亂, 其部獨不貳. 突利降, 頡利以爲小可汗. 頡利已敗, 乃擧衆來, 漢南地遂空, 授北寧州都督·右衛大將軍, 封懷德王云.

[정관] 8년(634) 힐리[가한]이 죽자 [황제가] 귀의왕(歸義王)으로 추증하고 시호를 황(荒)이라고 했으며 조칙을 내려 국인들에게 장례를 치르되 그 습속에 따라 시신을 태워[329] 파[수]

인해 체제가 와해되자 그를 피해 江都로 내려갔다가 宇文化及에게 살해되었다(丁載勳, 2004).

327) 『舊唐書』에는 太宗의 발언이 자세하게 남아 있는데, 소개하면 다음과 같다. "五年, 太宗謂侍臣曰: "天道福善禍淫, 事猶影響. 昔啓民亡國奔隋, 文帝不吝粟帛, 大興士衆, 營衛安置, 乃得存立, 旣而強盛, 當須子子孫孫思念報德. 纔至始畢, 卽起兵圍煬帝於雁門, 及隋國將亂, 又恃強深入, 遂使昔安立其家國者, 身及子孫, 並爲頡利兄弟之所屠戮. 今頡利破亡, 豈非背恩忘義所致也!"

328) 疊羅支: 頡利可汗의 아들로 확실한 음사를 알 수 없다.

329) 突厥의 장례 습속은 『北史』「突厥傳」에 다음과 같이 소개되어 있다. "죽은 사람의 시신을 천막 안에 놓고 자녀와 친척 남녀들이 양과 말을 잡아 천막 앞에 펼쳐놓고 제사를 지내고 [모두] 천막을 둘러싸고 천막을 돌며 말을 일곱 번 달리고 문 앞에 와서 칼로 얼굴을 그어 피와 눈물이 같이 흘러내리게 하기를 일곱 번하고 멈추었다. 이에 날짜를 잡아서 죽은 이가 타던 말과 물품 등을 시신과 모두 태워 그 남은 재를 모아 장례를 지냈다. 봄과 여름에 죽은 이는 나무와 풀이 누렇게 시들기를 기다렸고, 가을과 겨울에 죽은 이는 꽃이 무성해지기를 기다렸다가 그 연후에 구덩이를 파고 묻었다. 장사지내는 날에는 친족들이 제사를 차리고 말을 타고 얼굴을 그으며 처음 죽은 이를 제사지낼 때의 예와 똑같이

(灞水)330)에 무덤을 만들게 했다. 그의 신하 호록달관(胡祿達官)331) 토욕혼야(吐谷渾邪)332)란 자가 힐리[가한]의 어머니 파시(婆施)333)의 가신[媵臣]334)으로 힐리[가한]이 처음 태어나자마자 [힐리가한을 토욕]혼야에게 주어 [길렀]는데 이때 애통해 하면서 바로 스스로 목숨을 끊었다. 황제가 기특하게 여겨 중랑장(中郞將)335)으로 추증하고 힐리[가한]의 무덤 옆에 묻어 주고 조칙을 내려 중서시랑 잠문본(岑文本)336)에게 그 일을 힐리[가한]과 토욕[혼야]의 묘비에 새기도록 했다. 얼마 있어 [아사나]소니실 또한 따라 죽었다.

[소]니실은 계민가한의 동생이었다. 시필[가한]이 사발라설로 삼았고, 부락이 5만 장(帳)으로 아장이 영주 서북쪽에 있었다. 모습이 뛰어나고 날렵했으며 사랑과 은혜로 아래 사람을 부려 백성들이 많이 귀순했다. [힐리]가한의 통치가 어지럽게 되었을 때 그 부락만이 오직 이반을 하지 않았다. 돌리[가한]이 항복하자 힐리[가한]이 [그를] 소가한(小可汗)337)으로 삼

했다. 무덤의 곁에는 집을 지어 그 안에 집을 지은 다음에 죽은 사람의 모습과 살아 있을 때 겪었던 전투의 모습을 그려놓았다. 일찍이 한 사람을 죽였으면 하나의 돌을 세웠는데, [그 개수가 많으면] 천백에 이른 경우도 있었다. 또한 양과 말머리로 제사를 지내고 그것을 표지 위에 걸어두었다. 이 날 남녀가 모두 옷을 갖추어 입고 장례를 치르는 곳에 모이는데, 남자가 좋아하는 여자가 있으니 돌아가서 사람을 보내 결혼을 청하면 그 부모가 대부분 거절하지 않았다." 이상과 같이 突厥에서 火葬을 한 것은 조로아스터교의 영향을 받은 것으로 추정된다(蔡鴻生, 1998: 135).

330) 灞水: 陝西省에서 발원해 渭水로 흘러들어가는 지류 하천이다.

331) 胡祿達官: 고대 투르크어로 '퀼뤽 타르칸(Külüg tarqan)'의 음사로 '힘센 장군'을 의미한다. 타르칸은 異性 출신의 將軍 칭호로 쓰였다.

332) 吐谷渾邪: 타르칸의 지위를 갖고 있었다는 사실로부터 將軍 정도의 지위를 갖고 있었던 것으로 추정된다.

333) 『舊唐書』에는 "婆施氏"라고 되어 있다.

334) 媵臣은 주인의 딸이 시집갈 때 데리고 오는 奴婢 혹은 신하를 지칭한다.

335) 中郞將: 唐代 武官의 명칭으로 品階는 正四品下였다. 唐代 左右衛의 親衛·勳衛·翊衛 3衛 5府와 諸衛의 翊府, 太子左右率府의 親衛·勳衛·翊衛 3衛 3府에 매 府마다 각각 中郞將 1명을 두었다. 또 左右監門衛와 千牛衛, 羽林軍에도 中郞將이 설치되었는데 지위는 將軍의 다음이었다. 永徽 3년(652)에 諸衛의 中郞將이 旅賁으로 개칭되었다가 다시 中郞將의 환원되었다.

336) 岑文本(595~645): 唐初의 宰相으로 字는 景仁이고 南陽 棘陽(지금 湖北省 江陵) 사람이었다 隋末에 蕭銑이 반란을 일으켰을 때 中書侍郞이라 되었다. 그가 패배한 이후에 唐朝에 귀부해 荊州別駕가 되었다. 이후 李孝恭을 따라 輔公祏을 진압해 行臺考功郞中이 되었다. 貞觀 元年(618)에 秘書郞 兼直中書省을 제수 받았다. 문재가 뛰어나 李靖이 그를 中書舍人으로 발탁했고, 이후에 中書侍郞이 되었다. 令狐德棻과 함께 『周書』를 편찬하는데 참여를 했다. 史書를 찬수한 공으로 江陵縣子가 되었다. 18년(636)에 中書令이 되었다. 太宗을 따라 高句麗 원정에 참여를 했다가 병을 죽었다. 侍中, 廣州都督으로 추증되어 昭陵에 배장되었다(『新唐書』 卷70 「岑文本傳」: 2535).

았다. 힐리[가한]이 패배해 바로 백성들과 함께 [중국에] 온 뒤 고비 남부[漠南]의 땅이 마침내 비게 되자, [그를] 북녕주도독(北寧州都督) 우위대장군에 제수하고 회덕왕(懷德王)으로 책봉해주었다고 한다.

頡利之亡, 其下或走薛延陀, 或入西域, 而來降者尚十餘萬, 詔議所宜, 咸言: 「突厥擾中國久, 今天喪之, 非慕義自歸, 請悉籍降俘, 內兗·豫閑處, 使習耕織, 百萬之虜, 可化爲齊人, 是中國有加戶, 而漠北遂空也.」 中書令溫彥博請: 「如漢建武時, 置降匈奴留五原塞, 全其部落, 以爲扞蔽, 不革其俗, 因而撫之, 實空虛之地, 且示無所猜. 若內兗·豫, 則乖本性, 非函育之道.」 祕書監魏徵建言: 「突厥世爲中國仇, 今其來降, 不卽誅滅, 當遣還河北. 彼鳥獸野心, 非我族類, 弱則伏, 彊則叛, 其天性也. 且秦·漢以銳師猛將擊取河南地爲郡縣者, 以不欲使近中國也. 陛下奈何以河南居之? 且降者十萬, 若令數年, 孳息略倍, 而近在畿甸, 心腹疾也.」 彥博曰: 「不然, 天子於四夷, 若天地養萬物, 覆載全安之, 今突厥破滅, 餘種歸命, 不加哀憐而棄之, 非天地蒙覆之義, 而有阻四夷之嫌. 臣謂處以河南, 蓋死而生之, 亡而存之, 彼世將懷德, 何叛之爲?」 徵曰: 「魏時有胡落分處近郡, 晉已平吳, 郭欽·江統勸武帝逐出之, 不能用. 劉·石之亂, 卒傾中夏. 陛下必欲引突厥居河南, 所謂養虎自遺患者也.」 彥博曰: 「聖人之道無不通, 故曰『有教無類』. 彼創殘之餘, 以窮歸我, 我援護之, 收處內地, 將教以禮法, 職以耕農, 又選酋良入宿衛, 何患之卹? 且光武置南單于, 卒無叛亡.」 於是中書侍郎顏師古·給事中杜楚客·禮部侍郎李百藥等皆勸帝不如使處河北, 樹首長, 俾統部落, 視地多少, 令不相臣, 國小權分, 終不得亢衡中國, 長轡遠馭之道也. 帝主彥博語, 卒度朔方地, 自幽州屬靈州, 建順·祐·化·長四州爲都督府, 剖頡利故地, 左置定襄都督·右置雲中都督二府統之. 擢酋豪爲將軍·郎將者五百人, 奉朝請者且百員, 入長安自籍者數千戶. 乃以突利可汗爲順州都督, 令率其下就部.

힐리[가한]이 망한 이후 그의 부하들은 혹은 설연타로 도망하기도 하고, 혹은 서역으로

337) 小可汗: 大可汗 이외에 突厥 내부의 각 방향에 따라 東, 西, 南, 北面에 각각 小可汗이 있었다.

들어가기도 했으며 또한 와서 항복한 자가 여전히 10여만이나 되자 [황제가] 조칙을 내려 마땅한 조치를 의론하게 했는데, 모두가 [다음과 같이] 말했다. "돌궐이 중국을 어지럽힌 지 오래 되자 지금 하늘이 [그들을] 망하게 했는데, 결코 [중국의] 올바름을 따라와 [그들이] 스스로 귀부한 것이 아니니 청컨대 항복한 포로를 모두 호적에 넣어 [하남도(河南道)][338] 연[주](兗州)[339]와 예[주](豫州)[340]의 빈 땅에 살게 하고 농사와 길쌈을 배우게 한다면 백만의 돌궐[虜]을 제민[齊人][341]으로 바꿀 수 있으니, 이는 중국에는 호구를 늘리는 것이고 고비 북쪽[漠北]을 비우게 하는 것입니다."

중서령 온언박은 청했다. "[후]한 [광무제] 건무(建武)년간(25~220) 같으면 항복한 흉노를 오원새(五原塞)[342]에 머물게 해 그 부락을 보전하게 함으로써 울타리[扞蔽]로 삼았고, 그 습속을 바꾸지 않고 다독여 비어 있는 땅을 채움으로써 역시 전혀 의심하는 바가 없다는 것을 보여주었습니다. 만약 [돌궐 항호들이] 연[주]와 예[주]로 들어오게 된다면 그 본성을

---

338) 『舊唐書』에 "河南"이라고 되어 있는데, 이것은 河南道를 지칭하는 것이다.
河南道: 貞觀 元年(627)에 설치되었는데, 관할 구역은 지금 河南省과 山東省 黃河 故道의 이남과 江蘇省, 安徽省 淮河 이북지역이었다. 開元 21년(733) 河南道採訪處置使의 치소가 汴州(지금 河南省 開封)에 설치되었고, 같은 해 東都 부근 지역에 都畿道가 설치되면서 영역이 축소되었다가 乾元 元年(758)에 폐지되었다.

339) 兗州: 前漢 武帝 元封 5년(전106)에 처음 설치되었으며, 13刺史部의 하나였다. 현재의 山東省 서남부와 河南省 동부에 해당했다. 後漢時代에는 昌邑縣(지금 山東省 鉅野縣 동남)에 治所를 두었다. 魏晉時代에는 治所를 廩丘(지금 山東省 鄆城縣 서쪽 60里)로 옮겼으며, 관할구역은 점차 축소되었다. 南朝 宋시기에는 治所를 瑕丘城(隋代에 瑕丘縣이 설치되었으며, 지금 山東省 兗州市에 해당)으로 옮겼다. 隋 大業 2년(606)에 魯州로 改稱되었다가 武德 5년(622)에 다시 兗州로 환원되었다. 唐代 兗州의 관할구역은 지금 山東省 濟寧, 曲阜, 泰安, 萊蕪, 汶上, 寧陽, 泗水, 鄒城 등 市와 縣이 지역에 해당한다.

340) 豫州: 前漢 武帝시기에 처음 설치되었으며, 13刺史部의 하나였다. 관할구역은 현재의 淮河 이북 伏牛山 동쪽의 河南省 동부와 安徽省 북부에 해당한다. 後漢時代의 治所는 譙縣(지금 安徽省 亳州市)에 있었다. 曹魏 治所를 安城縣(지금 河南省 正陽縣 동북 南汝河 西南岸)으로 옮겼다. 西晉時代에 治所를 陳縣(지금 河南省 淮陽縣)으로 옮겼다. 永嘉의 난 이후 五胡十六國과 南北朝時代에는 治所와 관할구역이 자주 변했으며, 심지어 僑州로 설치되기도 했다. 北周시대에 舒州로 改稱했다가 隋初에 다시 豫州로 바뀌었다. 大業初에 蔡州로 改名되었다가 따로 洛陽縣에 豫州가 설치되었다가 大業 3년 다시 河南郡으로 바뀌었다. 唐初에 다시 豫州가 설치되었고, 治所가 汝陽縣(지금 河南省 汝南縣)에 있었다. 寶應初에 蔡州로 改稱되었다.

341) 齊人은 齊民과 같은 말로 中國의 백성이 되었다는 의미이다.

342) 五原塞: 五原郡의 楡林塞로 지금 內蒙古自治區 包頭市 서북쪽 지역이다. 일설에는 지금 內蒙古自治區 河套(오르도스) 동북쪽에 위치했다고도 한다.

어그러뜨릴 뿐만 아니라 거두어 기르는 도리가 아닙니다."

비서감(祕書監)[343] 위징(魏徵)[344]이 건의해 말했다. "돌궐은 대대로 중국의 원수가 되었다가 지금에야 그들이 와서 항복을 했는데, 만약 그렇게 하지 않았다면 [그들을] 죽여 없애 마땅히 하북(河北)[345]으로 돌려보냈어야만 했습니다. 그들은 금수처럼 나쁜 마음을 갖고 있으며 우리와 족속이 달라 약하면 엎드리고 강해지면 반발하는 것이 그 타고난 심성입니다. 또 진나라와 한나라가 날랜 병사와 용맹한 장군으로 [흉노를] 공격해 하남 땅을 얻어 군현(郡縣)으로 삼은 것은 [그들을] 중국에 가깝게 두려고 하지 않았기 때문입니다. 폐하께서는 어찌하여 [그들을] 하남에 살게 하려고 하십니까? 또한 항복한 자들이 10만이나 되는데 만약 몇 년이 지나게 되면 자식들이 배로 늘어날 것이고 [그들이] 경기(京畿)에 가깝게 살기 때문에 큰병[心腹疾]이 될 수도 있을 것입니다."

[온]언박이 말했다. "그렇지 않습니다. 천자께서는 사이(四夷)들에게 마치 하늘과 땅이 만물을 기르듯이 덮고 실어 온전하게 해주셔야 하는데, 지금 돌궐이 멸망하여 남은 백성들이 귀부함에도 슬프고 가엾게 여기지 않고 버리시는 것은 하늘과 땅이 입히고 덮어주는 뜻을 거스르는 것이라 사이들[이 귀순하려는 것]을 막아 미움이 생기게 하는 것입니다. 소신이 [돌궐을] 하남에 살게 하자고 말씀드린 것은 모두 죽은 것을 [다시] 살리고 없어진 것을 [다시] 있게 하자는 것이니, [그렇게 하면] 그들이 대대로 덕을 품게 될 것이라 어찌 반란을 일으킬 수 있겠습니까?"

[위]징이 말했다. "[조]위(曹魏)시기에는 흉노 부락[胡落]을 [내지의] 군 근처에 살게 했다

343) 祕書監: 隋代에 著作과 太師를 통솔하는 역할을 했다. 품계가 正三品이었다가 大業 3년(607)에 從三品으로 바뀌었고, 이름도 秘書令이라고 했다. 武德初에 秘書監으로 이름이 바뀌었다. 龍朔 2년(662)에 蘭臺太史가 되었다가 咸亨 元年(670)에 다시 환원되었다. 天授初에는 麟臺監이 되었다가 神龍 元年(705)에 원래대로 바뀌었다.

344) 魏徵(580~643): 唐初의 名宰相으로 字는 玄成이고, 魏州 曲城(河北省 館陶) 사람이었다. 아버지 長賢은 北齊의 屯留令이었으나 어려 고아가 되어 出家해 道士가 되었다. 이후 隋末에 瓦堈軍에 참가해 李密을 돕다가 패배하자 唐에 투항하나 竇建德에게 잡혀 起居舍人이 되었다. 이후 唐朝에 들어와 太子洗馬가 되었고, 太宗이 즉위한 이후에는 諫議大夫가 되었다. 貞觀 3년(629)에 秘書監, 7년(633)에 侍中이 되었는데, 太宗에게 直諫을 하기로 유명했다. 修史에 참가한 공으로 鄭國公에 봉해졌다(『新唐書』 卷97 「魏徵傳」: 3867)

345) 河北: 黃河가 彎曲한 以北의 땅을 지칭하는데, 지금 內蒙古自治區 중앙부에 위치한 초원지역이다. 그 남쪽에 있는 오르도스[河套]를 河南이라고 했다.

가[346] [서]진(西晉)이 오(吳)나라를 평정하자 곽흠(郭欽)[347]과 강통(江統)[348]이 [진(晉)] 무제(武帝)[349]에게 [그들을] 좇아낼 것을 권했으나 [그의 건의가] 받아들여지지 않았습니다. [그러다가] 유[연](劉淵)[350]과 석[륵](石勒)[351]이 반란을 일으켜 결국 중국[中夏]이 무너지게

346) 南匈奴가 내부하자 曹魏에서 5부를 설치해서 오르도스 지역에 거주하도록 한 것을 말한다. 이를 五部匈奴라고 지칭한다(內田吟風, 1975: 263~305).

347) 郭欽: 西晉시대에 後漢이래 中國 내지에 들어와 살던 여러 족속들이 반란을 일으키게 되자 侍御史(일설에는 御史大夫)였던 郭欽이 吳나라를 평정하고 三國을 통일한 기세를 살려 北郡을 토벌할 것을 주장하나 받아들여지지 않았다. 하지만 그 이후 실제 그의 우려처럼 西晉이 내지에 있던 여러 종족들에 대한 통제가 실패함으로써 나라가 망하게 되었다는 점에서 유명하게 되었다.

348) 江統(?~310): 西晉時代의 관리로 字는 應元, 濟陽 考城(지금 河南省 民權 東北) 사람이었다. 江祚의 아들로 亢父男의 작을 이었고, 山陰令을 제수받았다. 이후에 中郎, 太子洗馬 등을 역임한 다음에 博士, 尙書郎을 거쳐 黃門侍郎, 散騎常侍가 되었다. 永嘉 4년(310)에 成皐로 피난을 와서 병으로 죽었다. 內徙된 여러 다른 족속들의 위협에 대한 저술인 「徙戎論」으로 유명하다(『晉書』 卷56 「江統」: 1529).

349) 西晉 武帝(236~290): 司馬炎으로 三國을 통일하고 晉나라를 건국했다. 河內 溫縣(지금 河南省 溫縣 서남) 사람으로 字는 安世이고, 司馬昭의 장자였다. 西晉은 曹魏와 달리 사치스런 기풍을 일소하고 검약한 분위기를 세웠으며 宗室에게 분봉을 하는 封建制를 실시했다. 하지만 이런 그의 조치가 皇權의 약화를 초래해 내지로 들어온 여러 족속들이 반란을 일으켜 왕조가 붕괴되는 결과를 초래했다. 廟號는 世祖였다.

350) 劉淵(약252~310, 재위304~310): 五胡十六國時代 漢을 건국한 匈奴의 추장이었다. 西晉 新興(지금 山西省 忻州)사람으로 字는 元海였다. 南匈奴 左賢王 劉豹의 아들로 어려서 중국의 다양한 학문에 능통했고, 西晉 太康 말기에 北部都尉로 建威將軍을 이어받아 匈奴의 추장이 되었다. 永安 元年(304)에 離石(지금 山西省 지역)에서 반란을 일으켜 大單于를 칭하고 左國城(지금 山西省 離石 동북쪽)으로 천도하고 스스로 漢이라고 건국하면서 漢王을 칭했다. 다시 元熙로 개원하고 劉禪을 孝懷皇帝로 추존하고 百官을 설치했다. 元熙 5년(308)에 칭제하고 이듬해 수도를 平陽(지금 山西省 臨汾)으로 옮겼다. 그의 아들 劉聰에게 西晉을 공격하도록 했다. 河瑞 2년(310)에 죽자 조카 劉曜가 즉위해서 國號를 趙 즉, 前趙로 바꿨다. 廟號는 高祖였다.

351) 石勒(274~333, 재위319~333): 五胡十六國時代 後趙를 건국했다. 처음에 이름이 㔨였고, 字는 世龍이었다. 上黨 武鄕(지금 山西省 榆社 서북쪽) 사람으로 족속은 羯이었다. 아버지와 조부가 모두 부락의 小帥로 어려서는 농사와 장사를 했다. 西晉의 관리에게 牧奴로 팔렸다가 이후에 기병했다. 劉淵에게 투항해 성을 石으로 바꾸었다. 輔國將軍, 平晉王, 平東大將軍 등에 임명되었고, 襄國(지금 河北省 邢臺 서남쪽)을 근거지로 해서 세력을 확대했고, 이후에 幽州와 冀州를 평정하자 劉聰이 陝東伯으로 봉했다. 劉曜이 즉위한 이후에는 曹公, 趙王으로 작을 올려주었으나 받지 않았다. 前趙 光初 2년(319)에 大將軍, 大單于, 領冀州牧, 趙王을 스스로 칭하고 襄國에 도읍을 정했다. 漢人 張賓을 謀士로 기용했고, 太和 2년(329)에 洛陽을 포위해 前趙를 멸망시켰다. 이후에 스스로 大趙天王이라고 칭하며 즉위했고 建平이라고 개원했다. 병으로 사망했다.

되었습니다. 폐하께서 굳이 돌궐을 끌어들여 하남에 살게 하신다면 호랑이를 길러 스스로 걱정거리를 만드는 것과 같다고 말씀드릴 수 있습니다."

[온]언박이 말했다. "성인의 도는 통하지 않는 것이 없기 때문에 '가르침에는 구분이 없다[有敎無類].'라고 했습니다. 저 손상당하고 남은 것들이 궁핍해져서 우리에게 귀부했으니 우리가 돕고 보호해 거두어 내지에 살게 하면 예법을 가르칠 수도 있고 농사를 업으로도 삼게 할 수 있을 뿐만 아니라 추장들의 아들[酋良]을 뽑아 숙위(宿衛)로 삼을 수 있는데, 무슨 걱정거리가 되겠습니까? 또한 광무[제](光武帝)[352]가 남선우(南單于)[353]를 두었음에도 결코 반란을 일으키거나 도망을 한 적이 없었습니다."

이에 중서시랑 안사고(顔師古),[354] 급사중(給事中)[355] 두초객(杜楚客),[356] 예부시랑(禮部

---

352) 後漢 光武帝(전6~57; 재위 25~57): 新末 南陽郡 蔡陽縣(지금 湖北省 棗陽縣 서남) 사람으로 이름은 秀, 字는 文叔이었다. 형인 劉縯과 함께 綠林軍에 가담했고, 劉玄(更始帝)이 稱帝한 이후에 太常 偏將軍이 되었다. 更始 元年(23) 王鳳의 군대와 함께 昆陽에서 승리해 王莽의 주력군을 격파했다. 劉縯이 권력 투쟁에서 피살되자 스스로를 감추어 更始帝의 신임을 얻었다. 후에 河北에 파견되어 관리들과 豪族들의 지지를 획득하고 王郎 등을 진압했다. 蕭王으로 봉해진 후 更始帝와 단절하고 25년 鄗(지금 河北省 柏鄉縣 북쪽)에서 稱帝해 年號를 建武라 했다. 즉위 초 賦稅와 요역을 감면하고 吏員을 줄였으며, 奴婢를 석방하고 수리시설을 확충하는 등 선정을 베풀었다. 功臣들을 죽이지 않고 爵位와 祿을 후히 주는 대신 정치에 간여하지 못하게 했고 外戚과 宦官의 정치 간여를 금지했다. 400여 개의 縣을 없애고 內郡의 지방군대를 없앴으며 郡都尉를 폐지해 지방의 병권을 약화시켜 중앙이 직접 통할하는 군대를 확대했다. 廟號는 世祖였다.

353) 南單于: 南匈奴의 單于라는 뜻이다. 匈奴는 45년 전후 單于 계승분쟁 이후 南匈奴와 北匈奴로 분열되었고, 48년에 比가 자립하자 50년에 아들이 後漢에 들어와 복속되었다. 後漢은 항복한 南匈奴 8部 4~5만 명을 西河郡과 北地郡·朔方郡·五原郡·雲中郡·定襄郡·雁門郡·代郡 등지에 이주시켜 분산해 배치했다. 그리고 使匈奴中郎將을 두어 匈奴를 감독하게 했다. 南匈奴의 單于는 매년 새해 첫날 朝貢해 億萬에 이르는 賞賜를 받았다(사와다 이사오, 2007: 194~198). 이후에 單于의 권력은 약화되었고, 내적으로 반란이 자주 일어나 피살되기도 했다.

354) 顔師古(581~645): 唐代의 관리로 京兆府 萬年縣(지금 陝西省 西安市) 사람이고, 이름은 籒였다. 北齊 黃門侍郎 顔之推의 孫子였다. 본래 조상이 琅邪 출신인데, 대대로 南朝에 살다가 이후에 顔之推의 시대에 이주해 關中에 살았다. 父 顔思魯는 武德 初에 秦王府記室參軍이 되었다. 顔師古 역시 문학에 뛰어나 隋 仁壽년간에 尙書左丞 李綱의 추천을 받아 安養尉가 되었다. 그 이후 貞觀年間에 魏徵 등과 함께 『隋書』의 찬술에 참가했고, 五經에 대한 교정을 했다. 秘書少監으로 도서에 대한 교감을 했고, 벼슬이 秘書監, 弘文館學士에 이르렀다. 많은 저술을 남겼는데, 그 중에서도 『漢書注』가 아주 유명하다(『新唐書』 卷73 「顔師古傳」: 2594).

355) 給事中: 秦漢時代에 加官으로 설치되었다가 北魏時期에 來朝官이 되어 정무에 참여하고 감찰하는 등의

侍郞)[357] 이백약(李百藥)[358] 등도 모두 황제에게 [돌궐을] 하북에 두고 수장(首長)을 세워 [그들로] 하여금 부락을 통솔하게 하되, 땅의 많고 적음을 따져 [나누어 놓음으로써] 서로 신속(臣屬)할 수 없도록 하면 나라가 적어지고 힘이 나뉘어 끝내 중국에 대적할 수 없게 하는 [즉] 긴 고삐로 멀리 떨어져 부리는 방법만한 것이 없다고 주청했다. [이에] 황제가 [온]언박의 말에 따라 마침내 삭방(朔方)[359]의 땅을 따져 유주(幽州)[360]에서 영주까지 [이르

역할을 맡게 되었다. 隋 大業 3년(607)에 門下省에 給事郞이 설치되어 黃門侍郞 아래에서 상주문을 살피는 역할을 했다. 高祖 武德 3년(620)에 給事中으로 바뀌었고, 품계는 正五品上에 해당했다. 門下省의 중요한 직책의 하나로, 일상 업무와 함께 조칙의 문장을 심의하는 등의 역할을 담당했다. 高宗 龍朔 2년(662)에는 東臺舍人이라고 했다.

356) 杜楚客: 唐初의 관리로 京兆府 杜陵(지금 陝西省 西安市) 사람이었다. 太宗시대 宰相 杜如晦의 동생이었다. 隋末에 王世充에게 가있다가 崇山에 은거했다. 貞觀 4년(630)에 給事中이 되고, 蒲州刺史로서 공을 세웠다. 이후에 魏王府長史, 工部尙書, 攝魏王府事가 되었다. 太宗이 太子 承乾을 좋아하지 않자 魏王 廣을 후사로 잇게 하려다가 면직되었고, 얼마 지나지 않아 다시 虔化令이 되었다(『新唐書』 卷96 「杜楚客傳」: 3860).

357) 禮部侍郞: 隋代 이후 禮部의 副長官으로 品階는 隋代에 正四品이었다. 중앙 행정 기관의 하나인 禮部는 禮儀, 祭祀, 宴食과 學校의 政令 등의 업무를 담당했고, 隋 大業 3년(607)에 처음 설치되었다. 武德 7년(624)에 폐지되었다가 貞觀 2년(628)에 다시 설치되면서 정원을 1명 품계는 正四品下로 했다. 龍朔 2년(662)에 司禮少常伯이 되었다가 光宅 元年(684)에 春官侍郞이 되었으며 神龍 元年(705)에 다시 원래대로 환원되었다. 개원 24년(736) 이후에 貢擧를 담당했으며 中唐 이후에는 禮部의 사무를 총괄했다.

358) 李百藥(565~648): 定州 安平(지금 河北省 소속) 사람으로 字는 重規이었다. 隋 內史令 李德林의 아들로 어려 병이 많아 할머니가 그의 이름을 百藥이라 지었다 한다. 屬文에 능해 開皇 初에 太子通事舍人, 兼學士로 임명되었다. 19세에 아버지를 이어 安平公이 되었고, 僕射 楊素와 吏部尙書 牛弘이 그의 재능 아껴 禮部員外郞으로 삼아 五禮, 律令, 陰陽書 등을 저술하게 했다. 煬帝가 즉위한 이후에 建安郡丞이 되었다가 반란군에 잡혀 동참했다. 李淵이 즉위 이후에 涇州로 유배되었다. 太宗이 그를 아껴 中書舍人으로 삼았고, 이후에 禮部侍郞, 太子右庶子, 宗正卿 등이 되었다. 『五禮』를 고치고, 律令을 정하는 일이 참여했으며 아버지를 이어 『北齊書』를 찬술했다(『新唐書』 卷102 「李百藥傳」: 3973).

359) 朔方은 朔方郡을 지칭한다. 지금 內蒙古自治區 河套 서북부와 後套地域에 있었다. 前漢 元朔 2년(전127)에 처음 설치되었고, 치소는 朔方縣(지금 內蒙古 杭錦旗北什拉召 일대)이었다. 경계는 지금 內蒙古 伊克昭盟 서북부와 巴彦淖尔盟 后套地區였다. 後漢代에는 치소를 臨戎縣으로 옮겼다. 順帝 永和 5년(140)에 五原縣로 옮겼다가 獻帝 建安 20년(215)에 폐지되었다. 後漢代 匈奴 南單于가 이곳에 屯牧했다. 前秦 이후 폐지되었다가 그 뒤 北魏 隋唐代에 다시 설치되었다.

360) 幽州: 前漢 13刺史部의 하나로 10개의 郡國을 감찰하기 위해 설치되었다. 後漢時代 감찰구역에서 지방 최고 행정구역으로 바뀐 후 치소가 薊縣(지금 北京城 서남쪽)에 있었다. 後漢時代의 관할 구역은 서쪽으로 지금 山西省 陽高縣, 남쪽은 대략 戰國 燕나라의 남쪽 경계, 북쪽은 지금 河北省 承德市와 遼寧省

는 곳에] 순[주](順州),[361] 우[주](祐州),[362] 화[주](化州),[363] 장[주](長州)[364]의 네 주를 세워 도독부로 삼고, 힐리[가한]의 옛 땅을 나누어서 왼쪽에 정양도독[부](定襄都督府),[365] 오른쪽에 운중도독[부](雲中都督府)[366] 두 [도독]부를 두어 통솔하게 했다.[367] [돌궐의] 추호(酋

建昌縣 이북, 동쪽으로는 遼寧省 寬甸縣과 撫順市 以東 지역이었다. 西晉時代에 지금 遼寧省 일대를 떼어내 平州가 설치되면서 치소를 涿縣(지금 河北省 涿州市)에 두었다. 北魏 시기에 치소가 薊縣로 바뀌었다가 隋 大業 초기에 다시 涿縣으로 합원되었다. 武德 元年(618)에 다시 설치되었는데, 관할 구역은 지금 北京市와 通縣, 房山區, 大興縣과 天津市 武清縣, 河北省 易縣, 永清縣, 安次縣 등이었다.

361) 順州: 貞觀 6년(632)에 羈縻州로 설치되었다. 치소가 營州 남쪽 五柳城(지금 遼寧省 朝陽市 남쪽)에 있다가 이후에 幽州城(지금 北京 서남쪽)으로 옮겼다. 天寶 元年(742)에 順義郡으로 개명되었다가 乾元 元年(758)에 환원되었다.

362) 祐州: 그의 위치에 대한 기록이 확실하지 않다. 실재 羈縻州였다면 代州와 夏州 사이에 위치했을 것이고, 그 관할은 오르도스(河套) 동북쪽에 있는 勝州都督府(치소는 지금 內蒙古自治區 準格爾旗 동북쪽 黃河 남안에 있는 十二連城古城)에 속했을 것이라고 추정된다(岩佐精一郎, 1936: 83).

363) 化州: 羈縻州의 하나로 원래는 北開州였는데, 貞觀 7년(633)에 설치되었다가 8년에 化州로 바뀌었다. 치소는 德靜縣(지금 陝西省 榆林 서쪽 경계)에 있었다. 貞觀 13년(639)에 폐지되었다가 이후에 이 땅은 復州에 소속되었다.

364) 長州: 羈縻州의 하나로 貞觀 7년(633)에 설치되었고, 치소는 長澤縣(지금 內蒙古自治區 鄂托克前旗 동남 城川鄉 古城)에 있었다. 貞觀 13년(639)에 폐지되었다.

365) 定襄都督府: 貞觀 4년(630)에 突厥 頡利可汗의 左部에 설치되었다. 치소는 寧朔縣(지금 陝西省 靖邊縣 동쪽)에 있었다. 阿史德州, 執失州, 蘇農州, 拔延州 등을 통할했다. 관할 구역은 지금 內蒙古自治區 二連浩特市로부터 集寧市로 이어지는 선의 동쪽과 동쪽으로 烏珠穆沁旗에서 阿巴哈納爾旗, 太僕寺旗로 이어지는 지역의 서쪽과 지금 몽골공화국과의 접경 지역이었다. 龍朔 3년(663)에 남쪽 땅이 桑乾都督府에 속하게 되었다가 이후에 폐지되었다.

366) 雲中都督府: 貞觀 4년(630)에 突厥 頡利可汗의 右部에 설치되었다. 治所는 雲中의 古城(北魏의 雲中郡 治所였던 盛洛城이며, 지금 內蒙古自治區 和林格爾縣 서북 土城子鄉의 古城)에 있었다. 舍利州, 阿史那州, 綽州, 思壁州, 白登州 등을 통할했다. 관할구역은 지금 內蒙古自治區 陰山과 河套일대였다. 龍朔 3년(663)에 雲中都護府로 改稱되었다.

367) 기존의 연구에서 突厥에 대한 羈縻府州의 설치 시점에 대해 많은 논의가 있었는데, 이는 사료의 불확실한 기록과 관련되었다. 저본의 기록과 달리 『資治通鑑』에 630년 突利可汗의 지배지역인 靈州와 幽州 사이의 지역을 順, 佑, 化, 長州로 나누어 都督府를 설치하고, 頡利可汗의 지배지역에 定襄과 雲中都督府를 두어 지배하도록 했다는 기록이 문제가 되었다(『資治通鑑』 卷193, 唐紀 9, 太宗 貞觀四年 四月條: 6077). 이런 사료의 혼란과 그를 검증하려는 시도는 일찍이 岩佐精一郎이 定襄과 雲中都督府의 설치시기를 의심해 630년에는 順州 등 4개의 都督府를 둔 것일 뿐, 定襄, 雲中都督府가 설치된 것은 阿史那思摩가 漠南에 돌아간 이후인 640년이라고 논증한 것에서 시작되었다(岩佐精一郎, 1936: 79~91), 그 이후에 中野醇子는 6개의 羈縻州가 설치되어 雲中, 定襄都督府에 예속된 것을 640년이라고 보았으며(中野

豪)를 장군(將軍), [중]랑장(中郎將)으로 뽑은 자가 5백 명이었고 정기적으로 조회에 참여하는 자[奉朝請]도 또한 백 명이었으며 장안에 들어와 스스로 호적에 편제된 것이 천호(千戶)나 되었다. 이에 돌리가한을 순주도독(順州都督)으로 삼아 그 부하를 이끌고 부락으로 돌아가게 했다.

突利初爲泥步設, 得隋淮南公主以爲妻. 頡利之立, 用次弟爲延陀設, 主延陀部, 步利設主霫部, 統特勒主胡部, 斛特勒主斛薛部, 以突利可汗主契丹·靺鞨部, 樹牙南直幽州, 東方之衆皆屬焉. 突利斂取無法, 下不附, 故薛延陀·奚·霫等皆內屬, 頡利遣擊之, 又大敗, 衆騷離, 頡利囚捶之, 久乃赦. 突利嘗自結於太宗, 及頡利衰, 驟追兵於突利, 不肯從, 因起相攻. 突利請入朝, 帝謂左右曰: 「古爲國者勞己以憂人, 則系祚長; 役人以奉己, 則亡. 今突厥喪亂, 由可汗不君, 突利雖至親, 不自保而來. 夷狄弱則邊境安, 然觀彼亡, 我不可以無懼, 有不逮者, 禍可紓乎!」 突利至, 禮見良厚, 輟膳以賜之, 拜右衛大將軍, 封北平郡王, 食戶七百. 及爲都督, 太宗敕曰: 「而祖啓民破亡, 隋則復之, 棄德不報, 而父始畢反爲隋敵. 爾今窮來歸我, 所以不立爾爲可汗, 鑒前敗也. 我欲中國安, 爾宗族不亡, 故授爾都督, 毋相侵掠, 長爲

醇子, 1988: 9), 石見清裕는 貞觀 7~8년경에 唐의 突厥對策이 종결되면서 塞外에 定襄과 雲中都督府가 설치되었고, 이후 漠北에 문제가 생기면서 다시 貞觀 23년(649)에 定襄, 雲中都督府가 11州로 재편성된 것이라는 의견을 제시하기도 했다(石見清裕, 1987: 15~6). 아울러 630년에 설치한 州들은 모두 內地에 속한 것이라고 보고, 실질적인 羈縻府州가 설치된 시점을 薛延陀 붕괴 이후 647년에 漠北의 투르크계 부속에 대한 羈縻府州가 최초였다는 주장도 있다(金浩東, 1993: 151). 그와 달리 설치 시점을 640년 阿史那思摩가 漢南으로 복귀한 시기로 볼 수도 있지만 內地化 정책의 포기와 함께 이전 突厥帝國의 정치질서를 회복하는 방향으로 이루어졌다는 점에서 그렇게 보기도 어렵다. 게다가 '羈縻支配體制'의 가장 중요한 관건은 羈縻府州의 설치가 그 근간을 이루었지만 그 보다 唐朝의 원칙적인 입장을 반영하는 都護府의 설치를 중요하게 보아 647년 燕然都護府와 그 예하에 羈縻府州를 설치한 것을 羈縻支配體制의 시작으로 볼 수도 있다. 왜냐하면 西北民族의 자치적인 질서를 인정하면서도 唐朝가 그것을 통제하고, 그를 바탕으로 안정적인 체제를 유지하려는 지향이 바로 唐代 '羈縻支配體制'의 특징이었기 때문이다(丁載勳, 1995: 13~14). 따라서 기존의 논의 과정에서 630년에 羈縻府州가 설치되었다는 기록이 틀렸다는 점은 밝혀졌지만 여전히 어느 시점을 설치 시작으로 볼 수 있는가 하는 점에 대해서는 많은 검토가 필요하다.

我北藩.」突利頓首聽命. 後入朝, 死并州道中, 年二十九, 帝爲擧哀, 亦詔文本文其墓, 子賀邏鶻嗣.

돌리[가한]은 이전에 이보설이었다가 수나라 회남공주(淮南公主)368)를 얻어 아내로 삼았다. 힐리[가한]이 즉위하자 바로 아래 동생을 연타설(延陀設)369)로 삼아 [설]연타 부락을 담당하게 했고, 보리설에게는 습 부락을 담당하게 했고, 통특륵(統特勒)370)에게는 호[인](胡人) 부락을 담당하게 했고, 곡특륵(斛特勒)371)에게는 곡설(斛薛)372) 부락을 담당하게 했고, 돌리가한에게는 거란(契丹)과 말갈(靺鞨)373) 부락을 담당하게 했는데,374) [돌리가한의] 아장을 남쪽으로 유주와 맞닥뜨리게 해서 동방의 백성들이 모두 [여기에] 복속하도록 하였다. [그런데] 돌리[가한]이 [부세를] 법도 없이 거두어들여 예하[의 부락]들이 따르지 않았기 때문에, 설연타, 해, 습 등이 모두 안으로 [들어와 당조에] 속하게 되자 힐리[기한]이 [돌리가한을] 보내 [이들을] 공격했을 때 결국 대패하고 무리들이 소란을 일으키며 떠나 버려서 힐리[가한]이 [돌리가한을] 잡아 채찍질을 하고 오래 가두었다가 풀어주었다. 돌리[가한]이 일찍이 태종과 직접 관계를 맺었던 적이 있었는데, 힐리[가한]의 세력이 쇠약하게 되어 급히 돌리[가한]에게 병력을 구하자 따르지 않고 이를 기회로 [오히려 군대를] 일으켜 서로 공격하게 되었다.

돌리[가한]이 조정에 들어오기를 청하자 황제가 좌우의 [신하들에게 대책을] 물어 말했다.

---

368) 淮南公主: 隋나라의 공주로 突厥 突利可汗에게 시집을 갔다.

369) 延陀設: 고대 투르크어로 '타르두쉬 샤드(Tardush shad)'의 음사로 추정된다.

370) 統特勒: 고대 투르크어로 '통 테긴(Tong tegin)'의 음사이다.

371) 斛特勒: 고대 투르크어로 '퀼 테긴(Kül tegin)'의 음사로 추정된다.

372) 斛薛: 종족 명칭으로 투르크계 유목 부족[鐵勒]의 하나였다. 달리 斛薩이라고도 한다. 北朝時代에 지금 몽골공화국 톨강 유역 북쪽에 위치한 초원 지대에 거주했다. 多藍葛의 北境에 있었으며 두 개의 姓이 합쳐 부락을 형성했다고 한다(『通典』卷199「鐵勒」<斛薛>: 5468). 段連勤은 이런 기록을 바탕으로 薛部와 斛部가 합쳐져 斛薛이 된 것이라고 보았다(段連勤, 2006: 270).

373) 靺鞨: 종족 명칭으로 隋唐時代 滿州와 韓半島 북부에 거주했던 퉁구스계 주민들을 통칭했다. 지역에 따라 수렵, 목축, 반농반목, 농경 등 다양한 생활양식을 보여주었다. 周代에 肅愼, 漢代에 挹婁라 불리는 집단과 연결된 것으로 보인다. 松花江 유역의 勿吉이 지배적 세력이었으나 6세기 중엽 세력이 약화되자 각 부족들이 자립했다. 사서에서는 이들을 총칭해 靺鞨이라고 기록했다. 이후 高句麗, 渤海 등에 복속되었으며, 遼代에는 女眞이라 불렸다가 淸나라 때에는 滿州라 불린 집단과 연결되었다.

374) 『舊唐書』에서는 突利可汗이 관할하던 부락이 奚와 霫이라고 했다.

"과거에 나라를 다스리는 사람은 자신이 힘써 백성들을 걱정하면 나라의 명운이 오래갈 수 있었지만 백성들에게 자신만을 받들도록 하면 망해버렸다. 지금 돌궐이 크게 어지러워진 것은 가한이 임금답지 못하고, 돌리[가한]이 비록 [힐리가한의] 가까운 친족임에도 [오히려] 스스로 지키지 못하고 [우리에게] 왔기 때문이다. 이적이 약해지면서 변경이 안정되었지만 그들이 망하는 것을 보니 짐도 두려움이 없을 수 없으니, [짐도 임금다운 임금이] 되지 못하면 화를 면할 수가 없으리라!"[375]

[정관 4년(630)에][376] 돌리[가한]이 오자 예우를 아주 후하게 하고 [황제가] 드시던 음식을 갖춰 [돌리가한에게] 주며 우위대장군으로 삼고 북평군왕(北平郡王)으로 책봉하며 식읍을 7백 호로 했다. 그리고 [돌리가한을] 도독으로 삼으며 태종이 조칙을 내려 말했다. "너의 할아버지 계민[가한]이 깨져 망하자 수나라가 바로 [나라를] 되살려주었는데도 덕을 버리고 보답하지 않았으며, 너의 애비 시필[가한]은 오히려 수나라에게 대적하였다. 네가 지금 궁핍하게 되어 짐에게 귀순을 했지만 너를 세워 가한으로 삼을 수 없는 까닭은 이전의 잘못을 알고 있기 때문이다. 짐이 중국을 안정시키고자 너희 족속을 없애지 않고 너에게 도독을 제수할 것이니 침략해 노략질 하지 말고 오래 동안 짐의 북쪽 울타리[北藩]가 되도록 하여라." 돌리[가한]이 머리를 숙여 명령을 받들었다. 이후에 [돌리가한이] 조정에 들어왔다가 병주로 [가는] 도중에서 죽으니 나이가 29세였는데, 황제가 [그를] 애도하고 또 조칙을 내려 [잠]문본에게 그 묘에 비문을 세우게 하며 아들 [아사나]하라골(阿史那賀邏鶻)로 하여금 그 뒤를 잇게 했다.

帝幸九成宮，突利弟結社率以郎將宿衛，陰結種人謀反，劫賀邏鶻北還，謂其黨曰：

375) 『舊唐書』에는 太宗의 突利可汗에 대한 대책과 그에 대한 杜如晦의 답변이 자세하게 기록되어 있다. 비교를 위해 소개하면 다음과 같다. "貞觀三年, 表請入朝, 上謂侍臣曰: '朕觀前代爲國者, 勞心以憂萬姓, 世祚乃長; 役人以奉其身, 社稷必滅. 今北蕃百姓喪亡, 誠由其君不君之故也. 至使突利情願入朝, 若非困迫, 何能至此? 夷狄弱則邊境無虞, 亦甚爲慰, 然見其顚狽, 又不能不懼, 所以然者, 慮己有不逮, 恐禍變亦爾. 朕今視不能遠見, 聽不能遠聞, 唯藉公等盡忠匡弼, 無得惰於諫諍也.' 突利尋爲頡利所攻, 遣使來乞師, 太宗謂近臣曰: '朕與突利結爲兄弟, 不可以不救.' 杜如晦進曰: '夷狄無信, 其來自久, 國家雖爲守約, 彼必背之. 不若因其亂而取之, 所謂取亂侮亡之道.' 太宗然之. 因令將軍周範屯太原以圖進取, 突利乃率其衆來奔, 太宗禮之甚厚, 頻賜以御膳."

376) 『舊唐書』에 따르면 貞觀 4년(630)의 일이었다.

「我聞晉王丁夜得辟仗出，我乘間突進，可犯行在.」是夕，大風冥，王不出，結社率恐謀漏，卽射中營，譟而殺人，衛士等共擊之，乃走，殺廄人盜馬，欲度渭，徼邏禽斬之，赦賀邏鶻，投嶺外. 於是群臣更言處突厥中國非是，帝亦患之，乃立阿史那思摩爲乙彌泥孰俟利苾可汗，賜氏李，樹牙河北，悉徙突厥還故地.

[정관 13년(639)] 황제가 [이전에] 구성궁(九成宮)[377]에 갔는데, 돌리[가한]의 동생 [아사나]결사솔(阿史那結社率)[378]이 낭장숙위(郎將宿衛)[379]로 있다가 몰래 종족 사람[種人]들과 결탁해 모반을 계획하고 [아사나]하라골을 을러 북쪽으로 돌아가려고 하면서 그의 무리들에게 말했다. "내가 진왕(晉王)[380]이 사경(四更)[381] 의장을 갖추고 나갈 것이라고 들었는데, 내가 기회를 틈타 갑자기 나가면 행궁을 범할 수 있을 것이다." [그런데] 이날 저녁 큰 바람 불고 어두워져 [진]왕이 나가지 않자 [아사나]결사솔은 계획이 새어나갔다고 걱정해 중영(中營)에 활을 쏘고 시끄럽게 하면서 사람을 죽였는데, 위사 등이 모두 반격하자 바로 도망가면서 마굿간지기를 죽이고 말을 훔쳐 위[수]를 건너고자 했으나 순찰병에게 잡혀 죽임을 당했고, [아사나]하라골은 사면되어 영외(嶺外)[382]로 유배되었다. 이에 여러 신하들이 다시 돌궐을 중국에 두는 것에 대한 정당함과 부당함에 대해 말하자 황제 역시 걱정을 했고, 바로 아사나사마(阿史那思摩)를 세워 을미니숙사리필가한(乙彌泥孰俟利苾可汗)[383]으로 삼아 이씨 성을 내리고 아장을 하북에 세워 돌궐을 모두 옮겨 옛 땅으로 돌아가 살게 했다.

377) 九成宮: 唐代 離宮의 하나로 唐代 關內道 岐州 麟游縣(지금 陝西省 麟游) 서쪽으로 5리 떨어진 곳에 있었다. 隋末에 廢宮되었다가 貞觀 5년(631)에 萬年宮으로 재건되고, 乾封 2년(667)에 다시 九成宮으로 바뀌었다. 주로 皇帝들의 여름 피서지로 사용되었다.

378) 阿史那結社率: 頡利可汗과 갈등을 빚어 唐朝에 투항했던 突利可汗 阿史那什鉢苾의 동생이었다. 이후에 조카인 阿史那賀邏鶻을 可汗으로 추대하고 太宗을 범하려고 했다가 실패하고 죽임을 당했다.

379) 『舊唐書』에서는 "阿史那結社率이 宿衛의 中郎將이었다."고 되어 있다.

380) 太宗 李世民을 지칭한다.

381) 四更은 하룻밤을 五更으로 나눈 넷째 부분 즉, 새벽 1시에서 3시 사이이다.

382) 嶺外: 唐代에는 지금 廣東, 廣西, 海南과 越南 북부지역을 지칭하는 명칭으로 달리 嶺表라고도 한다. 이것은 中國의 입장에서 嶺南이 五嶺의 밖에 위치하고 있다고 생각했기 때문이다.

383) 乙彌泥孰俟利苾可汗: 고대 투르크어로 '일 에트미쉬 이둑 빌게 카간(il etmish ïdugh bilge qaghan)'의 음사로 그 의미는 '나라를 세운 신성하고 현명한 카간'으로 추정된다.

思摩，頡利族人也，父曰咄六設．始，啓民奔隋，磧北諸部奉思摩爲可汗，啓民歸國，乃去可汗號．性開敏，善占對，始畢·處羅皆愛之．然以貌似胡，疑非阿史那種，故但爲夾畢特勒，而不得爲設．武德初，數以使者來，高祖嘉其誠，封和順郡王．及諸部納款，思摩獨留，與頡利俱禽，太宗以爲忠，授右武候大將軍·化州都督，統頡利故部居河南，徙懷化郡王．及是將徙，內畏薛延陀，不敢出塞．帝詔司農卿郭嗣本持節賜延陀書，言：「中國禮義，未始滅人國，以頡利暴殘，伐而取之，非貪其地與人也．故處降部於河南，薦草美泉，利其畜牧，衆日孳蕃，今復以思摩爲可汗，還其故疆．延陀受命在前，長於突厥，舉磧以北，延陀主之；其南，突厥保之．各守而境，無相鈔犯，有負約，我自以兵誅之.」思摩乃行，帝爲置酒，引思摩前曰：「蒔一草一木，見其滋廡以爲喜，況我養爾部人，息爾馬羊，不減昔乎！爾父母墳墓在河北，今復舊廷，故宴以慰行.」思摩泣下，奉觴上萬歲壽，且言：「破亡之餘，陛下使存骨舊鄕，願子孫世世事唐，以報厚德.」於是趙郡王孝恭·鴻臚卿劉善因就思摩部，築壇場河上，拜受冊，賜鼓纛，又詔左屯衛將軍阿史那忠爲左賢王，左武衛將軍阿史那泥孰爲右賢王，相之．

[아사나]사마는 힐리[가한]의 친척으로 아버지를 돌륙설(咄六設)[384]이라 했다. 이전에 계민[가한]이 수나라에 도망쳐 왔을 때 고비 북쪽의 여러 부락이 [아사나]사마를 받들어 가한으로 삼았으나 계민[가한]이 나라로 돌아오자 이에 가한 칭호를 버렸다. 성정이 통달하고 영리하며 대답하는 것에 뛰어나 시필[가한]과 처라[가한]이 모두 아꼈다. 그러나 모습이 호인(胡人)과 비슷해 아사나의 족류가 아니라고 의심을 받았기 때문에 난지 협필특근이 되었을 뿐이고 [군대를 관장하는] 설(設)이 되지 못했다.[385] 무덕 초기에 여러 번 사자로 [당조에] 오니 고조가 그의 성실함을 좋게 여겨 화순군왕(和順郡王)으로 책봉했다. 그리고 여러 부락이 [당조에] 귀순했으니 [아사나]사마만이 홀로 남아 힐리[가한]과 함께 잡혔는데, 태종이 [그가] 충성스럽다고 해 우무후[위]대장군(右武候衛大將軍)[386] 화주도독(化州都督)에 제수하고 힐

384) 咄六設: 고대 투르크어로 '쿠틀룩 샤드(Qutlugh shad)'의 음사로 추정된다.

385) 特勤은 종실에게 주어지는 명예 관칭이고, 設은 군사를 지위하는 실질적인 관직이라는 점에서 그가 생김새로 인해 阿史那氏 종실 내에서 제대로 대접을 받지 못했다는 추정이 가능하다.

리[가한]의 옛 부락을 통솔하며 하남에 거주하게 했다가 회화군왕으로 옮겼다.

그런데 [그가 하북으로] 옮겨가려고 할 때 [부락] 안에서 설연타를 무서워해서 감히 변경을 나가려 하지 않았다. 황제가 조칙을 내려 사농경(司農卿)[387] 곽사본(郭嗣本)에게 부절을 들고 설연타에게 편지를 주라고 했는데, [편지에서] 다음과 같이 말했다. "중국은 예의[를 지키는 나라]로 일찍이 다른 나라를 없앤 적이 없었고, [단지] 힐리[가한]만이 포악하고 잔인했기 때문에 정벌해서 잡은 것이지 그 땅과 사람을 탐낸 것이 아니었다. 때문에 항복한 부락들을 하남에 살게 했고, [그곳의] 좋은 풀과 아름다운 샘은 목축에 이로워 백성들이 날로 늘어나니 지금 다시 [아사나]사마를 가한으로 삼아 그 옛 땅으로 돌아가게 하고자 한다. [설]연타가 먼저 [가한으로] 책봉을 받았고 돌궐보다 나으므로, 고비 북쪽 모두를 [설]연타가 맡고 그 남쪽은 돌궐이 갖도록 하라. 각자 경계를 지키며 서로 침범하지 말 것이고, 약속을 저버리면 짐이 몸소 군대를 이끌고 가서 토벌할 것이다."[388]

[아사나]사마가 이에 [하북으로] 간다고 하자 황제가 주연을 베풀며 [아사나]사마를 앞으로 당겨와 말했다. "한 포기 풀과 한 그루의 나무도 심어 그것이 무성하게 되는 것을 보면 기쁜데, 어찌 짐이 너의 부락 사람을 기르고 너의 말과 양을 기르는데 이전보다 줄일 수 있겠느냐!

---

386) 右武候衛大將軍: 右武候衛의 長官으로 품계는 正三品이었다. 右武候衛는 원래 隋代에 左右武候府의 하나로 설치되었고, 각각 大將軍과 將軍이 있었다. 宮禁과 京城의 巡警을 관장했으며, 天子의 車駕의 前驅와 後衛에 충임되었다. 唐初에 左右武候衛府로 改稱되었다. 龍朔 2년(662)에 左右金吾衛로 改名되었고 大將軍 1명과 將軍 2명을 두었다.

387) 司農卿: 司農寺의 長官으로 품계는 從三品이었다. 秦代에는 治粟內史가 곡식과 재화를 맡아 처리했다. 前漢 景帝시기에 大司農으로 개칭되었고, 武帝 시기에 大司農으로 바뀌었다. 이후 역대 왕조에서 大司農으로 불렸다. 南朝 梁代에 司農寺가 설치되고 卿이 長官이 되었다. 北周시대에 司農上士가 설치되었다. 隋唐時代에 司農寺가 설치되어 卿과 少卿이 長官과 次官이 되었다. 역할은 전국 倉儲의 政令을 관장하는 일이었다. 龍朔 2년(662)에 司稼寺로 개칭되고 卿이 正卿으로 바뀌었다가 咸亨 元年(662)에 환원되었다. 上林·太倉·鉤盾·都官 등의 署와 太原倉·永豐倉 등 諸倉, 司竹·溫泉湯 등 諸監을 관할했다.

388) 『舊唐書』에는 太宗의 詔書 내용이 자세하게 기록되어 있다. "太宗遣司農卿郭嗣本賜延陀璽書曰: '突厥頡利可汗未破已前, 自恃強盛, 抄掠中國, 百姓被其殺者不可勝紀. 我發兵擊破之, 諸部落悉歸化. 我略其舊過, 嘉其從善, 並授官爵, 同我百僚, 所有部落, 愛之如子, 與我百姓不異. 但中國禮義, 不滅爾國, 前破突厥, 止爲頡利一人爲百姓之害, 所以廢而黜之, 實不貪其土地, 利其人馬也. 自黜廢頡利以後, 恆欲更立可汗, 是以所降部落等並置河南, 任其放牧, 今戶口羊馬日向滋多. 元許冊立, 不可失信, 即欲遣突厥渡河, 復其國土. 我策爾延陀日月在前, 今突厥理是居後, 後者爲小, 前者爲大. 爾在磧北, 突厥居磧南, 各守土境, 鎮撫部落. 若其踰越, 故相抄掠, 我即將兵各問其罪. 此約既定, 非但有便爾身, 貽厥子孫, 長守富貴也.'"

너의 부모 묘소가 하북에 있고 지금 다시 옛 조정을 회복했기 때문에 잔치를 열어 가는 것을 위로하고자 하는 것이다." [아사나]사마가 울면서 잔을 들어 만세를 축수하고 또 말했다. "망하고 남은 것을 폐하가 옛 고향에 뼈를 묻을 수 있게 해주시니 자손만대로 당나라를 섬겨 두터운 덕에 보답하고자 합니다." 이에 [예부상서(禮部尙書)][389] 조군왕(趙郡王) [이]효공(李孝恭),[390] 홍려경 유선인(劉善因)을 [아사나]사마 부락에 가게 해서 황하 가에 제단을 쌓고 책문에 절하고 받게 하고 북과 독[纛]을 내려주었으며 또한 조칙을 내려 좌둔위장군(左屯衛將軍)[391] 아사나충(阿史那忠)[392]을 좌현왕(左賢王)[393]으로 삼고, 좌무위장군(左武衛將軍)[394]

389) 『舊唐書』에 "禮部尙書"라고 되어 있어 보충했다.

390) 李孝恭(591~640): 高祖의 族姪이었다. 李淵이 長安을 점령한 후 山南道招慰大使가 되어 巴蜀을 돌아다니며 30여 州를 공략하는데, 水陸 12總管을 통솔해 蕭銑을 평정함으로써 荊州大總管에 임명되었다. 후에 襄州道行臺尙書左僕射가 되어 사신을 보내 嶺南의 49州를 招誘했다. 行軍元帥가 되어 輔公祏를 격파한 후 揚州大都督이 되었다. 貞觀년간 禮部尙書로 임명되고 河間郡王에 봉해졌다. 죽은 후 獻陵에 배장이 되었고 초상이 凌烟閣에 걸렸다(『新唐書』 卷78 「宗室 河間王 孝恭傳」: 3523).

391) 左屯衛將軍: 左屯衛의 次官으로 품계는 從三品이었다. 隋初에 左領軍府가 설치되었고, 隋煬帝시기에 左屯衛로 改稱되고 大將軍과 將軍 등이 설치되었다. 唐代에 그대로 이어졌으나 龍朔 2년(662)에 右威衛로 개칭되고, 光宅 元年(684)에 左豹韜衛로, 神龍 元年(705)에 다시 左威衛로 바뀌었다. 左屯衛에는 長官인 左屯衛大將軍 1명과 次官인 左屯衛將軍 2명이 있었으며, 翊一府와 翊二府, 宣陽 등 50개의 折衝府를 관할하며 나누어 宿衛했다.

392) 阿史那忠: 阿史那蘇尼失의 아들로 賜名되어 阿史那忠이 되었다. 字는 義節이었다. 청렴하고 성실했는데, 頡利可汗을 사로잡아 中國에 들어온 功으로 左屯衛將軍이 되었으며 宗室의 딸 定襄縣主와 결혼도 했다. 阿史那思摩가 突厥의 可汗이 되자 左賢王으로 고비 남부의 초원으로 돌아갔으나 머물기를 원하지 않고 돌아와 薛國公에 봉해졌고, 左武衛大將軍이 되었다. 48년 동안 宿衛를 했음에도 어떤 잘못이 없었기 때문에 漢代 匈奴에서 투항한 金日磾에 비교되었다. 사망 이후에 鎭軍大將軍으로 추증되었고, 시호를 貞이라고 했으며 昭陵에 배장이 되었다(『新唐書』 卷110 「諸夷蕃將 阿史那忠傳」: 4116).

393) 左賢王: 匈奴에서 單于 다음으로 높은 벼슬이었다. 국가의 동쪽에 있으며 太子가 左賢王을 맡았다. 匈奴에서는 현명함을 '屠耆'라 불렀기 때문에 左賢王을 左屠耆王이라고도 했으며 萬騎를 지휘했다(『史記』 卷110 匈奴列傳: 2890). 西晉末, 五胡十六國時代에 여러 다른 족속의 君主나 君主의 후계자에게 준 칭호가 되었다. 突厥시기에는 左賢王과 右賢王이란 칭호를 사용하지 않고, 대신 야브구니 샤드 등의 관명을 사용했다. 따라서 唐이 左賢王의 칭호를 突厥에게 준 것은 잘못이라고 볼 수도 있으나 관습적으로 可汗의 다음의 지위를 갖고 있는 존재 정도로 사용된 것이라고 볼 수 있다. 아마도 고대 투르크어로는 '툴리스 샤드(tölis shad)'를 하사한 것을 中國式으로 번역해 기록한 것으로 추정된다.

394) 左武衛將軍: 左武衛의 次官으로 품계는 從三品이었다. 隋代에 '武'字가 들어가는 명칭을 취해 軍府에 붙였는데, 左武衛府와 右武衛府가 있었으며 大將軍과 將軍이 두어졌다. 唐初에는 隋의 제도를 이어받았다. 光宅 元年(684)에 左右鷹揚衛로 改稱되었으나 神龍 元年(705)에 다시 左右武衛로 개칭되었다. 宮廷

아사나니숙(阿史那泥孰)395)을 우현왕(右賢王)396)으로 삼아 보좌하게 했다.

薛延陀聞突厥之北, 恐其衆奔亡度磧, 勒兵以待. 及使者至, 乃謝曰: 「天子詔毋相侵, 謹頓首奉詔. 然突厥甜亂翻覆, 其未亡時殺中國人如麻, 陛下滅其國, 謂宜收種落皆爲奴婢, 以償唐人. 乃養之如子, 而結社率竟反, 此不可信明甚. 後有亂, 請終爲陛下誅之.」 十五年, 思摩帥衆十餘萬·勝兵四萬·馬九萬匹始度河, 牙於故定襄城, 其地南大河, 北白道, 畜牧廣衍, 龍荒之最壤, 故突厥爭利之. 思摩遣使謝曰: 「蒙恩立爲落長, 實望世世爲國一犬, 守吠天子北門, 有如延陀侵逼, 願入保長城.」 詔許之.

설연타가 돌궐이 북쪽으로 [돌아]온다는 소식을 듣고, 그의 백성들이 고비를 건너 [돌궐에게로] 도망갈까 걱정해 군대를 보내 기다렸다. 그러나 사자가 오자 바로 사죄하며 말했다. "천자께서 조칙을 내려 서로 침략하지 말라고 하시니 삼가 머리를 숙여 조칙을 받들겠나이다. 그러나 돌궐이 마음대로 어지럽히고 뒤집었으며 그들이 망하기 전에 중국 사람을 쉽게 죽여서 폐하께서 그 나라를 멸망시키니 [신하들이] 말하기를 응당 거두어들인 종족 부락을 모두 노비로 삼아 당나라 사람들에게 배상을 해야만 한다고 하셨습니다. 그런데 [돌궐을] 아들처럼 기르셨음에도 [아사나]결사솔이 결국 반란을 일으켰으니 이는 [그들을] 믿을 수 없다는 사실

의 警衛업무를 관장했다.

395) 阿史那泥孰: 泥孰은 고대 투르크어로 '이둑(Ïduq)'의 음사로 추정된다. 그 역시 이후에 이름을 받아 阿史那忠이 되기 때문에 左賢王이었던 阿史那忠과 동일한 인물로 볼 수 있다는 점에서 이것은 기록상의 오류로 보인다. 따라서 전자의 阿史那忠과 阿史那泥孰이 두 사람인가 한 사람인가 하는 문제는 『舊唐書』에 자세한 기록이 없고, 단지 『新唐書』에서 "右賢王阿史那泥孰, 蘇尼失子也. 始歸國, 妻以宗女, 賜名忠." 라고 한 것에 의거해 阿史那忠과 동일인이라고 판단할 수밖에 없다.

396) 右賢王: 匈奴 官制에서 左賢王 다음으로 높은 벼슬이었다. '右'字가 들어간 右谷蠡王·右大將·右大都尉·右大當戶·右骨都侯와 함께 국가의 서쪽에 배치되었으며, 萬騎를 통솔했다. 左賢王이 單于의 太子가 임명되는데 비해 右賢王은 單于와 父子관계가 아니기 때문에 사실상 신하들 중에서 최고의 벼슬이라고 보았다(杉山正明, 1999: 144). 하지만 저본에서 기록한 右賢王의 칭호는 突厥人들이 사용한 관명은 아니었다. 太宗이 이런 칭호를 突厥人에게 준 것은 잘못된 것이라고 볼 수도 있으니 관습적으로 可汗 다음으로 左賢王 다음의 지위를 갖고 있는 존재라는 의미로 사용되었다고 보는 것이 타당하다. 아마도 고대 투르크어로 '타르두쉬 샤드(tardush shad)'를 中國式으로 번역해 기록한 것이다.

을 분명히 보여주는 것입니다. 이후에 반란이 일어난다면 청컨대 폐하를 위해 [그들을] 베어 버리겠습니다."

[정관] 15년(641)에 [아사나]사마가 백성 10여만과 정예병사[勝兵] 4만, 말 9만 필을 거느리고 황하를 건너 옛 정양성에 아장을 설치했는데, 그 땅은 남쪽으로 황하에 접하고 북쪽으로 백도[천](白道川)[397]에 닿았으며 가축을 기르는 곳이 넓어 북쪽 땅[龍荒]에서도 최고의 땅이었기 때문에 돌궐[과 설연타]가 이익을 다투게 되었다. [아사나]사마가 [당조에] 사신을 보내 감사하며 말했다. "[황제 폐하의] 은덕을 입어 부락의 추장이 되니 대대로 [당]나라의 한 마리 개가 되어 천자의 북쪽 문을 지키고자 하는데, 만약 [설]연타가 침입을 하고 핍박을 하게 되면 장성 안에 들어가 [살]기를 원합니다." [이에 황제가] 조칙을 내려 허락해주었다.

居三年, 不能得其衆, 下多攜背, 思摩慚, 因入朝願留宿衛, 更拜右武衛將軍. 從伐遼, 中流矢, 帝爲吮血, 其顧厚類此. 還, 卒京師, 贈兵部尙書·夏州都督, 陪葬昭陵, 築墳象白道山, 爲刊其勞, 碑於化州.

[변경의 북방에서] 3년을 살았으나 그 백성들[의 마음]을 얻지 못하고 그 부하들이 대부분 배반을 하게 되자 [아사나]사마가 부끄러워하며 조정에 들어와 숙위로 남기를 원하자, [황제 역시 그에게] 다시 우무위장군(右武衛將軍)를 제수해주었다. [그 이후에] 요[동](遼東)[398] 정벌에 따라갔다가 날아온 화살에 맞자 황제가 피를 빨아줄 만큼 그를 두터이 생각한 것이 이러했다. 돌아와 경사에서 죽자 병부상서 하주도독(夏州都督)[399]으로 추증하고, 소릉(昭

397) 白道川: 지금 內蒙古自治區 呼和浩特市와 土黙特左旗 등지에 펼쳐져 있는 초원을 지칭한다. 이곳은 원래 고비 남북 지역에서 가장 비옥한 초원지대로 북방 遊牧民들의 주요한 거주지로서 漠南의 중심지였다.

398) 遼東: (1) 郡名이다. 戰國 燕의 장수 秦開가 東胡를 격파한 후 설치했다. 秦漢時代의 治所가 襄平縣(지금 遼寧省 遼陽市)에 있었다. 관할구역이 지금 遼寧省 大淩河 동쪽 지역에 해당한다. 遼水의 동쪽 지역에 있었기 때문에 지어진 이름이다. (2) 北燕시기에 지금 遼寧省 서부 지역에 遼東郡이 설치되었는데, 北齊시기에 廢置되었다. 저본과 번역문에서는 (1)의 뜻도 가능하고 遼東 자체를 高句麗의 對稱으로도 볼 수 있다.

399) 夏州都督: 夏州都督府의 長官이었다. 夏州都督府는 貞觀 2년(628)에 설치되었으며, 治所가 夏州(지금 陝西省 靖邊縣 西北의 白城子)에 있었다. 夏州, 綏州, 銀州 등 세 州를 관할했다. 貞觀 4년(630)에 東突厥

陵)[400]에 배장하며 봉분을 백도산(白道山)[401]의 모양으로 쌓았고 그의 노고를 기록하기 위해 화주(化州)에 비석을 세웠다.

右賢王阿史那泥孰, 蘇尼失子也. 始歸國, 妻以宗女, 賜名忠. 及從思摩出塞, 思慕中國, 見使者必流涕求入侍, 許之.

우현왕 아사나니숙은 [아사나]소니실의 아들이었다. [그가] 이전에 나라에 귀순했을 때 종실의 딸을 아내로 주고 충(忠)[402]이라고 이름을 내려주었다. [아사나]사마를 따라 변경으로 나갔으나 중국을 생각하고 그리워해 사자를 볼 때마다 눈물을 흘리며 조정에 들어와 [황제를] 모실 것을 원하자 허락했다.

思摩旣不能國, 殘衆稍稍南度河, 分處勝・夏二州. 帝伐遼, 或言突厥處河南, 邇京師, 請帝無東. 帝曰:「夫爲君者, 豈有猜貳哉! 湯・武化桀・紂之民, 無不遷善, 有隋無道, 擧天下皆叛, 非止夷狄也. 朕閔突厥之亡, 內河南以振贍之, 彼不近走延陀而遠歸我, 懷我深矣, 朕策五十年中國無突厥患.」 思摩衆旣南, 車鼻可汗乃盜有其地.

[아사나]사마가 이미 나라를 통솔할 수 없게 되자 남아 있는 백성들이 점차 남쪽으로 [황]하를 건너오자 [조정에서 이들을] 나누어 승[주]과 하[주] 두 주에 살게 했다. 황제가 요[동]을 정벌하려고 하자 어떤 사람이 돌궐을 하남에 두면 경사와 가까우니 동쪽으로의 원정을 하지

의 땅인 定襄都督府와 雲中都督府를 추가로 관할했다. 永徽년간 이후 雲中都督府가 單于都護府에 속하게 되면서 內遷한 薛延陀와 回紇의 부족을 夏州 境內에 寄治해 설치한 達州, 安化州, 寧朔州, 僕固州 등 4개의 羈縻都督府를 관할했다. 天授년간 이후 또 境內에 寄治한 党項과 吐谷渾의 羈縻府州를 관할했다. 聖曆 元年(698)에 鹽州를 추가로 관할했다.

400) 昭陵: 太宗의 陵墓로 唐代 京畿道 京兆府 醴泉縣(지금 陝西省 醴泉縣) 동북 20여km 떨어진 九嵕山 위에 있다. 貞觀 10년(636)에 陵墓를 축조되기 시작해 貞觀 23년(649)에 太宗을 이곳에 장사지냈다.

401) 白道山: 지금 內蒙古自治區 呼和浩特 서북쪽에 있는 산 이름이다.

402) 阿史那泥孰에 대한 설명을 참조.

말 것을 주청했다. [하지만] 황제가 말했다. "무릇 임금 된 자가 어찌 이반할 것을 의심할 수 있겠느냐! [상나라의] 탕[왕](湯王)[403]과 [주나라의] 무[왕](武王)[404]이 [하나라의] 걸[왕](桀王)[405]과 [상나라의] 주[왕](紂王)[406]의 백성을 교화하여 착하게 되지 않음이 없었고, 수나라는 무도해 천하가 모두 반란을 일으켜서 [반란 세력이] 비단 이적에만 그치지 않았다. 짐이 돌궐이 망한 것을 안타깝게 여겨 하남에 들어오게 해서 먹을 것을 주었더니, 그들이 가까운 [설]연타에게 도망가지 않고 멀리 있는 짐에게 귀순한 것은 짐에 대해 품은 생각이 깊었기 때문이다. [이것이 바로] 짐이 50년 동안 중국에 돌궐의 걱정을 없앤 계책인 것이다." [아사나]사마의 백성들이 남하해 온 뒤 [을주]차비가한(乙注車鼻可汗)[407]이 바로 그 땅을 훔쳐 차지하였다.

車鼻, 亦阿史那族, 而突利部人也, 名斛勃, 世爲小可汗. 頡利敗, 諸部欲共君長之, 會薛延陀稱可汗, 乃往歸焉. 其爲人沈果有智數, 衆頗便附, 延陀畏逼, 將殺之, 乃率所部遯去, 騎數千尾追, 不勝. 竄金山之北, 三垂斗絕, 惟一面可容車騎, 壤土夷博, 卽據之, 勝兵三萬, 自稱乙注車鼻可汗, 距長安萬里, 西葛邏祿, 北結骨, 皆并統之, 時時出掠延陀人畜. 延陀後衰, 車鼻勢益張.

403) 商 湯王: 商의 건국자로 이름 履 또는 天乙, 太乙이라고 했다. 字가 湯이었고, 成湯이라고도 했다. 契의 14세에 해당한다고 전한다. 夏의 桀王이 학정을 해서 제후들이 대부분 有德한 탕에게 복종하자 桀王이 夏臺에 유폐해 죽이려 했으나, 재화와 교환함으로써 용서를 받았다. 이후 재상 伊尹 등의 도움을 받아 桀王을 鳴條에서 격파해 죽인 다음 亳에 도읍해 국호를 商이라 칭하고 제도와 전례를 정비하고 13년간 재위했다.

404) 周 武王: 周의 건국자로 이름은 姬發이었다. 그는 文王의 둘째 아들로 文王이 죽은 후에 왕위를 계승했다. 牧野에서 商나라 군대를 크게 무찌른 후 수도를 鎬京(지금의 陝西省 西安市 서남)에 정하고 이름을 宗周라 했다. 周나라가 건국된 지 3년째 되던 해에 천하가 아직 안정되지 않은 상태에서 鎬京에서 병사했다.

405) 夏 桀王: 夏의 마지막 왕으로 이름은 履癸이다. 商의 마지막 紂王과 함께 포악한 임금의 상징으로 桀紂라고도 하며, 흔히 이상적 천자로 추앙받는 堯舜과 대비되었다.

406) 商 紂王: 商의 마지막 왕으로 이름은 帝辛, 帝辛受이다. 군사적 재능이 있어 많은 전쟁에서 승리를 거두었으나 향락을 좋아하고 여색을 밝혀 급기야 애첩 妲己에게 빠져 나라를 망하게 했다. 夏의 마지막 왕 桀과 함께 폭군의 전형으로 역사에 전한다.

407) 乙注車鼻可汗: 고대 투르크어로 '이둑 챠비쉬 카간(ïduq chabish qaghan)'의 음사로 추정된다.

차비(車鼻)[408] 역시 아사나[씨](阿史那氏)의 족속으로 돌리[가한][409] 부락 사람이었는데, 이름이 곡발(斛勃)[410]로 대대로 소가한이었다. 힐리[가한]이 패하자 여러 부락이 모두 [그를] 군장으로 삼고자 했는데, 마침 설연타가 가한을 칭하자마자 바로 귀순했다. 그 사람됨이 사려 깊고 과단성이 있었으며 지략을 갖고 있어 백성들이 많이 귀부했는데, [설]연타가 위협하고 핍박하면서 죽이려고 하자 바로 그 부락을 이끌고 도망갔고, [설연타가] 수 천기로 [그를] 쫓았으나 이기지 못했다. 금산의 북쪽에 숨었는데, [그곳은] 세 면이 모두 끊겼고 오직 한 면만이 수레와 말이 지나갈 정도였지만 땅은 평탄하고 넓었다. [차비가한이 이곳을] 차지하고, 정예병사 3만을 거느리고 을주차비가한이라 스스로 칭했는데, 장안으로부터 거리가 만리였고 서쪽으로 갈라록(葛邏祿),[411] 북으로 결골(結骨)[412]을 모두 통솔하며 때때로 [설]연타의 백성

---

408) 車鼻: 고대 투르크어로 '챠비쉬(Chabish)'의 음사이다. 그는 원래 突利(퇼리스) 部落 사람으로 이름은 斛勃이었다. 乙毗車鼻可汗을 지칭한다.

409) 突利可汗: 始畢可汗의 아들인 什鉢苾을 지칭한다.

410) 斛勃: 고대 투르크어로 '뵈귀(Bögü)'의 음사로 추정되는데, '고귀하다'는 의미를 갖고 있다.

411) 葛邏祿: 종족 명칭으로 고대 투르크계 유목민인 鐵勒의 하나였다. 고대 투르크어로 '카를룩(Qarluq)'의 음사이다. 달리 歌羅祿 또는 葛羅祿 등으로 음사된다. 鐵勒의 하나로서 알타이산지 주변과 서쪽의 카자흐 초원지역에 거주했다. 크게 두 개의 집단으로 구성되어 있었는데, 알타이산맥을 중심으로 동부는 突厥의 지배를 받다가 唐朝의 羈縻支配 아래에서는 狼山州가 설치되었다. 서부의 집단은 세 개의 부락으로 구성되어 있었기 때문에 고대 투르크 비문에서는 "위치 카를룩(Üch Qarluq)" 즉, 三姓葛邏祿이라고 기록되었다. 세 부락은 탈라스 강과 알타이 산지에서 유목을 하던 謀落(고대 투르크어로 '불락(Bulagh)'의 음사 추정)과 그의 남쪽인 지금 新疆維吾爾自治區 塔城 부근에서 유목을 하던 踏實力, 그리고 알타이산맥 서쪽에 있다가 이후 점차 서쪽으로 이주해 중앙아시아로 옮아간 熾俟 등이었다. 그의 추장을 葉護(야브구)라고 했다. 突厥이 붕괴된 이후 回紇이 세력을 확대하자 일부는 그에 속했지만 나머지 三姓葛邏祿은 몽골 초원 서부에서 세력을 확대하면서 독자세력을 형성하고 있었다. 그 이후 回鶻과 대결을 벌이기도 하면서 세력을 형성하다가 回鶻이 붕괴한 이후 그들과 일부가 결합해 이후 카라한조를 성립시키는데 가담하기도 했다. 13세기 西遼(카라 키타이)와 몽골의 지배를 받으면서 역사에서 사라졌다(薛宗正, 1991).

412) 結骨: 종족 명칭으로 고대 투르크어로 '키르기즈(Qïrghïz)'의 음사이다. 匈奴의 북방에 있었다고 하는 堅昆, 鬲昆이 키르기즈의 가장 오래된 음사로 추정한다. 南北朝時代에는 結骨, 契骨 등으로 唐代에는 黠戛斯, 紇扢斯로도 기록되었다. 고대 투르크 비문에도 "키르기즈"가 등장한다. 주요한 거주 구역은 몽골의 北西 지역으로 예니세이강 상류 지역이라고 한다. 원래의 주민은 주로 사카계통의 종족으로 추정되고 鐵鑛 산지로 발달된 금속 문명을 갖고 있었다. 늦어도 6세기 후반 무렵에 突厥이 등장하면서 문화적으로 체질적으로 투르크화가 급속히 진행된 것으로 보인다. 唐代에는 이들을 지배하기 위해 일시적으로 堅昆都護府가 명목적으로 설치되기도 했다. 突厥과 回紇時代에 사얀 산맥 북방에 존재하면

과 가축을 약탈하기도 했다. [설]연타가 이후에 약해지자 차비[가한]의 세력이 더욱 강해졌다.

二十一年, 遣子沙鉢羅特勒獻方物, 且請身入朝. 帝遣雲麾將軍安調遮·右屯衛郎將韓華往迎之, 至則車鼻偃然無入朝意, 華謀與葛邏祿共劫之, 車鼻覺, 華與車鼻子陟苾特勒鬥死, 調遮被殺. 帝怒, 遣右驍衛郎將高侃發回紇·僕骨兵擊之, 其大酋長歌邏祿泥孰闕俟利發·處木昆莫賀咄俟斤等以次降. 侃師攻阿息山, 部落不肯戰, 車鼻攜愛妾, 從數百騎走; 追至金山, 獲之, 獻京師. 高宗責曰:「頡利敗, 爾不輔, 無親也; 延陀破, 爾遯亡, 不忠也. 而罪當死, 然朕見先帝所獲酋長必宥之, 今原而死.」乃釋縛, 數俘社廟, 又見昭陵. 拜左武衛將軍, 賜居第, 處其衆鬱督軍山, 詔建狼山都督府統之. 初, 其子羯漫陀泣諫車鼻, 請歸國, 不聽. 乃遣子菴鑠入朝, 後來降, 拜左屯衛將軍, 建新黎州, 使領其衆. 於是突厥盡爲封疆臣矣. 始置單于都護府領狼山雲中桑乾三都督·蘇農等二十四州, 瀚海都護府領金微新黎等七都督·仙蕚賀蘭等八州. 卽擢領酋爲都督·刺史. 麟德初, 改燕然爲瀚海都護府, 領回紇, 徙故瀚海都護府於古雲中城, 號雲中都護府, 磧以北蕃州悉隸瀚海, 南隸雲中. 雲中者, 義成公主所居也, 頡利滅, 李靖徙突厥羸破數百帳居之, 以阿史德爲之長, 衆稍盛, 卽建言願以諸王爲可汗, 遙統之. 帝曰:「今可汗, 古單于也.」乃改雲中府爲單于大都護府, 以殷王旭輪爲單于都護. 帝封禪, 都督葛邏祿叱利等三十餘人皆從至泰山下, 已封, 詔勒名於封禪碑云. 凡三十年北方無戎馬警.

[정관] 21년(647) [차비가한이] 아들 사발라특륵(沙鉢羅特勒)[413]을 보내 도산품을 비치고 또한 몸소 조정에 들어오기를 청했다. 황제가 운휘장군(雲麾將軍)[414] 안조차(安調遮)와 우둔위랑장(右屯衛郎將)[415] 한화(韓華)를 보내 맞이하게 했는데, [그들이] 도착했는데도 차비[가

서 그의 지배를 받기도 하고 또한 독자적인 움직임을 보이기도 하다가 840년대 回鶻을 무너뜨렸으나 몽골 초원을 통치하지 않고 다시 예니세이강 유역으로 물러나 그 이후까지 하나의 세력으로 존재했다(薛宗正, 1996).

413) 沙鉢羅特勒: 沙鉢羅特勤으로도 쓰는데, 고대 투르크어로 '이쉬바라 테긴(Ïshbara tegin)'의 음사이다.

414) 雲麾將軍: 武散官 명칭으로 唐代에 설치되었다. 품계는 從三品이었다.

415) 右屯衛郎將: 隋初에 右領軍府가 설치되었고, 隋 煬帝가 右屯衛로 改稱한 다음 唐代에도 이를 이어받았

한]이 전혀 조정에 들어올 뜻이 없자 [한]화가 갈라록과 모의를 해 같이 공격하려고 했고, 차비[가한]이 [이런 모의를] 눈치 채 [한]화가 차비[가한]의 아들 척필특륵(陟苾特勒)[416]과 싸우다 죽고 [안]조차도 죽임을 당했다.

[정관 23년(649)에][417] 황제가 화를 내며 우효위랑장(右驍衛郎將)[418] 고간(高侃)을 보내 회흘, 복골의 군대를 동원해 공격하자 그 [차비가한의] 대추장(大酋長) 가라록니숙궐사리발(歌邏祿泥孰闕俟利發)[419]와 [발새복]처목곤막하돌사근(拔塞匐處木昆莫賀咄俟斤)[420] 등이 이어서 항복했다. [고]간의 군대가 아식산(阿息山)[421]을 공격했는데, [차비가한의] 부락이 싸우려고 하지 않자 차비[가한]이 애첩을 끼고 수백 명의 기병과 함께 도망갔고, [고간이 그를] 좇아 금산까지 가서 사로잡아 경사에 바쳤다.

고종(高宗)[422]이 질책하여 말했다. "힐리[가한]이 패할 때 네가 돕지 않은 것은 친족 간의 [정이] 없기 때문이고, [설]연타에게 졌는데 네가 도망한 것은 충성스러운 마음이 없기 때문이다. 너의 죄는 죽어 마땅하나 짐이 선제께서 사로잡은 추장을 반드시 풀어주셨던 것을 보아,

---

다. 右屯衛에서 中郎將의 아래에 있었으며 中郎將을 보좌해 本部 軍兵의 宿衛를 관장했다.

416) 陟苾特勒: 고대 투르크어로 '차비쉬 테긴(Chabish tegin)'의 음사로 추정된다.

417) 『舊唐書』에는 貞觀 23년(649)라고 되어 있다.

418) 右驍衛郎將: 右驍衛翊府郎將의 약칭이다. 唐代 兵制에서는 左右驍衛의 翊府에 左右郎將 각각 1명을 두게 했다. 中郎將의 아래에 있었으며 中郎將을 보좌해 本部 軍兵의 宿衛를 관장했다.

419) 歌邏祿泥孰設俟利發: 고대 투르크어로 '카를룩 이두 샤드 일테베르(Qarluq ïdugh shad ilteber)'의 음사이다. 명칭으로 보아 歌邏祿의 추장으로 보인다.

420) 『舊唐書』에 "拔塞匐"라고 되어 있어 보충했다.
拔塞匐處木昆莫賀咄俟斤: 고대 투르크어로 '바쉬 벡 카뭉덴 바가투르 이르킨(Bash beg Qamungden baghatur irkin)'의 음사로 추정된다. 西突厥을 구성하고 있었던 十姓의 하나로 동부의 咄陸 부락 處木昆의 추장으로 보인다.

421) 阿息山: 몽골 초원 서부 알타이산맥에 위치한 봉우리의 하나로 추정되나 정확한 위치는 알 수 없다.

422) 唐 高宗(628~683; 재위 649~683): 唐朝 제3대 황제로 이름은 李治, 字는 爲善, 小字는 雉奴이며, 唐 太宗의 아홉 번째 아들로 長孫皇后의 소생이었다. 성격이 유약한 편이었다. 貞觀 5년(631) 晉王에 봉해졌고, 貞觀 17년(643) 太子가 되었다. 貞觀 23년(648) 즉위해 永徽로 開元했다. 永徽 2년(651) 新律(永徽律)을 반포하고, 永徽 4년(653) 『律疏』를 訂定했다. 永徽 6년(655) 王皇后를 폐하고 武后를 세웠으며, 그로 인해 褚遂良 등 원로대신을 좇아냈다. 顯慶 5년(660) 병이 심해 武后에게 정치를 위임함에 따라 이후 정치적으로 허수아비가 되었나. 재위 중 西突厥을 평정하고 高句麗를 멸망시켰으며, 安西四鎭을 파하는 등 대외적인 확대를 보여주었다. 乾陵(지금 陝西省 乾縣 서북)에 장사지냈으며, 諡號는 天皇大帝였다.

네 죽음[에 마땅한 죄]를 용서한다.” 바로 포승을 풀어주며 몇 명의 포로만을 종묘사직에 제사하고 또한 소릉에 바쳤다. [차비가한을] 좌무위장군에 제수하고 저택을 내려주며 그 백성을 울독군산(鬱督軍山)[423]에 살게 하고 조칙을 내려 낭산도독부(狼山都督府)[424]를 두어 통제하도록 했다.

이전에 그의 아들 갈만타(羯漫陀)[425]가 울면서 [차비]가한에게 간하며 당나라로 귀부할 것을 청했으나 들어주지 않았다. 이에 갈만타가 그의 아들 암삭(菴鑠)[426]을 보내 조정에 들어왔다가 이후에 와서 항복을 하자 좌둔위장군에 제수하고 신려주(新黎州)[427]를 두어 그의 백성을 통솔하도록 했다. 이에 돌궐이 모두 중국[封疆]의 신하가 되었다. 비로소 [인덕(麟德) 원년(664)]에 선우[대]도호부(單于大都護府)[428]를 두어 낭산, 운중, 상건 [등] 세 곳의 도독[부]와 소농[주](蘇農州)[429] 등 24곳[430]의 [자사]주를 통제하고, 한해도호부(瀚海都護府)[431]

423) 鬱督軍山은 都斤山 즉, 고대 투르크어로 ‘외튀켄 이쉬(Ötüken yish)’을 지칭하는데, 그에 대해서는 앞의 설명을 참조.

424) 狼山都督府: 高宗 永徽 元年(650) 葛邏祿 右廂 部落에 설치했으며 瀚海都督府에 소속되었다. 치소는 지금 몽골공화국 서쪽 일대였다. 顯慶 3년(658)에 狼山州로 개칭되었다.

425) 羯漫陀: 突厥 車鼻可汗의 아들인데, 확실한 음사는 알 수 없다.

426) 菴鑠: 突厥 車鼻可汗의 孫子인데, 확실한 음사는 알 수 없다.

427) 新黎州: 지금 몽골공화국 서북부에 위치하고 있었다. 永徽 元年(650)에 突厥 車鼻可汗의 소속 부락에 설치되었는데, 처음에 翰海都護府에 소속되었다. 顯慶년간 다시 燕然都護府에 소속되었다가 總章 2년(669)에 安北都護府에 소속되었다.

428) 單于大都護府: 麟德 元年(664)에 雲中都護府를 바꿔 설치되었다. 治所는 지금 內蒙古自治區 和林格爾縣 서북의 土城子 古城이다. 單于都護府는 歸航한 突厥部落에 설치된 漠南의 雲中都督府, 定襄都督府, 呼延都督府, 桑乾都督府를 관할했다. 관할구역은 동쪽으로 大洛泊(지금 內蒙古自治區 克什克騰旗 서쪽의 達里諾爾), 灤河의 서쪽에 이르며, 奚, 契丹과 접하고 서쪽으로 安西都護府의 경계와 접하며 북쪽으로 大漠 및 翰海都護府와 접했으며 남쪽으로 陰山과 河西回廊의 북쪽에 이르렀다. 調露 元年(679)에 突厥의 여러 부락이 반란을 일으켜 다시 突厥이 나라를 세우자 單于都護府의 관할 하에 있었던 여러 府州를 상실하게 되었다. 이에 都護가 鎭守使로 바뀌었으며 景龍 2년(708)에 河北에 三受降城을 쌓아 북쪽으로 3백 리의 땅을 개척함으로써 突厥을 陰山의 북쪽에서 막고자 했다. 開元 2년(714)에 다시 單于都護府가 설치되면서 都護가 鎭守使를 겸하게 했으나 朔方節度使의 지휘를 받았다. 乾元년간 이후에는 振武節度使가 겸해 관할했다(劉統, 1998).

429) 蘇農州: 唐代에 설치된 羈縻州였다. 治所는 지금 陝西省 북쪽에 있었다.

430) 『舊唐書』에는 “14부락”이라고 되어 있는데, 저본의 24부가 정확하다. 이것은 682년 突厥이 부흥할 때 참여한 부락의 숫자가 24부이라고 한 것에서도 확인된다.

431) 瀚海都護府: 翰海都護府라고도 한다. 龍朔 3년(663)에 燕然都護府를 바꿔 설치되었다. 治所는 지금

를 두어 금미(金微),[432] 신려(新黎) 등 7곳의 도독[부]와 선악주(仙萼州),[433] 하란주(賀蘭州)[434] 등 8곳의 [자사]주를 통제하게 했다. 그리고 추장을 발탁해 도독(都督)[435]과 자사(刺史)로 삼았다.

인덕(麟德) 연간(664~665) 초기에[436] 연연[도호부](燕然都護府)[437]를 한해도호부(瀚海都護府)로 바꾸어 회흘을 통제하게 했고, 과거 한해도호부를 옛 운중성(雲中城)[438]으로 옮겨 운중도호부(雲中都護府)[439]라고 부르며 고비 이북의 기미주[蕃州][440]를 모두 한해[도호부]

몽골공화국 서남 오르콘강 상류의 서안(지금 하라호린 서북)에 있었다. 관할구역은 지금 몽골공화국과 러시아 시베리아 남부에 해당한다. 總章 2년(669)에 安北都護府로 개칭되었다.

432) 金微都督府: 貞觀 21년(647)에 鐵勒 부락의 하나인 僕骨에 설치된 羈縻府로 燕然都護府에 소속되었다. 그 땅은 지금 몽골공화국 헨티 以北과 오논강 상류부터 러시아 시베리아 남부 일대에 해당했다. 總章 2년(669)에 安北都護府에 소속되었다.

433) 仙萼州: 高宗 永徽 元年(650) 혹은 이전에 설치되었으며 燕然都護府에 소속되었다. 治所는 지금 몽골공화국 서부 셀렝게강 중류 지역이었다. 山娥河(지금 몽골공화국 셀렝게강)에 설치되어 붙여진 이름이다. 總章 2년(669)에 安北都護府에 예속되었다가 이후에 廢置되었다.

434) 賀蘭州: 太宗 貞觀년간 歸附한 回紇 部落에 설치되었다. 故地는 지금 內蒙古自治區 阿拉善盟에 해당했다. 州의 治所는 涼州의 境內에 있었다. 처음에는 燕然都護府에 소속되었다가(647~663) 總章 元年(668)에 涼州都督府에 속하게 되었다.

435) 都督: 都督府의 長官이었다. 曹魏 黃初 3년(222)에 처음으로 설치되었으며 諸州의 軍事를 관장했다. 후에 大都督이 설치되면서 권력과 임무가 더욱 重해졌다. 兩晉南北朝時代에도 여전히 설치되었으며, 刺史와 太守가 겸직하면서 지위가 점차 낮아졌다. 北周에는 大都督·都督·帥都督의 지위가 있었는데, 군대를 통솔하는 軍官의 명칭으로 지위가 낮았다. 隋 煬帝 시기에 校尉, 旅帥, 隊正으로 바뀌었다. 唐初에는 大都督府와 都督府를 설치한 다음 上, 中, 下의 三等으로 나누었으며 각자 都督 1명을 두어 諸州의 兵馬와 鎭戍, 양식, 무기 등을 관장하게 했다. 이후에 節度使가 설치되면서 都督의 역할을 대신했다.

436) 瀚海都護府를 설치한 것은 龍朔 3년(663)이고, 다시 單于都護府의 설치와 함께 瀚海都護府가 양립하게 된 것은 麟德 元年(664)의 일이었다.

437) 燕然都護府: 唐太宗 貞觀 21년(647)에 설치되었으며 치소는 지금 內蒙古自治區 烏拉特中旗 서남부에 있었다. 鐵勒 諸部의 각 府州를 통할했다. 관할구역은 지금 內蒙古自治區 오르도스 以北, 몽골공화국, 러시아 서시베리아 남부의 지역에 해당한다. 龍朔 3년(663)에 治所를 磧北의 回紇部落으로 옮겨 翰海都護府라고 改稱되었다.

438) 雲中城: 지금 內蒙古自治區 和林格爾縣 土城子古城에 위치하고 있었다.

439) 雲中都護府: 龍朔 3년(663)에 瀚海都護府가 雲中城으로 옮겨 가면서 이름이 바뀌었다. 고비 남부 突厥의 부락들을 통제했다.

440) 蕃州는 唐朝의 羈縻支配를 받던 府州를 모두 칭하는 것이다.

에, 안쪽은 운중[도호부]에 속하게 했다. 운중[도호부]는 의성공주가 살던 곳으로 힐리[가한]이 망한 이후에 이정이 돌궐의 패배한 수백 장을 옮겨 살게 하며 아사덕[씨](阿史德氏)[441) [출신의 인물을] 추장으로 삼았는데, 백성들이 점차 늘어나자 [친]왕 중의 하나를 가한으로 삼아서 [자신들을] 통솔하게 해달라는 의견을 올렸다. [이에] 황제가 말했다. "지금의 가한은 과거 선우이다." 이에 [인덕 원년(664)에] 운중[도독]부를 바꾸어 선우대도호부라 하고 은왕(殷王) [이]욱륜(李旭輪)[442)]을 선우도호로 삼았다. 황제가 봉선(封禪)[443)]을 가는데 도독 갈라록질리(葛邏祿叱利)[444)] 등 30여 명이 모두 태산(泰山)[445)] 아래까지 따라갔고, 봉선이 끝나자 [황제가] 조칙을 내려 봉선비에 그들의 이름을 새기도록 했다고 한다. 대저 30년 동안 북방에서 전투를 경계하는 일이 없게 되었다.

調露初, 單于府大酋溫傅·奉職二部反, 立阿史那泥孰匐爲可汗, 二十四州酋長皆叛

---

441) 阿史德氏: 突厥 내부 씨족의 하나로서 君主氏族인 阿史那氏와 半族集團을 이루는 姻戚氏族이었다. 唐朝의 羈縻支配 과정에서 성장해서 이후 唐朝에 반란을 일으켜 突厥이 부흥하는데 결정적인 기여를 했을 뿐만 아니라 그 이후에도 姻戚氏族으로 중요한 역할을 담당했다.

442) 李旭輪: 唐朝 제5대 황제인 睿宗(662~716; 재위 684~690, 710~712)을 지칭한다. 字가 旭輪이었으며 이후에 이름을 旦으로 바꾸었다. 高宗의 8子로 武則天 소생이었다. 학문을 좋아했고 초서와 隸書에 능했으며 文字와 訓詁를 좋아했다. 처음에 殷王에 봉해졌다가 相王, 豫王으로 徙封되었다. 嗣聖 元年(684) 武則天이 臨朝稱制하며 中宗을 폐위한 후 帝位에 옹립되지만 政事에 간여하지 못했다. 天授 元年(690) 武則天이 國號를 周라고 고치자 皇嗣가 되고 武氏로 賜姓되었다. 聖曆 元年(698) 武則天이 廬陵王(中宗)을 太子로 옹립하자 다시 相王으로 봉해졌다. 神龍 元年(705) 中宗이 다시 즉위하자 司徒 右羽林衛大將軍에 제수되었다. 武則天 시기부터 中宗 때까지 정변이 많이 일어났으니 恭儉해 양보하고 물러나 화를 면했다. 景雲 元年(710) 韋后가 中宗을 독살하자 臨淄王 李隆基가 韋后 등을 죽이고 다시 옹립되지만 정권은 太子 李隆基와 太平公主가 장악하고 있었다. 先天 元年(712) 玄宗에게 讓位하고 太上皇이라 자칭하고 大政만 처결했다. 이듬해 玄宗이 太平公主일파를 주살하자 玄宗에게 정권을 돌려주었다. 붕어 이후에 橋陵에 묻혔으며, 시호는 玄眞皇帝였다.

443) 封禪: 封은 옥으로 만든 판에 願文을 적어 돌로 만든 상자에 봉한 다음에 天神에게 비는 일이었고, 禪이란 土壇을 만들어 地神에게 비는 일이었다. 최초로 封禪을 한 皇帝는 秦始皇帝로 전219년 泰山(지금 山東省 중부에 있는 산)의 山頂에서 하늘에 제사지내고, 부근의 梁父라는 작은 동산에서 땅에 제사 지냈다. 이후 역대 皇帝들이 그에 따라 제사를 지냈다.

444) 葛邏祿叱利: 葛邏祿 部落의 추장인데, 고대 투르크어로 '카를룩 일리(Qarluq ili)'의 음사로 추정된다.

445) 泰山: 太山이라고도 한다. 지금 山東省 泰安市 북쪽에 있는 산지를 말한다. 東岳, 岱山, 岱岳, 岱宗이라고도 한다. 帝王이 이곳에서 封禪의 大禮를 행한 聖山의 하나였다.

應之. 乃以鴻臚卿單于大都護府長史蕭嗣業·左領軍衛將軍苑大智·右千牛衛將軍李景嘉討之, 恃勝不設備, 會雨雪, 士皸寒, 反爲虜襲, 大敗, 殺略萬餘人, 大智等收餘卒, 行且戰, 乃免. 於是嗣業流桂州, 餘坐免官. 更拜禮部尚書裴行儉爲定襄道行軍大總管, 率太僕少卿李思文·營州都督周道務·西軍程務挺·東軍李文暕, 士無慮三十萬, 捕擊反者. 詔右金吾將軍曹懷舜屯井陘, 右武衛將軍崔獻屯絳·龍門. 明年, 行儉戰黑山, 大破之, 其下斬泥孰匐, 以首降, 禽溫傅·奉職以還, 餘衆保狼山. 始虜未叛, 鳴鵽群飛入塞, 吏曰:「所謂突厥雀者, 南飛, 胡必至.」比春還, 悉墮靈·夏間, 率無首, 泥孰果亡. 狼山衆掠雲州, 都督竇懷哲·右領軍中郎將程務挺逐出之.

조로(調露)년간 초기에[446] 선우[도호]부의 대추(大酋)인 [아사덕]온부(阿史德溫傅)와 [아사덕]봉직(阿史德奉職)[447]의 두 부락[448]이 이반해 아사나니숙복(阿史那泥孰匐)[449]을 가한으로 삼으니 24주의 추장들이 모두 반발해 응수를 했다. 이에 홍려경 선우대도호부 장사(長史)[450] 소사업(蕭嗣業)[451]과 좌령군위장군(左領軍衛將軍)[452] 원대지(苑大智), 우천우위장군

446) 정확히 調露 원년(679)의 일이었다.

447) 阿史德氏 출신의 인물인 阿史德溫博과 阿史德奉職의 이름은 中國式으로 보이는데, 이는 唐朝의 羈縻支配를 받으면서 이름을 中國式 갖게 되었음을 보여준다.

448) 阿史德氏族은 唐朝의 羈縻支配를 받으면서 定襄都督의 역할을 담당하면서 세력을 확대할 수 있었으나 670년대 말 唐朝의 突厥에 대한 갑작스런 內地化 정책에 반발해 반란을 일으켰다(丁載勳, 1994).

449) 阿史那泥熟匐: 고대 투르크어로 '이둑 벡(ïdugh beg)'의 음사인데, '성스런 추장'이라는 의미이다. 그는 雲中都督府에 속해 있었던 阿史那州의 酋長 정도의 위상을 갖고 있었던 것으로 추정된다. 그는 雲中都督府에서도 세력을 확보하지 못하고 있다가 과거 突厥의 君主氏族 阿史那氏族이었기 때문에 阿史德氏族이 주도한 突厥 復興運動에서 可汗으로 추대되었다. 이상과 같이 唐朝에 대한 突厥의 도전이 阿史德氏族 중심으로 이루어진 것은 唐朝의 羈縻支配 과정에서 阿史那氏族이 약화되는 등 내적인 세력관계의 변화를 반영하는 것이다(丁載勳, 1994).

450) 長史: 秦代에 처음 설치되었다. 前漢時代 丞相과 太尉, 御史大夫의 府에 설치되었고 여러 史의 우두머리 역할을 하며 本府의 사무를 총괄했다. 후세에 諸官과 州郡에도 설치되었다. 權任이 重했기 때문에 長官을 대신해 軍政 사무를 처리했다. 中唐 이후 幕職官이 크게 성해 長史의 지위가 점차 가벼워져서 대개 閑散의 직책으로 바뀌었다.

451) 蕭嗣業: 唐初의 관리로 어려 祖姑 隋 煬帝의 皇后를 따라 突厥로 망명했다. 후에 唐에 돌아와 鴻臚卿兼單于都護府長史를 역임했다. 突厥의 반란을 평정했을 때 군대가 패해 貴州로 유배되었다.

452) 左領軍衛將軍: 左領軍衛의 次官으로 품계는 宗三品이었다. 後漢末 曹操가 領軍을 설치했으며, 후에 中領

(右千牛衛將軍)[453] 이경가(李景嘉)가 토벌을 하려고 했는데, [당군이] 승리만 믿고 대비를 갖추지 않았다가 마침 비와 눈이 내려 군사들의 손발이 얼어 터지고 오히려 돌궐에게 공격을 받아 크게 패해 죽거나 잡힌 것이 만여 명이 되자 [원]대지 등이 나머지 병졸을 거두어 싸워가며 후퇴해서 겨우 벗어날 수 있었다. 이로 인해 [소]사업은 계주(桂州)[454]로 유배되었고, 나머지는 연루되어 면관(免官) 되었다. 다시 예부상서 배행검(裴行儉)[455]을 정양도행군대총관(定襄道行軍大總管)[456]으로 제수하여, 태복소경(太僕少卿)[457] 이사문(李思文),[458] 영주도독(營

軍으로 改稱되었다. 曹魏가 처음으로 領軍將軍을 설치해 禁軍을 통솔하게 했다. 이후 각 왕조에서도 領軍將軍이 설치되었다. 北齊에서 領軍府가 설치되고 領軍大將軍이 領軍府를 관장하게 해 모든 禁衛官兵을 관할했다. 隋에서는 左右領軍府로 나뉘어 長史를 두어 관리했으며, 12軍의 籍賬과 差科, 詞訟 등을 관장하게 했다. 隋 煬帝는 이를 左右屯衛로 바꾸었는데, 唐代에는 원래의 명칭을 회복하고 별도로 左右領軍衛를 설치해 각각 大將軍 1명과 將軍 2명을 두었다. 翊一府와 翊二府, 萬敵, 萬年 등 60개의 折衝府를 관장했다. 龍朔 2년(622)에는 左右戎衛로 개칭되었다가 咸亨 元年(670)에 환원되었다. 光宅 元年(684)에는 左右玉鈐衛로 개칭되었다가 神龍 元年(705)에 환원되었다.

453) 右千牛衛將軍: 右千牛衛의 次官으로 품계가 從三品이었다. 千牛衛는 後漢時代 千牛備身이 설치되어 御刀를 쥐고 侍衛하게 했던 것에서 유래했다. 隋代에 左右領左右府가 설치되고 각각 大將軍 1명과 將軍 2명이 侍衛와 兵仗의 공급을 관장했다. 隋 煬帝시기에 左右備身府로 개칭되었다. 唐代에 左右領左右府로 改稱되었다가 顯慶 5년(660) 左右千牛府, 龍朔 2년(662)에 左右奉宸衛로 바뀌었다. 神龍 元年(705)에 左右千牛衛로 개칭되었다. 右千牛衛에는 大將軍 1명과 將軍 2명이 두어졌으며, 職掌은 隋代와 같았다.

454) 桂州: 南朝 梁代 天監 6년(507)에 설치되었는데, 치소가 武熙縣(지금 廣西壯族自治區 柳州 동남쪽)에 있었다. 大同 6년(540)에 치소가 始安縣(지금 廣西壯族自治區 桂林市)으로 이동했다. 隋 大業 원년(605) 始安郡으로 바뀌었다가 武德 4년(621)에 다시 환원되었다. 치소가 臨桂縣(지금 桂林市)에 있었다. 天寶 원년(742)에 始安郡으로 바뀌었다가 至德 2년(757)에 다시 建陵郡으로, 乾元 원년(758)에 다시 桂州로 환원되었다. 관할 구역은 지금 湖南省 城步縣 이남, 廣西壯族自治區 大瑤山 이북, 海洋山 이서 鹿寨 이동이었다.

455) 裴行儉(619~682): 唐代 장군으로 絳州 聞喜縣 사람이고, 字는 守約이었다. 門蔭으로 弘文生이 되었고, 貞觀中 明經科에 급제해 左屯衛倉曹參軍이 되었다. 高宗때 武后를 세우는데 반대해 西州長史로 좌천되었다. 麟德 2년(665) 安西都護로 발탁되었고, 總章 2년(669) 司列少常伯(吏部侍郎)이 되어 관리 선발제도를 개혁했다. 李敬玄과 함께 인사문제를 10여 년 동안 관장하며 능력이 있다는 평판을 들었다. 調露 元年(679) 西突厥이 침입하자 군대를 이끌고 가서 진압하고 페르시아 왕자와 함께 귀국했으며, 西突厥 十姓可汗 阿史那都支를 생포해 碎葉城에 비석을 세운 다음 돌아왔다. 東突厥이 공격하자 定襄道行軍大總管이 되어 18만을 이끌고 東突厥을 평정했다. 인물을 보는 능력이 있어 그가 추천한 程務挺, 王方翼, 李多祚, 黑齒常之 등이 모두 일대의 名將으로 활동했다. 草書에 능했으며, 저서에는 『草字雜體』, 『選譜』 등이 있고 文集 20卷이 있었으나 모두 亡佚되었다(『新唐書』 卷108 「裴行儉傳」: 4085).

州都督) 주도무(周道務),[459] 서군(西軍) 정무정(程務挺),[460] 동군(東軍) 이문간(李文暕)[461]과 군졸 약 30만 명을 이끌고 반란을 일으킨 자를 잡기 위해 공격[하게] 했다. [황제가] 조칙을 내려 우금오위장군(右金吾將軍)[462] 조회순(曹懷舜)을 정형[현](井陘縣)[463]에, 우무위[위]장군 최헌(崔獻)을 강[현](絳縣)[464]과 용문[현](龍門縣)[465]에 주둔하게 했다.

---

456) 行軍大總管: 隋唐時代 특정한 軍事的 목적으로 파견한 야전 부대를 '行軍' 혹은 '行營'이라 지칭했다. 여기에 總管을 두어 총사령관으로 삼았는데, 總管이 지휘하는 行軍 여러 개를 총지휘하는 將領을 行軍大總管이라 불렀다. 中唐이후에는 招討使 혹은 都統, 元帥라고 불렀다.

457) 太僕少卿: 太僕寺의 次官으로 品階는 從四品下였다.

458) 李思文: 唐代의 장군으로 曹州 離狐縣(지금 山東省 東明縣 동남쪽) 사람이었다. 高宗 儀鳳년간 太僕少卿을 역임했고, 調露년간에는 裴行儉 등과 함께 군사 30만을 이끌고 突厥의 반란을 진압하러 출정해 大破하고 阿史德溫博 등을 사로잡은 다음에 潤州刺史로 전임되었다. 光宅 元年(684)에 조카인 徐敬業(혹은 李敬業)이 기병해 武則天에 반기를 들자 사신을 보내 朝廷에 이를 보고했다. 徐敬業이 潤州를 공격하자 그는 군사를 이끌고 城을 굳게 지켜 항복하지 않았다. 城이 함락된 후 徐敬業에게 사로잡혀 구금되었다가 徐敬業의 반란이 평정된 후에 풀려났다. 垂拱 元年(685)에 李思文의 충성이 朝廷에 알려져서 緣坐罪를 면하고 司僕少卿에 임명되었고 姓을 武氏로 바꾸었다(『新唐書』 卷93 「李思文傳」: 3824).

459) 周道務: 唐代의 장군으로 汝南郡 安成縣(지금 河南省에 속함) 사람이었다. 左屯衛大將軍 周紹範의 아들이었다. 부모가 일찍 사망해 강보에 있을 때 功臣의 자식으로서 宮中에서 양육되었다가 나이 14세가 되자 出宮할 수 있었다. 太宗의 딸인 臨川公主와 결혼해 駙馬都尉에 拜授되었다. 高宗시기 營州都督 檢校左驍衛大將軍에 임명되고 譙郡公에 봉해졌다. 調露 元年(679)에 裴行儉을 따라 突厥을 공격하려 出征해서 突厥을 대파했다. 사후 諡號는 襄이었다.

460) 程務挺: 唐代의 장군으로 洺州 平恩縣(지금 河北省 邱縣 서남쪽) 사람이었다. 唐初의 名將 程名振의 아들이었다. 어려서 아버지를 따라 從軍해 勇力으로 이름을 날렸고 右領軍衛中郎將에 임명되었다. 高宗 永徽년간 裴行儉을 따라 突厥의 阿史那伏念을 토벌한 공으로 右衛將軍으로 승진하고 平原郡公에 봉해졌다. 永淳 2년(683)에 白鐵余를 평정해 左驍衛大將軍 檢校左羽林軍에 임명되었다. 嗣聖初(684)에 武則天의 밀지를 받들어 군사들을 이끌고 궁궐에 들어가 中宗을 폐하고 睿宗을 옹립했다. 이듬해에 左武衛大將軍 單于道安撫大使의 신분으로 突厥을 撫御하러 가자 突厥이 그를 두려워해 감히 침입하지 못했다. 후에 徐敬業의 반란이 발생하자 그 黨人 唐之奇, 杜求仁 등과 친하다는 이유로 裴炎에게 모함을 당해 구금되어 軍中에서 참수되었다(『新唐書』 卷111 「程務挺傳」: 4146).

461) 李文暕: 唐 宗室이며, 李神符의 아들이었다. 일찍이 幽州都督에 임명되고 魏國公에 봉해졌다. 武則天 垂拱년간 어떤 사건에 연루되어 藤州別駕로 좌천되었다가 誅殺되었다.

462) 右金吾衛將軍: 右金吾衛의 次官이며 品階는 從三品이었다.

463) 井陘縣: 前漢시대에 설치되었고, 치소는 지금 河北省 井陘縣 서북쪽에 있었다. 北齊시기에 폐지되었다가 隋 開皇 6년(586)에 다시 설치되었다. 唐代에도 그대로 계속되었고, 河北道 鎭州에 속해 있었다.

464) 絳縣: 본래 漢代 聞喜縣이었는데, 北魏시기에 이곳에 南絳州과 絳縣가 설치되었다. 치소는 지금 山西省 絳縣 정남쪽 涑水河 남쪽에 있었다. 西魏시기에 이곳에 建州가 설치되고 이름이 晉州로 바뀌었다. 隋代에

이듬해(680) [배]행검이 흑산(黑山)466)에서 싸워 [돌궐을] 크게 격파하자 그 부하가 [아사나]니숙복을 죽여 그 머리를 갖고 항복하면서 [아사덕]온부와 [아사덕]봉직마저 잡아 귀순하자 나머지 백성들이 낭산(狼山)467)에 숨었다. 아직 돌궐이 평정되지 않았을 때 탈구[鵽]가468) 울며 떼를 지어 날아 장성 안으로 들어오자 관리가 [이런 징조를 해석해] 말했다. "[이 새들은] 소위 탈구[鵽]로 [만약 이것들이] 남쪽으로 날아오면 돌궐[胡]이 반드시 온다는 뜻입니다." 봄이 되어 [새들이] 돌아갔다가 모두 영[주]와 하[주] 사이에 떨어졌는데 [살펴보니] 모두 머리가 없었고, [이런 징조와 맞아 떨어져 아사나]니숙[복]이 과연 패망했다. 낭산에 있던 백성들이 운주를 약탈하자 도독 두회철(竇懷哲)469)과 우령군중랑장(右領軍中郎將)470) 정무정이 쫓아냈다.

永隆中, 溫傅部又迎頡利族子伏念於夏州, 走度河, 立爲可汗, 諸部響應. 明年, 遂寇原·慶二州. 復詔行儉爲大總管, 以右武衛將軍曹懷舜·幽州都督李文暕副之. 謀者紿言伏念·溫傅保黑沙, 飢甚, 可輕騎取也. 懷舜獨信之, 輕兵倍道至黑沙, 乃不見虜, 得薛延陀餘部, 降之; 引還至長城, 遇溫傅與戰, 所殺相當. 行儉兵壁代之陘口, 縱反間, 故伏念·溫傅相貳, 因遣兵擊伏念, 敗之. 伏念走, 與懷舜遇, 行且戰一日, 爲伏念所破, 棄軍奔雲中, 士爲虜所乘, 死不可算, 皆南首仆. 懷舜殺牲與伏

絳縣이 되어 絳州에 소속되었다. 치소를 涑水河 북쪽으로 이동했는데, 바로 지금 山西省 絳縣이다.

465) 龍門縣: 北魏 太平眞君 7년(446)에 皮氏縣이 바뀌어 설치되었다. 당시 치소는 지금 山西省 河津 동남쪽에 있었고, 隋唐代에도 그대로 계승되었다. 武德년간에 泰州에, 貞觀 17년(643) 이후에는 蒲州에 소속되었다.

466) 黑山: 지금 內蒙古自治區 包頭市 서북쪽에 있다. 調露 元年(679)에 裴行儉이 突厥을 대파한 장소였다.

467) 狼山: 지금 內蒙古自治區 杭愛後旗 서쪽과 烏拉特後旗 서남쪽에 있는 산을 말한다.

468) 鵽은 寇雉이라고 하는데, 새의 이름으로 달리 鵽鳩, 突厥雀, 沙雞이라고도 한다. 크기는 비둘기만하고, 다리가 쥐와 비슷하며 꼬리가 갈라져 있다고 한다.

469) 竇懷哲: 唐代의 관리로 달리 竇懷悊라고도 한다. 祖籍은 扶風 平陵(지금 陝西省 咸陽市 서북쪽)에 있었다. 袞州, 雲州都督을 역임했고, 太宗의 딸 蘭陵公主 李淑(字가 麗貞)과 결혼했다. 調露 2년(680)에 裴行儉을 도와 突厥의 반란을 진압했다.

470) 左領軍中郎將: 左領軍衛에서 將軍 다음의 지위를 갖고 있었고, 品階는 正四品下였다. 永徽 3년(652)에 諸衛의 中郎將을 旅賁으로 개칭했다가 다시 中郎將의 명칭으로 바꾸었다.

念盟, 乃免. 伏念益北, 留輜重妻子保金牙山, 以輕騎將襲懷舜, 會行儉遣部將掩得其輜重, 比還, 無所歸, 乃北走保細沙. 行儉縱單于鎭兵躡之, 伏念意王師不能遠, 不設備, 及兵至, 惶駭不得戰, 遂遣使間道詣行儉, 執溫傅降, 行儉虜之, 送京師, 斬東市.

영융(永隆)년간에[471] [아사덕]온부의 부락 [사람들]이 다시 힐리[가한] 족속의 아들인 [아사나]복념(阿史那伏念)[472]을 하주(夏州)에서 맞아들여 황하를 건너 도망가서 추대해 가한으로 삼자 여러 부락이 호응했다. 이듬해(681)에 [돌궐이] 마침내 원[주](原州)과 경[주](慶州)[473] 두 주를 약탈하자 [황제가] 다시 조칙을 내려 [배]행검을 대총관으로, 우무위[위]장군 조회순, 유주도독 이문간을 부[총관]으로 삼으라고 했다. 첩자가 [아사나]복념과 [아사덕]온부가 흑사[성](黑沙城)[474]에 있는데 기근이 심해 경장 기병만으로도 잡을 수 있을 것이라고 속여 말했다. [조]회순만이 [이 말을] 믿고 경장한 군사를 이끌고 빠른 길로 흑사[성]에 갔으나 돌궐을 보지 못하고 설연타의 남은 부락만을 잡아 항복시켰을 뿐이었고, [병사들을] 이끌고 돌아와 장성 인근에 왔다가 [아사덕]온부를 만나 싸웠는데 서로 죽인 것이 비슷했다.

[배]행검이 군대를 대[주]의 경구(陘口)에 주둔시키고 [돌궐 내부를] 이간하는 계책을 썼기 때문에 [아사나]복념과 [아사덕]온부가 서로 틈이 생기자 [아사덕온부가] 군대를 보내 [아사나]복념을 공격해 패배시켰다. [아사나]복념이 도망하다가 [조]회순과 만나 또 싸움을 하루

---

471) 정확히 永隆 원년(680)의 일이다.

472) 阿史那伏念: 中國式 이름으로 추정되는데, 원래의 이름은 알 수 없다. 그는 원래 突厥 可汗氏族인 阿史那氏族의 일원으로 반란의 구심점이 되었으나 실패했다.

473) 慶州: 隋 開皇 16(596)에 설치되었는데, 치소는 合水縣(唐代 安和로 개칭되었는데, 지금 甘肅省 慶陽縣)에 있었다. 관할 구역은 甘肅省 西峰, 慶陽, 環縣, 合水, 華池 등과 陝西省 志丹縣 서부였다. 大業 3년(607)에 弘化郡으로 바뀌었다가 武德 元年(618)에 환원되었다. 天寶 元年(742)에 安化郡으로 바뀌었다가 至德 원년(756)에 順化郡으로 바뀌었다. 乾元 元年(758)에 다시 慶州가 되었다.

474) 黑沙城: 고비 남부의 중심지로 이전에 突厥이 復興運動을 일으켰을 때 근거지가 되었다. 고대 투르크어로 '카라 쿰(Qara Qum)'의 음사인데, '검은 사막'을 뜻했다. 즉, 고대 투르크어를 한자로 음사한 것이다. 고대 투르크 비문에서도 이를 "카라 쿰"이라고 기록하고 있는데, 中國 기록과의 동일 여부는 다음의 연구를 통해 밝혀졌다(K. Czegledy, 1962: 55~61; A. von Garbain, 1949: 34; 岩佐精一郎, 1936: 106~19; 岑仲勉, 1958: 306; R. Giraud, 1960: 169; 芮傳明, 1990: 153~160).

동안 벌였는데, [조회순은 아사나]복념에게 [끝내] 패배해 군대를 버리고 운중으로 도망갔다. 돌궐에게 쫓겨 죽은 병사들이 셀 수 없었는데, 모두의 머리가 남쪽으로 엎드려 있었다. [조]회순은 희생 재물을 잡아 [아사나]복념과 결맹을 하고서야 [죽음을] 면할 수 있었다. [아사나]복념이 거듭 패하자 군수 물자와 처자를 금아산(金牙山)[475]에 두고, 경장 기병을 거느리고 [조]회순을 공격했는데, 마침 [배]행검이 부장을 보내 [돌궐의] 군수 물자를 빼앗아 바로 돌아오자 돌아갈 곳이 없게 되어 [아사나복념이] 바로 북쪽의 세사(細沙)[476]로 도망가 숨었다. [배]행검이 선우도호부의 병사들에게 추격을 명령했는데, [아사나]복념이 당나라 군대가 멀리까지 오지 못할 것이라고 방비를 갖추지 않았다가 군대가 오자 놀라 싸워보지도 못하고, 결국 사자를 샛길로 보내 [배]행검에게 와서 [아사덕]온부를 잡아 항복하니, [배]행검이 [아사나복념을] 사로잡아 경사로 보내서 동시(東市)[477]에서 목을 벴다.

永淳 元年, 骨咄祿又反.

영순(永淳) 원년(682)에 [아사나]골돌록(阿史那骨咄祿)[478]이 또 반란을 일으켰다.

---

475) 金牙山: 지금 內蒙古에 위치한 陰山山脈의 한 지역으로 추정되나 정확한 것은 알 수 없다.

476) 細沙: 陰山山脈 남부에 위치한 沙漠으로 추정되나 정확한 것은 알 수 없다.

477) 東市: 長安城 내에 있었던 두 곳의 상업 구역의 하나로 지금 西安市 交通大學 구역이 그 故址이다. 西로는 平康과 宣陽坊, 東으로 道政과 常樂坊, 北으로 勝業坊, 南으로 安邑坊과 접해 있었다. 東西南北이 600步이고 사면에 각각 두 개의 문이 있었는데, 定四面의 거리가 각각 100보였다. 北街는 皇城의 남쪽의 大街와 연결되었고, 東으로는 春明門과 연결되었다. 시장 내에는 220개의 行이 있었다.

478) 阿史那骨咄祿(재위 683~692): 突厥第二帝國의 건국자로서 突厥의 君主氏族인 阿史那 집안 출신으로 이름이 骨咄祿이었다. 『資治通鑑』에서는 骨篤祿이라고도 했는데, 모두 고대 투르크어로 '쿠틀룩(Qutlugh)'의 음사로 '하늘로부터 축복을 받은'이라는 의미이다. 그는 唐朝의 지배 하에서 '토둔 초르(Todun chor, 『舊唐書』에서는 吐屯啜, 반면 저본에서는 吐屯이라고 기록)'의 직책을 갖고 있었는데, 정확하게 어떤 역할을 했는지는 분명하지 않다. 680년대 초 突厥의 두 차례에 걸친 唐朝에 대한 復興運動이 실패한 이후에 阿史德元珍의 도움을 받아 漠南에서 부흥에 성공하고 687년에 고비를 건너 북방의 回紇을 비롯한 九姓을 복속시킴으로써 突厥을 완전하게 부흥시켰다. 그는 즉위한 이후에 詰跌利施可汗이라 칭했는데, 이것은 '일테리쉬 카간(Ilterish qaghan)'의 音寫로서 '나라를 세운 군주'라는 의미였다.

骨咄祿, 頡利族人也, 雲中都督舍利元英之部酋, 世襲吐屯. 伏念敗, 乃嘯亡散, 保總材山, 又治黑沙城, 有衆五千, 盜九姓畜馬, 稍彊大, 乃自立爲可汗, 以弟默啜爲殺, 咄悉匐爲葉護. 時單于府檢校降戶部落阿史德元珍者, 爲長史王本立所囚. 會骨咄祿來寇, 元珍請諭還諸部贖罪, 許之. 至卽降骨咄祿, 與爲謀, 遂以爲阿波達干, 悉屬以兵. 乃寇單于府北鄙, 遂攻幷州, 殺嵐州刺史王德茂, 分掠定州, 北平刺史霍王元軌擊卻之. 又攻嬀州, 圍單于都護府, 殺司馬張行師, 攻蔚州, 殺刺史李思儉, 執豐州都督崔知辯. 詔右武衛將軍程務挺爲單于道安撫大使備邊.

[아사나]골돌록은 힐리[가한]의 친척으로 운중도독 사리원영(舍利元英)[479] [휘하] 부락의 추장[部酋]으로 대대로 토둔(吐屯)을 세습했다. [아사나]복념이 패하자 바로 도망해 흩어진 [부락 백성을] 불러 모아 총재산(總材山)[480]에 숨어서 다시 흑사성을 수리했는데, 백성이 5천 명으로 구성(九姓)[481]의 가축과 말을 도둑질하여 점차 강하고 커지게 되자 바로 스스로

479) 舍利元英: 突厥 주요 씨족의 하나인 舍利氏의 추장으로 雲中都督이었는데, 都督府 내에서 기존 阿史那氏을 대신에 唐朝의 지원을 받으면서 세력을 확대했다. 반대로 定襄都督府에서는 阿史德氏가 阿史那氏를 대신해 세력을 형성하고 있었다. 이런 羈縻支配時期 唐朝의 지원에 의한 突厥 내부의 세력 관계에 변화가 있었음에도 불구하고 武則天이 羈縻支配의 여러 종족들에 대해 강경한 內地化 정책을 시행한 것이 반발함에 따라 결국 阿史德氏가 阿史那氏를 추대하고 突厥을 부흥시켰다(丁載勳, 1994).

480) 總材山: 고대 투르크 비문에 "초가이 쿠즈(Chogh ai quzi)" 즉, '햇빛이 들지 않는 그늘진 곳'이라는 의미를 갖고 있는 陰山山脈을 투르크어로 번역한 것을 다시 한자로 음사한 것이다. 이곳은 漠南地域의 중심지로 突厥이 復興運動을 일으켰을 때에도 근거지가 되었다. 지금은 大靑山이라 불리는데 고비 남부에 있는 일련의 산지를 부르는 명칭이다. 이하의 연구에서는 中國 기록에 나오는 總材山과 碑文의 내용이 동일했다는 점을 증명했다(K. Czegledy, 1962: 55~61; A. von Gabain, 1949: 34; 岩佐精一郞, 1936: 106~19; 岑仲勉, 1958: 306; R., Giraud, 1960: 169; 芮傳明, 1990: 153~160).

481) 九姓: 九姓鐵勒 또는 鐵勒九姓의 준말이다. 몽골 초원에 살던 투르크 연합체라는 의미로서 고대 투르크 비문에서는 이들을 "토쿠즈 오구즈(Toquz Oghuz)"라고 기록하고 있는데, 이것은 '아홉 개의 부락으로 구성된 오구즈'라는 의미이다. 하지만 실제 鐵勒을 구성하는 부락의 숫자가 아홉을 넘고 또한 아홉이 실수라기보다 많다는 의미로도 해석된다는 점에서 이를 '많은 투르크계 부족들'이라고 보는 것이 타당할 것이다. 토쿠즈 오구즈의 구성 문제는 이후 回紇이 突厥을 대체하고 새로운 국가를 건설하는 과정에서 나타나는 九姓回紇과의 상관 관계 즉, 위구르시대 비문에서 "토쿠즈 오구즈"와 같이 나오는 "온 위구르(On Uyghur: 열 개의 위구르)"가 어떤 관계를 갖고 있었는가 하는 점에 대해 많은 논쟁이 전개되었다. 이것은 원래 토쿠즈 오구즈의 일원이었던 回紇이 정치적으로 세력을 확대해 오히려 토쿠

즉위해 가한이 되었고, 동생 묵철(默啜)[482]을 살(殺), [다른 동생] 돌실복(咄悉匐)[483]을 엽호(葉護)로 삼았다.

이 때 선우[도호]부 항호 부락을 검교(檢校)[484]하던 아사덕원진(阿史德元珍)[485]이 장사

즈 오구즈를 포함하는 국가를 건설함에 따라 그 구성 내용이 변화했다고 이해되고 있다(丁載勳, 1999).

482) 默啜(재위 692~716): 突厥第二帝國의 2대 可汗으로 건국자 骨咄祿의 동생이었다. 默啜은 고대 투르크어로 '벡 초르(Beg chor)'의 음사인데(S.G. Kliashtornyi, 1954: 35), 경우에 따라서는 이를 '뵈귀 초르(Bögü chor)'의 음사로 보기도 한다(O.F. Sertkaya, 1977: 31; 薛宗正, 1992: 463). 이는 관칭이었는데, 可汗이 된 이후에도 지속적으로 비하하는 차원에서 唐朝에서 계속 사용되었다. 그의 본명에 대해서는 薛宗正이 『突厥集史』下(岑仲勉, 1958: 809~25)에 실려 있는 「毗伽公主墓誌拓本校注」를 근거로 그의 본명을 阿史那瓌라고 추측했는데 정확한 것은 아니다. 반면에 고대 투르크 비문에서는 "카프간 카간(Qapghan qaghan)"이라고 지칭하고 있다. 여타 기록에서 그의 구체적인 명칭을 정확하게 확인할 수 없고, 또한 카프간 카간이라는 비문의 명칭도 구체적으로 默啜을 지칭하는 것인 지에 대해 논란이 있으나 대개 默啜을 카프간 카간으로 보고 있다(D. Sinor, 1954: 178; 澤田勳, 1983: 80~85). 이런 명칭 이외에도 唐側의 기록에는 默啜可汗, 또는 714년 玄宗에게 올린 表에서 자칭해 乾和永淸大駙馬天上得果報天男 突厥聖天骨咄祿可汗이라고 하는 등 다양한 이름이 唐側의 記錄에 남아있다(『冊府元龜』 卷979, 「外臣部 和親 2」: 11499).

483) 咄悉匐: 고대 투르크어로 '툇리스 벡(Tölis beg)'의 음사이다. 그는 초대 可汗 骨咄祿의 아들로 默啜의 동생이었다. 그의 墓誌銘이 현재 남아 있는데, 발견된 지명에 따라 《옹긴 비문》이라고 한다. 그에 따르면 그의 관칭은 "이쉬바라 타르칸(Ishbara tarqan)"이었던 것으로 추정된다(澤田勳, 1983: 703).

484) 檢校: 詔書로 除授했지만 정식으로 임명하지 않은 관직을 지칭한다. 東晉時代에 처음으로 지방을 감찰하는 檢校御史가 설치되었다. 唐初에는 임시적으로 某官을 代理하는 성질을 지녔다. 唐中期 이후 中書令과 侍中 등 宰相의 虛銜을 지방의 節度使에게 하사하며 恩寵을 과시했다. 조정에서 임직하는 진짜 宰相과 구분하기 위해 관명 앞에 '檢校' 2字를 붙였다. 檢校는 玄宗 이후에 실제로 加官이 되었으며 實權을 갖지 못했다.

485) 阿史德元珍: 突厥第二帝國 건설의 一等功臣으로 이후에도 계속 突厥의 킹메이커로서 중요한 역할을 담당했다. 그는 唐朝의 羈縻支配과정에서 세력화했던 阿史德氏族의 일원으로 두 차례에 걸친 阿史德氏族 주도가 반란이 실패한 이후 다시 阿史那骨咄祿을 추대해 부흥에 성공했을 뿐만 아니라 그 이후 默啜과 毗伽可汗의 즉위에도 중요한 역할을 했다. 中國 기록에서 阿史德元珍이라고 한 인물과 지금 몽골공화국 바인 초크토에서 발견된 《톤유쿠크 碑文》의 주인공인 "暾欲谷(빌게 톤유쿠크: Bilge Tonyuquq)"의 동일인 여부는 비문이 발견된 이래 비상한 관심을 끌면서 많은 연구가 진행되었다. 그 중에서 《퀼 테긴 碑文》에서 突厥이 羈縻支配下에서 자신의 이름을 버리고 唐의 이름을 가졌지만 復興以後에 다시 突厥의 이름을 갖게 되었다는 기록을 바탕으로, 처음에는 元珍과 같은 중국식 이름으로 기록되었지만 이후에는 톤유쿠크와 같은 투르크식 이름으로 기록되었다고 설명되었다. 그 이유로 Toñuquq가 ton+yuquq의 합성어로 ton은 '최초의' '첫번째의'를 yuquq는 '존중하는' 또는 '귀중한'과 같은 의미를 갖고 있어서 ton은 元과 yuquq는 珍에 상응해 Toñuquq = 元珍이라고 한 논증

왕본립(王本立)[486]에게 잡혀 있었다. 마침 [아사나]골돌록이 와서 노략질을 하자 [아사덕]원진이 여러 부락이 돌아가도록 설득함으로써 죄를 대신하겠다고 청하니 [왕본립이] 허락했다. [그런데 아사덕원진은] 가서 [아사나]골돌록에게 항복하고 그와 함께 모의해 마침내 아파달간(阿波達干)[487]이 되어 모든 병력을 통솔하게 되었다. 그리고 선우[도호부]의 북부를 노략질하고 마침내 병주까지 공격해 남주자사(嵐州刺史)[488] 왕덕무(王德茂)를 죽이고, [군대를] 나누어 정주를 약탈하자 북평자사(北平刺史) 곽왕원(霍王元)이 타격해 물러나게 했다. 또 규주(嬀州)[489]를 공격해 선우도호부를 포위하고 사마 장행사(張行師)를 죽였으며 울주(蔚州)[490]를 공격해 자사 이사검(李思儉)을 죽이고 풍주도독(豐州都督) 최지변(崔知辯)[491]을 사로잡았다. [무측천이][492] 조칙을 내려 우무위[위]장군[493] 정무정을 선우도안무대사(單于道安撫大

(Kliashtornyi, S.G., 1954: 30~31)을 통해 양자의 동일인 여부가 분명해졌다(丁載勳, 1994: 31~44).

486) 王本立: 唐代의 官吏로 高宗시기에 벼슬이 戶部尙書에 이르렀다.

487) 阿波達干: 고대 투르크어로 '아파 타르칸(Apa tarqan)'을 음사한 것으로 '군을 총괄하는 최고 사령관'을 의미한다. 이것은 그가 骨咄祿을 可汗으로 추대하고 실질적으로 復興運動을 주도하면서 군권을 장악하고 있었음을 보여준다. 《톤유쿠크 碑文》 제I비문 서면 6행에서 톤유쿠크는 자신을 건국 초기에 '보일라 바가 타르칸(Boyla bagha tarqan)'이라고 지칭하고 있다. 이런 차이로 인해 양자가 다른 인물이라는 주장이 나오기도 했으나 이것은 처음 아파 타르칸이라고 했다가 이후에 다른 명칭으로 바뀐 것을 비문을 작성을 즈음에 이후의 칭호로 표기하면서 생긴 문제로 보인다.

488) 嵐州: 武德 6년(623) 東會州가 바꾸어 설치되었는데, 치소는 宜芳縣(지금 山西省 嵐城鎭)에 있었다. 天寶 元年(742)에 樓煩郡으로 바뀌었다가 乾元 元年(758)에 환원되었다.

489) 嬀州: 貞觀 8년(634)에 北燕州가 바뀌어 설치되었는데, 治所는 懷戎縣(지금 河北省 涿鹿縣 서남)에 있었다. 長安 초에 治所를 지금 懷來縣 동남 舊懷來로 옮겼다. 관할 구역은 지금 河北省 張家口市와 懷來, 赤城, 崇禮, 張北, 懷安, 涿鹿縣 등의 땅이었다. 天寶 元年(742)에 嬀川郡으로 개칭되고 乾元 元年(758)에 嬀州로 다시 환원되었다. 五代 後晉시대에는 契丹의 영토가 되어 可汗州로 바뀌었다.

490) 蔚州: 北魏 永安년간에 懷荒(지금 河北省 張北縣)과 御夷(지금 赤城縣 북쪽) 두 곳의 鎭에 설치되었다. 그 다음에 치소를 지금 山西省 平遙縣 서북쪽에 옮겼다가 北周시대에 靈丘縣(지금 山西省 靈丘縣)으로 옮겼다. 隋 大業년간에 폐지되었다가 武德 6년(623)에는 다시 설치되었다. 치소가 陽曲縣(지금 山西省 太原市 북쪽 陽曲鎭)에 있다가 이듬해 繁畤縣(지금 繁畤縣 서쪽)으로 옮겼다. 8년(625)에 秀容縣 북쪽 恒州城(지금 忻州市 서북)으로 치소를 옮겼다. 貞觀 5년(631)에 치소를 靈丘縣으로, 開元 초에 다시 安邊縣(지금 河北省 蔚縣)으로 옮겼다.

491) 崔智辯(?~683): 唐代 관리로 滑州 永昌縣(지금 河南省 延津縣 동북) 사람이었다. 高宗시기에 豐州都督과 洮州都督을 역임했다. 永淳 2년(683)에 突厥이 蔚州(지금 河北省 靈丘縣)을 공격하자 군대를 이끌고 朝那山에서 공격했으나 패해 살해되었다.

492) 『舊唐書』에는 武則天이 조서를 내렸다고 되어 있다.

使)로 삼아 변경을 수비하게 했다.

嗣聖・垂拱間, 連寇朔・代, 掠吏士. 左玉鈐衛中郎將淳于處平爲陽曲道總管, 將擊賊總材山, 至忻州與賊遇, 鏖戰不利, 死者五千人. 更以天官尚書韋待價爲燕然道大總管討之. 明年, 入昌平, 右鷹揚衛大將軍黑齒常之擊卻之. 復入朔州地, 常之與戰黃花堆, 虜敗, 追奔四十里, 遯過磧. 右監門衛中郎將爨寶璧嘗追, 意虜卽破, 欲幸取功, 乃募謀出塞二千里, 間虜無備, 趨襲之. 將至, 漏言于軍, 虜得整衆出, 皆死戰, 大敗, 寶璧跳還, 擧軍沒. 武后怒, 誅寶璧, 改骨咄祿曰不卒祿. 俄而元珍攻突騎施, 戰死. 天授初, 骨咄祿死, 其子幼, 不得立.

사성(嗣聖) 원년(684년)과 수공(垂拱) 원년(685) 사이에 [돌궐이] 이어 삭[주]와 대[주]를 노략질하고 관리와 병사들을 잡아갔다. 좌옥금위중랑장(左玉鈐衛中郎將)[494] 순우처평(淳于處平)이 양곡도총관(陽曲道總管)이 되어 적을 총재산에서 공격해 흔주에 이르러 적과 만나 격전을 벌였으나 싸움이 불리해져 5천 명이나 죽었다. 다시 천관상서(天官尚書)[495] 위대가(韋待價)[496]를 연연도대총관(燕然道大總管)으로 삼아 [돌궐을] 토벌하게 했다.

---

493) 『舊唐書』에는 "左武威衛大將軍"이라고 되어 있다.

494) 左玉鈐衛中郎將: 武則天 光宅 元年(684)에 左右領軍衛가 左右玉鈐衛로 바뀌어 그 휘하에 있던 翊府中郎將이 개칭되었으나 神龍 元年(705)에 다시 옛날의 이름으로 환원되었다. 左玉鈐衛中郎將은 소속 軍兵을 거느리고 宿衛에 참여했다.

495) 天官尚書: 吏部尚書의 별칭으로 품계는 正三品이었다. 武則天 光宅 元年(684)에 吏部尚書를 天官尚書로 개칭되었다가 神龍 元年(705)에 다시 吏部尚書로 환원되었다. 『周禮』에는 太宰卿이 있어 王을 도와 나라를 다스리며 百官을 통솔했다. 前漢時代에는 常侍曹尚書가 있어 丞相과 御史, 公卿의 사무를 맡아 보았다. 後漢時代에는 常侍曹를 吏部曹로 바꾸고 選擧와 祭祀를 맡도록 했다. 後漢末에 選部라 개칭되어 選擧를 맡았다. 曹魏時期 二府라고 개칭된 이후 역대 왕조에서 대개 吏部尚書라는 명칭으로 사용되었다. 唐代 吏部尚書는 文官의 選擧를 맡았다. 龍朔 2년(662)에 司禮太常伯으로 개칭되었다가 咸亨 元年(670)에 다시 바뀌었다. 光宅 元年(684)에 다시 天官尚書로 개칭되었다가 神龍 元年(705)에 다시 吏部尚書로 환원되었다. 天寶 11년(752)에 文部尚書로 바뀌었다가 至德 2년(757)에 吏部尚書로 改稱되었다. 휘하에 吏部, 司封, 司勳, 考功 4司가 있다.

496) 韋待價: 唐代 宰相으로 京兆府 萬年縣(지금 陝西省 西安市) 사람이었다. 韋挺의 아들로 行伍 출신이었다. 高宗시기에 蘭州刺史, 肅州刺史가 되어 吐蕃의 공격을 막아냈고, 右武衛將軍 檢校右羽林軍事로 배수되

이듬해(686) [돌궐이] 창평[현](昌平縣)[497]에 쳐들어오자 우응양위대장군(右鷹揚衛大將軍)[498] 흑치상지(黑齒常之)[499]가 공격해 격퇴했다. 다시 [돌궐이] 삭주 땅으로 들어오자 [흑치]상지가 황화퇴(黃花堆)[500]에서 그들과 싸워 돌궐을 패배시켰고 도망가는 것을 40리나 쫓아가자 고비를 지나 달아났다. 우감문위중랑장(右監門衛中郎將)[501] 찬보벽(爨寶璧)[502]이 쫓는 일을 맡았는데, 돌궐을 바로 깨뜨려 요행으로 공을 얻고자 하는 생각을 갖고서 바로

었다. 武則天시기에 吏部尙書 攝司空이 되어 乾陵 건설을 맡았다. 그 공로로 金紫光祿大夫가 가해졌고, 天官尙書同鳳閣鸞臺三品으로 相이 되었다. 이듬해에 文昌右相으로 바뀌었다. 垂拱 3년(687) 재상의 신분으로 吐蕃 정벌에 大總管이 되었고, 扶陽郡公으로 進封했다. 이후에 싸움에서 패배해 相에서 물러났고, 綏州로 유배되어 죽었다. (『新唐書』 卷98 「韋待價傳」: 3904).

497) 昌平縣: 前漢時代에 처음 설치되었다. 治所는 지금 北京城 昌平縣 동남쪽에 있었는데, 上谷郡의 屬縣이었다. 後漢時代에는 廣陽郡에 속했고, 후에 燕國에 소속되었다. 北魏 初 廢置되었다가 東魏 天平년간 다시 설치되었다. 治所를 지금 昌平縣 서남 古城으로 옮겼고, 平昌郡에 소속되었다. 隋代에는 涿郡에, 唐代에는 幽州에 소속되었다. 五代 後唐시기 治所를 지금 縣 서쪽으로 옮겼다.

498) 『舊唐書』에는 "左鷹揚衛大將軍"이라고 되어 있다.
右鷹揚衛大將軍: 右武衛大將軍의 다른 이름이었다. 16衛大將軍의 하나였다. 隋代에 '武'字가 들어가는 명칭을 軍府에 붙였는데, 左武衛府와 右武衛府가 있었으며 大將軍과 將軍이 두어졌다. 唐初에도 隋의 제도를 그대로 이어받았다. 光宅 元年(684)에 左右鷹揚衛로 改稱되었으나 神龍 元年(705)에 다시 左右武衛로 개칭되었다. 左鷹揚衛大將軍은 正三品의 右武衛의 長官으로 宮廷의 警衛업무를 맡았다.

499) 黑齒常之(630~689): 百濟 서부 사람으로 驍勇하고 謀略이 있었다. 百濟에서 達率 겸 郡將(唐의 刺史에 해당함)을 역임했다. 顯慶 5년(600) 蘇定方이 이끄는 唐軍에 저항하다가 龍朔 3년(663)에 唐에 투항해 左領軍員外將軍에 제수되었다. 儀鳳 3년(678)에 李敬玄 휘하에서 종군해 吐蕃을 공격했고, 軍功을 세워 左武衛將軍 兼檢校左羽林軍으로 발탁되었다. 開耀 元年(681)에 河源軍經略大使에 拜授되었고 吐蕃을 良非川(지금 青海省 동부)에서 패퇴시켰고 병사들을 두어 鎭戍하고 봉수대 70여 所를 설치했으며 營田 5천여 頃을 경작해 매년 백여만 석을 수확했다. 河源軍에서 7년 동안 주둔하는 동안 吐蕃이 두려워해 감히 변경을 범하지 못했다. 嗣聖 元年(684)에 左武衛大將軍으로 승진하며 檢校左羽林軍을 겸했다. 垂拱 2년(686)에 突厥이 변경을 침입하자 격파해 燕國公에 봉해졌다. 이듬해에 또 다시 突厥을 격파했으나 部將 爨寶璧이 공을 탐내 가벼이 전진해 전군이 覆沒했다. 永昌 元年(689)에 酷吏 酒興이 모반한다고 무고해 하옥된 이후 스스로 목을 매서 죽었다(『新唐書』 卷111 「黑齒常之」: 4121).

500) 黃花堆: 黃瓜堆라고도 하는데, 지금 山西省 應縣 서북 30里 黃花嶺에 있었다. 黑齒常之가 突厥의 군대를 격파한 곳이었다. 또 元和 4년(809)에 沙陀部의 우두머리 朱邪執宜이 神武川의 黃花堆에 웅거했다.

501) 右監門衛中郎將: 右監門衛의 將領이었다. 唐代에는 左右監門衛에 각각 4인을 두어 宮殿의 諸門과 城門의 守衛와 출입의 조사를 관장했다. 지위는 右監門衛將軍의 아래에 있었다.

502) 爨寶璧: 唐代 將軍으로 武則天시기에 右監門衛中郎將이 되었다. 垂拱 3년(687)에 突厥을 黑齒常之와 함께 격파하나 말을 듣지 않다가 대패해 참수되었다.

첩자를 불러 모아 장성 밖에 2천 리까지 내보냈으며 첩자가 돌궐의 대비가 없다고 하자 바로 습격했다. 도착하려고 할 때 군에 말이 새서 돌궐이 백성을 정리해 나오자 모두 싸우다 죽고 패했는데, [찬]보벽만이 도망쳐왔고 전군은 몰살을 당했다. 무후(武后)[503]가 화가 나서 [찬]보벽을 죽이고, 골돌록을 불졸록(不卒祿)이라고 했다. 얼마 있다가 [아사덕]원진이 돌기시(突騎施)[504]를 공격해 싸우다 죽었다.[505] 천수(天授)년간(690~691) 초기에[506] [아사나]골돌록이

503) 武后(624~705; 재위 690~705): 則天武后 또는 武則天이라고 불린다. 并州 文水縣(지금 山西省 文水 동쪽) 사람이었다. 武士彠의 딸로 지혜가 많았고 文史를 겸했다. 14세 때에 太宗의 才人이 되었다가 太宗이 죽자 感業寺에 들어가 비구니가 되었다. 永徽初 高宗이 다시 宮으로 불러 昭儀로 삼았다. 永徽 6년(655) 皇后가 되고 顯慶 5년(660) 高宗의 병이 중하자 國政을 처리했다. 上元 元年(674) 天后라 칭했다. 高宗이 죽고 中宗이 즉위하자 皇太后가 되어 臨朝稱制했다. 中宗을 폐위하고 睿宗을 세운 후 국정을 혼자 처리했다. 天授 元年(690) 국호를 周라 하면서 聖神皇帝라 칭하고 이름을 曌로 改名했다. 재위기간 중 정적을 진압하고 酷吏를 등용해 밀고를 크게 장려했으며, 宗室과 舊臣을 크게 탄압했다. 전후 『氏族志』를 『姓氏錄』으로 바꾸어 5品 이상의 官을 士流로 편입시켰으며, 殿試와 武擧를 실시해 인재를 발탁했다. 佛敎를 일으키고 明堂을 만들었으며 員外試官을 설치했다. 농업을 중시해 호구를 증가시킴으로써 경제를 발전시켰다. 말년에 병이 중하게 되자 張柬之 등이 정변을 일으켜 中宗을 복위시켰다. 사후 高宗과 乾陵에 합장되었으며, 謚號는 則天大聖皇后였다. 『全唐文』에 99편의 글과 『全唐詩』에 46수의 詩가 전한다.

504) 突騎施: 西突厥에 속한 종족의 하나로 고대 투르크어로 '투르기쉬(Türgish)'의 음사이다. 唐이 阿史那賀魯를 평정한 이후 突騎施의 索葛莫賀部에 嗢鹿州都督府, 阿利施部에 潔山都督府를 두어 安西都護府에 예속되었는데, 武則天시기부터 강성해지기 시작했다. 聖曆년간(698~700)에 突騎施의 首領 烏質勒이 碎葉川(지금 키르기즈스탄의 추강 유역)으로 牙帳을 옮기고 이를 '大牙'라 칭했으며, 伊麗水(지금 일리하 유역)에 '小牙'를 두었다. 突騎施 蘇祿이 可汗이 된 후에 내부에서 분열이 일어나 烏質勒의 아들 娑葛이 후예라 자칭하는 사람들로 구성된 黃姓과 蘇祿의 部로 구성된 黑姓으로 나뉘어 서로 대립했다. 玄宗 開元년간 이전에는 黃姓이 강성했고, 開元년간 이후에는 黑姓이 흥했다. 누차 唐에 사신으로 보내자 唐에서 그 우두머리를 可汗으로 삼았다. 肅宗 至德년간 이후부터 쇠퇴하기 시작해 黃姓과 黑姓이 모두 자립해 可汗을 옹립했고 서로 공격했다. 代宗 大曆년간 이후 葛邏祿이 추 강 유역을 거점으로 강성하게 되자 그에 役屬하게 되었다.

505) 저본에는 "俄而元珍攻突騎施, 戰死."라고 기록되었는데 『舊唐書』에는 "元珍後率兵討突騎施, 臨陣戰死."이라고 되어 있다. 이 기록은 阿史德元珍과 暾欲谷의 동일인 여부를 검토하는 연구에서 두 사람이 다른 사람임을 보여주는 가장 중요한 증거였다. 하지만 이 기록은 정확한 것이 아니라고 설명된다. 이것은 오히려 그가 이후에 唐朝에 알려지지 않고 漠北에서 활동함에 따라 더 이상 기록이 없었던 탓이라는 것이다. 즉, 그의 사망 소식은 와전일 뿐 그 이후에도 元珍이 지속적으로 활동했다고 보는 것이 일반적이다(丁載勳, 1994: 103). 왜냐하면 元珍이 697년 突厥에 파견된 唐의 使臣인 田歸道를 默啜이 죽이려는 것을 제지한 것과 唐에 그의 아들을 파견했다는 기록이 남아있기 때문이다(『資治通鑑』

죽자 그의 아들이 어려서 즉위하지 못했다.

默啜自立爲可汗, 簒位數年, 始攻靈州, 多殺略士民. 武后以薛懷義爲朔方道行軍大總管, 內史李昭德爲行軍長史, 鳳閣鸞臺平章事蘇味道爲司馬, 率朔方道總管契苾明·鴈門道總管王孝傑·威化道總管李多祚·豐安道總管陳令英·瀚海道總管田揚名等凡十八將軍兵出塞, 雜華蕃步騎擊之, 不見虜, 還. 俄詔孝傑爲朔方道行軍總管備邊.

묵철이 스스로 즉위해 가한이 되었고, [가한의] 자리를 뺏은 지 몇 년이 지나자 비로소 영주를 공격해 병사와 백성들을 많이 죽이고 잡아갔다. 무후가 설회의(薛懷義)[507]를 삭방도행군대총관(朔方道行軍大總管)으로 삼고, 내사(內史)[508] 이소덕(李昭德)을 행군장사(行軍長史)[509]로 삼고, 봉각란대평장사(鳳閣鸞臺平章事) 소미도(蘇味道)[510]를 사마로 삼아 삭방도총

卷206, 唐紀22, 則天后 神功 元年 三月條: 6515.;『册府元龜』 卷544, 「諫諍部」: 6522).

506) 저본에는 "天授初, 骨咄祿死, 其子幼, 不得立."인데, 『舊唐書』에는 "骨咄祿, 天授中病卒."이라 했다. 『通典』에는 저본의 "天授中病卒"라는 구절 가운데 '病卒' 2字를 '卒'字로 고쳤다(『通典·邊防典』 卷198「突厥中」: 5435, "天授中卒"). 『唐會要』에서는 阿史那骨篤祿이 長壽 10년(701) 九月에 죽고 아우 默啜이 즉위했다고 기록했다(『唐會要』 卷94 「北突厥」: 2004, "十年九月, 骨篤祿死, 弟默啜立.").

507) 薛懷義(?~695): 唐代의 승려로 京兆府 鄠縣(지금 陝西省 戶縣) 사람이었고, 本姓은 馮, 이름은 小寶였다. 洛陽에서 약을 팔아 생계를 꾸렸는데, 高祖의 딸 千金公主의 시중을 들다가 千金公主가 그를 武后에게 바쳐 이후에 애인이 되었다. 승려가 되어 法名을 懷義라 하고 姓을 薛氏로 바꾸었다. 禁中에 출입하면 權臣 武承嗣 등이 예를 갖추어 섬겼으며 百官의 위에 있었다. 垂拱 元年(685) 白馬寺主가 되었고, 후에 行軍大總管이 되어 突厥을 격파했다. 載初 元年(690) 右衛大將軍 鄂國公에 제수되었다. 승려 法明 등과 함께 『太雲經』을 바쳤는데, 武則天이 彌勒의 下生이며, 唐을 대신해 세상의 주인이 된다고 해서 총애를 받았지만 후에 교만하고 불순하게 굴게 되어 미움을 사서 죽임을 당했다(『舊唐書』 卷183, 「薛懷義」: 4741).

508) 內史: 鳳閣의 長官이었다. 光宅 원년(684)에 中書省이 鳳閣으로 바뀌면서 長官인 中書令이 內史라고 불리게 되었다.

509) 行軍長史: 원정 부대인 行軍에서 군무를 담당하는 최고 관리였다.

510) 蘇味道: 唐代 宰相으로 趙州 欒城(지금 河北省 欒城縣) 사람이었다. 進士 출신으로 高宗시기에 咸陽尉가 되어 裴行儉에게 중용되었다. 武則天 延載 원년(694)에 相에 배수되어 鳳閣侍郞同鳳閣鸞臺平章事로 임명되었다. 證聖 원년(695) 일로 연류가 되어 集州刺史로 나갔다가 다시 天官侍郞이 되었다. 聖曆 원년(698)에 다시 相이 되어 鳳閣侍郞同鳳閣鸞臺三品으로 임명되었다. 長安 4년(704)에 아버지의 장례를 위해 귀향했는데, 마을 사람의 농지를 침범했다고 해서 좌천되어 坊州刺史가 되었고 다시 益州大都

관(朔方道總管) 계필명(契苾明),[511] 안문도총관(鴈門道總管) 왕효걸(王孝傑),[512] 위화도총관(威化道總管) 이다조(李多祚),[513] 풍안도총관(豐安道總管) 진령영(陳令英),[514] 한해도총관(瀚海道總管) 전양명(田揚名) 등 대저 18명의 장군과 병사를 거느리고 장성을 나아가 중국[華]과 다른 족속[蕃] 보병과 기병을 뒤섞어 공격했으나 돌궐을 보지도 못하고 돌아왔다. [무후가] 얼마 있다가 [왕]효걸을 삭방도행군총관으로 삼아 변경을 방비하라고 명령했다.

契丹李盡忠等反, 默啜請擊賊自效, 詔可. 授左衛大將軍·歸國公, 以左豹韜衛將軍閻知微卽部冊拜遷善可汗. 默啜乃引兵擊契丹, 會盡忠死, 襲松漠部落, 盡得孫萬榮妻子輜重, 酋長崩潰. 后美其攻, 復詔知微持節冊默啜爲特進·頡跌利施大單于·立功報國可汗. 未及命, 俄攻靈·勝二州, 縱殺略, 爲屯將所敗. 又遣使者謝, 請爲后子, 復言有女, 願女諸王, 且求六州降戶. 初, 突厥內屬者分處豐·勝·靈·夏·朔·代間, 謂之河曲六州降人. 默啜又請粟田種十萬斛, 農器三千具, 鐵數萬斤, 后不許, 宰相李嶠亦言不可. 默啜怨, 爲慢言, 執使者司賓卿田歸道. 於是納言姚璹等

督府長史가 되었다. 中宗이 즉위한 이후에 鄜州刺史가 되었다가 죽었다. 冀州刺史로 추증되었다.『新唐書』卷114「蘇味道傳」: 4202).

511) 契苾明: 鐵勒의 하나인 契苾 부락의 首領으로 蕃將이었다. 契苾何力의 아들로 字는 若水였다. 李敬玄을 따라 吐蕃을 공격해 전공을 세웠다. 左鷹揚衛大將軍 겸 賀蘭都督을 제수 받고 涼國公이 책봉되었다.

512) 王孝傑(?~696): 唐代 大臣으로 京兆府 新風縣(지금 陝西省 臨潼縣) 사람이었다. 高宗 때에 副總管으로 吐蕃을 토벌했다. 武則天 시기에 右鷹揚衛將軍이 되었다가 이후에 武威郡總管이 되었다. 吐蕃을 공격해서 安西四鎭을 탈환해 左衛大將軍, 夏官上書가 되었고, 淸源男으로 봉해졌다. 이후에 瀚海道行軍總管, 朔方道總管, 淸邊道總管이 되었다. 通天 원년(696)에 契丹을 공격하다가 죽었다. 耿國公으로 추증되었다(『新唐書』卷111「王孝傑傳」: 4148).

513) 李多祚(?~707): 唐代의 蕃將으로 靺鞨 출신이었다. 그는 驍勇하고 전쟁에 능했고, 軍功을 세워 右鷹揚衛大將軍에 임명되었다. 武則天 시기 孫萬榮의 난을 토벌해 右羽林大將軍으로 승진했다. 그 후 北門의 衛兵을 30여 년 동안 통솔하면서 皇宮을 保衛하는 중요한 將領이 되었다. 神龍 元年(705) 정월 張柬之의 정변에 참가해 武則天이 하야하도록 핍박했다. 中宗이 복위한 후 遼陽郡王에 봉해지고 食實封 800戶를 받았다. 후에 節愍太子 李重俊과 함께 騎兵해 武三思를 살해했는데, 玄武樓 아래에 이르렀다가 좌우에게 살해되고 家產도 적몰되었다. 睿宗 景雲初 官爵이 복귀되었다(『新唐書』卷111「李多祚傳」: 4124).

514) 陳令英: 京兆府 萬年縣(지금 陝西省 西安市) 사람으로 武周시기에 右衛將軍, 岐州刺史, 風安道總管 등을 역임했다.

建請與之，乃歸粟·器·降人數千帳，繇是突厥遂彊.

거란 이진충(李盡忠)515) 등이 반란을 일으키자 묵철이 적을 공격해 스스로 [당을 위해] 일하겠다고 청했고, [황제가] 조칙을 내려 그렇게 하라고 했다. [묵철에게] 좌위대장군(左衛大將軍)516) 귀국공(歸國公)을 제수하고, 좌표도위장군(左豹韜衛將軍)517) 염지미(閻知微)518)를 [돌궐] 부락에 보내 [묵철을] 천선가한(遷善可汗)으로 책봉했다. 묵철이 바로 군대를 이끌고 거란을 공격했는데, 마침 [이]진충이 죽자 송막 부락을 습격해 손만영(孫萬榮)519) 처자와 군수 물자를 모두 얻었고 추장들도 무너뜨렸다. [무]후가 그가 [거란을] 공격한 것을 좋게 여겨 다시 조칙을 내려 [염]지미에게 부절을 갖고 가서 묵철을 특진(特進)520) 힐질리시대선우(頡跌利施大單于) 입공보국가한(立功報國可汗)521)에 책봉하게 했다.

---

515) 李盡忠(?~696): 契丹의 추장으로 孫萬榮의 인척이었다. 唐朝로부터 松漠都督에 임명되었다. 萬歲通天 元年(696) 孫萬榮과 함께 반란을 일으켜 營州都督을 살해하고 無上可汗을 자칭했다. 여러 차례 唐兵을 패배시켰으나 얼마 되지 않아 죽었다.

516) 左衛大將軍: 左衛의 長官으로 품계는 正三品이었다. 前漢時代에 衛將軍이 설치되었고 曹魏 말기에 中衛將軍을 두었다. 西晉 初 中衛將軍이 左衛將軍과 右衛將軍으로 나뉘어 宿衛營의 병사들을 관장했다. 北齊時代에 左衛將軍과 右衛將軍이 左廂과 右廂를 나누어 관장했다. 隋初에 左右衛가 설치되었고, 煬帝 시기에 左右翊衛로, 唐初에 左右衛府로 改稱되었다가 龍朔 2년(662)에 '府'字가 생략되었다. 左衛府에는 大將軍 1명과 將軍 2명을 두었으며 宮廷의 警衛를 統領했다. 左衛는 親·勳·翊五府와 武安·武成 등 50府의 병사를 관장했다. 府兵制 폐지 이후에도 左右衛의 명칭은 살아남았다.

517) 左豹韜衛將軍: 左豹韜衛의 次官으로 품계가 從三品이었다. 武則天 光宅 원년(684) 左威衛를 左豹韜衛로 바꾸고 각기 大將軍을 1명, 將軍 2명을 두었다. 神龍 원년(705)에 다시 환원되었다.

518) 閻知微(~698): 雍州 萬年縣(지금 陝西省 西安市) 사람으로 閻立德의 손자였다. 관직이 右豹韜衛將軍에 이르렀다. 武則天 시기에 攝春官尙書가 되어 武延秀를 호송해 突厥에 갔다가 그를 도와 唐朝를 공격하는데 협조를 했으나 돌아와서 죽임을 당했다.

519) 孫萬榮(?~697): 契丹의 酋長으로 垂拱初에 唐朝로부터 右玉鈐衛將軍 歸誠州刺史에 제수되었다. 萬歲通天 元年(696) 매제 松漠都督 李盡忠과 함께 營州都督을 살해하고 起兵했다. 李盡忠은 無上可汗을 자칭했다. 무리가 수만에 이르러 수차례 唐將을 패배시켰다. 李盡忠이 죽은 후 무리를 이끌고 冀州와 幽州를 함락시켰으나 이듬해 奚와 突厥이 후방을 공격하자 달아나다가 家奴에게 살해되었다.

520) 特進: 唐代 文散官의 하나로 品階는 正二品이었다. 원래 漢代에 諸候 가운데 功德이 뚜렷한 자들이 이 관직에 임명되었고, 지위는 三公 다음이었다. 魏晉南北朝時代에도 이런 官名을 두었다. 隋 文帝가 特進을 散官으로 삼았고, 煬帝 역시 이를 설치했다.

521) 頡跌利施大單于 立功報國可汗: 고대 투르크어와 한자식의 용어가 섞여져 있는 책봉명으로 두 가지가

명령이 도착하지도 않았는데, [돌궐이] 바로 영[주]와 승주를 공격해 마음대로 죽이고 약탈했다가 지키고 있던 장군에게 패배했다. [묵철이] 다시 사자를 보내 사죄하며 [무]후의 아들이 되기를 청하고 딸이 있어 왕에게 [시집보낼 것을] 청하면서 또 여섯 주(州)의 항호(降戶)를 달라고 했다. 이전에 돌궐에서 안으로 들어온 자를 나눠어 풍[주]·승[주]·영[주]·하[주]·삭[주]·대[주] 사이에 살도록 했는데, [이들을] 하곡(河曲)[522] 여섯 주의 항복한 사람[降人]이라 한 것이다. 묵철이 또 곡식과 씨앗 10만 곡, 농기구 3천 구, 무쇠 수만 근을 달라고 하자 [무]후가 허락해주지 않았고 재상(宰相) 이교(李嶠)[523] 역시 할 수 없다고 했다. 묵철이 화를 내며 방자한 말을 하며 [당나라의] 사자 사빈경(司賓卿)[524] 전귀도(田歸道)[525]를 잡아두었다. 이에 납언(納言)[526] 요숙(姚璹)[527] 등이 [보내] 줄 것을 건의하자 바로 곡식과 농기구,

---

동일한 의미로 겹쳐진 것으로 보인다. 고대 투르크어로 '일테리쉬 大單于·立功報國 카간(Ilterish 大單于·立功報國 qaghan)'의 음사로 '공을 세워 나라에 충성한 북방 최고의 군주'라는 의미이다.

522) 河曲은 黃河가 彎曲하는 지역을 지칭하는 것이다.

523) 李嶠(644~713): 唐代 宰相으로 字는 巨山이고 趙州 贊皇(지금 河北省 贊黃) 사람이었다. 20세에 進士에 급제해 安定縣尉가 되었다. 이후에 監察御史, 監軍 등을 거쳐 給事中이 되었다가 쫓겨나 潤州司馬가 되었다. 다시 조정에 돌아와 鳳閣舍人이 되었고, 武則天에게 중용되어 조령을 기초했다. 聖曆 원년(698) 姚崇과 함께 相이 되었다. 久視 元年(700) 장인 張錫이 宰相이 되자 물러나 成均祭酒 檢校文昌左丞東都留守가 되었다. 長安 3년(703) 本官平章事로 納言과 內史를 맡았다. 中宗 즉위 이후에 豫州刺史, 通州刺史로 쫓겨났다. 다시 돌아와 吏部侍郎, 吏部尙書가 되었다. 神龍 2년(706)에 다시 相이 되었다. 睿宗시대에는 나아가 懷州刺史가 되었다가 물러났다. 다시 盧州別駕로 있다가 죽었다(『新唐書』 卷123 「李嶠傳」: 4367).

524) 司賓卿: 鴻臚卿의 異稱이었다. 司賓寺의 長官으로 품계는 從三品이었다. 武則天 光宅 元年(684)에 鴻臚寺를 司賓寺로 고치고 鴻臚卿을 司賓卿으로 개칭되었다. 神龍 元年(705)에 원래의 명칭으로 바뀌었다.

525) 田歸道(?~706): 唐代의 관리로 祖籍은 雍州 長安縣이었다. 明經 出身이었다. 長壽년간 벼슬해 左衛郞將에 이르렀다. 聖曆 元年(698)에 突厥의 默啜이 화의를 청하자 司賓卿이 되어 單于都護府(지금 內蒙古自治區 和林格爾縣)에 가서 응대했다. 이 때 默啜이 唐의 六胡州와 單于都護府를 突厥에 돌려달라는 요구가 거절되자 억류되었다. 이에 默啜을 엄히 질책하고 曉諭하고 오래지 않아 되돌아 와서 武則天에게 邊防의 강화를 주청했다. 이후 夏官侍郎으로 승진했고, 오래지 않아 左金吾將軍 司膳卿 兼押千騎가 되어 玄武門에서 宿衛를 했다. 神龍 元年(705)에 張柬之, 敬暉 등이 張易之 형제를 살해하고자 田歸道에게 병사들을 빌려줄 것을 요청했으나 거절했고, 張易之 형제가 살해된 후 張敬暉가 살해하려고 한 것을 피해 집으로 돌아갔다. 中宗시기에 太僕少卿과 殿中少監, 右金吾將軍 등을 역임했다. 사후에 原國公으로 追封되고, 謚號를 烈이라고 했다. 開元년간에 그의 아들 田賓庭이 光祿卿에 이르렀다(『新唐書』 卷197 「田歸道傳」: 5624).

526) 納言: 武則天 재위시대 侍中의 異稱이었다. 侍中은 본래 秦漢時代에는 少府의 屬官이었으나 魏晉시대

항복한 백성 수천 장을 돌려보냈는데, 이로 인해 돌궐이 마침내 강성하게 되었다.

詔淮陽王武延秀聘其女爲妃, 詔知微攝春官尙書, 與司賓卿楊鸞莊持節護送. 默啜猥曰:「我以女嫁唐天子子, 今乃后家子乎! 且我世附唐, 今聞其子孫獨二人在, 我當立之.」卽囚延秀等, 妄號知微爲可汗, 自將十萬騎南向擊靜難·平狄·淸夷等軍, 靜難軍使慕容玄崱以兵五千降. 虜入圍嬀·檀, 后詔司屬卿武重規爲天兵中道大總管, 右武威衛將軍沙吒忠義爲天兵西道總管, 幽州都督張仁亶爲天兵東道總管, 兵凡三十萬擊之; 右羽林大將軍閻敬容·李多祚爲天兵西道後軍總管, 兵亦十五萬. 默啜破蔚州飛狐, 進殘定州, 殺刺史孫彥高, 焚廬舍, 鄉聚爲空. 后怒, 下詔購斬默啜者王之, 更號曰斬啜. 虜圍趙州, 長史唐波若應之, 入殺刺史高叡, 進攻相州. 詔沙吒忠義爲河北道前軍總管, 李多祚爲後軍總管, 將軍嵎夷公福富順爲奇兵總管, 擊虜. 時中宗還自房陵, 爲皇太子, 拜行軍大元帥, 以納言狄仁傑爲副, 文昌右丞宋玄爽爲長史, 左肅政臺御史中丞霍獻可爲司馬, 右肅政臺御史中丞吉頊爲監軍使, 將軍扶餘文宣等六人爲子總管. 未行, 默啜聞之, 取趙·定所掠男女八九萬悉阬之, 出五回道去, 所過人畜·金幣·子女盡剽有之, 諸將皆顧望不敢戰, 獨狄仁傑以兵追之, 不及.

점차 貴重하게 되고 南朝 劉宋때 機要를 담당하기 시작했다. 隋初 納言이라 칭하고 大業 12년(616)에 侍內로 고쳤으며 武德 初에 다시 納言으로 바꾸었다가 武德 5년(622) 侍中으로 고쳐져 五代까지 계속되었다. 門下省의 長官으로 制敕의 封駁을 담당했다. 中書省의 長官인 中書令과 공동으로 軍國大政을 논의해 宰相의 지위에 있었다. 2명을 두었으며 品階는 正三品이었다. 玄宗때부터 쉽게 제수되지 않았다. 大曆 2년(787) 正二品으로 品階를 올린 이후 우대하는 장수와 대신들에게 주는 명예직으로 바뀌었다. 이후 중요한 일은 門下省의 門下侍郎이 처리했다. 龍朔 2년(662) 東臺左相으로 바뀌었다가 咸亨 元年(670) 원래의 명칭으로 환원되었다. 光宅 元年(684) 鸞臺納言으로 改稱했다가 神龍 元年(705) 원래의 관명으로 되돌아갔다. 開元 元年(713) 黃門監으로 바뀌었다가 改元 5년(717) 원래의 명칭으로 환원되었다. 天寶 元年(742) 左相으로 바뀌었다가 至德 2년(757) 원래대로 환원되었다.

527) 姚璹(632~705): 唐代의 관리로 雍州 萬年縣 사람이고, 字는 令璋이었다. 永徽년간에 明經科에 합격해 太子宮門郎에 제수되었다. 『瑤山玉彩』의 편찬에 참여했고, 책이 완성된 후 秘書郎이 되었고 中書舍人을 역임했다. 武則天이 臨朝稱制한 후 夏官侍郎이 되었다가 桂州都督府長史로 좌천되었다. 후에 天官侍郎, 文昌左丞 同平章事를 거쳤다. 如意 2년(693) 宰相에게 『時政記』를 편찬할 것을 주청했다. 納言, 益州長史, 地官尙書, 天官尙書를 역임하고 長安년간에 죽었다(『新唐書』 卷102 「姚璹傳」: 3979~3980).

[무후가] 조칙을 내려 회양왕(淮陽王) 무연수(武延秀)[528]에게 그의 딸을 맞이해 왕비로 삼으라고 하고, 임시 춘관상서(春官尚書)[529] [염]지미에게 사빈경 양난장(楊鸞莊)[530]과 함께 부절을 갖고 호송하라고 했다. [이에] 묵철이 함부로 말했다. "내가 딸을 당나라 천자의 아들에게 시집보내려고 했는데, 지금 [무]후 집안의 아들이 웬 말인가! 또 내가 대대로 당나라에 귀부했는데, 지금 듣자하니 그 아들과 자손은 두 사람만 남아 있다고 하니 내가 마땅히 [당나라 황제로] 즉위를 해야겠다." 바로 [무]연수 등을 잡아 두고 망령되게 [염]지미를 불러 가한이라고 하며 몸소 10명의 기병을 이끌고 남쪽으로 향해 정난[군](靜難軍)[531]과 평적[군](平狄軍),[532] 청이군(淸夷軍)[533] 등의 군진을 공격하자 정난군사(靜難軍使) [좌옥검위장군(左玉鈐衛將軍)][534] 모용현즉(慕容玄崱)이 병사 5천 명을 데리고 항복했고, [그 다음] 돌궐이 들어와 규[주]와 단[주](檀州)[535]를 포위하자 [무]후가 사속경(司屬卿)[536] 무중규(武重規)[537]를 천

---

528) 武延秀(?~710): 武則天의 外孫이며 武承嗣의 次子였다. 『舊唐書』에는 "武延壽"로 되어 있다. 武周時代에 淮陽王으로 봉해지고 명을 받들어 突厥에 가서 和親을 협상했으나 黙啜에게 냉대를 받았다. 中宗시기에 京師로 돌아와 桓國公에 봉해졌고 左衛中郎將에 임명되었다. 후에 安樂公主와 결혼해 벼슬이 太常卿 兼右衛將軍이 되었다. 武周를 부흥할 뜻을 가졌으나 韋后가 피살되면서 역시 肅章門에서 참수되었다(『新唐書』 卷206 「外戚傳」 <武延秀>: 5839).

529) 春官尚書는 禮部尚書를 지칭한다. 禮部尚書에 대한 설명을 참조.

530) 『舊唐書』에는 "楊齊莊"이라고 되어 있다.

531) 靜難軍: 唐代 軍鎮으로 지금 陝西省 綏德縣 서쪽에 위치하고 있었다.

532) 平狄軍: 唐代 軍鎮으로 天授 2년(691)에 神武軍을 바꿔 설치되었다. 朔州에 속했고, 治所는 지금 山西省 朔州市 동북쪽으로 30里 떨어진 馬邑村에 있었다. 大足 元年(701)에 大同軍으로 改稱되었다.

533) 淸夷軍: 唐代 軍鎮으로 垂拱년간에 설치되었는데, 지금 河北省 懷來縣 동남의 옛 懷來(지금 水庫에 매몰됨)에 있었다. 城南의 淸夷水 때문에 붙여진 이름으로 長安 2년(702)에 嬀州 懷來縣의 治所가 되었다가 후에 廢置되었다.

534) 『舊唐書』에는 慕容玄崱이 "左玉鈐衛將軍"이었다고 되어 있다.

535) 檀州: 隋 開皇 16년(596)에 설치되었는데, 治所는 燕樂縣(지금 北京市 密雲縣 동북)에 있었다. 大業 3년(607)에 安東郡으로, 武德 元年(618)에 檀州로 개칭되어 治所를 密雲縣(지금 河北省 密雲縣)으로 옮겼다. 天寶 元年(742)에 密雲郡으로 바뀌었다가 乾元 元年(758)에 다시 檀州로 환원되었다. 관할 구역은 지금 北京市 密雲·懷柔·平谷 등 縣의 땅에 해당한다.

536) 司屬卿: 司屬寺의 長官으로 품계는 從三品이었다. 원래의 명칭은 宗正寺였으나 光宅 元年(684)에 司屬寺로 改稱되면서 司屬卿이라 불려졌다. 神龍 元年(705)에 이전의 명칭으로 바뀌자 司屬卿이 宗正卿으로 바뀌었다.

537) 武重規: 武周時代의 大臣으로 武則天의 조카이며, 武仁範의 아들이었다. 武周시대에 高平郡王에 봉해졌다가 이후에 汴州刺史와 鄭州刺史에 임명되었으나 부임하지 않고 먼저 사람들에게 州解를 세우도록

병중도대총관(天兵中道大總管)으로 삼고, 우무위위장군 사타충의(沙吒忠義)[538]를 천병서도총관(天兵西道總管)으로 삼고, 유주도독 장인단(張仁亶)[539]을 천병동도총관(爲天兵東道總管)으로 삼아 군대 약 30만 명으로 공격했으며 우우림대장군(右羽林大將軍)[540] 염경용(閻敬容)와 이다조를 천병서도후군총관(天兵西道後軍總管)으로 삼으니 군대가 또한 15만 명이었다. 묵철이 울주 비호현(飛狐縣)[541]을 격파하고 나아가 정주에 해를 가했으며 [정주]자사 손언고(孫彦高)[542]를 죽이고 집들을 불살라 향리의 촌락들이 텅비게 되었다.

[무]후가 화가나서 조칙을 내려 묵철을 죽이는 사람을 왕으로 삼고 현상금을 준다고 하며 [그의] 이름을 바꿔 참철(斬啜)이라고 불렀다. 돌궐이 조주(趙州)[543]를 둘러싸자 [조주]장사

했다. 이로 인해 武則天의 노여움을 사서 廬州刺史로 좌천되었다. 이후에 天兵中道大總管에 임명되어 沙吒忠義와 함께 突厥을 토벌했다. 左金吾衛大將軍과 衛尉卿 등을 역임했다(『新唐書』 卷206 「外戚傳」: 5838).

538) 沙吒忠義: 唐代 名將으로 睿宗, 武則天, 中宗시기에 河北道總管, 朔方軍總管, 靈武軍大總管, 右武衛大將軍 兼淸邊中道前軍總管 등을 역임했다. 오랫동안 변방에서 鎭戍하며 突厥과 오랫동안 전투를 벌여 혁혁한 공을 세웠다.

539) 張仁亶(?~714): 唐代 재상으로 華州 下邽縣(지금 陝西省 渭南縣) 사람이었다. 원래 이름은 仁亶이었으나 睿宗의 이름을 避諱해 仁愿이라 했다. 文武에 재간이 있어 武周時代에 殿中侍御史와 侍御史, 右肅正臺中丞, 檢校幽州都督, 幷州大都督府長史 등을 역임했고 中宗과 武則天의 칭찬을 들었고, 中宗 神龍 2년(706)에 左屯衛大將軍 兼檢校洛州長史로 승진했다. 이듬해에 沙吒忠義를 대신해 朔方軍總管이 되어 突厥을 격파하고 黃河 북안에 三受降城을 쌓았으며 300里의 땅을 개척한 후 돌아왔다. 景龍 2년(708)에 宰相이 되어 左衛大將軍 同中書門下三品에 임명되었고 韓國公에 봉해졌다. 睿宗 景雲 元年(710)에 兵部尙書로서 致仕했다. 開元 2년(713)에 죽어 太子少保로 追贈되었다(『新唐書』 卷111 「張仁愿傳」: 4151).

540) 右羽林軍大將軍: 右羽林軍 혹은 右羽林衛의 長官 혹은 최고 사령관으로 품계는 正三品이었다. 前漢 武帝 太初 元年(전104)에 建章營騎가 설치되었는데 후에 羽林騎로 改名되었다. 宣帝시기에 羽林中郎將과 羽林左右監이 설치되어 모두 光祿勳에 소속되었다. 西晉時代에는 羽林監만 설치되었으며 이후 각 왕조에서 이를 이어받았다. 隋 煬帝시기에 左右領軍府가 左右屯衛로 改稱되면서 거느리는 병사들을 羽林이라 했다. 唐代에 左右屯衛가 左右威衛로 바뀌고 별도로 左右屯營이 설치되었다. 龍朔 2년(662)에 左右屯營이 左右羽林軍으로 改稱되었다. 天授 2년(691)에 左右羽林衛로, 후에 다시 左右羽林軍으로 改稱되었다. 右羽林軍에는 大將軍 1명과 將軍 3명을 두어 長官과 次官으로 삼아 병사들을 통솔하게 했다.

541) 飛狐縣: 隋 仁壽 元年(601)에 廣昌縣이 바뀌어 설치되었는데, 易州에 소속되었다. 治所는 지금 河北省 淶源縣에 있었다. 『元和郡縣圖志』에 의하면 縣의 북쪽에 있는 飛狐口의 명칭을 따서 縣名으로 삼았다. 大業 初에 上谷郡에 속했고 隋末에 廢置되었다. 武德 6년(623)에 다시 설치되었고 易州 遂城縣(지금 徐水縣 서북)에 寄治되었다가 貞觀 5년(631)에 옛날의 治所로 돌아갔다.

542) 孫彦高(?~698): 唐代의 관리로 杭州 富陽縣(지금 浙江省 富陽縣) 사람이고, 尙書左丞相 등을 역임했다.

543) 趙州: 北齊時代에 殷州가 바뀌어 설치되었다. 治所는 廣阿縣(지금 河北省 隆堯縣 동쪽의 舊城)에 있었다.

당파약(唐波若)[544]이 응전했으나 [돌궐이] 들어와 [조주]자사 고예(高叡)[545]를 죽이고 나아가 상주(相州)[546]까지 공격했다. [무후가] 조칙을 내려 사타충의를 하북도전군총관(河北道前軍總管), 이다조를 후군총관(後軍總管), 장군 우이공(嵎夷公) 복부순(福富順)을 기병총관(奇兵總管)으로 삼아 돌궐을 공격하게 했다. 이 때 중종(中宗)[547]이 방릉[현](房陵縣)[548]에서 돌아와 황태자(皇太子)가 되자 [무후가] 행군대원수(拜行軍大元帥)에 제수하고, 납언 적인걸(狄仁傑)[549]을 부[원수], 문창우승(文昌右丞)[550] 송현상(宋玄爽)[551]을 장사로, 좌숙정대어사

『元和郡縣圖志』에 의하면 趙國의 명칭을 따서 지은 이름이다. 隋 開皇년간에 欒州라 했다가 다시 趙州로 바뀌었다. 武德 元年(618)에 治所를 柏鄕縣(지금 河北省 柏鄕縣)으로 옮기고 武德 4년(621)에 다시 平棘縣(지금 趙縣)으로 옮겼다. 天寶 初에 趙郡으로 개칭되었다가 乾元 初에 趙州로 바뀌었다. 관할구역은 지금 河北省 寧晉, 元氏, 趙縣, 贊皇, 高邑, 欒城, 臨城, 柏鄕 등 縣과 隆堯縣의 일부에 해당한다.

544) 唐波若(?~698): 唐代의 관리로 禮部尙書 唐儉의 아들이었다. 唐盤若이라고도 한다. 武周시기에 趙州長史를 역임했다. 聖曆 初 突厥이 趙州를 포위했을 때에 突厥에 내응했다. 후에 조정에 돌아와 극형에 처해지고 家口 역시 籍沒되었다.

545) 高叡(?~698): 唐代의 관리로 隋代 名相 高熲의 손자였다. 京兆府 萬年縣(지금 陝西省 西安市) 사람이었다. 明經出身으로 通義縣令과 桂州都督, 趙州刺史 등을 역임했다. 武則天 聖曆 元年(698)에 突厥이 趙州를 침입하자 城을 굳게 지키다 성이 함락된 후에도 굴하지 않고 죽었다. 武則天이 그를 위해 탄식하며 冬官尙書로 추증했고, 시호는 節이었다(『舊唐書』 卷187上 「忠義傳」上 <高叡>: 4877).

546) 相州: 北魏 天興 4년(401)에 冀州가 나뉘어 설치되었고, 치소가 鄴縣(지금 河北省 臨漳縣 서남쪽 鄴鎭)에 있었다. 이후 司州로 바뀌었다가 隋 大業 초에 魏縣이 되면서 치소가 지금 安陽市로 이동하였다. 武德 元年(618)에 다시 相州가 되었다가 天寶 元年(742)에 鄴郡으로 바뀌었다. 乾元 元年(758)에 다시 相州로 환원되었다. 관할 구역은 지금 河北 磁縣, 成安縣 이남, 河北省 內黃縣 이서, 湯陽縣 이북, 林州市 이동 지역이었다.

547) 唐 中宗(656~710): 唐代 제4대 皇帝로 이름은 李顯이었다. 高宗의 일곱 번째 아들로 武則天의 소생이었다. 다른 이름은 哲이었다. 永隆 元年(680)에 태자로 봉해져 弘道 元年(683)에 高宗이 병사하자 즉위하나 이듬해 이월 폐위되어 廬陵王이 된 다음에 房州(지금 湖北省 房縣)에 옮겨가 있었다. 聖曆 元年(698) 다시 太子가 되어 神龍 元年(705) 丁月에 군사 정변을 통해 복위되었다가 二月에 국호를 다시 唐으로 환원시켰다. 재위 기간 동안 정사에 관심이 없었고, 景龍 4년(710) 六月에 韋后와 安樂公主에게 독살되었다. 定陵(지금 陝西省 富平 북쪽)에 피장이 되었다. 諡號는 孝和皇帝였다

548) 房陵縣: 秦代에 설치되어 漢中郡에 속했는데, 지금 湖北省 房縣이다. 後漢 말에 房陵郡의 치소가 되었다. 三國 曹魏 黃初년간에 新城郡의 治所가 되었다. 北周 保定 3년(563)에 光遷縣(지금 房縣)으로 바뀌었다. 貞觀 10(636)에 房陵縣으로 다시 되어 房州의 치소가 되었다.

549) 狄仁傑(630~700): 唐代의 재상으로 并州 太原縣 사람이고, 字는 懷英이었다. 高宗때 明經科에 급제해 汴州參軍이 되었고, 儀鳳中 大理丞이 되어 해마다 17,000인의 사건을 판결했는데, 공평하다는 평가를 받았다. 侍御史, 度支郎中, 寧州刺史, 冬官侍郎, 江南巡撫使, 文昌左丞, 豫州刺史 등을 거쳐 天授 2년(691)

중승(左肅政臺御史中丞)[552] 곽헌가(霍獻可)[553]를 사마로, 우숙정대어사중승(右肅政臺御史中丞) 길욱(吉頊)[554]을 감군사(監軍使)[555]로, 장군 부여문선(扶餘文宣) 등 여섯 사람을 자총관(子總管)으로 삼았다. 아직 [당조의 군대가 출정]하지 않자 묵철이 [이런 소식을] 듣고 조[주]와 정[주]를 빼어 남녀 8, 9만 명을 잡아 모두 땅에 묻고 오회도(五回道)[556]를 빠져나가 물러났는데, 지나가는 곳의 사람과 가축, 금폐, 자녀 모두를 빼앗아 차지했다. 여러 장수들이 모두 바라만 보고 감히 싸우지 못했고, 오직 적인걸만이 군대를 이끌고 추격했다가 미치지 못하[고 돌아왔]다.

默啜負勝輕中國, 有驕志, 大抵兵與頡利時略等, 地縱廣萬里, 諸蕃悉往聽命. 復立

地官侍郎 同平章事가 되었다. 來俊臣의 모함으로 하옥되어 彭澤令으로 좌천되었다가 魏州刺史・幽州都督을 지냈다. 神功 元年(697) 鸞臺侍郎 同平章事, 納言, 內史를 역임해 河北道行軍元帥가 되어 突厥의 공격을 저지했다. 張柬之, 姚崇, 桓彦範, 敬暉 등 일대의 명신을 추천했고, 武則天이 武三思를 太子로 삼으려 할 때 廬陵王을 太子로 삼도록 해 唐朝의 命運을 이어가게 했다. 睿宗때 梁國公으로 追封되었다. 文集 10卷이 있었다고 하나 없어졌고, 『全唐文』에 9편의 글과 『全唐詩』에 1수의 詩가 실려 있다(『新唐書』 卷115 「狄仁傑傳」: 4207).

550) 文昌右丞: 尙書右丞의 다른 이름이다. 光宅 원년(684)에 尙書省이 文昌臺로 바뀌면서 左右丞이 文昌左右丞으로 바뀌었다. 長安 3년(703)에 中臺左右丞으로 바뀌었다가 神龍 원년(705)에 원래대로 환원되었다.

551) 宋玄爽: 唐代의 관리로 달리 宋元爽이라고도 한다. 武周시대에 洛州長史와 文昌右丞 등을 역임했다.

552) 左肅政臺御史中丞: 御史大夫의 별칭으로 품계는 正五品上이었다. 光宅 元年(684)에 御史臺가 左肅政臺로 바뀌고 右肅政臺가 增置되었다. 神龍 元年(705)에 左右御史臺로 개칭되고 각각 御史大夫와 御史中丞을 두어 長官과 次官으로 삼았다. 左肅政臺는 百官의 감찰을 맡았고, 右肅政臺는 州縣의 감찰을 담당했다. 延和 元年(712)에 右肅政臺가 廢置되었다가 先天 2년(713) 二月에 설치되었다가 十月에 폐지되었다.

553) 霍獻可: 唐代의 관리로 武則天시대에 御史中丞, 侍御史였다. 突厥의 默啜이 공격하자 太子 李顯과 狄仁傑을 도와 司馬가 되었다.

554) 吉頊: 唐代의 관리로 洛州 河南(지금 河南省 洛陽) 사람이었다. 武則天 聖曆 2년(699)에 天官侍郎, 鳳閣鸞臺平章事 등을 역임했고, 武則天 앞에서 武懿宗과 공을 다투다 쫓겨나 琰川尉가 되었고, 이후에 安固尉가 되었다가 죽었다(『新唐書』 卷117 「吉頊傳」: 4257).

555) 監軍使: 春秋時代 齊 景公이 寵臣을 監軍이라고 한 것에서 시작되었다. 漢 武帝가 監軍使를 설치했고, 隋代에 御使監軍使라고 했다. 開元 20년(732) 이후에는 주로 宦官이 맡았다. 安史의 난 이후에는 諸道에 監軍院을 두었고, 그 장관을 監軍使라고 했다. 아래에는 副使, 判官, 小使 등이 있었다. 唐 후기에 藩鎭을 장악하는 중요한 수단으로 작용했다.

556) 五回道: 지금 河北省 易縣 서쪽 滿城縣이 접한 五回山에서 유래한 지명이다.

咄悉匐爲左察，骨咄祿子默矩爲右察，皆統兵二萬；子匐俱爲小可汗，位兩察上，典處木昆等十姓兵四萬，號拓西可汗．歲入邊，戍兵不得休，乃高選魏元忠檢校并州長史爲天兵軍大總管，婁師德副之，按屯以待．又徙元忠靈武道行軍大總管，備虜．

묵철이 승리에 취해 중국을 가볍게 여기며 교만한 뜻을 갖게 되었고, [이 무렵 돌궐은] 대체적으로 병력이 힐리[가한]시기와 거의 비슷했으며 땅이 늘어진 넓이가 만 리나 되자 여러 족속들이 모두 와서 명령을 받들었다. 다시 돌실복을 좌찰(左察)[557]로 삼고, 골돌록의 아들 묵구(默矩)[558]를 우찰(右察)[559]로 삼아 모두 병력을 2만 명씩 통솔하게 했고, 아들 복구(匐俱)[560]는 소가한으로 삼아 두 찰의 위에 두어 처목곤(處木昆)[561] 등 십성(十姓)[562] 병력 4만을 통솔하게 해 척서가한(拓西可汗)[563]이라고 불렀다. 해마다 변경에 쳐들어와 수자리 서는 병사들이 쉴 수가 없게 되자 이에 고선(高選) 위원충(魏元忠)[564] 검교병주자사(檢校并州

557) 左察: 고대 투르크어로 '퇼리스 샤드(Tölis shad)'의 음사로 帝國의 동부를 다스리는 역할을 담당했다. 이전에 타르두쉬 야브구에서 퇼리스 샤드로 바뀌었음을 알 수 있다.『舊唐書』에는 뜻과 음사를 동시에 기록한 "左廂察"로 되어 있다.

558) 默矩: 고대 투르크어로 '뵈귀(Bögü)'의 음사로 추정된다. 突厥을 재건한 骨咄祿의 아들로 이후에 突厥의 3대 可汗으로 즉위해 毗伽可汗(빌게 카간)이라고 불린다. 다음의 毗伽可汗에 대한 설명을 참조.

559) 右察: 고대 투르크어로 '타르두쉬 샤드(Tardush shad)'의 음사로 帝國의 서부를 다스리는 역할을 담당했다.『舊唐書』에는 뜻과 음사를 동시에 기록한 "右廂察"이라고 되어 있다.

560) 匐俱: 고대 투르크어로 '뵈귀(Bögü)'의 음사인데, 移涅可汗(이날 가한: Ïnal qaghan)이라고 불렸다.

561) 處木昆: 西突厥 咄陸 부락의 하나였다.『北史』「鐵勒傳」에 나오는 蒙陳 부락과 동일한 것으로 고대 투르크어로 '카뭉덴(Qamungden)'의 음사로 추정되기도 한다. 대체적으로 과거 月氏의 후예로 알려져 있지만 이후에 투르크화해서 투르크계 종족의 하나로 분류된다. 주로 지금 新疆維吾爾自治區 塔城 주변에서 거주했다(薛宗正, 1992: 315).

562) 十姓: 西突厥을 구성하고 있었던 주요한 10개 부락을 지칭하는데, 실제적으로는 8개의 족속으로 구성되어 있었다. 고대 투르크어로 '온 오크(On oq)' 즉, 열 개의 화살(十箭)을 지칭한다. 달리 十設이라고도 한다. 크게 두 부분으로 나뉘었는데, 左廂에는 五咄六部落 즉, 處木昆闕啜, 胡祿屋闕啜, 攝舍提暾啜, 突騎施賀邏施啜, 鼠尼施處半啜이 있었고, 右廂에는 五弩失畢 즉, 阿悉結闕俟斤, 哥舒闕俟斤, 拔塞干暾沙鉢俟斤, 阿悉結泥熟俟斤, 哥舒處半俟斤이 있었다. 이들은 碎葉(지금 키르기즈스탄의 토크막(Toqmaq) 지역)을 중심으로 동서로 나뉘어져 거주했다(內藤みどり, 1988).

563) 拓西可汗: 突厥이 서방으로 진출을 통해 과거 西突厥의 영역을 차지하려고 했던 노력을 반영한다. 실제 이 무렵 突厥은 唐朝와 우호적인 관계를 확보한 다음 西突厥에 대한 진출을 본격화하고 있었다.

564) 魏元忠(?~707): 唐代 宰相으로 宋州 宋城縣(지금 河南省 商丘 남쪽) 사람이었다. 원래의 이름은 眞宰였

長史)를 천병군대총관(天兵軍大總管)으로 삼고 누사덕(婁師德)[565]을 부[총관]으로 삼아 둔영을 살피며 대기하게 했다. 또한 [위]원충을 영무도행군대총관으로 옮겨 돌궐에 대비하게 했다.

默啜剽隴右牧馬萬匹去, 俄復盜邊, 詔安北大都護相王爲天兵道大元帥, 率并州長史武攸宜·夏州都督薛訥與元忠擊虜, 兵未出, 默啜去. 明年, 寇鹽·夏, 掠羊馬十萬, 攻石嶺, 遂圍并州. 以雍州長史薛季昶爲持節山東防禦大使, 節度滄·瀛·幽·易·恆·定·嬀·檀·平等九州之軍, 以瀛州都督張仁亶統諸州及清夷·障塞軍之兵, 與季昶掎角, 又以相王爲安北道行軍元帥, 監諸將, 王留不行. 虜入代·忻, 仍殺略.

[구시(久視) 원년(700)에][566] 묵철이 농우(隴右)[567] 목장의 말 만 필을 노략질해 갔으며 얼마 지나지 않아 다시 변경을 도둑질 하자 [무후가] 조칙을 내려 안북대도호(安北大都護)[568]

다. 처음에 太學生이 되었다가 吐蕃 대책으로 秘書丁字 監察御史가 되었다. 이후에 殿中侍御史로 승진했다. 武則天 司刑正이 되었다가 洛陽令으로 옮겼다. 이후 모함으로 세 번이나 유배를 갔다가 聖曆 2년(699)에 鳳閣侍郞 同鳳閣鸞臺平章事 檢校并州長史가 되었다. 또 左肅正臺御史大夫 겸 檢校洛州長史가 되었다. 突厥과 吐蕃의 도발에 대응했는데, 이후에 모함으로 瑞州高要尉로 좌천되었다. 中宗 복위 이후에 衛尉卿同中書門下三品으로 中書令이 되었고, 齊國公으로 봉해졌다. 安樂公主가 皇太女가 되는 것을 반대해서 左僕射가 되었다. 景龍 원년(707)에 太子 李重俊이 기병했을 때 宗楚客의 모함을 받아 忠州務川尉로 좌천되었다가 죽었다(『新唐書』 卷122 「魏元忠傳」: 4339).

565) 婁師德(630~699): 唐代 재상으로 字가 宗仁이고, 鄭州 原武(지금 河南省 原陽) 사람이었다. 弱冠에 進士科에 합격해 江都尉가 되었다. 高宗 上元 초기에 監察御史가 되어 吐蕃에 사자로 파견되었고, 吐蕃을 공격해 전공을 세워 殿中侍御史가 되었고 河源軍司馬를 겸했다. 天授 초기에 左金吾衞將軍 檢校豊州都督이 되었다. 長壽 원년(692)에 夏官侍郞, 判尙書事가 되었다. 이듬해 同鳳閣鸞臺平章事로 승진했다. 이후에 營田大使 秋官尙書 左肅政臺御史大夫 등을 역임했다. 證聖 元年(695)에 王孝杰과 함께 吐蕃에 원정했다가 패배해 原州員外司馬로 좌천되었다. 萬歲通天 2년(697)에 조정에 돌아와 鳳閣侍郞, 同鳳閣鸞臺平章事가 되었다. 그 해 狄仁傑과 河北諸州를 안무했고, 納言으로 배수되고 譙縣子로 봉해졌다. 誠力 2년(699)에 天兵軍大總管이 되었다가 바로 죽었다. 涼州都督으로 추증되었고 시호는 貞이었다(『新唐書』 卷108 「婁師德傳」: 4092).

566) 『舊唐書』에 연대를 정확하게 적시되어 있어 보충했다.

567) 隴右: 隴山 서쪽 지역의 범칭이다. 옛날에는 서쪽을 '右'로 칭했기 때문에 생긴 이름이다. 대략 지금 甘肅省 隴山과 六盤山 以西지역과 黃河 以東지역에 해당한다.

568) 安北大都護: 安北都護府의 長官이었다. 安北都護府는 總章 2년(669)에 翰海都護府가 개칭되어 설치되었다. 治所는 몽골공화국의 서남 오르콘강 상류의 西岸이며 항가이 산의 東端에 있었다. 磧北의 鐵勒諸

상왕(相王)[569]을 천병도대원수(天兵道大元帥)로 삼아 병주장사(幷州長史) 무유의(武攸宜)[570]와 하주도독(夏州都督) 설눌(薛訥)[571]을 이끌고 [위]원충과 함께 돌궐을 공격하게 했는데, 군대가 출발하기도 전에 묵철이 돌아가 버렸다. 이듬해 [돌궐이] 염[주](鹽州)[572]와 하[주]를 약탈하고 양과 말 10만 마리를 잡아갔으며 석령[관](石嶺關)[573]을 공격하고 결국 병주마저 포위했다. 옹주장사(雍州長史) 설계창(薛季昶)[574]을 지절산동방어대사(持節山東防

部에 설치된 羈縻府州를 통할했으며, 관할구역은 지금 몽골과 러시아의 시베리아 남부에 해당했다. 垂拱 2년(686)에 漠南으로 治所를 옮기는 등 여러 차례 이동이 있었다. 처음에는 同城(지금 內蒙古自治區 額濟納旗 남쪽)과 西安城(지금 甘肅省 民樂縣 서북쪽)에 있었고 후에 雲中城(지금 內蒙古自治區 和林格爾縣 서북), 西受降城(지금 內蒙古自治區 烏拉特中旗 서남쪽)에 있었다. 開元과 天寶년간에는 또 中受降城(지금 內蒙古自治區 包頭市 서남쪽의 黃河 北岸), 橫塞軍(지금 內蒙古自治區 烏拉特中旗 서북 陰山 北麓), 天安軍(이후에 天德軍으로 개칭, 지금 內蒙古自治區 烏拉特前旗 동북쪽)에 治所가 있었다. 至德년간 중엽에 鎭北都護府로 바꾸었다가 建中년간에 廢置했다.

569) 相王은 李旦 즉, 이후에 睿宗(662~716; 재위 684~690, 710~712)이 되는 李旭輪을 지칭한다.

570) 武攸宜: 唐代 將軍으로 幷州 文水縣(지금 山西省 文水縣) 사람이었다. 武則天의 조카로 武惟良의 아들이었다. 武則天시기에 建安王으로 봉해졌고, 同州刺史에 임명되었다. 淸邊道行軍大總管 左羽林大將軍 등의 관직을 맡았다. 中宗시기에는 右羽林大將軍이 되었다. 禁軍의 總管으로 10여 년간 활동했다(『新唐書』 卷206 「外戚傳」: 5839).

571) 薛訥(649~720): 唐代 將軍으로 絳州 龍門縣(지금 山西省 河津縣) 사람이었다. 薛仁貴의 아들로 처음에 藍田令이 되었다. 그 후 突厥이 河北을 침입하자 左武威衛大將軍 安東道經略에 임명되었다. 그리고 幽州都督 兼安東都護에 임명되었다가 幷州大都督府長史로 전임했다. 오랫동안 邊將으로 임직하면서 누차 戰功을 세웠다. 開元 2년(714) 六月 杜賓客 등과 군대 2만을 이끌고 契丹을 토벌해 灤河에서 대패했지만 十月에 吐蕃과 洮水 부근에서 전투해 크게 승리를 거두었다. 左羽林軍大將軍에 보임되었으며 平陽郡公에 봉해졌다. 또 涼州鎭軍大總管에 임명되었다가 나이가 들어 致仕했다. 開元 8년(720)에 병에 걸려 72세의 나이로 죽었다(『舊唐書』 卷111 「薛納傳」: 4143).

572) 鹽州: 西魏 廢帝 3년(554)에 西安州가 바뀌어 설치되었다. 치소는 五原縣(지금 陝西省 定邊縣)에 있었다. 隋 大業 3년(607)에 鹽川郡으로 바뀌었다가 唐初에 다시 원래의 鹽州로 환원되었다. 天寶 元年(742)에 다시 五原郡으로 바뀌었다가 乾元 元年(758)에 다시 鹽州가 되었다. 建中 이후 吐蕃에 소속되었다가 律元년간에 회복하였다.

573) 石嶺關: 지금 山西省 陽曲縣 동북쪽에 위치한 關門城이었다.

574) 薛季昶: 唐代 관리로 祖籍이 絳州 龍門縣(지금 山西省 河津) 사람이었다. 監察御史로 시작해 여러 사건을 잘 해결해 御史中丞이 되었다. 萬歲通天 원년(696) 河北道按擦使가 되었고, 久視 원년(700)에 定州刺史에서 雍州長史로 승진했다. 長安 2년(702)에 山東防禦大使로 突厥을 방비했다. 神龍 원년(705)에 張易之 형제를 제거하는데 참여해서 銀靑光祿大夫가 가관되고 戶部侍郎이 되었다. 좌천되어 桂州都督이 되었다가 자살했다(『舊唐書』 卷185上 「良吏」上 <薛季昶>: 4804).

禦大使)로 삼아 창[주](滄州),[575] 영[주](瀛州),[576] 유[주], 이[주](易州),[577] 긍[주](恆州), 정[주](定州), 규[주](媯州), 단[주](檀州), 평[주](平州)[578] 등 9주의 군대를 통제하게 했고, 영주도독(瀛州都督) 장인단에게 여러 주와 청이[군]과 장새군(障塞軍)의 병력을 통제하게 해서 [설]계창과 호응하며 상왕(相王)을 안북도행군원수(安北道行軍元帥)로 삼아 여러 장수들을 감독하게 했으나 [상]왕이 [경사에] 머무르며 가지 않았다. [반면] 돌궐은 대[주]와 긍[주]로 쳐들어와 [백성들을] 죽이고 약탈했다.

長安三年, 遣使者莫賀達干請進女女皇太子子, 后使平恩郡王重俊·義興郡王重明盛服立諸朝. 默啜更遣大酋移力貪汗獻馬千匹, 謝許婚, 后渥禮其使. 中宗始卽位, 入攻鳴沙, 於是靈武軍大總管沙吒忠義與戰, 不勝, 死者幾萬人, 虜遂入原·會, 多取牧馬. 帝詔絶昏, 購斬默啜者王以國·官諸衛大將軍. 默啜殺我行人鴻臚卿臧思言, 詔左屯衛大將軍張仁亶爲朔方道大總管屯邊, 明年, 始築三受降城於河外, 障絶寇路. 久之, 以唐休璟代屯. 睿宗初立, 又請和親, 詔取宋王成器女爲金山公主下嫁. 會左羽林大將軍孫佺等與奚戰冷陘, 爲奚所執, 獻諸默啜, 默啜殺之, 更以刑部尙書郭元

575) 滄州: 北魏 熙平 2년(517)에 설치되었고, 치소는 饒安縣(지금 河北省 鹽山縣 서남쪽 千童鎭)에 있었다. 隋 大業년간에 폐지되었다가 武德 원년(618)에 다시 설치되었다. 치소는 淸池縣(지금 滄縣 동남쪽 40리 떨어진 옛 州鎭)에 있었다. 관할 구역은 지금 天津市 海河 이남, 靜海縣과 河北省 靑縣, 泊頭市 이동, 東光과 山東省 寧津, 樂陵, 無棣 이북 지역이었다. 天寶 元年(742) 景城郡으로 바뀌었다가 乾元 元年(758)에 다시 환원되었다.

576) 瀛州: 北魏 太和 11년(487)에 定州와 冀州가 나뉘어 설치되었는데, 치소는 趙都軍城(隋代 河間縣에 설치했는데, 지금 河北省 河間市)였다. 관할 구역은 지금 河北省 保定市, 博夜縣 이동, 肅寧 泊頭 滄州 鹽山 등지 이북, 大淸河 이남의 지역이었다. 隋 大業初에 河間郡으로 바뀌었다가 武德 4년(621)에 환원되었다. 天寶 원년(742)에 河間郡이 되었다가 乾元 원년(758)에 다시 환원되었다.

577) 易州: 隋 開皇 元年(581)에 설치되었는데, 치소가 지금 河北省 易縣에 있었다. 開皇 16년(596)에 易縣에 두었다. 大業 초기에 上谷郡으로 바꾸었다가 武德 4년(621)에 환원되었다. 天寶 元年(742)에 上谷郡이 되었다가 乾元 元年(758)에 환원되었다. 唐代 관할 구역은 지금 河北省에 위치한 長城 이남, 安新 滿城 이북, 南拒馬河 이서지역이었다.

578) 平州: 北魏 天賜 4년(407)에 설치되었는데, 치소는 肥如城(지금 河北省 盧龍縣 북쪽 潘莊鎭 沈莊 일대)에 있었다. 武德 초기에 치소를 盧龍縣(지금 盧龍縣)으로 옮겼는데, 관할 구역은 지금 河北省 陡河 이동과 長城 이남지역이었다.

振代休璟.

장안(長安) 3년(703)에 [묵철이] 사자 막하달간(莫賀達干)[579]을 보내 [그의] 딸을 바쳐 황태자(皇太子)의 아들에게 시집보낼 것을 청하자 [무]후가 평은군왕(平恩郡王) [이]중준(李重俊)[580]과 의흥군왕(義興郡王) [이]중명(李重明)[581]으로 하여금 옷을 잘 갖추어 입게 하고 조당에 서 있게 했다. 묵철이 다시 대추 이력탐한(移力貪汗)[582]을 보내 말 천 필을 바치며 혼인을 허락한 것에 감사하자 [무]후가 후한 예로 그 사자를 접대했다.

중종이 막 즉위하자 [묵철이] 쳐들어와 [영주] 명사현(鳴沙縣)[583]를 공격하자 이에 영무군 대총관(靈武軍大總管) 사탁충의가 [그들과] 싸웠으나 이기지 못해 죽은 사람이 몇 만 명이나 되었으며 [승세를 탄] 적이 마침내 원[주](原州)와 회[주](會州)[584]까지 들어와 기르는 말을 많이 잡아갔다. 황제가 조칙을 내려 혼인을 끊으라고 하고 묵철을 베는 자를 국왕(國王)[585]에

579) 莫賀達干: 고대 투르크어로 '바가 타르칸(bagha tarqan)'의 음사이다.

580) 李重俊(?~707): 中宗의 셋째 아들로 後宮 소생이었다. 武則天 시기에 義興郡王에, 神龍 元年(705) 衛王으로 봉해지고 洛州牧에 제수되었다가 이듬해 太子가 되었다. 韋后의 소생이 아니었기 때문에 武三思, 安樂公主, 武崇訓에게 능욕을 당했다. 安樂公主가 太子를 폐하고 자신을 皇太女로 삼아줄 것을 청했다. 神龍 3년(707) 李多祚등과 함께 조서를 위조해 군대를 동원해 武三思와 崇訓 부자와 黨羽 10여인을 죽였으나 패배해 부하에게 살해되었다. 睿宗 때에 節愍으로 謚號가 추증되고 定陵에 陪葬되었다(『新唐書』 卷81 「三宗諸子 節愍太子重俊傳」: 3595).

581) 李重明에 대해서는 정확한 기록은 없다. 다만 『舊唐書』 卷86 「高宗中宗諸子傳」에 따르면 平恩郡王이 李重福이고 義興郡王이 李重俊이었다는 점에서 잘못된 기록으로 볼 수도 있다.

582) 移力貪汗: 고대 투르크어로 '일릭 타르칸(Ilig tarqan)'의 음사로 추정된다.

583) 鳴沙縣: 隋 開皇 19년(599)에 설치되었으며, 環州의 治所였다. 治所가 지금 寧夏回族自治區 中寧縣 동북의 鳴沙鎭에 있었다. 大業 3년(607)에 靈武郡에 속했고, 唐代에는 靈州에 소속되었다. 神龍 2년(706) 겨울에 治所를 廢豐安城(지금 寧夏回族自治區 中寧縣 서북쪽 石空堡 부근)으로 옮겼다가 大中 3년(849)에 舊址로 돌아갔다.

584) 會州: 西魏 廢帝시기에 설치되었고, 治所는 會寧縣(지금 甘肅省 靖遠縣 동북쪽)에 있었다. 北周 保定 2년(562)에 會寧防으로, 隋 開皇 元年(581)에 會寧鎭으로, 武德 2년(619)에 西會州로 改置되었다가 貞觀 8년(634)에 粟州로 같은 해에 또 會州로 개칭되었다. 관할구역은 지금 甘肅省 靖遠, 景泰, 會, 寧夏의 海原 등 縣이었다. 天寶 初에 會寧郡으로 개칭되었다가 乾元 初에 會州로 환원되었다. 廣德 2년(764)에 吐蕃에 점령되자 그 이후 廢置되었다.

585) 國王: 燕王 혹은 秦王처럼 王앞에 一字의 지명이 붙는 王號를 지칭한다. 唐代에는 皇帝의 아들, 즉 親王만 一字王으로 책봉되었다(崔珍烈, 2007). 이외에 一字王은 찬탈의 이전 단계에 해당한다. 저본과

봉하고 제위(諸衛)[586]의 대장군(大將軍)[587]으로 임명한다는 현상금을 걸었다.[588] 묵철이 우리의 사자인 홍려경 장사언(臧思言)[589]을 죽이자 [황제가] 조칙을 내려 좌둔위대장군(左屯衛

번역문처럼 一字王인 國王으로 봉한다는 것은 해당 인물을 최고로 대우한다는 의미를 함축하고 있다.

586) 諸衛: 唐代 府兵을 통솔해 長安을 지키며 宿衛했던 군사조직을 총칭한다. 12衛 혹은 16衛라고 부른다. 隋代에는 北周의 제도를 이어받아 12府를 두어 禁衛의 병력을 통솔했다. 隋 煬帝시기에 12府를 增置해 12衛와 4府를 두었는데 합쳐 16衛府(습관상 16衛)라 불렀다. 12衛는 左右翊衛, 左右驍衛, 左右武衛, 左右屯衛, 左右候衛, 左右禦衛였다. 4府는 左右備身府, 左右監門府였다. 武德 7년(624)에 左右衛, 左右驍衛, 左右領軍衛, 左右武候衛, 左右監門衛, 左右屯衛, 左右領屯衛를 14衛府를 정했다. 龍朔 2년(662)에 高宗이 百官의 명칭을 고칠 때에 정식으로 16衛를 두었고 명칭은 바뀌었다. 唐代의 16衛는 일반적으로 左右衛, 左右驍衛, 左右武衛, 左右威衛, 左右領軍衛, 左右金吾衛, 左右監門衛, 左右千牛衛를 지칭한다. 監門衛와 千牛衛를 제외한 기타 12衛는 諸軍府를 거느리고 上番해 宿衛하는 府兵을 나누어 관리했다. 左右監門衛와 左右千牛衛는 府兵을 거느리지 않았다. 각 衛에 大將軍 1명과 將軍 2명을 설치해 長官과 次官으로 삼았다.

587) 12衛 혹은 16衛의 大將軍은 正三品의 職事官이었다.

588) 『舊唐書』에는 이상의 일과 관련된 右補闕 盧俌의 대책 상소 내용이 기록되어 있는데, 소개하면 다음과 같다. "又命內外官各進破突厥之策. 右補闕盧俌上疏曰: '臣聞有虞咸熙, 苗人逆命, 殷宗大化, 鬼方不賓, 則戎狄交侵, 其來遠矣. 漢高帝納婁敬之議, 與匈奴和親, 妻以宗女, 賂以鉅萬, 冒頓益驕, 邊寇不止. 則遠荒之地, 凶悍之俗, 難以德綏, 可以威制, 而降自三代, 無聞上策. 今匈奴不臣, 擾我亭障, 皇赫斯怒, 將整元戎. 臣聞方叔帥師, 功歌周雅, 去病耀武, 勳勒燕山, 則萬里折衝, 在於擇將. 春秋謀元帥, 取其說禮樂·敦詩書. 晉臣杜預射不穿札, 而建平吳之勳, 是知中權制謀, 不在一夫之勇. 其蕃將沙吒忠義等身雖驍悍, 志無遠圖, 此乃騎將之材, 本不可當大任. 且師出以律, 將軍死綏. 秦克長平, 趙括受戮, 胡去馬邑, 王恢坐誅, 則棄軍有刑, 古之常典. 近者鳴沙之役, 主將先逃, 輕挫國威, 須正邦憲. 又其中軍旣敗, 陣亂矢窮, 義勇之士, 猶能死戰, 功合紀錄, 以勸戎行, 賞罰旣明, 將士盡節, 此擒敵之術也. 臣聞以蠻夷攻蠻夷, 中國之長算, 故陳湯統西域而郅支滅, 常惠用烏孫而匈奴敗. 請購辯勇之士, 班·傅之儔, 旁結諸蕃, 與圖攻取, 此又掎角之勢也. 臣聞昔置新秦以實塞下, 宜因古法, 募人徙邊, 選其勝兵, 免其行役, 次廬伍, 明教令, 則狃習戎事, 究識夷險, 其所虜獲, 因而賞之. 近戰則守家, 遠戰則利貨, 趨赴鋒鏑, 不勞訓誓, 朝賦「楊柳」, 夕歌杕杜, 十年之後, 可以久安. 臣聞漢拜郅都, 匈奴避境; 趙命李牧, 林胡遠竄. 則朔方之安危, 邊城之勝負, 地方千里, 制在一賢. 其邊州刺史不可不愼擇, 得其人而任之. 蒐乘訓兵, 屯田積粟, 謹設烽燧, 精飾戈矛, 來則懲而禦之, 去則備而守之, 此又古之善經也. 去歲亢陽, 天下不稔, 利在保境, 不可窮兵. 使內郡黔黎, 各安其業, 擇其宰牧, 輕其賦徭, 事無過舉, 爵不以私. 愛人之財, 節其徭役; 惜人之力, 不廣臺榭. 察地利天時以趨耕穫, 命秋獮冬狩以教戰陣. 則數年之後, 有勇知方, 帑藏山積, 金革犀利. 然後整六軍, 絕大漠, 雷擊萬里, 風掃二庭, 斬蹛林之酋, 懸街之邸, 使百蠻震怖, 五兵載戢, 則上合天時, 下順人事. 理內以及外, 綏近以來遠, 以惠中國, 以靜四方. 臣少慕文儒, 不習軍旅, 奇正之術, 多媿前良, 獻替是司, 輕陳瞽議.' 上覽而善之."

589) 臧思言(?~707): 唐代 관리로 中宗 神龍 元年(705) 假鴻臚卿이 되어 突厥에 出使했다가 默啜可汗에게 살해되었다.

大將軍)[590] 장인단을 삭방도대총관으로 삼아 변경에 주둔하게 하고 그 이듬해 마침내 세 곳의 수항성(受降城)[591]을 황하 밖에 쌓아 공격의 통로를 막게 했다. 얼마 있다가 당휴경(唐休璟)[592]을 [장인단을] 대신해 주둔하게 했다.

예종(睿宗) 즉위 초에 [묵철이] 다시 화친을 청하자 조칙을 내려 송왕(宋王) [이]성기(李成器)[593]의 딸을 데려다 금산공주(金山公主)[594]로 삼아 [돌궐에] 시집보내라고 했다. 마침 좌우

---

590) 左屯衛大將軍: 左屯衛의 長官으로 품계는 正三品이었다. 隋初 左領軍府가 설치되었다가 隋煬帝가 左屯衛로 改稱되면서 大將軍과 將軍 등의 관직을 두었다. 唐代에도 이를 그대로 이어받았다가 龍朔 2년(662)에 右威衛로 개칭되고, 光宅 元年(684)에 左豹韜衛로, 神龍 元年(705)에 左威衛로 고쳤다. 左屯衛에는 長官인 左屯衛大將軍 1명과 次官인 左屯衛將軍 2명이 있으며, 翊一府와 翊二府, 宣陽 등 50개의 折衝府를 관할하며 나누어 宿衛했다.

591) 三受降城: 中宗시기에 설치된 세 곳의 요새로 東受降城, 中受降城, 西受降城을 말한다. 東受降城은 朔方總管 張仁愿이 쌓았다. 지금 內蒙古自治區 托克托 서남 黃河 東岸에 있었는데, 關內道 豊州에 속해 있었다. 中受降城은 원래 拂雲司가 있던 곳으로 神龍 3년(707) 朔方總管 張仁愿이 쌓았다. 지금 內蒙古自治區 包頭市 서남쪽 昆都侖江이 黃河로 합류하는 곳의 서쪽에 위치하고 있었는데, 黃河를 건너는 중요한 지점이었다. 開元 2년(714)부터 天寶 8년(749)까지 安北都護府가 위치하고 있었다. 西受降城은 神龍 3년(707) 朔方總管 張仁愿이 쌓았다. 지금 內蒙古自治區 杭錦後旗 북쪽 烏加河 북안에 있었다. 開元 초에 黃河로 파괴되었다가 이후에 그 동쪽에 새로운 성채를 세웠다. 乾元 이후에 天德軍을 이곳으로 옮겼다. 元和 8년(813)에 성 남쪽을 黃河 물이 파괴해 天德軍을 大同川의 서쪽으로 옮겼다.

592) 唐休璟(627~712): 唐代 재상으로 京兆府 始平縣(지금 陝西省 咸陽市 서북쪽) 사람이었다. 明經科 출신으로 高宗 永徽년간에 처음 吳王府典籤으로 임명되었다가 調露년간에 군공으로 豊州司馬가 되었다. 武則天 시기에 安西副都護가 되었다가 바로 西州都督가 되어 安西四鎭의 회복을 주장했다. 聖曆(698)년간에 司賓卿 兼涼州都督 右肅正臺御史大夫 持節隴右諸軍副大使가 되었다. 久視 원년(700)에 吐蕃을 대파하고 右武威 右金吾衛大將軍이 되었다. 長安 3년(703) 宰相이 되어 夏官尙書 同鳳閣鸞臺三品로 임명되었다. 中宗시기에 輔國大將軍同三品 尙書右僕射同三品 太子少師同三品 등의 직책을 맡았고, 宋國公으로 봉해졌다. 睿宗시기에 特進充任朔方道行軍大總管이 되었다. 사후에 시호를 忠이라고 했다(『新唐書』 卷111 「唐休璟傳」: 4149).

593) 李成器(679~742): 睿宗의 큰아들로 이름은 憲이었다. 永平郡王에 봉해졌다가 文明 元年(684) 睿宗 즉위 후 太子가 되었다. 天授 元年(690) 皇孫으로 改稱되었다. 唐隆 元年(710) 宋王으로 봉해졌다. 睿宗이 복위하자 太子의 자리를 아우 李隆基(玄宗)에게 양보했다. 雍州牧, 揚州大都督, 太子太師, 尙書左僕射, 岐州刺史, 澤州刺史, 太尉를 지냈으며, 寧王에 봉해졌다. 玄宗과 우애가 있었으며 朝政에 간여하지 않고 사람들과 교제도 하지 않아 玄宗의 신임을 얻었다. 사후 惠陵(지금 陝西省 蒲城縣)에 묻혔다. 謚號는 讓皇帝였다(『舊唐書』 卷81 「三宗諸子 讓皇帝憲傳」: 3599).

594) 金山公主: 唐朝의 和蕃公主로 宋王 李成器의 딸이었다. 睿宗 즉위 초에 黙啜에게 시집보내려고 했으나 和親이 깨져서 혼사가 성사되지 않았다.

림[위]대장군(左羽林衛大將軍)[595] 손전(孫佺) 등이 해(奚)와 냉형[산](冷陘山)[596]에서 전투를 벌였다가 해에게 잡혀 여럿이 묵철에게 보내졌고, 묵철이 [이들을] 죽여버리자 [조정에서] 다시 형부상서(刑部尚書)[597] 곽원진(郭元振)[598]으로 하여금 [당]휴경을 대신하게 했다.

玄宗立, 絕和親. 默啜乃遣子楊我支特勒入宿衛, 固求昏, 以蜀王女南和縣主妻之, 下書論尉可汗. 明年, 使子移涅可汗引同俄特勒·火拔頡利發石失畢精騎攻北庭, 都護郭虔瓘擊之, 斬同俄城下, 虜奔解. 火拔不敢歸, 攜妻子來奔, 拜左武衛大將軍·燕山郡王, 號其妻爲金山公主, 賜賚優縟. 楊我支死, 詔宗親三等以上弔其家. 是時突厥再上書求昏, 帝未報.

현종(玄宗)[599]이 즉위하자 [돌궐과] 화친을 끊었다. [하지만] 묵철이 바로 아들 양아지특륵

595) 左羽林衛大將軍: 左羽林衛의 장관으로 품계는 正三品이었다. 前漢 武帝 太初 元年(전104)에 建章營騎가 설치되어 후에 羽林騎로 改名되었다. 宣帝시기에도 羽林中郎將과 羽林左右監이 설치되었는데 모두 光祿勳에 소속되었다. 西晉時代에는 羽林監만 설치되었으며 이후 각 왕조에서도 이를 이어받았다. 隋 煬帝시기에 左右領軍府를 左右屯衛로 改稱되면서 거느리는 병사들을 羽林이라 칭했다. 唐代에는 左右屯衛를 左右威衛로 바꾸었고 별도로 左右屯營이 설치되었다. 龍朔 2년(662)에 左右屯營이 左右羽林軍으로, 天授 2년(691)에 左右羽林衛로, 후에 다시 左右羽林軍으로 改稱되었다. 左羽林軍에는 大將軍 1명과 將軍 3명을 두어 長官과 次官으로 삼아 병사들을 통솔하게 했다.

596) 冷陘山: 지금 內蒙古自治區 巴林右旗 서북쪽에 위치하고 있다. 달리 札魯特旗 남쪽의 奎屯山이라고도 한다. 唐代 이곳은 契丹, 奚, 霫의 세 세력의 경계가 되었다.

597) 刑部尚書: 隋 開皇 3년(583) 都官尚書가 바뀌어 설치되었다. 刑部의 長官으로 정원 1명에 품계가 正三品이었다. 당 중기 이후에는 약화되어 兵部侍郎이 장관의 역할을 대신하게 되었다. 중간에 이름이 司刑太常伯, 秋官尚書, 憲部尚書로 바뀌기도 했다.

598) 郭元振(656~713): 唐代 宰相으로 魏州 貴鄉(지금 河北省 大名縣 동남쪽) 사람이었다. 本名은 震이고 자는 顯이었다. 高宗 咸亨년간에 進士가 되어 通泉縣尉가 되었고, 武則天에게 右武衛鎧曹를 제수받아 吐蕃에 사신으로 가서 이간을 한 공으로 主客郎中이 되었다. 大足 元年(701)에 涼州都督, 隴右諸軍州大使로 임명되었다. 이후 太僕卿이 되고 銀靑光祿大夫가 가해졌다. 睿宗 景雲 2년(711)에 太僕卿同中書門下平章事으로 相이 되었다. 相을 면하고 吏部尚書가 되었다가 開元 원년(713)에 다시 相이 되고 兵部尚書同中書門下三品이 되었다. 太平公主를 진압한 공으로 代國公이 되었다. 이후 兼御史大夫持節朔方道大總管으로 突厥에 대비했다. 죄로 新州에 유배되었다가 다시 饒州司馬로 기용되나 돌아오다가 죽었다. 사후에 太子少保로 추증되었다(『新唐書』 卷122 「郭元振傳」: 4360).

599) 唐 玄宗(685~762; 재위 712~756): 唐朝 제6대 황제로 이름은 李隆基였다. 睿宗의 셋째 아들로 楚王에

(楊我支特勒)[600]을 보내 숙위로 들여보내며 진정으로 결혼을 구하자 촉왕(蜀王)의 딸 남화현주(南和縣主)를 시집보내는 편지를 내려 [묵철]가한을 위로했다.[601] 이듬해에[602] 아들 이녈 가한(移涅可汗)[603]을 시켜 동아특륵(同俄特勒)[604]과 화발힐리발(火拔頡利發) 석[아]실필(石阿失畢)[605]의 정예 기병을 이끌고 북정[도호부](北庭都護府)[606]를 공격하게 했는데, 도호 [우효위장군(右驍衛將軍)][607] 곽건관(郭虔瓘)[608]이 격퇴하고 동아[특륵]을 성 아래에서 베자

봉해졌다가 臨淄王으로 改封되었다. 騎射에 능하고 音律·曆象·書法에 능통했다. 景雲 初 太平公主와 함께 韋后와 그 일당을 소탕하고 睿宗을 복위시켰으며, 太子로서 朝政에 참여했다. 先天 元年(712) 즉위했고 이듬해 太平公主와 그 일당을 숙청했다. 開元년간 姚崇·宋璟·張九齡등을 宰相으로 삼아 諫爭을 받아들이고 賞罰을 명확히 했으며, 冗官을 없애고 토지와 호구를 파악하고 수리시설을 확충, 수리하는 등 선정을 베풀었다. 開元년간 사회 안정과 경제 발전, 문화 번영, 國勢의 강성을 開元之治라 한다. 그러나 天寶년간 이후 楊貴妃를 총애하고 李林甫와 楊國忠을 宰相으로 등용하게 되면서 정치가 부패했다. 安史의 난이 일어나자 天寶 15년(756) 六月 蜀으로 도망갔으며, 七月 太子 李亨이 靈武에서 즉위한 후 太上皇을 칭했다. 至德 2년(757)末 蜀에서 長安으로 돌아와 興慶宮에 유폐되었다가 죽었다. 泰陵에 장사지냈으며 시호는 至道大聖大明孝皇帝였다.

600) 楊阿支特勒의 잘못된 음사이다. 이는 고대 투르크어로 '양아즈 테긴(Yangaz tegin)'의 음사로 추정된다.

601) 『舊唐書』에서는 楊我支特勒이 唐朝에 와서 右驍衛員外大將軍로 제수를 받았으나 睿宗이 玄宗에 선위함에 따라 화친이 결국 이루어지지 못했다고 다르게 기록하고 있다. 맥락상 楊我支特勒이 來朝한 것은 저본과 달리 睿宗 때의 일로 보는 것이 타당할 것이다.

602) 『舊唐書』에서는 開元 2년(714)의 일이라고 되어 있다.

603) 移涅可汗: 고대 투르크어로 '이날 카간(Inal qaghan)'의 음사이다. 默啜의 長子로 拓西可汗의 역할을 맡았다.

604) 同俄特勒의 잘못된 음사인데, 고대 투르크어로 '통아 테긴(Tonga tegin)'의 음사이다.

605) 火拔頡利發 石阿失畢: 火拔頡利發는 관직명으로 고대 투르크어로는 '퀼베르 일테베르(Külber ilteber)'의 음사로 추정되고, 石阿失畢은 이름으로 추정되나 확실한 음사는 알 수 없다.

606) 北庭都護府: 貞觀 14년(640) 四月에 西突厥 泥伏沙鉢羅葉護 阿史那賀魯가 무리를 거느리고 귀부하자 그 땅에 庭州가 설치되어 部衆이 안치되었다가 바로 廢置되었다. 顯慶 3년(658)에 다시 설치되었다. 武則天 長安 2년(702)에 庭州城에 北庭都護府가 설치되어 突騎施, 堅昆, 斬啜 등 西突厥 부락을 통솔했다. 昆陵都護府와 濛池都護府와 6개의 都督府와 10개의 州, 瀚海·天山·伊吾 등 3軍을 거느렸다. 관할 구역은 남쪽으로는 天山, 북쪽으로는 金山, 동쪽으로는 蒲類海, 서쪽으로는 西海(지금 아랄해)에 이르렀다. 肅宗 上元 元年(780)에 吐蕃에게 함락되었다.

607) 『舊唐書』에 "右驍衛將軍"로 되어 있다.

608) 郭虔瓘: 唐代 將軍으로 齊州 歷城縣(지금 山東省 濟南市) 사람이었다. 玄宗 開元초 右驍衛將軍 兼北庭都護에 임명되었다. 突厥의 同俄特勒을 살해한 공으로 冠軍大將軍, 行右驍衛大將軍에 拜授되었다. 오래지 않아 安西副大都護 攝御史大夫 四鎭經略安撫使로 전임되었으며 潞國公에 봉해졌다. 후에 벼슬이 右威衛大將軍에 이르렀다(『新唐書』 卷133 「郭虔瓘傳」: 4543).

돌궐이 도망가 흩어졌다. 화발[힐리발]이 감히 돌아가지 못하고 처자를 데리고 [당나라로] 도망쳐 오자 좌무위대장군 연산군왕(燕山郡王)으로 삼고 그의 아내를 금산공주라고 하며 재물을 아주 후하게 내려주었다. 양아지[특륵]이 죽자 종친(宗親) 중에 3등 이상을 그의 집에 가서 조문하게 했다. 이때 다시 돌궐이 편지를 올려 혼인을 원했으나 황제가 답을 하지 않았다.

初，景雲中，默啜西滅娑葛，遂役屬契丹·奚，因虐用其下．旣年老，愈昏暴，部落怨畔，十姓左五咄陸·右五弩失畢俟斤皆請降，葛邏祿胡屋鼠尼施三姓·大漠都督特進朱斯·陰山都督謀落匐雞·玄池都督蹋實力胡鼻率衆內附，詔處其衆於金山．以右羽林軍大將軍薛訥爲涼州鎭軍大總管，節度赤水·建康·河源等軍，屯涼州，以都督楊執一副之； 右衛大將軍郭虔瓘爲朔州鎭軍大總管， 節度和戎·大武·并州之北等軍，屯并州，以長史王晙副之．撫新附，檢鈔暴．默啜屢擊葛邏祿等，詔在所都護·總管掎角應援．虜勢寖削．其婿高麗莫離支高文簡，與跌跌都督思太，吐谷渾大酋慕容道奴，郁射施大酋鶻屈頡斤·苾悉頡力，高麗大酋高拱毅，合萬餘帳相踵款邊，詔內之河南；引拜文簡左衛大將軍·遼西郡王，思太特進·右衛大將軍兼跌跌都督·樓煩郡公，道奴左武衛將軍兼刺史·雲中郡公，鶻屈頡斤左驍衛將軍兼刺史·陰山郡公，苾悉頡力左武衛將軍兼刺史·鴈門郡公，拱毅左領軍衛將軍兼刺史·平城郡公，將軍皆員外置，賜各有差．

이전 경운(景雲)년간에[609] 묵철이 서쪽으로 사갈(娑葛)[610]을 멸망시키고 결국 거란과 해마저 정복했는데, 그 부하들을 가혹하게 부려먹었다. [묵철이] 이미 나이가 들어 점차 [정신이] 흐려져 포학하게 대하게 되자 부락[의 사람들]이 원한을 품고 배반해 십성의 좌부 오돌륙(五咄陸)[611][의 철(啜)][612]과 우부 오노실필(五弩失畢)[613] 사근(俟斤)이 모두 항복을 청했고,

---

609) 景雲 3년(709)의 일이다.

610) 娑葛(재위 706~711): 突騎施의 추장으로, 고대 투르크어로 '사칼 초르(Saqal chor)'의 음사였다. 그의 아버지 烏質勒을 이어 추장이 되자 비로소 可汗을 칭했다. 그 다음에 西突厥 阿史那忠節과 지속적으로 갈등을 빚다가 景龍 3년 唐朝로부터 賀獵毗伽欽化可汗으로 책봉되고 守忠이라는 이름을 받았다. 이로서 突騎施汗國의 존재가 唐朝로부터 인정받게 되었고, 突厥과의 대립 관계가 설정되었다.

611) 五咄陸: 五咄六이라고도 하는데, 處木昆闕啜, 胡祿屋闕啜, 攝舍提暾啜, 突騎施賀邏施啜, 鼠尼施處半啜

갈라록, 호옥(胡屋),[614] 서니시(鼠尼施)[615] [등] 세 부락[三姓]과 대막도독(大漠都督) 특진주사(特進朱斯),[616] 음산도독(陰山都督) 모락복계(謀落匐雞),[617] 현지도독(玄池都督) 답실력호비(蹋實力胡鼻)[618]이 모두 백성을 이끌고 내부하자 조칙을 내려 그 백성들을 금산(金山)에 살게 했다. 우우림군대장군 설눌을 양주진군대총관(涼州鎭軍大總管)으로 삼아 적수[군](赤水軍),[619] 건강[군](建康軍),[620] 하원[군](河源軍)[621] 등의 군진을 통제하며 양주(涼州)에 주둔하게 하고, 도독 양집일(楊執一)을 부[총관]으로, 우위대장군 곽건관을 삭주진군대총관(朔州鎭軍大總管)으로 삼아 화융[군](和戎軍),[622] 대무[군](大武軍),[623] 병주의 북쪽에 있는 군진

등으로 모두 啜(초르)의 지위를 갖고 있었다.

612) 咄陸의 추장들은 모두 啜의 지위를 갖고 있었는데, 『舊唐書』에 따라 보충했다.

613) 五弩失畢: 阿悉結闕俟斤, 哥舒闕俟斤, 拔塞干暾沙鉢俟斤, 阿悉結泥熟俟斤, 哥舒處半俟斤 등으로 모두 俟斤(이르킨)의 지위를 갖고 있었다.

614) 胡屋: 胡祿居 또는 胡祿屋의 잘못된 기록으로 보인다. 西突厥 咄陸 부락의 하나였다. 고대 투르크어로 '쿨루구(Qulughu)'의 음사로 추정된다. 알타이산맥 서사면에서 발원하는 이르티쉬 강 상류 지역에 거주했다.

615) 鼠尼施: 西突厥 咄陸 부락의 하나로 고대 투르크어로 '수니쉬(Sunish)'의 음사로 추정된다. 주로 西突厥의 南庭이 있었던 율두즈계곡을 중심으로 해서 거주했는데, 여타 부락에 비해서 城砦에 거주하는 등 발달한 종속의 하나였다(薛宗正, 1992: 315).

616) 特進朱斯: 三姓葛邏祿(위취 카를룩)의 하나인 熾俟 부락으로, 이는 고대 투르크어로 '치크(Chik)'의 음사로 추정된다. 特進朱斯은 熾俟 부락의 수령으로 보이는데, 特進이 중국으로부터 받은 관칭인지 음사인지는 알 수 없다.

617) 謀落匐雞: 謀落은 葛邏祿 중에서 金山 서부에 거주했던 三姓葛邏祿(위취 카를룩)의 하나로, 고대 투르크어로 '불락(Bulagh)'의 음사로 추정된다. 謀落匐雞은 그의 수령으로 보이는데, 고대 투르크어로 '불락 벡시(Bulaghı begchi)'의 음사로 추정된다.

618) 蹋實力胡鼻: 蹋實力은 葛邏祿 중에서 金山 서부에 거주했던 三姓葛邏祿(위취 카를룩)의 하나로, 고대 투르크어로 '토헬리(Toheli)'의 음사로 추정된다. 주로 지금 新疆維吾爾自治區 塔城 부근 초원에 살았는데, 咄陸 부락의 處木昆과 같은 三姓葛邏祿(위취 카를룩)의 하나인 熾俟와 인접하고 있었다. 蹋實力胡鼻은 그 부락의 수령이었다.

619) 赤水軍: 唐代에 설치된 軍鎭으로 武德 2년(619)에 설치되었는데, 처음에 涼州 서쪽 200리 떨어진 곳(지금 甘肅省 永登縣 서남쪽)에 있었다. 開元 16년(728)에 大斗軍으로 바꾸고 涼州城(지금 甘肅省 武威市)으로 이동했다. 河西節度使의 통제하에 있었다.

620) 建康軍: 唐代에 설치된 軍鎭으로 달리 建昌軍이라고도 한다. 證聖 元年(695)에 설치되었고, 치소가 지금 甘肅省 高臺縣 서남쪽 40리 떨어진 곳에 있었다. 天寶년간 이후에 폐지되었다.

621) 河源軍: 唐代에 설치된 軍鎭으로 儀鳳 2년(677)에 설치되었다. 치소는 지금 青海省 西寧市 동쪽에 있었다. 隴右節度使의 통제를 받았는데, 寶應 元年(762)에 吐蕃에게 함락당했다.

을 통제하도록 하며 병주에 주둔하게 하고, 장사 왕준(王晙)[624]을 부[총관]으로 삼았다. [이들로 하여금] 새로 내부한 [돌궐을] 안무하게 하고 노략질과 소란 행위를 감찰하게 했다. 묵철이 여러 번 갈라록 등을 공격하자 [황제가] 조칙을 내려 관할 도호와 총관에게 서로 호응해 구원하게 했다.

돌궐의 세력이 점차 약화되었다. 그의 사위 고[구]려(高句麗)[625] 막리지(莫離支)[626] 고문간(高文簡)[627]과 협질도독(跌跌都督)[628] [협질]사태(跌跌思太),[629] 토욕혼 대추 모용도노(慕容道奴), 욱사시(郁射施)[630] 대추 골굴힐근(鶻屈頡斤),[631] 필실힐력(苾悉頡力),[632] 고[구]려 대추 고공의(高拱毅) 등 모두 만여 장이 서로 이어서 내부를 하자 [황제가] 황하 남쪽으로 들어오게 했다. [고]문간을 좌위대장군 요서군왕(遼西郡王)으로, [협질]사태를 특진 우위대장군 겸 협질도독 누번군공(樓煩郡公)으로, [모용]도노를 좌무위장군 겸 자사(刺史) 운중군공

---

622) 和戎軍: 唐代에 설치된 軍鎭으로 大足 元年(701)에 郭元振이 지금 甘肅省 高浪縣에 있는 峽口에 두었다.

623) 大武軍: 唐代에 설치된 軍鎭으로 朔州에 소속되어 있었다. 지금 山西省 朔州市 동북쪽 30리 떨어진 馬邑村에 위치하고 있었다. 調露 32년(680)에 神武軍으로 개칭되었다.

624) 王晙: 唐代 將軍으로 景城縣(지금 河北省 交河縣) 사람이었다. 일찍이 殿中侍御史를 거쳐 中宗 景隆初 桂州都督 隴右羣牧使에 임명되었다. 일찍이 吐蕃의 침입을 격파했고 후에 突厥을 토벌하는데 공을 세웠으며 朔方行軍大總管으로 승진하고 淸源公에 봉해졌다. 兵部尙書 同中書門下三品, 朔方軍節度使 등을 역임했다(『舊唐書』 卷111 「王晙傳」: 4153).

625) 저본은 '高麗'인데, 이는 北魏時代 이후 高句麗를 지칭했다. 『魏書』 이후 중국의 北朝·隋唐 계열의 史書는 高句麗를 高麗라고 표기했다. 이밖에 高夷, 高句驪, 句驪, 高酈, 槀離, 櫜離 등으로도 표기되었다. 번역문에서는 이를 모두 高句麗로 표기했다.

626) 莫離支: 高句麗시대에 최고의 관직이었다. 6세기 후반 무렵 國事를 총괄하는 관직으로 성립되었으나, 淵蓋蘇文의 집권 이후 정치와 군사 권력을 장악하고 국정을 전담하는 최고의 관직이 되었다.

627) 高文簡: 高句麗의 莫離支로 있다가 668년에 망한 뒤 유민 집단을 이끌고 突厥에 이주해 默啜의 사위가 되어 '高麗王 莫離支'라 칭했다. 그 뒤 突厥에서 默啜의 사망으로 계승 분쟁이 일어나자 高拱毅의 이끈 유민 집단과 함께 715년 唐朝에 투항했다. 玄宗으로부터 집과 말 등을 하사받고 左衛大將軍과 遼西郡王에 봉해졌으며, 719년에는 처 阿史那氏가 遼西郡夫人으로 봉해졌다.

628) 跌跌都督: 唐朝의 羈縻支配 아래에서 鐵勒의 하나로 고대 투르크어로 '에디즈(Ediz)'로 추정되는 부락에 설치된 都督이었다.

629) 跌跌思泰: 에디즈 종족의 추장으로 추정되나 이름의 정확한 음사는 알 수 없다. 그는 默啜 사후에 唐朝에 귀순했다.

630) 郁射施: 종족 명칭인데, 정확한 족속은 알 수 없다.

631) 鶻屈頡斤: 고대 투르크어로 '쾩 이르킨(Kök irkin)'의 음사로 추정된다.

632) 苾悉頡力: 고대 투르크어로 '베쉬 일릭(Besh ilig)'의 음사로 추정된다.

(雲中郡公), 골굴힐근을 좌효위장군(左驍衛將軍)[633] 겸 자사 음산군공(陰山郡公)으로, 필실힐력을 좌무위장군 겸자사 안문군공(鴈門郡公)으로, [고]공의를 좌령군위장군 겸 자사 평성군공(平城郡公)으로 봉하고 장군을 모두 원외치(員外置)[634]로 삼아 상으로 내려주는 것에 차이가 나게 주었다.

默啜討九姓, 戰磧北, 九姓潰, 人畜皆死, 思結等部來降, 帝悉官之. 拜薛訥朔方道行軍大總管, 太僕卿呂延祚·靈州刺史杜賓客佐之, 備邊. 詔金山·大漢·陰山·玄池都督等共圖取默啜, 班賞格, 賜物諭之. 默啜又討九姓拔野古, 戰獨樂河, 拔野古大敗, 默啜輕歸不爲備, 道大林中, 拔曳固殘衆突出, 擊默啜, 斬之, 乃與入蕃使郝靈佺傳首京師.

묵철이 구성(九姓)을 토벌하는데 고비 북쪽에서 싸워 구성을 궤멸시켜 사람과 가축들이 모두 죽자 사결(思結)[635] 등의 부락이 와서 [당조에] 항복을 했고 황제가 모두에게 관직을 내려주었다. 설눌을 삭방도행군대총관으로 삼아 태복경(太僕卿)[636] 여연조(呂延祚),[637] 영주자사(靈州刺史) 두빈객(杜賓客)[638]을 돕게 해 변경을 수비했다. [황제가] 조칙을 내려 금산[도독](金山都督), 대막[도독](大漢都督) [특진주사], 음산[도독](陰山都督) [모락복계], 현지도독(玄池都督) [답실력호비] 등이 함께 묵철을 공격해 잡을 것을 모의하게 하면서 포상의

633) 左驍衛將軍: 左驍衛의 次官이었다. 品階는 從三品이다.

634) 員外置: 관제 용어로 정원 외로 부여되는 관직을 의미한다. 처음에 설치된 南北朝時代에는 閑職 내지는 퇴직한 관원에게 주어졌고, 隋代에도 동일하게 시행되었다. 高宗과 中宗시기에 인원수가 크게 늘어나고 봉록도 주어졌으며 일까지 담당하게 되면서 定員과 갈등을 빚기도 하여 玄宗이 폐지하였다. 하지만 皇親이나 戰功을 세운 경우에는 주어졌다.

635) 『舊唐書』에는 저본과 달리 默啜이 阿布思 부락을 공격해 격파하자 패배한 阿布思가 唐朝에 귀부한 것으로 기록되어 있다.

636) 太僕卿: 太僕寺의 長官으로 品階는 從三品이었다.

637) 呂延祚: 唐代 관리로 紫微舍人, 太僕卿 등을 역임했고, 開元년간에 『開元格』을 刪訂하는데 참여했다.

638) 杜賓客: 唐代 將軍으로 靈州刺史, 左監門將軍으로 임명되어 節度使 薛訥의 부장이 되었다. 玄宗 開元 2년(714)에 契丹에게 졌으나 사면되었다. 開元 16년(728)에 弩手 4천 명을 이끌고 吐蕃을 祁連산에서 공격해 대승을 거두었다.

격을 따져 물자를 내려주며 회유했다.

[개원 4년(716)][639] 묵철이 또 구성 발야고[640]를 토벌하는데 독락하(獨樂河)[641]에서 싸워 발야고를 크게 패배시켰다. [승리에 취한] 묵철이 경장으로 [무장을] 갖추지 않은 채 돌아오다가 숲이 우거진 속을[642] 지나가는 과정에서 발야고의 남은 백성들이[643] 갑자기 나와 묵철을 공격해 베고 바로 입번사(入蕃使) 학령전(郝靈佺)에게 [그의] 수급을 주어 경사에 전하게 했다.

骨咄祿子闕特勒合故部, 攻殺小可汗及宗族略盡, 立其兄默棘連, 是爲毗伽可汗.

[아사나]골돌록의 [둘째] 아들 궐특륵(闕特勒)[644]이 이전의 부락을 모아 소가한과 종족들을 공격해 모두를 죽인 다음에 그 형 묵극련(默棘連)[645]을 세우니 이가 비가가한(毗伽可汗)[646]이 되었다.

毗伽可汗默棘連, 本謂「小殺」者, 性仁友, 自以立非己功, 讓於闕特勒, 特勒不敢受, 遂嗣位, 實開元四年. 以特勒爲左賢王, 專制其兵. 初, 默啜死, 闕特勒盡殺其

---

639) 『舊唐書』에서는 정확한 시기를 적시하고 있다.

640) 『舊唐書』에서는 "拔曳固"라고 되어 있다.

641) 獨洛河: 獨洛水, 獨樂水, 獨邏河, 毒樂河 등으로도 표기된다. 지금 몽골공화국의 톨강(Tola, 혹은 Tula, Tughla라고도 씀)을 지칭한다. 몽골 초원의 중앙 북부를 흘러가는 셀렝게강 지류 가운데 하나다.

642) 『舊唐書』에서는 "柳林"이라고 되어 있다.

643) 『舊唐書』에는 默啜이 柳林에서 拔曳固의 병졸에게 죽임을 당하는 상황이 자세히 기록되어 있다("遇拔曳固迸卒頡質略於柳林中.").

644) 闕特勒은 闕特勤(686~731)의 잘못된 음사로 이는 고대 투르크어로 '퀼 테긴(Kül tegin)'의 음사이다. 고대 투르크 비문에서 "퀼 티긴(Kül tigin)"으로 기록되기도 한다. 그는 突厥을 재건한 骨咄祿의 둘째 아들로 默啜 사후 정변을 일으켜 형을 默棘連을 추대해 즉위하게 만들었다.

645) 默棘連: 다르게는 默矩라는 이름을 갖고 있었다. 아래의 毗伽可汗에 대한 설명 참조.

646) 毗伽可汗(685~734): 고대 투르크어로 '빌게 카간(Bilge qaghan)'의 음사이다. 그의 사후에 제작된 《빌게 카간 비문》에는 그의 이름이 "텡그리데 볼미쉬 튀르크 빌게 카간(Tengride bolmish Türk bilge qaghan)"이라고 되어 있는데, '하늘(神)에서 만들어진 투르크의 현명한 군주'라는 의미이다.

用事臣, 惟暾欲谷者以女婆匐爲默棘連可敦, 獨免, 廢歸其部. 後突騎施蘇祿自爲可汗, 突厥部種多貳, 默棘連乃召暾欲谷與謀國, 年七十餘, 衆尊畏之.

비가가한 묵극련은 본래 "소살(小殺)"[647]이라고 불리던 인물로 성격이 인자하고 우애가 있었으며 자신이 즉위한 것이 스스로의 힘에 의한 것이 아니라고 [아우] 궐특륵에게 양보하고자 했으나 [궐]특륵이 감히 받으려고 하지 않자 결국 [가한의] 지위를 잇게 되었는데, [이것이] 실제로 개원 4년(716)의 일이었다. [비가가한은 궐]특륵을 좌현왕으로 삼아 병력을 모두 통솔하게 했다. 이전에 묵철이 죽자 궐특륵이 그를 모시던 신하마저 모두 죽였는데, 오직 돈욕곡(暾欲谷)[648]만이 [그의] 딸 파복(婆匐)[649]이 묵극련의 가돈이라 홀로 [죽음을] 면하고 [관직에서] 물러나 부락에 돌아가 있었다. 이후에 돌기시 소록(蘇祿)[650]이 스스로 가한이 되면서

---

647) 小殺: 고대 투르크어로 '퀴췩 샤드(Küchük shad)'의 음사로 '어린 내지는 작은 장군'이라는 의미이다. 그는 黙啜의 휘하에서 右廂察(타르두쉬 샤드)로서 역할을 담당하고 있었는데, 이를 지칭한다. 본서에서는 계속적으로 毗伽可汗을 小殺로 표기하고 있는데, 이것은 黙啜이라고 표기한 것과 마찬가지로 突厥의 君主를 비칭하려는 中國의 입장이 반영된 것이다.

648) 暾欲谷: 고대 투르크어로 '톤유쿠크(Tonyuquq)'의 음사이다. 그가 남긴 《톤유쿠크 비문》에는 자신의 이름을 "빌게 톤유쿠크(Bilge Tonyuquq)"이라고 기록되어 있다. 여기에서 빌게 즉, '현명하다'는 것을 수식어로 쓰인 것인데 자신의 실제 이름으로 호칭한 것인지는 정확하지 않으나 고유명사로 이해하는 것이 일반적이다(O.F. Sertkaya, 1979: 288~92).

빌게 톤유쿠크는 사후에 비문을 남겼는데, 몽골공화국 수도 울란바토르에서 50km 떨어진 바인 초크토에서 발견되어 《바인 초크토 비문》이라고도 한다. 약간 둥글게 다듬어진 하얀 빛이 도는 화강암으로 이루어진 두 개의 비석으로 구성되어 있다. 비석의 높이는 첫 번째가 1.7m, 두 번째가 1.6m이고, 첫 번째에 35행, 두 번째 비석에 27행이 새겨져 있다. 내용의 구성은 첫 번째 비문에서 서면(7행)-남면(10행)-동면(7행)-북면(11행), 두 번째 비문에서 서면(9행)-남면(6행)-동면(8행)-북면(4행)의 순서로 이루어져 있다. 현재 모습은 다음에 제시한 비문 사진 참조.

649) 婆匐: 고대 투르크어 '뵈귀 벡(Bögü beg)'의 음사로 추정된다. 暾欲谷(톤유쿠크)의 딸로 毗伽可汗의 可敦이 되었다. 可敦이 된 이후에는 骨咄祿婆匐可敦(쿠틀룩 뵈귀 벡 카툰)이라고 했다

650) 蘇祿: 원래 突騎施 부락의 하나인 車鼻施(Chabish)의 酋長이었다가 突騎施 沙葛이 突厥에게 죽임을 당한 이후에 突騎施를 재건했다. 고대 투르크어로 '수릭(Sulïgh)'의 음사로 추정되는데, 이것은 관칭으로 군대를 통할하는 統領을 의미했다. 이것은 그가 자립하기 이전에 西突厥의 十姓(十箭)을 통할하는 大首領이라고 했던 그의 칭호와 관련되었다고 추정된다. 그는 716년 黙啜이 사망한 이후에 자립해 可汗을 칭했고, 唐朝로부터 左羽林大將軍, 金山道經略大使 突騎施都督 忠順可汗으로 봉해졌다. 阿史那懷道의 딸인 交河公主와 결혼했다. 그 외 突厥, 吐蕃과도 혼인 관계를 맺었다. 처음에 碎葉에 도읍을

돌궐의 부락들이 많이 이반하자 묵극련이 바로 돈욕곡을 불러 그와 나라[의 일]을 모의했는데, [이 때 나이가] 70여 세라 백성들이 존중하고 무서워했다.

俄而跌跌思太等自河曲歸之. 始, 降戶之南也, 單于副都護張知運盡斂其兵, 戎人怨怒; 及姜晦爲巡邊使, 遮訴禁弓矢無以射獵爲生, 晦悉還之. 乃共擊張知運, 禽之, 將送突厥; 朔方行軍總管薛訥·將軍郭知運追之, 衆潰, 釋知運去. 思太等分爲二隊北走, 王晙又破其左隊.

얼마 있다가 협질사태 등이 하곡(河曲)에서 [돌궐로] 귀순했다. 이전에 항호(降戶)가 남쪽에 내려오자 선우부도호 장지운(張知運)이 그의 병기를 모두 거두어들였기 때문에 돌궐 사람[戎人]들이 원망하며 화를 냈다. 그런데 강회(姜晦)[651]가 순변사(巡邊使)[652]가 된 뒤 [돌궐 사람들이] 활과 화살[을 쓰는 것]을 금지해 사냥으로 살 수 없다고 호소하자 [강]회가 모두 돌려주었다. 그러자 [항호들이 강회와] 함께 장지운을 공격해 사로잡아 [그를] 돌궐로 보내려고 했는데, 삭방행군총관 설눌과 장군 곽지운(郭知運)[653]이 추격해 백성들이 죽이자 [결국에는 장]지운을 풀어주었다. [협질]사태 등이 두 개의 부대로 나뉘어 북쪽으로 도망을 가자 왕준이 다시 그의 좌측 부대를 격파했다.

했다가 이후에 탈라스로 이동했다. 이후 아랍(大食) 세력의 동진에 맞서 대결을 벌었으나 패배를 했고, 이후 唐朝와도 사이가 좋지 않아 北庭 등을 공격했으나 역시 패했다. 그 이후 세력이 약화되어 738년에 부하인 莫賀達干에게 죽임을 당했다.

651) 姜晦: 唐代의 관리로 秦州 上邽縣(지금 甘肅省 天水縣) 사람이었다. 姜皎의 동생으로 開元初 御史中丞에 발탁되었고, 吏部尙書로 승진했다가 후에 좌천되어 海州刺史로 관직을 마쳤다.

652) 巡邊使: 唐 中期에 설치되었는데, 변경의 鎭戍와 방어수비의 상황을 관장했다. 늘 설치된 것은 아니고 他官이 겸직했다.

653) 郭知運(667~712): 唐代 將軍으로 瓜州 晉昌縣(지금 甘肅省 玉門縣 서북) 사람이었다. 字는 逢時였다. 騎射에 능하고 膽略이 있었다. 처음에 秦州 三度府果毅로 戰功을 세워 左驍衛中郎將 瀚海軍經略使로 승진했으며 檢校伊州刺史 兼伊吾軍使으로 전임되었다. 開元 초 郭虔瓘을 따라 突厥을 北庭에서 격파했으며 右武衛將軍으로 발탁되었다. 이후 누차 吐蕃과의 전쟁에서 승리해 左武衛大將軍으로 승진했다. 사후 涼州都督에 追贈되었다(『新唐書』 卷133 「張知運傳」: 4544).

默棘連旣得降胡, 欲南盜塞, 暾欲谷曰: 「不可, 天子英武, 人和歲豐, 未有間, 且我兵新集, 不可動也.」 默棘連又欲城所都, 起佛·老廟, 暾欲谷曰: 「突厥衆不敵唐百分一, 所能與抗者, 隨水草射獵, 居處無常, 習於武事, 彊則進取, 弱則遁伏, 唐兵雖多, 無所用也. 若城而居, 戰一敗, 必爲彼禽. 且佛·老教人仁弱, 非武彊術.」 默棘連當其策, 卽遣使者請和. 帝以不情, 答而不許. 俄下詔伐之, 乃以拔悉蜜右驍衛大將軍金山道總管處木昆執米啜·堅昆都督右武衛大將軍骨篤祿毗伽可汗·契丹都督李失活·奚都督李大酺·突厥默啜子左賢王墨特勒·左威衛將軍右賢王阿史那毗伽特勒·燕山郡王火拔石失畢等蕃漢士悉發, 凡三十萬, 以御史大夫·朔方道大總管王晙統之, 期八年秋並集稽落水上, 使拔悉蜜·奚·契丹分道掩其牙, 捕默棘連. 默棘連大恐, 暾欲谷曰: 「拔悉蜜在北庭, 與二蕃相距遠, 必不合. 晙與張嘉貞有隙, 必相執異, 亦必不能來. 卽皆能來, 我當前三日悉衆北徙, 彼糧竭自去. 拔悉蜜輕而好利, 當先至, 擊之可取也.」 俄而拔悉蜜果引衆逼突厥牙, 知晙等不至, 乃引卻, 突厥欲擊之, 暾欲谷曰: 「兵千里遠出, 士殊死鬥, 鋒不可當也. 不如躡之, 邀近而取之.」 距北庭二百里, 乃分兵由它道襲拔其城, 卽急擊拔悉蜜, 衆走趨北庭, 無所歸, 悉禽之. 還出赤亭, 掠涼州, 都督楊敬述使官屬盧公利·元澄等勒兵討捕, 暾欲谷曰: 「敬述若城守, 當與和. 如兵出, 吾且決戰, 必有功.」 澄令于軍曰: 「贏臂持滿外注.」 會大寒裂膚, 士手不能張弓矢, 由是大敗, 元澄走, 敬述坐以白衣檢校涼州事, 突厥遂大振, 盡有默啜餘衆.

묵극련이 이미 항복한 호[인](胡人)을 얻고 남쪽으로 [당나라의] 요새를 노략질하려고 하자 돈욕곡이 말했다. “그렇게 하면 안 되는 것은 [당나라] 천자가 뛰어나고 용맹하며 백성들이 화합해 해마다 풍년이 들어 [빈] 틈이 없기 때문이고, 또한 우리 군대는 새로 모였기 때문에 움직일 수가 없습니다.” 묵극련이 또한 성채를 [세워] 도읍을 삼고, 불교 사원과 도관을 세우려고 하자 돈욕곡이 말했다. “돌궐의 백성은 당나라의 백분의 일도 되지 못하는데, 대적을 할 수 있는 것은 물과 풀을 따라 사냥을 하고 사는 곳이 일정하지 않으며 싸우는 일을 익혀 강하면 나아가서 뺏고 약하면 달아나 엎드리니 당나라 군대가 비록 많아도 어쩔 수가 없었습니다. 만약 성채에 살게 되어 싸워서 한 번이라도 지게 된다면 반드시 그들에게 사로잡히게 될 것입니다. 또한 불교와 도교의 가르침은 사람을 어질고 약하게 만들고 힘을 강하게 하는 방법이 되지 못합니다."[654]

묵극련이 그의 책략이 올바르다고 하며 사자를 보내 화친을 청했다. [하지만] 황제는 진심이 아니라고 여겨 답을 하되 [화친은] 허락해주지 않았다. 바로 조칙을 내려 정벌하라고 하자 발실밀(拔悉蜜)[655] 우효위대장군(右驍衛大將軍)[656] 금산도총관(金山道總管) 처목곤집미철(處木昆執米啜),[657] 견곤도독(堅昆都督) 우무위대장군(右武衛大將軍)[658] 골돌록비가가한(骨篤祿毗伽可汗),[659] 거란도독(契丹都督) 이실활(李失活),[660] 해도독(奚都督) 이대보(李大酺),[661] 돌궐 묵철의 아들 좌현왕 묵특륵(墨特勒),[662] 좌[무]위위장군(左武威衛將軍) 우현

654) 이상의 내용에서 톤유쿠크가 경계하려고 했던 것은 당시 주변으로부터 강력한 도전을 받고 있는 위기 상황을 타개하고 내적인 체제를 정비하기도 전에 정주적인 요소를 수용하려고 한 것에 대한 반대였다(丁載勳, 1994: 52~53).

655) 拔悉密: 종족 명칭으로 고대 투르크어로 '바스밀(Basmïl)'의 음사이다. 鐵勒의 한 부족으로 遼代에는 拔思母라고 불리기도 했다. 원주지는 항가이산맥 북사면 지역의 몽골 초원인데, 바이칼호의 남쪽, 結骨의 동남쪽에도 있었다. 突厥이 吐屯을 파견해 이들을 통제했는데, 점차 서쪽으로 이주해 몽골 초원 서부지역에 있었던 乙毗車鼻可汗에게 소속되었다. 貞觀 23년(649)에 그를 이끌던 吐屯達官 肥羅察이 唐朝에 항복해왔기 때문에 그 이후에 羈縻支配를 받게 되었다가 突厥이 부흥하자 다시 복속되었다. 開元 4년(716)에 突厥第二帝國의 默啜의 사망 이후에 내분이 일어나자 北庭都護府 관할 구역으로 이주해 突厥을 공격하다가 開元 7년(719)에 突厥에게 패배해 그에 복속되었다. 開元 29년(741)에 突厥이 내란에 빠지자 阿史那施가 可汗을 칭하고 突厥을 타도하나 그와 연합했던 回紇에게 패배해 세력이 약화되어 그에 복속 되었다.

656) 右驍衛大將軍: 唐代 右驍衛府의 長官으로 품계는 正三品이었다. 右驍衛府는 光宅 元年(684)에 右武威衛大將軍으로 고쳤다가 神龍 元年(705)에 다시 명칭을 환원했다.

657) 處木昆執米啜: 고대 투르크어로 '카뭉덴 차비쉬 초르(Qamungden chabish chor)'의 음사로 추정되는데, 西突厥 咄陸 부락의 하나인 處木昆의 首領으로 추정된다.

658) 右武衛大將軍: 右武衛의 장관으로 품계는 正三品이었다. 宮廷의 警衛업무를 관장했다.

659) 骨篤祿毗伽可汗: 고대 투르크어로 '쿠틀룩 빌게 카간(Qutlugh bilge qaghan)'의 음사이다.

660) 李失活(?~718): 契丹의 수령으로 李盡忠의 동생이었다. 開元 13년(715)에 唐朝에 항복해서 松漠郡王 左金吾衛大將軍 松漠都督으로 봉해졌다. 이듬해에 조정에 들어와 宗室의 외조카 딸인 楊氏 永樂公主와 결혼했다. 죽은 다음에 特進으로 추증되었다.

661) 李大酺(?~720): 奚의 추장으로 달리 李大輔라고도 한다. 그의 할아버지 蘇支가 高句麗 원정을 도와 공을 세웠기 때문에 太宗이 李氏로 성을 내려주었다. 武則天 萬歲通天년간에 반란을 일으켜 突厥과 함께 唐朝에 대항했다. 景雲 元年(710)에 사신을 파견해 조공을 했다. 延和 元年(712)에 唐의 孫佺이 정벌을 했으나 패배했다. 開元 3년(715)에 唐朝에 투항해 饒樂州로 편입되고 遼東郡王 左金吾員外大將軍 饒樂州都督으로 책봉되었다. 開元 5년(717)에 입조해 종실 외손녀 辛氏 固安公主와 결혼도 했다.

왕 아사나비가특륵(阿史那毗伽特勒),[663] 연산군왕(燕山郡王) 화발석실필(火拔石失畢)[664] 등 다른 종족과 중국의 병사가 모두 출발하는데 대저 [군대가] 30만이었고, 어사대부(御史大夫)[665] 삭방도대총관 왕준이 [이를] 통제해 [개원] 8년(719) 가을 계락수(稽落水)[666] 부근에서 모이기로 약속을 하고 발실밀, 해, 거란을 시켜 길을 나눠 [돌궐의] 아장을 공격해 묵극련을 잡게 했다. 묵극련이 크게 두려워하자 돈욕곡이 말했다. "발실밀은 북정(北庭)[667]에 있어 [다른] 두 종족과 서로 거리가 멀리 떨어져 있으니 분명 모이기가 어려울 것입니다. [또한 왕]준과 장가정(張嘉貞)[668] 사이가 좋지 않아 반드시 서로 의견이 다를 것이기 때문에 역시 올 수 없을 것입니다. 만약 모두 올 수 있다고 해도 우리가 마땅히 사흘 전에 모든 백성들을

開元 8년(720)에 契丹에 내란이 일어나자 출병했다가 契丹 可突于에게 죽임을 당했다. 이후에 그의 동생 魯蘇가 그 왕위를 계승했다(『新唐書』 卷219 「北狄傳」 <奚>: 6174).

662) 墨特勒: 고대 투르크어로 '뵉 테긴(Bög tegin)'의 음사로 추정된다.

663) 阿史那毗伽特勒: 阿史那는 성이고, 毗伽特勤은 관칭으로 추정되는데, 고대 투르크어로 '빌게 테긴(Bilge tegin)'의 음사이다.

664) 火拔頡利發 石失畢을 지칭한다.

665) 御史大夫: 唐代 御史臺의 長官으로 품계는 從三品이었다. 邦國의 刑憲典章의 政令을 관장하고 백관을 糾察했으며 府庫의 出納을 감독했다. 御史大夫 아래에 臺院과 殿院, 察院이 나뉘어 설치되었다. 臺院에는 侍御史를 설치해 중앙관청의 百官을 탄핵하는 일을 맡게 했다. 殿院에는 殿中侍御史를 두어 朝儀와 朝會, 郊祀를 관장하고 京師를 순시해 皇帝의 존엄을 유지하도록 하는 일을 맡겼다. 察院에는 監察御史를 두어 지방 관리를 감찰했다. 高宗 시기에 御史臺를 憲臺, 御史大夫를 大司憲, 御史中丞을 司憲大夫로 바꾸었다. 武周시대에 다시 肅政臺로 바뀌었으며, 후에 左肅政臺와 右肅政臺로 나뉘었으나 후에 다시 御史臺로 바뀌었다.

666) 稽落河: 지금 몽골공화국 항가이산맥 북사면에서 북쪽으로 흐르는 오르콘강의 지류로, 突厥의 牙庭이 있었던 호쇼 차이담 인근의 하천으로 추정된다.

667) 北庭: 지금 新疆維吾爾自治區 吉木薩爾縣 25리 떨어진 破城子이다. 庭州라고 불리다가 長安 2년(702)에 北庭都護府가 설치되면서 北庭이라고 불렸다. 다섯 개의 성으로 이루어졌다고 하여 고대 투르크어로 '베쉬 발릭(Besh balïq)'이라고 불리기도 한다. 北庭節度使의 관할 구역은 지금 알타이산맥 이서, 아랄해 이동, 天山 이북, 바르 쿨 주위의 지역이었고, 貞元 6년(790) 吐蕃에게 함락 당한 이후 폐지되었다.

668) 張嘉貞(666~729): 唐代 관리로 蒲州 猗氏縣(지금 山西省 臨猗縣) 사람이었다. 明經出身으로 武周시기에 平鄕縣尉를 역임했다. 張循憲의 추대로 武則天이 파격적으로 監察御史에 임명되었다. 中書舍人, 秦州都督, 并州長史를 역임했다. 정치를 행할 때에 청렴하고 엄해 吏民들의 존경을 받았다. 玄宗 開元初에 忻州刺史에 임명되었다. 開元 8년(720)에 宰相으로 발탁되어 中書侍郎 同中書門下平章事에 임명되었다. 후에 銀靑光祿大夫에 加官되었고 中書令에 임명되었다. 開元 11년(723)에 幽州刺史로 좌천되지만 이후에 工部尙書, 鄭州刺史를 역임하고 河東侯에 봉해졌다. 사후 益州大都督에 추증되었으며 시호는 恭肅이었다(『新唐書』 卷127 「張嘉貞傳」: 4441).

북쪽으로 옮긴다면 그들은 양식이 떨어져 스스로 돌아가게 될 것입니다. 발실밀은 가벼이 이익을 밝혀 반드시 먼저 올 것이니 공격을 해서 잡기만 하면 될 것입니다."

얼마 있다가 과연 발실밀이 백성들을 이끌고 돌궐의 아장을 핍박하나 [그들은 왕]준 등이 오지 못한 것을 알고 바로 물려 물러나려고 했는데, 돌궐이 공격하려고 하자 돈욕곡이 말했다. "[발실밀의] 군대는 천 리나 멀리서 나왔기 때문에 병사들이 죽기로 싸울 것이니 날카로운 기세를 감당하기 쉽지 않습니다. 만약 [우리가 그들의] 뒤를 밟지 못한다면 가까이에서 공격해서 잡아야만 할 것입니다." 북정까지의 거리가 2백 리인데, 바로 군대를 나눠 다른 길로 [가서 먼저] 그 성을 빼앗고, 바로 발실밀을 급히 공격한다면 병사들이 북정으로 도망갔다가 돌아갈 곳이 없게 되어 모두 사로잡히게 될 것입니다.

[돌궐이] 적정(赤亭)[669]을 돌아 나와 양주를 약탈할 때 [양주]도독 양경술(楊敬述)이 관속인 [부장(副將)][670] 노공리(盧公利)와 [판관(判官)][671] 원징(元澄)을 시켜 군대를 이끌고 가서 토벌해 잡으려 하자 돈욕곡이 말했다. "[양]경술이 만약 성을 지키고 있다면 당연히 [그와] 강화를 해야만 할 것입니다. 만약 [그가] 병사들을 낸다면 우리도 역시 결전을 벌여야만 반드시 공을 세울 수 있을 것입니다." [원]징이 군대에 명령을 내려 말했다. "쇠뇌의 활을 당겨 밖으로 향하라." [하지만] 마침 날씨가 추워 살이 터져 병사들의 손이 활을 당길 수 없었기 때문에 크게 패하고 원징이 도망을 가자 [양]경술이 이에 연좌되어 평민 신분으로 양주의 일을 임시로 살피게 되었고, 돌궐은 마침내 크게 [기세를] 떨치며 모든 묵철의 남은 백성을 차지할 수 있게 되었다.

明年, 固乞和, 請父事天子, 許之. 又連歲遣使獻方物求婚. 是時天子東巡泰山, 中書令張說謀益屯以備突厥, 兵部郎中裴光庭曰:「封禪以告成功, 若復調發, 不可謂成功者.」說曰:「突厥雖請和, 難以信結也. 且其可汗仁而愛人, 下爲之用, 闕特勒善戰, 暾欲谷沈雄, 愈老而智, 李靖·世勣流也, 三虜方協, 知我擧國東巡, 有如乘間, 何以禦之?」 光庭卽請以使召其大臣入衛, 乃遣鴻臚卿袁振往諭帝意. 默棘連置酒與

669) 赤亭은 여러 곳에 있었으나 暾欲谷이 지나간 곳은 지금 甘肅省 山丹縣에 위치한 곳으로 추정된다.

670) 『舊唐書』에서는 盧公利가 楊敬述의 副將이라고 되어 있다.

671) 『舊唐書』에서는 元澄이 楊敬述의 判官이라고 되어 있다.

可敦·闕特勒·暾欲谷坐帳中, 謂振曰:「吐蕃, 犬出也, 唐與爲昏; 奚·契丹, 我奴而役也, 亦尚主; 獨突厥前後請, 不許, 云何?」振曰:「可汗, 天子子也, 子而昏, 可乎?」默棘連曰:「不然, 二蕃皆賜姓, 而得尚主, 何不可云? 且公主亦非帝女, 我不敢有所擇, 但屢請不得, 爲諸國笑.」振許爲請, 默棘連遣大臣阿史德頡利發入獻, 遂從封禪. 有詔四夷諸酋皆入仗佩弓矢, 會兔起帝馬前, 帝一發斃之, 頡利發奉兔頓首賀曰:「陛下神武超絕, 若天上則臣不知, 人間無有也.」詔問:「飢欲食乎?」對曰「仰觀弧矢之威, 使十日不食猶爲飽.」因令仗內馳射. 扈封畢, 厚宴賜遣之, 然卒不許和親.

이듬해(720년) [돌궐이] 집요하게 화친을 애걸하며 [당나라] 천자를 아버지로 섬길 것을 요청하자 허락했다. 또한 해마다 [돌궐이] 사자를 보내 토산품을 바치며 결혼을 청했다. 이때 천자가 태산에 [봉선을 하기 위해] 동순을 하려고 했는데, 중서령 장열(張說)[672]이 돌궐에 대비하기 위해 [병력의] 주둔을 늘리자는 계책을 세우자 병부랑중(兵部郎中)[673] 배광정(裴光庭)[674]이 말했다. "봉선은 [천지에] 성공을 알리는 것인데, 만약 다시 군대를 일으킨다면 성공

672) 張說(667~731): 唐代의 宰相으로 河南郡 洛陽縣 사람이었다. 字는 道濟 혹은 說之였다. 武則天때 對策賢良方正으로 乙等이 되어 太子校書郎에 제수되었고 『三教珠英』의 편찬에 관여했다. 鳳閣舍人으로 발탁되었으나 張易之가 魏元忠을 무고할 때 魏元忠을 변호해 欽州로 귀양을 갔다. 中宗 즉위 후 兵部侍郎 弘文館學士가 되었고, 景雲 2년(711) 中書侍郎 同平章事 兼修國史가 되었다. 玄宗 즉위 후 太平公主 토벌의 공으로 中書令 燕國公에 제수되었다. 開元 7년(719) 檢校幷州大都督府長史 兼天平軍大使가 되어 同羅 등을 위무해 北邊을 안정시켰다. 이후 兵部尙書, 朔方軍節度使, 右丞相 兼中書令 集賢院學士知院事를 역임했다가 宇文融의 括戶에 반대해 관직을 그만두었다. 開元 18년(730) 다시 尙書左丞相으로 복직했다. 문장에 능해 당시 朝廷의 주요 조서와 문서를 모두 작성해 許國公 蘇頲과 함께 '燕許大手筆'로 불렸다. 저서에는 『張燕公集』(혹은 『張說之文集』이라 함) 25卷이 있다(『新唐書』 卷125 「張說傳」: 4404).

673) 兵部郎中: 兵部頭司의 長官으로 품계는 從五品上이었다. 高祖가 兵曹郎을 바꾸어 설치했는데, 정원이 두 명이었다. 唐 중기에 司戎大夫, 夏官郎中, 武部郎中으로 바뀌기도 했다.

674) 裴光庭(674~732): 唐代의 관리로 絳州 聞喜縣(지금 山西省 聞喜縣 동북쪽) 사람이었다. 字는 連城이며, 裴行儉의 아들이었다. 武則天시기에 太常丞을 역임했고, 開元 初에 右率府中郎將, 兵部郎中 등을 역임했다. 開元 13년(725)에 中書令 張說에게 간언해 突厥使臣을 징발해 泰山 순행에 동반하도록 해 諸蕃君長들을 농락했다. 開元 17년(729)에 中書侍郎 同中書門下平章事에 임명되고 黃門侍郎, 侍中 兼吏部尙書, 弘文館學士를 역임했다. 『瑤山往則』, 『維城前軌』 각 1卷 을 찬수해 표를 올려 바쳤다. 玄宗은 皇太子

했다고 말하기 어렵습니다." [장]열이 말했다. "돌궐이 비록 화친을 청하고 있지만 믿음으로써 사귀기 어렵습니다. 또한 그의 [비가]가한은 인자하고 백성을 사랑해 부하들을 잘 부리며, 궐특륵은 싸움에 뛰어날 뿐만 아니라 돈욕곡은 [생각이] 깊고 사내다우며 늙을수록 더욱 지혜로워 이정(李靖), [이]세적(李世勣)과 같은 부류인데, 세 놈이 바야흐로 협력을 해서 우리가 거국적으로 동쪽으로 순행을 한다는 것을 알고 만약 이를 틈탄다면 어떻게 막을 수 있겠습니까?"

[배]광정이 바로 사자를 보내 돌궐의 대신을 불러 숙위로 들일 것을 청했고, 바로 홍려경 원진(袁振)을 보내 황제의 뜻을 알리게 했다. 묵극련이 술자리를 베풀고 가돈, 궐특륵, 돈욕곡과 함께 가서 아장 안에 앉아 [원]진에게 말했다. "토번(吐蕃)은 개의 후예인데, 당나라와 결혼을 했고, 해와 거란은 우리의 종으로 일을 했음에도 역시 공주를 아내로 삼았는데, 돌궐만이 앞뒤로 청했으나 허락을 받지 못한 것은 어찌된 것이오?" [원]진이 말했다. "가한께서는 천자의 아들인데, 어찌 아들과 혼인이 할 수 있다는 말입니까?" 묵극련이 말했다. "그렇지 않다. 두 종족[二蕃]에게 모두 당 [황실의 성을]성을 내려주고도 공주와 결혼을 시켰는데, 어찌 [나만] 할 수 없다고 말하는 것인가? 또한 공주 역시 황제의 딸이 아니고 내가 감히 고른 적도 없는데 누차 청해도 얻지 못해 여러 나라의 웃음거리가 되었다."

[원]진이 그를 대신해 허락을 청한다고 하자 묵극련이 대신(大臣) 아사덕힐리발(阿史德頡利發)[675]을 보내 [조정에] 들어와 [토산품을] 바치고서야 마침내 봉선을 따라갈 수 있었다. [황제가] 조칙을 내려 사이(四夷)의 여러 추장들을 모두 의장행렬에 넣어 궁시를 차게 했는데, 갑자기 황제의 말 앞으로 뛰어나온 토끼를 황제가 [화살] 한 발을 쏴 잡자 [아사덕]힐리발이 토끼를 받들고 머리를 숙여 축하드리며 말했다. "폐하의 신령스러운 무공은 너무나 뛰어나시니, 만약 하늘 위라면 모를까 인간 세상에서는 [이처럼 뛰어난 것이] 없는 바입니다." [황제가] 조를 내려 말했다. "배가 고파서 밥을 먹고 싶은가?" [아사덕힐리발이] 대답해 말했다. "활을 당겨 화살을 쏘는 위엄을 우러러 보니 열흘 동안 먹지 않아도 마치 배가 부른 것과 같습니다." [황제가 그를] 의장 행렬 안에 들어와 말을 달려 활을 쏘아 [사냥을 하도록] 했다.[676] 봉선을

에게 光順門에서 裴光庭과 만나도록 해 그의 諷戒를 존중하는 뜻을 보였다(『新唐書』 卷108 「裴光庭傳」: 4089).

675) 阿史德頡利發: 阿史德氏族의 酋長으로 추정되는데, 이는 部族長 정도의 위상을 갖고 있는 일테베르(ilteber)의 지위를 갖고 있었기 때문이다.

676) 『舊唐書』에는 起居舍人 呂向이 突厥을 侍衛로 삼는 것에 대해 걱정하는 상소문이 실려 있다. "臣聞鴟梟不鳴, 未爲瑞鳥, 猛虎雖伏, 豈齊仁獸, 是由醜性毒行, 久務常積故也. 今夫突厥者, 正與此類, 安忍殘賊, 莫顧

뒤따르게 하고 후하게 연회와 재물을 내려 주었으나 끝내 화친은 허락하지 않았다.

自是比年遣大臣入朝, 吐蕃以書約與連和鈔邊, 默棘連不敢從, 封上其書, 天子嘉之, 引使者梅錄啜宴紫宸殿, 詔朔方西受降城許互市, 歲賜帛數十萬. 十九年, 闕特勒死, 使金吾將軍張去逸·都官郎中呂向奉璽詔弔祭, 帝爲刻辭于碑, 仍立廟像, 四垣圖戰陣狀, 詔高手工六人往, 繪寫精肖, 其國以爲未嘗有, 默棘連視之, 必悲梗.

이로부터 해마다 대신을 보내 조정에 들어왔는데, 토번이 편지로 약속을 해서 [돌궐과] 함께 연합해 변경을 노략질하자고 했으나 묵극련이 감히 따르지 않았고, [토번이 보낸] 그 편지를 올리자 천자가 기뻐하며 사자 매록철(梅錄啜)[677]을 불러 자신전(紫宸殿)[678]에서 연회를 베풀고 삭방[군](朔方軍)[679]의 서수항성(西受降城)[680]에서 호시(互市)를 허락하며 해마다 비단 수십만 [단]을 내려주었다.

君親. 陛下持武義臨之, 修文德來之, 旣慴威靈, 又沐聲教, 以力以勢, 不得不庭, 故稽顙稱臣, 奔命遣使. 陛下乃能收其傾效, 雜以從官, 赴封禪之禮, 參玉帛之會, 此德業自盛, 固不可名焉. 因復詔許侍遊, 召入禁仗, 仰英姿之四照, 送神藝之百發, 恩意俱極, 誠無得踰焉. 乃更賜以馳逐, 使操弓矢競飛鏃於前, 同獲獸之樂, 是屑略太過, 未敢取也. 雖聖胸豁達, 與物無猜, 而愚心徘徊, 與時加慄. 儻此等各懷犬吠, 交肆盜憎, 荊卿詭動, 何羅竊至, 暫逼嚴蹕, 稍冒淸塵, 縱卽殪玄方, 墟幽土, 單于爲醢, 穹廬爲汚, 何塞過責? 特願陛下勿復親近, 使知分限, 待不失常, 歸於得所, 以謂迴兩曜之鑒, 袪九宇之憂, 孰不幸甚!”

677) 梅錄啜: 고대 투르크어로 ‘부의룩 초르(Buyïruq chor)’의 음사이다. 조정 내에서 내정에 참여하는 직분과 함께 군사적인 역할을 하는 두 가지의 관칭을 갖고 있다는 점에서 突厥 조정 내에서 최고위직의 관리였던 것으로 추정된다. 이런 점에서 大臣과 동일한 개념이었다.

678) 紫宸殿: 長安城 大明宮 內朝 正殿으로 大明宮의 중앙부에 위치하고 있었다. 紫宸門 안으로 60미터 떨어져 있었다. 이곳에서 皇帝는 일상적인 업무를 보고 신하들의 의론을 들었다. 유지는 지금 西安 北郊 含元殿村 서쪽 大明宮 유지 내에 있다.

679) 朔方軍: 唐代 方鎭의 하나로 靈鹽, 靈武, 靈州라고도 했다. 開元 9년(721)에 처음 설치되었으며 玄宗시기의 邊防 10 節度使의 하나였다. 治所는 靈州(지금 寧夏回族自治區 吳忠市 북쪽)에 있었다. 처음의 관할 구역은 넓었으나 후에 점차 축소되어 오랫동안 지금 寧夏回族自治區 일대를 관할했다. 光啓 3년(887) 이후에 韓遵과 韓遜 등이 할거했다. 五代 後唐 天成 4년(929)에 後唐에게 합병되었다(李鴻賓, 2000).

680) 西受降城: 神龍 3년(707) 朔方總管 張仁愿이 쌓았다. 지금 內蒙古自治區 杭錦後旗 북쪽 烏加河 북안에 있었다. 開元 초에 黃河로 파괴되었다가 이후에 그 동쪽에 새로운 성채를 세웠다. 乾元 이후에 天德軍을 이곳으로 옮겼다. 元和 8년(813)에 성 남쪽을 黃河 물이 파괴해 天德軍을 大同川의 서쪽으로 옮겼다.

[개원] 19년(731) 궐특륵이 죽자 금오[위]장군(金吾[衛]將軍)[681] 장거일(張去逸)[682]과 도관랑중(都官郎中)[683] 여향(呂向)[684]에게 인장이 찍힌 조서를 받들고 장례를 조문하게 하고, 황제가 [그를] 위해 비문[685]에 기록하게 하며 또한 묘와 상[686]을 세워 네 벽면에는 싸우는 모습을 깎기 위해 좋은 수공장인 여섯 명을 보내 정확하고 닮게 그리게 했는데, [이는] 그 나라에 과거에 없었던 일이라 여긴 묵극련이 보고 몹시 슬퍼했다.

默棘連請昏旣勤，帝許可，於是遣哥解栗必來謝，請昏期．俄爲梅錄啜所毒，忍死殺

---

681) 金吾衛將軍: 金吾衛의 次官으로 품계는 從三品이었다. 金吾는 漢代 中尉를 改稱한 것이었다. 본래 秦나라는 中尉를 두어 京師를 방어하게 했는데, 前漢 太初 元年(전 104)에 執金吾로 명칭이 바뀌었다. 後漢末 曹操가 다시 中尉로 바꾸었으나 西晉初에 廢置되었다. 隋代에 左右武候府가 설치되었고 각각 大將軍과 將軍을 두어 宮禁과 京城의 巡警을 담당하게 했고 天子 車駕의 前驅와 後衛를 담당하게 했다. 隋 煬帝 시기에 左右候衛로, 唐初에 左右武候衛府로 바뀌었다. 龍朔 2년(662)에 左右金吾衛로 바뀌어 각각 大將軍 1명과 將軍 2명을 두었다. 左金吾衛의 역할은 隋代와 같았다.

682) 張去逸: 南陽郡 西鄂縣(지금 河南省) 사람으로 肅宗 張皇后의 生父이었다. 玄宗시기에 太僕卿과 金吾將軍을 역임했다. 開元 20년(732)에 闕特勤이 죽자 玄宗이 璽書를 가지고 突厥에 들어가 弔祭하는 사신으로 파견되었다. 肅宗이 즉위한 후 左僕射에 추증되었다.

683) 都官郎中: 隋代에 都官侍郎을 설치해 都官曹의 長官으로 삼았다. 煬帝시기에 都官郎이라 했는데, 武德 3년(620)에 都官郎中, 龍朔 2년(662)에 司僕大夫라 개칭되었다가 咸亨 元年(670)에 원래대로 환원되었다. 직책은 都官員外郎과 같았다.

684) 呂向: 唐朝의 大臣으로 呂岌의 아들이었다. 字는 子回이고 涇州人이었다. 草隷에 능해 "連錦書"라고 불렸다. 玄宗시기에 翰林學士兼集賢院校理가 되었고, 工部侍郎을 역임했다. 『文選五臣注』를 저술하는 데 참여했다(『新唐書』 卷202 「呂尙傳」: 5758).

685) 唐朝의 지원을 받아 설립된 비문을 《퀼 테긴 비문》이라고 하는데, 퀼 테긴 사후 732년 팔월 21일에 건립되었다. 이 비문과 함께 그로부터 1.1km 떨어진 곳에 있는 《빌게 카간 비문》(735년 건립)과 함께 그 소재지 지명에 따라 《호쇼 차이담 비문》 또는 《오르콘 비문》이라고도 한다. 본 비문은 재질이 좋지 않은 대리석에 쓰여 있는데, 높이가 3.75m정도이고 폭은 동·서면의 아래가 1.32m, 위가 1.22m이고, 북·남면은 아래가 46cm, 위가 44cm이다. 서면은 漢文으로 쓰여 있고 나머지 면은 고대 투르크 문자로 되어 있다. 비문의 내용의 구성은 한문 번역인 서면을 제외하고 남면(13행) – 동면(40행) – 북면(13행) – 북동면(1행) – 남동면(1행) – 남서면(1행) – 서면(2행)의 순서로 이루어져 있다.

〈闕特勤 頭象〉

686) 闕特勤의 두상은 그의 비문과 함께 건립된 祠堂 遺構에서 발굴이 되어 지금 몽골공화국 역사박물관에 보관되어 있다. 위의 사진 참조.

梅錄啜, 夷其種, 乃卒. 帝爲發哀, 詔宗正卿李佺弔祭, 因立廟, 詔史官李融文其碑. 國人共立其子爲伊然可汗.

[개원 22년(734)에] 묵극련의 빈번한 결혼 요청을 황제가 허락하자 이에 가해률필(哥解栗必)을 보내 감사하며 결혼할 날짜를 청했다. 얼마 있어 [묵극련이] 매록철에게 독살이 되나 죽음을 참고 매록철을 죽이고, 그 무리마저 죽이고서야 죽었다. 황제가 장례를 위해 조칙을 내려 종정경(宗正卿)[687] 이전(李佺)에게 장례에 조문하게 하고 묘당을 세웠으며, 조칙을 내려 사관(史官) 이융(李融)을 시켜 그 비문[688]을 적게 했다. 국인이 모두 그 아들을 세워 이연가한

687) 宗正卿: 宗正寺의 장관으로 품계는 從三品이었다. 秦始皇시기에 宗正이 설치되었고 이후 여러 王朝에도 존속되었다. 北魏에서 처음으로 宗正卿이라 칭했다. 龍朔 2년(662) 司宗卿이라 개칭되었다가 咸亨 元年(670)에 다시 환원되었다. 武則天 光宅 元年(684)에 司屬卿이라 했으나 神龍 元年(705)에 다시 설치되었다. 宗正寺의 長官으로 皇室과 宗族의 사무 및 寶牒, 屬籍을 관장했다.

688) 唐朝의 지원을 받아 쓴 비문을 《빌게 카간 비문》이라고 한다. 이 비문은 빌게 카간 사후 734년 십일월 25일에 건립되었다. 퀼 테긴 비문과 함께 그로부터 1.1km 떨어진 곳에 있는 위치하고 있는데, 지명에 따라 《호쇼 차이담 비문》 또는 《오르콘 비문》이라고도 한다. 본 비문은 재질이 좋지 않은 대리석에 쓰여 있어, 《퀼 테긴 비문》보다 약간 더 크나 보존 상태가 나쁘기 때문에 내용 판독이 어렵다. 원래 파괴되어 부러진 상태로 누워 있었는데, 최근에 복원 작업이 진행되었다. 서면은 漢文으로, 나머지 면은 고대 투르크 문자로 되어 있다. 비문의 내용 구성은 漢文飜譯인 서면을 제외하고 북면(15행) – 동면(41행) – 남동면(1행) – 남면(5행) – 남서면(1행) – 서면(9행)의 순서로 이루어져 있다. 북면은 마지막 7행을 제외하면 퀼 테긴의 비문과 동일한 내용이고, 남면의 내용 역시 동일하다. 동면의 경우에 2~24행이 약간의 차이가 있으나 내용이 퀼 테긴 비문의 동면 1~30행과 거의 일치한다.

《톤유쿠크 비문》

《퀼 테긴 비문》

《빌게 카간 비문》

(伊然可汗)[689]이 되었다.

伊然可汗立八年, 卒. 凡遣使三入朝. 其弟嗣立, 是爲苾伽骨咄祿可汗, 使右金吾衛將軍李質持冊爲登利可汗. 明年, 遣使伊難如朝正月, 獻方物, 曰「禮天可汗如禮天, 今新歲獻月, 願以萬壽獻天子」云. 可汗幼, 其母婆匐與小臣飫斯達干亂, 遂預政, 諸部不協. 登利從父分掌東西兵, 號左右殺, 士之精勁皆屬. 可汗與母誘斬西殺, 奪其兵, 左殺懼, 卽攻登利可汗, 殺之.

이연가한이 즉위한 지 8년만에 죽었다.[690] [그동안] 대저 사신을 세 번 보내 조정에 들어왔다. 그 동생이 이어 즉위하니 이가 비가골돌록가한(苾伽骨咄祿可汗)[691]이 되었고, [황제가] 우금오위장군 이질(李質)[692]에게 책서를 갖고 가서 등리가한(登利可汗)[693]으로 삼게 했다. 이듬해(742) 사자 이난여(伊難如)[694]를 보내 정월 조회에 참석하고 토산품을 바치며 말했다.

---

689) 伊然可汗(재위 734~741): 突厥第二帝國의 제5대 가한으로 빌게 가한의 아들이다. 고대 투르크어로 '이넬 카간(Inel qaghan)'의 음사로 추정된다.

690) 伊然可汗의 사망 연대와 관련해, 저본에서 "無幾, 伊然病卒, 又立其弟爲登利可汗."하고 한 것과 『新唐書』에서 "伊然可汗立八年, 卒. 凡遣使三入朝. 其弟嗣立, 是爲苾伽骨咄祿可汗, 使右金吾衛將軍李質持册爲登利可汗."이라 한 기록 내용을 비교해보면, 『舊唐書』에서는 빌게 카간이 죽은 다음 바로 병으로 죽었다고 기록한 반면에 저본에는 8년이 지난 741년에 죽었다고 기록했다. 이런 기록의 차이는 다른 방증자료의 부족으로 해결되지 않고 인용하는 사람에 따라 다르게 이용되고 있다(『舊唐書』 卷194上 「突厥」上: 5177). 하지만 片山章雄이 回紇時代의 《타리아트 碑文》을 통해 검토함으로써 저본과 『資治通鑑』의 기록이 실제에 가깝고 『唐會要』나 『舊唐書』는 잘못된 것이라고 논증했다(片山章雄, 1984: 33). 따라서 저본의 기록에 의거해 伊然可汗이 등극한 지 8년이 되는 741년에 카간이 죽고 그 이후에 登利可汗이 즉위했다고 보는 것이 타당할 것이다.

691) 苾伽骨咄祿可汗: 고대 투르크어로 '빌게 쿠틀룩 카간(Bilge qutlugh qaghan)'의 음사로 주정된다.

692) 李質: 蔣國公 李懷讓의 아들이었다. 玄宗 시기에 右金吾衛將軍을 역임했다. 開元 28년(740)에 명을 받들고 璽書를 휴대한 후 突厥에 사신으로 파견되었다.

693) 登利可汗: 고대 투르크어로 '텡그리 카간(Tengri qaghan)'의 음사인데, 唐朝의 책봉명이었다. 突厥에서는 '빌게 쿠틀룩 가한(Bilge qutlugh qaghan)'이라고 불렀다. 毗伽可汗의 어린 아들로 형 伊然可汗이 죽은 다음에 즉위했다.

694) 伊難如: 伊難珠의 잘못된 음사로 보인다. 이는 突厥의 관칭으로 고대 투르크어로 '이난추(Ïnanchu)'의 음사이다.

"천가한(天可汗)[695]에 대한 예는 하늘에 대한 예와 같은데, 지금 새해에 [봄의] 달을 바치며 원컨데 만수(萬壽)를 천자에게 빌고자 합니다." [등리]가한이 나이가 어려 그의 어미 파복과 소신 어사달간(飫斯達干)[696]이 정을 통하면서 결국 정치까지 간섭함에 따라 여러 부락이 화합하지 못하게 되었다. 등리[가한]의 숙부들이 동서의 군대를 나누어 갖고 있었는데, [그들을] 좌살(左殺)[697]과 우살(右殺)[698]이라고 하고, 병사 중에 최정예가 모두 속해 있었다. [등리]가한과 어미가 서살(西殺)[699]을 꾀어 죽이고 그 병사들을 빼앗자 좌살이 두려워 바로 등리가한을 공격해 죽여 버렸다.

左殺者, 判闕特勒也, 遂立毗伽可汗子, 俄爲骨咄葉護所殺, 立其弟, 旋又殺之, 葉護乃自爲可汗. 天寶初, 其大部回紇·葛邏祿·拔悉蜜並起攻葉護, 殺之, 尊拔悉蜜之長爲頡跌伊施可汗, 於是回紇·葛邏祿自爲左右葉護, 亦遣使者來告. 國人奉判闕特勒子爲烏蘇米施可汗, 以其子葛臘哆爲西殺. 帝使使者諭令內附, 烏蘇不聽, 其下不與, 拔悉蜜等三部共攻烏蘇米施, 米施遁亡. 其西葉護阿布思及葛臘哆率五千帳降, 以葛臘哆爲懷恩王.

좌살은 판궐특륵(判闕特勒)[700]이었는데, 마침내 비가가한의 [다른] 아들을 추대하나 얼마 있다가 [그마저] 골돌[록]엽호(骨咄祿葉護)[701]에게 살해되었고, 그의 동생을 세웠으나 바로 골돌[록]엽호가 다시 살해하고 스스로 가한이 되었다. 천보(天寶)년간 초기(743)에 그의 큰 부락인 회흘, 갈라록, 발실밀이 함께 일어나 [골돌록]엽호를 공격해 죽이고 발실밀의 추장을 힐질이시가한(頡跌伊施可汗)[702]으로 삼았고, 이에 회흘과 갈라록이 스스로 좌엽호(左葉

695) 天可汗은 북방 유목민들이 中國 皇帝를 지칭하는 명칭으로 여기에서는 玄宗을 지칭한다.

696) 飫斯達干: 고대 투르크어로 '위즈 타르칸(Yüz tarqan)'의 음사로 추정된다.

697) 左殺: 고대 투르크어로 '툌리스 샤드(Tölis shad)'의 음사이다. 그의 이름은 判闕特勤(판 퀼 테긴, Pan kül tegin)이었다.

698) 右殺: 고대 투르크어로 '타르두쉬 샤드(Tardush shad)'의 음사이다.

699) 西殺은 右殺을 지칭한다.

700) 判闕特勒은 判闕特勤의 잘못된 음사이다.

701) 骨咄葉護: 고대 투르크어로 '쿠틀룩 야브구(Qutlugh yabghu)'의 음사이다.

702) 頡跌伊施可汗: 고대 투르크어로 '일테리쉬 카간(Ilterush qsghan)'의 음사이다. 拔悉密의 추장인 阿史那

護)[703]과 우엽호(右葉護)[704]가 되었으며, 또한 사자를 보내 [이런 사실을 당조에] 알렸다. 국인이 판궐특륵의 아들을 오소미시가한(烏蘇米施可汗)[705]으로 삼고, 그의 아들 갈랍치(葛臘哆)[706]를 서살로 삼았다. 황제가 사자로 하여금 [오소미시가한을] 회유해 내부하게 했으나 오소[미시가한]이 듣지 않고 그 부하들 역시 따르지 않았는데, 발실밀 등 세 부락이 모두 오소미시[가한]을 공격하자 [오소]미시[가한]이 [남쪽으로] 도망갔다. 서엽호(西葉護)[707] 아포사[힐리발](阿布思頡利發)[708]과 갈랍치가 이끄는 5천 장이 항복하자 갈랍치를 회은왕(懷恩王)으로 삼았다.

三載, 拔悉蜜等殺烏蘇米施, 傳首京師, 獻太廟. 其弟白眉特勒鶻隴匐立, 是爲白眉可汗. 於是突厥大亂, 國人推拔悉蜜酋爲可汗, 詔朔方節度使王忠嗣以兵乘其亂, 抵薩河內山, 擊其左阿波達干十一部, 破之, 獨其右未下, 而回紇·葛邏祿殺拔悉蜜可汗, 奉回紇骨力裴羅定其國, 是爲骨咄祿毗伽闕可汗. 明年, 殺白眉可汗, 傳首獻.

施가 突厥을 격파한 다음에 칭한 명칭이다. '나라를 세운 군주'라는 의미를 갖고 있다. 그는 달리 '일릭 빌게 카간(Ilig bilge qaghan)'이라고도 칭했다.

703) 左葉護: 고대 투르크어로 '퇼리스 야브구(Tölis yabghu)'의 음사이다. 葛邏祿의 추장이 突厥을 무너뜨린 다음에 칭한 호칭이었다.

704) 右葉護: 고대 투르크어로 '타르두쉬 야브구(Tardush yabghu)'의 음사이다. 回紇의 추장이었던 骨力裴羅가 突厥을 무너뜨린 다음에 칭한 호칭이었다.

705) 烏蘇米施可汗: 고대 투르크어로 '오즈미쉬 카간(Ozmïsh qaghan)'의 음사이다. 그는 判闕特勤의 사망이후에 漠南으로 내려와 可汗으로 추대된 뒤에 활동을 하다가 回紇의 骨力裴羅와 그의 아들 磨延啜의 공격을 받아 743년에 죽임을 당했다.

706) 葛臘哆: 고대 투르크어로 '카라치(Qarachi)'의 음사로 추정된다.

707) 西葉護: 고대 투르크어로 '타르두쉬 야브구(Tardush yabghu)'의 음사이다.

708) 阿布思頡利發: 아부스(Abus) 부락의 추장 즉, '일테베르(ilteber)'의 음사이다. 742년에 돌궐이 내분에 휩싸이게 되자 唐朝에 투항해 番將으로 활약했다. 唐朝로부터 李獻忠으로 賜名과 奉信王으로 책봉을 받는 등 높은 대우를 받았다. 그리고 자신의 部落兵을 이끌고 749년 吐蕃의 石堡城을 공격하는 등 서부 전선으로 이동해 활약했다. 751년 安祿山이 契丹에게 패배한 이후 東北에 대한 군사력 강화가 절실하게 되자, 朔方節度副使로 임명되어 농부 전선으로 이동했지만 바로 安祿山과 대립하고 그에 반발해 漠北으로의 복귀를 시도했다. 하지만 753년 五月 回紇에게 패배하게 되면서 그의 세력이 이후에 回紇에 복속되었다.

毗伽可汗妻骨咄祿婆匐可敦率衆自歸, 天子御花蕚樓宴群臣, 賦詩美其事, 封可敦爲賓國夫人, 歲給粉直二十萬.

[천보] 3년(745) 발실밀 등이 오소미시[가한]을 죽이고 그 머리를 경사에 전하자 태묘에 바쳤다. 그의 동생 백미특륵(白眉特勒)[709] 골롱복(鶻隴匐)[710]이 즉위해 백미가한(白眉可汗)[711]이 되었다. 이에 돌궐이 크게 어지러워져 국인들이 발실밀의 추장을 추대해 가한으로 삼았고, [황제의] 조칙으로 삭방절도사가 그 혼란을 기회로 병력을 일으켜 살하내산(薩河內山)[712]에서 [그들과] 맞닥뜨려 그 좌부의 아파달간(阿波達干)[713]의 11부락을 공격해 격파했으나 다만 그 우부만을 격파하지 못하였으며, 회흘, 갈라록이 발실밀 가한을 죽이고 회흘 골력배라(骨力裴羅)[714]를 받들어 그 나라를 안정시키니 이가 골돌록비가궐가한(骨咄祿毗伽闕可汗)[715]이었다.

이듬해(745) [회흘의 골력배라가] 백미가한을 죽여 그의 머리를 [경사에] 전하자 [이를 태묘에] 바쳤다. [돌궐] 비가가한의 아내 골돌록파복가돈(骨咄祿婆匐可敦)[716]이 백성을 이끌고 스스로 귀부하자 천자가 화악루(花蕚樓)[717]에서 친히 여러 신하들과 연회를 베풀어 그 일을 시로 찬미했으며 [골돌록파복]가돈을 빈국부인(賓國夫人)으로 봉하고 해마다 곡식가루 20만 전어치를 주었다.

---

709) 白眉特勒은 白眉特勤의 잘못된 음사이다. 이는 고대 투르크어로 '뵈귀 테긴(Bögü tegin)'의 음사로 추정된다.

710) 鶻隴匐: 고대 투르크어로 '쿠틀룩 벡(Qutlugh beg)'의 음사로 추정된다.

711) 白眉可汗: 고대 투르크어로 '뵈귀 카간(Bögü qaghan)'의 음사로 추정된다.

712) 薩河內山: 陰山山脈에 있는 지역으로 추정되나 정확한 것을 알 수 없다.

713) 阿波達干: 고대 투르크어로 '아파 타르칸(Apa tarqan)'의 음사이다.

714) 骨力裴羅(재위: 742~747): 고대 투르크어로 '쿠틀룩 보일라(Qutlugh boyla)'의 음사이다. 그는 回紇의 酋長으로 頡利吐發(일테베르)의 지위를 갖고 있었고, 突厥을 붕괴시킨 이후 拔悉密의 추장이 可汗을 칭하자 葉護가 되었다가 그마저 격파하고 자립해 可汗을 칭하고 遊牧國家를 건설했다.

715) 骨咄祿毗伽闕可汗: 고대 투르크어로 '쿠틀룩 빌게 퀼 카간(Qutlugh bilge kül qaghan)'의 음사인데, "고귀하고 현명하며 강한 군주"를 의미하였다.

716) 骨咄祿婆匐可敦: 고대 투르크어로 '쿠틀룩 뵈귀 벡 카툰(Qutlugh bögü beg qatun)'의 음사이다.

717) 花蕚樓: 花蕚相輝樓라고도 한다. 唐의 수도 長安 興慶宮의 주요 건축물의 하나이며 宮城의 서남쪽 서쪽 벽 가까이에 있었다. 故址는 지금 西岸 興慶宮公園 일대이다.

始突厥國於後魏大統時，至是滅．後或朝貢，皆舊部九姓云，其地盡入回紇．始其族分國於西者，曰西突厥．

일찍이 돌궐이 후위(後魏) 대통(大統)년간에[718] 나라를 세웠다가 이에 이르러 없어지게 되었다. 이후에도 조공을 할 때 모두 옛 부락 구성(九姓)[719]이라고 했으나 그 땅은 [실제로] 다 회흘에 [병합되어] 들어갔다.[720]

이전에 그 [아사나] 족속이 나뉘어 서쪽에 나라를 세운 것을 서돌궐(西突厥)[721]이라고 한다.

---

718) 552년의 일이다.

719) 中國 사서에서는 突厥을 九姓 내지는 突厥九姓 등이라고 했는데, 鐵勒九姓 내지는 九姓(鐵勒)이라는 표현과 혼동을 일으키기도 했다. 따라서 九姓이라는 표현은 사료의 문맥에 따라서 구분해서 이해할 필요가 있다.

720) 突厥은 唐朝에 투항한 이후 安祿山의 난이 발생하자 일시 復興運動을 벌이기도 했으나 回紇의 개입으로 몰락하게 되면서 그 이후 별다른 움직임을 보이지 못하고 소멸되었다(丁載勳, 1998: 288). 이후의 突厥의 움직임에 대해서는『新五代史』에서 일부 기록이 있으나 아주 소략하다.

721) 일반적으로 알려져 있는 西突厥은 北齊 天統 3년(567)에 突厥 第一帝國을 세운 伊利可汗 土門(Bumïn)의 아우 室點密(Ïshtemi)이 서방을 遠征해 挹怛을 멸망시키고 페르시아를 패퇴시킨 후에 자립해 西面可汗이라 칭한 것에서 비롯되어 隋 開皇 2년(582) 室點密의 아들 達頭可汗이 大可汗인 沙鉢略可汗과 반발해 대결을 벌이게 되면서 본격적으로 성립되었다. 하지만 저본에서 다루고 있는 西突厥은 室點密 계통의 西面可汗이 분립한 것이 아니라 大可汗의 계승 분쟁으로 인해 木杆可汗의 장자인 大邏便이 隋 開皇 5년(585)에 阿波可汗이라고 칭하고 이탈해 하나의 독자적인 세력을 형성하면서 일시적으로 성립된 僭主政權을 말한다. 이후 開皇 7년(587)에 阿波可汗이 處羅侯(沙鉢略可汗의 동생) 즉, 莫何可汗에게 패해 隋나라에 송환되면서 몰락했다.

이런 僭主政權의 등장에 이은 東·西突厥의 분립은 突厥 初期 大可汗의 계승이 2대 阿逸可汗으로부터 木杆可汗, 佗鉢可汗까지 계속적으로 兄弟相續이 이루어져 佗鉢可汗 사후에 사촌 간에 大可汗의 승계를 두고 분쟁이 벌어졌던 것과 관련되었다. 突厥 초기 계승 분쟁은 佗鉢可汗이 죽은 후에 木杆可汗의 아들인 大邏便에게 계승하도록 했으나 攝圖가 반대했고, 佗鉢可汗의 아들인 菴羅가 可汗이 되었다. 그러나 大邏便이 이에 不服하고 반대하자 菴羅는 國人會議를 거쳐 可汗의 자리를 攝圖에게 양보하니, 이가 沙鉢略可汗이었다. 沙鉢略可汗은 佗鉢可汗의 아들인 菴羅와 木汗可汗의 아들인 大邏便, 室點密의 아들인 玷厥, 자신의 아우인 處羅侯를 小可汗으로 임명해 국정을 안정시키려고 했다. 하지만 大邏便 즉, 阿波可汗이 하나의 독자적인 세력을 형성함으로써 突厥의 분열이 시작되었다. 그리고 隋 開皇 2년(582)에 西面의 達頭可汗이 東突厥의 可汗과 결별해 可汗을 자칭하면서 突厥이 東突厥과 西突厥로 완전히 분열되어 이후에 다시 통일되지 못했다(馬長壽, 2006: 21~29).

西突厥의 강역은 지금 新疆維吾爾自治區와 중앙아시아의 대부분이었다. 그 내부의 종족 구성은 咄陸과

西突厥，其先訥都陸之孫吐務，號大葉護．長子曰土門伊利可汗，次子曰室點蜜，亦曰瑟帝米．瑟帝米之子曰達頭可汗，亦曰步迦可汗．始與東突厥分烏孫故地有之，東卽突厥，西雷翥海，南疏勒，北瀚海，直京師北七千里，由焉耆西北七日行得南庭，北八日行得北庭，與都陸・弩失畢・歌邏祿・處月・處蜜・伊吾諸種雜．其風俗大抵突厥也，言語少異．

서돌궐은 그 조상이 눌도륙[설](訥都陸設)[722]의 손자 토무(吐務)[723]로 대엽호(大葉護)[724]라 불렸다. 큰 아들을 토문(土門)[이라고 했는데, 가한으로 즉위한 이후에] 이리가한(伊利可汗)[725]이라고 했고, 둘째 아들을 실점밀(室點蜜)[726]이라고 하기도 했는데 달리 슬제미(瑟帝米)[727]라고도 했다. 슬제미의 아들을 달두가한(達頭可汗)[728]이라고 하기도 했고, 또한 보가가

弩失畢의 두 단위 밑에 각각 5개의 部落이 모두 10개였는데, 이를 '十姓' 또는 '十箭'이라 불렀으며, 그 통치자의 관칭을 따서 10設이라고도 했다. 그 땅은 中國과 서방 교통의 요충지에 있었기 때문에 北朝・隋唐과 페르시아, 인도, 동로마 등의 경제와 문화 교류에 중요한 작용을 했다. 顯慶 4년(659)에 唐朝의 공격으로 와해되어 羈縻府州가 설치되었고, 昆陵都護府와 濛池都護府를 두어 十姓 部落을 나누어 통할했다. 이들은 궁극적으로 安西都護府에 예속되었으나 얼마 지나지 않아 이 지역에 대한 唐朝의 지배력이 급속도로 약화되었다. 이후 唐朝의 영향이 줄면서 독자 세력들이 각자 개별적인 발전을 했다. 751년에 高仙芝가 이곳에 대한 종주권을 찾기 위해 원정을 벌이기도 하나 서방에서 진출한 이슬람 세력과 현지 세력의 연합군에게 탈라스강 연안에서 패배하면서 완전히 唐朝의 영향권 밖으로 벗어나 버렸다(內藤みどり, 1988).

722) 訥都陸設: 突厥의 전설적인 영웅의 하나로 고대 투르크어로 '누르 튀르크 샤드(Nur Türk shad)'의 음사로 추정되는데, '빛나는 튀르크 샤드' 또는 '찬란한 튀르크 샤드'를 의미한다.

723) 吐務: 고대 투르크어로 '튀멘(Tümen)'의 음사인데, 萬戶를 지휘하는 酋長을 의미한다. 突厥의 추장이 設(샤드)이 아니라 大葉護의 칭호를 갖게 되었다는 점은 阿賢設 보다 집단의 규모가 커져 萬戶를 지휘할 정도의 수준으로 커져 칭호 역시 '샤드(shad)' 보다 높은 것으로 추정되는 '울룩 야브구'를 칭하게 되었음을 보여준다.

724) 大葉護: 突厥 建國神話에 나오는 지도자로서 고대 투르크어로는 '울룩 야브구(Ulugh yabghu)' 즉, '큰 야브구'를 의미한다.

725) 伊利可汗(재위 552~553): 고대 투르크어로 '일릭 카간(Ilig qaghan)'의 음사로 추정된다. 고대 투르크어에서 'il(또는 el)'은 사전적으로 독립적인 지도자가 통치를 하는 정치 단위의 총칭인데, 초대 可汗 이름은 이런 일(il)에서 기원된 것이었다. '일릭(Ilig)'은 '나라를 세운', '나라의'라는 의미를 갖고 있었다.

726) 室點蜜: 고대 투르크어로 '이스테미(Istemi)'의 음사이다. 土門의 동생으로 서방으로 遠征해 嚈噠을 멸망시키고 페르시아를 패퇴시킨 후에 자립해 西面可汗이 되었다.

한(步迦可汗)[729]이라고 했다. 이전에 동돌궐(東突厥)[730]과 오손(烏孫)[731]의 옛 땅을 나누어 가져 동쪽으로는 돌궐, 서쪽으로는 뇌저해(雷翥海),[732] 남쪽으로는 소륵(疏勒),[733] 북쪽으로는 한해(瀚海)[734]를 [경계로] 경사에서 북쪽으로 7천 리가 떨어져 있었는데, 언기(焉耆)[735]로

---

727) 瑟帝米은 室點蜜의 다른 음사로 동일하게 고대 투르크어로 '이스테미(Istemi)'의 음사이다.

728) 達頭可汗(재위 576~603): 고대 투르크어로 '타르두쉬 카간(Tardush qaghan)'의 음사인데, 한자로는 西面可汗을 의미한다. 突厥을 建國한 土門의 동생 西面可汗 室點密의 아들로 그 역시 아버지를 이어 西面可汗이 되었다. 이후 突厥의 계승분쟁에 참여하게 되었고, 東西突厥이 분열된 이후에 583년에 西突厥의 可汗이 되자 步迦可汗(빌게 카간)이라고 했다. 그는 東突厥의 都藍可汗과 대결을 벌였을 뿐만 아니라 이후 隋나라와 연결된 染干(啓民可汗)을 공격했고, 都藍可汗이 죽은 이후에는 東突厥까지 차지하고 隋나라를 지속적으로 공격했다. 仁壽 3년(603) 복속되었던 鐵勒이 隋나라에 투항하고 부락이 흩어지게 되자 吐谷渾으로 망명했는데, 그 이후 종적은 알 수 없다.

729) 步迦可汗: 고대 투르크어로 '빌게 카간(Bilge qaghan)'의 음사로 추정된다. 西面可汗에서 大可汗이 된 이후에 칭한 호칭이다.

730) 東突厥: 隋 開皇 2년(582)에 突厥이 분열한 이후 沙鉢略可汗이 알타이산맥 동쪽의 몽골 초원지역을 지배하게 되면서 생긴 명칭이다. 그 땅이 고비 북쪽[漠北]에 있었기 때문에 北突厥이라고도 칭한다.

731) 烏孫: 고대 종족의 명칭이다. 漢代로부터 南北朝時代 초기에 걸쳐 天山山麓의 일리 계곡, 이식 쿨 근처, 시르다리야 상류 등지에서 유목 생활을 했다. 그 인종에 대해서는 사카, 투르크 등 다양한 견해가 있으나 대체적으로는 이들의 혼혈 종족일 것으로 추정된다. 이들은 원래 河西走廊에서 月氏 등과 함께 거주하면서 그의 지배를 받다가 匈奴의 공격을 받아 서쪽의 일리 계곡과 이식 쿨 주변 지역 등으로 옮겨가 살았다. 그 이후 세력화하면서 동쪽으로는 匈奴와 西北으로는 康居라는 유목민, 그리고 서쪽으로는 安息 등과 접했다. 君長이 살던 곳을 赤穀城이라고 했는데, 이식 쿨 근처에 있었다. 이들은 張騫의 여행 이후에 漢나라에 알려져 그와 혼인관계를 맺으면서 匈奴를 견제하기도 했다(王明哲・王炳華, 1983: 1~2).

732) 雷翥海: 지금 카자흐스탄에 있는 아랄해[咸海]를 지칭한다. 다르게는 카스피해로 보는 경우도 있는데, 여기에서는 아랄해가 맞다.

733) 疏勒: 타림 분지에 있는 오아시스 국가의 하나로 '䟽勒'이라고도 표기되기도 한다. 漢代부터 唐代까지 지금 新疆維吾爾自治區의 카쉬가르(Qashghar, 喀什)를 지칭하는 명칭으로 사용되었다. 宣帝 神爵 2년(전60) 西域都護에 예속되었고, 後漢 초기에 莎車와 于闐 등에 소속되었다가 자립했다.

734) 瀚海: 翰海라고도 하는데, '항가이(Hangai)'의 음사이다. 이곳은 아마도 방위로 보아 지금 몽골 초원 북쪽에 있는 후룬호나 바이칼호로 추정된다. 唐代에는 몽골 초원 고비 以北과 以西 준가르 分地 일대의 넓은 지역을 瀚海라고 범칭 했고, 西夏시대에는 靈州(治所는 지금 寧夏 靈武縣 서남)의 남쪽 일대 沼澤地를 瀚海라 했다. 元代에는 지금 新疆維吾爾自治區 古爾班通古特沙漠을 瀚海라고 불렀고, 혹자는 알타이 산을 瀚海라고 불렀다. 달리 지금 몽골공화국 중앙부에 있는 항가이산맥을 지칭하는 것으로 쓰이기도 한다.

735) 焉耆: 타림 분지에 있는 오아시스 국가의 하나로 '카라 샤르(Qara shahr)'라고 불린다. 달리 烏耆, 烏纏,

부터는 서북쪽으로 이레를 가면 남쪽 아정[南庭]에 이르고, 북쪽으로 [다시] 여드레를 가면 북쪽 아정[北庭]에 도착했으며, 도륙(都陸),[736] 노실필(弩失畢),[737] 가라록(歌邏祿),[738] 처월(處月),[739] 처밀(處蜜),[740] 이오(伊吾)[741][와 같은] 여러 족속이 섞여 있었다. 그 풍속은 대체적으로 돌궐과 같았고,[742] 말만 조금 달랐다.[743]

烏夷, 阿耆尼 등으로도 불린다. 漢代 西域 36國의 하나였으며, 都城은 圓渠城(지금 新疆維吾爾自治區 焉耆回族自治縣에 해당)이다. 北魏의 萬度歸가 군대를 이끌고 焉耆國을 격파한 후에 都城을 도륙했다. 후에 焉耆國은 都城을 지금 焉耆回族自治縣 서남쪽 四十里城子의 舊城으로 옮겼다. 唐代에는 焉耆都督府가 설치되었고, 唐末에는 西州回鶻에 병합되었다.

736) 都陸: 달리 咄陸 또는 咄六이라고도 음사된다. 西突厥을 구성하는 十姓 部落이 둘로 나뉘는데, 그 중에서 碎葉(지금 키르기즈스탄의 토크막(Toqmak) 지역) 동쪽에 거주했던 다섯 부락의 연합체를 지칭한다. 處木昆闕啜, 胡祿屋闕啜, 攝舍提暾啜, 突騎施賀邏施啜, 鼠尼施處半啜 등으로 구성되어 있었는데, 이들의 추장은 모두 啜(초르)의 지위를 갖고 있었다. 따라서 五啜이라고 지칭되기도 했다.

737) 弩失畢: 西突厥을 구성하는 十姓 部落이 둘로 나뉘는데, 그 중에서 碎葉(지금 키르기즈스탄의 토크막 지역) 서쪽에 거주했던 다섯 부락의 연합체를 지칭한다. 阿悉結闕俟斤, 哥舒闕俟斤, 拔塞干暾沙鉢俟斤, 阿悉結泥熟俟斤, 哥舒處半俟斤 등으로 구성되어 있었는데, 이들의 추장은 모두 俟斤(이르킨)의 지위를 갖고 있었다. 따라서 五俟斤이라고 지칭되기도 했다.

738) 葛邏祿을 지칭하는 다른 표기이다.

739) 處月: 종족 명칭으로 '치길(Chigil)' 또는 '칭일(Chingil)'의 음사로 추정된다. 원래 月氏와 관련 있는 사카(Saka) 계통의 종족이 鐵勒과 오랜 동안 동화되어 西突厥의 하나가 된 것으로 추정된다. 부락이 번성했는데, 독자성이 아주 강했다. 주로 北庭과 獨山 이북 지역에서 유목 생활을 했다. 일부가 疏勒 북방, 일리강 남부 지역에 거주하기도 했다. 이후에 中國에서는 이들을 弓月이라고 했다.

740) 處密: 종족 명칭으로 '쿠밀(Qumïl)' 또는 '퀴밀(Kümil)'의 음사로 추정된다. 西突厥의 동부 지역에 있었던 유력한 부락의 하나로 處月과 늘 연칭이 되었다. 원래는 사카(Saka, 塞)의 일종으로 추정되는데, 漢代에 西域으로 이주해 且彌國을 세우기도 했다. 지금 마나스강 유역에서 유목을 했고, 동으로는 지금 우룸치 일대까지 영향을 미쳤다. 그의 일부가 處月과 같이 서쪽으로 이주하기도 했다.

741) 伊吾: 타림 분지에 있는 오아시스 도시의 하나로 처음에는 伊吾盧라 칭했고 하미(Hami)라고도 했다. 지금 新疆維吾爾自治區 哈密市 서쪽에 위치하고 있었다. 內地에서 西域으로 통하는 門戶로 後漢 永平 16년(73) 宜樂都尉가 설치되기도 했다. 永建 6년(131)에는 伊吾司馬가 설치되어 屯田을 관리했다. 隋代에 新城을 축조하고 지금 哈密市로 옮겼다.

742) 突厥의 습속에 대해서는 『周書』와 『隋書』 突厥 관련 기록을 하나로 합해 정리한 『北史』 卷99 「突厥傳」의 자세한 기록이 남아 있다. 참고로 인용해보면 다음과 같다. "其俗: 被髮左衽, 穹廬氈帳, 隨逐水草遷徙, 以畜牧射獵爲事, 食肉飮酪, 身衣裘褐. 賤老貴壯, 寡廉恥, 無禮義, 猶古之匈奴. 其主初立, 近侍重臣等輿之以氈, 隨日轉九回, 每回臣下皆拜, 拜訖乃扶令乘馬, 以帛絞其頸, 使纔不至絕, 然後釋而急問之曰: "你能作幾年可汗?" 其主旣神情督亂, 不能詳定多少. 臣下等隨其所言, 以驗修短之數. 大官有葉護, 次設, 次特勤, 次俟利發, 次吐屯發, 及餘小官, 凡二十八等, 皆世爲之. 兵器有角弓·鳴鏑·甲·矟·刀·劍. 佩飾則兼有伏突. 旗

初, 東突厥木杆可汗死, 舍其子大邏便, 而立弟佗鉢可汗. 佗鉢死, 先令戒其子菴羅必立大邏便, 國人以其母賤, 不肯立, 而卒立菴羅. 菴羅後以讓木杆兄子攝圖, 是爲沙鉢略可汗. 而大邏便別爲阿波可汗, 自臣所部, 沙鉢略襲擊之, 殺其母, 阿波西走達頭. 當是時, 達頭爲西面可汗, 卽授阿波兵十萬, 使與東突厥戰. 而阿波竟爲沙鉢略所禽. 及啓民可汗時, 達頭可汗歲以兵相加, 而隋常助啓民, 故達頭敗奔吐谷渾.

이전에 동돌궐의 목간가한(木杆可汗)[744]이 [572년에] 죽자 그의 아들 대라편(大邏便)[745]을

纛之上, 施金狼頭. 侍衛之士, 謂之附離, 夏言亦狼也. 蓋本狼生, 志不忘舊. 善騎射, 性殘忍. 無文字, 其徵發兵馬及諸稅雜畜, 刻木爲數, 幷一金鏃箭, 蠟封印之, 以爲信契. 候月將滿, 轉爲寇抄. 其刑法: 反叛・殺人・及姦人之婦・盜馬絆者, 皆死; 淫者, 割勢而腰斬之; 姦人女者, 重責財物, 卽以其女妻之; 鬥傷人者, 隨輕重輸物, 傷目者償以女, 無女則輸婦財, 折支體者輸馬; 盜馬及雜物者, 各十餘倍徵之. 死者, 停屍於帳, 子孫及親屬男女各殺羊・馬, 陳於帳前祭之, 遶帳走馬七匝, 詣帳門以刀剺面且哭, 血淚俱流, 如此者七度乃止. 擇日, 取亡者所乘馬及經服用之物, 幷屍俱焚之, 收其餘灰, 待時而葬. 春夏死者, 候草木黃落; 秋冬死者, 候華茂, 然後坎而瘞之. 葬日, 親屬設祭及走馬・剺面如初死之儀. 表爲塋, 立屋, 中圖畫死者形儀, 及其生時所戰陣狀, 嘗殺一人, 則立一石, 有至千百者. 又以祭之羊・馬頭, 盡懸之於標上. 是日也, 男女咸盛服飾, 會於葬所, 男有悅愛於女者, 歸卽遣人聘問, 其父母多不違也. 父・兄・伯・叔死, 子・弟及姪等妻其後母・世叔母・嫂, 唯尊者不得下淫. 移徙無常, 而各有地分. 可汗恒處於都斤山, 牙帳東開, 蓋敬日之所出也. 每歲率諸貴人, 祭其先窟. 又以五月中旬, 集他人水拜祭天神. 於都斤西五百里有高山迥出, 上無草樹, 謂爲勃登凝梨, 夏言地神也. 其書字類胡, 而不知年曆, 唯以草靑爲記. 男子好摴蒱, 女子踏鞠, 飮馬酪取醉, 歌呼相對. 敬鬼神, 信巫覡, 重兵死, 恥病終, 大抵與匈奴同俗."

743) 『舊唐書』에는 西突厥의 관제에 대한 기록이 있다. "其官有葉護, 有特勤, 常以可汗子弟及宗族爲之; 又有乙斤屈利啜・閻洪達・頡利發・吐屯・俟斤等官, 皆代襲其位."

744) 木杆可汗(재위 553~572): 突厥의 제3대 可汗으로 고대 투르크어로 '무칸 카간(Muqan qaghan)'의 음사이다. 『周書』에는 "木汗可汗"이라고 되어 있는데, 이는 'q'의 음이 汗 또는 杆 모두로 음사될 수 있기 때문이다. 원래 이름은 관칭으로 보이는 俟斤(Irkin)이고 다른 이름인 燕都는 고대 투르크어로 '이둑(ïduq)'의 음사로 추정되고 '성스럽다'는 의미이다. 『通典』에는 "燕尹"으로 되어 있다. 그의 공식적인 명칭은 『藝文類聚』 卷76 「京師突厥史記」에 "突厥大伊尼溫木汗可汗"이라고 되어 있다. 이는 고대 투르크어로 '투르크 울룩 일 우란 무칸 카간(Türk ulugh il uran muqan qaghan)'의 음사로 '투르크의 위대한 나라를 다스리는 현명한 카간'이라는 의미로 추정된다.

그는 즉위 이후 몽골 초원을 차지하고 있었던 柔然을 553년에 완전히 격파함으로써 몽골 초원을 통일했다. 이어 동쪽으로는 契丹을 격파하고 북쪽으로는 結骨을 복속했으며 서쪽으로는 오아시스 국가인 高昌과 남쪽으로 河西回廊을 차지하고 있었던 吐谷渾을 제압했다. 아울러 더 서쪽으로 나아가 사산조 페르시아, 동로마와 교섭을 벌이면서 인도 북부지역을 차지하고 있었던 嚈噠(에프탈)마저 무너뜨렸다.

제쳐두고 그의 동생 타발가한(佗鉢可汗)[746]을 세웠다. [581년에] 타발[가한]이 죽기 전에 그의 아들 엄라(菴羅)[747]에게 반드시 대라편을 세울 것을 명령했으나 국인들이 그의 어미가 천하다고 즉위를 받아들이지 않자 결국 엄라가 즉위하게 되었다. 엄라는 이후에 목간[가한]의 형의 아들인 섭도(攝圖)[748]에게 [자리를] 양보하니 이가 사발략가한(沙鉢略可汗)[749]이 되었다. 그리고 대라편은 달리 아파가한(阿波可汗)[750]이 되어 스스로 자신의 부락을 통할했으나

그리고 中國과의 관계에서도 北朝의 분열을 적극적으로 활용해 많은 정치 경제적 이익을 획득했다. 또한 내적으로는 여러 小可汗들을 두어 제국을 분치했다.

745) 大邏便: 木杆可汗의 아들로 可汗 계승의 최우선 순위를 갖고 있었으나 어머니의 신분이 천하다는 이유로 可汗이 되지 못했다. 大邏便의 의미는 술잔을 의미한다고 하는데, 정확한 음사가 무엇인지 알 수 없다.

746) 佗鉢可汗(재위: 572~581): 突厥의 제4대 可汗으로 '타스파르 카간(Taspar qaghan)'의 음사이다. 『周書』에는 "他鉢可汗"이라고 달리 음사되어 있는데, 동일한 인물이다.

747) 菴羅: 고대 투르크어로 '암로(Amro)'의 음사로 추정된다. 그는 佗鉢可汗의 아들로 沙鉢略可汗이 즉위한 이후에 第二可汗 즉, 東面可汗이 되었다. 『北史』에는 "菴邏"로 되어 있다.

748) 攝圖: 고대 투르크어로 '이둑(Ïduq)'의 음사로 추정된다. 沙鉢略可汗이 되었다. 자세한 것은 아래의 주를 참조.

749) 沙鉢略可汗(재위 581~587): 突厥 제5대 可汗으로 이름은 攝圖(고대 투르크어로 이둑(Ïduq)의 음사로 추정)이었다. 제2대 阿逸可汗(또는 乙息記可汗)의 아들이었다. 可汗이 되기 이전에 제4대 他鉢可汗시기에 爾伏可汗으로 있다가 可汗 사후에 일어난 계승 분쟁 과정에서 종실 내에서 가장 연장자로서 可汗에 즉위했다. 그의 可汗 칭호는 從天生大突厥天下賢聖天子라고 고대 투르크어로 된 이름이 한자로 번역되어 기록되어 있는데, 이것은 "텡그리데 볼미쉬 텡그리텍 투르크 빌게 카간(Tengride bolmïsh Türk bilge qaghan)" 즉, "하늘에서 생긴 하늘과 같은 투르크의 현명한 카간"로 추정된다. 또한 고대 투르크어를 음차한 이름인 伊利俱盧設莫何始波羅可汗라는 칭호는 고대 투르크어로 "일릭 퀼뤽 샤드 바가 이쉬바라 카간(Ilig küllüg shad bagha ïshbara qaghan)"을 음사한 것으로 그 의미는 "나라의 힘센 샤드이며 고귀한 용맹한 카간"이라고 추정된다.

그는 즉위 이후 北齊와 北周의 대결을 이용해 突厥의 발전을 도모했으며 北齊 멸망 이후에는 北周를 견제하기도 하는 등 突厥의 발전을 도모했다. 그는 北周시대에 千金公主를 아내로 삼았고 隋나라가 세워진 후에 40만의 무리를 이끌고 공격해 서북의 郡縣을 모두 점거하자 隋나라 역시 대규모 군대를 투입해 공격했다. 후에 突厥의 別部 阿波可汗과 다툼이 있어 연이어 싸워 그치지 않았다. 이에 隋文帝에게 화친을 구하자 隋 文帝는 사신을 보내 편지를 보내 北周 千金公主에게 楊氏를 賜姓하고 大義公主로 改封했다.

750) 阿波可汗: 고대 투르크어로 '아파 카간(Apa qaghan)'의 음사로 추정된다. 木杆可汗의 아들인 大邏便이다. 木汗可汗이 죽은 후 叔父인 佗鉢可汗이 繼位하자 밀려났고, 佗鉢可汗이 죽은 후에도 佗鉢可汗의 아들 菴羅를 可汗으로 세우려고 하자 불복했다. 이로 인해 菴羅가 可汗의 자리를 사촌 형 즉, 阿逸可汗의 아들 攝圖에게 넘겨준 이후 阿波可汗으로 임명되었다. 하지만 이에 불복하고 자신의 부락을 거느리고

사발라[가한]이 습격해 그의 어미를 죽이자 아파[가한]이 서쪽으로 달두[가한]에게 도망갔다. 마침 이 때 달두[가한]은 서면가한(西面可汗)[751]이 되어 바로 아파[가한]에게 병사 10만을 주어 동돌궐과 싸우게 했다. 그러나 아파[가한]은 결국 [587년에] 사발라[가한]에게 사로잡혔다. 그리고 계민가한(啓民可汗)시기에 [계민가한과] 달두가한이 군대로 서로 [공격을] 가하나 수나라가 늘 계민[가한]을 도와주었기 때문에 패배한 달두[가한]은 [603년에 패배한 이후에] 토욕혼(吐谷渾)으로 도망갔다.

始, 阿波旣禽, 國人立鞅素特勒子, 是爲泥利可汗. 達頭之奔, 泥利亦敗, 及死, 其子達漫立, 是爲泥橛處羅可汗, 政苛察多忌. 大業中, 從煬帝征高麗, 賜號曷薩那可汗, 妻以宗女, 留其弟闕達度設畜牧於會寧郡, 卽自稱闕可汗. 江都亂, 曷薩那從宇文化及至黎陽, 遁歸長安, 高祖降榻與共坐, 封歸義王, 以大珠獻帝, 帝不受, 曰:「朕所重者王之赤心, 是無用也.」闕可汗有馬三千, 武德 元年內屬, 賜號吐烏過拔闕可汗, 與李軌連和. 隋西戎使者曹瓊據甘州誘之, 俄與瓊合, 共擊軌, 兵不勝, 走達斗拔谷, 與吐谷渾相輔車, 爲軌所滅.

이전에 아파[가한]이 이미 사로잡히게 되자 국인들이 앙소특륵(鞅素特勒)[752]의 아들을 세

隋나라에 붙었다가 沙鉢略可汗에게 습격당해 패배한 이후에 서부에서 발전해 일시 潛主政權 西突厥을 세우기도 했으나 금방 붕괴되었다.

751) 西面可汗은 突厥帝國이 분열하기 이전 西突厥 지역을 통치하던 可汗을 지칭하는 표현이다.

752) 鞅素特勤을 達頭可汗의 아들이라고 보기도 하나(Chavannes/馮承鈞, 2004: 19) 정확한 계보는 알기 어렵다. 그와 달리 鞅素特勤을 阿波可汗과 긴밀한 관계를 갖고 있었던 宗室의 한 인물로 보기도 한다(薛宗正, 1992: 177).

怏素特勤의 아들인 泥利可汗(603~604)이 達頭可汗(577~603)을 대신해 西突厥의 可汗이 되고, 또한 그의 아들인 泥橛處羅可汗 역시 可汗이 되면서 다시 阿波可汗 계열이 다시 세력을 확보할 수 있었다. 하지만 泥橛處羅可汗이 中國에 투항한 이후에 西突厥의 계보는 達頭可汗의 손자인 射匱可汗(610~618)에게 넘어갔다. 이런 변화는 西突厥을 구성하고 있는 東部의 咄陸과 西部의 弩失畢 두 집단의 세력 교체를 보여주는 것으로 이해되기도 한다. 즉, 西突厥을 구성하는 十姓部落 중에서 阿波可汗 지배하에 있던 咄陸의 다섯 부락과 達頭可汗의 지배하에 있던 弩失畢의 권력 교체였던 것이다. 그리고 이런 西突厥의 可汗 계승은 이후 唐朝의 羈縻支配 하에서도 두 개의 都護府가 따로 설치되었을 뿐만 아니라 양자가 계속적으로 대결을 벌였던 것에서도 잘 나타나고 있다.

우니 이가 이리가한(泥利可汗)753)이 되었다. 달두[가한]이 [토욕혼으로] 도망가고 이리[가한] 역시 패해 죽자 그의 아들 달만(達漫)이 즉위하니 이가 이궐처라가한(泥橛處羅可汗)754)인데, 정치를 가혹하게 했고 시기심이 많았다. 대업(大業)년간에755) 양제(煬帝)를 따라 고[구]려를 정벌해 갈살나가한(曷薩那可汗)756)이라는 이름을 받고 종실의 딸을 아내로 삼았으며, 그의 동생 궐달도설(闕達度設)757)이 회녕군(會寧郡)758)에 머무르며 가축을 기를 수 있게 되자 바로 스스로 궐가한(闕可汗)759)이라고 칭했다. 강도[현](江都縣)760)에서 반란이 일어나자 갈살나[가한]이 우문화급(宇文化及)761)을 따라 여양[현](黎陽縣)762)에 이르렀다가 장안으로 도망

---

753) 泥利可汗(재위 603~604): 西突厥의 可汗으로 鞅素特勤의 아들이었고, 고대 투르크어로 '일리 카간(Ili qaghan)'의 음사로 추정된다. 西突厥 達頭可汗이 603년 몰락한 이후에 즉위했다. 처음에 東突厥의 沙鉢略可汗의 아내 大義公主와 서로 결탁했다가 이후에 鐵勒에게 패했다.

754) 泥撅處羅可汗(?~619, 재위 604~611): 이름은 達漫(?~619)인데, 고대 투르크어로 '튀멘(Tümen)'의 음사로 추정된다. 그는 泥利可汗의 아들이며, 어머니가 중국사람 向氏였다. 泥利可汗이 죽은 후에 泥撅處羅可汗 즉, 고대 투르크어로 '일릭 초르 카간(Ilig chor qaghan)'이라 칭했다. 그밖에도 處羅 혹은 處羅可汗(고대 투르크어로 '초르 카간(Chor qaghan)'의 음사이다), 處羅多利可汗이라고도 했다. 그는 大業(605~618) 초에 부락의 내분과 鐵勒과의 공격으로 곤경에 처하자 隋에 귀부했다. 高句麗 원정에 종군해 曷薩那可汗(曷娑那可汗이라고도 하는데, 고대 투르크어로 '가즈나 카간(Ghazna qaghan)'의 음사이다)의 호칭을 받았으며 義成公主와 결혼했다. 煬帝가 사망한 후 宇文化及을 따라 河北으로 이동했다가 이후에 東突厥에게 살해되었다.

755) 정확히 大曆 8년(612)이었다.

756) 曷薩那可汗: 고대 투르크어로 '가즈나 카간(Ghazna qaghan)'의 음사이다.

757) 闕達度設: 고대 투르크으로 '퀼 타르두쉬 샤드(Kül tardush shad)'의 음사이다. 이에 대해『隋書』「西突厥傳」과『北史』「西突厥傳」에는 '達度闕',『通典』「突厥」下 <西突厥>: 5454에는 '闕達設'으로,『舊唐書』卷55「李軌傳」: 2249에는 闕達度闕設이라고 했는데, 저본의 기록이 정확하다.

758) 會寧郡: 隋 大業년간에 설치되었다. 治所는 涼川縣(지금 甘肅省 靖遠縣 동북쪽)에 있었다. 관할구역은 지금 甘肅省 靖遠・會寧・定西 등 縣에 해당한다. 大業末에 廢置되었다가 天寶初에 會州로 명칭이 바뀌어 復置되었다. 治所는 會寧縣(지금 甘肅省 靖遠縣 동북쪽)에 있었다.

759) 闕可汗: 고대 투르크어로 '퀼 카간(Kül qaghan)'의 음사이다.

760) 江都縣: 前漢 景帝 4년(전 153)에 설치되었다. 治所는 지금 江蘇省 揚州 서남쪽에 있었다. 三國時代에 廢置되었다가 西晉 太康 6년(285)에 다시 설치되었다. 南朝 南齊때 다시 廢置되었으나 隋代에 다시 설치되었고, 治所를 지금 揚州로 옮겼다.

761) 宇文化及(?~619): 隋末唐初의 관리로 代郡 武川 사람이었다. 宇文述의 아들이었다. 隋 文帝때 太子僕에 임명되었으나 뇌물수수로 면직되었다가 太子의 비호로 복직되었다. 煬帝 즉위 이후 太僕少卿이 되어 楡林에 行幸했을 때 突厥과 交易을 금지하는 법률을 어겨 奴가 되었다. 아버지가 죽자 右屯衛將軍이 되어 江都 巡幸에 따라갔다. 大業 14년(618) 驍果總領 司馬德戡 등과 江都에서 兵變을 일으켜 煬帝를

을 해서 귀순하자 [당] 고조(高祖)가 의자를 내려 더불어 같이 앉으며 귀의왕(歸義王)으로 봉했고, 큰 구슬을 황제에게 바치자 황제가 받지 않고 말했다. "짐이 중요하게 여기는 것은 왕의 순수한 마음이니 이런 것은 쓸데가 없다."

궐가한이 말 3천 필을 갖고 무덕 원년(618)에 내부하자 [황제가] 토오과발궐가한(吐烏過拔闕可汗)[763]이라는 이름을 내려주었으나 [이후에 다시] 이궤(李軌)와 연합하기도 했다. 수나라 서융사자(西戎使者) 조경(曹瓊)이 감주(甘州)[764]를 점거하고 있다가 [그를] 유인하자 얼마 있다가 [조]경과 연합해 함께 [이]궤를 공격했으나 싸워 이기지 못하고 달두발곡(達斗拔谷)[765]으로 도망가 토욕혼과 함께 서로 의지했다가 [이]궤에게 멸망당했다.[766]

初, 曷薩那朝隋, 國人皆不欲, 旣被留不遣, 乃共立達頭孫, 號射匱可汗, 建廷龜茲北之三彌山, 玉門以西諸國多役屬, 與東突厥亢. 射匱死, 其弟統葉護嗣, 是爲統葉護可汗.

죽이고 秦王 丞相이 되어 楊浩를 즉위시키고 북상했다. 東都(洛陽)로 향하던 중 李密의 군대에 패해 魏縣으로 도망가 楊浩를 죽이고 稱帝하면서 國號를 許, 年號를 天壽라 했으나 이듬해 聊城에서 竇建德에게 사로잡혀 죽었다(『隋書』 卷85 「宇文化及傳」: 1892).

762) 黎陽縣: 前漢시대에 설치되었고, 魏郡에 속해 있었다. 치소는 지금 河南省 浚縣 동쪽에 있었다. 예전부터 九黎之地라 해서 명칭이 연유했다고 한다. 西晉 말에 폐지되었다가 北魏 孝昌년간에 다시 설치되어 黎陽郡의 치소가 되었다. 北周에서 驪州가 설치되어 汲郡에 속했고, 唐代에는 衛州에 소속되었다.

763) 吐烏過拔闕可汗: 고대 투르크어로 '퀴르퀴트베르 퀼 카간(Türkürber kül qaghan)'의 음사로 추정된다. 그의 이름은 『舊唐書』에 闕達設로 되어 있는데, 이후 스스로 闕達可汗을 칭했다고 되어 있다. 그는 본래 앙소특근의 아들로 이궐처라가한의 동생이다.

764) 甘州: 隋代에는 張掖郡이었다. 武德 2년(619)에 甘州가 설치되었고, 치소가 張掖(지금 甘肅省 張掖)에 있었다. 天寶 元年(742)에 張掖郡으로 바뀌었다가 乾元 元年(758)에 다시 甘州가 되었다. 관할 구역은 지금 甘肅省 山丹, 民樂, 張掖, 肅南, 臨澤, 高臺 등의 지역과 함께 內蒙古自治區 額濟那旗 동부지역이었다.

765) 達斗拔谷: 大斗拔谷을 말하는데, 지금 甘肅省 民樂縣 동남쪽 扁都口이다.

766) 『舊唐書』에서는 泥橛處羅可汗의 동생으로 闕可汗과 같이 中國에 투항한 特勤大奈의 행적을 자세히 기록하고 있다. "特勤大奈, 隋大業中與曷薩那可汗同歸中國. 及從煬帝討遼東, 以功授金紫光祿大夫. 後分其部落於樓煩. 會高祖擧兵, 大奈率其衆以從. 隋將桑顯和襲義軍於飮馬泉, 諸軍多已奔退, 大奈將數百騎出顯和後, 掩其不備, 擊大破之, 諸軍復振. 拜光祿大夫. 及平京城, 以力戰功, 賞物五千段, 賜姓史氏. 武德初, 從太宗破薛擧. 又從平王世充, 破竇建德·劉黑闥, 並有殊功. 賜宮女三人, 雜綵萬餘段. 貞觀三年, 累遷右武衛大將軍·檢校豐州都督, 封竇國公, 實封三百戶. 十二年卒, 贈輔國大將軍."

이전에 갈살나[가한]이 수나라에 조공하자 국인들이 모두 [그를] 원치 않았기 때문에 얼마 동안 머무르게 하고 보내지 않았는데, [610년에 서돌궐에서] 바로 모두 달두[가한]의 손자를 세워 사궤가한(射匱可汗)[767]이라고 하고 아정을 구자(龜玆)[768]의 북쪽에 있는 삼미산(三彌山)[769]에 두자 옥문[관](玉門關)[770] 서쪽에 있는 여러 나라가 대부분 속하게 되면서 동돌궐과 대항할 수 있게 되었다. [618년] 사궤[가한]이 죽자 그의 동생 통엽호(統葉護)가 잇게 되니 이가 통엽호가한(統葉護可汗)[771]이 되었다.

統葉護可汗勇而有謀, 戰輒勝, 因并鐵勒, 下波斯·罽賓, 控弦數十萬, 徙廷石國北

---

767) 射匱可汗(재위 610~618경): 西突厥 達頭可汗의 손자로 咄陸葉護(투르크 야브구)의 아들이었다. 그의 이름은 고대 투르크어로 '야브구 카간(Yabghu qaghan)'의 음사로 추정되는데, 이는 室點密(이스테미) 이래로 西面可汗들이 葉護(야브구)의 지위를 갖고 있었던 것에 기인한 것이었다(薛宗正, 1992: 283). 즉위 이후에 영토를 확장해 동으로는 알타이 산지를 두고 東突厥과 대결을 벌였고, 서로는 소그디아나의 오아시스까지 지배력을 확대하면서 牙庭을 龜玆(쿠차) 북방에 있는 三彌山에 두었다. 隋나라 말기 中國 지배력의 약화로 인해 玉門關 이서 지역이 모두 그의 지배하에 들어갔다. 그의 사망시점은 618년 내지는 619년으로 추정되나 정확하지 않다.

768) 龜玆: 타림 분지에 있는 오아시스 국가로 다른 史書에서는 丘玆, 鳩玆, 屈支, 歸玆 등으로도 음사되는데, 모두'쿠차(Kucha)'의 음사이다. 漢代에는 西域에 존재했던 36國의 하나였다. 이때의 都城은 延城(지금 新疆維吾爾自治區 庫車縣 동쪽 교외의 皮朗舊城에 해당)에 있었다. 後漢 延光 2년(123)에 西域 長史에 소속되었다. 魏晉時代에 지금 沙雅縣 북쪽 60里 羊達克沁의 廢城으로 옮겼다. 唐代에는 舊址, 즉 延城으로 옮겼으며, 伊羅盧城으로 이름이 바뀌었다. 唐代에는 龜玆都督府의 治所였으며, 후에는 安西都護府의 치소가 되었다.

769) 三彌山: 지금 新疆維吾爾自治區 庫車縣 북쪽에 있는 哈爾克山이다.

770) 玉門關: 玉關이라고도 한다. 前漢 武帝시기에 설치되었다. 지금 甘肅省 敦煌市 서북쪽 150리 小方盤城이다. 玉門關은 西域의 玉을 수입할 때 이곳을 지났기 때문에 생겨난 이름이었다. 그 남쪽에 있는 陽關과 함께 漢代 西域으로 오가는 중요한 門戶였으며 玉門關을 나서는 것을 北都, 陽關을 나서는 것을 南都라고 불렀다. 魏晉南北朝時代에는 關이 동쪽으로 옮겨졌는데, 지금 甘肅省 安西縣 東雙塔堡 부근에 해당했다. 따라서 漢代의 玉門關을 故玉門關이라 칭했다.

771) 統葉護可汗(재위 618경~630): 西突厥 射匱可汗의 동생으로 제5대 可汗이다. 고대 투르크어로 '통야브구 카간(Tong yabghu qaghan)'의 음사이다. 射匱可汗을 이어 可汗이 된 이후 동서로 영토를 크게 확장해 이 무렵 西突厥이 가장 발전했지만 그의 지배하에 있는 오아시스 도시들에 대해 가혹한 착취를 하기도 했다. 貞觀 2년(628)에 玄奘이 인도로 가는 길에 그를 碎葉(지금 키르기즈스탄의 토크막(Toqmaq))에 방문해 그 당시 西突厥의 상황을 『大唐西域記』에 남겼다. 貞觀 4년(630)에 그가 숙부 莫咄賀에게 살해당하게 된 이후 西突厥은 분열되면서 弩失畢과 咄陸의 두 部落이 대결을 벌였다.

之千泉，遂霸西域諸國，悉授以頡利發，而命一吐屯監統，以督賦入．明年，射匱使使來，以曷薩那有世憾，請殺之，帝不許．群臣曰：「存一人，失一國，後且爲患.」秦王曰：「不然，人來歸我，我殺之不祥.」帝又不聽．宴禁中，酒酣，至中書省，縱使者戕之，不宣也．射匱亦連年係貢條支巨卵·師子革等，帝厚申撫結，約與并力討東突厥．統葉護可汗請期，頡利大懼，乃與和，約毋相伐也．統葉護可汗來請昏，帝與群臣謀：「西突厥去我遠，緩急不可杖，可與昏乎?」封德彝曰：「計今之便，莫若遠交而近攻，請聽昏以怖北狄，待我旣定，而後圖之.」帝乃許昏，詔高平王道立至其國，統葉護可汗喜，遣眞珠統俟斤與道立還，獻萬釘寶鈿金帶·馬五千匹以藉約．會東突厥歲犯邊，西道梗澀，又頡利遣謂曰：「若迎唐公主，必假我道，我且留之.」統葉護可汗病之，未克昏．方負其彊，不以恩結下，衆怨，多叛去，其諸父莫賀咄殺之，帝欲齎玉帛焚祭其國，會亂，不果至．

통엽호가한은 용맹하고 지략이 있어 싸울 때마다 이겼기 때문에 철륵(鐵勒)[772]을 병합할 수 있었고, 파사(波斯)[773]와 계빈(罽賓)[774]을 아래에 두었으며, 기마궁사[控弦]가 수십만이었

772) 鐵勒: 隋唐代에 突厥을 제외하고 그의 지배하에 있었던 투르크계 유목민을 지칭하는 총칭으로 唐 후기에 가면 개별 유목 부락에 대한 이해가 심화되면서 사용되지 않았다. 이전 시대에는 丁零, 丁靈, 丁令, 釘靈, 狄曆, 敕勒, 鐵勒, 庫車라는 다양한 이름을 갖고 있었다. 北魏時代에는 이들이 바퀴가 큰 수레[高輪車]를 탄다고 해서 '高車'라고도 불렀다. 주로 몽골 공화국 북방 바이칼호수로부터 서쪽으로 중앙아시아와 몽골 초원 등지에 광범위하게 거주했다. 三國 魏 魚豢의 『魏略』에 의하면 丁零은 康居의 북쪽에 있었고, 匈奴의 單于庭 接習水에서 7천 리 떨어진 곳에 있었다. 前漢時代 주로 지금 바이칼호수 이남의 지역에 분포했다. 이처럼 北方에 거주하며 유목으로 生業을 영위했고, 통일된 君長이 없었다. 後漢時代 일부가 南遷했다. 兩晉·南北朝時代 지금 山西省과 河北省에 定州丁零과 中山丁零, 北至丁零 등이 있었다. 河南省과 甘肅省 등지에도 丁零이 모여 살았는데, 후에 다른 種族과 융합했다. 漠北에 남아있는 대부분의 丁零은 『晉書』에서는 敕勒, 『隋書』에서는 鐵勒이라 칭한다. 隋代에는 鐵勒의 각 部가 동쪽으로는 獨洛河(지금 몽골공화국의 톨강) 以北, 서쪽으로는 西海(지금 카스피해)의 광대한 범위에 걸쳐 분포했다. 東突厥과 西突厥에 分屬되었다. 漠北의 15部 가운데 薛延陀와 回紇이 가장 강력했다. 이들은 고대 투르크 비문에서 "토쿠즈 오구즈(Toquz Oghuz)"로 기록된 집단과 동일한 것으로 추정되고(丁載勳, 1999), 中國에서는 그와 의미가 동하는 '九姓 鐵勒' 또는 '九姓' 등의 표현으로 이들을 지칭하기도 했다(段連勤, 2006).

773) 波斯(226~651): 페르시아 즉, '파르스(pars)'의 음사로 지금의 이란을 말한다. 정확하게는 사산(Sasan)

다. 아정을 석국(石國)[775]의 북쪽에 있는 천천(千泉)[776]으로 옮겨 마침내 서역(西域)의 여러 나라를 제패했으며 모두에게 힐리발(頡利發)을 제수하고 한 명의 토둔을 시켜 [전국을] 감시와 통제하고 부세를 거두어들이는 것을 감독하라고 명령했다.

이듬해 사궤[가한][777]이 사자를 시켜 [조정에 들어] 왔는데, 갈살나[가한]이 [사궤가한]과 대대로 원수라 [그의 사신을] 죽이고자 했으나 황제가 허락하지 않았다. [이에 대해] 여러 신하들이 말했다. "한 사람을 살리고자 한 나라를 잃게 되었는데, 이후에 또 걱정거리가 될 것입니다." 진왕 [이세민]이 말했다. "그렇지 않습니다. [그] 사람이 와서 저에게 귀순했으니 제 생각에 [그들을] 죽여도 나쁠 것이 없을 것입니다." 황제가 또 들어주지 않았다. [하지만] 궁궐에서 연회를 베풀었는데, 주연이 무르익자 중서성(中書省)[778]에 가서 사자를 활로 쏘[아

朝 페르시아를 지칭한다. 漢代에는 安息이라고 했고, 隋唐代에는 波斯라고 했다. 226년부터 651년까지 페르시아를 지배하던 왕조로 아르다시르 1세가 파르티아 왕조를 넘어뜨리고 세웠으며, 조로아스터교를 국교로, 신권에 의한 전제 정치가 행해지는 독특한 문화가 번성하였다. 서방으로 진출하는 突厥과 서방의 비잔티움과 대결을 벌였고, 사산조 페르시아 말기에 隋 煬帝가 云騎尉 李昱을 사신으로 보내기도 했다. 唐代에는 양자의 교류가 활발하여 상인들이 적극적으로 활동했을 뿐만 아니라 거주하는 자도 많았다. 호스로 1세 때 비잔티움과 싸워 판도를 넓히며 전성기를 이루다가 이슬람 세력에게 멸망당했다. 멸망 이후에 왕자인 페로스(Peros)가 唐朝에 투항해오기도 했다.

774) 罽賓: 카피사(Kapisa)의 漢譯으로 『續高僧傳』에서는 '迦臂施', 『孔雀王經』에서는 '迦毗尸', 『魏書』에서는 '伽比沙', 『西域記』에서는 '迦畢試', 『新唐書』 「波斯傳」에서는 '訶毗施'라고 했으며, 唐代에는 罽賓이라고도 했다. 지금 아프가니스탄에 위치하고 있었다. 어떤 이는 羯師(Kashkar)의 약칭이라고도 보았다. 漕國이라고도 칭해졌는데 수도는 修鮮城였다. 武德 2년(619)에 처음으로 入貢했고 이후 관계가 긴밀했다. 顯慶 3년(658)에 그 땅에 修鮮都督府를 설치하고 罽賓의 王을 都督으로 삼았다. 修鮮都督府는 11州를 관할했다. 乾元 元年(758)에 사신을 보내 조공했다. 그와 달리 카스미라(Kasmira)의 漢譯으로 보이도 한다. 漢魏時代에 罽賓이라 칭해졌는데, 지금 카쉬미르(Kashmir)이다.

775) 石國: 昭武九姓의 주요한 오아시스 하나로 柘支, 柘折, 赭時라고도 했다. 지금 우즈베키스탄 타쉬켄트(Tashkent)로 國都는 柘折城이었다. 天寶 9년(750)에 高仙芝가 石國을 토벌해 왕이 항복하자 高仙芝는 石國王을 조정으로 보냈는데 唐朝에서 石國王을 죽였다. 이에 石國王의 아들이 大食國(이슬람)으로 가서 원병을 請兵해 탈라스에서 전쟁했다. 이 전투에서 唐나라가 패하자 이후에 大食國에 臣屬했다.

776) 千泉: 지금 키르기즈스탄 북부의 키르기즈 산맥 北麓에 있는 추 강 서안에 있었던 오아시스 국가였다. 玄奘의 『大唐西域記』에 의하면 千泉은 地方 2百 餘里였으며 남쪽에는 雪山에 면했다고 한다. 水土는 비옥했으며 나무가 무성했고, 泉池가 천 개나 있어 붙여진 이름이라고 한다. 突厥 可汗들이 매년 避暑하기 위해 찾아오는 지역으로 탈라스 성 동쪽에서 150里 정도 떨어져 있었다.

777) 저본에는 "射匱"로 되어 있는데, 이것은 "統葉護"를 잘못 기록한 것이다.

778) 中書省: 隋代에는 內史省, 혹은 內書省이라 했다. 武德 3년(620) 中書省으로 고쳤다. 門下省・尙書省과

죽이]자 [황제가 그 일에 대해] 말하지 않았다.

사궤[가한][779]이 또한 매년 계속 조지[국](條支國)[780]의 큰 알[巨卵]과 사자가죽[師子革] 등을 바치자 황제가 두텁게 결맹한 것을 위무하면서 그와 힘을 합쳐 동돌궐을 토벌할 것이라고 약속했다. 통엽호가한이 기일을 청하자 힐리[가한]이 크게 무서워하면서 바로 [당조와] 화친을 원하면서 서로 공격하지 않겠다고 약속을 했다. 통엽호가한[의 사신]이 와서 청혼을 하자 황제가 여러 신하들과 모의를 하였다. "서돌궐은 우리나라로부터 멀리 떨어져 있어 급한 일이 있어도 의지할 수 없는데, 그와 혼인할 필요가 있겠는가?" 봉덕이(封德彝)가 말하였다. "지금의 편리함만을 생각한다면, 먼 곳과 사귀며 가까운 곳을 공격하는 것[遠交近攻]만 한 것이 없고 청혼을 들어준다고 해서 동돌궐[北狄]을 두려워 하게 하시고, 우리 [나라]가 안정되기를 기다렸다가 후일을 도모하시면 좋을 것입니다."

황제가 이에 결혼을 허락하고 고평왕(高平王) [이]도립(李道立)[781]을 시켜 그 나라에 가게 하자 통엽호가한이 기뻐하며 진주통사근(眞珠統俟斤)[782]에게 [이]도립이 돌아갈 때 함께 가도록 했고, 만정보세금대(萬釘寶鈿金帶)과 말 5천 필을 바치면서 [결혼을] 약속을 했다. 마침 동돌궐이 해마다 변경을 침범해 서쪽으로 통하는 길이 막히게 되자 다시 힐리[가한]이 [통엽호가한에게 사자를] 보내 말했다. "네가 당나라 공주를 맞이하려면 반드시 나에게 길을 빌려야 할 것인데, [그렇게 되면] 내가 바로 [공주를] 잡아둘 것이다." 통엽호가한이 병이 나서 결혼이 끝내 이루어지지 못했다. 바야흐로 [통엽호가한이] 그의 강함만을 믿고 부하들을 은혜

함께 軍國大政을 관장해 '三省'이라 불렸다. 中書省은 詔敕을 초안해 門下省의 검토를 거쳐 尙書省에 보내 집행했다. 중앙 각 관청과 지방의 州府에서 올리는 각종 문서는 中書省을 거쳐 皇帝에게 전달되었으며, 得失을 參議하고 批答을 작성했다. 高宗 이후 宰相이 政事堂(中書門下)에서 정무를 보았는데, 門下省에서 中書省으로 장소가 이전되었다. 장관인 中書令 2명과 中書侍郞 2명이 있었고 中書舍人 6명이 表章을 검토하고 詔敕을 초안했다. 이밖에 右補闕과 右拾遺가 각각 2명이었고, 右散騎常侍·右諫議大夫·起居舍人·通事舍人 등 속관이 있었다. 集賢書院과 史館도 中書省에 예속되었다. 龍朔 2년(662) 西臺로 改稱되었다가 咸亨 元年(670) 복귀되었다. 光宅 元年(684) 鳳閣으로 바뀌었다가 神龍 元年(705) 원래의 명칭으로 돌아갔다. 開元 元年(713) 紫微省으로 改稱되었다가 開元 5년(717) 원래의 명칭으로 환원되었다.

779) 저본에는 "射匱"로 되어 있는데, 이것은 "統葉護"를 잘못 기록한 것이다.

780) 條支: 지금 이라크(Iraq) 혹은 시리아(Syria)를 지칭한다.

781) 李道立: 唐의 宗室로 高平郡公에 봉해졌다. 永徽初에 陳州刺史를 역임하다가 죽었다.

782) 眞珠統俟斤: 고대 투르크어로 '이둑 통 이르킨(Idugh tong irkin)'의 음사이다.

롭게 대하지 않아 백성들이 원한을 품고 대다수 반란을 일으켜 떠나 버리자 그의 숙부 막하돌(莫賀咄)[783]이 [가한을] 죽였는데, 황제가 [사자를 보내] 옥백을 [갖고 가] 그 나라의 분제(焚祭)에 쓰게 하려 했으나 마침 [나라가] 어지러워져 성사되지 못했다.

莫賀咄立，是爲屈利俟毗可汗，遣使者來獻．俟毗可汗初分統突厥爲小可汗，旣稱大可汗，國人不附．弩失畢部自推泥孰莫賀設爲可汗，泥孰辭不受．會統葉護可汗子咥力特勒避莫賀咄亂，亡在康居，泥孰迎立之，爲乙毗鉢羅肆葉護可汗，與俟毗可汗分王其國，挐鬥不解，各遣使朝獻．太宗追憐曷薩那死非罪，爲贈上柱國，具禮以葬．貞觀四年，俟毗可汗請昏，不許，詔曰：「突厥方亂，君臣未定，何遽昏爲？各敕其部毋相侵．」由是西域諸國悉叛之，國大虛耗，衆悉附肆葉護可汗，雖俟毗之部亦稍稍去，共以兵擊俟毗，俟毗走保金山，爲泥孰所殺，奉肆葉護爲大可汗．

[630년] 막하돌이 즉위하니 이가 바로 굴리사비가한(屈利俟毗可汗)[784]이 되었는데, [그가] 사신을 보내 [토산품을] 바쳤다. [굴리]사비가한이 처음에 돌궐을 나눠 소가한에게 통솔하게 하며 [자신은] 이미 대가한(大可汗)[785]이라고 칭했음에도 국인들이 받아들이지 않았다. 노실필 부락이 스스로 이돈막하설(泥孰莫賀設)[786]을 가한으로 삼으려고 했으나 이돈[막하설]이 사양하고 받아들이지 않았다. 마침 통엽호가한의 아들 질력특륵(咥力特勒)[787]이 막하돌의 반란을 피해 강거(康居)[788]에 망명해 있었고, 이돈[막하설]이 [그를] 맞아들여 추대해 을비발

783) 莫賀咄: 고대 투르크어로 '바가투르(Baghatur)'의 음사이다.

784) 屈利俟毗可汗(재위 630~632): 고대 투르크어로 '퀼 빌게 카간(kül bilge qaghan)'의 음사로 추정된다. 『舊唐書』에는 "莫賀咄侯屈利俟毗可汗"이라고 되어 있는데, 이는 고대 투르크어로 '바가투르 퀼 빌게 카간(Baghatur kül bilge qaghan)'의 음사로 추정된다. 統葉護可汗의 叔父로 小可汗으로 있다가 大可汗으로 즉위했다.

785) 大可汗: 突厥帝國 내부의 최고 통치자를 지칭하는데, 東西突厥의 분열 이후 西突厥에서도 大可汗을 칭했다.

786) 泥孰莫賀設: 고대 투르크어로 '이둑 바가 샤드(Iduq bagha shad)'의 음사이다.

787) 咥力特勤: 고대 투르크어로 '일릭 테긴(Ilig tegin)'의 음사로 추정된다.

788) 康居: 소그디아나(Soghdiana)의 漢譯이다. 『希臘古地誌』에는 康居라 칭했으며, 『後漢書』「西域傳」에서는 栗弋, 『魏略』에서는 屬繇, 『晉書』「西戎傳」에서는 粟弋, 『魏書』「西域傳」과 『周書』「異域傳」에서는

라사엽호가한(乙毗鉢羅肆葉護可汗)[789]이라 하고 [굴리]사비가한과 그 나라를 나눠 다스렸는데, [서로] 맞붙어 싸우기를 그치지 않게 되자 각자가 따로 사자를 보내 조공을 했다. 태종은 갈살나[가한]이 죄를 짓지도 않았음에도 죽은 것을 애도해 상주국(上柱國)[790]으로 추증하고 예의를 갖추어 장례를 치러 주었다.

정관 4년에 [굴리]사비가한이 청혼을 하자 [황제가] 허락하지 않고 조서를 내려 말하였다. "돌궐이 바야흐로 어지럽게 된 것은 임금과 신하들이 안정되지 않기 때문인데 어찌 바로 결혼을 할 수 있다는 말인가? 각자 그 부락을 건사하면서 서로 싸우지 말라." 이로 인해 서역의 여러 나라들이 모두 반란을 일으키니 나라의 힘을 크게 써버리고 백성들이 모두 [을비]사엽호가한에게 귀부하게 되었으며 [굴비]사비가한의 부락민마저 점차 도망가 버리게 되자 [을비사엽호가한과 백성들이] 더불어 군대를 동원해 [굴비]사비[가한]을 공격했고, [굴비]사비[가한]이 금산에 숨었다가 이돈[막하설]에게 살해됨에 따라 [을비발라]사엽호[가한]을 받들어 대가한으로 삼았다.

肆葉護已立, 卽北討鐵勒·薛延陀, 爲延陀所敗. 性猜愎, 狹於統下. 小可汗乙利者, 於國最有功, 肆葉護聽讒, 種夷之, 衆皆沮駭. 又忌泥孰, 陰圖殺之, 泥孰亡入焉耆.

粟特, 『通典』에서는 粟弋, 혹은 粟特이라 표기되었다. 唐代에는 아무다리야와 시르다리야 사이 자라프샨 강 유역에 위치한 오아시스인 昭武九姓의 땅을 지칭했다. 산스크리트어에서는 '수리카(Surika)'라고 표기되었다. 漢代에는 동쪽으로 烏孫, 서쪽으로 奄蔡, 남쪽으로 大月, 동남쪽으로 大宛과 접했다. 王畜는 卑闐城이었다. 전43년에 康居는 匈奴의 郅支單于를 받아들여 康居의 동쪽에 살게 하며 힘을 합쳐 烏孫에 대항했다. 전36년에 西域都護 甘延壽와 副校尉 陳湯이 군대를 이끌고 康居로 들어와 郅支單于를 멸했다. 後漢時代에는 栗弋, 嚴, 奄蔡가 康居의 屬國이었다. 西晉 泰始년간 사신을 보내 말을 바쳤다. 南北朝時代에는 에프탈에 役屬했다. 隋唐時代에는 康國이라 불렀다. 원래 祁連山 북쪽 昭武城에서 살았기 때문에 후에 昭武를 姓으로 삼았다. 武則天은 그 大首領 篤婆鉢提를 康國王으로 봉했다. 그 자손이 사신을 보내 天寶末年까지 朝貢을 했다.

789) 乙毗肆鉢羅葉護可汗(재위 630~632): 고대 투르크어로 '일릭 이쉬바라 야브구 카간(Ilig ïshbara yabghu qaghan)'의 음사이다. 統葉護可汗의 아들로 咥力特勤으로 있다가 堂叔 泥熟莫賀設의 추대로 可汗이 되었다.

790) 上柱國: 北周 武帝 建德 4년(575)에 柱國 위에 高級勳官을 위해 설치되었다. 隋代에는 從一品散實官이었고, 煬帝 大業 3년(607)에 폐지되었다.

未幾，沒卑達干與弩失畢部諸豪謀執廢肆葉護，葉護輕騎走康居，憂死．國人迎泥孰於焉耆者，立之，是爲咄陸可汗．可汗父莫賀設，本隸統葉護者，武德時來朝，太宗與之盟，約爲昆弟．死而泥孰代之，或曰伽那設．旣立，遣使詣闕，不敢當可汗號．帝詔鴻臚少卿劉善因持節冊號呑阿婁拔利邲咄陸可汗，賜鼓纛，段綵巨萬．泥孰遣使謝．它日，太上皇宴使者兩儀殿，謂長孫無忌曰：「今蠻夷率服，古亦有乎?」無忌上千萬歲壽，太上皇喜，以酒屬帝，帝頓首謝，亦奉觴上太上皇壽．

[을비발라]사엽호[가한]이 즉위한 다음 바로 북쪽의 철륵과 설연타를 토벌하다가 [설]연타에게 패했다. [그의] 성정이 시기심이 있고 너그럽지 못해 통솔하는 부하들에게 편협하게 굴었다. 소가한 을리(乙利)791)라는 사람이 나라에 최고로 공을 세웠는데, [을비발라]사엽호[가한]이 거짓말만을 듣고 [그의] 가족을 죽이자 백성들이 모두 놀랐고, 또한 이돈[막하설]을 미워해 몰래 [그를] 죽이려는 계획을 세우자 이돈[막하설]이 언기로 망명해 들어갔다. 얼마 지나지 않아 몰비달간(沒卑達干)792)과 노실필 부락의 여러 호[추](豪酋)들이 [을비발라]사엽호[가한]을 잡아 폐할 것을 모의하자 [을비발라사]엽호[가한]가 경장을 한 체 말을 타고 강거로 도망갔다가 화병이 나서 죽었다.

국인들이 이돈[막하설]을 맞이해 세우니 이가 [해리필]돌륙가한(奚利邲咄陸可汗)793)이었다. 가한의 아버지 막하설은 본래 통엽호[가한]에게 속해 있었고, 무덕년간에 [당나라에] 조공을 하러 왔다가 태종과 동맹을 맺고 형제가 되기를 약속했었다. [그가] 죽은 다음에 이돈[막하설]이 [그를] 이어 달리 가라설(伽那設)794)이라고 칭했다. 즉위 한 지 얼마 지나지 않아 사신을 보내 조정에 와서도 감히 가한의 칭호를 사용하지 못했는데, 황제가 홍려소경(鴻臚少卿)795) 유선인(劉善因)796)을 시켜 부절을 갖고 [그를] 탄아루발리필돌륙(呑阿婁拔利邲咄陸可

791) 乙利: 고대 투르크어로 '일릭'이다. 『舊唐書』에는 "乙利可汗" 즉, 고대 투르크어로 '일릭 카간(Ilig qaghan)'이라고 되어 있다.

792) 『舊唐書』에는 "設卑達干"이라고 되어 있는데, 이는 고대 투르크어로 '샤비스 타르칸(Shabish tarqan)'의 음사로 추정된다.

793) 奚利邲咄陸可汗(재위 632~634)은 『舊唐書』에도 咄陸可汗이라고 되어 있고, 달리 大渡可汗이라고 한다고 했다. 이는 고대 투르크어로 '타르두쉬 카간(Tardush qaghan)'의 음사로 추정된다.

794) 伽那設: 고대 투르크어로 '카라 샤드(Qara shad)'의 음사이다.

汗)[797]이라고 책봉하고 북과 독, 그리고 비단[段綵]을 거만이나 내려주었다. 이돈[막하설]이 사자를 보내 감사했다. 다음날 태상황(太上皇)[798]이 사자를 위해 양의전(兩儀殿)에서 연회를 베풀다가 장손무기에게 말했다. "지금처럼 서돌궐[蠻夷]이 모두 귀순해 복속한 일이 과거에도 또 있었는가?" [장손]무기가 만수무강하기를 축원하자 태상황이 기뻐하며 술을 황제에게 주었고, 황제가 머리를 숙이며 감사하면서 역시 술잔을 들어 태상황에게 [만수무강을] 축원했다.

咄陸可汗死, 弟同俄設立, 是爲沙鉢羅咥利失可汗, 歲三遣使奉方物, 遂請昏, 帝慰而不命. 可汗分其國爲十部, 部以一人統之, 人授一箭, 號十設, 亦曰十箭. 爲左·右: 左五咄陸部, 置五大啜, 居碎葉東; 右五弩失畢部, 置五大俟斤, 居碎葉西. 其下稱一箭曰一部落, 號十姓部落云. 然不爲衆悅賴, 其部統吐屯以兵襲之, 咥利失率左右戰, 統吐屯不勝去. 咥利失與其弟步利設奔焉耆. 阿悉吉闕俟斤與統吐屯召國人謀立欲谷設爲大可汗, 以咥利失爲小可汗. 會統吐屯被殺, 欲谷設又爲其俟斤所破, 咥利失乃復得故地. 後西部卒自立欲谷設爲乙毗咄陸可汗, 而與咥利失交戰, 殺傷不可計, 乃因伊列河約諸部: 河以西受令於咄陸, 其東咥利失主之. 自是西突厥又分二國矣.

[634년에] 돌륙가한이 죽고 동생 동아설(同俄設)[799]이 즉위해 사발라질리실가한(沙鉢羅咥利失可汗)[800]이 되어 해마다 세 번 사신을 보내 토산품을 바쳤으며 마침내 [정관 9년(635)에][801] 청혼까지 했으나 황제가 위로하면서 받아주지 않았다. [사발라질리실]가한이 나라를

795) 鴻臚少卿: 鴻臚寺의 次官으로 品階는 從四品上이었다.

796) 劉善因: 『新唐書』에는 "劉善"으로 기록되었다. 貞觀初에 鴻臚少卿으로 임명되었고 貞觀 7년(633)에 명을 받들어 泥孰을 咄陸可汗으로 책봉하러 突厥에 파견되었다.

797) 呑阿婁拔奚利邲咄陸可汗: 고대 투르크어로 '텡그리데 볼미쉬 일릭 빌게 돌룩 카간(Tengride bolmïsh ilig bilge Duluq qaghan)'의 음사로 추정된다.

798) 太上皇은 唐 高祖를 지칭한다.

799) 同娥設: 고대 투르크어로 '통아 샤드(Tonga shad)'의 음사이다.

800) 沙鉢羅咥利失可汗(재위 634~639): 고대 투르크어로 '이쉬바라 일테리쉬 카간(Ishbara ılterish qaghan)'의 음사이다. 達頭可汗의 아들 莫賀設(바가샤드)의 둘째 아들이었다. 同娥設로 있다가 奚利邲咄陸可汗을 이어 大可汗이 되었다.

열 개의 부락으로 나눠 [한] 부락을 한 사람이 다스리게 했는데, 사람마다 하나의 화살[箭]을 주어 십설(十設)[802]이라고 하고, 달리 십전(十箭)[803]이라고도 했다. [열 개의 부락은] 좌우를 나눠 좌측은 오돌륙(左五咄陸)[804] 부락이라고 했는데 다섯 명의 대철(大啜)[805]을 두어 쇄엽(碎葉)[806]의 동쪽에 살게 했고, 우측은 오노실필(五弩失畢) 부락이라고 했는데 다섯 명의 대사근(大俟斤)[807]을 두어 쇄엽의 서쪽에 살게 했다. 그 아래에 있는 하나의 화살[一箭]이 하나의 부락을 말했기 때문에 십성부락(十姓部落)[808]이라고도 불렀다고 한다.

그러나 [가한이] 백성들에게 믿음을 얻지 못해 그 부락의 통토둔(統吐屯)[809]이 군대를 이끌고 [가한을] 습격하자 [사발라]질리실[가한]이 좌우를 이끌고 싸우다가 통토둔이 이기지 못해 도망갔다. [하지만 사발라]질리실[가한]과 그의 동생 보리설(步利設)[810] 역시 언기로 도망가야만 했다. 아실길궐사근(阿悉吉闕俟斤)[811]과 통토둔이 국인들을 불러 욕곡설(欲谷設)[812]을 세워 대가한으로 삼고, [사발라]질리실[가한]을 소가한으로 삼는 모의했다. [그런데] 마침 통토둔이 살해되고, 욕곡설도 그의 사근에게 패하게 됨에 따라 [사발라]질리실[가한]이 다시 옛 땅을 되찾게 되었다.

---

801) 『舊唐書』에는 貞觀 9년(635)의 일이라고 되어 있다.

802) 十設: 고대 투르크어로 '온 샤드(On shad)'의 음사로 열 명의 샤드를 뜻한다.

803) 十箭: 고대 투르크어로 '온 오크(On Oq)'의 음사로 열 개의 화살을 뜻한다.

804) 五咄六: 處木昆闕啜, 胡祿屋闕啜, 攝舍提暾啜, 突騎施賀邏施啜, 鼠尼施處半啜 등으로 모두 啜(초르)의 지위를 갖고 있었다.

805) 啜은 고대 투르크어로 '초르(chor)'의 음사이다. 저본의 大俟斤은 일반적으로 氏族長 정도의 위상을 갖고 있는 啜의 지위를 올려주기 위해 붙인 것으로 고대 투르크어로는 '울룩 초르(Ulugh chor)'의 음사로 추정된다.

806) 碎葉: 소그디아나에 있는 오아시스 도시로 『西域記』에서는 素葉, 索虜, 素葉水이라고도 한다. 지금 키르기즈스탄 추(Chu)강가에 있는 토크막(Tokmak) 부근이다. 安西四鎭의 하나가 일시 설치된 곳으로 詩人 李白이 태어난 곳으로도 유명하다.

807) 俟斤은 고대 투르크어로 이르킨(irkin)의 음사이다. 저본의 大俟斤은 일반적으로 氏族長 정도의 위상을 갖고 있는 俟斤의 지위를 올려주기 위해 붙인 것으로 고대 투르크어로는 '울룩 이르킨(Ulugh irkin)'의 음사로 추정된다.

808) 十姓部落은 十姓에 대한 설명을 참조.

809) 統吐屯: 고대 투르크어로 '통토둔(Tong todun)'의 음사이다.

810) 步利設: 고대 투르크어로 '뵈리 샤드(Böri shad)'의 음사이다.

811) 阿悉吉闕俟斤: 右廂 五弩失畢 부락의 한 酋長이다.

812) 欲谷設: 고대 투르크어로 '위게 샤드(Üge shad)'의 음사로 추정된다.

[하지만] 이후에 [정관 12년(638)에][813] 서쪽 부락이 마침내 스스로 욕곡설을 세워 을비돌륙가한(乙毗咄陸可汗)[814]이라고 하고 [사발라]질리시[가한]과 서로 싸우니 죽고 상한 사람이 셀 수가 없었다. 이열하(伊列河)[815]에서 여러 부락들이 약속하기를 [이열]하 서쪽은 [을비]돌륙[가한]의 통치를 받고, 그 동쪽은 [사발라]질리실[가한]을 임금으로 삼는다고 했다. 이로부터 서돌궐은 다시 두 나라로 나뉘게 되었다.

咄陸可汗建廷鏃曷山西, 謂之「北庭」, 駮馬·結骨諸國悉附臣之, 陰與咥利失部吐屯俟列發以兵攻咥利失. 咥利失援窮, 奔拔汗那而死. 國人立其子, 是爲乙屈利失乙毗可汗, 踰年死. 弩失畢大酋迎伽那設之子畢賀咄葉護立之, 是爲乙毗沙鉢羅葉護可汗. 太宗詔左領軍將軍張大師持節冊命, 賜鼓纛, 建庭雖合水北, 謂之「南庭」, 東薄伊列河, 龜茲·鄯善·且末·吐火羅·焉耆·石·史·何·穆·康等國皆隸屬.

[을비]돌륙가한이 족갈산(鏃曷山)[816]의 서쪽에 아정을 세워 "북쪽 아정[北庭]"[817]이라고 하자 박마(駮馬),[818] 결골 [등] 여러 나라가[819] 모두 그의 신하가 되었으며, [그는] 몰래 [사발

813) 『舊唐書』에는 貞觀 12년(638)의 일이라고 기록되어 있다.

814) 乙毗咄陸可汗(재위 638~642): 고대 투르크어로 '일릭 빌게 둘룩 카간(Ilig bilge Duluq qaghan)'의 음사이다. 그는 統葉護可汗의 아들인 咀度設과 高昌國王 麴文泰의 여동생 사이에서 태어났다.

815) 伊列河: 지금 新疆維吾爾自治區 서북과 카자흐스탄 동북에서 발하쉬 호로 유입되는 일리(泥犁, Ili)하를 지칭한다. 달리 伊麗河, 혹은 亦列河, 依列河, 帝帝河라고도 한다.

816) 鏃曷山: 지금 카자흐스탄의 알라무트(Alamut) 동북쪽에 있는 산이다.

817) 北庭: 일리 하의 북쪽에 위치하고 있었기 때문에 北庭이라고 칭했고, 이는 북쪽의 牙庭이라는 의미이다. 즉, 北庭(베쉬 발릭)이라는 도시와는 상관이 없다.

818) 駮馬: 종족의 명칭으로 말의 색이 모두 청백색이었기 때문에 나라 이름이 유래했다. 달리 弊剌이라고도 하고, 遏羅支라고도 했다. 바이칼 호 남부 삼림 지역에 거주했는데, 結骨과 인접해서 늘 다투었으며 언어적으로 완전히 달랐다. 땅에는 늘 눈이 쌓여 있고 나무를 장식하지 않았다. 말을 갖고 밭을 갈았으며 비록 말을 기르지만 타지 않고 말의 젖을 발효시켜 먹었다. 모두 머리카락을 자르고 자작나무껍질을 모자로 썼다. 나무를 엮어 우물 정자 모양의 기둥을 만들고 자작나무를 뒤집어 덮어 방을 만들었다. 각기 작은 군장이 있었으나 서로 신속하지 않았다고 한나.

819) 『舊唐書』에는 厥越失, 拔悉彌, 駮馬, 結骨, 火燖, 觸木昆 등의 국가를 열거하고 있는데, 이들은 모두 西突厥의 북쪽과 동쪽에 거주하던 부락들이었다.

라]질리실[가한]의 부락 토둔사열발(吐屯俟列發)[820]과 함께 군대를 이끌고 [사발라]질리실[가한]을 공격했다. [사발라]질리실[가한]은 도움을 받지 못해 발한나(拔汗那)[821]까지 도망갔다가 죽었다. 국인들이 그의 아들을 추대해 을굴리실을비가한(乙屈利失乙毗可汗)[822]이 되었다가 해를 넘기지 못하고 죽었다.

노실필의 대추(大酋)가 가나설(伽那設)[823]의 아들 필하돌엽호(畢賀咄葉護)[824]를 맞이해 세우니 이가 을비사발라엽호가한(乙毗沙鉢羅葉護可汗)[825]이 되었다. 태종이 좌령군[위]장군 장대사(張大師)[826]에게 부절을 갖고 가서 [가한을] 책봉하라고 하고 북과 독을 내려주었다. 아정을 수합수(雖合水)[827]의 북쪽에 세워 "남쪽 아정(南庭)"[828]이라고 했고, 동쪽으로 이열하, 구자, 선선(鄯善),[829] 차말(且末),[830] 토화라(吐火羅),[831] 언기, 석[국], 사[국](史國),[832] 하

820) 吐屯俟列發: 고대 투르크어로 '토둔 일테베르(Todun ilteber)'의 음사로 추정된다.

821) 拔汗那: 지금 키르기즈스탄의 페르가나(Ferghana) 지역이다. 이곳은 漢代의 大宛國이었고, 北魏시대에 破洛那라 불렸으며 玄宗시대에는 寧遠國이라고 했다. 아무다리야 상류의 계곡에 위치하고 있었다.

822) 乙屈利失乙毗可汗(재위 639): 고대 투르크어로 '일릭 퀼리쉬 비가 카간(Ilig kulish bilge qaghan)'의 음사로 추정된다. 沙鉢羅咥利失可汗의 아들로 639년에 즉위하나 바로 죽었다.

823) 『新唐書』에서는 "伽那設"으로 되어 있다.

824) 畢賀多葉護: 고대 투르크어로 '바가투르 야브구(Baghatur yabghu)'의 음사이다. 『舊唐書』에는 "薄布特勤"이라고 되어 있다.

825) 乙毗沙鉢羅葉護可汗(재위 639~642): 西突厥의 제10대 可汗으로 그의 이름은 고대 투르크어로 '일릭 이쉬바라 야부그 카간(Ilig ïshbara yabghu qaghan)'의 음사이다.

826) 張大師: 張儉의 형이다. 郡公을 세워 太僕卿, 華州刺史를 역임했으며 武功縣男에 봉해졌다.

827) 雖合水: 新疆維吾爾自治區에 있는 開都河(율두즈강)로 추정된다. 『舊唐書』에는 "睢合水"라고 되어 있다.

828) 南庭 즉, 남쪽 牙庭의 위치는 지금 新疆維吾爾自治區 巴音郭楞蒙古自治州 巴魯布魯克 인근으로 소율두즈와 대율두즈강이 합류하는 지역으로 추정된다.

829) 鄯善: 타림 분지에 있는 오아시스 국가의 하나로 본래 國名은 樓蘭이었다. 중앙아시아 사람들은 '차르클릭(Charklik)'이라고 불렸는데, 扜泥城(지금 新疆維吾爾自治區 若羌縣)에 도읍이 있었다. 주민들은 유목에 종사했고 兵器의 제조에 능했다. 前漢 元封 3년(전108)에 내부해 이듬해에 尉屠耆가 王으로 봉해졌고, 국명이 樓蘭에서 鄯善으로 바뀌었다. 三國時代 曹魏에 속했고, 西秦은 鄯善의 王을 歸義侯에 봉했다. 東晉時代 前涼에 복속했다가 후에 前秦에 왕이 입조해 봉작을 받았다. 北魏 太延 4년(438) 鄯善王이 아우 素延耆를 보내 入侍했다. 후에 鄯善이 여러 번 北魏가 西域에 파견한 사자들을 공격하자 太武帝가 萬度歸에게 涼州의 군대를 징발해 鄯善을 토벌하자 王 眞達이 항복했다. 太平眞君 9년(448) 北魏가 韓拔을 西戎校尉 鄯善王으로 삼아 鄯善의 땅을 鎭守하게 하자 郡縣의 지위와 같게 되었다.

830) 且末: 타림 분지에 있는 오아시스 국가의 하나로 '차르찬(Charchan)'이라고 했는데, 지금 新疆維吾爾自治區 且末縣이다. 漢代 西域 36國의 하나로 後漢 初에 鄯善에 합병되었다가 다시 독립했다. 北魏 末에 吐谷渾에 兼併되었다.

[국](何國),[833] 목[국](穆國),[834] 강[국](康國)[835] 등이 모두 [그에게] 예속되었다.[836]

是時咄陸兵寖盛, 與沙鉢羅葉護數交戰. 會二可汗使者皆來, 帝敕以敦睦, 令各罷兵, 咄陸不肯聽, 遣石國吐屯攻葉護可汗, 殺之, 并其國. 弩失畢不服, 叛去. 咄陸又擊吐火羅, 取之, 乃入寇伊州. 安西都護郭孝恪以輕騎二千, 自烏骨狙擊, 敗之. 咄陸以處月·處蜜兵圍天山而不克, 孝恪追北, 拔處月俟斤之城, 抵遏索山, 斬千餘級,

831) 吐火羅: 인도 동북부 지역의 명칭으로 '토하라(Toqara)'의 음사이다. 『希臘古地誌』에는 '토차리(Tochari)'라 표기했고, 『景敎碑』에서는 '타후리스탄(Tahuristan)'이라 표기했다. 『魏書』에서는 吐呼羅, 『隋書』와 『北史』, 『舊唐書』에서는 吐火羅, 『新唐書』에서는 土豁羅, 『雜阿含經』에서는 兜沙羅로 표기했다. 中國에서는 大月氏라 칭했다. 원래 河西回廊 지역에 있다가 匈奴에 쫓겨 서쪽으로 이주했다. 전130년 후에 大月氏가 大夏를 공격해 臣屬시켰고 후에 大夏를 멸했고 貴霜王朝를 세웠다. 서방에서는 吐火羅(Tuqara)라 표기했다. 5세기 이후 토하라의 땅은 에프탈의 근거지가 되었다가 560년대에는 突厥의 땅이 되었다. 高宗 顯慶년간에 이 땅에 月氏都督府를 설치했다.

832) 史國: 중앙아시아에 있던 소그디아나[昭武九姓]에 있었던 오아시스 국가의 하나로 지금 우즈베키스탄 사마르칸드(Samarkand)의 남쪽 샤흐리 세비즈(Shahri-Sebz)이다. 『隋書』와 『舊唐書』, 『新唐書』에서는 史國, 『西域記』에서는 羯霜那(Kasanna)라 했으며 달리 케쉬(Kesh)라고도 한다. 故地는 隋 大業年間 왕 狄遮가 처음으로 中國과 통교했다. 貞觀 16년(642)에 沙瑟畢이 唐에 들어와 토산품을 바쳤다. 顯慶年間에 佉沙州가 설치되고 그 왕이 刺史로 임명되었다. 天寶年間에 唐朝에서 조서를 내려 來威國으로 이름을 바꾸도록 했다.

833) 何國: 중앙아시아에 있던 소그디아나[昭武九姓]에 있었던 오아시스 국가의 하나로 지금 쿠샤니아(Kushania)이다. 『隋書』와 『舊唐書』, 『新唐書』에서는 何國, 혹은 貴霜匿, 『西域記』에서는 屈霜你迦라고 했다. 貞觀 15년(641)에 사자를 보내 入朝했다. 高宗 永徽年間에 그 땅에 貴霜州이 설치되고 何國의 王 昭武婆達地가 刺史로 임명되었다.

834) 穆國: 중앙아시아에 있던 소그디아나[昭武九姓]에 있었던 오아시스 국가의 하나로 지금 아무다리야 중류 西岸에 있었다. 穆國王의 姓은 昭武이었다.

835) 康國: 중앙아시아에 있던 소그디아나[昭武九姓]에 있었던 오아시스 국가의 하나로 지금 우즈베키스탄의 사마르칸드(Samarkand)이다. 薩末鞬, 혹은 颯秣建라고 달리 표기하기도 하는데, 國都는 阿祿迪城(지금 우즈베키스탄 사마르칸드 북쪽)에 있었다. 康國의 王은 본래 溫氏이며 月氏人이었다. 예전에는 祁連山 북쪽의 昭武城에 거주하다가 匈奴에게 격파되어 서쪽으로 파미르 고원을 넘어 그 땅으로 옮겨왔다. 여러 일파들이 각지의 王이 되었고, 永徽년간에는 康居都督府가 설치되기도 했다. 中國의 기록에 康의 성을 갖고 있는 소그드 인[胡人]은 모두 이 나라 출신이었다.

836) 『舊唐書』에는 저본에 빠진 中國의 乙毗沙鉢羅葉護可汗 인정 내용이 기록되어 있다. "貞觀十五年, 令左領軍將軍張大師往授焉, 賜以鼓纛."

降處蜜部而歸. 咄陸可汗性很傲, 留使者元孝友等不遣, 妄曰「我聞唐天子才武, 我今討康居, 爾視我與天子等否?」遂與共攻康居, 道米國, 卽襲破之, 係虜其人, 取貲口不以與下, 其將泥孰啜怒, 奪取之, 咄陸斬以徇. 泥孰啜之將胡祿屋擧兵襲咄陸可汗, 多殺士, 國大亂, 將歸保吐火羅, 大臣勸其返國, 不從, 率衆去, 度葉水, 及石國, 左右亡去略盡, 乃保可賀敦城. 自輕出招叛亡, 阿悉吉闕俟斤逆擊之, 咄陸敗, 襲取白水胡城以居. 弩失畢不欲咄陸爲可汗, 遣使者至闕下, 請所立. 帝遣通事舍人溫無隱持璽詔與國大臣擇突厥可汗子孫賢者授之, 乃立乙屈利失乙毗可汗之子, 是爲乙毗射匱可汗.

이 때 [을비]돌륙[가한]의 군대가 점차 번성하게 되어 [을비]사발라엽호[가한]과 여러 번 서로 싸웠다. 마침 두 가한의 사자가 모두 [당나라에] 오자 황제가 사이좋게 지내라고 명령하며 각자의 군대를 물릴 것을 명령하나 [을비]돌륙[가한]이 들으려고 하지 않았고 석국 토둔을 보내 [을비]엽호가한을 공격해 죽이고 그 나라를 병합했다. [하지만] 노실필이 복종을 하지 않고 반란을 일으켜 도망가 버렸다. [을비]돌륙[가한]이 또한 토화라를 공격해 얻고 바로 이주(伊州)[837]마저 공격을 했다. 안서도호(安西都護)[838] 곽효각(郭孝恪)이 경장기병 2천 명을 이끌고 오골(烏骨)에서 [그들을] 저격해서 격파했다. [을비]돌륙[가한]이 처월(處月), 처밀(處蜜)의 군대를 동원해 천산[현](天山縣)[839]을 포위하나 이기지 못했고, [오히려 곽]효각이 북쪽으로 [그들을] 추적해 처월 사근의 성[840]을 빼앗고 알색산(遏索山)[841]에 도착해 [수급을] 천여 급을 베고 처밀 부락을 항복시킨 다음 돌아왔다.

[을비]돌륙가한의 성정이 아주 오만해 사자 원효우를 잡아두고 보내지 않으면서 망령되게

837) 伊州: 貞觀 6년(632)에 西伊州가 改置되어 설치되었다. 治所는 伊吾縣(지금 新疆維吾爾自治區 哈密市)에 있었고, 관할구역은 지금 哈密市 일대였다. 安史의 난 이후 吐蕃의 지배를 받았다. 大中 5년(851)에 沙州刺史 張義潮가 수복했다. 北宋時代에는 伊州라고 칭했다.

838) 安西都護府의 長官인데, 그에 대해서는 安西都護府에 대한 아래의 설명을 참조.

839) 天山縣: 貞觀 14년(640)에 설치되어 西州에 소속되었다. 치소는 지금 新疆維吾爾自治區 托克遜縣 동북쪽에 있었다. 주변에 있는 祁連山(天山)에서 그 이름을 따왔다고 한다. 貞元년간에 吐蕃에게 함락되었다.

840) 處月이 살고 있었던 城은 可汗浮圖城 즉, 庭州(지금 新疆維吾爾自治區 吉木薩爾縣)로서 당시에는 다섯 개의 도시를 갖고 있다는 의미인 '베쉬 발릭(Besh balïq)'이라고 했다.

841) 遏索山: 지금 新疆維吾爾自治區 烏魯木齊縣 서남쪽에 있는 天山山脈의 한 줄기이다.

말했다. “내가 당나라 천자가 재능과 무예가 있다고 들었는데, 내가 지금 강거를 토벌하니 네가 보기에도 내가 [너의] 천자와 같지 않으냐?” 마침내 함께 강거를 공격하는데 미국(米國)을 거쳐 바로 습격하고 격파해 그곳의 사람들을 포로로 잡고 재물과 사람들을 빼앗고도 그 부하들에게 나누어주지 않았는데, 그 장군인 이숙철(泥孰啜)[842]이 화를 내며 빼앗자 [을비]돌륙[가한]이 [그를] 죽여 [백성들에게] 조리돌렸다. 이숙철의 장수 호록옥(胡祿屋)[843]이 군대를 일으켜 [을비]돌륙가한을 습격해 많은 병사들을 죽여 나라가 크게 어지러워지자 토화라에 돌아가 숨으려고 했는데, 대신들이 그 나라로 돌아갈 것을 권하며 따르지 않자 백성을 이끌고 도망가 엽수(葉水)[844]를 건너 석국에 이르렀다. 좌우 모두가 도망가 버리자 가하돈성(可賀敦城)[845]에 가서 숨었다. 스스로 경무장을 한 채 나아가 반란을 일으킨 사람들을 초무하려고 했으나 아실길궐사근에게 오히려 공격을 당해 [을비]돌륙[가한]이 패하고 [단지] 백수호성(白水胡城)[846]을 습격해 빼앗아서 살 곳으로 삼았다.

노실필도 [을비]돌륙[가한]을 가한으로 삼기를 바라지 않아 [정관 15년(641)에][847] 사자를 보내 조정에 들어와서 [다른 사람을] 세우기를 청했다. 황제가 통사사인(通事舍人)[848] 온무은

---

842) 泥孰啜: 고대 투르크어로 ‘이둑 초르(Ïdugh chor)’의 음사이다.

843) 저본의 “胡祿屋”을 『舊唐書』에서는 “胡祿居”라고 되어 있는데, 이것은 西突厥을 구성하는 咄陸 부락의 하나인 胡祿居闕啜을 줄여서 기록한 것으로 胡祿居가 정확하다. 이는 고대 투르크어로 ‘쿨루구(Qulugu)’의 음사로 추정된다.

844) 葉水: 중앙아시아에 있는 시르다리야(Sirdaria)를 말한다. 카자흐스탄 일대에 있는 天山山脈에서 발원하는 것으로 알려져 있으며 대개는 북서 방향으로 흘러간다. 총 길이는 약 2,212 km이며 우즈베키스탄과 카자흐스탄을 거쳐 아랄해로 흘러들어간다. 고대에는 그리스어나 고대 페르시아어로 약사레테스(Jaxartes, Yaxartes) 따위로도 불렸고 지금의 이름인 시르다리야는 페르시아어에서 기원했다. 그 연안을 따라서 많은 오아시스들이 발달했다.

845) 可賀敦城: 西突厥의 可賀敦(可敦)이 거주했던 곳으로 추정되나 정확한 위치를 비정하기 어렵다. 다만 石國(지금 우즈베키스탄의 타쉬켄트) 인근에 있는 오아시스의 하나 정도로 추정된다.

846) 白水胡城: 지금 카자흐스탄 남부 짐켄트(Zimkent)의 동남쪽에 위치하고 있었다. 탈라스로부터 약 200리 정도 떨어져 있었다. 달리 白水城이라고도 했다.

847) 『舊唐書』에 貞觀 15년의 일로 기록하고 있는데, 『唐會要』에 의하면 乙毗射匱可汗의 册立은 貞觀 15년이 아니라 貞觀 16년(642)의 일이었다(『唐會要』 卷94 「北突厥」: 2007, “十六年, …… 上遣使立莫賀咄之子爲乙毗射匱可汗, ……”).

848) 通事舍人: 관직명으로 内史省(中書省의 개칭)의 속관으로 16명이 정원이었다가 이후 開皇 3년(583) 24명으로 늘어났다. 大業 3년(607) 通事謁者로 이름을 바꾸고 從六品으로 삼았고, 謁者臺에 속해 있었다. 武德 4년(621)에 다시 通史舍人으로 이름을 환원한 다음 정원은 16명, 지위는 從六品上으로 하였다.

(溫無隱)에게 새서를 갖고 가서 그 나라의 대신들과 함께 돌궐가한의 자손 중에 현명한 사람을 고르라고 하자 바로 을굴리실을비가한[849]의 아들을 세웠는데, 이가 을비사궤가한(乙毗射匱可汗)[850]이 되었다.

乙毗射匱旣立, 改館使者, 悉還之長安, 使弩失畢將兵攻白水胡城. 咄陸勒兵自城出, 鳴鼓角薄門, 弩失畢不能軍, 殺獲甚多. 咄陸因其勝招徠舊部, 皆曰:「戰千人, 存一人, 我猶不從也.」咄陸自知衆怨, 乃走吐火羅. 乙毗射匱遣使貢方物, 且請昏, 帝令割龜茲·于闐·疏勒·朱俱波·葱嶺五國爲聘禮, 不克昏. 於是阿史那賀魯反, 盡得可汗部落.

을비사궤[가한]이 즉위한 이후에 안치되었던 [당나라] 사자를 풀어 모두 장안으로 돌려보내며 노실필의 장수와 병사를 시켜 백수호성을 공격했다. [을비]돌륙[가한]이 몸소 병사를 거느리고 성에서 나와 북과 피리를 불며 싸우자 노실필이 [병사들이 제대로] 싸워보지도 못하고 아주 많이 죽거나 사로잡혔다. [이에 을비]돌륙[가한]이 그 승리를 발판으로 옛 부락을 불러들이려고 하자 모두 말하였다. "천 명이 싸워 한 명만이 살아남았으니 우리는 [당신을] 따를 수 없습니다." [을비]돌륙[가한]도 스스로 백성들의 원한을 깨닫고 바로 토화라로 가버렸다. 을비사궤[가한]이 사자를 보내 토산품을 바치면서 또한 청혼을 하자 황제가 구자, 우전(于闐),[851] 소륵, 주구파(朱俱波),[852] 총령(葱嶺)[853] [등] 다섯 나라를 나눠 혼례 예물[聘禮]로

朝見引納, 殿廷通奏, 承旨宣勞 등의 역할을 했다. 四方館에 속해 있었는데, 명의상으로는 中書省에 속하는 것으로 되어 있었다.

849) 『舊唐書』에는 "莫賀咄乙毗可汗"이라고 되어 있는데, 이것이 정확하다.

850) 乙毗射匱可汗: 고대 투르크어로 '일릭 빌게 야브구 카간(Ilig bilge yabghu qaghan)'의 음사이다.

851) 于闐: 타림 분지에 있는 오아시스 국가로 지금 新疆維吾爾自治區 和田 일대이다. 于窴, 于遁, 豁丹, 屈丹, 斡丹, 忽炭, 赫探 등으로도 표기된다. 于闐의 문자로는 카타나(Khatana)라고 한다. 西域의 國名이다. 漢代에 于闐은 西城(지금 新疆維吾爾自治區 和田縣 境內)을 수도로 삼았다. 居民은 農業과 목축업에 종사했고 桑麻와 美玉의 생산과 鑄銅業, 紡織業이 매우 발달했다. 文字를 가졌으며 佛教를 신봉했다. 前漢時代 西域都護에 소속되었다. 漢魏 교체기에 戎盧·扜彌·渠勒·皮山 등의 나라를 겸병했다. 이후 西晉과 北魏에 臣屬했으며, 일찍이 사신을 曹魏와 北周에 보내 토산품을 바쳤다.

852) 朱俱波: 타림 분지에 있는 오아시스 국가로 지금 新疆維吾爾自治區 葉城縣 서남 棋盤鄉이다. 『西域圖志』

삼으라고 명령했기 때문에 혼인이 성사되지 못했다.[854] 이 때 아사나하로(阿史那賀魯)[855]가 반란을 일으켜 [을비사궤]가한[856]의 부락을 모두 얻게 되었다.

賀魯者, 室點蜜可汗五世孫, 曳步利設射匱特勒劫越子也. 始, 阿史那步眞來歸國, 咄陸可汗以賀魯爲葉護, 代步眞, 居多邏斯川, 直西州北千五百里, 統處月·處蜜·姑蘇·歌邏祿·弩失畢五姓之衆. 咄陸之走吐火羅也, 乙毗射匱以兵迫逐, 賀魯無常居, 部多散亡. 有執舍地·處木昆·婆鼻三種者, 以賀魯無罪, 往請可汗, 可汗怒, 欲誅執舍地等, 三種乃擧所部數千帳, 與賀魯皆內屬, 帝優撫之. 會討龜茲, 請先馳爲向導, 詔授崑丘道行軍總管, 宴嘉壽殿, 厚賜予, 解衣衣之. 擢累左驍衛將軍·瑤池都督, 處其部於庭州莫賀城, 密招攜散, 廬幕益衆.

[아사나]하로는 실점밀의 5대손으로 예보리설(曳步利設)[857] 사궤특근(射匱特勒)[858] 겁월

에는 哈爾噶里克, 『新疆識略』에는 哈爾哈里克, 『後漢書』와 『佛國記』에는 子合國, 『伽藍記』에는 朱駒波國, 『魏書』에는 悉居半國 혹은 朱居槃國, 朱居國, 朱俱波國, 『續高僧傳』에는 遮拘迦國, 『新唐書』에는 朱俱波 혹은 朱俱槃이라고 했다. 달리 카르가릭(Kharghalik)이라도 한다. 漢代의 子合國이었다. 西夜, 蒲犂, 依耐, 得若 4種地가 있었으며, 于闐의 서쪽 1,000里, 파미르 고원 북쪽 300里, 서쪽으로 疏勒까지 900里, 남쪽으로 女國까지 3,000里 떨어져 있었다. 후에 지금 葉城縣으로 옮겼다.

853) 葱嶺: 세계의 지붕이라고 불리는 파미르 고원을 지칭한다. 중국과 서방 사이의 교통의 요지였다. 漢代에는 西域都護府, 唐代에는 安西都護府가 葱嶺守捉을 두었다.

854) 『唐會要』에 의하면 이는 貞觀 19년(645) 六月의 일이었다(『唐會要』 卷94 「北突厥」: 2007, "十九年六月, 乙毗射匱可汗遣使入貢, 且請婚, 許之, 使割龜茲·于闐·疏勒·朱俱波·蔥嶺五國以爲聘禮.").

855) 阿史那賀魯(?~659): 西突厥의 可汗으로 曳步利設 射匱特勤의 아들이었다. 乙毗咄陸可汗이 그를 葉護로 삼아 탈라스 강 인근에 거주하게 하자 處月, 處密, 姑蘇, 葛邏祿, 弩失畢 五姓 등을 통솔했다. 貞觀 22년(648) 부락을 이끌고 내부해 左驍衛將軍, 瑤池都督이 되었다. 하지만 그 이듬해 그의 아들과 함께 서쪽으로 도망가서 咄陸 부락의 고지를 차지하고 十姓과 오아시스 도시들을 점거한 다음 沙鉢羅可汗이라고 칭했다. 이후 庭州 등을 공격하나 永徽 4년 弩失畢이 공격을 가해 牙帳을 격파하자 약화되었고 顯慶 2년(657) 唐朝의 蘇定方의 공격을 받아 사로 잡혔다. 그가 포로가 되어 長安으로 이송된 이후 그의 지배 지역에는 羈縻府州가 설치되었다.

856) 『舊唐書』에는 "乙毗射匱可汗"이라고 되어 있다.

857) 曳步利設: 고대 투르크어로 '야브구 샤드(Yabghu shad)'의 음사로 추정된다.

858) 曳步利設 射匱特勤: 고대 투르크어로 '예뵈리 샤드 야브구 테긴(Yeböri shad yabghu tegin)'의 음사이다.

(劫越)[859]의 아들이었다. 이전에 아사나보진(阿史那步眞)[860]이 와서 [당]나라에 귀순하자 [을비]돌륙가한이 [아사나]하로를 엽호로 삼아[861] [아사나]보진을 대신하게 해서[862] 다라사천(多邏斯川)[863]에 살게 했는데, [이곳은] 서주(西州)[864]에서 북쪽으로 천 5백 리 떨어져 있었고, [그는 이곳에서] 처월, 처밀, 고소(姑蘇),[865] 갈라록, 노실필 [등] 다섯 부락의 백성들을 통솔했다. [을비]돌륙[가한]이 토화라로 도망하고 을비사궤[가한]이 군대를 이끌고 추적하자 [아사나]하로는 정해진 거처도 없어졌고 부락[민]도 대부분 흩어져 없어졌다. 집사지(執舍地),[866] 처목곤, 파비(婆鼻)[867]와 같은 세 종족만이 [아사나]하로가 죄가 없다고 여겨 [을비사궤]가한에게 가서 [용서를] 청하니 가한이 화를 내면서 집사지 등을 잡아 죽이려고 했다. [정관 22년(648)에][868] 세 종족이 바로 부락 수천 장을 일으켜 [아사나]하로와 함께 모두

뵈리 샤드는 관칭이고, 야브구 테긴은 종실의 일원이라는 것을 보여주는 칭호이다.

859) 劫越: 그의 음사는 정확하게 알 수 없다. 그는 達頭可汗의 손자 射匱可汗의 아들로 阿史那彌射의 부친인 莫賀咄葉護와 阿史那步眞의 부친과 형제였다고 추정된다(內藤みどり, 1988: 256).

860) 阿史那步眞(?~666): 東突厥의 葉護로 唐朝에 투항해 將軍으로 활약했다. 步眞은 고대 투르크어로 '바얀(Bayan)'의 음사로 추정된다. 貞觀 13년(639)에 唐朝에 투항해 左屯衛大將軍을 제수 받았고 顯慶 2년(657)에는 蘇定方과 함께 阿史那賀魯를 토벌하는데 참여했다. 그 공으로 繼往絶可汗 겸 右衛大將軍, 蒙池都護로 임명되어 중앙아시아의 弩失畢 부락을 통솔했다. 죽고 난 다음에 아들인 阿史那斛瑟羅가 그의 관작을 이었다.

861) 乙毗咄陸可汗과 阿史那賀魯는 六寸之間이었다.

862) 阿史那賀魯와 阿史那步眞은 四寸之間이었다.

863) 多邏斯川: 曳咥河라고도 하고 달리 카라 이르티쉬(Qara Irtysch)라고 한다. 지금 新疆維吾爾自治區 북부에 있으며 카자흐스탄과 러시아 국경의 이르티쉬강에 流入된다.

864) 西州: 貞觀 14년(640)에 麴氏 高昌國을 멸망시킨 후에 설치되었으며 安西都護府의 治所가 되었다. 治所는 高昌縣(지금 新疆維吾爾自治區 吐魯番市 동쪽 30里 高昌故城)에 있었다. 天寶 元年(742)에 交河郡으로, 乾元 元年(748)에 西州로 바뀌었다. 寶應 元年(742)에 高昌縣이 前庭縣으로 바뀌어 西州의 治所가 되었다. 관할구역은 지금 新疆維吾爾自治區 吐魯番市와 鄯善縣 등지였다. 貞元 7년(791)에 吐蕃에 점령되었다.

865) 姑蘇: 西突厥 咄陸 部落에 속하는 투르크계 종족의 하나로 '카수(Qasu)'의 음사로 추정된다. 과거 車師의 후예로 보인다. 弩失畢 부락의 哥舒(카사크) 부락의 다른 음사로 추정된다는 점에서 哥舒 중에 동쪽에 거주했던 집단을 지칭하는 것으로 보인다. 주로 荼邏斯川(탈라스강) 이서 지역에서 유목 생활을 했다(薛宗正, 1992: 317).

866) 執舍地: 西突厥 咄陸 부락의 하나인 攝舍提의 다른 음사이다. 雙河(보로탈라강) 인근에 거주하는 유목 부락이었다.

867) 婆鼻: 西突厥 부락의 하나로 추정되나 정확한 족속은 알 수 없다.

868) 『舊唐書』에는 貞觀 22년(648)의 일이라고 되어 있다.

[중국으로] 들어와 복속하자 황제가 [그를] 후하게 위무했다. 마침 [당조가] 구자를 토벌하려고 하자 먼저 달려와 향도가 되기를 청해 곤구도행군총관(崑丘道行軍總管)을 제수하고 희수전(嘉壽殿)에서 연회를 베풀면서 후하게 [재물을] 내려주며 옷을 벗고 [새 옷으로] 갈아입게 했다. 여러 번 [아사나하로를] 좌효위장군 요지도독(瑤池都督)[869]으로 임명하고 그의 부락을 정주(庭州)[870] 막하성(莫賀城)[871]에 두게 했는데, 몰래 흩어진 [돌궐 백성들을] 불러 모아 천막이 더욱 많아지게 되었다.

方帝崩, 卽謀取西·庭二州, 刺史駱弘義以聞, 高宗遣通事舍人喬寶明馳撫, 因令賀魯遣子咥運入宿衛. 咥運中悔, 劫於勢, 不得去, 拜右驍衛中郎將. 帝遣還, 咥運卽勸賀魯引而西, 取咄陸可汗故地, 建牙於千泉, 自號沙鉢羅可汗, 遂統咄陸·弩失畢十姓. 咄陸有五啜, 曰處木昆律啜·胡祿屋闕啜·攝舍提暾啜·突騎施賀邏施啜·鼠尼施處半啜. 弩失畢有五俟斤, 曰阿悉結闕俟斤·哥舒闕俟斤·拔塞幹暾沙鉢俟斤·阿悉結泥孰俟斤·哥舒處半俟斤. 而胡祿啜闕, 賀魯婿也. 阿悉結闕俟斤最盛彊, 勝兵至數十萬. 以咥運爲莫賀咄葉護. 遂寇庭州, 敗數縣, 殺掠數千人去. 詔左武衛大將軍梁建方·右驍衛大將軍契苾何力爲弓月道行軍總管, 右驍衛將軍高德逸·右武衛將軍薩孤吳仁副之, 發府兵三萬, 合回紇騎五萬擊之. 駱弘義獻計曰:「安中國以信, 馭夷狄以權, 理有變通也. 賀魯保一城, 方寒積雪, 謂唐兵必不來, 宜乘此一擧滅之. 遷延及春, 且生變, 縱不率連諸國, 必遠跡遁去. 且兵本誅賀魯, 而處蜜·處木昆等

869) 瑤池都督: 瑤池都督府의 장관이었다. 瑤池都督府는 唐太宗 貞觀 23년(649)에 설치되었으며 安西都護府에 소속되었다. 治所는 定州 莫賀城(지금 新疆維吾爾自治區 阜康市 동쪽)에 있었다. 永徽 2년(651) 治所를 千泉(지금 키르기즈스탄 북부)로 옮겼다가 永徽 4년(653)에 廢置되었다. 관할구역은 지금 新疆維吾爾自治區 沙灣縣 以西, 天山 以北부터 카스피해까지의 지역이다.

870) 庭州: 貞觀 14년(640)에 설치되었는데, 치소는 金滿縣(지금 新疆維吾爾自治區 吉木薩爾縣 북쪽 25리 떨어진 破城子)에 있었다. 長安 2년(702)에 北庭都護府로 바뀌었다. 그 이후에는 이곳을 北庭이라고 부르게 되었다. 다섯 개의 성으로 이루어졌다고 해 베쉬 발릭(Besh balïq)이라고 불리기도 한다. 北庭節度使의 관할 구역은 지금 알타이산맥 이서, 아랄해 이동, 天山 이북, 바르 쿨 주위의 지역이었고, 貞元 6년(790) 吐蕃에게 함락 당한 이후 폐지되었다.

871) 莫賀城: 지금 新疆維吾爾自治區 阜康市 동쪽에 있었는데, 貞觀 23년(649)부터 永徽 2년(651)에 치소를 千泉(지금 키르기즈스탄 북부에 있는 키르기즈 산맥 북록)으로 옮길 때까지 瑤池都督府의 치소였다.

亦各欲自免，若留不進，彼與賀魯復合矣. 今雖嚴冬風勁，兵苦皸墮，又不可久留費邊糧，使賊得堅黨附・賒死期也. 請寬處月・處蜜等罪，專誅賀魯，除禍務本，不可先治枝葉也. 願發射脾・處月・處蜜・契苾等兵，齎一月食，急趨之，大軍住憑洛水上爲之景助，此驅戎狄攻豺狼也. 且戎人藉唐兵爲羽翼，今胡騎出前，唐兵躡後，賀魯窮矣.」天子然其奏，詔弘義佐建方等經略之. 處月朱邪孤注者，引兵附賊，據牢山，建方等攻之，衆潰，追行五百里，斬孤注，上首九千級，虜其帥六十，不如弘義所計.

바야흐로 황제가 붕어하시자 [아사나하로가] 서[주]와 정[주] 두 곳을 얻으려고 모의한다는 것을 자사 낙홍의(駱弘義)가 [조정에] 알렸고, 고종이 통사사인 교보명(喬寶明)을 빨리 보내 위무를 하면서 [아사나]하로에게 아들 [아사나]질운(阿史那咥運)[872]을 숙위(宿衞)로 들여보내라고 명령했다. [아사나]질운이 마음속으로 유감스러웠으나 형세가 궁박하고 도망갈 수 없는 처지라 [조정에 들어와] 우효위중랑장으로 임명되었다. [영휘(永徽) 2년(651)에][873] 황제가 [아사나질운을] 돌려보내자 [아사나]질운이 바로 [아사나]하로에게 군대를 이끌고 서쪽으로 가자고 권해 [을비]돌륙가한의 옛 땅을 뺏은 다음 아정을 천천에 두고, 스스로는 사발라가한(沙鉢羅可汗)[874]이라고 함으로써 마침내 돌륙과 노실필 십성(十姓)을 모두 통제하게 되었다. 돌륙에 있는 다섯 명의 철(啜)을 처목곤률철(處木昆律啜),[875] 호록옥궐철(胡祿屋闕啜),[876] 섭사제돈철(攝舍提暾啜),[877] 돌기시하라시철(突騎施賀邏施啜),[878] 서니시처반철(鼠尼施處半啜)[879]이라고 했다. 노실필에 있는 다섯 명의 사근(俟斤)을 아실결궐사근(阿悉結闕俟斤),[880]

---

872) 阿史那咥運: 阿史那賀魯의 아들로 永徽 2년(651)에 아버지와 함께 서진해 西域을 완전히 장악했고 莫賀咄葉護(바가투르 야브구)가 되었다. 顯慶 2년(657) 蘇定方의 공격을 받아 西突厥이 멸망한 이후에 잡혀 아버지와 함께 長安에 압송되었다.

873) 『舊唐書』에는 永徽 2년(651)의 일이라고 기록되어 있다.

874) 沙鉢羅可汗: 고대 투르크어로 '이쉬바라 카간(Ishbara qaghan)'의 음사이다.

875) 處木昆律啜: 고대 투르크어로 '카뭉데눅 초르(Qamungdenuq chor)'의 음사로 추정된다.

876) 胡祿屋闕啜: 고대 투르크어로 '쿨루구 퀼 초르(Qulugu kül chor)'의 음사로 추정된다.

877) 攝舍提暾啜: 고대 투르크어로 '쉬쉬지 톤 초르(Shüshüji ton chor)'의 음사로 추정된다.

878) 突騎施賀邏施啜: 고대 투르크어로 '튀르기쉬 카라쉬 초르(Türgish qarash chor)'의 음사로 추정된다.

879) 鼠尼施處半啜: 고대 투르크어로 '수니쉬 초르반 초르(Sunish qapan chor)'의 음사로 추정된다.

가서궐사근(哥舒闕俟斤),[881] 발새간돈사발사근(拔塞幹暾沙缽俟斤),[882] 아실결니숙사근(阿悉結泥孰俟斤),[883] 가서처반사근(哥舒處半俟斤)[884]이라고 했다.

그런데 호록[옥]철궐(胡祿屋闕啜)[885]은 [아사나]하로의 사위였다. 아실결궐사근이 가장 강성해 정예 병사[勝兵]가 수십만에 이르렀고, [아사나질운을] 막하돌엽호(莫賀咄葉護)[886]로 삼았다. 마침내 [아사나하로가] 정주를 노략질해 여러 현을 패배시키고 수천 명의 사람을 죽이거나 잡아갔다. [황제가] 조칙을 내려 좌무위대장군 양건방(梁建方)[887]과 우효위대장군 계필하력(契苾何力)[888]을 궁월도행군총관(弓月道行軍總管)으로 삼고, 우효위장군(右驍衛將軍)[889] 고덕일(高德逸)과 우무위장군 살고오인(薩孤吳仁)을 부[총관]으로 삼아 부병 3만을 일으켜 회흘의 기병 5만과 합쳐 [서돌궐을] 공격하게 했다.

낙홍의가 계책을 아뢰어 말했다. "중국을 안정시킬 때에는 믿음[信]으로 하고, 이적(夷狄)을 제어할 때에는 권[權]으로 한다고 한 것처럼, 다스림[理]에는 변통이 있어야 합니다. [아사나]하로가 하나의 성채를 지키고 있는데, 바야흐로 춥고 눈이 쌓이자 당나라 병사들이 반드시

---

880) 阿悉結闕俟斤: 고대 투르크어로 '앗시킬 퀼 이르킨(Assikil kül irkin)'의 음사로 추정된다.

881) 哥舒闕俟斤: 고대 투르크어로 '카사크 퀼 이리킨((Qasaq kül irkin)'의 음사로 추정된다.

882) 拔塞幹暾沙鉢俟斤: 고대 투르크어로 '바르스칸 톤 이쉬바라 이르킨(Barsqan ton ïshbara irkin)'의 음사로 추정된다.

883) 阿悉結泥孰俟斤: 고대 투르크어로 '앗시킬 이둑 이르킨(Assikil ïduq irkin)'의 음사로 추정된다.

884) 哥舒處半俟斤: 고대 투르크어로 '카사크 초르반 이르킨(Qasaq qapan irkin)'의 음사로 추정된다.

885) 『舊唐書』에는 "胡祿居闕啜"라고 되어 있다.

886) 莫賀咄葉護: 고대 투르크어로 '바가투르 야브구(Baghatur yabghu)'의 음사이다.

887) 梁建方: 唐代의 將軍으로 貞觀 말년에 右武侯將軍이 되었다.

888) 契苾何力(?~676): 唐朝의 蕃將으로 鐵勒의 하나인 契苾部落 출신이었다. 鐵勒 哥論易勿施莫賀可汗의 손자였다. 貞觀 6년(632)에 어머니와 함께 部衆 千餘家를 이끌고 唐에 투항했다. 貞觀 9년(635)에 李靖을 따라 吐谷渾을 정벌해 吐谷渾을 赤水川에서 격파했다. 貞觀 14년(640)에 侯君集을 따라 高昌(지금 新疆維吾爾自治區 吐魯番市)을 토벌해 평정했다. 貞觀 22년(648)에 군대를 이끌고 龜茲(지금 新疆維吾爾自治區 庫車縣)을 멸망시켰다. 永徽년간(650~655)에 西突厥 王姓의 반란을 진압했고, 元朔 元年(661)에는 鐵勒九姓의 叛變을 討平했다. 乾封 元年(666)에 李勣을 따라 高句麗 원정에 종군해 行左衛大將軍에 임명되었고 涼國公에 봉해졌다. 사후 昭陵에 배장이 되었고, 謚號는 烈이었다(『新唐書』 卷110 「諸夷番將傳」 <契苾何力>: 4117).

889) 右驍衛將軍: 右驍衛의 次官으로 品階는 從三品이었다. 漢 武帝 시기에 驍騎將軍이 있었는데, 이후의 王朝에서도 설치되었다. 隋 煬帝 시기에 左右備身府가 左右驍騎衛라고 改稱되고 각각 大將軍과 將軍을 두었다. 唐代에는 左右驍衛로 바뀌었다. 光宅 元年(684)에 左右武威衛로 고쳤다가 神龍 元年(705)에 다시 원래의 명칭으로 환원되었다.

오지 못할 것이라고 여기고 있으니 마땅히 이런 [빈] 틈을 타 한꺼번에 없애버려야 할 것입니다. [만약] 이동이 늦어져 봄에 이르면 반드시 변란이 일어날 것이며 [아사나하로가] 함부로 [병사를] 이끌고 여러 나라와 연합을 하지 못하게 된다면 반드시 멀리 도망가게 될 것입니다. 또한 [당나라] 병사들도 본래부터 [아사나]하로를 죽이려고 했고, 처밀과 처목곤 등도 또한 각자 스스로 [죽임을] 면하고자 했는데, 만약 머물러 있으며 나아가지 않는다면 그들과 [아사나]하로가 다시 합치게 될 것입니다. 지금 비록 몹시 춥고 바람이 세서 병사들의 [손발이] 얼어 터져 고생이 심하고, 또한 오래 머무를 수 없었기 때문에 변경의 양식을 써버리게 된다면, 적은 든든한 족당의 도움을 얻게 될 것이니 죽일 수 있는 때가 늦추어지게 될 것입니다. 처월과 처밀 등이 죄를 용서해주기를 청했지만 오로지 [아사나]하로를 죽이는 것이 근본적인 화를 없애는 것이니 먼저 가지와 잎사귀[와 같이 하찮은 것]을 처리해서는 안 됩니다. 사비(射脾),[890] 처월 처밀, 계필(契苾)[891] 등의 병사를 동원해 1개월 정도의 양식을 갖춰 빠르게 추적하고, 대군을 빙락수(憑洛水)[892] 부근에 주둔시켜 [그들을] 돕는 것이 융적을 몰아내고 승냥이와 이리[豺狼]를 공격하는 방법입니다. 또한 돌궐[戎人]을 당나라 병사로 편제해 날개로 삼고 지금 다른 족속의 기병[胡騎]을 앞서 나아가게 하면서 당나라 군대가 뒤를 따라간다면 [아사나]하로가 궁박하게 될 것입니다."

천자가 [낙홍의가] 주청한 내용이 옳다 여기고 조칙을 내려 [낙]홍의에게 [양]건방 등을 도와 경략하는 것을 돕게 했다. [이때] 처월[의 추장인] 주야고주(朱邪孤注)[893]라는 자가 군대

---

890) 射脾: 종족 명칭으로 處月, 處密 등과 함께 天山지역 북방에 거주했던 투르크계 유목민의 하나이다. 『新唐書』卷218「沙陀傳」(: 6154)에는 射脾部落의 추장인 俟斤(이르킨)의 이름이 沙陀那速으로 되어 있다는 점에서 이후 등장하는 沙陀突厥과 관련된 부락의 하나로 추정된다

891) 契苾: 종족 명칭으로 고대 투르크계 유목민인 鐵勒의 하나였다. 달리 契弊 혹은 契苾羽라고도 적는다. 원래 應娑川(지금 新疆維吾爾自治區 焉耆縣 서부의 巴音布魯克 초원에 해당)에서 遊牧을 하며 突厥에 복속되어 있었다. 隋 大業 元年(605)에 鐵勒을 중심으로 국가를 세웠다가 이후에 西突厥의 射匱可汗에게 패해 이식 쿨[熱海]로 이주했다. 貞觀 6년(632)에 契苾歌楞(契弊歌楞)의 손자 契必何力이 부락을 이끌고 唐朝에 투항해 甘州(지금 甘肅省 張掖市)와 涼州(지금 甘肅省 武威市) 사이의 지역에 안치되었다. 開元 15년(727)에 回紇이 河西節度使를 습격해 살해하자 契苾嵩의 아들인 契苾承明이 모반했다고 모함을 받아 連州로 유배되는 판정을 받자 契苾 부락은 반란을 일으켜 달아나 突厥에 귀부하였다. 몽골 초원에 거주했던 부락은 톨강 북쪽, 渾의 동쪽에 있었는데, 이곳은 지금 몽골공화국의 수도인 울란바토르 주변이었다(段連勤, 1988: 400~401).

892) 憑洛水: 지금 新疆維吾爾自治區 阜康市 동쪽에 위치한 하천으로 추정된다.

893) 朱邪孤注: 西突厥 處月 부락의 추장으로 성씨가 朱邪氏이고 이름이 孤注였다. 650년 阿史那賀魯가 반란

를 이끌고 적에게 귀부해 뇌산(牢山)[894]에 주둔하자 [양]건방 등이 [이를] 공격해 부대를 무너뜨리고 5백 리를 추적해 [주야]고주를 베 수급 9천 급을 바쳤고, 그의 [부]수(部帥) 60명을 사로잡게 되었기 때문에 [낙]홍의의 계책대로는 되지 못했다.

永徽四年, 罷瑤池都督府, 卽處月置金滿州, 又遣左屯衛大將軍程知節爲蔥山道行軍大總管, 率諸將進討. 是歲, 咄陸可汗死, 其子眞珠葉護請討賀魯自效, 爲賀魯所拒, 不得前. 明年, 知節擊歌邏祿·處月, 斬千級, 收馬萬計. 副將周智度擊處木昆城, 拔之, 斬馘三萬. 前軍蘇定方擊賀魯別帳鼠尼施于鷹娑川, 斬首虜獲馬甚衆, 賊棄鎧仗彌野. 會副總管王文度不肯戰, 降怛篤城, 取其財, 屠之, 知節不能制.

영휘(永徽) 4년(653)에 요지도독부(瑤池都督府)[895]를 폐지하고 바로 처월에 금만주(金滿州)[896]를 두었고, 또한 좌둔위대장군 정지절(程知節)[897]을 총산도행군대총관(蔥山道行軍大總管)으로 삼아 여러 장수들을 이끌고 나아가 토벌하게 했다. 이 해에 [을비]돌륙가한이 죽자 그의 아들 진주엽호(眞珠葉護)[898]가 [아사나]하로를 자신이 토벌하겠다고 청했으나 [아사나]

을 일으키자 그에 동조하나 이듬해 당나라에게 진압되었다. 이들의 후예는 이주해서 이후에 沙陀突厥를 형성했다.

894) 牢山: 지금 新疆維吾爾自治區 吉木薩爾縣 북쪽에 위치한 산인데, 달리 托克遜縣 서북쪽에 있다고 하기도 한다.

895) 瑤池都督府: 貞觀 23년(649)에 설치되었고, 安西都護府에 속해 있었다. 치소는 庭州 莫賀城(지금 新疆維吾爾自治區 阜康市 동쪽)에 있었다. 永徽 2년(651)에 치소는 千泉(지금 키르기즈스탄 북부에 있는 키르기즈 산맥 북록)으로 옮겨갔다. 관할 영역은 지금 新疆維吾爾自治區 沙灣縣 서쪽, 天山 이북에서 아랄해에 이르는 지역으로 추정되나 정확한 것은 아니다.

896) 金滿州: 永徽 5년(654) 處月에 설치한 羈縻州로 北庭都護府에 속해 있었다. 치소는 지금 新疆維吾爾自治區 吉木薩爾縣 부근에 있다가 이후에 폐지되었다.

897) 程知節(593~665): 隋末唐初의 명장으로 달리 咬金이라고 했다. 濟州 東阿縣(지금 山東省에 속함) 사람이었다. 隋末에 李密에게 참가해 內驃騎로 임명되었다. 李密이 패하자 王世充에게 귀의했다가 唐朝에 들어온 이후에는 秦王府左三統軍에 임명되었다. 李世民을 따라 竇建德, 王世充을 격파해 叔國公에 봉해졌다. 玄武門의 변에 참가해서 太子右衛率, 右武衛大將軍에 임명되었다. 瀘州都督, 左領軍大將軍 등에 임명되고 盧國公에 봉해졌다. 高宗시기 西突厥 원정을 갔다가 공을 세우지 못하고 돌아와 면직되었다. 죽은 다음에 驃騎大將軍, 益州大都督으로 추증되었고, 昭陵에 배장되었다(『新唐書』 卷90 「程知節傳」: 3773).

하로에게 막혀 앞으로 나아가지 못했다.

이듬해(654) [정]지절이 가라록과 처월을 공격해 [수급] 천 급을 베고 말 만 마리를 얻었다. 부장(副將) 주지도(周智度)가 처목곤(處木昆)의 성[899]을 공격해 함락하고 3만 명을 베었다. 전군(前軍) 소정방(蘇定方)[900]이 [아사나]하로의 다른 부락인 서니시(鼠尼施)를 응사천(鷹娑川)[901]에서 격파해 베고 사로잡은 말이 아주 많았고 적이 벗어버린 갑옷이 들에 가득 찼다. 마침 부총관 왕문도(王文度)[902]가 싸우려고 하지 않으면서 달독성(怛篤城)[903]을 항복시킨 다음 그 재물을 갖고 [백성들을] 죽이려고 하자 [정]지절이 제지할 수 없었다.

顯慶初, 擢定方伊麗道行軍大總管, 率燕然都護任雅相·副都護蕭嗣業·左驍衛大將軍瀚海都督回紇婆閏等窮討. 詔右屯衛大將軍阿史那彌射·左屯衛大將軍阿史那步眞爲流沙道安撫大使, 分出金山道, 俟斤嬾獨祿等萬餘帳迎降. 定方以精騎至曳咥河西, 擊處木昆, 破之. 賀魯擧十姓兵十萬騎來拒, 定方以萬人當之, 虜見兵少, 以騎繞唐軍. 定方令步卒據原, 攢槊外注, 自以騎陣於北. 賀魯先擊原上軍, 三犯, 軍不動.

---

898) 眞珠葉護: 고대 투르크어로 '옌추 야브구(Yenchu yabghu)'의 음사이다.

899) 지금 新疆維吾爾自治區 塔城 인근 지역으로 추정된다. 이곳에 당시 西突厥의 北庭이 있었다.

900) 蘇定方(592~667): 唐代 將軍으로 冀州 武邑縣(지금 河北省 武邑縣) 사람이었다. 이름은 烈, 字는 定方이었다. 어려서 아버지를 따라 隋末 농민군을 진압했으며 후에 竇建德에게 항복해 竇建德을 따라 城邑을 공략하는데 공을 세웠다. 貞觀初에 匡道府折衝都尉에 임명되었다. 貞觀 4년(630)에 李靖을 따라 東突厥 頡利可汗을 격파해 左武候中郎將에 제수되었다. 顯慶 2년(657)에는 西突厥의 鼠尼施 등을 鷹娑川에서 격파했다. 이듬해에 伊麗道行軍大總管에 배수되어 西征했으며 西突厥의 可汗 阿史那賀魯를 사로잡은 功으로 左驍衛大將軍으로 승진하고 邢國公에 봉해졌다. 顯慶 4년(659)에 鐵勒의 思結部 수령 都曼 등이 반란을 일으키자 재차 군대를 이끌고 西征해 都曼에게 투항하게 해 唐의 파미르 以西 지역 통치를 유지했다. 이 공으로 左武衛大將軍에 임명되었다. 이듬해 神丘道大總管이 되어 군대를 이끌고 東征해 百濟王을 사로잡았다. 사후 幽州都督에 추증되었으며 謚號는 '莊'이었다(『新唐書』 卷111 「蘇定方傳」: 4136).

901) 鷹娑川: 지금 新疆維吾爾自治區에 있는 율두즈(Yulduz, 裕勒都斯河 또는 開都河)강을 지칭한다.

902) 王文度: 唐代 將軍으로 高宗시대에 程知節을 따라 阿史那賀魯를 정벌하는데, 副大總管이 되었다. 蘇定方의 전공을 시기해서 깊이 들어가지 않고 항복한 사람들을 죽였다. 싸울 뜻이 없어 귀환한 이후에 죽임을 당하고 제명당했다.

903) 怛篤城: 西突厥의 南庭가 위치하고 있었던 지금 新疆維吾爾自治區 巴音郭楞蒙古自治州 巴魯布魯克 인근으로 소율두즈 강과 대율두즈강이 합류하는 지역에 있었던 성채로 추정된다.

定方縱騎乘之，虜大潰，追奔數十里，俘斬三萬人，殺其大酋都搭達干等二百人．明日躡北，五弩失畢皆降．五咄陸聞賀魯敗，趨南道降步眞．定方命嗣業·婆閏趨邪羅斯川追虜，任雅相提降兵踵後．會大雪，軍中請須霽，定方曰：「今雰晦風冽，虜謂我不能師，掩其不虞可也，緩則遠矣，省日兼功，上策也．」於是晝夜進，收所過人畜，至雙河，與彌射·步眞會，軍飽氣張，距賀魯牙二百里，陣而行，抵金牙山．賀魯衆適獵，定方兵縱破其牙，俘數萬人，獲鼓纛器械，賀魯跳度伊麗水．嗣業次千泉，彌射至伊麗，處月·處蜜諸部皆下．次雙河，賀魯先以步失達干據柵戰，彌射攻之，潰，定方追賀魯至碎葉水，盡奪其衆．賀魯·咥運將奔鼠耨設，至石國蘇咄城，馬不進，衆飢，齎寶入城，且市馬，城主伊涅達干迎之，旣入，拘送石國．會彌射子元爽與嗣業兵至，取之．乃悉散諸部兵，開道置驛，收露胔，問人疾苦，賀魯所掠悉還之民，西域平．

현경(顯慶) 초기에[904] [우둔위장군 소]정방을 이려도행군대총관(伊麗道行軍大總管)으로 발탁해서 연연도호(燕然都護) 임아상(任雅相),[905] 부도호 숙사업(蕭嗣業), 좌효위대장군 한해도독 회흘(回紇) 파윤(婆閏)[906] 등을 이끌고 토벌하게 했다. [황제가] 조칙을 내려 우둔위대장군(右屯衛大將軍)[907] 아사나미사(阿史那彌射),[908] 좌둔위대장군 아사나보진을 유사도안무

904) 정확히 顯慶 2년(657)이다.

905) 任雅相(?~662): 高宗시기의 大臣이었다. 顯慶 4년(659)에 兵部尙書 同中書門下三品에 임명되어 宰相이 되었다. 龍朔 元年(661)에 군대를 이끌고 高句麗를 공격했으나 이듬해에 軍中에서 죽었다.

906) 婆閏: 回紇의 추장으로 고대 투르크어로 '바얀(Bayan)'의 음사로 추정된다. 아버지 吐迷度를 이어 回紇을 통솔하면서 몽골 초원에서 세력을 확대하였고, 唐朝의 西突厥 원정에 참가하여 공을 세운 다음 右衛大將軍, 兼瀚海都督이 되었다.

907) 右屯衛大將軍: 右屯衛의 長官으로 품계는 正三品이었다. 隋初 右領軍府를 설치했다가 隋 煬帝가 右屯衛로 改稱하고 大將軍과 將軍 등의 관직을 두었다. 唐代에도 이를 이었고, 龍朔 2년(662)에 右威衛로 개칭되었다. 光宅 元年(684)에 右豹韜衛로 고쳤으며 神龍 元年(705)에 다시 右威衛로 고쳤다. 右屯衛에는 장관인 右屯衛大將軍 1명과 차관인 右屯衛將軍 2명이 있으며, 翊一府와 翊二府, 宣陽 등 50개의 折衝府를 관할하며 나누어 宿衛했다.

908) 阿史那彌射(?~662): 西突厥을 세운 室點密의 5대손으로 원래 葉護로 있다가 투항해 唐朝의 장군으로 활약했다. 貞觀 6년(632) 奚利邲咄陸可汗으로 책봉되게 됨에 따라 그의 족형인 阿史那步眞과 서로 싸웠다. 13년에 唐朝에 투항해 右監門大將軍을 제수 받고 太宗을 수행해 高句麗 원정에서 공을 세워

대사(流沙道安撫大使)[909]로 삼아 금산도(金山道)에서 나누어 진군하자 사근(俟斤) 눈독록(嫩獨祿)[910] 등 만여 장이 [그들을] 맞이하며 항복했다. [소]정방이 정예 기병으로 하여금 예질하(曳咥河)[911]의 서쪽에서 처목곤을 공격하게 해 격파했다.

[아사나]하로가 십성(十姓)의 병사 10만 기를 동원해 와서 대적하자 [소]정방이 만 명으로 대했는데, 돌궐[虜]이 [당나라] 병사가 적은 것을 보고 기병으로 당나라 군대를 둘러쌌다. [소]정방이 보병들에게 명령해 평원에 의지해 [밀집대형으로] 장창[槊]을 모아 밖으로 향하게 하게 한 다음에 자신은 북쪽에서 기병으로 진을 펼쳤다. [아사나]하로가 먼저 초원 위에 있는 [당나라] 군대를 공격해 세 번 쳐들어 왔으나 군대가 움직이지 않았다. [소]정방이 기병으로 이끌고 틈을 타[서 공격하]자 적이 크게 무너졌으며 도망가는 적을 수십 리나 추격해 3만 명을 사로잡거나 베었고, 그의 대추(大酋) 도탑달간(都搭達干)[912] 등 2백 명을 죽였다. 다음 날 북쪽으로 나아가자 오노실필 [부락]이 모두 항복을 했다. 오돌륙 부락이 [아사나]하로가 패했다는 소식을 듣고, 남도로 달려가서 [아사나]보진에게 투항했다. [소]정방이 [소]사업과 [회흘] 파윤에게는 사라사천(邪羅斯川)[913]까지 돌궐을 추적하라고 했고, 임아상에게는 항복한 병사를 데리고 그 뒤를 쫓으라고 명령했다.

마침 큰 눈이 내리자 부대 내에서 날이 개기를 기다리면서 [소]정방이 말했다. "지금 안개가 자욱하고 바람이 세차 돌궐이 우리가 군사를 움직이지 못할 것이라고 생각할 것인데, 그들이 준비가 되지 않은 상태라 잡을 수도 있을 것이다. 늦추면 [적이] 멀어질 것이니 시간을 아껴 노력을 더하는 것이 가장 좋은 대책이 될 것이다." 이에 낮과 밤으로 나아가 지나는 곳의

平襄縣伯이 되었다. 顯慶 2년(657)에 蘇定方을 따라 阿史那賀魯를 토벌했고, 興昔亡可汗 겸 右衛大將軍, 崑陵都護로 임명되어 西突厥 咄陸 부락의 거주 지역을 통솔했다. 龍朔 2년(662)에 唐軍을 따라 龜茲(쿠차)를 토벌하다 蘇海政의 모함으로 살해되었다(『新唐書』 卷215下 「阿史那彌射傳」: 6064).

909) 安撫大使: 隋代에 설치되었는데 行軍 총사령관이 겸직했다. 唐 前期에는 大臣을 파견해 전쟁이 발생하는 지역이나 자연재해가 있는 지역을 순시하게 했다. 이를 安撫使 혹은 安撫大使라 칭했다. 반역을 저지른 藩鎭이나 농민반란, 주변 족속들을 征討할 때 파견된 軍事 長官이 늘 이 직책을 겸했다.

910) 俟斤嫩獨祿: 고대 투르크어로 '이르킨 네테글릭(Irkin neteglig)의 음사로 추정된다.

911) 曳咥河: 多邏斯 또는 里移德建河라고도 하는데, 지금 新疆維吾爾自治區 북부에서 알타이산맥에서 발원하여 카자흐스탄을 거쳐 러시아로 흘러가는 이르티쉬(irtish, 額爾齊斯河)강의 상류를 말한다.

912) 都搭達干: 고대 투르크어로 '투타 타르칸(Tuta tarqan)'의 음사로 추정된다.

913) 邪羅斯川: 달리 多羅斯水 또는 曳咥河라고도 한다. 지금 新疆維吾爾自治區 북부에서 알타이산맥에서 발원하여 카자흐스탄을 거쳐 러시아로 흘러가는 이르티쉬강을 지칭한다.

사람과 가축을 거두면서 쌍하(雙河)[914]에 이르러 [아사나]미사, 아사나[보진]과 만났는데, 병사들이 배가 부르고 군기가 충천했고, [아사나]하로의 아장과 2백 리 떨어진 곳에 진을 만들고 나아가 금아산(金牙山)에 도착했다. [아사나]하로의 백성들이 마침 사냥을 하고 있었는데, [소]정방의 군대가 그의 아장을 격파해 수만 명을 사로잡고 북과 독, 그리고 기계(器械) 등을 얻자 [아사나]하로는 이려수(伊麗水)[915]를 넘어 도망가 버렸다.

[소]사업은 천천(千泉)에 머물렀고, [아사나]미사는 이려(伊麗)[916]에 도착해 처월과 처밀의 여러 부락 모두를 항복시켰다. 쌍하에 도착한 [아사나]하로가 먼저 보실달간(步失達干)[917]에게 목책을 만들어 싸우게 하자 [아사나]미사가 공격해 무너뜨렸고, [소]정방이 [아사나]하로를 추격해 쇄엽수(碎葉水)[918]까지 가서 그의 백성을 모두 빼앗았다. [아사나]하로와 [아사나]질운이 서누설(鼠耨設)[919]에게 도망가다가 석국 소돌성(蘇咄城)[920]에 도착했는데, 말이 나아가려고 하지도 않고 [그를 따라온] 백성들도 굶주렸기 때문에 [아사나하로가] 귀중한 보물을 갖고 시장에 들어가 말을 사려고 했다. 성주 이녈달간(伊涅達干)[921]이 [그를] 맞이해 [그가] 들어간 다음에 잡아 석국으로 보내버렸다. 마침 [아사나]미사의 아들 [아사나]원상(阿史那元爽)과 [소]사업의 군대가 도착해 [아사나하로를] 잡았다. 이에 모든 부락의 병사들을 해산시키고 길을 닦아 역을 설치하고 널린 시신들을 수습하면서 백성들의 질병과 고통을 물어보았으며 [아사나]하로에게 빼앗은 모든 것을 백성들에게 돌려줌으로써 서역이 평정되었다.

---

914) 雙河: 지금 新疆維吾爾自治區 博樂市 남쪽에 있는 보로탈라(Borotala, 博爾塔拉河)강이다. 阿拉套山에서 발원해서 博爾塔拉蒙古自治州를 가로 질러 동쪽에 있는 에비호수(Ebi nur, 艾比湖)로 들어가는 하천이다.

915) 伊麗水: 伊麗河와 같고, 伊列水라고도 한다. 지금 新疆維吾爾自治區 西北部와 카자흐스탄 동북의 일리(伊犁)강을 지칭한다.

916) 伊麗: 지금 新疆維吾爾自治區 伊寧市를 지칭한다.

917) 步失達干: 고대 투르크어로 '바쉬 타르칸(Bash tarqan)'의 음사로 추정된다.

918) 碎葉水: 지금 키르기즈스탄과 카자흐스탄의 국경에 있는 추(Chu)강으로 素葉水, 細葉川, 答刺速沒輦, 垂河, 吹河, 亦河, 吹沒輦이라고도 한다.

919) 鼠耨設: 고대 투르크어로 '치누 샤드(Chinu shad)'의 음사로 추정된다.

920) 蘇咄城: 石國(지금 우즈베키스탄 타쉬켄트)에 속해 있었던 오아시스 도시인데, 정확한 위치는 알 수 없다.

921) 伊涅達干: 고대 투르크어로 '이날 타르칸(Ïnal tarqan)'의 음사이다.

賀魯謂嗣業曰:「我, 亡虜也, 先帝厚我, 我則背之, 今天降怒罰, 尙何道? 且聞漢法殺人必都市, 我願就死昭陵, 謝罪於先帝也.」 帝曰:「先帝賜賀魯二千帳主之, 今罪人旣得, 獻昭陵其可乎?」 許敬宗曰:「古者, 軍凱還則飮至于廟. 若諸侯獻馘天子, 未聞獻于陵. 然陛下奉園寢與宗廟等, 可行不疑.」 於是執而獻昭陵, 赦不誅.

[아사나]하로가 [소]사업에게 말했다. “저는 망한 오랑캐인데도 선제(先帝)[922]께서 저를 후대해주셨음에도 제가 바로 배신을 해서 지금 하늘이 노여워 벌을 주었으니 무슨 말을 할 수 있겠습니까? 또한 중국[漢]의 법을 듣자하니 사람을 죽이는 것은 반드시 수도의 저자에서 한다고 하는데, 저는 소릉(昭陵)에 가서 죽어 선제에게 사죄를 하고 싶습니다.” 황제가 말했다. “선제 [폐하]께서 [아사나]하로에게 2천 장을 주어 다스리도록 했는데, 지금 죄인을 잡았으니 소릉에 바쳐도 되겠는가?” 허경종(許敬宗) 말했다. “옛날에 군대가 개선해 돌아오면 종묘(宗廟)에 가서 술을 주[며 격려했]습니다. 제후가 천자에게 수급을 바칠 때 황릉에 바친다는 말은 들어본 바 없습니다. 그러나 폐하께서 황릉과 종묘 등에 [그들을] 바치신다면 그렇게 해도 좋을 것같습니다.” 이에 [아사나하로를] 잡아다 소릉에 바친 다음 용서하고 죽이지 않았다.

賀魯已滅, 裂其地爲州縣, 以處諸部. 木昆部爲匐延都督府, 突騎施索葛莫賀部爲嗢鹿都督府, 突騎施阿利施部爲絜山都督府, 胡祿屋闕部爲鹽泊都督府, 攝舍提暾部爲雙河都督府, 鼠尼施處半部爲鷹娑都督府, 又置崑陵·濛池二都護府以統之. 其所役屬諸國皆置州, 西盡波斯, 並隸安西都護府. 以阿史那彌射爲興昔亡可汗, 兼驃騎大將軍·崑陵都護, 領五咄陸部, 阿史那步眞爲繼往絶可汗, 兼驃騎大將軍·濛池都護, 領五弩失畢部, 各賜帛十萬, 以光祿卿盧承慶持冊命之. 賀魯死, 詔葬頡利冢旁, 紀其概於石.

[아사나]하로가 멸망한 다음에 그 땅을 나누어 주현으로 삼고, 여러 부락을 살게 했다. [처]목곤 부락을 복연도독부(匐延都督府)[923]로 하고, 돌기시 색갈막하(索葛莫賀) 부락을 올

922) 先帝는 高宗의 아버지인 太宗을 지칭함.

록도독부(嗢鹿都督府)[924]로 하고, 돌기시 아리시(阿利施) 부락을 혈산도독부(絜山都督府)[925]로 하고, 호록옥궐(胡祿屋闕) 부락을 염박도독부(鹽泊都督府)[926]로 하고, 섭사제돈(攝舍提暾) 부락을 쌍하도독부(雙河都督府)[927]로 하고, 서니시처반(鼠尼施處半) 부락을 응사도독부(鷹娑都督府)[928]로 하며, 또한 곤릉(崑陵)[929]과 몽지(濛池)[930] 두 도호부를 두어 통제하게 하였다. 그에 복속되어 있는 여러 국가들에도 모두 주를 설치했는데, 서쪽으로 파사(波斯)까지

---

923) 匐延都督府: 顯慶 3년(658)에 西突厥 處木昆 部落에 설치된 羈縻府였다. 崑陵都護府에 예속되었고, 치소는 지금 新疆維吾爾自治區 和布克塞爾蒙古自治縣 부근에 있었다. 安西大都護府의 관할 하에 있다가 이후에 北庭都護府에 소속되었다. 8세기 전기에 폐지되었다.

924) 嗢鹿都督府: 顯慶 4년(659)에 西突厥 突騎施 索葛莫賀 部落에 설치된 羈縻府였다. 崑陵都護府에 예속되었고, 치소는 지금 新疆維吾爾自治區 伊寧市 伊犁河 부근에 있었다. 다른 학설에는 지금 키르기즈스탄 타크막 북쪽에 있는 추강 부근이라고 한다. 安西大都護府의 관할 하에 있다가 이후에 北庭都護府에 소속되었다. 8세기 이전에 폐지되었다.

925) 絜山都督府: 顯慶 2년(657)에 西突厥 突騎施 阿利施部落에 설치된 羈縻府였다. 崑陵都護府에 예속되었다. 安西大都護府의 관할 하에 있다가 이후에 北庭都護府에 소속되었다. 8세기 전기에 폐지되었다.

926) 鹽泊都督府: 顯慶 2년(657)에 西突厥 胡祿屋闕 部落에 설치된 羈縻府였다. 崑陵都護府에 예속되었고, 치소는 지금 新疆維吾爾自治區 克拉瑪依市에 있었다. 安西大都護府의 관할 하에 있다가 이후에 北庭都護府에 소속되었다. 8세기 전기에 폐지되었다.

927) 雙河都督府: 顯慶 2년(657)에 西突厥 攝舍提暾 部落에 설치된 羈縻府였다. 崑陵都護府에 예속되었고, 치소는 지금 新疆維吾爾自治區 博樂市 남쪽에 있는 博爾塔拉河에 있었다. 安西大都護府의 관할 하에 있다가 이후에 北庭都護府에 소속되었다. 貞元年間에 폐지되었다.

928) 鷹娑都督府: 顯慶 2년(657)에 西突厥의 鼠尼施處半 部落에 설치된 羈縻府였다. 崑陵都護府에 예속되었고, 치소는 지금 新疆維吾爾自治區 율두즈강[裕勒都斯河]에 있었다. 安西大都護府의 관할 하에 있다가 이후에 北庭都護府에 소속되었다. 龍朔 2년(662)에 폐지되었다.

929) 崑陵都護府: 顯慶 2년(657)에 西突厥 阿史那賀魯를 평정한 다음 그의 땅을 둘로 나눠 동쪽에 설치되었고, 安西都護府의 관할 하에 두었다. 주로 西突厥의 五咄陸 部落을 통제하도록 했는데, 관할 구역은 지금 카자흐스탄 발하쉬 호 이동에서 新疆維吾爾自治區 준가르 분지와 일리강 하류 일대였다. 垂拱 이후에 폐지되었다. 長安 이후에 北庭都護府의 관할로 바뀌었다.

930) 濛池都護府: 顯慶 2년(657)에 西突厥 阿史那賀魯를 평정하고 그의 땅을 둘로 나눠 서쪽에 설치되었고, 安西都護府의 관할 하에 두었다. 주로 西突厥의 五弩失畢 部落을 통제하도록 했는데, 관할 구역은 지금 카자흐스탄 아랄해 동남, 발하쉬 호와 키르기즈스탄 이식 쿨 이서 지역이었다. 長安 2년(702) 北庭都護府의 관할로 바뀌었다. 垂拱 이후에는 弩失畢 부락이 東突厥의 공격을 받아 흩어지게 되자 天授 元年(690) 都護가 잔여 부락을 이끌고 내지로 들어오게 되자 그 지역은 突騎施의 지배를 받게 되었다. 開元 말기에 다시 阿史那昕이 十姓可汗, 濛池都護가 되어 고지로 돌아가나 天寶 元年(742)에 俱蘭城 서쪽 俱蘭城에 이르렀을 때 突騎施 莫賀達干의 공격을 받아 阿史那昕이 죽게 됨에 따라 완전히 폐지되었다.

모두가 안서도호부(安西都護府)[931]에 속하게 되었다. 아사나미사를 흥석망가한(興昔亡可汗)으로 삼고 표기대장군(驃騎大將軍)[932] 곤릉도호(崑陵都護)를 겸해 오돌륙 부락을 통제하게 하고, 아사나보진을 계왕절가한(繼往絕可汗)으로 삼고, 표기대장군 몽지도호(濛池都護)를 겸해 오노실필 부락을 통제하게 했는데, 각자에게 비단[帛] 10만을 내려주고 광록경 노승경(盧承慶)[933]에게 책명을 갖고 가게 했다.[934] [현경 4년(659)에[935] 아사나]하로가 죽자 [황제가] 조칙을 내려 힐리[가한]의 무덤 곁에 묻게 하고 그의 사적을 비석에 새기게 했다.

---

931) 安西都護府: 貞觀 14년(640)에 侯君集이 高昌을 평정한 다음 설치되었다. 治所가 西州(지금 新疆維吾爾自治區 吐魯番縣 동남 高昌 廢址)에 있었다. 顯慶 3년(658)에 治所가 龜玆鎭(지금 新疆維吾爾自治區 高車 東郊 皮朗 舊城)으로 이동했다. 관할구역은 지금 알타이산맥 已西와 咸海 已東, 아무다리야 유역과 파미르 고원의 동쪽과 서쪽, 타림 분지의 대부분 지역이었다. 咸亨 元年(670)에 龜玆鎭이 吐蕃에 점령되자 治所가 碎葉鎭으로 옮겨갔다. 長壽 2년(693)에 治所가 다시 龜玆鎭으로 바뀌었다. 至德 元年(756)에 鎭西都護府로, 이후에 安西都護府로 개칭되었다. 貞元 3년(787) 이후 龜玆와 交河城을 吐蕃이 점령하자 都護府가 廢置되었다.

932) 驃騎大將軍: 前漢 武帝 元狩 2년(전121)에 驃騎大將軍이 설치되었다. 지위는 丞相과 開府 다음이었고 征伐을 담당했다. 後漢 明帝시기에는 三公(太尉・司徒・司空)의 위에 있었으나 후에 廢置되었다. 曹魏, 兩晉, 南齊에는 驃騎將軍이 있었다. 梁代에는 驃騎將軍이 雜號將軍이 되었으며 지위는 1品이었다. 隋 文帝 開皇(581~600)년간에 驃騎府를 두고 驃騎將軍이 長官이 되었다. 煬帝는 驃騎將軍을 鷹揚郎將으로 고쳤다. 武德 元年(618)에 軍頭로 고쳤다가 이후에 다시 驃騎將軍으로 고쳤다. 후에 이를 折衝都尉로 고쳐 折衝府의 長官으로 삼았다. 貞觀 元年(627)에 驃騎大將軍을 武散官으로 삼고 品階는 從一品으로 했다. 후에 없앴다가 顯慶 元年(656)에 다시 설치되었다.

933) 盧承慶(595~670): 唐代의 관리로 幽州 范陽縣(지금 北京市 서남쪽) 사람이었다. 字는 子餘였다. 博學하고 재간이 있었으며 어려 아버지의 작위인 范陽郡公을 襲爵했다. 貞觀初에 秦州都督府의 戶曹參軍에 임명되었고 이에 河西의 군사문제에 관해 상주해 그의 능력을 인정받아 考功員外郎으로 임명되었다. 이어 民部侍郎을 역임했고, 夏와 商부터 北周와 隋에 이르기까지 역대 戶口 數를 능히 암기할 수 있어 太宗의 칭찬을 들었다. 檢校兵部侍郎이 되었으며 5品官의 인선을 겸해 관장했다. 顯慶 4년(659)에 度支尙書 同中書門下三品이 되었다가 후에 潤州刺史와 雍州長史를 역임했다. 總章 2년(669)에 刑部尙書가 되었으나 年老해 致仕했고 이듬해에 병사했다(『新唐書』 卷106 「盧承慶傳」: 4047).

934) 『舊唐書』에는 책봉과 관련된 조서의 내용이 기록되어 있다. "因下詔曰: 「自西蕃罹亂, 三十餘年. 比者賀魯猖狂, 百姓重被劫掠. 朕君臨四海, 情均養育. 不可使凶狡之虜, 恣行侵漁; 無辜之甿, 久遭塗炭. 故遣右屯衛將軍蘇定方等統率騎勇, 北路討逐; 卿等宣暢朝風, 南道撫育. 遂使凶渠畏威, 夷人慕德, 伐叛柔服, 西域總平. 賀魯父子旣已擒獲, 諸頭部落須有統領. 卿早歸闕庭, 久參宿衛, 深感恩義, 甚知法式, 所以册立卿等各爲一部可汗. 但諸姓從賀魯, 非其本情, 卿等纔至卽降, 亦是赤心向國. 卿宜與盧承慶等準其部落大小, 位望高下, 節級授刺史以下官.」"

935) 『舊唐書』에는 阿史那賀魯가 顯慶 4년(659)에 죽었다고 되어 있다.

阿史那彌射，亦室點蜜可汗五世孫，世爲莫賀咄葉護．貞觀中，遣使者持節立彌射爲奚利邲咄陸可汗，賜鼓纛．族兄步眞謀殺彌射，欲自立，彌射不能國，卽擧所部處月·處蜜等入朝，拜右監門衛大將軍．而步眞遂自爲咄陸葉護，衆不厭，去之，亦與族人來朝，拜左屯衛大將軍．彌射從帝征高麗有功，封平壤縣伯，遷右武衛大將軍．及平賀魯，乃與步眞皆爲可汗，得補所部刺史以下．是歲，彌射擊眞珠葉護於雙河，斬之，殺闕啜二人．

아사나미사 역시 실점밀가한(室點蜜可汗)의 5대손으로 대대로 막하돌엽호(莫賀咄葉護)였다. 정관년간에 [당조에서] 사자에게 부절을 갖고 가 [아사나]미사를 해리필돌륙가한(奚利邲咄陸可汗)으로 책봉하고 북과 독을 내려주니, 종족의 형뻘인 [아사나]보진이 [아사나]미사를 죽이려고 하면서 스스로 [가한으로] 즉위하려고 했고, [아사나]미사가 나라를 통제하지 못하자 거느리던 처월과 처밀 등을 데리고 조정에 들어와 우감문위대장군(右監門衛大將軍)[936]으로 임명되었다. 그러자 [아사나]보진이 마침내 스스로 돌륙엽호(咄陸葉護)가 되나 백성들이 [그에게] 불만을 갖고 도망갔고, 역시 족속의 사람들과 함께 조정에 [들어]와서 좌둔위대장군으로 임명되었다. [아사나]미사가 황제를 따라 고[구]려 원정에 참여해 공을 세웠기 때문에 평양현백(平壤縣伯)에 봉해졌고 우무위대장군으로 옮겼다. 그리고 [아사나]하로를 평정하자 [아사나]보진과 함께 모두 가한이 되었고, 그의 부락 [추장들이]이 자사 이하로 모두 임명되었다. 이 해에 [아사나]미사가 쌍하에서 진주엽호(眞珠葉護)를 공격해 베고 궐철(闕啜) 두 명을 죽였다.

彌射·步眞無綏御材，下多怨，於是思結都曼率疏勒·朱俱波·喝槃陀三國叛，擊破

936) 右監門衛大將軍: 右監門衛의 長官이었다. 漢魏시대에 城門校尉가 있었는데, 隋初에 右監門府가 설치되었고 장관을 將軍이라 칭했다. 龍朔 2년(662)에 右監門衛로 改稱되었다. 右監門衛에는 장관인 大將軍이 1명과 차관인 將軍이 2명이었다. 宮殿 諸門의 禁衛와 門籍을 관장했으며 9品官이상의 文武官은 매달 監門衛에 籍을 보내야 했고, 監門衛는 表賬을 모아 內門에 전달했다. 官員과 儀仗을 출입할 때 그 수를 검사하며 物貨와 器用을 가지고 入宮할 때 반드시 등기해야 했다. 皇帝가 밖으로 나가 行幸할 때 부하의 軍兵을 거느리고 주둔 지역 門의 禁衛를 담당했다.

于闐，詔左驍衛大將軍蘇定方討之，都曼兵保馬頭川．五年，定方傅其城，擊降之．龍朔二年，彌射・步眞以兵從𩙿海道總管蘇海政討龜茲，步眞怨彌射，且欲并其部，乃誣以謀反．海政不能察，卽集軍吏計議先發誅之，因稱詔發所齎賜可汗首領，彌射以麾下至，悉收斬之．其部鼠尼施・拔塞幹叛走，海政追平之．步眞死乾封時．

[아사나]미사와 [아사나]보진은 달래고 어르는 재주가 없어 부하들이 대부분 원망을 했고, 이에 사결도만(思結都曼)[937]이 소륵, 주구파, 갈반타(喝槃陀)[938] 세 나라를 거느리고 반란을 일으켜 우전을 공격해 격파했는데, [황제가] 조칙을 내려 좌효위대장군 소정방에게 토벌하라고 하자 [사결]도만의 병사들이 마두천(馬頭川)[939]에 숨었다. [현경] 5년(660)에 [소]정방이 그 성에 도착해 격파하고 항복시켰다.

용삭 2년(662)에 [아사나]미사와 [아사나]보진이 군대를 이끌고 율해도대총관(𩙿海道大總管) 소해정(蘇海政)[940]를 따라 구자를 토벌했는데, [아사나]보진이 [아사나]미사에게 원한을 갖고 있었고, 또한 그의 부락을 차지하기 위해 모반을 일으켰다고 무고를 했다. [소]해정이 [잘] 살펴보지 않고 바로 군리(軍吏)를 소집해 먼저 [군대를] 일으켜서 [아사나미사를] 죽여 버릴 것을 논의한 다음에, 칙서로 갖고 있는 재물을 [아사나미사] 가한의 수령들에게 준다고 속여 [아사나]미사의 부하들이 오게 한 다음 모두를 잡아 베어버렸다. 그의 부락인 서니시와 발새간이 반란을 일으켜 도망가자 [소]해정이 좇아가 평정했다.[941] [아사나]보진은 건봉(乾封)년간(666년)에 죽었다.

---

937) 思結都曼: 고대 투르크계 유목민인 鐵勒의 하나인 思結 부락의 酋長이었다.

938) 喝槃陀: 달리 渴槃陁라고 하는데, 지금 新疆維吾爾自治區 塔什庫爾干塔吉克自治縣城 동북쪽 石頭城에 위치하고 있었다.

939) 馬頭川: 지금 新疆維吾爾自治區 和田(호탄) 즉, 과거 于闐國 인근에 있는 하천으로 추정되나 정확하게 알 수 없다.

940) 蘇海政: 唐代 관리로 永徽년간(650~655)에 總管을 역임하면서 변방에서 突厥을 침입을 막아냈다.

941) 『舊唐書』에는 阿史那步眞이 蘇海政에게 阿史那彌射를 무고해 죽인 일이 자세히 기록되어 있다. "龍朔中, 又令彌射・步眞率所部從𩙿海道大總管蘇海政討龜茲. 步眞嘗欲并彌射部落, 遂密告海政云:「彌射欲謀反, 請以計誅之.」時海政兵纔數千, 懸師在彌射境內, 遂集軍吏而謀曰:「彌射若反, 我輩卽無噍類. 今宜先擧事, 則可克捷.」乃僞稱有敕, 令大總管齎物數百萬段分賜可汗及諸首領. 由是彌射率其麾下, 隨例請物, 海政盡收斬之. 其後西蕃盛言彌射非反, 爲步眞所誣, 而海政不能審察, 濫行誅戮."

咸亨二年，以西突厥部酋阿史那都支爲左驍衛大將軍兼匐延都督，以安輯其衆．儀鳳中，都支自號十姓可汗，與吐蕃連和，寇安西，詔吏部侍郎裴行儉討之．行儉請毋發兵，可以計取．卽詔行儉冊送波斯王子，并安撫大食，若道兩蕃者．都支果不疑，率子弟上謁，遂禽之，召執諸部渠長，降別帥李遮匐以歸，調露元年也．

함형(咸亨) 2년(671)에 서돌궐 부락의 추장 아사나도지(阿史那都支)[942]를 좌효위대장군 겸 복연도독(匐延都督)으로 삼아 그의 백성들을 안정시켜 모으게 했다. 의봉(儀鳳)년간에[943] [아사나]도지가 십성가한(十姓可汗)[944]이라고 스스로 칭하고 토번과 함께 연합해 안서(安西)에 쳐들어오자 [황제가] 조칙을 내려 이부시랑(吏部侍郎)[945] 배행검에게 토벌하게 했다. [배]행검이 군대를 동원하지 않고도 계책으로 잡을 수 있을 것이라고 했다. 그러자 [황제가 배]행검에게 조칙을 내려 파사 왕자[946]를 책봉해 보내고 대식(大食)[947]을 다독여 서돌궐과 토번[兩蕃]에게 길을 요구하게 했다. [아사나]도지가 과연 의심하지 않고 자식과 동생들을 거느리고

942) 阿史那都支: 西突厥 十姓의 하나인 處木昆 부락으로 추장으로 匐延都督로 있다가 반란을 일으켰다가 잡혔다.

943) 정확히 儀鳳 2년(677)이다.

944) 十姓可汗: 고대 투르크어로 '온 오크 카간(On oq qaghan)'의 음사이다. 반란을 일으킨 阿史那都支가 西突厥의 大可汗을 칭하지 않고 十姓可汗이라고 한 것은 그 자신이 비록 阿史那氏 이지만 西突厥의 정통 집안이 아니라 處木昆 부락으로 추장으로 당시 匐延都督을 맡고 있었기 때문이라고 추정된다. 즉, 이미 붕괴한 西突厥의 부활이 아니라 현존하는 十姓(十箭)의 대표라는 의미에서 十姓可汗이라고 칭한 것으로 보인다(內藤みどり, 1988: 66~67).

945) 吏部侍郎: 吏部의 부장관으로 隋 大業 3년(607)에 처음 설치되었다. 唐代에는 2명으로 늘었고, 품계는 正四品上이었다. 高宗, 武則天, 玄宗시대에 司列少常伯, 天官侍郎, 文部侍郎 등으로 개칭되었다. 처음에는 8, 9품의 銓選을 하다가 睿宗 이후에는 6품 이하의 銓選을 했다. 尙書가 재상을 겸하게 됨에 따라 점차 長官으로서의 역할을 했다. 중기 이에는 그 역할이 점차 약화되었다.

946) 唐朝에 투항해왔던 사산조 페르시아의 왕자인 나르시(Narsi)를 말한다.

947) 大食: 달리 多氏, 多食, 大寔 등으로 번역되기도 한다. 일반적으로 이란어의 '타지(Tazi)' 또는 '타직(Tazik)'의 음사 또는 아랍어로 商人을 의미하는 '타지르(Tajir)'의 음사로 보기도 한다. 중국에서 고대 西域의 종족이나 국가를 지칭하는 명칭이었다. 처음에는 아랍 사람이나 아랍 제국을 지칭하다가 이후에 이란계통의 언어를 쓰는 무슬림을 통칭하는 것으로 바뀌었다. 저본에서는 주로 이슬람 왕국인 압바스 왕조(Abbasid)를 지칭하는 것으로 우마이야 왕조를 白衣大食이라고 한 것과 달리 黑衣大食이라고 했다.

마중하러 왔다가 결국 사로잡혔고, 여러 부락의 수령(渠長)마저 불러 잡아버리자 다른 장수 이차복(李遮匐)[948]도 항복해 돌아왔는데, [이 때가] 조로(調露) 원년(679)이었다.

西姓自是益衰，其後二部人日離散．遂擢彌射子元慶爲左玉鈐衛將軍，步眞子步利設斛瑟羅爲右玉鈐衛將軍，盡襲父所領及可汗號．元慶累拜鎭國大將軍·行左威衛大將軍．武后擅命，率諸蕃長請賜睿宗氏曰武，更號斛瑟羅曰竭忠事主可汗．長壽中，元慶坐謁皇嗣，爲來俊臣所誣，要斬，流其子獻于振州．

서돌궐[西姓]은 이로부터 더욱 쇠퇴하게 되었으며, 그 이후 두 부락의 사람들은 날로 흩어지게 되었다. [이렇게 되자 당나라 조정에서] 마침내 [아사나]미사의 아들 [아사나]원경(阿史那元慶)[949]을 좌옥검위장군(左玉鈐衛將軍)[950]으로, [아사나]보진의 아들 보리설(步利設)[951] [아사나]곡슬라(阿史那斛瑟羅)[952]를 우옥검위장군(右玉鈐衛將軍)[953]으로 발탁해 모두 그 아

948) 李遮匐: 원래 阿史那都支의 부장으로 處木昆 부락의 인물로 추정된다. 이름이 遮匐인데, 투항한 이후에 李氏로 賜姓되어 蕃將으로 활동했다.

949) 阿史那元慶(?~692): 唐代 蕃將으로 阿史那彌射의 아들이었다. 高宗 말기에 左豹韜衛翊府中郎將이 되었다. 垂拱 초기에 左玉鈐衛將軍 兼崑陵都護가 되었고 아버지의 작을 물려받아 興昔亡可汗으로 咄陸 부락을 통할했다. 鎭國大將軍, 左威衛大將軍을 거듭 제수받았고 長壽 元年(692)에 모함으로 武則天에게 죽임을 당했다.

950) 左玉鈐衛將軍: 左玉鈐衛의 次官으로 품계는 從三品이었다. 左玉鈐衛는 본래 左領軍衛였다. 領軍은 後漢末 曹操가 설치했으며, 후에 中領軍으로 改稱되었다. 曹魏가 처음으로 領軍將軍을 설치해 禁軍을 통솔하게 했으며 이후 각 왕조에서도 領軍將軍이 설치되었다. 北齊에서는 領軍府가 설치되고 領軍大將軍이 領軍府를 관장하게 해 모든 禁衛官兵을 관할했다. 隋는 左右領軍府로 나누었고 長史를 두어 관리했으며, 12軍의 籍賬과 差科, 詞訟 등을 관장했다. 隋 煬帝는 이를 左右屯衛로 바꾸었는데, 唐代에 원래의 명칭으로 환원되면서 별도로 左右領軍衛가 설치되었고 각각 大將軍 1명과 將軍 2명을 두었다. 翊一府와 翊二府, 萬敵, 萬年 등 60개의 折衝府를 관장했다. 龍朔 2년(622)에는 左右戎衛로, 咸亨 元年(670)에 左右領軍衛로 改稱되었다. 光宅 元年(684)에는 左右玉鈐衛로 개칭되었다가 神龍 元年(705)에 원래의 명칭으로 환원되었다. 左玉鈐衛는 光宅 元年부터 神龍 元年까지 22년간 사용된 명칭이었다.

951) 步利設: 고대 투르크어로 '뵈리(Böri shad)'의 음사이다.

952) 阿史那斛瑟羅: 唐代 蕃將으로 阿史那步眞의 아들이었다. 斛瑟羅는 고대 투르크어로 '쿠사라(Qusara)'의 음사로 추정된다. 처음에 步利設(뵈리 샤드)이었는데, 垂拱 초에 右玉鈐衛將軍으로 蒙池都護가 되어 弩失畢 부락을 통어했다. 天授 元年(690)에 竭忠事主可汗으로 봉해졌다. 聖曆 2년(699)에 左衛大將軍

비가 다스리던 땅과 가한의 칭호를 잇도록 했다. [아사나]원경은 여러 차례 진국대장군(鎭國大將軍)[954] 행좌위대장군(行左威衛大將軍)으로 제수되었다.

무후가 [황제 위를] 찬탈하자, [아사나원경은] 여러 번장(蕃長)들을 거느리고 예종에게 무[씨](武氏) 성을 내리고 [아사나]곡슬라를 갈충사주가한(竭忠事主可汗)이라고 바꾸어 부르도록 청하였다. 장수(長壽)년간에[955] [아사나]원경은 황사(皇嗣)를 배알한 죄로 내준신(來俊臣)[956]에게 무고를 당해 허리가 잘렸고, 그의 아들 [아사나]헌(阿史那獻)[957]은 진주(振州)[958]로 유배되었다.

兼西平軍大總管, 蒙池都護로 五弩失畢 부락을 이끌었다. 하지만 突騎施의 烏質勒에게 압박을 받아 그 부락을 이끌고 唐朝로 이주했다가 長安에서 죽었다. 아들 阿史那懷道가 그의 지위를 이었다.

953) 右玉鈐衛將軍: 右玉鈐衛의 次官으로 품계는 從三品이었다. 右玉鈐衛는 본래 左領軍衛였다. 領軍은 後漢末 曹操가 설치했으며, 후에 中領軍으로 改稱되었다. 曹魏가 처음으로 領軍將軍을 설치해 禁軍을 통솔하게 했다. 이후 각 왕조에서도 領軍將軍이 설치되었다. 北齊에서도 領軍府가 설치되었고 領軍大將軍이 領軍府를 지휘해 모든 禁衛官兵을 관할했다. 隋에는 左右領軍府로 나뉘고 長史가 관리를 했으며, 12軍의 籍賬과 差科, 詞訟 등을 관장했다. 隋煬帝는 이를 左右屯衛로 바뀌었다가 唐代에 원래의 명칭이 회복되었다. 별도로 左右領軍衛가 설치되었고 각각 大將軍 1명과 將軍 2명이 관할했다. 翊一府와 翊二府, 萬敵, 萬年 등 60개의 折衝府를 관장했다. 龍朔 2년(622)에는 左右戎衛로, 咸亨 元年(670)에 左右領軍衛로 改稱되었다. 光宅 元年(684)에는 左右玉鈐衛로 개칭되었다가 神龍 元年(705)에 원래대로 환원되었다.

954) 鎭國大將軍: 武散官으로 품계가 從二品이었다.

955) 정확히 長壽 원년(692)이다.

956) 來俊臣(651~697): 唐代의 관리로 雍州 萬年縣 사람이었다. 밀고로 武則天의 신임을 얻어 侍御史로 승진했으며, 재판을 모두 武則天의 뜻대로 처리했다. 天水 2년(691) 左臺御史中丞이 되어 수백 인의 無賴를 모아 刑獄을 담당하게 하고 비밀리에 誣告해 죄에 연루시켰으며, 그 방법을 설명한 『告密羅織經』을 저술했다. 심문할 때마다 수십 종의 刑具를 준비해 허위자백을 유도했다. 武則天이 洛陽 麗景門에 推事院을 설치하고 그에게 주지하도록 했다. 전후 수천여 家를 살해했다. 누차 뇌물수수로 하옥되었으나 武則天의 비호로 다시 등용되어 洛陽令·司僕少卿을 역임했다. 후에 武氏 諸王과 太平公主, 張易之 등에게 죄를 얻어 피살되었다(『新唐書』 卷209 「酷吏傳」: 5905).

957) 阿史那獻: 唐代 蕃將으로 阿史那元慶의 아들이었다. 如意 元年(692)에 모함으로 崖州에 유배되었다가 長安 3년(703)에 돌아와 右驍衛大將軍이 되었고, 아버지를 이어 興昔亡可汗으로 安撫招慰十姓大使가 되었다. 碎葉 이서지역의 부락들을 내속시켜 定遠道大總管이 되었으나 이후 突騎施 沙葛을 공격했으나 성공하지 못하고 長安으로 돌아와 죽었다.

958) 振州: 武德 5년(622)에 臨振郡이 바뀌어 설치되었고, 치소는 寧遠縣(지금 海南省 三亞市 서북 崖城鎭)에 있었다. 天寶 元年(742)에 延德郡이 되었다가 乾元 元年(758)에 환원되었다. 관할 구역은 지금 海南省 海南도 서남부지역이었다. 北宋 開寶 5년(972)에 崖州로 바뀌었다. 『新唐書』에서 "崖州"라고 되어 있다.

其明年，西突厥部立阿史那俀子爲可汗，與吐蕃寇，武威道大總管王孝傑與戰冷泉·大領谷，破之；碎葉鎭守使韓思忠又破泥熟俟斤及突厥施質汗·胡祿等，因拔吐蕃泥熟沒斯城．聖曆二年，以斛瑟羅爲左衛大將軍兼平西軍大總管，令撫鎭國人．是時烏質勒兵張甚，斛瑟羅不敢歸，與其部人六七萬內遷，死長安，擢子懷道爲右武衛將軍．

그 이듬해(693) 서돌궐 부락에서 아사나퇴자(阿史那俀子)[959]를 가한으로 추대해 토번과 함께 쳐들어오자 무위도대총관(武威道大總管) 왕효걸(王孝傑)이 그들과 냉천(冷泉)[960]과 대령곡(大領谷)[961]에서 싸워 격파했다. 쇄엽진수사(碎葉鎭守使) 한사충(韓思忠)[962]이 또 이숙사근(泥熟俟斤),[963] 돌궐시질한(突厥施質汗)[964]과 호록[옥](胡祿屋)[965] 등을 격파하고 토번의 이숙몰사성(泥熟沒斯城)[966]을 빼앗았다.

성력(聖曆) 2년(699)에 [아사나]곡비라를 좌위대장군 겸 평서군대총관(平西軍大總管)으로 삼아 국인들을 다독이도록 했다. 이 때 [돌기시] 오질륵(烏質勒)[967]의 군세가 아주 강력해져 [아사나]곡비라가 감히 [자신의 옛 땅으로] 돌아가지 못하고, 그 부락사람 6~7만 명과 함께 [중국] 안으로 옮겨왔다가 장안에서 죽자 아들 [아사나]회도(阿史那懷道)[968]를 우무위장군으

959) 阿史那俀子: 阿史那元慶의 아들로 阿史那獻의 형이었다. 武則天 長壽 2년(693)에 西突厥의 可汗으로 추대되어 吐蕃과 함께 唐朝를 공격하나 패배했다.

960) 冷泉: 지금 靑海省 西寧市 부근에 있는 곳으로 추정되나 정확한 위치는 알 수 없다.

961) 大領谷: 大嶺谷이라고도 하는데, 靑海省 西寧市 서쪽에 위치하고 있었다. 그 주위에 唐代에 吐蕃이 大領城을 수축하기도 했다.

962) 韓思忠: 唐代 장군으로 朔方軍의 副將이었다. 主將인 魏元忠이 패전의 책임을 그에게 덮어씌워 주살을 청하나 다행이 殿中侍御史 王晙이 구원을 받아 죽임을 면했다. 高宗 咸亨 3년(672)에 碎葉鎭鎭守使로 突厥과 吐蕃을 공격해 격파했다.

963) 泥熟俟斤: 고대 투르크어로 '이둑 이르킨(Ïduqirkin)'의 음사이다.

964) 突厥施質汗은 突騎施 부락의 質汗으로 추정되는데, 잘못된 표기로 보인다.

965) 胡祿은 고대 투르크어로 '퀴뤽(külüg)'의 음사루 보아 인명으로 볼 수도 있다. 그외 달리 胡祿屋의 잘못된 기록이라고 본다면 胡祿屋 출신의 인물이라고 볼 수도 있다. 후자로 보는 것이 타당하다.

966) 泥熟沒斯城: 지금 新疆維吾爾自治區 동남부에 위치한 吐蕃의 성채인데, 정확한 위치는 알 수 없다.

967) 烏質勒: 고대 투르크어로 '우길(Ughïl)'의 음사로 추정된다. 西突厥 突騎施의 酋長으로 莫賀達干(바가타르칸)이라 불렸다. 백성들을 초무해 碎葉城에 牙帳을 두고 阿史那斛瑟羅의 땅을 모두 차지했다. 景龍 2년(708) 唐朝로부터 西河郡王으로 봉해졌다가 얼마 지나지 않아 죽었다.

968) 阿史那懷道: 唐朝의 蕃將으로 阿史那步眞의 손자이고 阿史那斛瑟羅의 아들이었다. 聖曆년간에 일어난

로 임명했다.

長安中，以阿史那獻爲右驍衛大將軍，襲興昔亡可汗·安撫招慰十姓大使·北庭大都護．四年，以懷道爲十姓可汗兼濛池都護．未幾，擢獻磧西節度使．十姓部落都擔叛，獻擊斬之，傳首闕下，收碎葉以西帳落三萬內屬，璽書嘉慰．葛邏祿·胡屋·鼠尼施三姓已內屬，爲默啜侵掠，以獻爲定遠道大總管，與北庭都護湯嘉惠等掎角．於是突騎施陰幸邊隙，故獻乞益師，身入朝，玄宗不許．詔左武衛中郎將王惠持節安尉．方冊拜突騎施都督車鼻施啜蘇祿爲順國公，而突騎施已圍撥換·大石城，將取四鎮．會嘉惠拜安西副大都護，卽發三姓葛邏祿兵與獻共擊之．帝將詔王惠與相經略，宰相臣璟·臣頲曰：「突騎施叛，葛邏祿攻之，此夷狄自相殘，非朝廷出也．大者傷，小者滅，皆我之利．方王惠往撫慰，不可參以兵事．」乃止．獻終以娑葛彊狠不能制，亦歸死長安．

장안(長安)년간에는[969] 아사나헌을 우효위대장군으로 삼아 홍석망가한 안무초위십성대사(安撫招慰十姓大使) 북정대도호(北庭大都護)를 이어받게 했다. [장안] 4년(704)에는 [아사나]회도를 십성가한 겸 몽지도호로 삼았다. 얼마 지나지 않아 [아사나]헌을 적서절도사(磧西節度使)로 발탁했다. 십성부락(十姓部落) 도담(都擔)[970]이 반란을 일으키자 [아사나]헌이 [도담을] 공격해 죽이고 머리를 조정에 전달함에 따라 쇄엽 이서 지역의 3만 장락(帳落)이 [중국에] 귀순했고, 새서를 [내려] 기꺼워하며 위로를 했다. 갈라록, 호옥, 서니시 세 부락[三姓]이 이미 안으로 귀순했다가 묵철에게 침략 당하자 [아사나]헌을 정원도대총관(定遠道大總管)으로 삼아 북정도호(北庭都護) 탕가혜(湯嘉惠) 등과 함께 서로 호응하게 했다. 이에 돌기시가 몰래

西突厥 十姓의 불화가 長安 初까지 계속 지속되자 唐의 安西大都護 郭元振이 그를 長安 4년(704)에 可汗으로 삼아 十姓을 통제하려 했지만 성공하지 못했다. 開元 3년(715)에 突騎施의 蘇祿이 명성을 떨치자 唐에서는 그에게 장군의 직함을 주어 特勤으로 삼고 可汗으로 삼아 忠順可汗이라 칭했다. 이때 史懷道는 딸 金河公主를 蘇祿에게 시집보냈다. 開元 26년(738)에 蘇祿에게 피살되었다.

969) 정확히 長安 3년(703)이다.

970) 都擔: 十箭 중에서 咄陸의 하나인 胡祿屋 部落의 酋長로 추정된다(內藤みどり, 1988: 72~75). 스스로 十姓可汗을 칭하고 반란을 일으켰다가 진압당한 이후에 죽임을 당했다.

변경의 빈틈을 노리고 있었기 때문에 [아사나]헌이 군대를 늘려줄 것을 청하려고 몸소 조정에 들어왔으나 현종이 허락하지 않았다. [황제가] 조칙을 내려 좌무위중랑장 왕혜(王惠)에게 부절을 갖고 [가서 아사나헌을] 안정시키고 위로하게 했다.

[조정에서] 바야흐로 돌기시도독(突騎施都督) 차비시철(車鼻施啜)[971] 소록(蘇祿)을 순국공(順國公)으로 책봉하려고 했는데, 돌기시가 이미 발환[성](撥換城)[972]과 대석성(大石城)[973]을 포위한 다음 [안서]사진(安西四鎭)[974]마저 빼으려고 했다. 마침 [탕]가혜를 안서부대도호로 책봉하고 바로 삼성 갈라록의 군대를 동원해 [아사나]헌과 함께 공격을 하게 했다. 황제가 [탕가혜에게] 조칙을 내려 왕혜와 함께 경략하게 하려고 하자 재상 [송]경(宋璟)[975]과 [소]정(蘇頲)[976]이 말했다. "돌기시가 반란을 일으켰는데, 갈라록을 시켜 공격하게 하는 것은

971) 車鼻施啜: 고대 투르크어로 '차비쉬 초르(Chabish chor)'의 음사이다.

972) 撥換城: 타림 분지 천산 남쪽에 위치한 오아시스 도시로 大撥換城 또는 威戎城이라고도 하는데, 지금 新疆維吾爾自治區 溫宿縣 동쪽 札木台鄕 喀什艾日克村古城이다. 漢代에는 古墨國, 唐代에는 龜茲國에 속해 있었다.

973) 大石城: 타림 분지 천산 남쪽에 위치한 오아시스 도시로 于祝이라고 한다. 唐代에는 溫肅州의 치소로 지금 新疆維吾爾自治區 烏什縣이다.

974) 安西四鎭: 唐代 西域을 지키는 중요한 4개의 軍事重鎭이었다. 貞觀 22년(649)에 처음으로 龜茲(지금 新疆維吾爾自治區 庫車縣), 疏勒(지금 新疆維吾爾自治區 喀什縣), 于闐(지금 新疆維吾爾自治區 和田縣), 焉耆(지금 新疆維吾爾自治區 焉耆縣 서남)의 4鎭을 지칭했다. 永徽 元年(650)에 파했다가 顯慶 3년(658)에 다시 설치되었다. 咸亨 元年(670)에 吐蕃에게 함락되자 焉耆를 버리고 碎葉(지금 키르기즈스탄)을 4鎭의 하나로 삼았다. 長壽 2년(693)에 吐蕃을 격파하고 다시 龜茲·疏勒·于闐·碎葉 4鎭이 설치되었다. 開元 7년(693)에 碎葉城을 西突厥 十姓可汗에게 주고 焉耆를 4鎭의 하나로 삼았다. 安史의 난 이후 吐蕃에게 함락되면서 폐지되었다.

975) 宋璟(663~737): 唐代 재상으로 邢州 南和縣(지금 河北省 南和) 사람이었다. 高宗 調露년간에 進士가 되었고, 武則天시기에 鳳閣舍人, 左臺御史中丞 등을 맡았는데, 청렴강직해서 武則天의 신임을 받았다. 中宗시기에 黃門侍郎이 되었다가 武三思에게 쫓겨나 貝州刺史가 되었다. 하지만 睿宗 景雲 원년(710)에 相이 되어 吏部尙書, 同中書門下三品, 兼太子右庶子로 임명되고 銀靑光祿大夫가 가해졌다. 銓選을 맡아 칭송을 받았다. 이후 쫓겨나 楚州刺史가 되었다가 開元 초기에 廣州都督가 되었다가 開元 4년(715)에 刑部尙書가 되었다. 얼마 지나지 않아 吏部尙書 兼黃門監로 임명되어 姚崇을 대신해 相이 되었다. 侍中이 되었고, 廣平郡君으로 봉해졌다. 開元 8년(719)에 相을 면하고 開府儀同三司로 임명되었다가 尙書右丞相으로 바뀌었다. 開元 21년에 늙어 물러나 洛陽에 살았다. 사후에 太尉로 추증되었고 시호를 文貞이라 했다. 두 차례에 걸쳐 相이 되었는데, 吏部에서 관리를 잘 발탁했다. 直言을 잘 해서 姚崇과 함께 賢相으로 유명했다(『新唐書』 卷124 「宋璟傳」: 4389).

976) 蘇頲(670~727): 唐代 재상으로 字는 廷碩, 雍州 武功縣(지금 陝西省 武功縣 서북쪽) 사람이었다. 宰相

이적[夷狄]끼리 서로 싸우게 하는 것이기 때문에 조정에서 [군대를] 동원할 필요가 없습니다. 큰 것은 다칠 것이고 작은 것은 없어질 것이니 모두가 우리에게 이익이 될 것입니다. 바야흐로 왕혜가 가서 위무한다면 싸우는 일에 끼어들 필요가 없게 될 것입니다." 이에 [병력을 동원하는 것을] 멈췄다. [아사나]헌은 끝내 사갈이 강력하고 흉포하게 되어 제지할 수 없게 되자 다시 돌아와 장안에서 죽었다.

突厥施吐火仙之敗, 始以懷道子昕爲十姓可汗·開府儀同三司·濛池都護, 冊其妻涼國夫人李爲交河公主, 遣兵護送. 昕至碎葉西俱蘭城, 爲突騎施莫賀達干所殺, 交河公主與其子忠孝亡歸, 授左領軍衛員外將軍, 西突厥遂亡.

돌궐시[977]의 토화선(吐火仙)[978]이 패배하자 비로소 [아사나]회도의 아들 [아사나]흔(阿史那昕)[979]을 십성가한 개부의동삼사 몽지도호로 삼고, 그의 아내 양국부인(涼國夫人) 이씨를 교하공주(交河公主)로 책봉해 군대를 보내고 호송하게 했다. [아사나]흔이 쇄엽 서쪽의 구란성(俱蘭城)[980]에 도착했다가 돌기시 막하달간(莫賀達干)[981]에게 살해당하자 교하공주가 그의 아들

蘇瓌의 아들로 弱冠에 進士가 되었다. 일찍 烏程尉, 左臺監察御史, 給事中, 中書舍人 등의 직에 임명되었고, 許國公에 봉해졌다. 玄宗 開元 4년(716) 相으로 紫微侍郎同紫微黃門平章事로 임명되어 侍中 宋璟과 정치를 맡았다. 8년(720)에 禮部尙書, 罷知政事로 제수되었다. 얼마 지나지 않아 益州大都護府長史로 임명되나 蠻酋의 반란 음모에 패배했다. 13년(725) 玄宗을 따라 封禪에 참가했고 吏部 選擧를 맡았다. 글을 잘 지어서 "燕許大手筆"이라 불렸다. 15(727)에 죽어 上書右丞相으로 추증되고 시호를 文獻이라고 했다. 문집 30편이 남아 있다(『新唐書』 卷125 「蘇頲傳」: 4399).

977) 突厥施는 突騎施의 잘못된 기록이다.

978) 吐火仙: 蘇祿의 아들로 '骨啜'이라고 했는데, 이는 고대 투르크어로 '쿠틀룩 초르(Qutlugh chor)'의 음사이다. 唐朝에서는 그를 骨咄祿王子라고 했다. 그는 突騎施의 내분 과정에서 패배해 唐朝에 투항했다. 『舊唐書』에는 "咄火仙"이라고 되어 있다.

979) 阿史那昕: 史昕이라고도 한다. 唐代 西突厥 可汗으로 右武衛將軍 阿史那懷道의 아들이었다. 十姓可汗, 開府儀同三司, 蒙池都護였다. 부인인 涼國婦人 李氏는 交河公主가 되었다. 碎葉 서쪽의 俱蘭城에 갔다가 突騎施의 莫賀達干에게 죽임을 당하자 그의 부인과 아들 阿史那忠孝가 長安으로 도망쳐왔다.

980) 俱蘭城: 지금 중앙아시아 카자흐스탄 잠불(Zhambul) 동쪽 루고비에(Lugovye) 부근에 위치하고 있었다. 碎葉에서 서쪽으로 가면 阿不來城을 지나 70리를 더 가면 위치하고 있었다고 했다. 즉, 唐代 安西都護府의 관할 하에 서쪽의 거점인 碎葉(토카막)으로부터 怛邏斯(탈라스)로 가는 중간에 위치한 도시였다.

981) 莫賀達干: 고대 투르크어로 '바가 타르칸(Bagha tarqan)'의 음사이다.

아사나충효(阿史那忠孝)[982]와 도망쳐 돌아왔는데, [그를] 좌령군위원외장군(左領軍衛員外將軍)[983]를 제수함으로써 서돌궐이 마침내 망하게 되었다.

突騎施烏質勒, 西突厥別部也. 自賀魯破滅, 二部可汗皆先入侍, 虜無的君. 烏質勒隸斛瑟羅, 爲莫賀達干. 斛瑟羅政殘, 衆不悅, 而烏質勒能撫下, 有威信, 諸胡順附, 帳落寖盛, 乃置二十都督, 督兵各七千, 屯碎葉西北. 稍攻得碎葉, 卽徙其牙居之, 謂碎葉川爲大牙, 弓月城·伊麗水爲小牙, 其地東鄰北突厥, 西諸胡, 東直西·庭州, 盡并斛瑟羅地.

돌기시(突騎施)의 오질륵(烏質勒)은 서돌궐의 다른 부락[別部]이었다. [아사나]하로가 져서 망한 이후 두 부락의 가한이 모두 먼저 [조정에] 들어가 시위가 되자 서돌궐[虜]에 임금이 없게 되었다. 오질륵이 [아사나]곡슬라에게 속해 막하달간(莫賀達干)이 되었는데, [아사나]곡슬라의 정치가 잔인해서 백성들이 [그를] 좋아하지 않았고 오질륵이 부하들을 어루만지는데 위엄과 믿음이 있어 여러 호[인](胡人)들이 귀순해 부락[帳落]이 점차 늘어나 20명의 도독[都督]을 두고 병사 7천 명을 감독하면서 쇄엽의 서북쪽에 주둔했다. 점차 쇄엽을 공격해 얻게 되자 바로 그의 아장을 옮겨서 살게 되면서 쇄엽천(碎葉川)[984]을 큰 아장[大牙]라고 하고, 궁월성(弓月城)[985]과 이려수(伊麗水)를 작은 아장[小牙]이라고 했는데, 그 땅은 동쪽으로는 북돌궐(北突厥)[986]과 맞닿았고, 서쪽으로는 여러 호[국](胡國)과 닿으며, 동쪽으로는 서[주](西州)와 정주(庭州)에 닿아 [과거 아사나]곡슬라의 땅을 모두 차지했다.

聖曆二年, 遣子遮弩來朝, 武后厚加尉撫. 神龍中, 封懷德郡王. 是歲, 烏質勒死,

982) 阿史那忠孝: 阿史那昕의 아들로 아버지를 아버지가 살해된 이후 어머니 交河公主와 당조에 투항해 左領軍衛員外將軍이 되었다.

983) 左領軍衛員外將軍: 左領軍衛將軍을 제수 받은 員外官의 하나로 從三品에 해당했다.

984) 碎葉川: 碎葉水를 지칭하는데, 지금 키르기즈스탄과 카자흐스탄의 국경에 있는 추(Chu)강이다.

985) 弓月城: 쿨자(kuldja)라고 하는데, 지금 新疆維吾爾自治區 霍城縣 서북쪽에 위치하고 있었는데, 唐代 北庭都護府의 관할 하에 있었다.

986) 北突厥은 東突厥을 지칭하는 것이다.

其子嗢鹿州都督娑葛爲左驍衛大將軍，襲封爵．是時勝兵三十萬，詔十姓可汗阿史那懷道持節冊命，賜宮人四．景龍中，遣使者入謝，中宗爲御前殿，列萬騎羽林二仗，引見勞賜．俄與其將闕啜忠節交怨，兵相加暴．娑葛訟忠節罪，請內之京師．忠節以千金賂宰相宗楚客等，願無入朝，請導吐蕃擊娑葛以報．楚客方專國，卽以御史中丞馮嘉賓持節經制．嘉賓與忠節書疏反復，娑葛邏得之，遂殺嘉賓，使弟遮弩率兵盜塞．安西都護牛師獎與戰火燒城，師獎敗，死之，表索楚客頭以徇．大都護郭元振表娑葛狀直，當見赦，詔許，西土遂定．

성력 2년(699)에 [오질륵의] 아들 차노(遮弩)[987]가 조정에 들어오자 무후(武后)가 [재물을] 후하게 더해주며 위무했다. 신룡(神龍)년간에[988] 회덕군왕(懷德郡王)으로 봉해주었다. 이 해(706)에 오질륵이 죽자 [당조에서] 그의 아들 올록주도독(嗢鹿州都督) 사갈(娑葛)을 좌효위대장군로 임명해 [아버지의] 봉지와 작위를 잇게 했다. 이 때 정예 병사가 30만이었는데, [황제가] 조칙을 내려 십성가한 아나사회도에게 부절을 갖고 가서 책봉을 하라고 하면서 궁인 네 명을 내려주었다. 경룡(景龍)년간에[989] 사자를 보내 사례를 하자 중종이 어전전(御前殿)에서 만기(萬騎)와 우림(羽林)의 두 부대를 의장대로 늘어서게 한 다음에 불러 들여 위로하고 [재물을] 내려주었다.

얼마 있다가 [사갈과] 그의 장군 궐철충절(闕啜忠節)[990]이 서로 원한을 품게 되어 군대로 서로를 공격했다. 사갈이 [궐철]충절의 죄를 아뢰면서 [그를] 경사에 머무르게 해달라고 했다. [궐철]충절이 천금을 재상(宰相) 종초객(宗楚客)[991] 등에게 뇌물을 주어 [조정에] 들어가지 않기를 바라며 토번을 이끌고 사갈을 공격해 보복하기를 청했다. [종]초객이 바야흐로 국정을

987) 遮弩: 고대 투르크어로 ‘치누(Chinu)’의 음사로 추정된다.

988) 정확히 神龍 원년(706)이다.

989) 정확히 景龍 원년(707)이다.

990) 闕啜忠節: 고대 투르크어로 ‘퀼 초르 忠節(Kül chor 忠節)’의 음사이다.

991) 宗楚客(?~710): 蒲州 汾陰縣 사람이다. 字는 叔敖이고, 武則天의 從姊의 아들이었다. 進士出身으로 戶部侍郞이 되었으나 후에 뇌물수수로 嶺南으로 유배되었다. 萬歲通天 2년(697) 檢校夏官侍郞同平章事가 되었다가 다시 축출되었다. 神龍初 太僕卿이 되었다가 兵部尙書同平章事에 제수되었다. 韋后에 아부해 中書令이 되었다. 紀處訥과 함께 朋黨을 지어 ‘宗紀’라 불렸다. 후에 臨淄王 李隆基(玄宗)가 거병해 韋氏와 武氏를 주살할 때 피살되었다(『新唐書』 卷109 「宗楚客傳」: 4101).

전단하고 있어 바로 어사중승 풍가빈(馮嘉賓)[992]에게 부절을 갖고 가서 처리하게 했다. [풍]가빈이 [궐철]충절과 편지를 반복해 왕래하다가 사갈의 순라에게 잡혀 결국 [사갈이 풍]가빈을 죽이고 동생 차노에게 군대를 이끌고 [장성의] 요새를 노략질하게 했다. 안서도호 우사장(牛師獎)[993]이 그와 화효성(火燒城)[994]에서 싸웠으나 [우]사장이 패해 죽자 [사갈이 종]초객의 머리를 [잘라 백성들에게] 보이라고 표를 올렸다. [안서]대도호 곽원진(郭元振)이 사갈의 사정을 정확하게 아뢰며 마땅히 사면을 해주어야 한다고 했고, [황제가 이를] 허락해줌으로써 서쪽 땅이 마침내 안정되게 되었다.

既而與遮弩分治其部, 遮弩恨衆少, 叛歸默啜, 請爲鄉導反攻其兄. 默啜留遮弩, 自以兵二萬擊娑葛, 禽之. 默啜歸語遮弩曰:「汝兄弟不相協, 能盡心事我乎?」兩殺之.

얼마 후 [경룡 3년(709)에][995] [사갈이] 차노와 함께 그 부락을 나누어 다스렸는데, 차노가 백성이 적음을 한스러워하며 반란을 일으켜 묵철에게 귀순해 향도가 되어 그의 형을 오히려 공격하자고 청했다. 묵철이 차노를 머무르게 한 다음에 몸소 2만의 군대를 이끌고 사갈을 공격해 사로잡았다. 묵철이 돌아와 차노에게 말했다. "너의 형제가 서로 화합하지 못하니 어찌 마음을 다해 나를 섬길 수 있겠느냐?" [그러고 난 다음에] 둘 다 죽여 버렸다.

突騎施別種車鼻施啜蘇祿者, 裒拾餘衆, 自爲可汗. 蘇祿善撫循其下, 部種稍合, 衆至二十萬, 於是復雄西域. 開元五年, 始來朝, 授右武衛大將軍·突騎施都督, 卻所獻不受. 以武衛中郎將王惠持節拜蘇祿左羽林大將軍·順國公, 賜錦袍·鈿帶·魚袋七事, 爲金方道經略大使. 然詭猾, 不純臣于唐, 天子羈係之, 進號忠順可汗. 其後

992) 馮嘉賓: 武則天시기에 攝御史中丞 持節按撫安西四鎭이 되었다. 이후에 突騎施 沙葛에게 죽임을 당했다.
993) 牛師獎: 河源軍 副節度使였다가 龍朔 2년(708)에 安西副都護가 되어 이후에 甘州와 朔州의 병사를 통솔했다. 突騎施 沙葛과 싸우다가 패해 죽었다.
994) 火燒城: 지금 新疆維吾爾自治區 庫車縣 서북에 있었다.
995) 『舊唐書』에는 景龍 3년(709)의 일이라고 되어 있다.

閱一二歲，使者納贄，帝以阿史那懷道女爲交河公主妻之．是歲，突騎施鬻馬於安西，使者致公主教於都護杜暹，暹怒曰：「阿史那女敢宣教邪?」笞其使，不報．蘇祿怒，陰結吐蕃舉兵掠四鎭，圍安西城．暹方入當國，而趙頤貞代爲都護，乘城久之，出戰又敗．蘇祿略人畜，發囷貯，徐聞暹已宰相，乃引去；卽遣首領葉支阿布思來朝，玄宗召見，饗之．會東突厥使者亦來，與爭長曰：「突騎施國小，且突厥臣，不宜居上.」蘇祿使者曰：「宴乃爲我，不可下.」遂設東西幄，而蘇祿使者西席，乃克宴．

돌기시의 다른 종족[別種][996]인 차비시철의 소록(蘇祿)이라는 인물이 남은 백성들을 끌어모아 스스로 가한이 되었다. 소록이 그의 부하들을 잘 위무하자 부락의 종족들이 점차 모여 백성이 20만에 이르게 됨에 따라 다시 서역을 다스릴 수 있게 되었다. 개원(開元) 5년(716)에 비로소 [사신을 보내] 조정에 들어오자 [그를] 우무위대장군 돌기시도독으로 제수하면서도 [그가] 바친 것은 받지 않았다. [좌]무위중랑장 왕혜에게 부절을 갖고 소록을 좌우림대장군(左羽林大將軍)[997] 순국공(順國公)으로 삼고 금포(錦袍), 전대(鈿帶), 어대(魚袋) 7개를 내려주고 금방도경략대사(金方道經略大使)[998]로 삼았다. 그러나 [소록이] 속이고 교활하여 당나라에 순수한 [마음을 갖고] 신하가 되지 않으려고 하자 천자가 [그를] 견제하고 속박하기 위해 [시어사(侍御史) 해충순(解忠順)을 보내 새서를 가지고 가서][999] 칭호를 충순가한(忠順可汗)이라고 올려주었다.

---

996) 蘇祿은 突騎施의 車鼻施 部落 출신인데, 이후에는 黑姓이라고 불리기도 했다.

997) 左羽林軍大將軍: 左羽林軍 혹은 左羽林衛의 長官 혹은 최고 사령관 최고 사령관으로 품계는 正三品이었다. 前漢 武帝 太初 元年(전104)에 建章營騎가 설치되는데 후에 羽林騎로 改名되었다. 宣帝시기에 羽林中郎將과 羽林左右監이 설치되었고 모두 光祿勳에 소속되었다. 西晉時代에는 羽林監만 설치되었으며 이후 각 왕조에서 이를 이어받았다. 隋 煬帝시기에 左右領軍府가 左右屯衛로 改稱되면서 거느리는 병사들을 羽林이라 칭했다. 唐代에는 左右屯衛가 左右威衛로 바뀌었고 별도로 左右屯營이 설치되었다. 龍朔 2년(662)에 左右屯營이 左右羽林軍으로, 天授 2년(691)에 左右羽林衛로 改稱되었다. 후에 다시 左右羽林軍으로 改稱되었다. 左羽林軍에는 大將軍 1명과 將軍 3명을 두어 長官과 次官으로 삼아 병사들을 통솔하게 했다.

998) 經略大使: 貞觀 2년(628)에 처음으로 經略使가 설치되었다. 주로 변방의 중요 지역에 經略使가 설치되어 軍事를 관장했다. 重臣을 이 직책에 임명할 때에 經略大使라고 칭했다. 節度使를 설치한 이후 이 직책은 節度使보다 지위가 낮게 되어 中唐 이후의 시기에는 없어졌다.

999) 『舊唐書』에는 사신에 대한 기록이 있다.

그 이후에 1~2년이 지나 사자가 예물을 바치자 황제가 아나사회도의 딸을 교하공주로 삼아 시집보냈다. 이 해에 돌기시가 안서에서 말을 거래하는데, 사자가 와서 [안서]도호 두섬(杜暹)[1000]에게 공주의 지침을 전하자 [두]섬이 화를 내며 말했다. "아사나의 딸 주제에 감히 가르치려고 하느냐?" [그리고] 그 사자에게 태형을 가하고 돌려보내지 않았다. 소록이 화를 내며 몰래 토번과 연락해 군대를 일으켜 [안서]사진을 노략질하고 안서성(安西城)[1001]을 포위했다. [두]섬이 바야흐로 [조정에] 들어와 국정을 맡게 되어 조희정(趙頤貞)[1002]이 대신 [안서]도호가 되었는데, 오래 동안 성을 지키다가 나아가 싸웠으나 다시 졌다. 소록이 사람과 가축을 빼앗고 창고에 저장된 것을 꺼냈다가 [두]섬이 재상이 되었다는 소식을 듣고 바로 물러나 갔다. [개원 18년(730)][1003] 바로 수령 엽지아포사(葉支阿布思)를 보내 조정에 들어오자 현종이 불러 만나 연회를 베풀어주었다. 마침 동돌궐의 사신도 와서 높은 자리를 두고 다투며[1004] 말했다. "돌기시의 나라는 작고 또한 돌궐의 신하였으니 위에 앉는 것은 마땅하지 않습니다." 소록의 사자가 말했다. "연회는 바로 나를 위한 것이니 아래로 갈 수 없습니다." 결국 동쪽과 서쪽에 천막을 만들어 소록의 사자를 서쪽 자리에 앉게 하고 연회를 마쳤다.

始, 蘇祿愛治其人, 性勤約, 每戰有所得, 盡以予下, 故諸族附悅之, 爲盡力. 又交通吐蕃·突厥, 二國皆以女妻之, 遂立三國女並爲可敦, 以數子爲葉護. 費日廣而無素儲, 晩年愁窶不聊, 故鹵獲稍留不分, 下始貳矣; 又病風, 一支攣, 不事事. 於是大首領莫賀達干·都摩支二部方盛, 而種人自謂娑葛後者爲「黃姓」, 蘇祿部爲「黑姓」, 更相猜鯙.

1000) 杜暹: 濮州 濮陽縣(지금 河南省 濮陽縣 북쪽) 사람이다. 明經科 出身이었으며 大理評事와 同中書門下平章事 등의 직책을 역임했다. 관리가 된 이후에 청렴했다. 魏縣侯에 봉해졌다(『新唐書』 卷126 「杜暹傳」: 4420).

1001) 安西城: 安西都護府가 위치하고 있었던 龜玆를 지칭하는 것이다. 자세한 내용은 龜玆에 대한 설명을 참조.

1002) 趙頤貞: 定州 鼓城縣(지금 河北省 晉縣) 사람이다. 趙冬曦의 아우였다. 開元 15년(727)에 吐蕃이 安西를 포위하자 副大都護로서 이를 격파했다.

1003) 『舊唐書』에는 開元 18년(730)의 일로 기록되어 있다.

1004) 저본은 '爭長'인데, 상대방보다 윗자리에 앉으려고 실랑이를 벌이는 것을 말한다.

처음에 소록은 그의 백성들을 사랑으로 다스렸고 성정이 부지런하고 검약했으며 매번 싸워서 얻은 것을 모두 부하들에게 주었기 때문에 여러 족속들이 귀순해 기뻐하면서 모든 힘을 다 바쳤다. 또한 토번, 돌궐과 교통을 해서 두 나라가 모두 딸을 시집보내 마침내 세 나라의 딸을[1005] 모두 가돈으로 삼을 수 있었고, [그들이 낳은] 여러 아들들이 엽호가 되었다. [하지만 이후] 쓰임새가 날로 늘어나 원래 쌓은 것마저 없어지게 되자 만년에 궁핍함을 걱정하고 의지할 곳이 없게 되었기 때문에 약탈해 얻은 것을 점차 남겨 나누어주지 않게 되어 부하들이 비로소 다른 마음을 품게 되었다. 또한 풍병(風病)이 있어 한 다리에 경련이 일어났기 때문에 일을 할 수 없게 되었다.

이에 대수령 막하달간과 도마지(都摩支)[1006] 두 부락이 바야흐로 강성하게 되어 종족 사람들이 스스로 사갈의 후예를 "황성(黃姓)"[1007]이라고 하고, 소록 부락을 "흑성(黑姓)"[1008]이라고 하면서 더욱 서로를 싫어하고 미워하게 되었다.

俄而莫賀達干·都摩支夜攻蘇祿, 殺之. 都摩支又背達干立蘇祿子吐火仙骨啜爲可汗, 居碎葉城, 引黑姓可汗爾微特勒保怛邏斯城, 共擊達干. 帝使磧西節度使蓋嘉運和撫突騎施·拔汗那西方諸國. 莫賀達干與嘉運率石王莫賀咄吐屯·史王斯謹提共擊蘇祿子, 破之碎葉城. 吐火仙棄旗走, 禽之, 并其弟葉護頓阿波. 疏勒鎮守使夫蒙靈詧挾銳兵與拔汗那王掩怛邏斯城, 斬黑姓可汗與其弟撥斯, 入曳建城, 收交河公主及蘇祿可敦·爾微可敦而還, 又料西國散亡數萬人, 悉與拔汗那王. 諸國皆降. 處木昆匐延闕律啜等諸部皆上書謝曰:「生於荒裔, 國亂王薨, 更相攻屠. 賴天子遣嘉運將兵誅暴拯危, 願得稽首聖顔, 以部落附安西, 永爲外臣.」許之. 明年, 擢闕律啜爲右驍衛大將軍, 冊石王爲順義王, 加拜史王爲特進, 顯酬其功. 嘉運俘吐火仙骨啜獻太廟, 天

1005) 唐朝의 羈縻支配를 받던 西突厥의 金河公主 및 突厥의 毗伽可汗의 딸, 吐蕃 君主의 딸을 지칭한다.

1006) 都摩支: 고대 투르크어로 '타마치(Tamaqi)'의 음사로 추정되고, 그 의미는 '扈從官'이다. 『舊唐書』에 "都摩度"라고 되어 있는데, 잘못된 음사로 추정된다.

1007) 黃姓: 백인종의 특징을 갖고 있어 머리카락의 색깔이 금빛을 띠는 이란 계통 족속의 후예로 추측된다. 주로 沙葛 출신의 突騎施와 西突厥의 處木昆 부락이 여기에 속했다(薛宗正, 1992: 684).

1008) 黑姓: 황인종의 특징을 갖고 있어서 머리카락의 색깔이 검은색을 띠는 몽골리안 계통 족속의 후예로 추정된다. 주로 蘇祿 출신의 車鼻施가 여기에 속했다.

子赦以爲左金吾衛員外大將軍・脩義王，頓阿波爲右武衛員外將軍．以阿史那懷道子昕爲十姓可汗，領突騎施所部，莫賀達干怒曰：「平蘇祿，我功也．今立昕，謂何?」卽誘諸落叛．詔嘉運招諭，乃率妻子及纛官首領降，遂命統其衆．後數年，復以昕爲可汗，遣兵護送．昕至俱蘭城，爲莫賀咄所殺．莫賀咄自爲可汗，安西節度使夫蒙靈詧誅斬之，以大纛官都摩支闕頡斤爲三姓葉護．

얼마 있다가 [개원 26년(738)에][1009] 막하달간과 도마지가 밤에 소록을 공격해 죽였다. 도마지가 다시 [막하]달간을 배신해 소록의 아들 토화선 골철(骨啜)[1010]을 가한으로 삼아 쇄엽성에 살게 하고, 흑성가한(黑姓可汗) 이미특륵(爾微特勒)[1011]을 끌어들여 달라사성(怛邏斯城)[1012]을 지키게 하면서 [그와] 함께 [막하]달간을 공격했다. 황제가 적서절도사(磧西節度使) 개가운(蓋嘉運)을 보내 돌기시와 발한나(拔汗那) 서쪽의 여러 나라를 위무했다. 막하달간과 [개]가운이 석[국]왕[石王] 막하돌토둔(莫賀咄吐屯)[1013]과 사[국]왕[史王] 사근제(斯謹提)[1014]와 함께 소록의 아들들을 공격해 쇄엽성을 격파했다. 토화선은 기치를 버리고 도망갔다가 붙잡혔고, 그 동생 엽호돈아파(葉護頓阿波)[1015]마저 잡혔다.

소륵진수사(疏勒鎭守使) 부몽영찰(夫蒙靈詧)이 정예 병사를 이끌고 발한나왕(拔汗那王)과 함께 달라사성을 습격해 흑성가한과 그 동생 발사(撥斯)[1016]를 죽이고 예건성(曳建城)[1017]에 들어가 교하공주와 소록가돈과 이미가돈을 잡아서 돌아왔고, 또한 서쪽 국가에 흩어져 있는 수만 명을 수습해 모두 발하나왕에게 주었다. [이로 인해] 여러 나라가 항복했다. 처목곤

1009) 『舊唐書』에는 開元 26년(738)의 일이라고 되어 있다.

1010) 骨啜: 고대 투르크어로 '쿠틀룩 초르(Qutlugh chor)'의 음사이다.

1011) 爾微特勒: 고대 투르크어로 '이밀 테긴(Imil tegin)"의 음사로 추정된다.

1012) 怛邏斯城: 지금 중앙아시아 카자흐스탄 남부 우즈베키스탄 접경지대에 있는 잠불(Zhambul) 부근에 위치하고 있는 오아시스 도시였다. 달리 怛羅斯라고도 했는데, 이는 '탈라스(Talas)'의 음사이다. 751년 唐의 高仙芝가 葛邏祿과 大食의 연합군과 싸워 패배한 곳으로 유명하다.

1013) 莫賀咄吐屯: 고대 투르트어로 '바가투르 토둔(Baghatur todun)'의 음사이다.

1014) 斯謹提: '소그드(Soghd)'의 음사로 추정된다.

1015) 葉護頓阿波: 고대 투르크어로 '야브구 톤 아파(Yabghu ton apa)'의 음사로 추정된다.

1016) 撥斯: 고대 투르크어로 '바쉬(Bash)'의 음사로 추정된다.

1017) 曳建城: 石國(타쉬켄트) 인근에 있는 오아시스로 추정되나 정확한 위치는 알 수 없다.

복연궐률철(匐延闕律啜)[1018] 등 여러 부락 모두가 편지를 올려 감사해하면서 말했다. "황[복](荒服)의 후예로 태어나 나라가 어지럽고 왕마저 죽은데다가 더욱이 서로 공격해 죽이기까지 했습니다. 천자께서 [개]가운을 보내 군대를 거느리고 포학한 자를 죽이고 위기를 구해주신 것에 힘입었으니, 황제 폐하[聖顔]께 [무릎을] 꿇고 머리를 조아리며 부락을 이끌고 안서에 귀순해 영원히 외신(外臣)이 되고자 합니다." [황제가] 허락했다.

이듬해(739) [복연]궐륙철을 우효위대장군으로 삼았고 석[국]왕을 순의왕으로 삼았으며 사[국]왕에게 특진(特進)을 더해 제수해줌으로써 그 공로를 크게 보상해주었다. [개]가운이 토화선골철을 잡아 태묘에 바치자 천자가 [그를] 용서해 좌오위원외대장군(左金吾衞員外大將軍)[1019] 수의왕(脩義王)으로 삼았고, [그의 동생 엽호]돈아파도 우무위원외장군(右武衞員外將軍)[1020]으로 삼았다. 아사나회도의 아들 [아사나]흔(阿史那昕)을 십성가한으로 삼아 돌기시의 부락을 통제하게 하자 막하달간이 화를 내며 말했다. "소록을 평정한 것은 저의 공입니다. 지금 [아사나]흔을 세운 것은 무엇을 말하는 것입니까?" 바로 여러 부락을 끌어들여 반란을 일으켰다. [개]가운이 [그를] 불러 달래자 바로 아내와 아들, 그리고 독관수령(纛官首領)[1021]을 이끌고 와 항복하니 마침내 그 백성을 통솔하라고 명령했다. 이후 몇 년이 지나 다시 [아사나]흔을 가한으로 삼고 군대를 보내 호송하게 했다. [아사나]흔이 구란성(俱蘭城)에 이르렀다가 막하돌에게 죽임을 당했다. 막하돌이 스스로 가한이 되자 안서절도사 부몽영찰이 [그를] 베고, 대독관(大纛官)[1022] 도마지궐힐근(都摩支闕頡斤)[1023]을 세 부락의 엽호(葉護)로 삼았다.

天寶元年，突騎施部更以黑姓伊里底蜜施骨咄祿毗伽爲可汗，數通使貢．十二載，黑姓部立登里伊羅蜜施爲可汗，亦賜詔冊．

1018) 匐延闕律啜: 고대 투르크어로 '바얀 퀼뤽 초르(Bayan külüg chor)'의 음사이다

1019) 左金吾衞員外大將軍: 左金吾衞大將軍로 제수된 員外官의 하나로 正三品에 해당했다.

1020) 右武衞員外將軍: 右武衞將軍로 제수된 員外官의 하나로 從三品에 해당했다.

1021) 纛官首領: 아래 주 참조.

1022) 大纛官: 아래 주 참조.

1023) 都摩支闕頡斤: 고대 투르크어로 '탐가치 퀼 이르킨 (Tamghaqi kül irkin)'의 음사로 추정된다. 이를 중국식으로 표기한 것이 纛官首領과 大纛官이다.

천보 원년(742)에 돌기시 부락이 다시 흑성 이리저밀시골돌록비가(伊里底蜜施骨咄祿毗伽)[1024]를 가한으로 삼고 여러 번 사신을 보내 토산품을 바쳤다. [천보] 12년(752) 흑성부락이 등리이라밀시(登里伊羅蜜施)[1025]를 세워 가한으로 삼자 역시 책봉의 조서를 내렸다.

至德後, 突騎施衰, 黃·黑姓皆立可汗相攻, 中國方多故, 不暇治也. 乾元中, 黑姓可汗阿多裴羅猶能遣使者入朝. 大曆後, 葛邏祿盛, 徙居碎葉川, 二姓微, 至臣役於葛祿, 斛瑟羅餘部附回鶻. 及其破滅, 有特厖勒居焉耆城, 稱葉護, 餘部保金莎領, 衆至二十萬.

지덕(至德)년간(756~757) 이후에 돌기시가 약해지자 황성과 흑성이 모두 가한을 세워 싸웠고, 중국에도 바야흐로 많은 일이 일어나 [이곳을] 다스릴 겨를이 없었다. 건원(乾元)년간(758~759)에 흑성가한(黑姓可汗) 아다배라(阿多裴羅)[1026]가 늘 사신을 보내 조정에 들어왔다. 대력(大曆)년간(766~779) 이후에 갈라록이 발전해 쇄엽천에 옮겨가 살게 되자 두 부락[姓]이 약해져 갈[라]록의 신하가 되는 처지가 되었고, [아사나]곡슬라의 나머지 부락도 회골(回鶻)에 귀순했다. 그리고 그들마저 깨져 망하게 되자 특방륵(特厖勒)[1027]이 언기성(焉耆城)에 살면서 엽호를 칭했고, 그 나머지 부락은 금사령(金莎領)[1028]을 차지했는데, 백성이 20만에 이르렀다.

1024) 伊里底蜜施骨咄祿毗伽可汗: 고대 투르크어로 '일테리쉬 쿠틀룩 빌게 카간(Ilterish qutlugh bilge qaghan)'의 음사이다.

1025) 登里伊羅蜜施可汗: 고대 투르크어로 '텡그리데 볼미쉬 카간(Tengride bolmish qaghan)'의 음사이다.

1026) 阿多裴羅: 고대 투르크어로 '아파 보일라(Ata boyla)'의 음사로 추정된다.

1027) 特厖勒: 厖特勒을 잘못 기록한 것으로 달리 龐特勤라고도 하는데, 후자가 정확하다. 고대 투르크어로는 '판 테긴(Pan tegin)'의 음사로 추정된다. 回鶻 龐俱遮 部落의 酋長이었다. 840년대 중반에 回鶻의 烏介可汗이 李思忠(嗢沒斯), 石雄 등에게 격파당하고 黑車子에게 살해당하자 이후에 자립해 847년에 可汗을 칭하였다. 甘州(지금 甘肅省 張掖)에서 서부로 세력을 확대하며 오아시스지역을 지배하였다. 唐朝와는 宣宗 시기에 사신 교류를 하며 可汗으로 책봉을 받았다.

1028) 金莎領: 金嶺을 지칭하는 것으로 지금 新疆維吾爾自治區 天山 동부에 있는 보그도 울라(Boghdo Ula)를 지칭하는 것으로 추정된다.

贊曰: 隋季世, 虛內以攻外, 生者罷道路, 死者暴原野, 天下盜賊共攻而亡之. 當此時, 四夷侵, 中國微, 而突厥最彊, 控弦者號百萬, 華人之失職不逞皆往從之, 惎之謀, 導之入邊, 故頡利自以爲彊大古無有也. 高祖初卽位, 與和, 因數出軍助討賊, 故詭臣之, 贈予不可計. 虜見利而動, 又與賊連和, 殺掠吏民, 於是掃國入寇, 薄渭橋, 騎壒蒙京師. 太宗身勒兵, 顯責而陰間之, 戎始內阻. 不三年, 縛頡利獻北闕下, 霆掃風除, 其國遂墟. 自詩·書以來, 伐暴取亂, 蔑如帝神且速也, 秦·漢比之, 陋矣. 然帝數暴師不告勞, 料敵無遁情, 善任將, 必其功, 蓋黃帝之兵也. 而突厥乃以失德抗有道, 寖衰當始興, 雖運之盛衰屬于天, 而其亡信有由矣!

찬하여 말한다. 수나라 말기에 [나라] 안이 약해지도록 바깥을 공격하니 살아남은 사람들이 길에서 지치고 죽은 사람들이 들판에 널려 있게 되자 천하의 도적들 모두가 [수나라를] 공격해 망하게 되었다. 이때 사이(四夷)가 침범 하였는데 중국은 약하고 돌궐이 가장 강해 기마궁사[控弦]가 백만이었다. 중국사람[華人] 가운데 본분을 잃고 굳세지 못한 이들은 모두 가서 그들을 따랐으며, [중국을] 해치려는 꾀로 [돌궐을] 안내해 변경에 들어오게 되었으므로, 힐리[가한]은 자신의 강함이 비길 데 없다고 여길 정도였다. 고조가 처음 즉위해 화친하여 [돌궐이] 몇 번 군대를 일으켜 적을 토벌하는 것을 돕자 [고조가] 거짓으로 신하가 되어 재물을 셀 수 없이 주어야만 했다. 돌궐은 이익을 보고 움직여 적과도 연합해서 관리와 백성들을 죽이고 약탈하였는데, 이때 총력으로 쳐들어와 위교(渭橋)[1029]까지 이르기도 했고 말[이 일으킨] 먼지가 경사를 뒤덮었다.

태종이 몸소 군대를 이끌고 겉으로는 책망하며 뒤로는 이간시키자 돌궐이 마침내 안에서 [틈이] 벌어졌다. [그로부터] 3년도 되지 않아 [630년] 힐리[가한]을 잡아 북궐 아래에 바치니 천둥이 치고 바람이 분 것처럼 그 나라가 마침내 망해버렸다. 『시[경]』과 『서[경](書經)』[1030] [의 기록]이래로[1031] 포학함을 정벌하고 어지러움을 바로잡은 사람이 태종처럼 신묘하고 또

1029) 渭橋: 漢唐時代에 長安 渭水에 부설된 다리를 말하는데, 中渭橋, 東渭橋, 西渭橋 등 세 개가 있었다.
1030) 『書經』: 유가경전인 五經의 하나이며, 尙書 혹은 書라고도 불린다. 모두 20卷 58篇으로 구성되었다. 孔子가 堯와 舜부터 周까지 政事에 관한 문서를 수집해 편찬한 책이다.
1031) 歷史를 기록하기 시작했음을 비유하는 표현이다.

빠른 자가 없었으며, 진나라와 한나라[의 황제도 그]와 비교하면 떨어졌다. 그러므로 황제께서 자주 군대를 급히 움직여도 [누구도] 힘들다 하지 않고 적을 헤아림에 실상과 틀림이 없었으며, 장수를 잘 임명하여 반드시 그 공을 이루었으니, 대저 황제(黃帝)의 [신묘한] 병사들이었다. 그런데 돌궐은 덕을 잃은 처지에서 도를 갖춘 이에게 대항하고 쇠퇴한 상황에서 갓 흥성한 세력을 상대하였으니, 비록 운이 일어나고 쇠하는 것이 하늘에 달려 있다고 하지만 그들의 멸망은 진실로 까닭이 있도다!

참고문헌

二十五史, 北京: 中華書局, 1959～1977

杜佑,『通典』, 北京: 中華書局, 1988

司馬光,『資治通鑑』, 北京: 中華書局, 1956

王溥,『唐會要』, 北京: 中華書局, 1990

王欽若 等,『册府元龜』, 北京: 中華書局, 1982

周國林 分史 主編,『二十四史全譯: 舊唐書』, 上海: 漢語大詞典出版社, 2004

黃永年 分史 主編,『二十四史全譯: 新唐書』, 上海: 漢語大詞典出版社, 2004

동북아역사재단 편,『漢書 外國傳 譯註』上, 서울: 동북아역사재단, 2009

金翰奎,『古代中國的世界秩序硏究』, 서울: 一潮閣, 1982

르네 그루세, 김호동 · 유원수 · 정재훈 역,『유라시아 유목제국사』, 서울: 사계절, 1998

사와다 이사오, 김숙경 역,『匈奴: 지금은 사라진 고대 유목국가 이야기』, 서울: 아이필드, 2007(澤田勳,『匈奴』, 東方書店, 2004)

세호 다쓰이코, 최재영(譯),『장안은 어떻게 세계의 수도가 되었나』, 서울: 황금가지, 2007

李在成,『古代 東蒙古史硏究』, 서울: 法仁文化社, 1996

丁載勳,『위구르 遊牧帝國史(744～840)』, 서울: 문학과 지성사, 2005

테킨(Tekin, T.), 이용성 역,『돌궐 비문 연구－퀼티긴 비문 · 빌개 카간 비문 · 톤유쿠크 비문』, 서울: 제이앤씨, 2008

段連勤,『隋唐時期的薛延陀』, 西安: 三秦出版社, 1988

段連勤,『丁零 · 高車與鐵勒』, 鷄林: 廣西師範大學出版社, 2006

武沐,『匈奴史硏究』, 北京: 民族出版社, 2005

林幹,『突厥史』, 呼和浩特: 內蒙古人民出版社, 1988

米文平,『鮮卑史硏究』, 鄭州: 中州古籍出版社, 1994

薛宗正,『突厥史』, 北京: 中國社會科學出版社, 1992

薛宗正,『吐蕃王國的興衰』, 北京: 民族出版社, 1997

楊聖敏,『《資治通鑑》突厥回紇史料校注』, 天津: 天津古籍出版社, 1992

劉義棠,『突回研究』, 臺北: 經世書局, 1990

劉統,『唐代羈縻府州研究』, 蘭州: 西北大學出版社, 1998

岑仲勉,『突厥集史』 上, 下, 北京: 中華書局, 1958

岑仲勉,『西突厥史料補闕及考證』, 北京: 中華書局, 1958

周偉洲,『吐谷渾史入門』, 西寧: 靑海人民出版社, 1988

蔡鴻生,『唐代九姓胡與突厥文化』, 北京: 中華書局, 1998

內藤みどり,『西突厥史の研究』, 東京: 早大出版部, 1988

內田吟風,『北アジア史研究 匈奴編』, 京都: 同朋舍, 1975

森安孝夫,『シルクロードと唐帝國』, 東京: 講談社, 2007

伊瀨仙太郎,『中國西域經營史研究』, 東京: 巖南堂書店, 1955.

佐藤長,『古代チベット史研究』 上・下, 京都: 東洋史研究會, 1973

護雅夫,『古代トルコ民族史研究』 I, 東京: 山川出版社, 1967

Giraud, R., L'Empire des Turcs Célestes－Les regnes d'elterich, Qapghan et Bilgä (680～734), Paris, 1960

Kliashtornyi, S. G., *Drevnetiurkskie runicheskie pamiatniki kak istornik po istorii srednei azii*, Moskva, 1954(李佩娟(譯),『古代突厥魯尼文碑銘－中亞細亞原始文獻』, 哈爾濱: 黑龍江敎育出版社, 1991)

金浩東,「唐의 羈縻支配와 北方 遊牧民族의 對應」,『歷史學報』 137, 1993

金浩東,「古代遊牧國家의 構造」,『講座 中國史 II－門閥社會와 胡·漢의 世界』, 서울: 知識産業社, 1989

卞麟錫,「隋末唐初 中國의 突厥에 대한 '稱臣事'의 學說史的 考察」,『東方學誌』 80, 1993

丁載勳,「唐朝의 突厥 降戶 羈縻와 安祿山의 亂－突厥 第二帝國(682～745) 崩壞 以後 遊牧世界의 再編과 關聯하여」,『分裂과 統合－中國中世의 諸相』, 서울: 知識産業社, 1998

丁載勳,「唐初의 民族政策과 西北民族의 中國 認識－'羈縻支配體制'의 成立 過程과 관련해」,『서울大 東洋史學科論輯』 19, 1995

丁載勳,「突厥 建國 神話 記錄의 再檢討」,『중앙아시아연구』 12, 2007

丁載勳,「突厥 初期史의 再構成－建國 神話 硏究의 再檢討를 중심으로」,『중앙아시아연구』 14, 2009

丁載勳,「隋文帝의 統一指向과 對外政策－西北民族에 대한 對策을 중심으로」,『中國史硏究』 13, 2001

丁載勳, 「隋 煬帝(604～617)의 對外政策과 天下 巡行」, 『中國史硏究』 30, 2004
丁載勳, 「위구르 初期(744～755) '九姓回紇'의 部族 構成－'토쿠즈 오구즈(Toquz Oɣuz)' 問題의 再檢討」, 『東洋史學硏究』 68, 1999
池培善, 「吐谷渾의 遊牧期」, 『東國史學』 15・16, 1981
池培善, 「吐谷渾과 北朝와의 交涉에 대하여－北魏를 중심으로」, 『歷史學報』 98, 1983
羅新, 「北魏直勤考」, 『歷史硏究』 2004-5, 2004
徐復, 「閼氏讀音考」, 林幹 (編), 『匈奴史論文選集(1919～1979)』, 北京: 中華書局. 1983
薛宗正, 「葛邏祿的堀起及其西遷」, 『新疆大學學報』 1991-2
薛宗正, 「黠戛斯的崛興」, 『民族硏究』 1996-1
額爾敦布和, 「牧區"白災"及防禦對策」, 內蒙古自治區蒙古族經濟史硏究組(編), 『蒙古族經濟發展史硏究』 2, 呼和浩特, 1988
芮傳明, 「Čoɣay 和 Kara qum 方位考」, 『西北民族硏究』 1990-2
吳景山, 「突厥的族屬, 發祥地及其社會分期」, 『西北民族硏究』 1989－1.
王日蔚, 「丁零民族考」, (1936), 林幹 (編), 『突厥與回紇歷史論文選集』 上, 北京: 中華書局, 1987
周連寬, 「丁零的人種和語言及其與漠北諸族的關係」, 『中山大學學報』 1957－2(林幹 (編), 『突厥與回紇歷史論文選集』 上, 北京: 中華書局, 1987
畢桪, 「突厥語民族神話概述」, 『突厥語言與文化硏究』 2, 北京: 中央民族大學出版社, 1997
吉田順一, 「ハンガイと陰山」, 『史觀』 102, 1980
石見淸裕, 「唐の突厥遺民に對する措置をめぐって」, 『日野開三郎博士頌壽記念 中國社會, 制度, 文化史の諸問題』, 福岡: 中國書店, 1987
中野醇子, 「邊境都市唐代前半期雲州」, 『史朋』 22, 1988
護雅夫, 「突厥第一帝國におけるshad號硏究」, 『古代トルこ民族史硏究』, 東京: 山川出版社, 1967
Czegledy, K., "Coɣay-quzï, Qara-qum, Kök-öng", Acta Orientalia Hungarica 15, 1962
Gabain, A. von, "Steppe und Stadt in Leben der ältesten Türken", Der Islam 29-1, 1949

簡修煒 主編, 『北朝五史辭典』上・下, 濟南: 山東敎育出版社, 2000
李德源 主編, 『中華軍事職官大典』, 北京: 解放軍出版社, 1999
高文德 主編, 『中國民族史人物辭典』, 北京: 中國社會科學出版社, 1990
丘樹森 主編, 『中國歷代職官辭典』, 南昌: 江西敎育出版社, 1998
紀大椿 主編, 『新疆歷史辭典』, 烏魯木齊: 新疆人民出版社, 1993
譚其驤 主編, 『中國歷史大辭典: 歷史地理』, 上海: 上海辭書出版社, 1997

唐嘉弘 主編,『中國古代典章制度大辭典』, 鄭州: 中州古籍出版社, 1998
史爲樂 主編,『中國歷史地名大辭典』, 北京: 中國社會科學出版社, 2005
徐連達 主編,『中國歷代官制詞典』, 合肥: 安徽教育出版社, 1991
雪犁,『中國絲綢之路辭典』, 烏魯木齊: 新疆人民出版社, 1994
翁獨健・劉榮焌 主編,『中國歷史大辭典: 民族史』, 上海: 上海辭書出版社, 1995
兪鹿年 編著,『中國官制大詞典』, 哈爾濱: 黑龍江人民出版社, 1992
劉維新 主編,『西北民族辭典』, 烏魯木齊: 新疆人民出版社, 1998
魏崇山 主編,『中國歷代地名大辭典』, 廣州: 廣東教育出版社, 1995
李成華 編著,『中國古代職官辭典』, 臺北: 常春樹書房, 1988
鄭天挺・譚其驤 主編,『中國歷史大辭典』, 上海: 上海辭書出版社, 2000
趙德義・汪興明 主編,『中國歷代官稱辭典』, 北京: 團結出版社, 1999
趙文潤・趙吉惠 主編,『兩唐書辭典』, 濟南: 山東教育出版社, 2002
周偉洲・丁景泰 主編,『絲綢之路大辭典』, 西安: 陝西人民出版社, 2006
中國歷史大辭典・歷史地理卷編纂委員會 編,『中國歷史大辭典・歷史地理卷』, 上海: 上海辭書出版社, 1997
陳永齡 主編,『民族辭典』, 上海: 上海辭書出版社, 1989
馬承鈞 原編, 陸峻嶺 增訂,『西域地名』, 北京: 中華書局, 1983
小松久男,『中央ユーラシアを知る事典』, 東京: 平凡社, 2005
Caferoğlu, A., Eski Uygur Türkçesi Sözlüğü, İstanbul, 1968
Clauson, Sir G., An Etymological Dictionary Pre-Thirteen Century Turkish, Oxford Uni. Press, 1973
Nadeliav, D. M., Drebnetiurkie Srobari, Leningrad: Nauka, 1969

신당서(新唐書) 권216 상·하

토번전(吐蕃傳)

- 역주: 김성수
- 교열: 김유철, 김정희

「토번전(吐蕃傳)」 해제

『신당서(新唐書)』「토번전(吐蕃傳)」은 『구당서(舊唐書)』에 비해 토번의 지배자 젠뽀의 세계(世系)에 대해 보다 자세한 내용을 소개하였고, 토번 정부의 관직명을 보충하였으며, 풍속에 대해서도 설명을 더하고 있다. 이는 체계적인 서술을 위해 토번의 자료를 보충했기 때문인데, 당시 어떤 자료를 어떤 경로로 수집하여 이용했는지에 대해서는 알려진 것이 없다. 다만 금성공주가 토번에 시집가서 사망하기까지 대략 710년에서 739년 사이에 여러 차례 각종 기술자가 파견되었고 불교 승려나 관료의 왕래가 빈번했으므로 토번의 언어를 습득하여 외교 문서를 담당하고 토번의 기록을 이용할 수 있는 당측의 관료가 있었을 것으로 판단된다. 이는 토번측도 마찬가지여서 태종 정관(貞觀) 연간부터 토번의 귀족 자제가 국학(國學)에서 수학하였고 각종 유학(儒學) 관련 경전을 요구하였으며 문서를 담당할 관료를 청하는가 하면 중국어를 구사하는 토번의 관료가 등장하는 등의 예가 보이니 토번과 당 모두 양측에 대한 자료를 상호 수집 정리하는 작업이 진행되었을 것임을 미뤄 짐작할 수 있다. 이러한 정황이 반영되어 『신당서』「토번전」에서는 보다 자세한 토번의 관료 체계나 토번의 역사가 서술될 수 있었던 것이다.

당이 토번의 정보를 입수한 경로에 대해서는 몇 가지 점을 더 고려해 볼 수 있는데, 첫째는 하서(河西) 지역을 통해서이며, 둘째는 토번 고위 관료의 귀부를 통해서였을 것으로 생각된다. 안사의 난 이후 토번이 통치했던 돈황 등 하서 일대가 귀의군(歸義軍)의 귀부로 당조의 판도에 들어왔다. 비록 얼마가지 않아 위구르에 다시 병합되지만 당말・오대를 거치면서 하서 일대의 토번 관련 정보가 각종 문서와 함께 당에 전달되었을 가능성이 크다. 또한 젠뽀 치뒤송의 친정에 따라 흠릉, 찬파 등 권신을 제거하려 하자 찬파가 일족을 이끌고 당에 귀부하였다. 이러한 고위 인사의 귀부는 분명 토번 관련 정보를 축적하는 데 중요한 계기가 되었을 것이다. 그러나 이러한 예는 당조에만 해당되는 것은 아니어서 당조의 영토를 확보함은 물론 '서사인(徐舍人)'의 예에서도 보이듯이 적잖은 당조의 고위층이 토번에 귀부하여 그들의 신하가 되기도 했다. 예를 들어, 사공영국공(司空英國公) 즉 개국 공신 이적(李勣)의 후손들이 무측천에 반발하여 난을 일으켰고 결국 토번에 귀부하여 토번의 신하가 되었음이 확인된다. 따라서 토번도 당측의 정보를 당과 유사한 방식으로 축적하고 있었을 것으로 추정해 볼 수 있다.

이에 『신당서』「토번전」에서는 『구당서』에 비해 토번 첸뽀 가문의 선조에 대해서도 좀 더 자세한 내용을 적고 있는데, 이는 토번측의 전승을 당측이 수용하여 보충한 것으로 보인다. 그러나 후대의 기록이 반드시 더 정확하다고 단정하기는 어려워서, 『신당서』에서는 첸뽀의 선조로 골제발실야(鶻提勃悉野)를 언급하였는데 이는 『구당서』의 실발야(悉勃野)를 잘못 적은 것이다. 또한 『구당서』에서 제기한 '남량(南涼) 탁발씨(拓拔氏) 기원설'과 토번의 전승을 함께 적고 있어 자료에 대한 비판이나 수정을 가하지 않고 첨가하여 서술하고 있음이 보인다.

후대에 편찬된 만큼 『신당서』「토번전」은 『구당서』보다 뒷 시기의 기사를 보충하여 적고 있다. 『구당서』「토번전」은 대개 634(貞觀 8)년에서 849(大中 3)년 사이의 기사를 적고 있으나 『신당서』는 872년 귀의군 장의조(張義潮)의 귀부와 이후 위구르가 하서 지역을 장악하는 시기까지 적고 있다. 이에 토번 후기의 첸뽀들 즉 무네첸뽀나 랑다르마 등에 대한 내용과 회창(會昌), 대중(大中) 연간 이후 당과 토번 관계에 대해서는 『신당서』를 이용할 수 밖에 없다. 872년 당조에 귀부하는 하서 지역 귀의군 관련 기사도 『신당서』에서 처음 수록되기 시작했는데 이에 대해 더 자세한 기사는 『구오대사(舊五代史)』「외국열전2・토번(外國列傳二・吐蕃)」에서 구해 볼 수 있다.

7~9세기 티벳 고원은 물론 중국의 녕하, 섬서, 감숙과 신강성 및 중국 남부에서는 운남과 사천의 일부 지역, 서쪽으로는 네팔과 카슈미르, 아프가니스탄 일부 지역을 통치한 대제국으로서 토번이 인류 문명에 남긴 족적은 선명하다. 다만 19~20세기 전개된 아시아의 근대화 조류에 동참하지 못하면서 전근대 티벳의 역사적 의의까지 퇴색해 버린 면이 없지 않다.

티벳인의 입장에서 토번은 그들의 민족 근간이 형성되었던 시기로 이 시기 주변 지역과의 활발한 교류는 그 후 티벳의 문화 전통을 형성하는 데 중요한 계기가 되었음은 분명하다. 티벳 문화의 형성에 인도나 서역과의 교통은 물론 당, 토욕혼, 남조 등 동부 지역과의 교류도 중요한 부분을 차지하였으니 토번과 토번 동부 정치 세력과의 관계를 이해하는 데 『구당서』와 『신당서(新唐書)』 「토번전(吐蕃傳)」은 중요한 출발점이다.

「토번전(吐蕃傳)」 역주

吐蕃本西羌屬, 蓋百有五十種, 散處河·湟·江·岷間, 有發羌·唐旄等, 然未始與中國通. 居析支水西. 祖曰鶻提勃悉野, 健武多智, 稍並諸羌, 據其地. 蕃·發聲近, 故其子孫曰吐蕃, 而姓勃窣野. 或曰南涼禿髮利鹿孤之後, 二子, 曰樊尼, 曰傉檀. 傉檀嗣, 爲乞佛熾盤所滅. 樊尼挈殘部臣沮渠蒙遜, 以爲臨松太守. 蒙遜滅, 樊尼率兵西濟河, 逾積石, 遂撫有羣羌云.

토번(吐蕃)은 본래 서강(西羌)[1]의 족속으로 대략 백 오십 개의 종족이 있는데, 황하(黃河), 황수(湟水),[2] 장강(長江), 민강(岷江)[3]의 사이에 흩어져 살았다. 그 종족 중에는 발강(發羌), 당모(唐旄)[4] 등이 있는데, 중국과 아직 왕래하고 있지 않았다. 석지수(析支水)[5]의 서쪽에 살았다. 선조는 골제발실야(鶻提勃悉野)[6]라고 하는데, 강하고 용맹하며 지모가 뛰어나 점차

1) 西羌: 『後漢書』 卷77 「西羌傳」을 참조.

2) 湟水: 청해성에서 발원하여 湟源, 西寧을 통과하여 蘭州 서쪽에서 황하에 합류된다.

3) 岷江: 사천성 북부에서 발원하여 松潘, 茂縣, 成都를 통과하여 宜賓에서 金沙江과 합류하여 장강의 상류를 형성한다.

4) 唐旄: 『隋書』 「西域傳」에 등장하는 女國에 해당한다. 원래 거주지는 천산 남로와 파미르 일대였으나 점차 동천하여 티벳 라사 일대로 이주하였다. 북쪽으로는 호탄, 동북으로 苏毗, 남쪽으로 토번과 경계를 이루었다. 6세기 토번에 복속되었다.

5) 析支水: 析支는 賜支라고도 한다. 『後漢書』 「西羌傳」 및 佐藤長(1958), 165쪽에 의하면, 析支는 청해성 貴德縣 서쪽 발공고미 상류에 해당한다. 당대 초기 이곳에는 기(skyi)라는 국가가 있었고, 析支는 skyi를 음역한 것이다.

주변의 여러 강족(羌族)을 병합하고 그 땅을 점거했다. 번(蕃)은 발(發)과 발음이 가깝기 때문에 그 자손을 토번이라 하였고, 성은 발솔야(勃窣野)[7]라고 하였다. 혹자는 [토번이] 남량(南涼) 독발리록고(禿髮利鹿孤)[8]의 후손이라고 하면서, [그에게는] 번니(樊尼), 녹단(傉檀)이라는 두 아들이 있었고,[9] 녹단이 뒤를 이었다가 걸불치반(乞佛熾盤)[10]에게 멸망당했으며 번니가 남은 무리를 거느리고 저거몽손(沮渠蒙遜)에게 신속하여 임송태수(臨松太守)에 임명되었고,[11] 몽손이 멸망하자 번니는 군대를 거느리고 서쪽으로 가서 황하를 건너고 적석(積石)[12]을 넘어 드디어 강족의 무리를 다스리게 되었다고 하였다.

其俗謂彊雄曰贊, 丈夫曰普, 故號君長曰贊普, 贊普妻曰末蒙. 其官有大相曰論茝,

---

6) 鶻提勃悉野: 토번의 선조로 일컬어지는 오데뿌겔('o lde spu rgyal)이다. 따라서 勃悉野는 悉勃野를 잘못 옮긴 것이다. 佐藤長(1958), 167쪽을 참조.

7) 勃窣野: 『舊唐書』「吐蕃傳」에는 窣勃野로 적고 있다. 학계에서는 『舊唐書』의 음차가 좀 더 정확한 것으로 보고 있는데 그 이유에 대해서는 Pelliot와 佐藤長의 견해가 참고할 만하다. Pelliot(1915)는 『册府元龜』 이후부터 글자를 바꿔 잘못 옮겨 적은 것으로 보았으며, 佐藤長(1958), 167~168쪽에서도 『通典』 卷190 邊防6의 기사를 인용하면서 窣勃野는 悉補野로도 적을 수 있으며, 이것은 『新唐書』에서 토번 왕실의 조상으로 언급된 鶻提勃悉野 즉, 오데뿌겔('o lde spu rgyal)의 姓 勃悉野(spu rgyal)에 해당된다고 보아 勃悉野는 悉勃野 또는 『舊唐書』「吐蕃傳」과 같이 窣勃野로 적는 것이 옳다고 보았다.

8) 禿髮利鹿孤: 본문에서 5胡16國 시대 南涼의 禿髮利鹿孤가 토번의 조상일 가능성이 있음을 지적하였다. 『魏書』 卷99에 의하면, 南涼은 鮮卑 계통으로 禿髮烏孤가 397년에 건국하였고, 연호는 太初라고 했다. 그의 뒤를 이은 것이 禿髮利鹿孤인데, 그는 400년~402년에 재위하였고, 武威王이라 하였다. 다시 그의 뒤를 이은 것이 傉檀(402~414)이며 涼王이라고 하였다. 三﨑良章, 『五胡十六國の基礎的研究』, 汲古書院, 2006을 참조. 그러나 拓跋 鮮卑係와 토번 왕실을 직접 연결시키는 것은 토번의 전승과는 차이가 커서 『舊唐書』「吐蕃傳」 편찬 당시 토번에 대한 이해부족의 정도를 나타내는 것이라고 볼 수 있다. 이에 반해 『新唐書』「吐蕃傳」에서는 토번이 鶻提勃悉野를 조상으로 한다고 했는데, 이는 토번의 전승에서 전하는 오데뿌겔('o lde spu rgyal)과 일치함으로 『新唐書』「吐蕃傳」의 편찬 당시에 토번의 사료를 보충했을 가능성이 크다.

9) 『舊唐書』「吐蕃傳」에서는 傉檀이 禿髮利鹿孤의 동생이라고 했다.

10) 乞佛熾盤: 西秦의 제3대 太祖 文昭王(412~428). 周偉洲, 『南涼與西秦』, 陝西人民出版社, 1987을 참조.

11) 臨松: 甘肅省 張掖縣 동남.

12) 積石: 積石山이다. 청해성의 동남부 사천성 부근에서 동서로 뻗은 산으로 티벳어로는 암네마첸(am nye rma chen)이다.

副相曰論茝扈莽，各一人，亦號大論·小論；都護一人，曰悉編掣逋；又有內大相曰曩論掣逋，亦曰論莽熱，副相曰曩論覓零逋，小相曰曩論充，各一人；又有整事大相曰喻寒波掣逋，副整事曰喻寒覓零逋，小整事曰喻寒波充：皆任國事，總號曰尚論掣逋突瞿．地直京師西八千里，距鄯善五百里，勝兵數十萬．國多霆·電·風·雹，積雪，盛夏如中國春時，山谷常冰．地有寒癘，中人輒痞促而不害．其贊普居跋布川，或邏娑川，有城郭廬舍不肯處，聯毳帳以居，號大拂廬，容數百人．其衛候嚴，而牙甚隘．部人處小拂廬，多老壽至百余歲者．衣率氈韋，以赭塗面爲好．婦人辮髮而縈之．其器屈木而韋底，或氈爲槃，凝麨爲盌，實羹酪並食之，手捧酒漿以飲．其官之章飾，最上瑟瑟，金次之，金塗銀又次之，銀次之，最下至銅止，差大小，綴臂前以辨貴賤．屋皆平上，高至數丈．其稼有小麥·青𪎊麥·蕎麥·䝁豆．其獸，犛牛·名馬·犬·羊·彘，天鼠之皮可爲裘，獨峯駝日馳千里．其寶，金·銀·錫·銅．其死，葬爲冢，塈塗之．其吏治，無文字，結繩齒木爲約．其刑，雖小罪必抉目，或刖·劓，以皮爲鞭抶之，從喜怒，無常算．其獄，窟地深數丈，內囚于中，二三歲乃出．其宴大賓客，必驅犛牛，使客自射，乃敢饋．其俗，重鬼右巫，事羱羝爲大神．喜浮屠法，習呪詛，國之政事，必以桑門參決．多佩弓刀．飲酒不得及亂．婦人無及政．貴壯賤弱，母拜子，子倨父，出入前少而後老．重兵死，以累世戰沒爲甲門，敗懦者垂狐尾於首示辱，不得列于人．拜必手据地爲犬號，再揖身止．居父母喪，斷髮·黛面·墨衣，旣葬而吉．其擧兵，以七寸金箭爲契．百里一驛，有急兵，驛人臆前加銀鶻，甚急，鶻益多．告寇擧烽．其畜牧，逐水草無常所．其鎧胄精良，衣之周身，竅兩目，勁弓利刃不能甚傷．其兵法嚴，而師無餽糧，以鹵獲爲資．每戰，前隊盡死，後隊乃進．其四時，以麥熟爲歲首．其戲，棊·六博．其樂，吹螺·擊鼓．其君臣自爲友，五六人曰共命．君死，皆自殺以殉，所服玩乘馬皆瘞，起大屋冢顚，樹衆木爲祠所．贊普與其臣歲一小盟，用羊·犬·猴爲牲；三歲一大盟，夜肴諸壇，用人·馬·牛·閭爲牲．凡牲必折足裂腸陳于前，使巫告神曰：「渝盟者有如牲．」

그 풍속에 강건한 영웅을 찬(贊)이라 하였고, 사내대장부를 보(普)라 하였으므로, 군장을 이름하여 찬보(贊普)라 하였고,[13] 찬보의 처를 말몽(末蒙)이라 하였다. 토번의 관직에는 대상

(大相)을 논채(論茝)[14]라 하였고, 부상(副相)을 논채호망(論茝扈莽)[15]이라 했는데, 각각 한 사람이고, 또한 대론(大論), 소론(小論)이라 부르기도 했다.[16] 도호(都護)가 한 사람인데, 실편체포(悉編掣逋)[17]라 하였고, 내대상(內大相)을 낭론체포(曩論掣逋)[18]라 했는데, 또한 논망열(論莽熱)[19]이라고도 하였다. 부상(副相)을 낭론멱령포(曩論覓零逋)[20]라 하고, 소상(小相)을 낭론충(曩論充)[21]이라 하였으며 각각 한 사람씩 두었다. 또한 정사대상(整事大相)을 두었는데 유한파체포(喻寒波掣逋)[22]라 하였고, 부정사(副整事)를 유한멱령포(喻寒覓零逋),[23] 소정사(小整事)를 유한파충(喻寒波充)[24]이라 했는데 모두 나라 일을 맡아 보았으며 총칭하여 상론체포돌구(尙論掣逋突瞿)[25]라 하였다. 그 영토가 경사(京師)에서 서쪽으로 팔천 리 떨어져 있고, 선선(鄯善)[26]과는 오백 리 떨어져 있으며, 강한 군사 수십만이 있다. 나라에는 천둥, 번개, 바람, 우박이 많고, 눈이 쌓이며, 한여름이 중국의 봄철과 같아 산속 계곡에는 항상

---

13) 贊普: 젠뽀(btsan po)는 중국의 황제에 해당되는 티벳의 군장을 뜻하는 말이다.

14) 論茝: 뢴체(blon che)를 음차한 것으로, 大相을 뜻하는 뢴첸(blon chen)과 같은 말이다. 이하 주16) 大論·小論 항목을 참조.

15) 論茝扈莽: 뢴체오망(blon che 'o mang)을 음차한 것이다.

16) 大論·小論: 大論과 小論은 각각 뢴첸(blon chen)과 뢴충(blon chung)을 옮긴 말이다. 論은 재상을 뜻하는 뢴(blon)을 음역한 것이고, 첸(chen)과 충(chung)은 각각 크다, 작다의 뜻을 가진 말로, 그 뜻을 옮겨 각기 大小로 적었다. 따라서 토번의 관료 이름 앞에 붙는 論은 모두 재상을 뜻하는 관직 이름 뢴(blon)에서 온 것이다. 토번에서 唐에 귀부한 고위 관료 중에 뢴 칭호를 이름과 합쳐 사용하는 경우가 있었는데, 이런 경우 중국식 이름에서 뢴, 즉 論을 姓처럼 사용하기도 했다.

17) 悉編掣逋: 첸체뽀(spyan ched po)를 음차한 것이다. 본문에서는 이 관직이 중국의 都護에 해당한다고 했는데, 漢代 이래 변경의 방어와 주변 민족의 통치를 위해 설치했던 都護府의 장관을 이르는 말이었음을 통해 첸체뽀의 직능을 짐작할 수 있다.

18) 曩論掣逋: 낭뢴체뽀(nang blon ched po)를 음차한 것이다.

19) 論莽熱: 佐藤長(1959), 722쪽에서는 이것이 보통 명사가 아닌 고유 명사이므로 內大相의 별칭이 아니라고 하였다. 그 예는 『舊唐書』「吐蕃傳」 "南道元帥 論莽熱"의 경우에 보인다.

20) 曩論覓零逋: 낭뢴링뽀(nang blon 'bring po)를 음차한 것이다.

21) 曩論充: 낭뢴충(nang blon chung)을 음차한 것이다.

22) 喻寒波掣逋: 윌겐빠체뽀(yul rgan pa ched po)를 음차한 것이다.

23) 喻寒覓零逋: 윌겐링뽀(yul rgan 'bring po)를 음차한 것이다.

24) 喻寒波充: 윌겐빠충(yul rgan pa chung)을 음차한 것이다.

25) 尙論掣逋突瞿: 샹뢴체뽀구(shang blon ched po dgu)를 음차한 것으로, 9명의 大臣 '九大尙論'을 의미한다. 佐藤長(1959), 719쪽을 참조.

26) 鄯善: 롭노르 남쪽에 위치했던 고대 도시 국가를 지칭한다.

얼음이 있다. 그 나라에는 추위로 인한 한질이 있는데, 이에 걸리면 곧 가슴이 답답하고 숨이 막히는 듯 하지만 큰 해는 없다. 찬보는 발포천(跋布川)에 거주하였는데 이곳을 혹은 라사천(邏娑川)이라고도 하였다.[27] 성곽과 주택은 있었지만 그곳에 거처하려 하지 않고 모직 텐트를 연결하여 거주하는데 이를 대불려(大拂廬)[28]라고 하며 여기에는 수백 명이 들어갈 수 있다. 그 경비는 엄중하지만 아장(牙帳)은 매우 협소했다. 백성들은 소불려(小拂廬)에 거처하는데, 장수하는 노인이 많고 백여 세에 이르는 사람도 있다. 의복은 대개 모직과 가죽으로 지으며, 붉은 색을 얼굴에 칠하기를 좋아한다. 부인은 머리카락을 땋아서 돌려 감아 올렸다. 그릇은 나무를 구부리고 바닥에 가죽을 대서 만드는데, 혹은 모직을 쟁반으로 삼는다. 보릿가루를 반죽해서 그릇으로 삼고 거기에 걸죽한 유제품(羹酪)을 채워서 그릇까지 모두 먹으며 손으로 술이나 마실거리를 받아 마신다.[29] 토번 관리의 장식은 슬슬(瑟瑟)이 최상이고, 금이 다음이고 금도금한 은이 다시 그 다음이고, 은이 그 다음이고 최하로 동에 이르러 그치는데, 대소의 차등을 두어 팔 앞에 꿰매 붙여 귀천을 구분한다. 가옥은 모두 지붕이 평평하고 높이가 여러 장(丈)에 이른다. 농작물에는 소맥(小麥), 청과맥(靑稞麥), 교맥(蕎麥), 노두(豊豆)가 있다. 가축으로는 이우(犛牛), 명마(名馬), 개(犬), 양(羊), 돼지가 있는데, 천서(天鼠)의 가죽으로는 가죽옷을 지을 수 있으며, 독봉타(獨峰駝)는 하루에 천 리를 달릴 수 있다. 보물로는 금, 은, 주석, 동이 있다. 사람이 죽으면 무덤을 만들어 장례를 치르는데, [무덤에] 진흙칠을 한다. 관리가 다스릴 때 문자가 없어서, 줄을 묶고 나무를 깎아 서로 약속을 삼는다. 형벌에는 비록 작은 죄라도 반드시 눈알을 도려내거나 발꿈치나 코를 베어내고 가죽으로 채찍을 만들어 매질하는데, [집행관의] 감정에 따르니 고정된 법규가 없다. 감옥은 땅을 여러 장(丈) 파고 그 안에 죄수를 가두는데, 2~3년이 지나서야 풀어준다. 중요한 빈객을 불러 잔치를 베풀

27) 跋布川·邏娑川: 佐藤長(1973), 209쪽에 의하면, 跋布川은 작은 하천을 뜻하는 벱추(babs chu)의 음차로, 邏娑川이라고도 불리웠으며 이는 라사 인근을 흐르는 까닭에서 붙여진 이름이었다. 현재는 라사 근교를 흐르는 강을 키추(skyid chu)라고 부른다.

28) 拂廬: 양모를 여러 겹 눌러 만든 펠트를 투 또는 추(phru)라고 하는데 拂廬는 그것을 음차한 것이다. 여기에서 拂廬는 투마 또는 추마(phru ma) 즉 펠트로 만든 천막을 의미한다. 佐藤長(1959), 746쪽을 참조.

29) 보릿가루와 버터차를 섞어서 만든 짬빠를 의미한다. 현재도 티벳 사람들은 보릿가루를 버터차와 섞어 손으로 뭉쳐가며 먹는데 "걸죽한 유제품을 담아 그릇까지 먹는다"는 표현은 바로 짬빠를 먹는 모습을 형용한 것이다.

때에는 반드시 모우(牦牛)를 몰아 손님으로 하여금 스스로 활을 쏘아 맞추게 한 뒤에 그것으로 대접했다. 토번의 풍속에는 귀신을 중히 여기고 무격을 숭상하였으며, 야생 숫양을 큰 신으로 삼아 섬긴다. 불법을 좋아하고 주문에 능하였다. 나라의 정사에는 반드시 승려를 참여시켜 결정한다. 대다수 토번 사람들은 활과 칼을 지니고 다닌다. 술을 마실 때는 취할 때까지 마시지 않는다. 부인은 정사에 관여하지 않는다. 건장함을 귀하게 여기고 약함을 천하게 여긴다. 어머니는 아들에게 예를 표하고 아들은 아버지에게 거만하게 굴며, 출입할 때는 젊은이가 앞장서고 늙은이가 뒤따른다. 전사함을 중히 여겨서 누대에 걸쳐 전몰하면 으뜸가는 가문으로 여긴다. 전쟁에서 패배한 나약한 사람은 머리에 여우꼬리를 드리워서 욕을 보이고 다른 사람과 동열에 설 수 없으며 절할 때는 반드시 손을 땅에 대고 개 짖는 소리를 내며 두 번 절해야 마칠 수 있다. 부모의 상에는 머리카락을 자르고 얼굴을 검게 칠하고 검은 옷을 입으며, 매장을 마치고 제사를 지낸다.[30] 거병을 할 때 7촌(寸) 금전(金箭)으로 부계(符契)[31]를 삼는다. 백 리마다 역을 하나씩 두었는데, 군정이 긴급하면 역인이 가슴 앞에 은골(銀鶻)[32]을 달았고, 매우 긴급하면 골(鶻)의 수량을 늘였다. 적군의 공격을 보고할 때는 봉수(烽燧)를 든다. 가축을 칠 때는 수초를 따라다니니 일정한 장소가 없다. 갑옷과 투구는 정교하며 질이 좋고 전신에 두르고 두 개의 눈구멍만 내니, 강한 화살과 날카로운 칼날로도 깊은 상처를 낼 수 없다. 병법은 엄하지만 군대에 식량 보급이 없으면 노획하여 사용한다. 매번 전투에서 앞선 부대가 모두 전사해야 후방 부대가 전진한다. 사계절은 보리가 익었을 때를 해의 처음으로 한다. 놀이에는 바둑과 육박(六博)[33]이 있다. 음악으로 소라를 불거나 북을 두드린다. [토번의] 임금과 신하는 원래 서로 벗을 삼으니, 5~6인을 일러 공명(共命)이라 하였다. 임금이 죽으면 이들 모두가 자살하여 순장하고, 평소 걸치던 옷, 완호(玩好), 타던 말을 모두 같이 묻었는데, 무덤 위에 큰 집을 짓고 나무를 여러 그루 심어 제사 지내는 장소로 삼는다. 찬보와 그의

---

30) 吉禮: 五禮의 하나로 祭祀의 예를 가리킨다.

31) 符契: 符節을 의미한다.

32) 銀鶻: 鶻은 원래 山雀을 뜻하는데 여기에 언급한 銀鶻이 은으로 새 모양을 만들어 가슴에 패용하였다는 것인지 분명하지는 않다. 다만, 몽골 시대의 역참에서도 일의 경중에 따라 통행증 牌子의 종류가 달랐고, 전달자의 몸에 방울을 달아 멀리서도 듣고 미리 준비하도록 하였으니 이와 유사한 역할을 하였을 것으로 추정해 볼 수 있다.

33) 六博: 夏代부터 유행한 것으로 알려진 중국 전통 유희의 일종이다. 六簙, 塞戱, 格五, 塞棋, 蹩戎 등으로 불리기도 했으며, 대개 장기의 일종으로 알려져 있으나 구체적인 놀이 방법은 실전되었다.

신하는 매년 한차례 소맹(小盟)을 하는데, 양, 개, 원숭이를 희생으로 삼으며, 3년에 한번 대맹(大盟)을 하는데, 밤중에 제단에 공물을 차리고 사람과 말, 소, 당나귀를 희생으로 쓴다. 모든 희생은 반드시 다리를 자르고 창자를 꺼내 앞에 늘어놓은 뒤, 무당으로 하여금 신에 고하게 하여 말하길, "맹세를 배반하는 자는 희생처럼 될 것이다."라고 하였다.

其後有君長曰瘕悉董摩, 董摩生佗土度, 佗土生揭利失若, 揭利生勃弄若, 勃弄生詎素若, 詎素生論贊索, 論贊生棄宗弄贊, 亦名棄蘇農, 亦號弗夜氏. 其爲人慷慨才雄, 常驅野馬·犛牛, 馳刺之以爲樂, 西域諸國共臣之.

그 뒤에 군장이 있어 하실동마(瘕悉董摩)[34]라 하였고, 동마(董摩)는 타토도(佗土度)[35]를 낳았고, 타토(佗土)는 게리실약(揭利失若)[36]을 낳았고, 게리(揭利)는 발농약(勃弄若)[37]을 낳았고, 발농(勃弄)은 거소약(詎素若)[38]을 낳았고, 거소(詎素)는 논찬색(論贊索)[39]을 낳았고, 논찬(論贊)은 기종롱찬(棄宗弄贊)[40]을 낳았는데, 기소농(棄蘇農)[41]이라고도 하고 불야씨(弗夜氏)[42]라고도 한다. 그는 사람됨이 의기가 성하고 재능과 강건함을 갖췄으며, 항상 야생말과

---

34) 瘕悉董摩: 송첸감뽀의 조상에 대한 기록은 돈황문서『王統記』를 통해 그 대강을 알 수 있는데,『王統記』의 기록과 본문을 대조해 보면, 瘕悉董摩는 치톡젠(khri thog brtsan)에 해당된다. 그러나 치톡젠을 왜 瘕悉董摩로 음차했는지 분명하지 않다. 佐藤長(1958), 193쪽을 참조.

35) 佗土度: 라토도냐젠(lha tho do snya brtsan).

36) 揭利失若: 치냐숭젠(khri snya zung brtsan).

37) 勃弄若: 로넨데루('bro mnyen lde ru).

38) 詎素若: 탁우냐식(stag bu snya gzigs).

39) 論贊索: 뢴젠룽남(slon btsan rlung nam).

40) 棄宗弄讚: 치송젠(khri srong brtsan)을 음역한 것으로 토번의 건국자로 알려진 송첸감뽀(Songtsen Gampo; 605~617~650)를 의미한다. 한문 사료에서는 이외에도『通典』卷190, 邊防6, 吐蕃에서 弃蘇農贊으로 적고 있는데, 이것은 치송젠의 음차로, 棄宗弄讚과 다른 글자로 음차했을 뿐 의미는 같다. 佐藤長(1958), 21~22쪽에서 치송젠이 송첸감뽀임을 밝히고 있는데, 그는『唐蕃會盟碑』의 기록을 인용하면서, 당이 건국한 지 23년이 되던 해에 唐 太宗과 회맹하고, 貞觀 연간에 文成公主를 맞이한 토번의 왕이 치송젠이라고 하였으므로 치송젠이 송첸감뽀임은 분명하다.

41) 棄蘇農: 치송젠(khri srong brtsan)의 앞부분 치송(khri srong)만을 음차한 것이다.

42) 弗夜氏: 송첸감뽀의 선조로 알려진 오데뿌겔('o lde spu rgyal)의 뒷부분 뿌겔(spu rgyal)을 음차한 것이다. 앞서 토번의 선조라고 했던 鶻提勃悉野의 이름 중 勃悉野(spu rgyal)와 같다. 단 앞서 주6)에서도

이우(犛牛)를 몰아 말 달리며 이것들을 찔러 죽이는 것을 즐거움으로 삼았는데, 서역의 여러 나라들이 함께 그에게 신속했다.

太宗貞觀八年, 始遣使者來朝, 帝遣行人馮德遐下書臨撫. 弄贊聞突厥·吐谷渾並得尚公主, 乃遣使齎幣求昏, 帝不許. 使者還, 妄語曰:「天子遇我厚, 幾得公主, 會吐谷渾王入朝, 遂不許, 殆有以間我乎?」弄贊怒, 率羊同共擊吐谷渾, 吐谷渾不能亢, 走青海之陰, 盡取其貲畜. 又攻党項·白蘭羌, 破之. 勒兵二十萬入寇松州, 命使者貢金甲, 且言迎公主, 謂左右曰:「公主不至, 我且深入.」都督韓威輕出覘賊, 反爲所敗, 屬羌大擾, 皆叛以應賊. 乃詔吏部尚書侯君集爲行軍大總管, 出當彌道, 右領軍大將軍執失思力出白蘭道, 右武衛大將軍牛進達出闊水道, 右領軍將軍劉蘭出洮河道, 並爲行軍總管, 率步騎五萬進討. 進達自松州夜鏖其營, 斬首千級.

태종 정관(貞觀) 8년(634), 비로소 사신을 보내 내조하니, 황제는 행인(行人)[43] 풍덕하(馮德遐)를 보내 조서를 내리고 가서 위무하게 했다. 농찬이 돌궐(突厥),[44] 토욕혼(吐谷渾)[45]이 모두 공주와 혼인하였다는 소식을 듣고 사신을 보내 폐물을 갖추어 구혼했으나 황제가 허락하지 않았다. 사신이 돌아가서 망령되이 말하길, "천자가 저를 후하게 대우하여 거의 공주를 얻을 뻔 했는데, 토욕혼의 왕이 입조하더니, 마침내 [황제가] 허락하지 않았습니다. 아마도 그들이 우리들을 이간시킨 것이 아닌가 합니다."라고 하였다. 농찬이 노하여 양동(羊同)[46]을

밝혔듯이 spu rgyal의 음차가 되기 위해서는 悉勃野로 적는 것이 옳다.

43) 行人: 朝覲, 聘問을 관장하는 관리.

44) 突厥: 6세기 초 현재 신강성의 북부 알타이 산지 일대에서 세력을 키웠다. 처음에는 柔然에 복속되어 있었으나 돌궐의 수령 土門이 鐵勒과 柔然을 격파하면서 알타이 산지에서 몽골 초원, 서쪽으로는 아무다리야에 걸친 대제국을 건설하였다. 후에 동서 돌궐로 분리되었는데 동돌궐은 貞觀 연간 630년에 당에 복속되었고, 고종 顯慶 연간 658년에 서돌궐도 복속되어 일부가 중앙 아시아로 옮겨갔다. 무측천 때 동돌궐이 다시 일어났다가 위구르(回紇)에 망했다.

45) 土谷渾: 선비계 葉延(329~351)이 현재 감숙, 청해, 사천성 일부 지역에 세운 나라인데, 그 이름은 원래 엽연의 조부 토욕혼(?~317?)에서 비롯되었다. 慕容涉歸의 아들이던 그는 313년 무렵 현재 내몽골 陰山에서 隴西郡 일대로 근거를 옮겼고, 그의 손자 엽연에 와서 토욕혼을 건국했다. 그 후 22대 諾曷鉢(635~688)이 토번에 망할 때까지 약 300여 년간 존속하였다. 『北史』 卷96 「土谷渾傳」을 참조.

거느리고 토욕혼을 함께 공격하니, 토욕혼이 버티지 못하고 청해(靑海)의 북쪽[47]으로 도망가자 그들의 재물과 가축을 모두 빼앗았다. 또한 당항(党項),[48] 백란강(白蘭羌)[49]을 공격하여 그들을 격파했다. 군대 이십 만을 동원하여 송주(松州)[50]를 침범하고, 사자로 하여금 금갑(金甲)을 바치고 다시 공주를 맞이하겠다고 이르게 한 뒤 좌우에게 말하길, "공주가 오지 않으면 내가 다시 깊이 침입할 것이다."라고 하였다. 도독(都督) 한위(韓威)[51]가 경기병을 내보내 적의 상황을 살피게 했다가 도리어 패배하자 [당에] 복속된 강족(羌族)이 크게 어지러워지더니 모두 배반하여 적군에게 호응했다. 이에 [조정에서] 조를 내려 이부상서(吏部尙書) 후군집(侯君集)[52]을 행군대총관(行軍大總管)으로 삼아 당미도(當彌道)[53]에 출병하게 하고, 우령군대장군(右領軍大將軍) 집실사력(執失思力)[54]은 백란도(白蘭道)[55]에, 우무위대장군(右武衛

46) 羊同: 샹슝(zhang zhung: 象雄)을 뜻한다. 大小 羊同으로 구분되며, 현재 서장자치구 서남부 아리 일대에 위치했었다. 한 때 송첸감뽀의 누이가 샹슝의 왕 릭미갸(lig myi rgya)와 혼인하는 등 우호 관계를 맺기도 하였으나, 토번의 세력이 티벳 고원 전역으로 확대되면서 644년 송첸감뽀에 의해 토번에 편입되었다.

47) 靑海之陰: 여기에서 청해는 靑海湖를 뜻하며 陰은 북쪽을 뜻한다. 대개 陰은 강의 남쪽, 또는 산의 북쪽을 뜻하지만, "長城之陰"에서 보이듯이 주요 지형지물의 북쪽을 뜻하기도 한다. 토욕혼이 토번의 공격으로 오늘날 寧夏 지역으로 이주한 것으로 보아 당시 토욕혼의 이동 경로는 청해호의 북동 방향이었던 것으로 판단된다.

48) 党項: 탕구트(Tangut)라고 한다. 토번 제국의 동부 암도와 캄 일대에 거주하던 정치 집단의 명칭이다. 오늘날 靑海省 청해호 남부를 중심으로 활동하다가 토번의 세력이 동진하면서 현재 寧夏 일대로 옮겨 후에 西夏를 건설했다.

49) 白蘭羌: 베렌(白蘭, pa'i lend)은 청해 남부, 사천 북부를 중심으로 활동하다가 7세기 중엽(656~661) 토번에 합병된 투르크계 민족이다.

50) 松州: 四川省 松潘.

51) 韓威: 한위는 정관 연간 활동했던 장군으로 東突厥의 카간 아사나사이(阿史那社爾, 604~655)가 647년(정관 21) 쿠차, 코탄 등을 신복시켜 安西 4鎭을 개척할 때 伊州刺史의 신분으로 함께 참여했다.

52) 侯君集: 후군집(?~643)은 豳州 三水(현재 陝西省 旬邑 북쪽) 사람으로, 凌煙閣 24공신 중의 한 사람이다. 隋末에 李世民의 막료가 되어 전공을 쌓기 시작했다. 高祖 626년(武德 9) 玄武門의 變 때 이세민을 도왔고, 태종 즉위 후에 右衛大將軍이 되었다. 630년(貞觀 4)에 兵部尙書, 吏部尙書 등을 거쳐 재상에 버금가는 실권을 누렸다. 635년(貞觀 9)에 積石道行軍總管이 되어 李靖과 함께 토욕혼을 공략하였고, 638년(貞觀 12)에 吐蕃이 松州(현재 四川省 松潘)를 포위하자 當彌道行軍大總管이 되어 토번의 침략을 막았다. 토번이 松州에서 물러나고 곧 토번의 사신이 파견되어 文成 공주와의 혼약이 성사되었다. 『舊唐書』 卷69 「侯君集列傳」을 참조.

53) 當彌道: 當彌는 達彌 또는 多彌라고도 한다.

大將軍) 우진달(牛進達)[56]은 활수도(濶水道)[57]에, 우령군장군(右領軍將軍) 유란(劉蘭)은 조하도(洮河道)[58]에 출병하게 하고 모두 행군총관(行軍總管)으로 삼고 보병과 기병 5만을 거느리고 적을 토벌하게 했다. 진달이 송주에서 토번의 군영을 야습하여 천급을 참수했다.

初東寇也, 連歲不解, 其大臣請返國, 不聽, 自殺者八人. 至是弄贊始懼, 引而去, 以使者來謝罪, 固請昏, 許之. 遣大論薛祿東贊獻黃金五千兩, 它寶稱是, 以爲聘.

당초 [농찬이] 동쪽으로 침범할 때 매년 전쟁이 이어져서 군대 동원을 풀지 못하자 토번의 대신이 본국으로 돌아가기를 청했으나 [농찬은] 이를 듣지 않고 친히 신하 8명을 죽였다. 이 때 이르러 농찬이 비로소 두려워하고 군대를 끌고 퇴각하면서 사자를 보내 사죄하고 다시 혼인을 청하니 황제가 이를 허락했다. [농찬이] 대론(大論) 설록동찬(薛祿東贊)[59]을 보내 황금 오천 냥을 바치고 다른 보물도 이에 걸맞게 보내 빙례로 삼았다.

十五年, 妻以宗女文成公主, 詔江夏王道宗持節護送, 築館河源王之國. 弄贊率兵次

---

54) 執失思力: 629년(貞觀 3) 唐 太宗이 李靖, 李績 등을 파견하여 薛延陀(鐵勒의 일파)의 可汗 夷男 등과 함께 頡利可汗을 공격하게 하여 현재 내몽골 陰山에서 대패시킴으로써 東突厥이 패망했다. 집실사력은 突厥 頡利可汗(579~634)의 신하였으나, 당에 귀부하여 태종의 고구려 정벌 등에 참여하였다.

55) 白蘭道: 당시 白蘭, 즉 베렌은 아직 토번에 복속되기 전이었으므로 원래 근거지였던 청해 남부, 사천 북부 방면을 의미한다고 볼 수 있다.

56) 牛進達: 우진달의 활약은 주로 정관 연간에 집중되어 있다. 본문에 보이는 것과 같이 638년(貞觀 12) 활수도(濶水道) 행군총관(行軍總管)이 되어 토번전에 참여했고, 647년(貞觀 21)에는 靑丘道行軍大總管이 되어 營州都督의 병사 등을 이끌고 고구려를 공격했다.

57) 濶水: 四川省 松潘 부근.

58) 洮河道: 조하 방면을 의미하는데, 洮河는 黃河 상류의 주요 하천으로 靑海省 河南蒙古族自治縣 西傾山에서 발원하여 감숙 중부를 관통한다.

59) 薛祿東贊: 토번의 사신 가르 통첸(mgar stong btsan)이다. 『舊唐書』에서는 녹동찬(祿東贊)이라고 적고 있다. 그는 대략 640년 겨울 장안에 도착했다가 이듬해 봄에 문성공주를 대동하고 토번으로 귀국했다. 667년 사망할 때까지 송첸감뽀와 그의 손자 망뢴망첸(mang slon mang btsan, 재위: 650~676)을 보필하며 對토욕혼 전쟁을 이끈 송첸감뽀 시대를 대표하는 재상이다.

柏海親迎, 見道宗, 執婿禮恭甚, 見中國服飾之美, 縮縮媿沮. 歸國, 自以其先未有昏帝女者, 乃爲公主築一城以夸後世, 遂立宮室以居. 公主惡國人赭面, 弄贊下令國中禁之. 自褫氈罽, 襲紈綃, 爲華風. 遣諸豪子弟入國學, 習『詩』·『書』. 又請儒者典書疏.

[정관] 15년(641) [태종은] 종실의 딸인 문성공주(文成公主)[60]를 [농찬의] 처로 삼게 하여, 강하왕(江夏王) 도종(道宗)[61]에게 조를 내려 부절(符節)을 지니고 호송하게 하고, 하원왕(河源王)[62]의 나라에 관사를 짓게 했다. 농찬은 군대를 거느리고 백해(柏海)[63]에 주둔하며 친히 맞이했는데, 도종을 접견하고 사위의 예를 극진히 하였으며, 중국 복식의 아름다움을 보고

60) 文成公主: 종실의 딸이라고 했지만 그 가계는 분명하지 않다. 이런 문성공주(?~680)가 처음 결혼한 사람은 송첸감뽀의 아들 궁송궁젠(gung srong gung btsan, ?~646)이었다. 그러나 그가 사망한 후 송첸감뽀의 부인으로 공식화되었고, 모든 기록에서 그를 따랐다. 돈황문서『年代記』에 의하면, 그녀가 641년에 토번에 시집와서 644년 상슝 반란 진압을 위해 송첸감뽀가 서부로 떠나기 전까지 약 3년간 그와 함께 생활한 것으로 알려져 있다. 그녀의 주요한 업적으로 646년 라사 주요 사원 중 하나인 라모체(ra mo che, 小昭寺)를 창건하는 등 당의 불교나 중국식 문화가 티벳에 전파되는데 역할을 한 것으로 알려져 있다. 현재 티벳사람들은 문성공주를 푸른 타라(sgrol mo ljang gu; 綠度母)의 전세라고 믿고 있으며, 티벳인의 신앙 세계에 깊숙이 자리하고 있다. 이것은 송첸감뽀의 신격화와 연결된 것이며, 그녀가 중국에서 시집왔다는 사실은 오히려 토번의 강성함을 기억하는 근거가 되고 있다.

61) 道宗: 강하군왕(江夏郡王) 이도종(李道宗, 600~653)을 가리킨다. 隴西 成紀(현재 甘肅省 秦安) 사람이다. 字는 承范이고 李淵의 조카이다. 618년 이연이 唐을 세우고 略陽郡公으로 삼았다. 李世民과 함께 여러 차례 전공을 세웠고, 靈州 방면에서 동돌궐을 축출하여 五原을 개척했다. 정관 초에 大同道行軍總管이 되어 靈州 서북으로 진출하여 頡利 카간을 생포했고, 634년에는 侯君集과 함께 토욕혼을 공략했다. 637년에 江夏郡王으로 삼았다. 641년에는 禮部尙書로 문성공주를 배웅하러 星宿海까지 갔다. 642년에 고구려에 출정했고, 646년에는 薛延陀를 공략하여 멸했다.

62) 河源王: 토욕혼 慕容諾曷의 칭호에서도 보이듯이 "河源王의 나라"는 토욕혼을 뜻한다. 토욕혼 하원왕의 근거지는 현재 靑海省 共和에 위치한 樹敦城이었고, 문성 공주가 토번으로 갈 때 赤嶺을 넘어 청해호 남안의 교통로를 이용했으니 적령 서쪽 토욕혼의 근거지 樹敦城에 공주의 혼인을 위한 館을 설치한 것은 분명하다.

63) 柏海: 백해는 靑海省 共和(토욕혼의 樹敦城) 서쪽에 위치한 시너 노르(Sine naɣur)를 뜻한다. 청해호 남안에 위치한 청해 남산 산맥 남쪽을 동서로 흐르는 大非川의 동쪽 끝에서 채지 골(Čayiji ɣoul)과 만나는데 이곳에는 크고 작은 호수들이 다수 분포한다. 동쪽 끝에 위치한 호수가 "새로운 호수"라는 뜻의 시너 노르(Sine naɣur)인데, 이는 동쪽에서 볼 때 첫 번째 호수이기 때문에 붙여진 이름이다.

몸을 움츠리고 부끄러워했다. 귀국한 뒤 그의 선대가 황제의 딸과 혼인한 적이 없었음을 생각하고 공주를 위하여 성 하나를 쌓아 후세에 자랑하고자 하여 마침내 궁실을 세워 거처하게 했다. 공주는 토번 사람들이 얼굴에 붉은 칠하는 것을 싫어하였는데, 농찬은 명령을 내려 이를 금지했다.[64] 그는 몸소 모직 옷을 벗고 비단옷을 입어 당풍(唐風)을 유행시켰다. 여러 호족의 자제를 국학(國學)[65]에 입학시켜, 『시(詩)』, 『서(書)』를 익히게 했다. 또한 유학자를 청하여 서소(書疏)를 맡아 보게 했다.

帝伐遼還, 使祿東贊上書曰: 「陛下平定四方, 日月所照, 並臣治之. 高麗恃遠, 弗率於禮, 天子自將度遼, 隳城陷陣, 指日凱旋, 雖鴈飛于天, 無是之速. 夫鵝猶鴈也, 臣謹冶黃金爲鵝以獻.」其高七尺, 中實酒三斛. 二十二年, 右衛率府長史王玄策使西域, 爲中天竺所鈔, 弄贊發精兵從玄策討破之, 來獻俘.

황제가 요동을 토벌하고 돌아오자, 녹동찬(祿東贊)을 사신으로 보내 글을 올려 말하기를, "폐하께서 사방을 평정하시니 일월이 비치는 곳 모두가 신속하여 [폐하께서] 이들 [모두를] 다스리십니다. 고려(高麗)가 먼 곳에 있음을 믿고 예를 따르지 않으니 천자께서 몸소 군대를 거느리고 요하(遼河)를 건너 성을 함락시키고 적진을 부수신 뒤 예정대로 개선하셨습니다. 비록 기러기가 하늘을 날아도 이처럼 빠르지는 못할 것입니다. 거위는 기러기와 비슷하니 신이 삼가 황금을 다듬어 거위를 만들어 바칩니다."라고 했다. 황금거위의 높이는 7척이고 안에 술 3곡(斛)을 담을 수 있었다. [정관] 22년(648), 우위솔부장사(右衛率府長史) 왕현책(王玄策)[66]이 서역에 사신으로 갔다가 중천축(中天竺)[67]에게 약탈당했는데, 농찬이 정예 병사를

64) 붉은 흙을 얼굴에 바르는 관습이 있었던 것으로 알려져 있다. 티벳을 赭面國(gdong dmar yul)이라고 부르는 것도 여기에서 기인하다. 그 원인을 두고 원숭이 토템을 말하기도 하고, 티벳 여인들의 화장법과 연결시키기도 하지만 진실은 없다. 이후 티벳의 문학작품에서도 이것을 스스로 수치스럽게 여기는 장면이 발견된다. 佐藤長(1959): 791쪽, Kapstein(2006): 56쪽.

65) 國學: 國子監 내에 설치되었던 國子學을 뜻한다.

66) 王玄策: 인도 마가다국 하르샤바르다나(Harçavardhana, 戒日王)에게 사신으로 갔던 왕현책이 왕의 사망과 정변으로 입국을 거절당하자, 토번 등의 힘을 빌어 찬탈자를 체포하여 장안으로 귀환하였다.

67) 中天竺: 인도 전역을 五天竺으로 나눠 그 중 중부지역을 중천축이라고 하기도 했다. 왕현책의 경우 마가다국에 방문했다고 전하며 이는 玄奘의 『大唐西域記』에서 언급한 中印度 30국 중 하나인 摩揭陀國

내어 현책을 따라 중천축을 격파하고 포로를 바쳤다.

高宗卽位, 擢駙馬都尉·西海郡王. 弄贊以書詒長孫無忌曰:「天子初卽位, 下有不忠者, 願勒兵赴國共討之.」幷獻金琲十五種以薦昭陵. 進封賨王, 賜餉蕃渥. 又請蠶種·酒人與碾磑等諸工, 詔許. 永徽初, 死, 遣使者弔祠. 無子, 立其孫, 幼不事, 故祿東贊相其國.

고종(高宗; 재위: 649~683)이 즉위하고 [농찬을] 부마도위(駙馬都尉) 서해군왕(西海郡王)으로 발탁했다. 농찬은 장손무기(長孫無忌)[68]에게 글을 보내 말하기를, "천자가 즉위한지 얼마 되지 않았을 때 신하 중 만약 불충한 자가 있다면 원컨대 군대를 이끌고 당의 영토로 달려가 같이 토벌하고 싶습니다."라고 하였다. 아울러 황금구슬 꿰미 15종을 소릉(昭陵)에 공물로 바쳤다. 이에 종왕(賨王)으로 봉해졌고, 사여품을 후하게 받았다. 또한 잠종 및 술 담그는 사람과 벼루 등을 만드는 공인을 청하니 조를 내려 허락했다. 영휘(永徽) 초년에 농찬이 죽으니 사자를 보내 사당에 조문하게 했다.[69] 아들이 없어 그의 손자를 세웠는데 어려서 정사를 볼 수 없었으므로 녹동찬이 나라 일을 보았다.[70]

에 해당된다.

68) 長孫無忌: 장손무기(594~659), 字는 輔機이며, 河南 洛陽 사람이다. 선대는 鮮卑 拓跋씨 계통이며, 北魏 皇族의 방계이다. 뒤에 長孫으로 성을 바꿨다. 太宗 李世民의 황후 文德順聖皇后가 여동생이다. 617년 李淵이 太原에서 거병했을 때, 이연을 알현하고 渭北行軍典簽이 되었다. 그 후 李世民을 보필하여 개국공신이 되어 齊國公이라 하였다. 626년에 玄武門之變에 참여하여 尙書僕射, 司空을 역임했다. 637년에 房玄齡등과 함께『貞觀律』을, 651년에는『律疏』를 편찬하였으니 이것이『唐律疏議』이다. 후에 高宗이 武則天을 황후로 삼고자 할 때 반대하였고, 무고로 黔州(貴州)로 유배되어 자결했다.

69) 송첸감뽀의 사망 연대에 대해『舊唐書』「吐蕃傳」에서는 영휘 원년(650)이라고 하였으나 여기에서는 영휘 초년이라고 하였다. 그러나 이는 당이 장례 참석을 위해 사신을 파견한 시점이지 송첸감뽀의 실제 사망 연대는 아니다. 이에 대해 佐藤長(1958), 209~225쪽, 284쪽에서는 돈황문서『年代記』의 기사를 인용하여 650년에 이미 송첸감뽀의 유해가 매장지로 옮겨졌고, 토번의 告哀使가 長安에 도착하였다가 당의 사신과 함께 토번으로 돌아간 것이 650년이므로 그의 사망은 보다 앞선 시기일 것으로 보았다. 또한 644년 샹슝의 반란으로 송첸감뽀가 티벳 서부에 주둔한 까닭으로 그 후 송첸감뽀와 문성공주는 서로 만나지 못했고, 6년 후에 젠뽀가 승하했다고 했다. 이상 언급된 몇 가지 사실로부터 송첸감뽀가 649~650년 초 사망했을 것으로 추정된다.

顯慶三年，獻金盎·金頗羅等，復請昏．未幾，吐谷渾內附，祿東贊怨忿，率銳兵擊之，而吐谷渾大臣素和貴奔吐蕃，甚以虛實，故吐蕃能破其國．慕容諾曷鉢與弘化公主引殘落走涼州，詔涼州都督鄭仁泰爲青海道行軍大總管，率將軍獨孤卿雲等屯涼·鄯，左武候大將軍蘇定方爲安集大使，爲諸將節度，以定其亂．吐蕃使論仲琮入朝，表吐谷渾罪，帝遣使者誰讓，乃使來請與吐谷渾平憾，求赤水地牧馬，不許．會祿東贊死．

현경(顯慶) 3년(658), 금앙(金盎), 금파라(金頗羅)[71] 등을 진헌하고 다시 구혼했다. 얼마 지나지 않아 토욕혼이 [당에] 내부하자 녹동찬이 원망하고 노하여 정예병을 거느리고 토욕혼을 공격하니 토욕혼의 대신 소화귀(素和貴)[72]가 토번으로 달아나 토욕혼의 허실을 알려주었으므로 토번은 능히 그 나라를 격파할 수 있었다. 모용낙갈발(慕容諾曷鉢)과 홍화공주(弘化公主)가 잔여 부락을 이끌고 양주(涼州)[73]로 달아났다.[74] 황상이 조를 내려 양주도독(涼州都督) 정인태(鄭仁泰)를 청해도(青海道) 행군대총관(行軍大總管)으로 삼아 장군(將軍) 독고경운(獨孤卿雲) 등을 거느리고 양(涼)·선(鄯)주[75]에 주둔하게 하고, 좌무후대장군(左武候大將

---

70) 송첸감뽀의 손자 망뢴망젠(mang slon mang btsan; 재위: 650~676)이다. 궁송궁젠과 토욕혼 출신 어머니 망모제치카르(mang mo rje khri skar) 사이에서 태어났다. 그의 치세에 663년 토욕혼을 정벌하고, 670년 당의 安西 4鎭을 함락시켰다. 그의 치세에도 가르 동젠과 그의 아들 가르 젠녠(mgar brtsan nyen)이 재상으로 활약하였다.

71) 金頗羅: 『新唐書』「南蠻傳」에 의하면, 南詔의 관료가 이것을 徽章으로 삼았다고 하는데 호랑이 가죽으로 만들었다고 전한다.

72) 素和貴: 소화귀는 원래 토욕혼의 대신이었다. 641년 慕容諾曷鉢 부락의 丞相 宣王이 반란을 일으키고 토번과 내통했다. 얼마 후 慕容諾曷鉢은 弘化公主와 함께 청해호 주변의 영토를 버리고 당의 변경으로 옮겨오게 되는데, 素和貴는 아마도 이러한 과정에서 토번에 귀부한 토욕혼의 장수인 것으로 보인다.

73) 涼州: 甘肅省 武威縣.

74) 慕容諾曷鉢이 내란과 唐의 공략으로 당에 귀부하자 태종은 그를 河源郡王에 봉하고, 烏地也拔勒豆可汗이라는 칭호를 수여하였다. 640년 慕容諾曷鉢이 청혼하여 弘化公主를 처로 삼게 했다. 이듬해 641년 慕容諾曷鉢 부락의 丞相 宣王이 山神에 제사지낸다고 하면서 병사를 일으켜 공주를 습격하고자 하였고, 토번과 내통하는 등 토욕혼 내부가 매우 혼란했다. 이에 당은 鄯州刺史 杜鳳擧와 威信王이 나서 丞相 宣王을 제거하고 이로써 토욕혼에 대한 영향력을 확대시켰다.

75) 鄯州: 青海省 西寧市.

軍) 소정방(蘇定方)을 안집대사(安集大使)로 삼아 여러 장수를 총지휘하여 변란을 평정하게 했다. 토번이 논중종(論仲琮)[76]을 사신으로 삼아 입조하게 하여, 토욕혼의 죄를 고하니 황제가 사자를 보내 꾸짖었다. 아울러 사자를 보내 토욕혼과 원한을 풀 것을 요구하자 [토번은] 유목지로 적수(赤水)[77]의 땅을 달라했는데 [황제가] 허락하지 않았다. 이때 녹동찬이 죽었다.[78]

東贊不知書而性明毅, 用兵有節制, 吐蕃倚之, 遂爲彊國. 始入朝, 占對合旨, 太宗擢拜右衛大將軍, 以琅邪公主外孫妻之. 祿東贊自言:「先臣爲聘婦, 不敢奉詔. 且贊普未謁公主, 陪臣敢辭!」帝異其言, 然欲懷以恩, 不聽也. 有子曰欽陵·曰贊婆·曰悉多于·曰勃論. 祿東贊死, 而兄弟並當國. 自是歲入邊, 盡破有諸羌羈縻十二州.

동찬은 문자를 알지 못했으나 천성이 총명하고 의지가 굳었으며, 용병에 절제가 있었으니, 토번이 그에게 의지하여 마침내 강국이 되었다. [동찬이] 처음 입조했을 때, 응대함이 황제의 뜻에 맞아 태종은 그를 우위대장군(右衛大將軍)에 임명하고, 낭야공주(琅邪公主)의 외손을 그의 처로 삼게 했다. 녹동찬이 스스로 말하길, “신은 이미 혼인을 했으니 감히 조를 받들지 못하겠습니다. 또한 찬보가 아직 공주를 만나지 못했으니, 신은 감히 사절하겠습니다.”고 하였다. 황제가 그의 말을 놀랍게 여기고 은혜를 더해주어 회유하고자 하였으나 [녹동찬이] 듣지 않았다. 그의 아들에는 흠릉(欽陵)[79]·찬파(贊婆)[80]·실다우(悉多于)·발론(勃論)[81]이 있

76) 論仲琮: 뢴충상(blon cung bzang)을 음차한 것이다.

77) 赤水: 青海省 西寧市 서남 지역에 토욕혼이 건설했던 赤水城이 있었다. 대개 그 인근 지역인 것으로 보이지만 분명하지는 않다.

78) 녹동찬은 667년(乾封 2)에 사망했다.

79) 欽陵은 돈황문서『年代記』에 등장하는 친링젠뢰(khri 'bring btsan lod)이다. 망뢴망젠의 아들 치뒤송(Khri 'dus srong, 재위 676~704)이 출생과 함께 젠뽀에 등극하자 그를 보위하여 국정을 담당하였다. 그러나 치뒤송이 20여 세를 넘기면서 점차 중앙집권을 강화하려는 움직임이 일어 결국 제거당하게 된다.

80) 贊婆는 젠와(btsan ba)를 가리킨다. 앞의 주에서 밝힌 치뒤송의 중앙집권 정책과 관련 형 친링센뢰와 제거될 위기에 처한다. 이에 젠와는 당에 투항하게 되었다. 佐藤長(1958), 369쪽을 참조.

81) 勃論은 재상을 뜻하는 뢴(blon)을 음차한 것이지만, 구체적으로 발론은 가르 젠녠궁퇸(mgar brtsan

었다. 녹동찬이 죽자 그 형제가 국정을 맡았다. 이 해부터 매년 변경을 침범하고 기미(羈縻)한 여러 강족 12주(州)를 모두 격파했다.[82]

總章中, 議徙吐谷渾部于涼州旁南山. 帝刈吐蕃之入, 召宰相姜恪·閻立本·將軍契苾何力等議先擊吐蕃. 立本曰:「民飢未可以師.」何力曰:「吐蕃介在西極, 臣恐師到, 獸竄山伏, 捕討無所得, 至春復侵吐谷渾. 臣請勿救, 使疑吾力困而驕之, 一擧可滅也.」恪曰:「不然, 吐谷渾方衰, 吐蕃負勝, 以衰氣拒勝兵, 戰必不亢, 不救則滅. 臣謂王師亟助之, 使國幸存, 後且徐圖可也.」議不決, 亦不克徙.

총장(總章) 연간(668~670)에 조정에서 토욕혼의 부(部)를 양주(涼州) 근방의 남산(南山)으로 옮길 것을 의논했다. 황제가 토번의 침입을 끊기 위해 재상 강각(姜恪)[83]·염립본(閻立本)[84]과 장군 계필하력(契苾何力)[85] 등을 불러 토번을 선제공격하는 일을 의논했다. 입본(立

---

nyen gung rton)이다. 『資治通鑑』 延載元年二月에서는 "勃論贊刄"으로 적었다.

82) 羈縻: 말에 매는 고삐와 소를 끄는 멍에에 매는 가죽 끈을 이르는 말이다. 漢代 이래 주변 민족을 회유 또는 통치하는 방식을 통칭하는 말로 사용되었다. 和親·朝貢·互市 등의 정책에서 시작하여 점차 주변 민족의 토착 세력을 인정하면서 册封과 羈縻州, 羈縻衛所의 설치를 통해 간접 통치하는 방식을 채택했다. 元代 이래 土官, 土司가 이들이며, 清代 改土歸流에 의해 점차 중앙의 직접 지배 아래에 놓이게 되었다.

83) 姜恪: 강각은 秦州 上邽(현재 甘肅省 天水) 사람이다. 天水郡 冀縣(현재 甘肅省 甘谷縣) 출신으로 曹魏 天水郡中郎將을 거쳐 蜀漢 涼州刺史를 역임했던 姜維(202~264)의 후손이다. 조부 姜遠曾은 秦州刺史를, 아버지 姜寶誼는 左武衛大將軍을 역임했다. 당시 강각은 전공으로 左相에 올랐고, 閻立本은 회화에 능해 右相이 되었다고 해서 "左相宣威沙漠, 右相馳誉丹靑"이라는 말이 세간에 떠돌았다고 전한다.

84) 閻立本: 염립본(601?~673)은 당대 관료이며 유명한 화가로, 雍州 萬年(현재 陝西省 臨潼縣) 사람이다. 主爵郎中·刑部侍郞·將作少監·工部尙書·右相 등을 역임했다. 北周 황실의 駙馬였던 아버지 閻毗는 예술적인 소질이 뛰어나 隋代에 이름을 날렸고, 형 閻立德도 서화·건축 등에 능해 그 영향을 받았다. 그는 특히 인물화에 뛰어나 『秦府十八學士』·『凌煙閣功臣二十四人圖』·『步輦圖』·『古帝王圖』·『職貢圖』·『蕭翼賺蘭亭圖』 등 태종 연간 유명한 작품을 다수 남겼다.

85) 契苾何力: 계필하력(?~677)은 鐵勒 출신으로 계필은 그의 부족 이름이다. 哥論易勿施莫賀可汗의 손자로 어려서 아버지를 잃고 이식쿨 부근에서 활약하다가 태종 632년(정관 6)에 부중을 이끌고 당에 귀부하여 左領軍將軍에 봉해졌고 涼州에 주둔했다. 정관 연간 對토욕혼, 對고창 전투에 투입되어 전공을 세웠고, 후에 阿史那社爾의 부장으로 對쿠차, 호탄 전투에 참여했다. 서돌궐과 싸울 때 弓月道行軍大总管이 되었고, 對고구려 전투에도 참여했다. 태종이 죽었을 때 殉葬을 원했으나 高宗의 만류로 그쳤다. 소정방과

本)이 말하길, "백성들의 굶주림이 여전하니 군대를 동원할 수 없습니다."라고 했다. 하력(何力)이 말하길, "토번은 극히 먼 서쪽 끝에 위치하고 있어 신은 [우리] 군대가 [토번 땅에] 당도한다 하더라도 [토번군이] 들짐승처럼 산중에 숨어들어 토벌해도 얻는 것이 없고, [이듬해] 봄이 되어 다시 토욕혼을 침범할까 걱정입니다. 청컨대 [이번에는 출병하여 토욕혼을] 구하지 말아서 [토번이] 우리의 힘이 다했다고 생각하여 교만하게 되면 일거에 [토번을] 멸할 수 있습니다."라고 했다. 각(恪)이 말하길, "그렇지 않습니다. 토욕혼은 현재 쇠약하나 토번은 승기를 타고 있습니다. 쇠약한 기운으로 승병을 대하면 전쟁에서 반드시 이길 수 없으니 [토욕혼을] 구하지 않으면 멸망할 것입니다. 신은 천자의 군대가 신속하게 도와서 [토욕혼을] 존속시킨 뒤 천천히 [토번을] 도모해도 가하다고 생각합니다." 의논이 결정되지 못했고 [토욕혼도] 옮겨지지 못했다.

咸亨元年, 入殘羈縻十八州, 率于闐取龜兹撥換城, 於是安西四鎮並廢. 詔右威衛大將軍薛仁貴爲邏娑道行軍大總管, 左衛員外大將軍阿史那道眞·左衛將軍郭待封自副, 出討吐蕃, 並護吐谷渾還國. 師凡十余萬, 至大非川, 爲欽陵所拒, 王師敗績, 遂滅吐谷渾而盡有其地. 詔司戎太常伯·同東西臺三品姜恪爲涼州道行軍大總管出討, 會恪卒, 班師.

함형(咸亨) 원년(670)에 [토번이] 기미(羈縻)한 18주(州)를 침략했는데, 우전(于闐)을 이끌고 와서 구자(龜兹) 발환성(撥換城)[86]을 공격하여 취하니 이때 안서(安西) 4진(鎮)이 모두 없어졌다. 조를 내려 우위위대장군(右威衛大將軍) 설인귀(薛仁貴)[87]를 라사도행군대총관(邏

함께 고구려 원정에 참여했고, 고구려 정권이 붕괴되자 遼東道大总管이 되어 平壤까지 진주했다. 677년 계필하력이 죽자 고종이 태종을 모신 昭陵에 陪葬했다.

86) 撥換城: 『新唐書』 卷43, 志 33下, 地理 7下에는 "安西에서 西域道로 진입하는데, 안서 서쪽의 관문이 柘厥關이며, 곧 白馬河를 건너 180리 서쪽에 俱毗羅磧이 나오고, 苦井을 지나 120리 지점에 俱毗羅城이 있다. 다시 60리를 가면 阿悉言城이 나오고, 또다시 60리를 가면 撥換城에 이른다. 일명 威戎城이라고도 했으며, 남쪽으로 思渾河에 연접해 있었다. 서북으로는 撥換河와 中河를 건너면 思渾河와 120리 거리에 小石城이 있고, 다시 20리를 가면 호탄의 접경인 胡蘆河에 이르렀다."라고 전하였다.

87) 薛仁貴: 본명은 薛礼(614~683)이며, 字는 仁貴이다. 絳州 龍門(현재 山西省 河津) 사람으로, 北魏의 명장 河東薛氏 薛安都의 후예이다. 太宗의 고구려 원정을 위해 병사를 모집할 때 설인귀가 발탁되었다.

婆道行軍大總管)으로 삼고, 좌위원외대장군(左衛員外大將軍) 아사나도진(阿史那道眞)[88]과 좌위장군(左衛將軍) 곽대봉(郭待封)[89]을 부관으로 삼아 출병하여 토번을 토벌하고 아울러 토욕혼을 호송하여 원래의 자리로 돌아가게 했다. 군대가 대략 십여 만이었는데 대비천(大非川)[90]에 이르러 흠릉(欽陵)에게 공격을 받아 천자의 군대가 크게 패했다. [흠릉은] 드디어 토욕혼을 멸망시키고 그 땅을 모두 차지했다. 조를 내려 사융태상백동동서대삼품(司戎太常伯同東西臺三品) 강각(姜恪)을 양주도행군대총관(涼州道行軍大總管)에 임명하여 [토번을] 토벌하게 했는데, 마침 각(恪)이 죽자 군대를 돌렸다.

吐蕃遣大臣仲琮入朝. 仲琮少游太學, 頗知書. 帝召見問曰:「贊普孰與其祖賢?」對曰:「勇果善斷不逮也, 然勤以治國, 下無敢欺, 令主也. 且吐蕃居寒露之野, 物產寡薄, 烏海之陰, 盛夏積雪, 暑毼冬裘. 隨水草以牧, 寒則城處, 施廬帳. 器用不當中國萬分一. 但上下一力, 議事自下, 因人所利而行, 是能久而彊也.」帝曰:「吐谷渾與吐蕃本甥舅國, 素和貴叛其主, 吐蕃任之, 奪其土地. 薛仁貴等往定慕容氏, 又伏擊之, 而寇我涼州, 何邪?」仲琮頓首曰:「臣奉命來獻, 它非所聞.」帝韙其答. 然以仲琮非用事臣, 故殺其禮.

토번이 대신 중종(仲琮)[91]을 보내 입조했다. 중종은 어려서 태학(太學)에서 공부를 했기

연개소문 휘하의 장군 高延壽와 20만 대군을 격파하여 遊擊將軍이 되었다. 658년에도 고구려 원정에 참가하여 공을 세웠고, 左武衛將軍이 되었다. 또한 662년 위구르 원정, 666년 고구려 원정에서도 공을 세웠으나, 670년 토번전에서 패하여 제명되었다. 鷄林道總管, 象州刺史, 瓜州長史, 右領軍衛將軍 등을 역임했다.

88) 阿史那道眞: 돌궐 阿史那社爾의 아들이다.

89) 郭待封: 郭待封은 唐初의 명장 郭孝恪의 둘째 아들이다. 薛仁貴와 함께 大非川 전투에 참여했다. 薛仁貴의 부장으로 토번전에 참여하게 되자 설인귀의 출신이 미천함을 마음에 두고 그의 명령을 따르지 않으니, 輜重을 이동하지 말고 지키라는 설인귀의 명령을 어기고 이동하다가 토번군에 포위되어 大非川 전투에서 패하는 원인이 되었다.

90) 大非川: 대비천은 현재 청해성 청해호 남안 海南州에 위치한 체지(Cayiji)초원을 동서로 관통하는 다브스 골(Dabusu ɣoul)을 뜻한다. 佐藤長(1978), 143~145쪽에 의하면, 청해호 서남에 위치한 靑鹽의 산지인 다브스 노르(Dabusu naɣur; 鹽湖)에서 출발하여 唐蕃 사이 주요 교통로가 지나는 청해호 동남 참치얍 부근까지 흐른다. 호유윤(Hoyuyun)河 또는 惠渠라고도 한다.

때문에 자못 학식이 있었다. 황제가 만나 묻기를, "찬보와 그의 할아버지는 누가 더 현명한가?"라고 묻자 대답하길, "용맹과 과단은 선조에 미치지 못하지만 치국에 근면하시어 신하들이 감히 속이지 못하는 분이 지금의 찬보이십니다. 무릇 토번은 한랭한 황야에 위치하고 물산이 극히 적으며 오해(烏海)의 남쪽은 한여름에도 눈이 쌓여 여름에는 모직옷을, 겨울에는 가죽옷을 입어야 합니다. 수초를 따라 방목하다가 추운 겨울이면 성에 들어와서 여장(廬帳)을 설치합니다. 기용(器用)은 중국의 만분의 일에도 당하지 못합니다만 상하가 힘을 하나로 하고, 일을 의논할 때 아래로부터 하며, 백성들의 이익에 따라 국정을 행하니 이로써 능히 나라를 오래 유지하고 또한 강하게 한 것입니다."라고 했다. 황제가 말하길, "토욕혼과 토번은 본래 외삼촌과 조카의 나라인데 소화귀(素和貴)가 그 주인에게 반란을 일으키니 토번이 이를 이용하여 그 땅을 빼앗았다.[92] 설인귀(薛仁貴) 등이 가서 모용씨(慕容氏)를 안정시키려 했는데 [토번이] 매복해 있다가 이를 공격하고 우리 양주(涼州)를 습격했는데 이는 왜 그러한 것인가?"라고 물었다. 중종(仲琮)이 머리를 조아리고 말하길, "신은 명을 받들어 와서 진헌할 뿐이고 다른 일은 듣지 못했습니다."라고 했다. 황제가 그 대답을 옳다고 여겼다. 다만 중종은 국정을 직접 담당하는 신하가 아니었기 때문에 대하는 예절을 박하게 했다.

上元二年, 遣大臣論吐渾彌來請和, 且求與吐谷渾脩好, 帝不聽. 明年, 攻鄯·廓·河·芳四州, 殺略吏及馬牛萬計. 乃詔周王顯爲洮州道行軍元帥, 率工部尚書劉審禮等十二總管, 以相王輪爲涼州道行軍元帥, 率左衛大將軍契苾何力·鴻臚卿蕭嗣業等軍討之. 二王不克行. 吐蕃進攻疊州, 破密恭·丹嶺二縣, 又攻扶州, 敗守將. 乃高選尚書左僕射劉仁軌爲洮河鎮守使, 久之, 無功.

상원(上元) 2년(675), [토번에서] 대신 논토혼미(論吐渾彌)를 보내 화해할 것을 청했으며 또한 토욕혼과도 수호할 것을 청했으나 황제가 허락하지 않았다. 그 이듬해(儀鳳 원년, 676)

---

91) 仲琮: 뢴충상(blon cung bzang).

92) 토번과 토욕혼이 甥舅國, 즉 외삼촌과 조카 사이라고 한 것은 첸뽀 망뢴망첸(mang slon mang btsan, 재위: 650~676)이 토욕혼 출신 어머니 망모제치카르(mang mo rje khri skar)의 소생이므로 이로써 토번과 토욕혼 사이에 인척관계가 형성되었음을 의미한다.

선주(鄯),[93] 곽주(廓),[94] 하주(河),[95] 방주(芳)[96] 등 4주를 공격하여 관리를 죽이고 말과 소 만여 필을 노략질했다. 이에 조를 내려 주왕(周王) 현(顯)[97]을 조주도행군원수(洮州道行軍元帥)로 삼아, 공부상서(工部尙書) 유심례(劉審禮) 등 12총관(總管)을 거느리게 했다. 상왕(相王) 윤(輪)[98]을 양주도행군원수(涼州道行軍元帥)로 삼고 좌위대장군(左衛大將軍) 계필하력(契苾何力), 홍려경(鴻臚卿) 소사업(蕭嗣業) 등에게 군대를 거느리고 이를 토벌하게 했다. 두 왕은 출정하지 않았다. 토번이 첩주(疊州)[99]로 진격하여 밀공(密恭), 단령(丹嶺) 등 2현(縣)을 격파하고 다시 부주(扶州)[100]를 공격하여 그곳을 지키던 장수를 격파했다. 이에 상서좌복야(尙書左僕射) 유인궤(劉仁軌)[101]를 조하진수사(洮河鎭守使)로 삼았으나 오랫동안 전공이 없었다.[102]

吐蕃與西突厥連兵攻安西, 復命中書令李敬玄爲洮河道行軍大總管·西河鎭撫大使·

93) 鄯州: 青海省 西寧.

94) 廓州: 青海省 貴德縣 동쪽.

95) 河州: 甘肅省 臨夏縣.

96) 芳州: 甘肅省 臨潭縣 남쪽.

97) 周王 李顯: 고종과 무측천의 셋째 아들로 후에 中宗(656~710)에 즉위하며, 재위기간은 683년 12월~684년 2월과 705년 정월~710년 5월 사이이다. 원래 李哲이라는 이름으로 불리웠고, 후에 英王이 되었다.

98) 相王 李輪: 睿宗 李旦(662~716)으로 李旭輪 또는 李輪으로 불리기도 했다. 고종과 무측천의 넷째 아들로 중종의 동생이다. 재위 기간은 684년~690년과 710년~712년 사이이다.

99) 疊州: 甘肅省 臨潭縣 남쪽.

100) 扶州: 甘肅省 文縣 서북.

101) 劉仁軌: 유인궤(601~685)는 河南省 汴州 사람이다. 高祖 武德 初年에 息州(현재 河南省 息縣)參軍으로 관직에 나갔다. 顯慶 五年(660)에 高宗과 함께 고구려 정벌에 나섰다가 참패하여 면직되었으나 661년 다시 복직되었고, 663년에는 白江에서 백제에 승리하여 개선했다. 668년(總章 1)에는 遼東道副大總管 겸 安撫大使, 浿江道行軍總管이 되었고, 674년(上元 1)에는 雞林道行軍大總管이 되어 新羅와 싸웠다. 이듬해 675년에 尙書左僕射가 되었고, 이후 李敬玄과 사이가 좋지 않아 틈이 있다가 상주하여 경현을 토번전에 나서게 했다. 『舊唐書』 卷84 「劉仁軌傳」을 참조.

102) 이 부분의 번역에 대해 이견이 존재 한다. 佐藤長(1973), 220쪽에서는 乃高選을 人名으로 이해하여 "敗守將."에서 끊어 읽지 않고, 뒷부분 "乃高選"과 이어 읽어서 '수장 乃高選을 격파했다'로 해석했다. 반면 『二十四史全譯·新唐書』(2004): 4634쪽에서는 "敗守將."에서 끊어 읽고, 뒷부분 "乃高選"에서 "高"를 達官 즉 '고위 관료'로 해석하여 변방의 장수를 고위 관료로 교체하여 토번과 상대하게 했음을 의미한다고 보았다. 본서에서는 후자에 따랐다.

鄯州都督，代仁軌．下詔募猛士，毋限籍役痕負，帝自臨遣．又敕益州長史李孝逸·巂州都督拓王奉益發劍南·山南士．先戰龍支，吐蕃敗．敬玄率劉審禮擊吐蕃青海上，審禮戰沒．敬玄頓承風嶺，礙險不得縱，吐蕃壓王師屯，左領軍將軍黑齒常之率死士五百，夜斧其營，虜驚，自相轥藉而死者甚衆，乃引去．敬玄僅脫．

토번이 서돌궐[103]과 연합하여 안서(安西)[104]를 공격하니 중서령(中書令) 이경현(李敬玄)[105]을 다시 조하도행군대총관(洮河道行軍大總管)·서하진무대사(西河鎮撫大使)·선주도독(鄯州都督)으로 삼고 인궤(仁軌)를 대신하게 했다. 조를 내려 용맹한 병사를 모았는데 평시 징집에서 제외되었던 중죄인도 제한을 두지 않았으며 황제가 친히 배웅했다.[106] 또한 명령을 내려 익주장사(益州長史)[107] 이효일(李孝逸)[108]과 휴주도독(巂州都督)[109] 척왕(拓王) 봉

103) 서돌궐: 6세기 중엽 등장한 돌궐은 7세기에 접어들면서 동서 돌궐로 분열된다. 서돌궐은 이식쿨, 수이압 일대를 중심으로 서방으로 진출하여 비잔틴과 연합 사산조 페르시아에 대항하였다. 658~659년 소정방이 이끄는 당군에 크게 패했다.

104) 安西: 안서도호부.

105) 李敬玄: 이경현은 安徽省 亳州 사람으로, 아버지 李孝節은 谷州長史를 지냈다. 貞觀 末年에 中書令 馬周에게 천거되어 입조했다. 劉仁軌와 줄곧 사이가 좋지 못했는데, 677년(儀鳳 2) 토번의 공격이 있자, 유인궤가 일부러 경현이 군사에 능하다고 상주하여 토번 방어에 나서게 되었다. 이듬해 678년 경현은 洮河軍에 이르러 諸軍大總管을 맡게 되었고, 工部尙書 劉審禮와 함께 青海湖까지 공격해 들어갔다가 대패했다. 黑齒常之의 반격으로 목숨을 건졌지만 衡州刺史로 좌천되었다.

106) 佐藤長(1973), 220쪽에서는 "籍役痕負"에서 "籍役"을 '籍沒' 즉 '중죄인의 재산을 기록하여 몰수하는 것'의 잘못으로 보았고, "痕負"는 '入墨을 당한 것'으로 보아 중죄인을 모병의 대상으로 삼았다는 의미로 해석하였다. 『二十四史全譯·新唐書』(2004): 4635쪽에서는 "籍役痕負"를 "복역하고 있는 평민은 물론 과거에 관리였던 사람도 제한하지 않고"로 해석하였다. 문맥으로 보아 "籍役痕負"라는 의미는 보통 때는 군대에 응모할 수 없는, 징집 대상이 될 수 없는 사람을 뜻하는 것으로 보아야 하며, "痕負"를 '죄를 지은 사람'으로 해석할 수 있어 佐藤長의 해석이 설득력은 있으나 '籍產'이 '중죄인의 재산을 몰수하다'의 의미를 갖고 있기 때문에 "籍役"을 '籍沒'로 고쳐서 이해할 필요는 없을 것으로 판단된다. 본문에서는 전체 문맥에 중점을 두어 "평시 징집에서 제외되었던 중죄인"으로 해석하였다.

107) 益州: 四川省 成都.

108) 李孝逸: 唐初의 명장 李勣(원래 徐氏였으나, 賜姓)의 손자였던 柳州司馬 경업은 武則天이 中宗을 폐위하고 睿宗을 세워 스스로 집권하자 동생 徐敬猷, 唐之奇, 杜求仁, 駱賓王 등과 684年 揚州에서 반란을 일으켰다. 이에 무측천이 李孝逸에게 30만 대군을 주어 반란을 진압하게 했다.

109) 巂州: 휴주는 四川과 雲南省의 교계 지역이며 巂水의 이름에서 기원한다. 漢 武帝 전111년(元鼎 6)에

(奉)에게 검남(劍南)과 산남(山南)의 병사를 보태주었다. 양군이 먼저 용지(龍支)[110]에서 싸웠는데 토번이 패했다. 경현(敬玄)이 유심례(劉審禮)를 거느리고 토번을 청해 주변에서 공격했는데 심례가 전사했다. 경현이 승풍령(承風嶺)[111]에서 머물면서 위험한 지형이라 전진하지 못했는데 토번이 천자 부대의 주둔지를 압박해 들어오자, 좌령군장군(左領軍將軍) 흑치상지(黑齒常之)[112]가 결사대 오백을 거느리고, 토번의 병영을 야습하니 적병이 놀라 서로 밟혀서 죽은 자가 매우 많았으며 이에 군대를 끌어 도망갔다. 이에 경현은 겨우 탈출할 수 있었다.

帝旣儒仁無遠略, 見諸將數敗, 乃博咨近臣, 求所以禦之之術. 帝曰:「朕未始擐甲履軍, 往者滅高麗·百濟, 比歲用師, 中國騷然, 朕至今悔之. 今吐蕃內侵, 盍爲我謀?」中書舍人劉禕之等具對, 須家給人足可擊也. 或言賊險黠不可與和, 或言營田嚴守便. 惟中書侍郎薛元超謂:「縱敵生患, 不如料兵擊之.」帝顧黃門侍郎來恆曰:「自李勣亡, 遂無善將.」恆卽言:「向洮河兵足以制敵, 但諸將不用命, 故無功.」帝殊不悟, 因罷議.

당시 황제[113]는 유약하고 원대한 계략이 없어 여러 장수들이 자주 패배하자 근신에게 널리

越嶲郡이 처음 두어졌고, 치소는 邛都縣(현재 四川省 西昌市 동남)에 두었으나 뒤에 益州에 속했다. 위진남북조 梁代에 嶲州로 고쳤다. 수당에 이르러 越嶲郡으로 회복했으나 곧 南詔에 속했다. 宋에 와서 建昌府를 두었고, 元代에는 建昌, 麗江, 德昌, 會川, 姚安路 등을 포괄하였으며 雲南行省에 속했다. 明淸代를 거치면서 운남과 사천으로 분할되어 四川省 寧遠府와 雲南省 永北直隸廳, 麗江府가 두어졌다.

110) 龍支: 靑海省 西寧 동남.

111) 承風嶺: 鄯州(靑海省 化隆回族自治縣) 廣威縣의 서남쪽.

112) 黑齒常之: 흑치상지(?~687)는 백제의 장군으로, 蘇定方에 항전하다가 663년 高宗이 보낸 사신에 귀순했다. 儀鳳(676~679) 연간에 토번이 쳐들어왔을 때 李敬玄을 따라 출전했다가 결사군을 거느리고 적진을 습격하니 토번의 장수 跋地設은 도주하고 이경현이 구출되었다. 당시 토번의 贊婆와 토욕혼의 대신 素和貴 등이 병사 3만을 거느리고 良非川에 주둔하고 있었는데 흑치상지가 다시 병사 2천을 거느리고 습격하여 승리를 거뒀다. 곧 河源軍을 중심으로 烽戍를 70여 곳에 두고 둔전을 개간하여 세수가 100여만 석에 이르렀다. 공을 인정받아 684년에 左武衛大將軍, 檢校左羽林軍이 되었다. 686년 돌궐의 침입을 막아 燕國公에 봉해졌고, 687년 돌궐이 朔州로 쳐들어왔을 때도 적을 물리치는 공을 세웠으나, 반란에 연루되었다는 周興의 모함을 받아 옥중에서 자결하였다. 『舊唐書』 卷109 「黑齒常之傳」을 참조.

자문을 구하여 토번을 막을 계책을 얻고자 했다. 황제가 말하길, "짐은 일찍이 갑옷을 입고 군대를 통솔하여 전장에 나간 적이 없다. 지난번 고려와 백제를 멸망시킨 이래 매년 군대를 동원하여 중원이 소란하니 짐은 지금까지도 이를 후회한다. 지금 토번이 침략해 들어왔는데 그대들은 어찌 네게 좋은 계책을 주지 않는가?"라고 하였다. 중서사인(中書舍人) 유의지(劉禕之)[114] 등이 모두 대답하길, 집안이 넉넉하고 백성들이 풍족해야 격퇴할 수 있다고 했다. 혹자는 말하길 토번은 음험하고 계략이 많기 때문에 가히 더불어 강화할 수 없다고 했고, 혹자는 둔전하여 엄히 지키는 편이 낫다고 했다. 오로지 중서시랑(中書侍郎) 설원초(薛元超)[115]가 말하길, "적을 용서하여 근심거리를 만드는 것이 군대를 동원하여 공격하는 것만 못합니다."고 했다. 황제가 황문시랑(黃門侍郎) 내항(來恒)을 보며 탄식하여 말하길, "이적(李勣)[116]이 죽은 뒤로 다시는 좋은 장수가 없구나."라고 하니, 항이 바로 대답하길, "지난번 조하(洮河)의 군대면 족히 적을 제압할 수 있었습니다. 다만 여러 장수들이 명령을 따르지 않아 전공이 없었을 뿐입니다."라고 했다. 황제가 완전히 깨닫지 못하고 논의를 마쳤다.

儀鳳四年，贊普死，子器弩悉弄立，欽陵復擅政，使大臣來告喪，帝遣使者往會葬. 明年，贊婆·素和貴率兵三萬攻河源，屯良非川，敬玄與戰湟川，敗績. 左武衛將軍

---

113) 唐 高宗.

114) 劉禕之: 유의지, 字는 希美, 江蘇省 常州 晉陵 사람이다. 右史·弘文館直學士 등을 거쳐 上元 연간(674~676) 황제의 근신으로 활동하다가 高宗 때는 재상과 권한을 나눈다고 하여 「北門學士」라고 불렸다. 무측천 때 嶲州로 유배되었다가 다시 中書舍人에 임명되었다. 儀鳳 연간(676~679) 토번의 침입에 대한 대책을 묻자 유의지는 토번 공략을 멈추고 백성을 먼저 돌봐야 한다고 주장하였는데, 황제는 이를 받아들였고 곧이어 그를 相王府司馬·檢校中書侍郎에 임명했다. 垂拱 연간(685~688) 무측천에 반발했다가 57세로 죽임을 당했다. 『舊唐書』 卷87, 列傳 「劉禕之傳」·『新唐書』 卷117, 列傳42 「劉禕之傳」을 참조.

115) 薛元超: 설원초(621~683), 蒲州 汾陽(현재 山西省 萬榮縣 西南) 사람이다. 아버지 薛收는 秦王 李世民의 막료였는데 일찍 요절했고, 설원초가 9살 되었을 때 아버지의 작을 세습했다. 문장에 뛰어나 태종에 신임을 얻었고, 관직이 太子舍人에 이르렀고, 고종 때에는 中書舍人·弘文館學士兼修國史·黃門侍郎에 이르렀다.

116) 李勣: 원래 이름은 徐世勣(594~669)이었으나, 唐 高祖 李淵으로부터 賜姓받아 李世勣이 되었고, 太宗 李世民에 피휘하여 李勣이라 하였다. 山東 사람으로 고조, 태종, 고종 삼대를 보필하여 돌궐, 고구려 등과의 전투에서 전공을 세운 당초의 명장이었다. 684년 반란을 일으켰던 徐敬業이 그의 손자이다.

黑齒常之以精騎三千擣夜其營, 贊婆懼, 引去. 遂擢常之爲河源軍經略大使. 乃嚴烽邏, 開屯田, 虜謀稍折.

의봉(儀鳳) 4년(679)에 찬보가 죽자 아들 기노실농(器弩悉弄)117)이 뒤를 잇고 흠릉(欽陵)이 다시 국정을 맡았는데 대신을 [당에] 보내 초상을 알리자 황제가 사자를 보내 장례에 참석하게 했다. 그 이듬해 찬파(贊婆)와 소화귀(素和貴)가 군대 3만을 이끌고 하원(河源)118)을 공격하고 양비천(良非川)119)에 주둔하니, 경현(敬玄)이 이들과 황천(湟川)120)에서 교전했으나 대패했다. 좌무위장군(左武衛將軍) 흑치상지(黑齒常之)가 정예병 3천으로 토번의 군영을 야습하니 찬파가 두려워하여 철군했다. 이에 흑치상지를 하원군경략대사(河源軍經略大使)121)로 삼았다. 이에 더욱 엄히 경계를 서고 둔전을 개간하니 토번의 모략이 점차 꺾였다.

初, 劍南度茂州之西築安戎城, 以迮其鄙. 俄爲生羌導虜取之以守, 因幷西洱河諸蠻, 盡臣羊同·党項諸羌. 其地東與松·茂·嶲接, 南極婆羅門, 西取四鎮, 北抵突厥, 幅圓餘萬里, 漢·魏諸戎所無也.

당초 검남(劍南)122)을 지나 무주(茂州)123)의 서쪽에 안융성(安戎城)124)을 쌓아 토번의 변

117) 器弩悉弄: 기노실롱은 망륀망젠의 아들 치뒤송(Khri 'dus srong, 재위 676~704)이다. 676년(儀鳳 1)에 출생과 함께 젠뽀의 자리를 계승했다.

118) 河源: 河源軍을 뜻한다. 하원군은 鄯州에서 청해산맥 북록을 따라 서쪽 청해호 방면에 있다. 하원군에서 서쪽으로 臨蕃城, 白水軍이 차례로 이어져 있다.

119) 良非川: 양비천은 青海省 南山 산맥에서 발원하여 찹치얄(青海省 共和縣)을 거쳐 동남 방향으로 흐르는 올란 볼락 골(Ulaɣan bulaɣ ɣoul; 赤水源)에 해당된다. 佐藤長(1978), 235~236쪽을 참조.

120) 湟川: 青海省 西寧 부근의 湟水.

121) 河源軍: 하원군은 鄯州에서 청해산맥 북록을 따라 서쪽 청해호 방면에 있다. 하원군에서 서쪽으로 臨蕃城, 白水軍이 차례로 나온다.

122) 劍南: 검남은 대개 오늘날의 四川省을 뜻하며, 唐代 劍南節度使의 治所는 益州 즉, 오늘날 四川省 成都市에 있었다. 漢 武帝 元封 五年(전106)에 益州部를 처음 두었는데 당시 치소는 雒縣(현재 成都市 남쪽 廣漢市)에 있었으나, 627년 唐 太宗에 와서 益州 등을 劍南道로, 梁州 등을 山南道로 재편했다. 742년 다시 益州를 蜀郡으로 재편하면서 益州라는 명칭은 다시 쓰이지 않게 되었다. 757년에는 蜀郡을 南京成

경을 위협하려 했다. 갑자기 생강(生羌)이 토번을 인도하여 이를 빼앗고 지키니 이로 인하여 서이하(西洱河)[125]의 여러 오랑캐를 병탐하고 양동(羊同)과 당항(党項)의 여러 강족을 모두 신하로 삼았다. 그 땅은 동쪽으로는 송주(松), 무주(茂), 휴주(巂)와 접하고 남쪽으로는 파라문(婆羅門)에 이르며 서쪽으로는 4진(鎭)을 취하고 북쪽으로는 돌궐에 이르러 그 넓이가 만여리에 이르니 그 강성함은 한(漢)과 위(魏) 때의 여러 융(戎) 중에도 없는 바였다.

永隆元年, 文成公主薨, 遣使者弔祠, 又歸我陳行焉之喪. 初, 行焉使虜, 論欽陵欲拜己, 臨以兵, 不爲屈, 留之十年. 及是喪還, 贈睦州刺史. 贊婆復入良非川, 常之擊走之.

영륭(永隆) 원년(680) 문성공주가 죽자[126] 사자를 보내 조문하게 했고 토번은 우리나라 진행언(陳行焉)의 유해를 돌려보냈다. 당초 행언은 토번에 사신으로 갔다가 논흠릉(論欽陵)이 자신에게 절하게 하려고 군대를 열병시켜 위협하였으나 굴복하지 않아 10년 간 억류되었다. 이때 유해가 돌아오자 목주자사(睦州刺史)에 추증했다. 찬파(贊婆)가 다시 양비천(良非川)에 침입하자, 흑치상지(常之)가 이를 격퇴하여 쫓아버렸다.

武后時, 與蠻夷同朝賀. 永昌元年, 詔文昌右相韋待價爲安息道大總管, 安西大都護

都府로 승격시키고, 劍南節度使는 다시 劍南西川節度使와 劍南東川節度使로 분할했다. 이에 西川節度使는 치소를 오늘날 四川省 成都市에 두었고, 東川節度使는 치소를 梓州(오늘날 四川省 綿陽市 三台縣)에 두었다. 750년을 전후해 南詔와 토번의 관계가 긴밀해지면서 이 지역에서 토번의 세력이 확대되었고, 이에 對吐蕃戰에서 劍南西川節度使의 역할이 중요하게 대두된다.

123) 茂州: 四川省 茂縣 일대이다. 唐代 茂州였다가 民國에 와서 茂縣이 되었다. 1958년에 茂汶羌族自治縣이 설치되었다.

124) 安戎城: 안융성은 四川省 茂縣의 서남에 위치한다.

125) 西洱河: 雲南省 大理의 서쪽, 河源縣에서 발원하여 漾濞江과 합류한다. 운남 제2의 담수호 洱海와 연결되어 있어 洱海의 물이 西洱河를 통해 흘러나간다. 洱海를 西洱河 또는 西二河로 부르기도 했다.

126) 문성공주의 사망 연대에 대해서 돈황문서『年代記』는 명확한 시점을 밝히지 않고 있다. 다만 683년(양해)에 무덤에 안장했다고 했으니 사망 시기는 본문의 680년을 받아들이는 것이 적절할 것으로 보인다.

閻溫古副之, 以討吐蕃, 兵逗留, 坐死·徙. 明年, 復詔文昌右相岑長倩爲武威道行軍大總管討之, 兵半道罷.

무후(武后) 때 토번은 다른 오랑캐와 함께 조하(朝賀)했다. 영창(永昌) 원년(689)에 조를 내려 문창우상(文昌右相) 위대가(韋待價)[127]를 안식도대총관(安息道大總管)으로 삼고, 안서대도호(安西大都護) 염온고(閻溫古)는 그를 보좌하게 하여 토번을 토벌하도록 했는데 군대를 머물게 하고 전진하지 않아 각각 사형에 처하고 귀양 보냈다. 이듬해 다시 조를 내려 문창우상(文昌右相) 잠장천(岑長倩)[128]을 무위도행군대총관(武威道行軍大總管)으로 삼아 토번을 토벌하게 했는데 진군하다 중간에 토벌을 취소했다.

又明年, 大首領曷蘇率貴川部與党項種三十萬降, 后以右玉鈐衛將軍張玄遇爲安撫使, 率兵二萬迎之, 次大度水, 吐蕃禽曷蘇去. 而它酋昝插又率羌·蠻八千自來, 玄遇卽其部置葉州, 用昝插爲刺史, 刻石大度山以紀功.

그 이듬해(690) 대수령 갈소(曷蘇)가 귀천부(貴川部)와 당항(党項)의 무리 30만을 이끌고 항복했는데 무후가 우옥검위장군(右玉鈐衛將軍) 장현우(張玄遇)[129]를 안무사(安撫使)로 삼고 군대 2만을 거느리고 가서 마중하게 했는데 대도수(大度水)[130]에 이르렀을 때 토번이 갈소를 잡아 갔다. 그러나 다른 추장 잠삽(昝插)이 다시 강족과 오랑캐 8천을 거느리고 오자 현우가 즉시 그 부중을 엽주(葉州)[131]에 머물게 하고 잠삽을 자사로 임명했다. 대도산(大度

127) 韋待價: 685년 天官尙書였던 韋待價는 燕然道行軍大總管이 되어 突厥을 공격하였고, 뒤이어 토번 정벌에 나섰지만 실패하여 유방되었다.

128) 岑長倩: 잠장천(?~691)은 고종 永淳 연간 兵部侍郎이 되었고, 무측천 집권 이후 兵部尙書, 內史, 文昌右相, 文昌左相 등을 역임했다. 무측천의 조카 武承嗣가 太子에 책봉되는 것을 반대하여 죽임을 당했다.

129) 張玄遇: 692년 安撫使로 활약했던 張玄遇는 696년 營州城 주변에 契丹의 首領 松漠都督 李盡忠과 그의 妻兄 歸誠州刺史 孫萬榮이 都督 趙文翽를 죽이고 營州를 함락하여 스스로 可간을 칭하는 사건이 발생하자 鷹揚將軍 曹仁師 등과 함께 右金吾大將軍이 되어 이를 토벌하러 갔으나 포로가 되었다.

130) 大渡水: 대도수는 大渡河이다. 사천성 서북에서 발원하여 成都 남쪽 樂山市 인근에서 岷江으로 유입된다.

山)[132]에 비석을 세워 전공을 기록했다.

是歲, 又詔右鷹揚衛將軍王孝傑爲武威道行軍總管, 率西州都督唐休璟・左武衛大將軍阿史那忠節擊吐蕃, 大破其衆, 復取四鎭, 更置安西都護府於龜茲, 以兵鎭守. 議者請廢四鎭勿有也, 右史崔融獻議曰:「戎狄爲中國患尙矣, 五帝・三王所不臣. 漢以百萬衆困平城, 其後武帝赫然發憤, 甘心四夷, 張騫始通西域, 列四郡, 据兩關, 斷匈奴右臂, 稍稍度河・湟, 築令居, 以絕南羌. 於是郭候亭燧出長城數千里, 傾府庫, 殫士馬, 行人使者歲月不絕, 至作皮幣, 算緡法, 稅舟車, 榷酒酤. 夫豈不懷, 爲長久計然也! 匈奴於是孤特遠竄, 遂開西域, 置使者領護. 光武中興, 皆復內屬, 至於延光, 三絕三通. 太宗文皇帝踐漢舊跡, 並南山抵葱嶺, 剖裂府鎭, 煙火相望, 吐蕃不敢內侮. 高宗時, 有司無狀, 棄四鎭不能有, 而吐蕃遂張, 入焉耆之西, 長鼓右驅, 踰高昌, 歷車師, 鈔常樂, 絕莫賀延磧, 以臨燉煌. 今孝傑一擧而取四鎭, 還先帝舊封, 若又棄之, 是自毁成功而破完策也. 夫四鎭無守, 胡兵必臨西域, 西域震則威憺南羌, 南羌連衡, 河西必危. 且莫賀延磧袤二千里, 無水草, 若北接虜, 唐兵不可度而北, 則伊西・北庭・安西諸蕃悉亡.」議乃格.

그 해(690) 또 조를 내려 우응양위장군(右鷹揚衛將軍) 왕효걸(王孝傑)[133]을 무위도행군총관(武威道行軍總管)에 임명하여, 서주도독(西州都督)[134] 당휴경(唐休璟)[135]・좌무위대장군

131) 葉州: 엽주는 四川省 淸溪縣 서남이다.『구당서』「토번전」에서는 엽천주(葉川州)라고 했다.

132) 大度山: 大渡水 인근의 산을 뜻할 것으로 추측되나 분명하지는 않다. 다만『구당서』「토번전」에서는 "大度西山"이라고 하였으므로 대도수의 서측을 의미할 것으로 추정된다.

133) 王孝傑: 왕효걸은 京兆 新豐 사람이다. 高宗 말기에 副總管이 되어 工部尙書 劉審禮를 따라 토번 공격에 나섰다. 大非川 전투에서 포로가 되었지만 사면되어 돌아왔다. 692년 武威軍總管이 되어 阿史那忠節과 함께 토번을 공격하여 安西 4鎭을 회복했다. 이에 夏官尙書 등을 역임하고 거란 토벌에도 참여하였으나 證聖 연간 토번과 싸워 실패하자 면직되었다.『舊唐書』卷93「王孝傑傳」을 참조.

134) 西州: 高昌, 현재 新疆省 투르판.

135) 唐休璟: 당휴경(?~712)은 京兆 始平 사람으로 현재 遼寧省 朝陽에 해당하는 營州 都督府의 戶曹參軍과 내몽골 五原 남쪽에 위치한 豊州의 司馬를 거쳐 垂拱 연간(685~688) 安西副都護가 되었다. 돌궐과 토번 방어의 일선에서 중책을 수행하던 그는 安西 4鎭을 잃고 수복을 꾀하다가 692년 왕효걸이 토번을

(左武衛大將軍) 아사나충절(阿史那忠節)[136]을 이끌고 가서 토번을 격파하게 하니 그 무리를 크게 파하고 4진(鎭)[137]을 회복해 안서도호부(安西都護府)를 구자(龜玆)에 두고 병사를 주둔시켜 지키게 했다. 당시 사람들이 [안서] 4진(鎭)의 존폐에 대해 의논하였는데, 우사(右史) 최융(崔融)[138]이 의견을 아뢰기를, "융적(戎狄)의 무리가 중국의 걱정거리가 된 것은 이미 오래이니, 오제(五帝)·삼왕(三王)도 신하로 삼지 못했습니다. 한(漢)은 백만의 군사로도 평성(平城)[139]에서 곤란에 빠졌으며, 그 후 무제(武帝)는 분개하고 사방의 오랑캐는 매우 기뻐하였는데, 장건(張騫)이 비로소 서역과 통하여 4군(郡)[140]을 설치하고, 2관(關)[141]에 의지하여 흉노(匈奴)의 오른팔을 끊었습니다. 점차 황하와 황수(湟水)를 건너 영거(令居)[142]에 성을 쌓아 [흉노와] 남쪽 강족(羌) 사이의 연락을 두절시켰습니다. 이 때 장후정수(鄣候亭燧)[143]는 장성 밖 수천 리 까지 뻗어 있었으니 국고는 고갈되고 모든 병사와 군마가 동원되었으며 행인(行人)[144]·사자(使者)가 끊이지 않았습니다. 가죽으로 화폐를 만들어 씀에 이르렀고, 산민법(算緡法)[145]을 시행하고, 배와 수레에 세금을 징수했으며 술을 전매했습니다. [오랑캐

격파하면서 4진 수복이 실현되었다. 700년 토번이 涼州를 공략했을 때 이를 물리쳐 큰 공을 세웠다. 涼州都督, 夏官尙書, 幽營二州都督, 安東都護, 尙書左僕射, 太子少師, 同中書門下三品 등을 역임했다.

136) 阿史那忠節: 당조에 귀부한 서돌궐의 수령.

137) 安西四鎭: 649년 설치되었던 안서 4진을 당조는 670년 토번에 빼앗겼다가 679년에 회복하였으나 790년 다시 토번에 빼앗겼다. 649년에 처음 설치되었던 安西 4鎭은 쿠차, 코탄, 카슈가르, 카라샤흐르(Karashahr, 焉耆)를 지칭하는데 모두 천산산맥 남록 율두스 강(海都河)을 따라 형성된 타림분지의 도시국가들이었다. 원래 4진의 하나였던 카라샤흐르가 碎葉으로 바뀌는데 이것은 7세기 말의 일로, 679년 토번을 몰아내고 安西 4鎭을 회복한 당은 당시 카라샤흐르가 서돌궐의 근거지였기 때문에 보다 서쪽에 위치한 쇄엽(碎葉, Suyāb)으로 鎭을 이동시켰다. 그러나 후에 서돌궐의 突騎施烏質勒이 실력자로 부상하면서 699년 碎葉은 烏質勒의 주둔지가 되었다.

138) 崔融: 최융(653~706), 과거를 통해 등용되어 태자(후에 中宗)의 侍讀으로 있다가 측천무후 때 著作佐郎과 右史 등을 역임했다. 706년(神龍 2)에 『則天實錄』을 찬수하여 淸河縣子에 봉해졌다.

139) 平城: 山西城 大同縣의 옛 이름 平城을 뜻한다. 전200년 한 고조가 흉노에 포위되었던 곳이다.

140) 四郡: 武威, 張掖, 酒泉, 敦煌 등 河西 4군을 뜻한다.

141) 兩關: 玉門關과 陽關을 뜻한다.

142) 令居: 靑海省 西寧市 동북쪽.

143) 鄣候亭燧: 변경에 설치된 초소의 이름이다. 鄣은 요충에 세워진 城塞를, 候는 적의 동정을 살피는 초소를, 亭은 驛亭을, 燧는 봉화대를 뜻한다.

144) 行人: 춘추전국 이래 빈객의 접대를 맡았던 관료로 한대에는 大行令·大鴻臚로 불리기도 했다.

145) 算緡法: 한 무제 때 銅錢에 대해 세금을 부과하던 법으로 緡錢 2천에 1算 20錢을 징수했다. 대개 10꿰미의 동전을 1緡이라고 했고, 1꿰미는 1천 文이었다.

를] 회유하여 귀부시키지 않고 어찌 장구한 계책이라고 하겠습니까![146] 흉노는 이 때 고립되어 더욱 멀리 달아나 드디어 서역을 개척하고 관리를 두어 [서역을] 통치하였습니다. 광무(光武) 황제가 중흥을 이루자 모두 다시 내속하였는데, 연광(延光) 연간(122~125)에 이르러 세 번 끊어지고 세 번 통하였습니다. [우리] 태종문황제(太宗文皇帝)가 한 나라의 옛 업적을 따라 남산(南山)에서 총령(葱嶺)[147]에 이르기까지 부(府)·진(鎭)을 설치하니, [인가에서 피어오르는] 연기가 서로 멀리 바라다 보였으므로 토번이 감히 침범하지 못했습니다. 고종(高宗) 때 관리는 있었으나 공적이 없었으니 4진을 버리고 점유할 수 없어 토번이 마침 세력을 뻗쳐 언기(焉耆)[148] 서쪽으로 진입하면서 소리 높여 북을 치고 동쪽으로 말을 몰아 고창(高昌)을 넘고 거사(車師)를 지나 상락(常樂)을 침략하고 막하연적(莫賀延磧)[149]을 횡단하여 돈황(燉煌)에 이르렀습니다. 지금 왕효걸(孝傑)이 단숨에 4진을 얻어 앞선 황제의 옛 영토를 수복하였는데 만약 또 잃는다면 이는 공적을 훼손하고 완성된 방책을 파괴하는 것입니다. 4진을 지키지 못하면 오랑캐의 병사가 서역에 이르고, 서역이 불안하면 남쪽 강족이 동요하여 서로 연결되니 하서(河西)가 반드시 위험해집니다. 또한 막하연적은 이천 리에 걸쳐있고 물과 풀이 없어 만약 [남쪽의 강족이] 북쪽으로 오랑캐와 접한다면 당의 병사는 [막하연적을] 건너서 북쪽으로 갈 수 없어 이서(伊西)[150]·북정(北庭)[151]·안서(安西)의 여러 번국(蕃)들을 모두 잃게 될 것입니다."라고 하였다. [그러나] 의논은 중지되었다.

146) 佐藤長(1973), 224쪽에서는 "夫豈不懷, 爲長久計然也"를 "어찌 장기계획을 생각지 않고 그와 같이 처리하는가"라고 해석하였고, 『二十四史全譯·新唐書』(2004): 4637쪽에서는 "이것이 백성을 아끼지 않고 장기 계획을 세운 결과란 말인가"로 해석하였다. 모두 "不懷"에 대해 조금씩 다른 해석을 하고 있는 셈인데, 본문에서는 이것을 "[오랑캐를] 회유하지 않고"로 해석하였다.

147) 葱嶺: 파미르 고원.

148) 焉耆: 카라 샤흐르.

149) 莫賀延磧: 현재 하미(哈密)와 돈황(敦煌) 사이에 위치한 哈順 사막을 지칭한다. 당대에는 이곳에 磧西節度使를 두어 安西와 北庭都護府를 총괄하게 했다. 당대에는 서역을 磧西라고도 했는데 이는 막하연적의 서쪽이라는 뜻이다.

150) 伊西: 伊州(하미)와 西州(투르판 동쪽 카라 코조)를 뜻한다.

151) 北庭: 北庭都護府. 북정은 비슈발릭(Bishbalik)으로 천산 산맥 북록에 있는 요충지로 현재 新疆省 孚遠縣(짐사; Jimsa)에 해당된다. 안사의 난으로 토번이 河西 일대로 진출하면서 790년 북정도호부는 괴멸되었다.

於是首領勃論贊與突厥僞可汗阿史那俀子南侵，與孝傑戰冷泉，敗走．碎葉鎭守使韓思忠破泥熟沒斯城．證聖元年，欽陵・贊婆攻臨洮，孝傑以肅邊道大總管戰素羅汗山，虜敗還．又攻涼州，殺都督．遣使者請和，約罷四鎭兵，求分十姓地．武后詔通泉尉郭元振往使，道與欽陵遇．元振曰：「東贊事朝廷，誓好無窮，今猥自絕，歲擾邊，父通之，子絕之，孝乎?父事之，子叛之，忠乎?」欽陵曰：「然! 然天子許和，得罷二國戍，使十姓突厥・四鎭各建君長，俾其國自守若何?」元振曰：「唐以十姓・四鎭撫西土，爲列國主，道非有它，且諸部與吐蕃異，久爲唐編人矣.」欽陵曰：「使者意我規削諸部爲唐邊患邪? 我若貪土地財賦，彼青海・湟川近矣，今捨不爭何哉? 突厥諸部磧漠廣莽，去中國遠甚，安有爭地萬里外邪? 且四夷唐皆臣幷之，雖海外地際，靡不磨滅，吐蕃適獨在者，徒以兄弟小心，得相保耳．十姓五咄陸近安西，於吐蕃遠，俟斤距我裁一磧，騎士騰突，不易旬至，是以爲憂也．烏海・黃河，關源阻奧，多癘毒，唐必不能入；則弱甲孱將易以爲蕃患，故我欲得之，非鬩諸部也．甘・涼距積石道二千里，其廣不數百，狹纔百里，我若出張掖・玉門，使大國春不耕，秋不獲，不五六年，可斷其右．今棄不爲，亦無虞于我矣．青海之役，黃仁素約和，邊守不戒，崔知辯徑俟斤掠我牛羊萬計，是以求之.」使使者固請，元振固言不可許，后從之．

이 때 수령 발론찬(勃論贊)이 돌궐의 가짜 카간(可汗)[152] 아사나퇴자(阿史那俀子)[153]와 함께 남쪽으로 쳐들어와 왕효걸(孝傑)과 냉천(冷泉)에서 싸웠으나 패해 달아났다. 쇄엽진수사(碎葉鎭守使) 한사충(韓思忠)이 이숙몰사성(泥熟沒斯城)을 파했다. 증성(證聖) 원년(695)에 흠릉(欽陵)・찬파(贊婆)가 임조(臨洮)를 공격하니 왕효걸이 숙변도대총관(肅邊道大總管)이 되어 소라한산(素羅汗山)[154]에서 싸웠고 오랑캐가 패해 돌아갔다. 또 [토번이] 양주(涼

152) 여기에서 "가짜 카간"이라는 표현을 사용한 것은 당시 阿史那俀子가 토번을 배후로 옹립되었음을 의미한다.

153) 阿史那俀子: 서돌궐의 카간 阿史那元慶의 아들로, 692년 아버지가 사망하자 토번으로 도망갔다가 693년 토번에 의해 카간으로 옹립되었다. 694년 토번군과 함께 冷泉 전투에 참여했다가 武威道總管 王孝傑에게 패했다.

154) 素羅汗山: 소라한산을 토번측에서는 탁라갸두르(stag la rgya dur)라고 했다.『新唐書』卷108「婁師德傳」에 의하면, "證聖中, 與王孝傑拒吐蕃於洮州, 戰素羅汗山, 敗績, 貶原州員外司馬."라고 하였으니 소라한산

州)[155]를 공격했는데 도독[156]을 죽였다. 사신을 보내 화의를 청하면서 4진에서 철군할 것을 약속하고, 십성(十姓)의 땅을 분할하기를 청했다. 무후(武后)가 조를 내려 통천위(通泉尉) 곽원진(郭元振)[157]을 사신으로 가게 했는데 도중에 흠릉을 만났다. 곽원진이 말하기를, "녹동찬(東贊)은 조정을 받들어 섬기면서 우호를 맹세함에 다함이 없었는데 지금에 와서는 함부로 관계를 단절하고 매년 변경을 침범하니, 아버지는 통교하였는데 아들이 그것을 끊었다. 그것이 효도인가? 아버지는 받들었는데 아들은 반란을 일으켰다. 그것이 충성인가?"라고 하였다. 흠릉이 말하기를, "그렇다. 천자께서 화평을 허락하여 두 나라가 국경의 수비를 없애고, 십성돌궐(十姓突厥)·4진(四鎭)이 각기 군장을 세워 스스로 자신의 나라를 지킨다면 어떠한가?"라고 하였다. 곽원진이 말하기를, "당은 십성(十姓)·4진(四鎭)을 통해 서쪽 땅을 진무하고 여러 나라의 주군이 되었으니 다른 도리가 있는 것이 아니며 여러 부(部)는 토번과는 달라 오랫동안 당에 편입된 백성들이다."라고 하였다. 흠릉이 말하기를, "사신은 내가 여러 부(部)를 분할하여 당의 변환(邊患)을 만든다고 생각하는가? 내가 만약 토지와 재물을 탐했다면 청해(青海)·황천(湟川)이 가까운데 지금 그곳을 버리고 다투지 않음은 또 왜인가? 돌궐의 여러 부는 넓디 넓은 사막 중에 있으며 중국과는 매우 먼 거리에 있는데 어찌 만 리 밖의 땅을 다투는가? 또한 [당조는] 사방의 오랑캐를 모두 신하로 삼고 겸병하여 먼 외국의 변경도 멸하지 않은 곳이 없는데 오직 토번만이 나라를 지키고 있으니 이는 단지 형제[158]가 삼가 주의하여 서로 보전됨을 얻었을 뿐이다. 십성(十姓) 중 오돌륙(五咄陸)[159]은 안서(安西)[도호부]에서 가까우나 토번에서는 멀고, 사근(俟斤)[160]은 우리 땅에서 큰 사막 하나를 사이에

이 洮州 지역에 있었던 것은 분명하나 보다 구체적인 위치는 알기 어렵다.

155) 涼州: 甘肅省 武威市.

156) 『구당서』「토번전」에 의하면 당시 전사한 都督은 許欽明이다.

157) 郭元振: 곽원진(656~713)은 河北 출신의 당대 명장이다. 무측천이 右武衛鎧曹參軍으로 삼아 토번에 사신으로 파견하였다. 701년(長安 1) 涼州都督·隴右諸軍州大使에 임명되어 부임한 5년 동안 和戎城(현재 甘肅省 古浪)·白亭軍(현재 甘肅省 民勤)을 건설했다. 이부상서·병부상서를 거쳐 朔方軍大總管에 임명되었고, 豊安城(寧夏 中衛 서쪽)·定遠城(寧夏 平羅 남쪽) 등을 건설하였다.

158) 흠릉 형제를 뜻한다. 佐藤長(1973), 227쪽에서는 이를 당과 토번으로 이해하여 당과 토번이 상호 존재를 인정하였기 때문에 토번이 독립국으로 남아 있을 수 있다고 해석하였다. 그러나 전통적으로 당과 토번이 외삼촌과 조카 관계로 형용되며 형제 관계로 설명되지는 않는다. 이 부분에서는 당시 토번의 정권을 장악하고 있던 흠릉 형제를 의미하는 것으로 보는 것이 타당하다.

159) 五咄陸: 서돌궐 10성 부족의 하나.

160) 俟斤: 서돌궐 10성 부족의 하나.

두고 있는데 기병이 말을 빠르게 달려 돌파하여도 열흘에 이르기 어려우니 걱정되는 점이다. 오해(烏海)·황하(黃河)의 땅은 산천이 매우 깊고 험준하며 병에 걸리기 쉬워서 원래 당군이 들어올 수 없는 곳이다. 만약 진군해 온다 해도 약한 군대와 나약한 장수가 오랑캐에 당하기 쉬우니 그런 까닭으로 내가 [이 땅을] 얻고자 하는 것이지 여러 부를 엿보려고 하는 것은 아니다. 감주(甘)·양주(涼)는 적석(積石)[161]으로부터 이천 리 거리에 있는데 넓은 곳은 수백에도 못 미치고, 좁은 곳은 겨우 백 리이니 내가 만약 장액(張掖)·옥문(玉門)[162]에서 출발하면 그대의 나라가 봄에는 농사짓지 못하고 가을에는 수확할 수 없어 5~6년도 되지 않아 서쪽을 끊을 수 있다. 지금 땅을 버리고 아무것도 하지 않으니 이 역시 우리를 걱정할 것은 없다. 청해(青海)의 전투에서 황인소(黃仁素)가 화평을 약속했는데 변경을 지키는 병사가 경계하지 않은 틈에 최지변(崔知辯)이 사근을 지나 우리 소와 양 만 두를 약탈하였으니 이를 구하고자 온 것이다."라고 하였다. 토번이 사신을 파견해 다시 간곡히 청하였으나 곽원진이 강력히 불가함을 주장하니 무후가 그의 의견을 따랐다.

欽陵專國久, 常居中制事, 諸弟皆領方面兵, 而贊婆專東境幾三十年, 爲邊患. 兄弟皆才略沈雄, 衆憚之. 器弩悉弄旣長, 欲自得國, 漸不平, 乃與大臣論巖等圖去之. 欽陵方提兵居外, 贊普託言獵, 卽勒兵執其親黨二千餘人殺之, 發使者召欽陵·贊婆, 欽陵不受命, 贊普自討之. 未戰, 欽陵兵潰, 乃自殺, 左右殉而死者百餘人. 贊婆以所部及兄子莽布支等款塞, 遣羽林飛騎迎勞, 擢贊婆特進·輔國大將軍·歸德郡王, 莽布支左羽林大將軍·安國公, 皆賜鐵券, 禮尉良厚. 贊婆卽領部兵戍河源, 死, 贈安西大都護.

흠릉(欽陵)이 집권한 지 오래되었는데 항상 중앙에서 정사를 담당하였고, 동생들은 지방을 맡아 병권을 행사했는데 찬파(贊婆)가 동쪽을 맡은 지 거의 삼십 년이 되니 변경의 근심이 되었다. 그 형제들은 모두 재략이 있어, 여러 토번 사람들이 그들을 두려워했다. 기노실롱(器弩悉弄)이 장성하니 스스로 나라를 다스리고자 했고, 이에 점차 불만이 쌓여가자 대신 논암(論

161) 積石: 積石軍이다. 青海省 貴德縣 동쪽.
162) 玉門: 玉門關이다. 甘肅省 敦煌 서쪽.

巖) 등과 도모하여 [흠릉 형제를] 제거하고자 했다. 마침 흠릉(欽陵)은 병사를 이끌고 밖에 있었는데, 찬보(贊普)가 수렵을 구실로 병사를 모아 [흠릉의] 무리 2천여 명을 죽이고, 사신을 보내 흠릉(欽陵)·찬파(贊婆)를 불러들였으나 흠릉이 거역하자 찬보가 친히 토벌했다. 아직 싸움이 시작되지도 않았는데 흠릉의 군대는 괴멸되었고 [흠릉] 스스로 목숨을 끊으니 주변에 따라 죽은 자가 백여 명이었다. 찬파는 자신의 부중과 형의 아들 망포지(莽布支) 등을 이끌고 와서 변경을 두드리니 우림비기(羽林飛騎)를 보내 영접하고 위로했다. 찬파를 특진·보국대장군·귀덕군왕(特進·輔國大將軍·歸德郡王)에, 망포지는 좌우림대장군·안국공(左羽林大將軍·安國公)에 발탁하여 모두 철권(鐵券)을 주었으며 극진히 예를 다해 위로하였다. 찬파는 즉시 자신의 부중을 이끌고 하원(河源)[163]을 지켰는데 전사하여 안서대도호(安西大都護)에 추증했다.

又遣左肅政臺御史大夫魏元忠爲隴右諸軍大總管, 率隴右諸軍大使唐休璟出討. 方虜攻涼州, 休璟擊之, 斬首二千級. 於是論彌薩來朝請和. 贊普自將萬騎攻悉州, 都督陳大慈四戰皆克. 明年, 乃獻馬·黃金求昏. 而虜南屬帳皆叛, 贊普自討, 死於軍.

또 좌숙정대어사대부(左肅政臺御史大夫) 위원충(魏元忠)을 농우제군대총관(隴右諸軍大總管)으로 삼아 농우제군대사(隴右諸軍大使) 당휴경(唐休璟)을 통솔하여 토벌하게 했다. 당시 오랑캐는 양주(涼州)를 공격하고 있었는데 당휴경이 이를 격파하여 수급 이천을 베었다. 이에 논미살(論彌薩)이 내조하여 화의를 청했다. 찬보는 스스로 만여 기병을 이끌고 실주(悉州)를 공격하였는데 도독[164] 진대자(陳大慈)가 네 번 싸워 모두 이겼다. 다음 해 말과 황금을 보내 혼인을 구했다.[165] 그러나 오랑캐 남부에 속해있던 무리가 모두 배반하니 찬보가 친히 토벌에 나섰고, 군영에서 죽었다.

163) 『구당서』「토번전」에는 "洪源谷"으로 되어 있다. 이곳은 甘肅省 永登縣 서북에 위치하며, 西寧과 涼州 사이를 잇는 중요한 교통로이다.

164) 도독: 茂州都督을 일컫는 것이다.

165) 당시 정황에 대해서는 『구당서』「토번전」이 더 자세한데, 吐蕃에서 사자 論彌薩 등을 보내어 입조하고 화평을 청하자 측천(則天)이 인덕전(麟德殿)에서 연회를 베풀었다. 다시 그 이듬해 토번이 사신을 보내 말 천 필과 금 2천 냥을 바치고, 혼인을 청하니 則天이 이를 허락하였다.

諸子爭立, 國人立棄隸蹜贊爲贊普, 始七歲, 使者來告喪, 且求盟. 又使大臣悉董熱固求昏, 未報. 會監察禦史李知古建討姚州蠻, 削吐蕃向導, 詔發劍南募士擊之. 蠻酋以情輸虜, 殺知古, 尸以祭天, 進攻蜀漢. 詔靈武監軍右臺御史唐九徵爲姚巂道討擊使, 率兵擊之. 虜以鐵絙梁漾·濞二水, 通西洱蠻, 築城戍之. 九徵毀絙夷城, 建鐵柱於滇池以勒功.

여러 아들이 보위를 다투니 토번 사람들이 기례축찬(棄隸蹜贊)[166]을 세워 찬보로 삼았다. 나이 일곱 살이 되었을 때 사신이 와서 상을 알리고 또 회맹을 구했다. 또 대신 실동열(悉董熱)이 사신으로 와서 간곡히 혼인을 구하였으나 답하지 않았다. 마침 감찰어사(監察御史) 이지고(李知古)가 요주(姚州)[167]의 오랑캐를 토벌하여 토번의 길잡이가 되는 것을 막자고 건의하자 황제가 조를 내려 검남에서 병사를 모집하여 그를 물리치도록 했다. 오랑캐의 추장이 이 사실을 토번에 알려 주어, 이지고를 죽이고 그 시신으로 하늘에 제사지낸 후 촉한(蜀漢)으로 공격해 들어왔다. 조를 내려 영무감군우대어사(靈武監軍右臺御史) 당구징(唐九徵)을 요휴도토격사(姚巂道討擊使)로 삼아 병사를 이끌고 이를 격파하게 했다. 오랑캐는 양(漾)·비(濞)[168] 두 강 위에 철교를 세워 서이(西洱)의 오랑캐와 교통하였고 성을 쌓아 이를 지켰다. 당구징이 철교를 훼손하고 성을 빼앗아 전지(滇池)[169]에 철 기둥을 세워 공을 기록했다.

166) 棄隸蹜贊: 기례축찬은 치뒤송의 아들 치데축젠(khri lde gtsug brtsan, 704~755)이다. 출생 1년도 되지 않아 아버지 치뒤송이 전사했다. 돈황문서에 의하면, 치뒤송의 사망 후 후계자로 지명된 사람은 치데축젠의 형(gcen) 라뻴뽀(lha bal po)였는데, 그가 실각하고 어린 동생 치데축젠이 계위하였다. 7세(710년)에 금성공주와 혼인하고, 9세(712년)에 정식으로 즉위했다. 대신 발동샵('bal ldong tsab)과 랑메식(lang myes zigs)의 반란으로 51세에 사망했다. 710년 금성공주와 혼인했으며 733년 赤嶺(현재 靑海省 湟源縣 日月山)에 定界碑를 세우는 등 치데축젠 시기 토번과 당의 관계는 비교적 우호적이었다. 그러나 751년 南詔가 토번에 귀부하면서 양국 관계가 악화되었다.

167) 姚州: 雲南省 姚安縣. 운남 고원의 중부 楚雄과 大理의 교계 지역으로 紅河와 金沙江 수계의 분기점이 되는 곳이다. 현재는 彝族自治州가 형성되어 있으나 당시 姚州諸蠻이 彝族을 의미하는지는 분명하지 않다.

168) 漾水·濞水: 雲南省 漾濞縣 소재 하천.

169) 滇池: 雲南省 昆明市 소재.

中宗景龍二年，還其昏使．或言彼來逆公主，且習聞華言，宜勿遣，帝以中國當以信結夷狄，不許．明年，吐蕃更遣使者納貢，祖母可敦又遣宗俄請昏．帝以雍王守禮女爲金城公主妻之，吐蕃遣尚贊咄名悉臘等逆公主．帝念主幼，賜錦繒別數萬，雜伎諸工悉從，給龜茲樂．詔左衛大將軍楊矩持節送．帝爲幸始平，帳飮，引羣臣及虜使者宴，酒所，帝悲涕歔欷，爲赦始平縣，罪死皆免，賜民繇賦一年，改縣爲金城，鄕曰鳳池，里曰愴別．公主至吐蕃，自築城以居．拜矩鄯州都督．吐蕃外雖和而陰銜怒，卽厚餉矩，請河西九曲爲公主湯沐，矩表與其地．九曲者，水甘草良，宜畜牧，近與唐接．自是虜益張雄，易入寇．

중종(中宗) 경룡(景龍) 2년(708) 혼인을 청하러 온 [토번의] 사신을 돌려보냈다. 혹자는 말하기를 [토번의] 사신이 와서 공주를 맞이하고 또 중국어를 익혀 통하니 돌려보내지 않음이 마땅하다고 했지만, 황제는 중국이 신의로 오랑캐와 사귀어야 한다고 하여 허락하지 않았다. 그 다음해 토번이 다시 사신을 보내 공물을 바치고, [찬보의] 할머니 가돈(可敦)[170]이 또 종아(宗俄)를 사신으로 보내 청혼하였다. 이에 황제는 옹왕(雍王) 수례(守禮)[171]의 딸로 금성공주(金城公主)를 삼아 처가 되게 하니, 토번이 상찬돌명실랍(尚贊咄名悉臘)[172] 등을 보내 공주를 맞이했다. 황제는 공주가 어린 점을 가엾이 여겨 특별히 비단 수만 필을 주고 여러 기예인과 공장을 따르게 했으며 구자(龜茲)의 악기도 주었다. 조를 내려 좌위대장군(左衛大將

170) 可敦: 몽골어의 카톤(qatun)이다. 鮮卑 이래로 카간과 함께 사용된 유목 세계의 황후를 뜻하는 말이다. 당시 젠뽀의 할머니 치마뢰가 왜 카톤으로 불렸는지 분명하지는 않다. 몇 가지 가능성은 티벳도 유목 사회의 일부로서 초원의 정치 질서와 별개의 존재가 아니라는 점, 또 한 가지는 당시 당이 토번의 칭호와는 무관하게 주변의 기타 민족이 즐겨 사용하던 칭호를 토번에도 적용해서 사용했을 가능성이다.

171) 雍王守禮: 금성공주(?~739)의 아버지로, 그의 부친은 高宗과 무측천 사이에서 둘째 아들로 태어난 章懷太子(654~684)였다. 章懷太子는 3형제를 두었는데 차자가 雍王 守禮이다. 李守禮(672~741)의 본명은 光仁이었으나 垂拱 연간에 守禮로 고치고 太子洗馬에 봉했다. 아버지가 할머니 무측천에 의해 연금되었으므로 자신도 궁중에 연금되었다가 699년 睿宗이 相王에 봉해졌을 때 출궁하여 睿宗의 자녀들과 함께 궁 밖에 자유롭게 거주하게 되었다. 705년 中宗 복위 후 守禮를 雍王에 봉하고 光祿卿에 임명했다. 707년 그의 딸을 금성공주에 봉하여 토번에 시집보냈다. 금성공주가 출가하고, 곧 睿宗이 즉위했는데, 중종의 유지에 따라 守禮를 邠王에 봉하고 兼檢校左金吾衛大將軍, 幽州刺史, 單于大都護, 司空 등에 삼았다.

172) 名悉獵: 명실렵은 메렙(mye slebs)이다.

軍) 양구(楊矩)[173]로 하여 절을 지니고 공주를 배웅하도록 했다. 황제는 처음에 시평(始平)[174]에 이르러 장막을 치고 연회를 베풀었는데 여러 신하와 토번의 사신을 불러 연회를 베풀면서 슬픔에 흐느껴 울었고, 시평현에서 사면을 단행하여 사형에 처해진 죄인을 모두 면해주고, 백성들의 요역과 부세를 1년간 면제해 주었으며, 현의 이름을 고쳐 금성(金城)으로, 향(鄕)의 이름을 고쳐 봉지(鳳池)로, 리(里)의 이름을 고쳐 창별(愴別)로 하였다. 공주가 토번에 이르자 성을 짓고 살았다. 양구를 선주도독(鄯州都督)에 임명했다. 이 때 토번은 겉으로 [당과] 화평한 척했지만 속으로는 분노를 품고 있었으니 양구에게 후하게 대접하고 하서구곡(河西九曲)[175]을 공주의 탕술(湯沐)[176]지로 삼을 것을 청해 양구가 표를 올려 그 땅을 주었다. 구곡(九曲)이라는 곳은 물이 달고 풀이 좋은 곳으로 목축에 적합한 곳이며 당과의 접경지역이다. 이로부터 오랑캐가 점차 늘어나고 강해져 쉽게 쳐들어 왔다.

玄宗開元二年, 其相坌達延上書宰相, 請載盟文, 定境於河源, 丐左散騎常侍解琬涖盟. 帝令姚崇等報書, 命琬持神龍誓往. 吐蕃亦遣尚欽藏·御史名悉臘獻載辭. 未及定, 坌達延將兵十萬寇臨洮, 入攻蘭·渭, 掠監馬. 楊矩懼, 自殺. 有詔薛訥爲隴右防禦使, 與王晙等幷力擊. 帝怒, 下詔自將討之. 會晙等戰武階, 斬首萬七千, 獲馬羊無慮二十萬. 又戰長子, 豐安軍使王海賓戰死. 乘之, 虜大敗, 衆奔突不能去, 相枕藉死, 洮水爲不流. 帝乃罷行. 詔紫微舍人倪若水臨按軍實戰功, 且弔祭戰亡士, 敕州縣幷瘞吐蕃露胔.

현종(玄宗) 개원(開元) 2년(714) [토번의] 재상 분달연(坌達延)[177]이 [당조의] 재상에게

173) 楊矩: 양구는 左衛大將軍, 河源軍使 등을 역임했다. 714년 가을 吐蕃 대장 乞力徐 등이 10여만 대군을 이끌고 臨洮軍에 이르러 蘭州, 渭州 등을 공략하여 군마와 가축을 약탈해 갔다. 楊矩는 이에 책임을 느끼고 음독 자결하였다.

174) 始平縣: 陝西省 興平縣 북쪽. 『구당서』「토번전」에는 "百頃泊"이라 하였는데, 이는 雍州 百頃泊이다. 참고로 雍州는 鳳翔縣을 가리키는데 현재 陝西省 寶鷄市에 속한다.

175) 河西九曲: 하서구곡은 청해성 동남 지역에서 黃河의 흐름이 바뀌는 지역이다. 唐 積石軍 서쪽 300리에 해당된다.

176) 湯沐: 湯沐邑이다. 황실 성원에게 하사되었던 食邑을 가리킨다.

177) 『구당서』「토번전」에서는 "분달언(坌達焉)"이라고 하였다. 분달언(坌達焉)은 뵌다겔젠숭('bon da

글을 올려 회맹의 문서를 짓고 하원(河源)에서 경계를 정할 것을 청했는데, 좌산기상시 해완(解琬)을 중개인으로 삼아 회맹에 임하게 했다. 황제가 요숭(姚崇) 등에게 명하여 [토번에] 답서를 보내도록 하고, 해완에게 명하여 신룡(神龍) 연간 작성된 회맹문을 가지고 가도록 했다. 토번 또한 상흠장(尙欽藏)·어사(御史) 명실렵(名悉獵)을 보내 맹약의 문서를 지어 바쳤으나 아직 상의하여 정해지지 않았는데 분달연이 병사 십만을 이끌고 임조(臨洮)를 침범하고, 난주(蘭)·위주(渭)[178]를 공격해 들어와 감목(監牧)의 말을 약탈해 갔다. 양구가 두려워 자결했다. 조를 내려 설눌(薛訥)을 농우방어사(隴右防禦使)로 삼아 왕준(王晙) 등과 힘을 합쳐 격파하게 했다. 황제가 심히 노하여 조를 내리고 친히 군사를 이끌고 가서 토번을 토벌했다. 왕준 등이 무계(武階)[179]에서 싸워 만칠 천여 급을 참수하고 노획한 양, 말이 이십 만에 달했다. 또 장자(長子)에서 싸웠는데 풍안군사(豐安軍使) 왕해빈(王海賓)이 전사했다. 이에 당군이 승기를 타고 진군하여 오랑캐를 대파하였으니 [토번의] 군중이 곳곳에서 충돌하여 도망갈 수 없었고 시신이 쌓여 조수(洮水)가 흐르지 않았다. 이에 황제가 행군을 멈췄다. 자미사인(紫微舍人)[180] 예약수(倪若水)에게 전공을 조사하고 아울러 전사자를 제사지내도록 하고 주현에 조칙을 내려 토번 병사의 시신도 더불어 묻도록 했다.

宰相建言：「吐蕃本以河爲境，以公主故，乃橋河築城，置獨山·九曲二軍，距積石二百里．今旣負約，請毁橋，復守河如約．」詔可．遣左驍衛郎將尉遲瓌使吐蕃，慰安公主．然小小入犯邊無閑歲，於是郭知運·王君㚟相繼節度隴右·河西，一以扞之．吐蕃遣宗俄因子到洮水祭戰死士，且請和．然恃盛彊，求與天子敵國，語悖傲．使者至臨洮，詔不內．金城公主上書求聽脩好，且言贊普君臣欲與天子共署誓刻．吐蕃又遣使者上書言：「孝和皇帝嘗賜盟，是時唐宰相豆盧欽望·魏元忠·李嶠·紀處訥等凡二十二人及吐蕃君臣同誓．孝和皇帝崩，太上皇嗣位，脩睦如舊．然唐宰相在誓刻者

rgyal btsan zung)이다. 佐藤長(1958), 432~433쪽을 참조.

178) 渭州: 甘肅省 隴西縣.

179) 武階: 渭州의 서쪽 경계에 위치했다.

180) 紫微舍人: 中書舍人의 별칭이다. 紫微는 원래 제왕의 궁전을 뜻하는 말이었는데, 唐 開元 원년에 중서성을 紫微省이라고 하고 중서사인을 자미사인이라고 했다.

皆歿，今宰相不及前約，故須再盟．比使論乞力等前後七輩往，未蒙開許，且張玄表·李知古將兵侵暴甥國，故違誓而戰．今舅許湔貸前惡，歸於大和，甥旣堅定，然不重盟爲未信，要待新誓也．甥自總國事，不牽于下，欲使百姓久安．舅雖及和，而意不專，於言何益?」又言：「舅責乞力徐集兵，且兵以新故相代，非集也．往者疆埸自白水皆爲閑壤，昨郭將軍屯兵而城之，故甥亦城．假令二國和，以迎送；有如不通，因以守境．又疑與突厥骨咄祿善者，舊與通聘，卽日舅甥如初，不與交矣．因奉寶瓶·杯以獻.」帝謂昔已和親，有成言，尋前盟可矣，不許復誓．禮其使而遣，且厚賜贊普，自是歲朝貢不犯邊.

재상이 건의하여 말하기를, “토번은 본래 [황]하(河)를 경계로 삼는데 공주의 연고로 강에 다리를 놓고 성을 쌓아 독산군(獨山軍)·구곡군(九曲軍)을 두었으니 적석(積石)으로부터 이백 리 거리입니다. 지금 [토번이] 맹약을 어겼으니 다리를 훼손하고 맹약대로 황하를 [경계로] 지키기를 청합니다.”라고 하여 조를 내려 허락했다. 좌효위랑장(左驍衛郎將) 위지괴(尉遲瓌)를 토번으로 보내 공주를 위로하도록 했다. 그러나 작은 규모로 변경을 침범하는 일이 매년 끊이지 않으니 곽지운(郭知運)[181]·왕군착(王君㚟)[182]이 차례로 농우(隴右)·하서(河西)의

181) 郭知運: 곽지운(667~721)의 字는 逢時이며 瓜州(현재 甘肅省 安西縣)사람이다. 어려서부터 무관의 자질을 갖춰 左衛中郎將, 瀚海軍經略使, 檢校伊州刺史, 兼伊吾軍使 등을 지냈다. 714년 突厥을 北庭에서 격파하여 介休縣公이 되었고, 가을에 吐蕃이 隴右에 쳐들어오자 薛訥, 王晙 등에 명해 토번을 공격해서 승리했다. 이에 곽지운을 鄯州都督, 隴右諸軍節度大使에 임명했다. 716년 돌궐이 반란을 일으키자 單于副都護 張知運이 적에게 사로잡히게 되었고, 薛訥에게 명하여 이를 토벌하게 했다. 적군이 綏州의 경계에 이르자 곽지운이 朔方의 병사를 이끌고 이를 黑山 呼延谷에서 대파했다. 718년 토번에 승리를 거두어 左武衛大將軍·鴻臚卿·攝御史中丞·太原郡公 등에 봉해졌다. 721년 군영에서 사망했다. 개원 초년 토번과 돌궐에 대한 승리는 郭知運과 王君㚟에 힘입은 바 컸다.

182) 王君㚟: 왕군착(?~727)은 瓜州 常樂 사람이다. 무관의 자질을 갖췄으며 郭知運의 別奏가 되었고, 곽지운이 사망한 후 뒤를 이어 河西와 隴右節度使가 되었고, 727년 토번을 청해호까지 뒤쫓아 크게 파하여 右羽林軍將軍, 涼州都督 등에 이르렀다. 현종이 廣達樓에서 왕군착과 夏氏를 위해 주연을 베풀었는데 夏氏 또한 전공이 있어 상을 내리고 武威郡夫人의 칭호를 주었다. 그해 겨울 토번이 瓜州를 함락시켰는데 刺史 田仁獻과 왕군착의 아버지 王壽를 포로로 잡아갔다. 또한 계속해서 玉門軍과 常樂縣까지 쳐들어 왔다. 아버지가 포로가 되자 왕군착은 토번전에 적극적으로 나설 수 없게 되었다. 그 해 甘州 鞏筆驛에서 위구르의 잔당에 목숨을 잃었다.

절도사가 되어 일일이 모두 막아냈다. 이에 토번은 종아인자(宗俄因子)를 보내 조수(洮水)에서 전사자에 대한 제사를 지낼 수 있기를 청하고 아울러 화평을 청했다. 그러나 토번은 국력이 강성함을 믿고 천자와 대등함을 요구하면서 언사가 매우 오만불손했다. 사신이 임조(臨洮)에 도착하였으나 조서를 내려 사신을 받아들이지 않았다. 금성공주(金城公主)가 글을 올려 수호를 청하면서 찬보와 토번의 신료들이 천자와 더불어 맹문에 서명하고자 함을 밝혔다. 토번이 또 사신을 보내 글을 올려 말하기를, "효화황제(孝和皇帝)[183]께서 일찍이 맹약을 허락하셔서 그 때 당조의 재상 두로흠망(豆盧欽望)[184]·위원충(魏元忠)[185]·이교(李嶠)[186]·기처눌(紀處訥)[187] 등 22명과 토번의 군주와 신하가 함께 서약했습니다. 효화황제가 붕어하시고 태상황(太上皇)[188]이 계위하셨는데 양국이 화목하기가 옛과 같았습니다. 그러나 당조의 재상으로 맹문에 서명한 자들은 이미 모두 사망했고 현재의 재상은 앞선 맹약에 관여하지 않았으니 새로이 맹약할 필요가 있습니다. 최근 논걸력(論乞力)[189] 등을 전후로 7차에 걸쳐 사신을 파견하였는데 모두 [내조를] 허락받지 못했으며, 장현표(張玄表)[190]·이지고(李知古)[191] 등

183) 孝和皇帝: 中宗을 가리킨다.

184) 豆盧欽望: 두로흠망(629~709)은 무측천 때의 재상이다. 京兆 즉 섬서성 서안 사람으로 垂拱 연간(685~688)에 司賓卿에, 長壽 2년(639)에 內史에 임명되었다. 중종이 태자 시절에 宮尹·太子賓客을 역임했던 인연으로 중종 즉위 후 尙書左仆射에 발탁되었고, 뒤에 당 예종이 되는 安國相王 李旦府의 長史 등을 역임했다. 乾陵에 陪葬되었다.

185) 魏元忠: 儀鳳 연간(676~679) 낙양에서 올린 글로 고종에게 발탁되었고 무후 때는 徐敬業의 난을 진압하여 洛陽令이 되었다. 중종이 태자 시절에 太子左庶子를 역임했던 인연으로 중종 즉위 후 兵部尙書·中書令 등을 역임했다.

186) 李嶠: 이교(644~713)는 隋代 內史侍郎 李元操의 증손으로 과거에 급제하여 安定縣尉를 거쳐 監察御史·吏部尙書·中書令등을 역임하면서 高宗·武后·中宗·睿宗 등 네 황제를 보필하였다. 杜審言·崔融·蘇味道 등과 아울러 "文章四友"라 일컬어진다.

187) 紀處訥: 기처눌은 秦州 上邽 사람이다. 武三思(무측천의 조카로, 그의 次子 武崇訓이 安樂公主를 처로 삼음) 부인의 자매와 혼인하여 太府卿이 되었다. 韋溫, 宗楚客 등과 함께 中宗의 부인 韋后와 결탁하여 韋黨을 형성하였다. 李隆基가 정변을 일으켜 韋黨은 모두 제거되었다.

188) 당 중종은 710년 자신의 부인 위씨와 七女 안락공주에게 독살되었다. 중종 사후 곧 중종의 아들 殤帝 李重茂가 등극하였으나 20일도 되지 않아 태평공주와 이융기가 예종을 다시 세워 690년 무측천에 의해 폐위되었던 예종이 다시 황제에 등극하였다. 여기에서 말하는 태상황은 예종을 뜻한다.

189) 論乞力: 논걸력에서 논(blon)은 재상의 의미이며, 이름은 걸력 즉 치수(khri gzu)이다. 佐藤長(1958), 432~433쪽에서는 치수(khri gzu)를 乞力徐와 동일인으로 보았다.

190) 張玄表: 당시 安西都護를 역임하였다.

191) 李知古: 앞서 監察御史였던 李知古는 토번의 길잡이를 하고 있던 姚州蠻을 토벌하였으나 토번에 사로잡

은 병사를 이끌고 조카의 나라를 침입하였으므로 맹세를 어기고 싸우게 된 것입니다. 지금 외삼촌이 조카의 과오를 용서하시고 태평한 때로 다시 돌아가니 조카는 이미 굳게 결심하였습니다만 맹약을 다시 맺지 못하면 믿지 못하게 되니 새로운 맹약을 맺기를 바랍니다. [지금] 조카는 스스로 국사를 맡아 아래 [신하]에 이끌리지 않고 백성을 오래도록 편안하게 하고자 합니다. 비록 외삼촌이 화평하기를 약속하였으나 그 뜻이 완전히 모이지 못했으니 맹약에 무슨 이득이 있겠습니까?" 또 말하기를, "외삼촌께서 걸력서(乞力徐)가 병사를 모았다고 꾸짖으셨으나 이는 신구 병사를 교대한 것이지 [병사를] 모은 것은 아닙니다. 과거에 [양국 사이의] 변강은 백수(白水)[192]로부터 모두 비워 두었는데, 얼마 전에 곽장군[193]이 병사를 주둔시키고 성을 쌓았으므로 조카도 역시 성을 쌓은 것입니다. 만약 두 나라가 화평하게 되면 [이곳에 쌓은 성을 사신을] 맞이하고 배웅하는 데에 쓰면 될 것이고, 만약 서로 교통하지 않게 되면 변경을 지키는 데 쓰면 될 것입니다. 또한 [외삼촌께서] 돌궐의 골돌록(骨咄祿)과 [조카 토번이] 우호함을 의심하시는데 이는 과거에 [토번과 돌궐이] 서로 통혼했기 때문이며 만약 즉시 외삼촌과 조카가 처음과 같이 [화평을 회복]한다면 [돌궐과] 더불어 왕래하지 않겠습니다. 그런 까닭으로 보병(寶瓶)·술잔을 바칩니다."라고 하였다. 황제는 이미 화친하였고 맹약을 맺었으니 앞서 맺은 맹약에 의거하면 될 것이라고 하면서 다시 맹약을 맺는 것을 허락하지 않았다. 예를 갖춰 사신을 대하고 돌려보냈으며 찬보에게 후하게 사례하니 이로부터 매년 조공하고 변경을 침범하지 않았다.

十年, 攻小勃律國, 其王沒謹忙詒書北庭節度使張孝嵩曰:「勃律, 唐西門. 失之, 則西方諸國皆墮吐蕃, 都護圖之.」孝嵩聽許, 遣疏勒副使張思禮以步騎四千晝夜馳, 與謹忙兵夾擊吐蕃, 死者數萬, 多取鎧仗·馬羊, 復九城故地. 始勃律王來朝, 父事帝. 還國, 置綏遠軍以扞吐蕃, 故歲常戰. 吐蕃每曰:「我非利若國, 我假道攻四鎭爾.」及是, 累歲不出兵.

혀 죽임을 당했다.

192) 白水軍: 백수군은 白草軍이라고도 한다. 鄯州 서북 약 230리 지점에 해당된다. 현재 青海省 西寧에서 서쪽으로 청해호 방면으로 가면 청해호 동안에서 綏戎城을 만나게 된다. 이곳이 백수군의 주둔지였다.

193) 곽장군: 郭知運이다.

[개원] 10년(722) [토번이] 소발률국(小勃律國)[194]을 공격하니 그 왕 몰근망(沒謹忙)이 북정절도사(北庭節度使) 장효숭(張孝嵩)에게 글을 보내 말하기를, "발률(勃律)은 당의 서쪽 관문이니 이를 잃으면 서쪽 여러 나라가 모두 토번에 함락되고 맙니다. 도호께서 이를 도모하십시오."라고 하였다. 장효숭이 듣고 허락하니 소륵부사(疏勒副使) 장사례(張思禮)를 보내 보병과 기병 4천이 밤낮으로 달려 몰근망의 병사와 함께 토번을 협공하여 죽은 자가 수만이며 노획한 군장과 양, 말이 많았다. 이로써 옛 9성(城) 땅을 회복했다. 비로소 발률왕이 내조하였는데 황제를 섬기기를 아버지와 같이 하였다. 본국으로 돌아가 수원군(綏遠軍)을 두고 토번을 막은 까닭으로 매년 전쟁을 치렀다. 토번은 매번 말하기를, "나는 그대의 나라에 이익이 없다. 다만 길을 빌어 4진을 공격하고자 할 뿐이다." 이 때 여러 해 동안 출병하지 않았다.

於是隴右節度使王君㚟請深入取償. 十二年, 破吐蕃, 獻俘. 後二年, 悉諾邏兵入大斗拔谷, 遂攻甘州, 火鄉聚. 王君㚟勒兵避其銳, 不戰. 會大雪, 吐蕃皸凍如積, 乃踰積石軍趨西道以歸. 君㚟豫遣諜出塞, 燒野草皆盡, 悉諾邏頓大非川, 無所牧, 馬死過半. 君㚟率秦州都督張景順約齎窮躡, 出青海西, 方冰合, 師乘而度. 于時虜已踰大非山, 留輜重疲弱濱海, 君㚟縱兵俘以旋. 時中書令張說以吐蕃出入數十年, 勝負略相當, 甘·涼·河·鄯之人奉調發困甚, 願聽其和. 帝方寵君㚟, 不聽.

194) 小勃律國: 파미르 산간 길기트 지방의 소국이다. 勃律(주샤: bru zha)는 원래 카슈미르 북부에 있던 국가로 인도와 중앙아시아·토번을 연결하는 교통로상에 위치해 있었다. 중국과는 東晉 이래 사서에 기록되었는데 波倫·缽盧勒·缽露勒·缽露羅·缽羅·勃律 등으로 표기되었다. 7세기 초 토번에 패해 대소 발률로 분열되었다. 대발률은 아프가니스탄 북부 즉 발티스탄 지역에 그대로 남았고, 일부가 서북방향 150킬로 지점에 위치한 훈자(Hunza)강 유역으로 옮겨 소발률이라고 했다. 697년(武后 萬歲通天 2)에서 開元 원년 사이에 대발률이 세 차례 사신을 보냈고 당조는 그 군주에 책봉했다. 개원 10년에 소발률도 사신을 보내 토번의 공격으로부터 구원해 줄 것을 청했다. 소발률의 왕 沒謹忙 사후 蘇失利가 계위하였는데 다시 토번에 패하여 토번에 신속되었고, 토번의 공주를 맞아 왕비로 삼았으니 이로 토번의 세력이 서역 깊숙이 침투하게 되었고 20여 국이 토번에 신속되었다. 당시 安西節度使 田仁琬·蓋嘉運·夫蒙靈詧 등이 차례로 토번을 공격하였으나 공을 세우지 못했다. 747년 安西節度副使 高仙芝가 출병하여 소발률을 회복하면서 歸仁軍을 설치하고 서역에서 당조의 영향력을 확대하였다. 751년 고선지가 탈라스 전투에서 아랍의 군대에 패하자 당의 세력이 후퇴했고 소발률 등 서역의 여러 국가가 다시 토번에 복속되었다.

이 때 농우절도사(隴右節度使) 왕군착(王君㚟)이 깊이 [적진으로] 들어가 되갚기를 원했다. [개원] 12년(724) 토번을 격파하고 포로를 바쳤다. 2년 후(726)에 실낙라(悉諾邏)의 군대가 대두발곡(大斗拔谷)으로 들어와 감주(甘州)를 공격하면서 촌락을 불태웠다. 왕군착이 병사를 이끌고 [토번의] 정예를 피해 싸우지 않았다. 큰 눈을 만나 얼어 죽은 토번군이 산처럼 쌓이니 적석군(積石軍)[195]을 넘어 서쪽 길을 따라 추격하다가 돌아왔다. 왕군착이 미리 척후병을 보내 변경을 나가 들판의 풀을 모두 태우도록 했는데 실낙라가 대비천(大非川)에 주둔하였으나 말을 먹일 수 없어 말의 과반수가 죽었다. 왕군착이 진주도독(秦州都督) 장경순(張景順)을 이끌고 장비를 간소히 하여 적군을 추격하였는데 청해의 서쪽으로 나아갔을 때 마침 [청해가] 얼어 군대가 이를 이용해 청해를 건넜다. 이 때 오랑캐는 이미 대비산(大非山)을 넘었으나 장비와 지친 병사들은 청해 주변에 남겨두었으므로 왕군착이 적병을 포로로 삼아 개선했다. 이 때 중서령(中書令) 장열(張說)[196]이 토번이 [당의 변경을] 출입한 지 수 십년인데 [양국의] 승부는 거의 비슷하며, 감주(甘)·양주(涼)·하주(河)·선주(鄯)의 백성들이 군비의 조달로 매우 고통 받고 있으므로 [토번이 요구한] 화평을 허락할 것을 청했다. 당시 황제가 왕군착을 총애해 [장열의 말을] 듣지 않았다.

未幾, 悉諾邏恭祿·燭龍莽布支入陷瓜州, 毀其城, 執刺史田元獻及君㚟父, 遂攻玉門軍, 圍常樂, 不能拔, 回寇安西, 副都護趙頤貞擊却之. 會君㚟爲回紇所殺, 功不遂. 帝乃用蕭嵩爲河西節度使, 左金吾將軍張守珪瓜州刺史, 復城之. 嵩縱反間, 殺悉諾邏恭祿. 明年, 大將悉末朗攻瓜州, 守珪擊走之; 鄯州都督張志亮又戰青海西, 破大莫門城, 焚橐它橋; 隴右節度使杜賓客以彊弩四千射虜, 破之祁連城下, 斬副將一, 上級五千首. 虜敗, 慟而走山. 又明年, 守珪率伊·沙等州兵破虜大同軍; 又信安王禕出隴西, 拔石堡城, 卽之置振武軍, 獻俘於廟. 帝以書賜將軍裴旻曰:「敢有掩戰功不及賞者, 士

195) 積石軍: 石堡省에서 청해 산맥 남쪽을 따라 가면 九曲軍과 貴德을 지나 적석군에 이르게 된다. 청해 산맥 남록, 황하의 북안에 위치한다. 남동쪽에 郭州가 있다.

196) 張說: 장열(667~730), 字는 道濟이며 說之라고도 한다. 원적은 范陽 현재 河北省 涿縣이나 河東 지금의 山西省 永濟에서 살다가 뒤에 東都 洛陽으로 옮겼다. 太子校書, 鳳閣舍人등을 지냈다. 欽州에 유배되었다가 中宗 때 다시 부름을 받았고, 玄宗 때 中書令, 朔方節度使를 역임했다. 燕國公에 봉해졌다.

自陳，將吏皆斬. 戰有逗留，擧隊如軍法. 能禽其王者，授大將軍.」於是士益奮.

얼마 지나지 않아 실낙라공록(悉諾邏恭祿)[197]·촉룡망포지(燭龍莽布支)[198]가 침입하여 과주(瓜州)를 함락시켜 성을 훼손하고 자사 전원헌(田元獻)과 왕군착의 아버지를 붙잡았다. 드디어 옥문군(玉門軍)을 공격하고, 상락(常樂)[199]을 포위하였으나 함락시키지 못하자 우회하여 안서(安西)를 공격하였는데 부도호(副都護) 조이정(趙頤貞)이 이들을 물리쳤다. 마침 왕군착이 회흘(回紇)[200]에 죽임을 당하여 공을 이루지 못했다. 황제는 이에 소숭(蕭嵩)을 하서절도사(河西節度使)로, 좌금오장군(左金吾將軍) 장수규(張守珪)를 과주자사(瓜州刺史)로 삼아 [과주]성을 회복했다. 소숭이 적의 간첩을 역이용해 실낙라공록을 죽였다. 이듬해 대장 실말랑(悉末朗)이 과주를 공격하였으나 장수규가 격파하여 쫓아 버렸다. 선주도독(鄯州都督) 장지량(張志亮)이 또 청해의 서쪽에서 싸워 대막문성(大莫門城)[201]을 부수고 탁타교(槖它橋)를 불태웠다. 농우절도사(隴右節度使) 두빈객(杜賓客)이 쇠뇌(彊弩) 4천으로 오랑캐에 사격하여 기련성(祁連城) 아래에서 격퇴하니 부장(副將) 한 명을 베고 수급 5천을 바쳤다. 오랑캐가 패하자 통곡하며 산으로 도망갔다. 또 그 다음해 장수규가 이주(伊)·사주(沙) 등지의 병사를 이끌고 오랑캐의 대동군(大同軍)[202]을 격파했다. 또 신안왕(信安王) 의(禕)[203]가 농서로 나가 석보성(石堡城)[204]을 함락시키고 진무군(振武軍)을 두었으며 포로를 잡아 종묘에 바쳤다. 황제가 장군 배민(裴旻)에게 조서를 내려 말하기를, "감히 전공을 은폐하여 상을 주지 않는 일이 있었다면 병사는 스스로 자진하여 진술할 것이며 이러한 장리(將吏)는 모두

197) 悉諾邏恭祿: 탁자콩뢰(stag sgra khong lod).

198) 燭龍莽布支: 촉로망뽀제(tsog ro mang po rje).

199) 常樂: 甘肅省 安西縣.

200) 回紇: 回鶻이다. 744년 동돌궐의 지배를 받던 위구르(回鶻)가 쿠틀룩 빌게 카간(骨力裴羅)을 중심으로 몽골 초원 셀렝가 유역에 국가를 건설하였다. 카라 발가순을 건설하였으며 840년 키르키즈의 남하로 감숙성 甘州, 신강성 북부 天山 일대로 이주하였다. 『舊唐書』·『新唐書』「回鶻傳」을 참조.

201) 大莫門城: 青海省 西寧 서쪽.

202) 大同軍: 甘肅省 敦煌의 서남.

203) 信安王禕: 신안왕 의는 太宗의 아들이다. 위에서 보이듯이, 729년에 石堡城을 함락시켰고, 732년 禮部尙書, 行軍副大總管이 되어 幽州長史 趙含章과 奚酋 可突을 공략했다. 이에 奚酋 李詩, 瑣高 능이 部落五千帳을 이끌고 귀부해서 幽州 변경에 살도록 했다. 736년(개원 24)까지 朔方大總管에 재직했다.

204) 石堡城: 青海省 西寧 서남.

베어버려라. 만약 전쟁 중에 머물러 진군하지 않는다면 그 부대는 모두 군법에 따라 처리할 것이다. 적군의 왕을 사로잡는 자는 대장군에 임명할 것이다."라고 하여 병사들의 사기가 더욱 고양되었다.

吐蕃令曩骨委書塞下, 言:「論莽熱·論泣熱皆萬人將, 以贊普命, 謝都督刺史: 二國有舅甥好, 昨彌不弄羌·党項交構二國, 故失懽, 此不聽, 唐亦不應聽.」都督遣腹心吏與曩骨還議盟事. 曩骨, 猶千牛官也. 於是忠王友皇甫惟明並言約和便. 帝曰:「贊普向上書悖慢, 朕必滅之, 毋議和!」惟明曰:「昔贊普幼, 是必邊將好功之人爲之, 以激怒陛下. 且二國交惡必興師, 師興則隱盜財利, 詐功級, 希陛下過賞, 以甘心焉. 今河西·隴右貲耗力窮, 陛下幸詔金城公主許贊普約, 以紓邊患, 息民之上策也.」帝采其言, 敕惟明及中人張元方往聘, 以書賜公主. 惟明見贊普言天子意, 贊普大喜, 因悉出貞觀以來書詔示惟明, 厚饋獻. 使名悉臘隨使者入朝, 奉表言:「甥, 先帝舅顯親也. 曩爲張玄表·李知古交鬭, 遂成大釁. 甥以文成·金城公主, 敢失禮乎? 特以沖幼, 枉爲邊將讒亂. 如蒙澄亮, 死且萬足, 千萬歲不敢先負盟.」且獻怪寶. 使者至, 帝御前殿, 列羽林仗內之. 悉臘略通華文, 旣宴與語, 禮甚厚, 賜紫服·金魚. 悉臘受服辭魚, 曰:「國無是, 不敢當.」帝遣御史大夫崔琳報聘.

토번의 영(令) 낭골(曩骨)이 글을 들고 변새 아래에 왔다. [글에서] 말하기를, "논망열(論莽熱)·논읍열(論泣熱)은 모두 만인장(萬人將)인데, 찬보의 명령으로 도독과 사사에게 사죄하였다. 양국은 외삼촌과 조카의 좋은 관계를 맺었는데 과거 미불롱강(彌不弄羌)·당항(党項)이 두 나라 사이에서 문제를 일으켜 화평을 잃으니 이쪽에서도 [당조의 말을] 듣지 않고, 당조 역시 [우리 토번의 말을] 들으려 하지 않았다."라고 하였다. 도독이 심복인 관원을 낭골(曩骨)과 함께 돌려보내 맹약에 관한 일을 의논했다. 낭골이란 천우관(千牛官)[205]과 유사하

205) 千牛官: 북위 이래 등장한 관직으로 황제의 신변에서 호위를 담당하는 宿衛를 일컫는다. 금위군인 千牛衛에 소속된다. 唐代의 禁衛軍은 南北 두 아문으로 나눠지는데 南衙衛兵은 '16衛'라고 하며, 北衙禁軍은 '北衙6軍'이라고도 하는데 이 중 가장 유명한 것이 羽林軍이다. 이들은 남아위병과 달리 모두 황제 개인의 군대로 모병에 의해 모집되며 황제가 친히 지휘한다.

다. 충왕(忠王)[206] 우(友) 황보유명(皇甫惟明)[207]이 아울러 화약을 맺는 것이 국가에 유리함을 말했다. 황제가 말하기를, “찬보가 글을 올리는 것이 오만하구나. 짐이 반드시 그를 멸하리라. 화평을 의논하지 말라!”라고 하자, 황보유명이 말하기를, “옛날에 찬보가 어렸으니 이는 분명 공을 세우기 좋아하는 변경의 장수가 한 일로 폐하를 격노하게 하였습니다. 또한 두 나라의 관계가 좋지 못하면 반드시 군대를 일으키게 되고 군대가 일어나면 숨은 도적이 이익을 얻게 되어 공적을 허위로 보고하여 폐하에게 지나친 상을 바라고 이로써 만족합니다. 지금 하서(河西)·농우(隴右)는 모든 재부가 고갈되었으니 바라건데 폐하께서는 금성공주(金城公主)에게 조서를 내리시어 찬보와 화약할 것을 허락하시고 이로써 변경의 걱정거리를 풀어 백성을 쉬게 하는 것이 상책입니다.”라고 하였다. 황제가 그 말을 받아들여 황보유명과 중인(中人) 장원방(張元方)에게 답방하게 하고 공주에게 글을 보냈다. 황보유명이 찬보를 만나 천자의 뜻을 전하자 찬보가 매우 기뻐하며 정관(貞觀) 연간(627~649) 이래의 모든 조서를 내어 황보유명에게 보이고 후하게 갖춰 공물을 바쳤다. 명실렵(名悉臘)을 사신으로 삼아 [당조의] 사신을 따라 입조해 표를 올려 말하기를, “조카[인 저에게], 앞선 황제 외삼촌은 유력한 친척이십니다.[208] 이전에 장현표(張玄表)·이지고(李知古)로 인해 싸움이 일어났고 [양국 간에] 큰 틈이 생기게 되었습니다. [그러나] 문성(文成)·금성공주(金城公主)의 연고로 어찌 감히 실례를 범하겠습니까? [과거에는] 특히 제가 어렸던 연유로 변강의 장수들이 거짓으로 난을 일으켰으니 만약 황제의 양해를 구할 수 있다면 만 번 죽어도 족할 것이며 천만년 동안이라도 감히 먼저 맹약을 어기지 못할 것입니다.”라고 하고 진귀한 보물을 바쳤다. 사신이 이르자 황제가 전전(前殿)에 이르렀고 우림(羽林)의 의장(儀仗)을 진열해 두고 [사신을] 안으

206) 忠王: 肅宗 李亨(711~762).

207) 皇甫惟明: 황보유명(?~747)의 貫籍은 알 수 없다. 肅宗이 즉위하기 전인 忠王 시절 벗이었다. 730년 토번이 침입하자 황보유명은 강화를 주장하여 사신으로 토번에 파견되어 치데축첸과 금성공주를 배알했다. 공을 인정받아 左衛郎將이 되었고, 侍御史·長春宮使·司農少卿·檢校司農卿·隴右節度使 등을 거쳤다. 742년 토번이 隴右를 침입했을 때, 출병하여 승리를 거뒀다. 745년 석보성에서 토번과 싸웠으나 승리하지 못해 이듬해에 播川太守로 강등되었다. 그 후 隴右의 일은 西平郡太守·判武威郡事·河西와 隴右節度使가 된 王忠嗣가 맡게 되었다.

208) 당시 황제였던 현종(재위: 712~756)은 예종의 아들로 예종은 고종과 무측천의 아들이다. 또한 高宗과 무측천의 둘째 아들 章懷太子(654~684)의 아들 雍王 守禮는 금성 공주의 아버지가 된다. 따라서 현종은 금성공주의 숙부가 되는 셈이다. 따라서 당시 금성공주와 혼인했던 젠뽀(찬보) 치데축첸(khri lde gtsug brtsan, 704~755)은 현종의 조카에 해당된다.

로 들어오게 했다. 실랍(悉臘)은 중국어를 좀 이해해서 연회에 초대되어 황제와 대화를 나눴고 그를 대하는 예가 극진하여 자복(紫服)[209]·금어(金魚)[210]를 하사했다. 실랍은 자복은 받았으나 금어는 사양하면서 말하기를, "우리 나라에는 아직 이것이 없어 감히 받을 수가 없습니다."라고 하였다. 황제가 어사대부(御史大夫) 최림(崔琳)[211]을 보내 답방하게 했다.

吐蕃又請交馬於赤嶺，互市於甘松嶺．宰相裴光庭曰:「甘松中國阻，不如許赤嶺.」乃聽以赤嶺爲界，表以大碑，刻約其上．又請 五經，敕秘書寫賜，幷遣工部尙書李暠往聘，賜物萬計．吐蕃遣使謝，且言:「唐·吐蕃皆大國，今約和爲久長計，恐邊吏有妄意者，請以使人對相曉敕，令昭然具知.」帝又令金吾將軍李佺監赤嶺樹碑，詔張守珪與將軍李行禕·吐蕃使者莽布支分諭劍南·河西州縣曰:「自今二國和好，　無相侵暴.」乃使悉諾勃海納貢，幷以幣器徧遺執政．明年，上寶器數百具，制冶詭殊，詔置提象門示羣臣．

토번이 또 적령(赤嶺)에서 말을 교환하기를 청하여 감송령(甘松嶺)[212]에 호시(互市)를 열었다. 재상 배광정(裴光庭)이 말하기를, "감송(甘松)은 중국에서도 지세가 험한 요충이니 적령을 허락하심만 못합니다." 이에 적령을 경계로 하자는 의견을 받아들여 큰 비석을 세우고 맹약의 내용을 그 위에 새겼다. 또 [토번이]『오경(五經)』을 청하자 비서(秘書)[213]에 명하여 베껴 주도록 했다. 아울러 공부상서(工部尙書) 이고(李暠)를 보내 답방하도록 하고 만여 점에 달하는 예물을 주었다. 토번이 사신을 보내 감사를 표하면서 또 말하기를, "당과 토번은 모두 큰 나라이고 지금 화약을 맺어 이를 장기 정책으로 삼았으나 변경의 관리 중에 망령된 뜻을

209) 紫服: 귀족 관료의 朝服.

210) 金魚: 금 허리띠와 魚袋를 지칭한다. 어대는 당대 5품 이상의 관료에게 반급한 魚符로 위에 관리의 성명을 기입하여 신분증의 역할을 했다. 주머니 안에 넣어 두었기 때문에 어대라고 하였다.

211) 崔琳: 최림은 貝州 武城(현재 山東省 武城縣) 사람으로 개원 연간 中書舍人·太子少保·工部尙書 등을 역임했다.

212) 甘松嶺: 四川省 松潘縣 서북.

213) 秘書: 秘書省이다. 당대 6省의 하나로 蘭臺·麟臺라고도 했다. 황실의 도서를 관리하는 곳으로 秘書監·秘書少監 등이 있었다.

품은 자가 있을까 걱정입니다. 이에 상호 사신을 파견하여 칙령을 분명히 밝히고 변경의 장수들이 이를 잘 알도록 하기를 청합니다." 황제가 또 금오장군(金吾將軍) 이전(李佺)에게 명하여 적령에 비석 세우는 일을 감독하도록 하고, 장수규(張守珪)에게 조서를 내려 장군 이행의(李行禕)·토번의 사자 망포지(莽布支)와 더불어 검남(劍南)·하서(河西)의 주현으로 나눠 가서 분명히 밝혀 말하기를, "지금부터 두 나라는 화평을 약속했으니 서로 침범하지 말 것이다."라고 했다. 곧 실낙발해(悉諾勃海)를 사신으로 보내 공물을 바쳤고, 아울러 각종 폐물과 진귀한 기물을 [재상 등] 집정자들에게 널리 선물했다. 이듬해(개원 24년: 736) 진귀한 기물 수백 개를 바쳤는데 기이하게 제작된 것이어서 제상문(提象門)에 늘어놓고 모든 신료에게 보이도록 했다.

其後吐蕃西擊勃律, 勃律告急, 帝諭令罷兵, 不聽, 卒殘其國. 於是崔希逸爲河西節度使, 鎭涼州, 故時疆畔皆樹壁守捉, 希逸謂虜戍將乞力徐曰:「兩國約好, 而守備不廢, 云何?請皆罷, 以便人.」乞力徐曰:「公忠誠, 無不可, 恐朝廷未皆信, 脫掩吾不備, 其可悔?」希逸固邀, 乃許. 卽共刑白犬盟, 而後悉徹障壁, 虜畜牧被野.

그 후 토번이 서쪽으로 발률(勃律)을 공격하니 발률이 긴급함을 알려 황제가 철군을 토번에 명령하였으나 듣지 않고 마침내 [토번이 발률을] 정벌하였다. 이에 최희일(崔希逸)[214]을 하서절도사(河西節度使)로 삼아 양주(涼州)에 주둔하도록 하였다. 예전에 변강에는 모두 [군영을] 벽으로 두르고 수착(守捉)[215]을 설치했는데, 최희일이 오랑캐의 장수 걸력서(乞力徐)에게 말하기를, "양국이 화평을 약속했는데 [군대가] 수비하고 없애지 않는 것은 왜인가? 모두 없애서 백성들에게 편하게 하기를 청합니다."라고 하였다. 걸력서가 말하기를, "공은 충성스

214) 崔希逸: 최희일(?~738)은 721년(개원 9) 萬年縣尉를 시작으로 勸農判官·監察御史·吏部郎中 등을 역임하고, 734년(개원 22) 鄭州刺史에서 江淮河南轉運副使가 되어 歲運의 책임자가 되었다. 736년(개원 24) 가을 右散騎常侍知河西節度事가 되었고 737년(개원 25) 토번을 공격하여 청해 서쪽에서 승리했다. 이듬해 토번이 하서로 침입해 들어오자 최희일이 이를 격파했다. 河南尹이 되었다. 그러나 본문에 보이듯이 737년 걸력서에 대해 신의를 잃게 되자 병을 얻어 사망했다.

215) 守捉: 당대 변경의 군대는 그 규모에 따라, 큰 것은 軍, 규모가 작은 것은 守捉이라고 했다. 그 지휘관은 守捉使라고 했다.

럽고 신실한 분이니 불가능한 것은 아닙니다만 조정이 아직 완전히 믿지 못하니 만약 제가 수비하지 않은 틈을 타 습격한다면 후회한들 무슨 소용이 있겠습니까?"라고 하였다. [그러나] 최희일이 계속 요구하여 마침내 [걸력서가] 허락했다. 이에 함께 흰 개를 희생하여 회맹하고 장벽(障壁)을 모두 철거하여 오랑캐가 방목하는 가축이 들판을 가득 메웠다.

明年, 傔史孫誨奏事, 妄言「虜無備, 可取也」. 帝采之, 詔內豎趙惠琮共往按狀. 小人欲徼幸, 至涼州, 因共矯詔, 詔希逸發兵襲破吐蕃青海上, 斬獲不貲, 乞力徐遁走. 吐蕃恚, 不朝. 二十六年, 大入河西, 希逸拒破之. 鄯州都督杜希望又拔新城, 更號威戎軍. 希逸顧失信, 怇怇悵恨, 召拜河南尹. 旣而與惠琮俱見犬祟, 疑而死, 誨亦及它誅.

이듬해 겸사(傔史) 손회(孫誨)가 주를 올려 망령되이 말하기를, "오랑캐가 방비하지 않으니 공격해서 취할 수 있습니다." 황제가 이를 받아들이고 조를 내려 내수(內豎)[216] 조혜종(趙惠琮) 등과 함께 가서 상황을 살피도록 했다. 소인배들은 요행으로 공을 세우기를 바라니 양주에 이르러 함께 조서를 빙자하여 최희일로 하여 토번을 청해에서 공격하도록 하였다. 베고 노획한 것이 셀 수 없었으며 걸력서는 도주하였다. 토번은 이로 원한을 품고 내조하지 않았다. [개원] 26년(738) 하서로 대군이 침입하였는데 최희일이 이를 막았다. 선주도독(鄯州都督) 두희망(杜希望)이 신성(新城)을 얻어 위융군(威戎軍)으로 고쳤다. 최희일은 신의를 잃고 슬퍼하다가 하남윤(河南尹)에 임명되었다. 얼마 지나지 않아 조혜종은 개 귀신을 보고 두려워 죽었고 손회는 다른 일로 죽임을 당했다.[217]

蕭炅代爲河西節度留後, 杜希望隴右節度留後, 王昱劍南節度使, 分道經略, 碎赤嶺碑. 希望發鄯州兵奪虜河橋, 並河築鹽泉城, 號鎭西軍, 破吐蕃兵三萬. 昱以劍南兵入攻安戎城, 築二少壘左右之, 兵次蓬婆嶺, 輸劍南粟餉軍. 吐蕃悉銳來救, 昱大敗,

---

216) 內豎: 小官을 의미한다.

217) 개 귀신이 등장한다는 것은 앞서 최희일과 걸력서가 흰 개를 희생으로 회맹하였던 일에서 연유한다.

少壘皆沒，士死凡數萬．昱貪妄，非將選，故敗，貶死高要．明年，吐蕃攻白草·安人軍，詔臨洮·朔方分援．虜絕臨洮道，白水軍使高東于拒守，虜引去．炅遣將追尾，有雲出軍上，白兔舞，大破吐蕃．昱之敗，以張宥代節度劍南，以章仇兼瓊爲益州司馬．宥，文吏，不知兵，委事兼瓊．兼瓊因得入奏，天子果其議，拔兼瓊代宥節度．兼瓊諜誘吐蕃安戎城主爲應，導官軍入，盡殺虜戍，以監察御史許遠守之．吐蕃圍安戎，絕水泉，會石裂泉湧，虜驚引去．復攻維州，不得志．詔乃改安戎曰平戎云．

소경(蕭炅)이 대신하여 하서절도류후(河西節度留後)[218]를 맡고 두희망(杜希望)이 농우절도류후(隴右節度留後)를, 왕욱(王昱)이 검남절도사(劍南節度使)를 맡아 길을 나눠 경략하여 적령의 비석을 부숴버렸다. 두희망은 선주(鄯州)의 병사를 일으켜 오랑캐가 황하 위에 만든 다리를 빼앗고 황하 주변에 염천성(鹽泉城)을 지어 진서군(鎭西軍)이라고 하고 토번 병사 3만을 격파했다. 왕욱이 검남의 병사를 일으키고 안융성(安戎城)[219]으로 들어가 공격하고 2개의 소루(少壘)를 쌓아 [안융성을] 좌우에서 지켰다. 군대가 봉파령(蓬婆嶺)[220]에 주둔하였고 검남의 양식을 운송하여 군량으로 삼았다. 토번이 정예병을 이끌고 와서 구원하니 왕욱이 크게 패하여 소루를 모두 잃고 죽은 병사가 수만에 이르렀다. 왕욱은 재물을 탐하고 망령되이 행동하였으니 장수의 자질을 갖추지 못한 까닭으로 패했고 고요(高要)[221]에서 사형에 처해졌다. 이듬해 토번이 백초군(白草)[222]·안인군(安人軍)[223]을 공격하니 조를 내려 임조(臨洮)·삭방(朔方)의 군대가 나눠 돕도록 했다. 오랑캐가 임조로 통하는 길을 끊어 백수군사(白水軍使) 고간우(高東于)가 막아 지키니 오랑캐가 돌아갔다. 이에 소경이 장수를 보내 뒤를 쫓게 했는데 군대의 머리 위에 구름이 나타나 마치 흰 토끼가 춤을 추는 듯했고 토번을 대패시켰다.

218) 留後: 留守와 같은 말로 부대나 기관이 다른 곳으로 이전할 때 일부 인원을 남겨두어 그곳을 지키고 본대와 연락하는 일을 맡은 관료를 뜻하는 말이다.

219) 安戎城: 안융성은 四川省 茂縣의 서남에 위치한다.

220) 蓬婆嶺: 四川省 茂縣의 서북 약 100리 지점에 위치한다.

221) 高要: 廣東省 高要縣.

222) 白草軍: 백초군은 白水軍이다. 鄯州 서북 약 230리 지점에 해당된다. 현재 靑海省 西寧에서 서쪽으로 청해호 방면으로 가면 청해호 동안에서 綏戎城을 만나게 된다. 이곳이 백수군의 주둔지였다.

223) 安人軍: 안인군은 河源軍(鄯州 서쪽) 서쪽 星宿川 변에 있었다.

왕욱이 실패한 후 장유(張宥)가 대신하여 검남절도사가 되었고, 장구겸경(章仇兼瓊)이 익주사마(益州司馬)가 되었다. 장유는 문관으로 병법을 알지 못했고 이에 군사와 관련된 사무를 겸경에게 맡겼다. 이로 인해 장구겸경은 상주할 기회를 얻었고 천자께서 그의 의견이 훌륭하다고 여겨 겸경을 발탁 장유를 대신하여 절도사에 임명했다. 장구겸경은 간첩을 보내 토번 안융성(安戎城)의 성주를 유인하여 안에서 호응하게 하고 관군을 이끌고 들어가 토번 수비병을 모두 죽인 후 감찰어사(監察御史) 허원(許遠)으로 하여금 안융성을 지키게 했다. 토번군이 안융성을 포위하고 물을 끊었는데 암석이 쪼개지며 샘이 용솟음치니 오랑캐가 놀라 퇴각했다. 다시 유주(維州)를 공격하였으나 뜻을 이루지 못했다. 조를 내려 안융성을 평융(平戎)성으로 고쳤다.

是歲，金城公主薨．明年，爲發哀，吐蕃使者朝，因請和，不許．虜乃悉衆四十萬攻承風堡，抵河源軍，西入長寧橋·安仁軍，渾崖烽騎將臧希液以銳兵五千破之．吐蕃又襲廓州，敗一縣，屠吏人．攻振武軍石堡城，蓋嘉運不能守．

그 해 금성공주가 승하하였다.224) 이듬해225) 애도의식을 행하기 위해 토번이 사신을 보내 내조하였는데 이를 틈타 화평을 청하였으나 황제가 허락하지 않았다. 이에 오랑캐는 부중 40만을 이끌고 승풍보(承風堡)를 공격하고 하원군(河源軍)에 이르러 서쪽으로 장녕교(長寧橋)·안인군(安仁軍)으로 들어왔는데 혼애봉(渾崖烽)의 기장(騎將) 장희액(臧希液)이 정예병 5천으로 이를 격파했다. 토번은 또 곽주(廓州)를 습격하면서 한 현(縣)을 공격하여 그곳의 관리를 죽이고 진무군(振武軍)의 석보성(石堡城)을 공격하였는데 개가운(蓋嘉運)이 이를 지키지 못했다.

天寶元年，隴右節度使皇甫惟明破虜大嶺軍；戰靑海，破莽布支，斬首三萬級．明年，

224) 금성공주는 739년에 승하하였다.

225) 『舊唐書』「吐蕃傳」에는 741년(개원 29)에 공주가 승하하였고, 토번의 사신도 같은 해에 장안에 왔다고 적고 있으나 물론 그것은 토번 사신이 장안에 도착한 해이다.

破洪濟城，戰石堡，不克，副將諸葛詡死之．又明年，惟明破虜，獻俘京師．帝以哥舒翰節度隴右，翰攻拔石堡，更號神武軍．又禽其相兀論樣郭．

천보(天寶) 원년(742)에 농우절도사(隴右節度使) 황보유명(皇甫惟明)이 오랑캐의 대령군(大嶺軍)을 격파하고[226] 청해에서 싸워 망포지(莽布支)를 격파하여 3만 급을 베었다. 이듬해 홍제성(洪濟城)을 격파하고 석보성에서 싸웠으나 이기지 못하고 부장(副將) 제갈접(諸葛詡)이 전사했다. 또 이듬해 황보유명이 오랑캐를 격파하여 포로를 경사에 바쳤다. 황제는 가서한(哥舒翰)[227]을 농우절도사로 삼았고, 가서한은 석보성을 함락시켜 신무군(神武軍)으로 고쳤다. 또 토번의 재상 올론양곽(兀論樣郭)을 사로잡았다.

十載，安西節度使高仙芝俘大酋以獻．是時，吐蕃與蠻閣羅鳳聯兵攻瀘南，劍南節度使楊國忠方以姦罔上，自言：「破蠻衆六萬於雲南，拔故洪州等三城，獻俘口．」哥舒翰破洪濟·大莫門諸城，收九曲故地，列郡縣，實天寶十二載．於是置神策軍於臨洮西·澆河郡於積石西·及宛秀軍以實河曲．後二年，蘇毗子悉諾邏來降，封懷義王，賜李氏．蘇毗，彊部也．是歲，贊普乞黎蘇籠臘贊死，子挲悉籠臘贊嗣，遣使者脩好，詔京兆少尹崔光遠持節齎冊弔祠．還而安祿山亂，哥舒翰悉河·隴兵東守潼關，而諸

226) "破虜大嶺軍"은 "大嶺軍에서 오랑캐를 격파했다"로 해석될 수도 있다. 大嶺軍의 유래를 알 수 있는 자료가 없어 분명하게 판단하기는 어렵다. 본문에서는 "오랑캐의 大嶺軍을 격파했다"로 해석하였다.

227) 哥舒翰: 가서한(?~757)은 西突厥 哥舒 부락 사람이다. 아버지는 哥舒 부락의 수령으로 哥舒道元이라고 했고, 安西都護府의 副大都護를 역임했다. 가서한의 가문은 대대로 安西에 거주했는데 당시 도호부는 쿠차(현재 新疆省 庫車縣 일대)에 있었다. 농우절도사 아래에서 무장으로 활동하다가 748년 토번으로 들어가는 길목인 청해호 남동안 石堡城을 확보하고 神威军을 세우는 전공을 세워 중앙 정부의 신임을 받았다. 토번은 보리(麥)가 익는 계절이면 積石軍에 와서 곡식을 빼앗아 가곤 했는데, 이를 방어하기 위해 당은 적석군의 서쪽에서 청해호 동안에 이르는 교통로에 九曲軍, 天威軍(石堡城), 神威軍, 定戎城, 白水軍(綏戎城), 臨蕃城, 河源軍 등을 설치하였으나 전투가 치열하여 뺏고 빼앗기는 일이 반복되었다. 그 후 안록산의 난을 맞아 潼關의 방어를 맡게 되었는데, 평소 安祿山과 불편한 관계에 있던 그는 風疾로 병석에 있었지만 동관에 나가 안록산을 상대할 수밖에 없었고, 결국 그에게 죽임을 당했다. 『舊唐書』 卷104 「哥舒翰列傳」.

將各以所鎭兵討難, 始號行營, 邊候空虛, 故吐蕃得乘隙暴掠.

[천보] 10년(751) 안서절도사(安西節度使) 고선지(高仙芝)[228]가 대수령을 포로로 잡아 바쳤다. 이 때 토번은 만족(蠻) 합라봉(閤羅鳳)[229]과 연합하여 노남(瀘南)[230]을 공격하였는데 검남절도사(劍南節度使) 양국충(楊國忠)이 간사한 술책으로 황제를 속여 말하기를, "만족 6만을 운남에서 격파하고 고홍주(故洪州) 등 3성을 함락시켜 잡은 포로를 바칩니다."라고 하였다. 가서한(哥舒翰)이 홍제(洪濟)·대막문(大莫門)의 여러 성을 격파하고, 구곡(九曲)의 옛 땅을 회복하여 군현을 설치하였는데 이 일은 실제 천보 12년(753)의 일이었다. 이에 신책군(神策軍)을 임조(臨洮)의 서쪽에 설치하고, 요하군(澆河郡)을 적석군(積石) 서쪽에 두고, 완수군(宛秀軍)으로 하곡(河曲)의 수비를 강화하였다. 2년 후 소비(蘇毗)[231]의 왕자[232] 실낙라(悉諾邏)[233]가 와서 항복하니 회의왕(懷義王)에 봉하고 이씨(李氏) 성을 주었다. 소비는 세력이 큰 부락이다. 그 해 찬보 걸려소롱랍찬(乞黎蘇籠臘贊)[234]이 죽고, 아들 사실롱랍찬(挲悉籠臘贊)[235]이 계위하니 사신을 파견하여 수호하였고 이에 조를 내려 경조소윤(京兆少尹) 최광원

228) 高仙芝: 고선지(?~755)는 고구려 유민 출신으로 당의 서역 개척과 751년 탈라스 전투를 수행한 것으로 유명하다. 吐蕃과 싸워 小勃律을 점령하기도 했다. 右羽林大將軍으로 안록산의 반군을 潼關에서 막고자 하였으나 무고로 죽임을 당했다.

229) 閤羅鳳: 南詔의 왕 칵라뽕(kag la bong)이다.

230) 瀘南: 운남성 서북 怒江 傈僳族自治州를 흐르는 瀘水에서 비롯된 지명으로 당대 滇西 지역에 설치되었던 姚州都督府 휘하의 州이다. 남조와 당의 지배를 번갈아 받았고 당조 통치 기간 瀘南에는 7개의 鎭을 설치하였다.

231) 蘇毗: 蘇毗女國이라고도 하며, 티벳 문헌에는 소치(so byi)로, 호탄 등지에서 발견되는 카로슈티 문서에는 수피야(Supiya)로 등장한다. 현재 티벳인들은 이 지역을 숨빠(sum pa)라고 하는데, 특히 현재 青海省 남부 玉樹藏族自治州를 관통하는 장강의 상류 通天河 일대를 중심으로 활동하였다. 7세기 초 송첸감뽀 시대에 토번에 복속되었다.

232) "蘇毗子悉諾邏"를 "蘇毗의 아들 悉諾邏"로 보지 않은 것은 蘇毗가 인명이 아닌 부족의 명칭이기 때문이다.

233) 悉諾邏: 실낙라는 탁자(stag sgra)이다.

234) 乞黎蘇籠臘贊: 당시 사망한 것은 치데축젠(khri lde gtsug brtsan, 704~755)으로 앞서 본문에서는 棄隸蹜贊으로 적었다. 乞黎蘇籠臘贊은 치송데젠의 음차로 치송데젠은 치데축젠을 이어 755년 젠뽀에 등극하였다. 따라서 본문의 기록에 착오가 있다.

235) 挲悉籠臘贊: 치송데젠(khri srong lde brtsan, 730~755~797)이다. 『舊唐書』「吐蕃傳」에서는 乞立贊이라고 적었고, 『册府元龜』 등에서는 乞黎蘇農籠猎贊, 婆悉籠猎贊 등으로도 적었다. 아버지 치데축젠을

(崔光遠)으로 하여 부절과 책서를 지니고 가서 상문하도록 했다. 돌아왔을 때 안록산이 난[236]을 일으켜 가서한은 하(河)·농(隴)의 병사를 모아 동쪽에 와서 동관(潼關)[237]을 지켰고, 여러 장수들은 각기 통솔하는 진병(鎭兵)으로 난을 토벌했다. 처음에는 이를 행영(行營)이라 불렀는데, 이로 인해 변경의 방비가 비게 되었고, 토번이 그 틈을 타 침범하고 약탈하였다.

至德初, 取嶲州及威武等諸城, 入屯石堡. 其明年, 使使來請討賊且脩好. 肅宗遣給事中南巨川報聘. 然歲內侵, 取廓·霸·岷等州及河源·莫門軍. 使數來請和, 帝雖審其譎, 姑務紓患, 乃詔宰相郭子儀·蕭華·裴遵慶等與盟.

지덕(至德: 756~758) 초에 휴주(嶲州)[238] 및 위무(威武) 등 여러 성을 얻고 석보성(石堡)에 들어가 주둔하였다. 그 이듬해 [토번이] 사신을 보내 적[239]을 토벌하고 수호하기를 청했다. 숙종(肅宗, 711~756~762)이 급사중(給事中) 남거천(南巨川)을 보내 답방하게 하였다. 그러나 [토번은] 매년 쳐들어와 곽주(廓)·패주(霸)[240]·민주(岷)[241] 등 여러 주와 하원군(河源)·막문군(莫門軍)을 얻었다. 사신이 여러 차례 와서 화평을 청했으나 황제는 그 거짓됨을 살피시고 잠시 변환을 잠재우고자 힘썼으니 이에 조를 내려 재상 곽자의(郭子儀)[242]·소화

암살한 대신 발동삽을 몰아내고 755년 젠뽀에 등극했다. 763년 長安을 일시 장악했으며, 783년 清水 회맹으로 河西, 隴右 일대의 지배권을 확립하였다. 손자 치죽데젠과 함께 토번의 전성기를 누렸다.

236) 安史之亂: 안록산과 사사명이 일으킨 난(755~763)이다.

237) 潼關: 咸陽, 長安에서 渭水를 따라 동쪽으로 이동하면 陝西省 華陰縣 동남, 현재 渭南市 동쪽에 潼關이 있다. 이곳은 섬서성의 동대문이라는 별칭을 지니고 있을 정도로 주변 산서, 하남에서 關中으로 통하는 요충이다.

238) 嶲州: 휴주는 四川과 雲南省의 교계 지역이다. 嶲水의 이름에서 기원한다. 漢 武帝 전111년(元鼎 6)에 越嶲郡이 처음 두어졌고, 치소는 邛都縣(현재 四川省 西昌市 동남)에 두었으나 뒤에 益州에 속했다. 위진남북조 梁代에 嶲州로 고쳤다. 수당에 이르러 越嶲郡으로 회복했으나 곧 南詔에 속했다. 宋에 와서 建昌府를 두었고, 元代에는 建昌, 麗江, 德昌, 會川, 姚安路 등을 포괄하였으며 雲南行省에 속했다. 明清代를 거치면서 운남과 사천으로 분할되어 四川省 寧遠府와 雲南省 永北直隸廳, 麗江府가 두어졌다.

239) 여기에서 敵은 안록산을 뜻한다.

240) 霸州: 四川省 松潘縣 서남.

241) 岷州: 甘肅省 岷縣.

242) 郭子儀: 곽자의(697~781), 陝西省 華州 鄭縣 사람이다. 아버지 郭敬之는 綏·渭·壽·泗·桂五州刺史

(蕭華)·배준경(裴遵慶) 등이 더불어 회맹하도록 했다.

寶應元年, 陷臨洮, 取秦·成·渭等州. 明年, 使散騎常侍李之芳·太子左庶子崔倫往聘, 吐蕃留不遣. 破西山合水城. 明年, 入大震關, 取蘭·河·鄯·洮等州, 於是隴右地盡亡. 進圍涇州, 入之, 降刺史高暉. 又破邠州, 入奉天, 副元帥郭子儀禦之. 吐蕃以吐谷渾·党項兵二十萬東略武功, 渭北行營將呂日將戰盩厔西, 破之. 又戰終南, 日將走. 代宗幸陜, 子儀退趨商州. 高暉導虜入長安, 立廣武王承宏爲帝, 改元, 擅作赦令, 署官吏. 衣冠皆南奔荊·襄, 或逋棲山谷, 亂兵因相攘鈔, 道路梗閉. 光祿卿殷仲卿率千人壁藍田, 選二百騎度滻, 或紿虜曰: 「郭令公軍且來!」吐蕃大震. 會少將王甫與惡少年伐鼓噪苑中, 虜驚, 夜引去. 子儀入長安, 高暉東奔至潼關, 守將李日越殺之. 吐蕃留京師十五日乃走, 天子還京.

를 지냈다. 곽자의는 755년 안사의 난 때 朔方節度使가 되어 河東節度使 李光弼과 함께 常山郡(현재 河北省 正定)을 함락시켰다. 沙河에서 史思明 등을 진압하고 河北 일대를 수복하면서 중용되기 시작했다. 哥舒翰이 적에게 패하여 潼關을 지킬 수 없게 되자, 현종은 사천으로, 숙종은 靈武로 옮겼고, 곽자의의 副使 杜鴻漸이 朔方留後가 되어 숙종을 호위했다. 757년 적에게 빼앗긴 潼關을 곽자의가 수복했다. 史思明이 魏州를 함락시키고 燕王을 칭했다. 前軍을 맡았던 李光弼 등이 鄴의 남쪽에서 적과 싸웠으나 공을 세우지 못하자 後陣을 맡은 곽자의도 별다른 전공을 세우지 못했다. 이를 기화로 魚朝恩이 곽자의를 모함하여 병권을 박탈당했다. 761년 이광필이 邙山에서 패전하여 河陽을 잃었다. 762년 河中軍亂이 발생하자 곽자의를 朔方·河中·北庭·潞·儀·澤·沁等州節度行營 겸 興平·定國副元帥에 임명하고, 汾陽郡王에 봉하여 山西省 絳州에서 적을 막게 하였다. 763년 토번이 涇州刺史 高暉를 앞세워 京畿로 들어와 長安을 함락했다. 당시 곽자의는 關內副元帥가 되어 장안 회복에 힘썼는데, 豐王 등 10여 명의 종실 제왕이 토번에 투항하려 하자 이를 막았고, 흩어진 六軍 병졸을 모아 장안을 수복하고 질서를 회복했다. 764년 朔方節度使 僕固懷恩이 토번, 위구르(回紇), 탕구트(党項) 등과 연합하여 京師를 공격하니 곽자의가 奉天에서 이를 막아 尙書令이 되었다. 765년 곽자의를 都統河南道節度行營으로 삼아河中에 주둔하게 했으나, 같은 해 복고회은이 다시 연합군을 결성하여 쳐들어오자 황제가 친정을 단행하고 곽자의를 불러 涇陽에 주둔하여 이를 막게 하였다. 곽자의는 위구르(回鶻)에 사신을 보내 함께 토번을 공격할 것을 제의했고, 복고회은이 갑자기 사망하자 위구르는 곽자의 휘하의 朔方兵馬使 白元光과 연합하여 靈武臺 서쪽에서 토번을 격파했다. 이후 大曆 연간(766~779)에도 河中에 주둔하면서 토번의 침입이 있을 때마다 涇陽, 邠寧으로 옮겨 이를 막으니 이 때 그의 휘하에서 공을 세운 것이 渾瑊이었다. 780년 德宗 즉위 후 곽자의를 조정으로 불러 山陵使에 삼고, 尙父라 불렀으며, 太尉, 中書令이 되었다. 이듬해 중병을 얻어 사망했다.

보응(寶應) 원년(762) [토번이] 임조(臨洮)를 함락하고 진주(秦)·성주(成)[243]·위주(渭) 등 주를 얻었다. 이듬해 산기상시(散騎常侍) 이지방(李之芳)·태자좌서자(太子左庶子) 최륜(崔倫)을 사신으로 보냈는데 토번이 억류하고 돌려보내지 않았다. 이듬해 대진관(大震關)[244]으로 침입하여 난주(蘭)·하주(河)·선주(鄯)·조주(洮) 등 주를 취하니 이 때 농우(隴右) 일대를 모두 토번에 잃었다. 다시 진군하여 경주(涇州)[245]를 포위했다가 입성하여 자사 고휘(高暉)를 항복시켰다. 또 빈주(邠州)[246]를 격파하고 봉천(奉天)[247]으로 들어왔는데 부원수 곽자의(郭子儀)가 이를 막았다. 토번이 토욕혼·당항(党項)의 병사 20만과 함께 동쪽으로 무공(武功)을 경략했다. 이에 위북행영장(渭北行營將) 여일장(呂日將)이 주질(盩厔)의 서쪽에서 싸워 이를 격파했다. 또 종남(終南)에서 싸웠는데 여일장이 도주하였다. 대종(代宗, 726~762~779)이 섬주(陝)[248]로 피신하고 곽자의는 상주(商州)[249]로 퇴각하였다. 고휘가 오랑캐를 인도하여 장안(長安)으로 들어와 광무왕(廣武王) 승굉(承宏)[250]을 황제로 옹립하고 연호를 고쳤으며 멋대로 사면을 단행하고 관리를 임명했다. 의관(衣冠)을 갖춘 상류 사인들은 모두 남쪽 형주(荊)[251]·양주(襄)[252]로 도주하였고 혹자는 산골로 숨어들었으니 [안록산의] 반란군이 이를 틈타 약탈하였으며 도로는 두절되었다. 광록경(光祿卿) 은중경(殷仲卿)이 천 명을 이끌고 남전(藍田)에 방벽을 만들고 기병 이백을 선발하여 산수(滻)[253]를 건넜다. 혹자가 오랑캐에게 [거짓으로] 말하기를, "곽령공(郭令公)[254]의 군대가 온다!"라고 하여 토번이 크게 동요하였다. 마침 소장(少將) 왕보(王甫)가 무뢰배들과 함께 북을 치며 궁궐 안에서

---

243) 成州: 甘肅省 成縣.
244) 大震關: 甘肅省 淸水縣 동쪽.
245) 涇州: 甘肅省 涇川縣.
246) 邠州: 陝西省 邠縣.
247) 奉天: 陝西省 乾縣 서쪽.
248) 陝州: 河南省 陝縣.
249) 商州: 陝西省 商縣.
250) 廣武王承宏: 고종과 무측천의 아들 章懷太子 李賢의 손자이며 邠王 李守禮의 아들로 토번에 시집갔던 金城公主의 형제이다. 토번은 763년 장안을 점령하고 李承宏을 황제로 옹립하여 잠시 통치하였으나 전염병과 당군의 압박으로 퇴각하였다. 代宗이 복귀한 후 광무왕 승굉은 華州로 유배되었다.
251) 荊州: 湖北省 江陵縣.
252) 襄州: 湖北省 襄陽縣.
253) 滻水: 長安城 동쪽에 있는 남북 방향으로 흐르는 하천.
254) 郭令公: 곽자의 장군을 가리킨다.

소리를 지르니 오랑캐가 놀라 밤중에 퇴각했다. 곽자의가 장안으로 입성하자 고휘는 동쪽으로 달아나 동관에 이르렀는데 그곳을 지키고 있던 장수 이일월(李日越)이 그를 죽였다. 토번은 경사에 머문 지 15일 만에 달아났고 황제가 경사로 돌아왔다.

吐蕃退圍鳳翔, 節度使孫志直拒守, 鎭西節度使馬璘以千騎戰卻之, 吐蕃屯原·會·成·渭間, 自如也. 是歲, 南入松·維·保等州及雲山新籠城. 明年, 還使人李之芳等. 劍南嚴武破吐蕃南鄙兵七萬, 拔當狗城. 會僕固懷恩反, 自靈武遣其將范志誠·任敷合吐蕃·吐谷渾兵攻邠州, 白孝德·郭晞嬰壘守, 乃入居奉天西. 子儀入奉天, 按軍不戰. 郭晞以銳士夜擣其營, 斬首數千級, 奪馬五百, 取四將, 吐蕃引去. 是時嚴武拔鹽川, 又戰西山, 取其衆八萬. 虜圍涼州, 河西節度使楊志烈不能守, 跳保甘州, 而涼州亡.

토번이 퇴각하여 봉상(鳳翔)을 포위했는데 절도사 손지직(孫志直)이 막아 지켰고 진서절도사(鎭西節度使) 마린(馬璘)[255]이 천 기의 기병으로 싸워 물리쳤으나 토번군은 원주(原)[256]·

---

255) 馬璘: 마린(722~777)은 扶風(陝西省 扶風縣) 사람이다. 조부 馬正會는 右威衛將軍, 아버지 馬晟은 右司禦率府兵曹參軍을 지냈다. 開元 말년에 종군하여 左金吾衛將軍同正이 되었다. 至德(756~758) 초 안사의 난을 맞아 군대 3천을 이끌고 鳳翔에 이르니 肅宗이 이를 가상히 여겨 李光弼을 따라 반란 진압에 나서게 했다. 廣德(763~764) 초에 僕固懷恩이 토번과 함께 침입하자 代宗(재위: 762~779)은 적을 피해 陝州(陝縣, 현재 河南省 三門峽市의 屬縣)로 갔다가 마린 등이 적을 물리치자 다시 장안으로 돌아와 마린을 御史中丞에 삼았다. 본문에서는 당시 이미 그가 御史中丞이었다고 했지만, 『舊唐書』 卷152 「馬璘傳」에 의하면 代宗이 長安으로 돌아온 후의 일이었다. 765년(永泰 1) 僕固懷恩이 토번과 함께 涇·邠·鳳翔으로부터 쳐들어 왔을 때 京畿 일원 및 奉天, 醴泉에 토번이 침입했다. 이 때 황제가 親征을 선포하였는데, 李忠臣, 李光進, 郝廷玉, 駱奉先, 李日越, 李抱玉 등과 적에 대항하여 공을 세웠고, 扶風郡王에 봉해졌다. 766년(대력 1) 郭英乂의 빈린을 평정해 邠州刺史를 겸하게 되었고, 대력 연간 邠寧節度使를 역임했다. 768년(대력 3) 토번군이 靈武, 邠州로 쳐들어오자 邠寧節度使 馬璘이 邠州에서 토번 2만을 무찔렀다. 곧 涇原節度가 되어 涇州로 옮기고, 邠寧을 분할하여 朔方軍에 속하게 했다. 772년(대력 7) 토번이 쳐들어 왔는데 혼감과 함께 黃菩原에서 크게 이겼다. 이후 매년 長武城에 주둔하여 가을에 적이 쳐들어오는 것을 방비했다. 773년(대력 8) 토번이 다시 쳐들어와 宜祿에서 싸울 때 처음에는 불리하였으나 곧 곽자의와 마린이 크게 이겼다. 774년(대력 9)에 涇原節度使 馬璘이 來朝하자 尙書左僕射·知省事를 더해주었다. 777년(대력 12) 군영에서 사망했다. 생전에 마린은 많은 재부를

회주(會)[257]·성주(成)[258]·위주(渭)[259] 사이에 주둔하며 자유롭게 활동했다. 그 해 남쪽으로 송주(松)·유주(維)·보주(保) 등지와 운산(雲山) 신롱성(新籠城)으로 침입해 들어갔다. 이듬해 사신으로 갔던 이지방 등을 돌려보냈다. 검남의 엄무(嚴武)가 토번 남부 변경의 병사 7만을 격파하고 당구성(當狗城)을 빼앗았다. 이 때 복고회은(僕固懷恩)[260]이 반란을 일으켜 영무(靈武)로부터 장수 범지성(范志誠)·임부(任敷)를 토번·토욕혼의 병사와 함께 보내 빈주(邠州)를 공격하니 백효덕(白孝德)[261]·곽희(郭晞)가 성루를 빙 둘러 지켰고 적군이 봉천

모아 그의 관직이 허락하는 이상의 대저택을 장안에 두었다. 이것은 德宗(재위 780~805) 즉위 후 문제가 되어 국유화되었다. 『舊唐書』 卷152 「馬璘傳」을 참고.

256) 原州: 甘肅省 鎭原縣 서쪽.

257) 會州: 甘肅省 靖遠縣.

258) 成州: 甘肅省 成縣.

259) 渭州: 甘肅省 隴西縣의 동북.

260) 僕固懷恩: 복고회은(?~765)은 鐵勒 사람이다. 僕固는 鐵勒九大姓의 하나인 "僕骨部"이며, 복고회은은 이 씨족의 수령 僕骨歌濫拔延의 孫이다. 唐 太宗 646년(정관 20)에 鐵勒九姓이 당에 대거 귀부하니, 瀚海, 燕然, 金微, 幽陵 등 9都督府를 두어 夏州(陝西省 楡林縣 서북) 일대에 주둔하게 하고 각 씨족의 수령은 대대로 都督을 세습하게 했다. 755년 안사의 난 때, 복고회은은 郭子儀를 따라 高秀巖, 薛忠義를 격파하고 史思明과 싸워 이겨 명성을 얻기 시작했다. 숙종이 靈武에서 즉위할 때 곽자의를 따라 참석했으며, 곧이어 안록산에 가담했던 同羅 부락(鐵勒의 일파)의 반란을 진압했다. 안사의 난으로 위기에 처한 당 조정은 756년 邠王 守禮의 아들 敦煌王 承寀과 복고회은을 위구르에 和親使로 파견하여 원병을 요청하였고, 위구르 카간은 자신의 딸을 承寀과 혼인하게 하면서 당 공주의 下嫁를 요청하여 위구르의 사신 葉護帝得 등이 복고회은과 함께 입조했다. 이에 숙종은 758년 寧國公主를 위구르의 毘伽闕可汗에게 시집보냈고, 毘伽闕可汗이 다시 자신의 어린 아들과 혼인하기를 원하자 숙종이 복고회은의 딸을 시집보내게 했다. 곧 759년 그가 毘伽闕可汗을 이어 登里可汗에 즉위하니 복고회은의 딸이 카간의 부인 카툰이 되었다. 登里可汗이 즉위 후 복고회은과 그의 어머니를 만나고자 하였으나 의심받을까 두려워 복고회은은 쉽게 응하지 못했다. 곧 숙종이 이를 허락해 이들은 太原에서 만났고, 이를 기회로 위구르 군대가 陝州(河南省 陝縣)로 들어와 史朝義 토벌에 적극 나서게 되었다. 사조의를 평정하고 河北을 모두 수복하자 조정은 복고회은에 명하여 위구르 카간과 군대의 귀환을 담당하도록 했다. 이 과정에서 위구르와 복고회은이 결탁하여 변경의 우환이 될 것이라는 조정과 변신의 의견이 있어 의심을 받다가 763년 자신의 결백을 주장하는 상소문을 代宗에 올렸으나 뜻을 이루지 못하자 반란을 일으켰다. 763년 토번의 장안 점령을 전후하여 토번과 결탁하였으며, 위구르 등도 복고회은에 가담하였으나 그가 사망하면서 반란은 실패하고 말았다. 복고회은의 조카 僕固名臣이 당에 투항했다. 『舊唐書』 卷121 「僕固懷恩傳」을 참조.

261) 白孝德: 백효덕(714~779)은 安西 胡人이다. 乾元 연간(758~760) 李光弼의 偏裨가 되었다. 史思明 휘하의 장군 劉龍仙과 싸워 이기면서 이름을 얻기 시작했다. 安西·北庭行營節度, 鄜·坊·邠·寧節度

의 서쪽으로 침입해 들어갔다. 곽자의가 봉천으로 들어갔지만 군대를 머물게 하고 싸우지 않았다. 곽희가 정예병사로 야간에 적군의 군영을 휘저어 수천 급을 참수하고 말 오백 필을 노획하였으며 대장 네 명을 항복시키자 토번이 물러났다. 그 때 엄무가 염천(鹽川)을 빼앗고 또 서산(西山)에서 싸워 적군의 무리 8만을 얻었다. 오랑캐가 양주(涼州)를 포위하자 하서절도사(河西節度使) 양지렬(楊志烈)이 지키지 못하고 감주(甘州)로 도주하여 방어하니 양주를 잃었다.

永泰元年, 吐蕃請和, 詔宰相元載·杜鴻漸與虜使者同盟. 懷恩不得志, 導虜與回紇·党項羌·渾·奴刺犯邊, 吐蕃大酋尚結息·贊摩·尚悉東贊等衆二十萬至醴泉·奉天, 邠將白孝德不能亢, 任敷以兵略鳳翔·盩厔, 於是京師戒嚴. 朔方兵馬使渾日進·孫守亮屯奉天, 詔子儀以河中兵屯涇陽, 李忠臣屯東渭橋, 李光進屯雲陽, 馬璘·郝廷玉屯便橋, 駱奉先·李日越屯盩厔, 李抱玉屯鳳翔, 周智光屯同州, 杜冕屯坊州, 天子自率六軍屯于苑. 吐蕃逼奉天, 日進以單騎馳之, 士二百踵進, 左右擊刺, 射皆應弦仆, 虜大驚辟易. 日進挾虜一將躍出, 擧軍望而譟, 士還, 無一矢著身者. 明日, 虜薄城, 日進發機石勁弩, 故兵多死. 凡三日, 虜斂軍入壁, 日進知虜曲折, 即夜斫其營, 斬千餘級, 生禽五百. 又戰馬嵬, 凡七日, 破賊萬人, 斬首五千, 獲馬·橐它·幟械甚衆. 帝欲自討賊, 下詔大搜馬, 京師始置團練, 都人震擾, 鑿垣亡去者十八, 詔中人戶都門, 不能止. 吐蕃遊騎四百略武功, 鎭西節度使馬璘使健士五十擊之, 殲, 士氣益奮. 虜徙營九嵏之陰, 掠醴泉居人數萬, 焚室廬, 田皆赤地. 周智光與虜戰澄城, 破之. 吐蕃至邠北, 復與回紇合, 還攻奉天, 抵馬嵬. 任敷以兵五千掠白水, 殘同州. 於是城中渭橋·鄠以屯兵.

영태(永泰) 원년(765) 토번이 화평을 청하자 조를 내려 재상 원재(元載)[262]·두홍점(杜鴻

使, 檢校刑部尙書 등을 역임했고, 昌化郡王에 봉해졌다. 『舊唐書』 卷109 「白孝德傳」을 참고.

262) 元載: 원재(?~777), 字는 公輔이며, 현재 陝西省 鳳翔縣 岐山 사람이다. 天寶 연간 玄宗이 道敎에 심취하여 莊·老·文·列 4子에 능한 자를 뽑았는데 이때 선발되어 邠州 新平尉가 되었다. 洪州刺史와 度支郎中 등을 거쳤고 肅宗 때 宦官 李輔國의 인척으로 京兆尹에 임명하였으나 고사하여 다시 同中書門下平章事·度支轉運使에 임명했다. 代宗이 즉위하자 황제의 측근으로 中書侍郎·同中書門下平章事·集賢殿

漸)[263]이 오랑캐의 사신과 더불어 맹약을 맺었다. 복고회은이 뜻을 이루지 못하자 오랑캐[264]를 이끌고 회흘(回紇)·당항강(党項羌)·혼(渾)·노자(奴剌)와 함께 변경을 침범하였는데 토번의 대수령 상결식(尙結息)[265]·찬마(贊摩)[266]·상실동찬(尙悉東贊)[267] 등이 20만을 이끌

大學士가 되어 國史 편찬에 관여했다. 李輔國이 죽자 환관 董秀를 매수하여 황제의 密旨를 먼저 열람했다. 또 다른 환관 魚朝恩과 대립하다가 황제에 상주하여 그를 제거했다. 이때 第五琦도 제거되어 원재가 度支를 총괄하게 되었고 그의 전횡이 날로 심해졌다. 773년 토번이 邠寧으로 쳐들어와 당의 서쪽 변경이 甘肅省 平涼縣 동쪽 潘源에 이르고, 甘肅省 固原縣 서북 摧沙堡에 토번군이 주둔하여 原州의 경계가 그 사이에 놓이게 되었다. 과거 西州刺史였던 원재는 곽자의를 涇州로 옮겨 隴山, 石門으로 쳐들어오는 토번을 막도록 하고, 原州에 성을 쌓는 한편 鳴沙縣, 豐安軍을 두도록 건의하였으나 황제는 받아들이지 않았다. 768년 마린을 涇州에, 곽자의를 邠州에 주둔시키며, 邠寧慶 3州를 朔方에 예속시키자는 원재의 안이 채택되었던 것과 대조된다. 원재의 전횡을 지켜보던 代宗은 777년 王縉 등과 함께 원재와 그의 부인 王氏(開元 연간 河西節度使 王忠嗣의 딸), 아들 등을 사형에 처했다. 『舊唐書』 卷118 「元載傳」을 참고.

263) 杜鴻漸: 두홍점(?~769), 唐 玄宗 때의 宰相 杜暹(?~740, 현재 河南省 濮陽 사람)의 방계 혈족이다. 조부 杜愼行은 益州 長史였고, 아버지 杜鵬擧는 관직이 王友에 이르렀다. 두홍점은 天寶 말에 大理司直이 되었고, 朔方留後, 支度副使 등을 역임했다. 안사의 난으로 현종이 장안을 떠났을 때 당시 황태자였던 숙종(재위 756~762)이 동행하였다가 양위받았다. 그가 平涼에서 靈武로 옮겨 즉위하도록 도운 사람이 두홍점이었다. 공을 인정받아 숙종 즉위 이듬해인 757년 御史大夫·河西節度使·涼州都督에 임명되었고, 장안과 낙양 수복 후에는 荊州大都督府長史, 荊南節度使가 되었다. 765년 劍南西川兵馬使 崔旰이 節度使 郭英乂를 죽이고, 成都를 점거한 후 스스로 留後가 되었다. 이에 두홍점을 山劍副元帥·劍南西川節度使에 임명하여 사천 문제를 해결하도록 파견하였다. 그러나 두홍점은 최간을 두려워하여 그를 벌하지 못하고 협력하게 되니 767년 최간은 成都尹·劍南西川節度使에 임명되었다. 생전에 두홍점은 재부를 많이 쌓아 사저가 長興里에 있었다. 『舊唐書』 卷108 「杜鴻漸傳」을 참고.

264) 여기에서 오랑캐는 토번을 의미한다.

265) 尙結息: 샹겔식수텡(shang rgyal gzigs su teng)으로 768~781(?)년 사이에 재상을 역임했다. 장안 점령 당시 사령관을 맡았던 그는 침(mchims)氏(za)의 일원으로, 치뒤송의 부인이며 치데축젠의 어머니인 침사젠마톡톡텡(mchims za btsan ma thog thog steng)과 같은 씨족 출신이었다. 샹겔식수텡 활동 시기는 치송데젠 치세였으니 치송데젠의 조모를 배후로 하는 침 씨족의 활동이 예상된다. 침 씨족의 발전은 아마도 치데축젠 시기에 이뤄졌을텐데 9살의 나이로 할머니 치마뢰의 지지 아래 등극한 치데축젠이었지만, 그의 등극 후 얼마되지 않아 조모 치마뢰는 사망하기 때문에 실질적으로 그의 지지 세력으로 활약한 것은 그의 어머니 침 씨족이었다. 샹겔식수텡의 등장은 이러한 침 씨족의 발호와 관련 있다. 佐藤長(1959), 627~628쪽을 참조.

266) 『舊唐書』「吐蕃傳」에서는 尙結息贊磨를 구분하지 않고 붙여서 한 사람의 이름으로 적고 있다. 尙結息, 즉 샹겔식(zhang rgyal gzigs)과 尙贊磨, 즉 샹젠와(zhang btsan ba) 두 사람의 이름을 한 사람의 이름으로 잘못 적은 것으로 보인다. 본문에서 尙結息과 贊磨를 구분하고 있다는 점에서 더욱 분명해진다.

고 예천(醴泉)・봉천(奉天)에 이르자 빈주의 장수 백효덕(白孝德)이 막지 못하였고 임부(任敷)가 병사를 이끌고 봉상(鳳翔)・주질(盩厔)을 공략했다. 이 때 경사는 계엄령이 내려졌다. 삭방병마사(朔方兵馬使) 혼일진(渾日進)[268]・손수량(孫守亮)이 봉천에 주둔하였는데 조를 내려 곽자의로 하여금 하중(河中)[269]의 병사로 경양(涇陽)에 주둔하게 하고, 이충신(李忠臣)[270]은 동위교(東渭橋)에, 이광진(李光進)은 운양(雲陽)[271]에, 마린(馬璘)・학정옥(郝廷玉)은 편교(便橋)에, 낙봉선(駱奉先)・이일월(李日越)은 주질(盩厔)에, 이포옥(李抱玉)[272]은 봉상(鳳翔)에, 주지광(周智光)은 동주(同州)[273]에, 두면(杜冕)은 방주(坊州)[274]에 주둔하게 하고, 천자는 친히 6군(六軍)을 이끌고 궁궐에 주둔하였다. 토번이 봉천을 압박하자 혼일진이 홀로 말을 달려 쳐들어갔고 이백 명의 병사가 그를 뒤따랐는데 좌우에서 치고 찔렀으며 쏘는 활마다 모두 쓰러뜨렸으니 오랑캐가 크게 놀라 퇴각했다. 혼일진이 오랑캐 장수 한 명을

---

267) 尙悉東贊: 상통첸(zhang stong rtsan)이다. 『舊唐書』「吐蕃傳」에서는 "尙息東贊"으로 적었다.

268) 渾日進: 혼일진(?~799)은 혼감(渾瑊)이라고도 하며, 皐蘭州 출신의 鐵勒 사람이다. 아버지 渾釋之를 따라 朔方軍에 종사하다가 朔方節度使 張齊邱에 발탁되었다. 안사의 난 후에는 주로 河北에서 활동하였으며, 奉天에서 토번군에 포위되었을 때 위기를 극복하는 등 군공을 세웠다.

269) 河中: 山西省 永濟縣.

270) 李忠臣: 이충신(716~784), 본명은 董秦으로 후에 賜姓 받아 이름을 이충신으로 고쳤다. 대대로 幽州 薊縣에 살았다. 이충신은 어려서부터 종군하여 안록산의 난 때에 공을 세웠고, 765년 토번이 쳐들어왔을 때도 선봉에 섰다. 뒤에 朱泚의 반란에 가담하여 경성 수비를 담당했다가 李晟 장군에게 잡혀 아들과 함께 처형되었다. 『舊唐書』卷145 「李忠臣傳」을 참조.

271) 雲陽: 陝西省 涇陽縣 북쪽.

272) 李抱玉: 이포옥(?~777)은 武德 연간의 공신 安興貴의 후예이다. 安興貴, 安修仁 형제는 涼州에서 상당히 명망있던 인물로 李軌의 거사에도 초빙되었다. 그러나 李淵에 귀부하여 李軌 제거를 도왔다. 대대로 河西에 거주하며 좋은 말을 생산하는 것으로 이름이 높았다. 李抱玉은 從兄弟와 함께 장안으로 와서 학문을 닦고 士人 가문과 통혼하면서 士風을 익히게 되었다. 乾元(758~760) 초에 太尉 李光弼에 발탁되었다. 史思明이 낙양을 점령했을 때, 이광필이 河陽(낙양 북동쪽 黃河 北岸)을 지키고 있었다. 이포옥이 이광필의 명을 받들어 河陽을 지키고, 懷州를 수복하여 澤州刺史 겸 御史中丞이 되었다. 안록산이 난을 일으킨 후 이포옥이 상주하여 자신의 姓이 안록산과 같음을 견딜 수 없다고 하여 代宗이 李姓을 사여하고 관적을 京兆府 長安縣으로 고치게 했다. 763년 토번이 京師로 쳐들어 왔을 때 장안 남쪽 子午 등 5谷에 도적이 끓어 피해가 컸다. 처음에 薛景仙을 파견하였으나 토벌하지 못하니 조정이 이포옥을 파견하여 5谷을 평정했다. 이후 鳳翔에서 십여 년간 토번 방어에 주력했으나 큰 공을 세우지는 못했다. 山南西道節度使, 澤潞節度使, 鳳翔節度使 등을 역임했다. 『舊唐書』卷132 「李抱玉傳」을 참조.

273) 同州: 陝西省 大荔縣.

274) 坊州: 陝西省 黃陵縣.

붙들고 뛰어 올라 [적진에서] 나오니 군대 전체가 바라보고 환호하였다. 병사들이 모두 귀환했는데 한 대의 화살도 맞은 사람이 없었다. 그 다음 날 오랑캐가 와서 성을 공격했는데 혼일진이 기석(機石)과 경노(勁弩)를 발사하여 적군이 많이 죽었다. 사흘 만에 오랑캐가 군대를 거두어 방벽 안으로 들어갔는데 혼일진이 오랑캐의 사정을 알고, 야간에 적진을 습격하여 천여 급을 참수하고 오백 명을 생포했다. 또 마외(馬嵬)[275]에서 싸웠는데 이레 만에 적군 만 명을 격파하여 오천 급을 참수하고 말·낙타·군기 및 장비를 노획한 것이 매우 많았다. 황제가 친히 적군을 토벌하려고 조를 내려 크게 말을 모으고 경사에는 처음으로 단련(團練)[276]을 두니 경사의 백성들이 놀라 동요하였고, 담을 파고 도주한 사람이 열에 여덟은 되었다. 이에 환관에게 조를 내려 도성의 성문을 지키도록 했는데 막을 수가 없었다. 토번의 유격대 4백 기가 무공(武功)을 공격하자 진서절도사(鎭西節度使) 마린(馬璘)이 정예 병사 50명으로 이를 격파하고 또 섬멸하니 군사들의 사기가 드높았다. 오랑캐가 군영을 구종(九嵕)산의 북쪽으로 옮기고 예천(醴泉)에 거주하는 백성 수만을 약탈하였는데 집은 불탔고 농토는 황폐하게 되었다. 주지광(周智光)이 징성(澄城)에서 오랑캐와 싸워 이를 격파했다. 토번이 빈주의 북쪽에 이르러 다시 회흘(回紇)과 합세하여 봉천(奉天)을 공격하고 마외(馬嵬)에 이르렀다. 임부(任敷)가 병사 오천으로 백수(白水)를 약탈하고 동주(同州)에서 타격을 입혔다. 이에 중위교(中渭橋)[277]·호(鄠)[278]에 성을 쌓고 군사를 주둔시켰다.

會懷恩死, 虜謀無主, 遂與回紇爭長. 回紇怒, 詣子儀請擊吐蕃自效, 子儀許之, 使白元光合兵攻吐蕃於靈臺西, 大破之, 降僕固名臣, 帝乃班師.

275) 馬嵬: 陝西省 興平縣 남쪽.

276) 團練: 일반 백성으로 구성된 의용군.

277) 中渭橋: 長安 부근을 흐르는 渭水에는 東渭橋, 中渭橋, 西渭橋의 三橋가 있었는데, 장안에서 渭北 지방으로 나가는 요충이었다. 현재 高陵縣 白家嘴村 渭河 남안 2.6킬로미터 지점에 80년대 발굴한 유적만 남아있는데, 대략 규모는 길이 548.8미터, 폭은 11미터에 이른다. 渭河 河床에 교각의 흔적이 있으며 교각 남쪽에 폭 20미터의 돌을 덮은 도로가 연결되어 있었다. 721년(開元 9)에 다리가 건설되었다는 내력을 적은『東渭橋記碑』도 함께 출토되었다.

278) 鄠: 陝西省 鄠縣. 현재는 戶縣으로 적는다. 남쪽으로 秦嶺, 북쪽으로 渭河와 접하고, 동쪽으로 장안이 위치한다.

마침 복고회은이 죽자 오랑캐가 지휘관을 잃고 마침내 회흘(回紇)과 주도권을 다투게 되었다. 회흘이 분노하여 곽자의에게 와서 토번을 격파하여 공헌하고자 함을 청하니 곽자의가 이를 허락하였고 이에 백원광(白元光)으로 하여 [회흘과] 연합하여 영대(靈臺)[279] 서쪽에서 토번을 공격하게 하였는데 크게 격파하였고 복고명신(僕固名臣)을 항복시켰다. 이에 황제가 군대를 귀환시켰다.

永泰·大曆間, 再遣使者來聘, 於是戶部尙書薛景仙往報. 詔宰相與吐蕃使者盟. 俄寇靈州, 掠宜祿, 郭子儀精甲三萬戍涇陽, 入屯奉天. 靈州兵破虜二萬, 上級五百首. 景仙與倫泣陵偕來, 請境鳳林關, 而路悉等十五人又來. 三年, 虜引衆十萬復攻靈州, 略邠州. 先是, 尙悉結自寶應後數入邊, 以功高請老, 而贊磨代之, 爲東面節度使, 專河·隴. 邠寧馬璘·朔方將白元光再破其衆, 獲馬羊數千, 劍南亦破虜萬人. 尙悉摩復來朝. 天子以虜數入塞, 詔治守障, 徙當·悉·柘·靜·恭五州, 皆據險以守.

영태(永泰: 765)와 대력(大曆) 연간(766~779), (토번이) 다시 사신을 보내 예를 갖춰 안부를 전하니, 호부상서(戶部尙書) 설경선(薛景仙)이 토번에 답방하였다. 황상이 재상에게 조를 내려 토번의 사신과 회맹을 맺도록 하였다. [그러나] 곧 [토번이] 영주(靈州)[280]로 침입하여 의록(宜祿)[281]을 약탈하니 곽자의(郭子儀)가 정예 군사 3만으로 경양(涇陽)을 지켰으나, [토번군은] 봉천(奉天)으로 들어와 주둔하였다. 영주의 병사가 오랑캐 2만을 격파하고, 수급 오백을 바쳤다. 설경선이 윤읍릉(倫泣陵)[282]과 함께 와서 봉림관(鳳林關)[283]을 경계로 할

279) 靈臺: 陝西省 長安縣 서쪽.

280) 靈州: 甘肅省 靈台縣.

281) 宜祿: 陝西省 長武縣 동남쪽.

282) 倫泣陵: 룬치링(blon khri 'bring)을 음차한 것이다. 『舊唐書』「吐蕃傳」에서는 "論泣陵"으로 적었다.

283) 鳳林關: 봉림관은 唐 太宗때인 637년 河州에 설치된 서북의 주요 관문이었다. 이곳은 甘肅省 臨夏縣 서쪽으로 臨夏는 大夏河 북쪽 河州에 해당한다. 현재는 臨夏回族自治州가 설립되어 있는데, 이는 과거 이 지역이 서북 상품교역의 중심지로 많은 무슬림이 거주해 왔기 때문에 이곳을 '작은 메카'라고 부르기도 한다. 현재 甘肅省 積石山縣(保安族东鄕族撒拉族自治縣) 安集鄕 紅路嶺村 閻王砭이라고 하는 석벽 위에 鳳林關이라는 글자가 있고 주변에 關塞의 흔적이 있는 것으로 보아 이곳이 봉림관이었던 것으로 보이나 1958년 英雄渠를 만들면서 劉家峽 댐에 잠겨 현재는 그 모습을 찾아볼 수 없다. 부근 唵歌集이라

것을 청했는데, 노실(路悉) 등 15명이 다시 내조하였다. [대력] 3년(768) 오랑캐가 10만의 무리를 이끌고 다시 영주를 공격하고 빈주(邠州)를 약탈하였다. 앞서 상실결(尙悉結)[284]이 보응(寶應) 연간(762~763) 이래 여러 차례 변경을 침입하였다가 공이 크고 연로하였음을 구실로 [사직하니] 찬마(贊磨)[285]가 그를 대신하여 동면절도사(東面節度使)가 되었고, 하서(河)와 농우(隴)[286] 일대의 경영을 전담하였다. 빈녕(邠寧)의 마린(馬璘)과 삭방장군(朔方將) 백원광(白元光)이 다시 그 무리를 격파하여 말, 양 등 수천 필을 획득하였고, 검남(劍南)에서도 역시 오랑캐 만 명을 격파했다. 상실마(尙悉摩)가 다시 내조하였다. 천자는 오랑캐가 여러 차례 변경으로 침입하자 조를 내려 변경의 요새를 정비하고, 당주(當),[287] 실주(悉),[288] 자주(柘),[289] 정주(靜),[290] 공주(恭)[291] 등 5개 주(州)를 옮겨 모두 지세의 험준함에 기대 수비를 강화하게 하였다.

는 곳은 西魏이래 서북 물산의 집산지로 당대는 鳳林縣, 송대는 安鄕縣이 두어졌다. 부근에 위치한 고찰 炳靈寺『靈岩寺記』에는 문성공주가 이곳에서 황하를 건넜으며, 634년에서 846년까지 190여 차례에 걸쳐 당과 토번의 사신이 왕래했음이 기록되어 있어 이곳이 당과 토번 사이의 주요 교통로에 위치했음을 알 수 있다. 토번은 앞서 762년 尙野息 장군 등이 봉림관과 河州 일대를 장악한 이래 767년 본문에서 보이듯이 봉림관을 경계로 국경을 삼고자 하였으나 대종은 이에 대한 답을 하지 않았다. 이후 약 10년간 매년 토번의 군대가 靈州·邠州·寧州·原州 등지를 침입하고 있는 것으로 보아 토번 측이 제안이 수용되지 않았던 것으로 보인다. 그러나 사실상 토번은 이 지역을 계속 장악하였고, 857년 河州와 渭州를 장악하고 있던 토번의 장수 尙延心이 당조 귀부하면서 봉림관이 수복되었다.

284) 尙悉結은 尙結悉을 잘못 옮긴 것이다.『舊唐書』「吐蕃傳」에서는 "尙結息"으로 적었다. 그는 768년에서 781년(또는 782년) 사이에 재상을 역임한 상겔식수텡(shang rgyal gzigs su theng)이다.

285) 贊磨: 尙贊磨(shang btsan ba)를 음차한 것이다.

286) 河西·隴右: 당조 황실의 초기 근거지이며 서부의 요충이다. 하서는 甘肅省 蘭州와 河西 4郡, 즉 돈황, 주천, 장액, 무위 일대를 뜻한다. 농우는 寧夏回族自治区의 南部와 甘肅省의 東部에 남북으로 240킬로미터 가량 늘어서 있는 것이 六盤山이다. 渭水와 涇水의 분수령을 이루기도 하는데 이 산의 남쪽 끝부분을 隴山이라고 한다. 蘭州·西寧 등지를 포괄하는 이 산의 서쪽이 농우에 해당된다. 목축에 유리한 지역으로 당조의 관영 목장이 위치하는 한편 서부로의 주요 교통로가 지나는 전략적 요충지이다.

287) 當州: 四川省 松潘縣 壘溪營 서북.

288) 悉州: 四川省 松潘縣 서남.

289) 柘州: 四川省 松潘縣. 당대 처음 柘州를 설치하였는데 이 지역에 柘木이 많은 데서 유래하였다. 치소는 柘縣에 두었다. 광덕 연간(763~764) 이래 토번에 점령되었고 치소는 현재 四川省 松潘縣 叠溪营 서쪽에 있었다.

290) 靜州: 四川省 松潘縣 서남.

291) 恭州: 四川省 茂縣 서북.

八年, 虜六萬騎侵靈州, 敗民稼, 進寇涇·邠, 渾瑊與戰不利, 副將死, 略數千戶. 瑊整卒夜襲其營; 涇原馬璘以兵掩之潘原, 射豹皮將死, 軍中哭, 乃遁去. 璘收所俘士及男女而還. 郭子儀又破其衆十萬.

[대력] 8년(773)에 오랑캐 만 기가 영주(靈州)를 침입해 백성과 곡식에 피해를 입히고, 경주(涇)와 빈주(邠)를 침범하니 혼감(渾瑊)[292]이 싸웠으나 승리하지 못했고 부장은 죽어

292) 渾瑊: 혼감(?~799)은 皐蘭州 출신으로 鐵勒 9姓 부락 渾部 사람이다. 본명은 進이다. 高祖 大俟利發(yilifa; 俟利發, 돌궐의 관명) 渾阿貪支가 皐蘭州刺史, 曾祖父를 거쳐 아버지 渾釋之(716~764)에 이르기까지 모두 皐蘭都督을 지냈다. 아버지 혼석지는 764년 토번과 싸우다 靈武에서 전사했다. 혼감은 10대에 이미 아버지를 따라 돌궐계 賀魯部를 격파하고 石堡城, 龍駒島를 확보했다. 龍駒島는 靑海湖 안에 있는 섬으로 吐谷渾의 방목지로 쓰였는데, 唐은 여기에 應龍城을 쌓게 했다. 747년 哥舒翰에게 神策軍을 이끌고 龍駒島에 주둔하게 했는데, 청해에서 혼감의 활약이 747년 전인지, 후인지는 분명하지 않다. 節度使 安思順이 혼감을 보내 돌궐의 일파인 카를룩(葛祿部)을 공략하고, 狐媚磧을 지나 特羅斯山을 경략하여 압바스(阿布思部)를 대파했다. 이어 永淸柵과 天安軍城을 축조했다. 안록산의 난 때, 李光弼을 따라 河北에서 출전했다가 명망 있던 적장 李立節을 베어 右驍衛將軍이 되었다. 숙종이 靈武에서 즉위하자 군대를 이끌고 行在로 가다가 天德軍(내몽고 바얀노르)에서 토번을 만나 격파했다. 郭子儀와 兩京 수복에 힘썼고, 다시 僕固懷恩을 따라 史朝義 토벌에 나서 공을 세웠다. 僕固懷恩이 난을 일으키자 그의 아들 瑒과 함께 楡次를 포위하는 등 반란에 가담했다가 瑒이 사망하자 곧 곽자의에 귀부했다. 아버지 渾釋之가 전사하자 상을 치루고 다시 복귀하여 朔方行營左廂兵馬使가 되었다. 곽자의를 따라 邠州에서 토번을 물리쳐 御史中丞을 더했다. 다시 토번군이 奉天에 이르니 漠谷에서 이를 물리쳐 太子賓客을 더하고 봉천에 주둔했다. 陝西 華州의 周智光이 반란을 일으키자 곽자의의 명령을 받고 同州를 함락시켰다. 이후 邠·寧·慶을 朔方軍에 예속시켜 곽자의가 통솔하게 했다. 곽자의는 邠州를 혼감에게 맡기고 토번을 방어하게 했다. 772년 토번이 대거 침입했다. 혼감이 黃菩原에서 크게 이기고, 매년 長武城에서 토번을 방어했다. 776년 邠州刺史가 되었다. 그해 토번이 方渠鎭, 懷安鎭으로 쳐들어와 이를 막았다. 777년 곽자의가 입조했고, 이때 혼감을 邠寧慶三州兵馬留後로 삼았다. 778년 回紇이 太原으로 쳐들어 와 鮑防軍을 격파하고 돌아갔다. 이에 혼감이 이들을 추격하여 공을 세우니 檢校工部尙書·單于副都護·振武軍使를 더해주었다. 783년 涇原兵亂으로 덕종이 奉天으로 난을 피하니 혼감이 온 집안을 모두 이끌고 와서 황제를 보필했다. 朱泚의 군대가 봉천을 공격하니 혼감이 이를 막고 원병을 기다렸다. 靈武節度使 杜希全, 鹽州刺史 戴休顔, 夏州刺史 時常春 등이 달려왔고, 잠시 후 朔方節度使 李懷光이 魏縣으로부터 달려와 醴泉에 이르니 적군이 포위를 풀고 돌아갔다. 784년 덕종이 山南으로 옮겼다. 이때 李懷光이 적군과 내통하고 난을 일으키니 혼감이 토번 장군 論莽羅와 함께 武功에 있던 적을 공격하여 武亭川에서 큰 승리를 거뒀다. 곧 李晟 등과 함께 장안을 수복하고 뒤이어 李懷光의 반군도 진압하니 河中(河中府는 현재 山西省 永濟縣에 소재)이 평정되었다. 787년 토번의 尙結贊이

수천 호가 약탈당했다. 혼감이 병사를 정비하여 밤에 적진을 습격하였고, 경원(涇原)의 마린(馬璘)이 병사로 반원(潘原)의 토번군을 습격하여 표피장(豹皮將)을 쏘아 죽이니 토번군이 울며 도망갔다. 마린이 포로가 되었던 군사와 남녀 백성들을 모아 돌아왔다. 곽자의 또한 토번군 10만을 물리쳤다.

九年, 帝遣諫議大夫吳損修好, 虜亦使使者入朝. 於是子儀屯邠州, 李抱玉屯高壁, 馬璘屯原州, 李忠臣屯涇州, 李忠誠屯鳳翔, 臧希讓屯渭北, 備虜之入. 明年, 西川節度使崔寧破虜於西山. 虜攻臨涇·隴州, 次普潤, 焚掠人畜; 與抱玉戰義寧, 破之; 道涇州, 璘尾追, 敗之於百里. 又明年, 崔寧破虜故洪節度·氐·蠻·党項等兵, 斬首萬級, 禽酋領千人, 牛羊廩鎧甚衆, 獻之朝. 吐蕃不得志, 入掠黎·雅, 於是劍南兵合南詔與戰, 破之, 禽大籠官論器然. 又侵坊州, 取党項牧馬. 崔寧攻望漢城, 破之. 山南西道節度使張獻恭戰岷州, 吐蕃走. 寧破西山三路及邛南兵, 斬首八千級. 十三年, 虜大酋馬重英以四萬騎寇靈州, 塞漢·御史·尙書三渠以擾屯田, 爲朔方留後常謙光所逐, 重英殘鹽·慶而去. 乃南合南詔衆二十萬攻茂州, 略扶·文, 遂侵黎·雅. 時天子已發幽州兵馳拒, 虜大奔破.

[대력] 9년(774), 황제가 간의대부(諫議大夫) 오손(吳損)을 보내 강화하도록 하니 오랑캐 역시 사신을 보내 입조하였다. 이 때 곽자의는 빈주(邠州)에 주둔하였고, 이포옥(李抱玉)은 고벽(高壁)[293]에, 마린은 원주(原州)에, 이충신(李忠臣)은 경주(涇州), 이충성(李忠誠)은 봉상(鳳翔), 장희양(臧希讓)은 위북(渭北)[294]에 주둔하여 오랑캐의 침입에 대비하였다. 이듬해, 서천절도사(西川節度使) 최녕(崔寧)이 서산(西山)[295]에서 오랑캐를 무찔렀다. 오랑캐의 군대

쳐들어와 鹽州, 夏州를 점령하고 회맹을 요구하니 혼감이 尙結贊과 平涼에서 회맹했다. 회맹이 실패하고 많은 장수가 포로가 되었으나 혼감은 가까스로 위기를 모면했다. 본문에서 혼감이 곽자의의 명을 받아 宜祿에서 토번과 싸웠다는 것은 앞서 772년 이후 長武城에 주둔하였다고 하였는데 이 즈음의 일인 것으로 보인다. 長武城은 宜祿 서쪽 涇水 유역에 있다. 『舊唐書』 卷134 「渾瑊傳」을 참조.

293) 高壁: 高壁嶺을 의미한다. 山西省 靈石縣 동남에 해당된다.

294) 渭北: 坊州를 의미하며, 陝西省 中部縣에 해당된다.

295) 西山: 四川省 成都 서쪽.

가 임경(臨涇)[296]과 농주(隴州)[297]를 침공하고 보윤(普潤)[298]에 주둔하면서 백성과 가축을 불태우고 노략질했다. 이포옥이 적과 의녕(義寧)[299]에서 싸워 적군을 격파했다. 적군이 경주(涇州)를 지날 때 마린이 추격하여 백리(百里)[300]에서 적군을 패퇴시켰다. 또한 이듬해(대력 11년), 최녕은 토번의 고홍(故洪) 절도(節度)와 저(氐), 만(蠻), 당항(党項) 등의 군대를 파하여 만여 급을 참수하고, 수령 천 명을 포로로 삼았으며, 소, 양, 양식, 갑옷 등 많은 물품을 노획하여 조정에 진상하였다. 토번은 뜻을 이루지 못하자 여주(黎)[301]와 아주(雅)[302]로 침입하였는데 이 때 검남(劍南)의 병사가 남조(南詔)[303]와 함께 토번과 싸워 적군을 패퇴시키고, 대총관(大籠官) 논기연(論器然)을 사로잡았다. 또 [적군이] 방주(坊州)를 침입하여 당항(党項)의 말을 약탈했다. 최녕이 망한성(望漢城)[304]을 공격하여 적을 무찔렀다. 산남서도절도사(山南西道節度使) 장헌공(張獻恭)이 민주(岷州)에서 싸워 토번이 물러갔다. 최녕은 서산(西山)의 3로와 공남(邛南)[305]의 병사를 무찌르고 8천 급을 참수했다. 대력 13년(778) 오랑캐의 수령 마중영(馬重英)이 4만의 기병으로 영주(靈州)를 침입하여 한(漢), 어사(御史), 상서(尙書)의 세 수로를 막아 둔전에 해를 입혔고, 삭방류후(朔方留後) 상겸광(常謙光)에 쫓기게 되자 염주(鹽州)[306]와 경주(慶州)[307]를 유린하고 돌아갔다. 곧 [토번은] 남으로 남조 병사 20만과 연합하여 무주(茂州)를 공략하고 부주(扶州)[308]와 문주(文州)[309]를 약탈하였으며 곧

296) 臨涇: 甘肅省 鎭原縣.

297) 隴州: 陝西省 隴縣.

298) 普潤: 陝西省 麟遊縣 서쪽.

299) 義寧: 甘肅省 華亭縣.

300) 百里: 百里城으로 甘肅省 靈臺縣 동쪽에 있다.

301) 黎州: 四川省 淸溪縣

302) 雅州: 四川省 雅安縣

303) 南詔: 남조국(738~937)은 현재 雲南 전역과 貴州·四川·西藏과 베트남·미얀마 일부 지역을 통치하던 국가로 蒙巂詔·越析詔·浪穹詔·邆賧詔·施浪詔·蒙舍詔의 6대 부락으로 구성되어 '六詔'라고 했으며 당시 중국의 남부에 위치해 있어 南詔라고 불렀다. 永徽 5년(654) 細奴邏가 내조하여 당조의 보호를 받기 시작했다. 高宗 儀鳳 3년(678) 이후 토번이 남조를 정복하여 토번이 영향 아래 있었다. 開元 원년(713)에 玄宗이 南詔 皮羅閣을 臺登郡王으로 삼았고, 748년에는 閣羅鳳을 雲南王으로 삼았다. 남조 6부 중 鄧賧詔·浪穹詔·施浪詔·河蠻 등은 여전히 토번에 귀부한 상태였다.

304) 望漢城: 四川省 理番縣 동남.

305) 邛南: 四川省 越嶲縣의 남쪽.

306) 鹽州: 寧夏省 靈武縣 동남.

307) 慶州: 甘肅省 慶陽縣.

이어 여주(黎)와 아주(雅)를 침범하였다. 이 때 이미 천자는 유주(幽州)[310]의 군대를 내어 방어하게 하니 적군이 크게 패하여 달아났다.

初, 虜使數至, 留不遣, 所俘虜口, 悉部送江南. 德宗卽位, 先內靖方鎭, 顧歲與虜确, 其亡獲相償, 欲以德綏懷之, 遣太常少卿韋倫持節歸其俘五百, 厚給衣褚, 切敕邊吏護亭障, 無輒侵虜地. 吐蕃始聞未信, 使者入境, 乃皆感畏. 是時, 乞立贊爲贊普, 姓戶虜提氏, 曰:「我乃有三恨: 不知天子喪, 不及弔, 一也; 山陵不及賻, 二也; 不知舅卽位, 而發兵攻靈州, 入扶·文, 侵灌口, 三也.」卽發使者隨倫入朝. 帝又遣倫還蜀俘. 虜以倫再至, 歡甚, 授館, 作聲樂, 九日留, 以論欽明思等五十人從獻方物.

앞서 적군의 사신이 여러 차례 왔는데, [조정에서는 이들을] 머물게 하여 돌려보내지 않고 [이렇게] 포로가 된 자들을 모두 강남(江南)으로 보냈다. 덕종(德宗, 재위 779~805)이 즉위하자 먼저 국내의 방진(方鎭)을 평정하고, 여러 해 토번과 교전할 것을 고려하니, 득실이 서로 비슷하다고 판단되어, 덕으로 회유하고자 하였고, 태상소경(太常少卿) 위륜(韋倫)[311]을 파견하여 [그로 하여금] 부절(符節)을 지니고 가서 포로 오백 명을 귀환시키도록 했다. [포로들에게] 의복 등을 후하게 내리고, 변방의 관리들에게 엄히 명령을 내려 변경의 요새를 지키도록 하고 토번의 영토에 들어가지 말도록 했다. 토번이 처음 소식을 듣고 믿지 않았는데, 사신이

308) 扶州: 甘肅省 文縣 서북.

309) 文州: 甘肅省 文縣.

310) 幽州: 河北省 북부와 遼寧省의 남부.

311) 韋倫: 위륜(716~798)은 開元과 天寶 연간 朔方節度使를 지낸 韋光乘의 아들이다. 음서로 藍田縣尉가 되었고, 楊國忠에 발탁되어 鑄錢內作使判官이 되었다. 안록산이 반란을 일으키자 玄宗과 조정 관료들이 대거 사천으로 옮겼고 이때 위륜도 劍南節度行軍司馬·置頓使判官가 되어 사천에서 질서유지에 힘썼으나 환관의 모함을 받아 衡州司戶로 좌천되었다. 다시 第五琦가 천거하여 商州刺史·荊襄等道租庸使가 되었다. 곧 襄州에서 康楚元과 張嘉延이 반란을 일으키자 조운이 두절되었으나 위륜이 출병하여 康楚元을 생포하고 荊襄이 평정되었다. 760년 襄州大將 張瑾이 반란을 일으키자 위륜으로 襄州刺史·山南東道襄鄧等十州節度使를 삼았다. 그러나 당시 李輔國 집권하고 있어 명령을 받들지 않자 다시 고쳐 秦州刺史에 임명하고 곧이어 巴州長史 등으로 좌천시켰다. 德宗 즉위 후에 吐蕃使에 임명되어 2차례 토번에 다녀왔으며 토번에 대한 대비를 강조하는 상소를 여러 차례 올렸다. 『舊唐書』 卷138 「韋倫傳」을 참조.

토번의 영역에 들어오자 이내 모두 은혜에 감사하고 경외하였다. 그 때 걸립찬(乞立贊)[312]이 젠뽀가 되었는데, 그의 성은 호로제(戶虜提)였다. [그가] 말하기를, "내게 세 가지 회한이 있으니, 천자가 승하한 것을 몰라 조문하지 못한 것이 하나요, 천자를 안장할 때 재물을 진헌하여 장례를 돕지 못한 것이 둘이요, 외삼촌이 즉위한 것을 모르고 병사를 일으켜 영주(靈州)를 공격하고 부주(扶)와 문주(文)로 들어갔으며, 관구(灌口)[313]를 침범한 것이 세 번째 회한입니다." 이에 곧 사신을 파견하여 위륜을 따라 입조하였다. 황제는 다시 위륜을 보내 촉(蜀) 지방의 포로를 돌려 보냈다. 오랑캐는 위륜이 다시 당도하자 매우 기뻐하며 숙소를 제공하고 음악을 연주하는 등 연회를 베풀었다. 아흐레 머문 뒤 논흠명사(論欽明思) 등 50명이 [위륜을] 따라 와서 토산물을 진헌하였다.

明年, 殿中少監崔漢衡往使, 贊普猥曰:「我與唐舅甥國, 詔書乃用臣禮卑我.」又請雲州西盡賀蘭山爲吐蕃境, 邀漢衡奏天子. 乃遣入蕃使判官常魯與論悉諾羅入朝, 道贊普語, 且引景龍詔書曰「唐使至, 甥先與盟, 蕃使至, 舅亦將親盟」; 贊普曰「其禮本均.」帝許之, 以「獻」爲「進」, 「賜」爲「寄」, 「領取」爲「領之」. 以前宰相楊炎不通故事爲解, 幷約地於賀蘭. 其大相尚悉結嗜殺人, 以劍南之敗未報, 不助和議, 次相尚結贊有謀, 固請休息邊人, 贊普卒用結贊爲大相, 乃講好.

이듬해(대력 14년, 779) 전중소감(殿中少監) 최한형(崔漢衡)[314]이 토번에 사신으로 갔는

312) 乞立贊: 걸립찬은 치송데젠(khri srong lde brtsan, 730~755~797)이다. 『册府元龜』 등에서는 乞黎蘇農籠猎贊, 婆悉籠猎贊 등으로도 쓴다. 아버지 치데축젠을 암살한 발동삽을 몰아내고 755년 젠뽀에 등극했다. 763년 長安을 일시 장악했으며, 783년 淸水 회맹으로 河西, 隴右 일대의 지배권을 확립하였다. 손자 치죽데젠과 함께 토번의 전성기를 누렸다. 佐藤長(1959), 583~584쪽에서는 『舊唐書』에서 왜 乞立贊이라는 명칭을 사용했는지 분명하지는 않다고 밝히고, 안사의 난 이후 발생한 기록의 혼란에서 그 원인을 찾았다. 그러나 乞立贊은 젠뽀의 칭호 중 일부인 치(khri)와 젠(brtsan)의 음차로 "성스로운 젠뽀"를 의미하는 것이니 비록 치송데젠이라는 특정 인물을 지칭하는 칭호는 아니나 젠뽀를 의미하는 것이고, 티벳과 중국측 자료를 이용해 시기적으로 이것이 치송데젠을 의미하는 것임을 이해하는 데는 무리가 없다.

313) 灌口: 灌口山을 의미하며, 四川省 灌縣 서북에 위치한다.

314) 崔漢衡: 최한형(?~795)은 博陵(河北省 安平縣深縣 일대) 사람이다. 沂州費令, 滑州節度使의 狐彰奏署

데, 젠뽀가 무례하게 말하기를, “우리 [토번은] 당과는 외삼촌과 조카의 나라인데, 조서에서 신하의 예를 사용하여 우리를 비하하였다.” 또한 운주(雲州)[315] 서쪽 하란산(賀蘭山)[316]까지를 토번의 경계로 삼기를 청하면서, 최한형에 요구하여 천자에게 상주하도록 하였다. 곧 입번사판관(入蕃使判官) 상로(常魯)와 논실낙라(論悉諾羅)[317]를 파견하여 입조하고 젠뽀의 말을 전하였으며, 또한 경룡(景龍) 연간(707~710)의 조서를 인용하여 “당의 사신이 [토번에] 이르면, 조카가 앞서 더불어 회맹하고, 토번의 사신이 [당에] 이르면 외삼촌 역시 친히 회맹에 임한다.” 젠뽀가 말하기를, “그 예의 근본은 서로 균등한 것이다.”라고 하니, 황제가 그것을 허락하여, ‘헌(獻)’을 ‘진(進)’으로, ‘사(賜)’를 ‘기(寄)’로, ‘영취(領取)’를 ‘영지(領之)’로 고쳤다. 전임 재상 양염(楊炎)[318]이 옛 사례를 잘 알지 못해 [상대방에] 구실만 주었으며, 게다가 하란산을 경계로 삼기를 약정했다. 토번의 대상(大相) 상실결(尙悉結)[319]은 살인을 즐기며,

---

掌記, 殿中侍御史를 거쳐 771년 檢校禮部員外郎, 吐蕃副使가 되었다. 토번에서 돌아온 뒤 右司郎中, 萬年令에 봉해졌다. 782년 殿中少監, 兼御史大夫가 되어 다시 토번에 사신으로 갔다. 당시 次相이었던 尙結贊이 젠뽀(贊普)에게 회맹할 것을 건의하여 받아들여졌다. 이에 최한형을 鴻臚卿으로 삼았다. 783년 吐蕃이 朝貢하였는데 이 때 최한형에게 檢校工部尙書를 더해 주고 다시 토번에 사신으로 보냈다. 淸水 회맹을 성사시키는 공을 세웠다. 787년 청수 회맹을 보충하기 위해 열린 平涼 회맹에서 토번이 약속을 어기고 최한형, 혼감 등을 포로로 잡고자 하였으나 혼감은 가까스로 탈출하고 최한형은 포로가 되었다가 풀려났다. 788년 檢校吏部尙書, 晉慈隰觀察使, 都防禦使 등에 임명했다.

315) 雲州: 운주는 현재 山西省 大同市 부근을 가리킨다. 漢代에는 平城縣이라 하였고, 東部都尉가 주둔했다. 後漢부터 鮮卑의 지배 아래 놓였고, 398년에 北魏 道武帝가 이곳에 도읍을 정하고 平城이라고 했다. 唐代에도 남쪽에 위치한 代州(山西省 繁峙縣)와 함께 북변 방위의 요충지였다.

316) 賀蘭山: 하란산은 阿拉善 몽골의 동쪽, 오늘날 寧夏省 銀川의 서북에 위치한다. 황하가 연접해 있고, 몽골 초원에서 陝西, 甘肅으로 통하는 교통 요지에 위치해 있다.

317) 論悉諾羅: 뢴닥자(blon stag sgra).

318) 楊炎: 양염(727~781), 字는 公南이며, 陝西省 鳳翔 사람이다. 兩稅法의 입안자로서 유명하다. 집안 대대로 지방에 은거하여 관직에 나가지 않아 그도 처음에는 小楊山人이라 불리며 은둔했다. 그러나 河西節度使 呂崇賁에 발탁되어 書記로 활약하다가 중앙에 진출하여 吏部侍郎을 역임했다. 재상 元載가 후원하였으나 777년 원재가 실각하자 道州司馬로 좌천되었다. 779년 덕종 즉위 후에 재상 崔祐甫가 천거하여 門下侍郎, 同中書門下平章事가 되었고, 그 이듬해에 兩稅法을 입안하였다. 781년 서북 변방 문제와 관련해 양염은 元載가 실각되어 실현하지 못한 原州 축성을 추진하다가 涇州 군대의 반발을 샀고 후에 涇原軍變의 원인이 되었다. 梁崇義의 반란에 대한 대책을 두고 德宗과 양염이 대립하였고, 양염을 견제하기 위해 중용된 盧杞의 간언으로 양염은 崖州司馬로 좌천되었다가 도중에 사형되었다. 『舊唐書』 卷118 「楊炎傳」을 참조.

319) 尙悉結: 『舊唐書』 「吐蕃傳」에는 “尙結息”으로 적었다. 모두 샹곌식수텡(shang rgyal gzigs su teng)의

검남에서의 패배를 아직 설욕하지 못했다고 하여 화의에 협조하지 않았다. 그의 후임인 상결찬(尙結贊)[320]은 지략이 있으며, 변경의 백성을 쉬도록 간곡히 요청하니, 젠뽀가 마침내 상결찬을 대상으로 삼고 [당과] 강화하였다.

漢衡與其使區頰贊偕來, 約盟境上. 拜漢衡鴻臚卿, 以都官員外郎樊澤爲計會使, 與結贊約; 且告隴右節度使張鎰同盟. 澤與結贊約盟淸水, 以牛馬爲牲. 鎰欲末其禮, 乃紿結贊曰:「唐非牛不田, 蕃非馬不戰, 請用犬·豕·羊.」結贊聽諾. 將盟, 乃除地爲壇, 約二國各以二千士列壝外, 冗從立壇下. 鎰與幕府齊映齊抗·鴻臚漢衡·計會使于頔及澤·魯皆朝服, 結贊與論悉頰藏·論臧熱·論利陀·論力徐等對升壇, 刑牲壇北, 雜其血以進, 約:「唐地涇州右盡彈箏峽, 隴州右極淸水, 鳳州西盡同谷, 劍南盡西山·大度水. 吐蕃守鎭蘭·渭·原·會, 西臨洮, 東成州, 抵劍南西磨些諸蠻·大度水之西南. 盡大河北自新泉軍抵大磧, 南極賀蘭橐它嶺, 其間爲閑田. 二國所棄戍地毋增兵, 毋創城堡, 毋耕邊田.」旣盟, 請鎰詣壇西南隅浮屠幄爲誓. 於是升壇大享, 獻酬乃還.

토번의 사신 구협찬(區頰贊)이 최한형과 함께 와서 변경에서 회맹하였다. 이에 조정은 최한형을 홍려경(鴻臚卿)에, 도관원외랑(都官員外郎) 번택(樊澤)을 계회사(計會使)에 임명하여,

음차이나 "尙結息"이 정확하다. 샹겔식수텡은 768~781(?)년 사이에 토번의 재상을 역임했다. 장안 점령 당시 사령관을 맡았던 그는 침(mchims)氏(za)의 일원으로, 치뒤송의 부인이며 치데축젠의 어머니인 침사젠마톡톡텡(mchims za btsan ma thog thog steng)과 같은 씨족 출신이었다. 샹겔식수텡 활동 시기는 치송데젠 치세였으니 치송데젠의 조모를 배후로 하는 침 씨족의 활동이 예상된다. 침 씨족의 발전은 아마도 치데축젠 시기에 이뤄졌을텐데 9살의 나이로 할머니 치마뢰의 지지 아래 등극한 치데축젠이었지만, 그의 등극 후 얼마되지 않아 조모 치마뢰는 사망하기 때문에 실질적으로 그의 지지 세력으로 활약한 것은 그의 어머니 침 씨족이었다. 샹겔식수텡의 등장은 이러한 침 씨족의 발호와 관련있다. 佐藤長(1959), 627~628쪽을 참조.

320) 尙結贊: 상결찬은 샹겔젠(shang rgyal btsan), 즉 샹겔젠라낭(shang rgyal btsan lha snang)으로 781(?)~796년 사이에 재상을 역임했다. 위의 샹겔식수텡에서 샹겔젠라낭으로 재상이 교체된 시기는 대략 781~782년 사이인 것으로 알려져 있으며, 崔漢衡이 사신으로 토번에 머물렀던 781년 3월에서 781년 9월 사이에 일어난 일인 것으로 보인다. 앞서 샹겔식수텡이 침 씨족이었던 것에 반해 샹겔젠은 나남(sna nam) 씨였는데, 이는 치송데젠의 어머니 망모제쉬텡(mang mo rje bshi steng)과 같은 씨족이었다.

상결찬과 맹약하였는데, 이 때 농우절도사(隴右節度使) 장일(張鎰)321)에게 알려 회맹에 참석하도록 했다. 번택은 상결찬과 청수(淸水)322)에서 회맹하고 소와 말로 희생을 삼기를 약속했다. [그러나] 장일은 이번 회맹의 예를 폄하하고자 하여 결찬에게 말하기를, "당은 소가 없으면 밭을 갈지 못하고, 토번은 말이 없으면 전쟁을 하지 못하니 청컨대 개, 돼지, 양을 쓰게 하십시오."라고 하여 상결찬이 동의하였다. 장차 회맹을 거행하려 하는데, [먼저] 땅을 고르고 단을 쌓아, 양국의 병사 각 이천 명을 제단 밖에 도열하도록 하고, 수행원은 제단 아래 서도록 약정했다. 장일은 막료 제영(齊映)·제항(齊抗)·홍려경 최한형·계회사(計會使) 우적(于頔)·번택·상로 등과 함께 조복을 갖춰 입었고, 상결찬은 논실협장(論悉頰藏)323)·논장열(論臧熱)324)·논리타(論利陀)325)·논력서(論力徐)326) 등과 함께 차례로 단에 올랐다. 희생은 단의 북쪽에서 행하였고, 각 희생의 피를 섞어 진상하며 약조하기를, "당의 땅은 경주(涇州)의 서쪽이 탄쟁협(彈箏峽)에 이르고, 농주(隴州) 서쪽이 청수(淸水)에 이르며, 봉주(鳳州)의 서쪽은 동곡(同谷)에, 검남(劍南)은 서산(西山)과 대도수(大度水)에 이른다. 토번은 난주(蘭), 위주(渭), 원주(原), 회주(會)에 진지를 구축하여 지키고, [영토가] 서로는 임조(臨洮), 동으로는 성주(成州)에, 검남에서는 서쪽 마사(磨些)327)의 여러 만족 거주지와 대도수 서남에 이른다. 황하 북쪽 전역, 신천군(新泉軍)328)에서 대적(大磧)329)에 이르는 곳, 남쪽으로 하란산

321) 張鎰: 장일(?~783)은 蘇州 사람으로 字는 季權 또는 公度이다. 음서로 左衛兵曹參軍이 되었고, 뒤에 殿中侍御史가 되었다. 乾元(758~760) 초에 撫州司戶參軍로 좌천되었다가 大歷(766~779) 연간 濠州刺史가 되었다. 781년 宰相이 되었으나 盧杞의 시기로 鳳翔隴右節度使가 되었다. 783년 吐蕃의 尙結讚과 淸水에서 會盟을 거행했다. 후에 반란군 李楚琳에게 살해되었다.

322) 淸水: 甘肅省 淸水縣. 唐代에는 秦州에 속했다.

323) 論悉頰藏: 뢴게상닥낭(blon skyes bzang stag snang).

324) 論臧熱: 뢴젠셰르도뢰(blon btsan bsher mdo lod).

325) 論利陀: 뢴치데(blon khri gdas)의 음차이다. 『舊唐書』「吐蕃傳」에서는 "論利陁斯"로, 『册府元龜』에서는 "乞利陁斯"로 음차하였다.

326) 論力徐: 뢴치수(blon khri gzu).

327) 磨些: 모소(Moso)는 현재 雲南省 賓川, 麗江 북부, 金沙江 상류, 四川省 鹽源縣, 鹽邊縣 등지에 살고 있는 소수 민족으로 현재까지 모계사회를 유지하고 있는 민족 집단으로 유명하다. 摩些, 摩西, 么些, 摩挲, 摩梭 등으로도 쓰며, 문화적으로는 티벳 문화권역에 포함된다. 『舊唐書』「吐蕃傳」에 의하면, 이들이 南詔의 영향 아래 있다가 토번의 세력이 확장되면서 토번에 흡수되었다고 한다.

328) 新泉軍: 唐代 會州 즉 甘肅省 會寧縣의 서북.

329) 大磧: 타클라마칸 사막.

탁타령(橐它嶺)에 이르는 지역의 중간은 빈 땅으로 남겨둔다. 양국이 방치한 변경 요새는 더 이상 군대를 증병하지 않으며, 새로이 성곽을 짓지 않고, 변경에 둔전도 개간하지 않는다." 회맹을 마친 후에 [토번측이] 장일에게 청하여 제단 서남쪽 귀퉁이에 있는 불상을 모신 장막에 이르도록 하고 맹서하였다. 이 때 맹단에 올라 성대한 연회를 베풀고, 술잔을 나눠 마신 후 귀환했다.

帝命宰相·尚書與虜使者盟長安, 而清水之約, 疆埸不定, 復令漢衡決於贊普, 乃克盟. 於是宰相李忠臣盧杞關播崔寧·工部尚書喬琳·御史大夫于頎·太府卿張獻恭·司農卿段秀實·少府監李昌夔·京兆尹王翃·金吾衛大將軍渾瑊與區頰贊等同盟京城之右郊, 禮如清水. 前二月告廟, 齊, 三日, 關播跪讀載書, 已盟乃大享. 詔左僕射李揆爲入蕃會盟使, 還區頰贊等.

황제가 재상과 상서에게 명하여 오랑캐의 사신과 함께 장안에서 회맹하도록 했는데, 청수(清水)의 맹약에서 강역이 확정되지 않아, 다시 최한형으로 하여금 토번으로 가서 첸뽀와 이 문제를 논의하니 맹약이 성사되었다. 이 때 재상 이충신(李忠臣), 노기(盧杞),[330] 관파(關播)[331], 최녕(崔寧), 공부상서(工部尚書) 교림(喬琳), 어사대부(御史大夫) 우기(于頎), 태부경(太府卿) 장헌공(張獻恭), 사농경(司農卿) 단수실(段秀實),[332] 소부감(少府監) 이창기(李昌

330) 盧杞: 노기(?~785), 字는 子良이며 滑州 靈昌(현재 河南省 滑縣의 西南) 사람이다. 范陽의 大族으로 조부 盧懷愼은 開元 초년 丞相이었고, 아버지 盧奕은 御史中丞을 역임했다. 음서로 忠州와 虢州刺史를 거쳤고, 建中 초에 입조하여 御史中丞과 御史大夫를 역임했다. 783년 泾原兵變이 발생하자 朔方節度使 李懷光 등의 탄핵을 받아 여러 차례 좌천되었는데 785년 澧州(현재 湖南省 澧縣) 別駕로 옮겨 가다가 객사하였다.

331) 關播: 관파(719~797), 字는 務元이고, 衞州 汲(현재 河南省 汲縣) 사람이다. 陳少游 휘하에서 滁州刺史를 역임하였는데 이 때 李靈曜 등이 반란을 일으켜 梁汴(현재 開封市 일대)가 소란하였다. 관파가 군대의 기강을 세워 혼란을 막아 都官員外郎에 천거되었다. 建中 연간(780~783) 관직이 銀青光祿大夫·中書侍郎·同中書門下平章事·集賢殿崇文館大學士 등에 이르렀으나 淮西節度使 李希烈의 반란을 당하여 刑部尚書로 좌천되었다. 貞元 4년(788) 回紇과 和親할 때 咸安公主를 시집보내었는데 이 때 관파를 檢校右僕射兼御史大夫와 送鹹安公主及册可汗使에 봉하여 사신으로 파견했다. 回紇에서 돌아온 후 兵部尚書에 임명하였으나 건강을 이유로 고사하였다. 『舊唐書』 卷130 「關播傳」을 참조.

332) 段秀實: 단수실(719~783), 字는 成公이며 隴州 汧陽 사람이다. 745년 安西節度 馬靈察이 別將으로

虁), 경조윤(京兆尹) 왕굉(王翃),[333] 금오위대장군(金吾衛大將軍) 혼감(渾瑊) 등이 구협찬(區頰贊) 등과 함께 경성의 서쪽 교외에서 회맹하니, 그 예는 청수의 경우와 같았다. 앞서 2개월 전에 종묘에 고하고 제사를 행했다. 사흘째 되는 날 관파(關播)가 무릎 꿇고 맹문을 읽었으며, 회맹이 끝난 후에 성대한 연회를 베풀었다. 조정에서 조를 내려 좌복사(左僕射) 이규(李揆)를 입번회맹사(入蕃會盟使)로 삼아 구협찬(區頰贊) 등을 배웅하게 했다.

朱泚之亂, 吐蕃請助討賊, 詔右散騎常侍于頎持節慰撫, 太常少卿沈房爲安西·北庭宣慰使以報之. 渾瑊用論莽羅兵破泚將韓旻於武亭川. 初, 與虜約, 得長安, 以涇·靈四州畀之. 會大疫, 虜輒引去. 及泚平, 責先約求地. 天子薄其勞, 第賜詔書, 償

삼았고, 護蜜 토벌에서 공을 세워 安西府別將이 되었다. 그 후 高仙芝, 封常清 휘하 장수로 李嗣業과 함께 서역에서 활약하였다. 안사의 난 때 李嗣業, 荔非元禮, 白孝德 등과 활약하였으며, 763년 토번의 장안 침입으로 代宗이 경사를 떠나는 일이 발생하자 白孝德에게 군대를 邠寧으로 옮길 것을 권유하고 동행하였다가 군량의 부족으로 어려움을 겪었으나 군대의 기강을 세워 임무를 완수하니 代宗이 공을 높이 평가하여 관직이 涇州刺史에 이르렀다. 大曆 연간(766~779)년 邠寧節度使 馬璘과 함께 靈武, 邠州 일대에서 吐蕃 수비를 담당했다. 涇原節度로 옮긴 馬璘이 776년 병이 심해지자 秀實에게 청하여 攝節度副使 겸 左廂兵馬使를 맡도록 하였다. 마린의 사후 단수실이 涇州刺史 겸 御史大夫와 四鎮北庭行軍涇原鄭穎節度使에 임명되었다. 이 때 토번이 감히 변경을 공격하지 못했는데 단수실의 군율이 엄했던 것과 관련 있다. 덕종 즉위 후 檢校禮部尙書·張掖郡王을 더해 주었다. 783년 硃泚가 源休·姚令言·李忠臣·李子平과 단수실을 불러모아 반란을 모의하고자 하였다. 단수실이 주차를 꾸짖고 동조하지 않자 주차의 군사가 달려들어 단수실을 살해하였다. 그의 부장 劉海賓·何明禮·岐靈岳 등도 차례로 살해되었다. 『舊唐書』 卷128 「段秀實傳」을 참조.

333) 王翃: 왕굉(730?~802), 太原 晉陽 사람이다. 형 王翊(?~767)은 乾元 연간 관직이 京兆少尹에 이르렀다. 770년 容州刺史·容管經略使에 임명되었다. 容州는 현재 廣西壯族自治區 容县 일대로 베트남의 일부, 광동성의 서남 일대에 여기에 해당된다. 안사의 난 때, 이 지역 嶺南 溪洞夷 獠가 반란을 일으켜 首領 梁崇牽이 平南十道大都統을 칭했고, 覃問 등이 容州를 점거했다. 왕굉이 이를 토벌하여 容州城을 회복하니 銀靑光祿大夫 겸 禦史中丞·充招討處置使를 더해 주었다. 후에 哥舒晃이 節度使 呂崇賁을 죽이니 嶺南이 다시 혼란해 졌다. 왕굉이 장수 李實을 廣州에 보내 구원하도록 했다. 이 소식을 들은 西原(광서성 서부)의 覃問이 獠 등을 모아 容州를 다시 공격했으나 왕굉이 이를 막았다. 이에 金紫光祿大夫를 더해 주었다. 西蕃이 河中에 쳐들어왔을 때 元帥 郭子儀를 도왔으며 汾州刺史와 京兆尹, 이어서 福州刺史, 福建觀察使를, 입조하여 太子賓客을 역임했다. 796년 檢校禮部尙書, 東都留守, 判尙書省事, 東畿汝防禦使 등을 역임하며 낙양 일대의 군비증감에 힘썼다. 『舊唐書』 卷157 「王翃傳」을 참조.

結贊·莽羅等帛萬匹，於是虜以爲怨.

주차(硃泚)[334]의 난으로 토번이 반란군 토벌을 돕고자 하였는데, 우산기상시(右散騎常侍) 우기(于頎)[335]에게 명하여 부절을 지니고 토번에 가서 위로하였고, 태상소경(太常少卿) 심방(沈房)을 안서(安西)와 북정선위사(北庭宣慰使)에 임명하여 토번의 호의에 사의를 표하게 했다. 혼감(渾瑊)은 논망라(論莽羅)[336]의 병사를 이용하여 반란군의 장수 한민(韓旻)을 무정천(武亭川)[337]에서 격파했다. 처음에 오랑캐와 약조하기를 장안을 수복하면 경주(涇)와 영주(靈) 등 네 개의 주를 토번에 할양하기로 했다. [그런데] 마침 역병이 크게 돌아 오랑캐가 철병했다. [그러나 토번은] 반란이 평정되자 약속한 땅을 요구했고, 천자는 토번의 공적이 크지 않다고 하여 조서를 내려 상결찬과 논망라 등에게 만 필의 비단을 내렸는데, 이로써 오랑캐가 원한을 품었다.

貞元二年，詔倉部郎中趙建往使，而虜已犯涇·隴·邠·寧，掠人畜，敗田稼，內州皆閉壁．游騎至好畤，左金吾將軍張獻甫·神策將李昇雲等屯咸陽，河中渾瑊·華州駱元光援之．以左監門將軍康成使焉．尚結贊屯上崟原，亦令使論乞陀來請盟．鳳翔李晟遣部將王佖以銳兵三千夜入汧陽，明日，薄其中軍，虜驚潰走，結贊僅自脫．虜

334) 朱泚: 주차(742~784)는 幽州 昌平(현재 北京 昌平 남쪽) 사람으로 동생 朱滔과 함께 幽州盧龍節度使였던 李怀仙의 부장이었다. 大歷 七年(772)에 朱滔이 盧龍節度使가 되고, 입조하여 당의 신임을 얻었으나 建中 三年(782)에 朱滔이 반란을 일으키자, 朱泚는 鳳翔隴右節度使에서 해임되고, 長安에 구금되었다. 783년에 涇原兵亂으로 德宗이 奉天(지금의 陝西省 乾縣)으로 피하자, 朱泚를 추대하여 황제를 삼고, 국호를 秦, 연호를 應天이라고 했다. 그 해 국호를 다시 漢으로 하고, 연호를 天皇으로 고쳤는데, 이때부터 朱滔도 朱泚에 합세했다. 李晟에게 패하였다.

335) 于頎: 우기(726~799), 字는 休明이며 河南 사람이다. 度支使 第五琦에 발탁되어 河東租庸使 등을 역임하면서 東都(낙양)와 汝州 등지에 屯田을 열고, 轉運汴州院을 황하 남쪽으로 옮기는 등 반란이 빈번했던 汴州 일대의 안정적인 세금 수취를 위해 노력했다. 뒤에 戶部侍郎·秘書少監·京兆尹·太府卿 등을 역임했다. 『舊唐書』 卷145 「于頎傳」을 참조.

336) 論莽羅: 뢴망라(blon mang bla).

337) 武亭川: 陝西省 武功縣 부근.

衆二萬侵鳳翔, 李晟擊卻之, 因襲破摧沙堡, 燒儲庤, 斬守者. 吐蕃攻鹽·夏, 刺史杜彦光·拓拔乾暉不能守, 悉其衆南奔, 虜遂有其地. 天子以邊人殘沒, 下詔避正殿, 痛自咎. 詔駱元光經略鹽·夏.

정원(貞元) 2년(786)에 창부랑중(倉部郎中) 조건(趙建)을 사신으로 파견하였는데, 오랑캐는 이미 경(涇), 농(隴), 빈(邠), 영(寧)을 침입하여 백성과 가축을 노략질하고 농작물을 훼손하여 당 영내의 모든 주가 성문을 닫아걸었다. 적의 유격부대가 호치(好畤)[338]에 이르니 좌금오장군(左金吾將軍) 장헌보(張獻甫), 신책장(神策將) 이승담(李昇曇) 등이 함양(咸陽)에 주둔하였고, 하중(河中)의 혼감(渾瑊), 화주(華州)의 낙원광(駱元光)이 원군을 보냈다. 좌감문장군(左監門將軍) 강성(康成)을 사신으로 파견하였다. 상결찬(尙結贊)은 상채원(上砦原)에 주둔하고, 논걸타(論乞陀)[339]에게 명하여 [당에] 회맹을 청하게 했다. 봉상(鳳翔)의 이성(李晟)[340]은 부장 왕필(王佖)[341]을 보내 정예병 3천으로 밤을 틈타 견양(汧陽)[342]에 들어가도록

338) 好畤: 陝西省 乾縣 동남

339) 論乞陀: 뢴치데(blon khri gdas).

340) 李晟: 이성(727~793)은 隴右 臨洮 사람이다. 字는 良器이다. 조부 李思恭, 아버지 李欽은 대대로 隴右의 裨將이었다. 鳳翔節度使 高昇에 발탁되어 邊鎮裨將으로 출발하여 후에 右神策軍都將이 되었다. 廣德(763~764) 초에 鳳翔節度使 孫志直이 이성을 總遊兵에 임명하였는데, 이성이 党項羌 高玉 등을 격파하여 공을 세웠다. 769년(대력 4) 토번이 靈州를 포위했을 때 臨洮에 이르러 定秦堡를 공격하여 堡帥 慕容谷鍾을 포로로 하니 토번이 포위를 풀었다. 馬璘이 토번과 鹽倉에서 싸워 패하자 이성이 달려가 마린을 구하고 合川郡王에 봉해졌다. 이에 마린이 이성을 시기하여 예를 갖추지 않았다. 代宗이 이성을 宿衛에 남도록 하여 右神策都將이 되었다. 德宗 즉위 후 토번이 劍南으로 진격하니 이성이 神策兵을 이끌고 가서 물리쳤다. 이후 수 개월 동안 成都에 머무르며 飛越, 肅寧 등 3城을 함락시키고 大渡河를 두절시켰다. 781년(建中 2) 魏博(하북 남부, 산동 북부)의 田悅(751~784)이 반란을 일으켜 臨洛과 邢州를 포위하고, 스스로 魏王을 칭하고 魏州를 大名府라고 했다. 이성이 절도사 馬燧, 李抱眞 등과 대적했으나 난은 784년까지 계속되었다. 이성은 전열과의 전투 중 부상을 입고 병을 얻었으나 782년 병중에도 덕종의 명을 받아 朱滔 토벌에 나섰다. 당시 朔方節度使였던 李懷光도 朱泚, 朱滔 토벌에 합세하였으나 반란군과 내통하는 등 이성과 뜻이 맞지 않았다. 덕종의 어가가 奉天, 梁州, 駱谷 등지를 전전하는 동안 784년 5월 마침내 光泰門으로부터 공격하여 朱泚의 亂을 평정하고 西平郡王에 봉해졌다. 그 후 이성은 涇州가 반란의 온상임을 지적하고 반란 가담자를 제거한 후 李觀을 涇原節度使에 삼도록 주청했다. 또한 당시 귀부한 토번 사람 浪息曩을 후대하여 매번 토번에서 사신이 오면 함께 접견하여 귀부자를 후대함을 보였다. 이에 당시 토번의 재상 尙結贊은 이성과 馬燧, 渾瑊이 唐의 명장으

했고, 다음날 토번의 중군을 압박하니 적군은 괴멸되었고, 상결찬은 겨우 위기를 모면했다. 오랑캐의 군대 2만이 봉상(鳳翔)을 침범하였는데, 이성(李晟)이 이를 막았고, 여세를 몰아 최사보(摧沙堡)[343]를 습격하여 곡식 창고를 불태우고 창고지기 병사를 참수했다. 토번이 염주(鹽)와 하주(夏)[344]를 공격하니 자사(刺史) 두언광(杜彦光), 탁발건휘(拓拔乾暉)가 지키기 못해 수하의 무리가 남쪽으로 도망가고 오랑캐가 그 땅을 얻었다. 천자는 변경의 백성이 고통을 받고 토번에 함락되니 조를 내려 정전(正殿)에 오르지 않고 스스로 책망하였다. 낙원광(駱元光)에게 명하여 염주(鹽)와 하주(夏)를 경략하게 했다.

三年, 命左庶子崔澣·李銛踵使. 結贊得鹽·夏, 皆戍以兵, 乃自屯鳴沙, 然饋餉數困. 於是駱元光·韓游瓌濱塞而屯, 馬燧次石州, 跨河相犄角. 結贊大懼, 屢請盟, 天子不許. 卽以貴將論頰熱厚賂乞和於燧, 燧以爲情, 身入見天子, 諸將以燧入, 皆守壁不戰. 結贊遽還走, 馬多死, 士不能步, 有飢色. 澣始至鳴沙, 傳詔讓結贊破約陷鹽·夏, 對曰:「本以武亭功未償乃來, 又候碑仆, 疆埸不明, 故行境上. 涇州乘城自保, 鳳翔李令不納吾使, 雖康成等來, 皆不能致委曲. 我日望大臣而卒無至者, 我故引還. 鹽·夏守將懼吾衆, 以城丐我, 非我敢攻也. 若天子復許盟, 虜之願也, 唯所命, 當以鹽·夏還唐.」又言清水盟, 大臣少, 故約易壞, 請悉遣宰相元帥二十一人會盟. 幷言靈鹽節度使杜希全·涇原節度使李觀, 外蕃所信, 請主盟. 帝復使澣報結贊曰:「希全守靈州, 有分地, 不可以越境; 觀旣徙官, 以渾瑊爲盟會使.」約五月盟清

로 토번의 우환이라 일컬으며 이들 사이의 반목을 조장하곤 했다. 『舊唐書』 卷133 「李晟傳」을 참조.

341) 王佖: 왕필(?~823)은 李晟의 조카이다. 이성을 따라 종군하였으며, 朱泚의 亂 때 光泰門 공격에 앞장서 승리를 이끌었다. 이에 神策將이 되었고, 이후 토번의 공격에도 앞장 서 공을 세웠으나 이성이 병권을 잃으면서 왕필도 입조하여 左衛上將軍이 되었다. 元和(806~820) 연간에 朔方·靈鹽節度使가 되었다. 당시 토번이 황하에 烏蘭橋를 건설하고자 하였는데, 왕필이 뇌물을 받고 이를 눈감아 주니 이후 변경에 큰 걱정거리가 되었다. 『舊唐書』 卷133 「李晟附王佖傳」을 참조.

342) 汧陽: 陝西省 汧陽縣. 그 이름은 汧水에서 유래하였다. 汧水는 千河의 옛 이름인데 감숙성에서 발원하여 섬서를 거쳐 渭河로 유입된다.

343) 摧沙堡: 甘肅省 固原縣 서북으로 청수 회맹 당시 토번군의 동쪽 변경이었다. 이 때 唐의 서쪽 변경은 甘肅省 平涼縣 동쪽 潘源이었다.

344) 夏州: 陝西省 楡林縣 서북.

水, 使先效二州, 以驗虜信. 結贊辭清水非吉地, 請會原州之土梨樹, 乃歸二州. 天子從之.

[정원] 3년(787)에 좌서자(左庶子) 최한(崔澣), 이섬(李銛)을 차례로 토번에 사신으로 보냈다. 상결찬은 염주와 하주를 얻은 후 모두 병사를 주둔시켜 지켰고, 자신은 명사(鳴沙)[345]에 주둔하였는데 군량의 수급에 여러 차례 어려움을 겪었다. 이에 낙원광(駱元光), 한유괴(韓游瓌)가 변경에 인접하여 주둔하고, 마수(馬燧)[346]가 석주(石州)[347]에 주둔하여 황하를 사이에 두고 서로 호응하니 상결찬이 크게 두려워하여 여러 차례 회맹을 청했으나 천자가 불허했다. 이에 [상결찬이 휘하의] 귀장(貴將) 논협열(論頰熱)[348]을 보내 많은 재물로 마수(馬燧)를 회유하니, 마수가 사사로운 정을 앞세워 몸소 천자를 알현하는데 변경의 여러 장수가 마수의 입조를 보고 모두 변경만 지키고 싸우지 않았다. 상결찬은 그 틈에 재빨리 도주하였는데,

---

345) 鳴沙: 寧夏 中衛縣 동남.

346) 馬燧: 마수(726~795)의 자는 洵美, 汝州 郟城(현재 河南省 平頂山市) 사람이며, 선대는 右扶風(長安 부근)에서 옮겨왔다. 조부 馬珉은 左玉鈐衛倉曹, 아버지 馬季龍은 嵐州刺史·幽州經略軍使를 지냈다. 안록산이 반란을 일으켰을 때 마수는 范陽(현재 保定市와 北京市 일대)에 주둔하고 있던 賈循 휘하에서 안록산의 서진을 막고자 하였으나 賈循이 안록산 휘하의 韓朝陽에게 피살되자 뜻을 이루지 못했다. 寶應(762~763) 연간에는 澤潞節度使 李抱玉 휘하에서 趙城尉가 되었다. 당시 僕固懷恩 등이 이끄는 위구르 군대가 안사의 난 진압에 참여하면서 山西, 河北省 일대에 포진했다. 마수는 이들이 세력화하는 것을 막아야함을 주장하였고, 복고회은의 부장이었던 薛嵩이 귀부하는데 역할을 했다. 776년 汴州大將 李靈耀가 반란을 일으켰다. 代宗은 그를 汴·宋等八州節度留後로 삼아 회유하려 하였으나 그는 魏博의 田承嗣와 내통하며 항명했다. 이에 淮西節度使 李忠臣과 마수에게 명하여 이를 토벌하게 했다. 781년 田悅이 난을 일으켜 邢州, 臨洛을 포위했다. 이 때 마수가 邢州의 포위를 푸는데 혁혁한 공을 세웠다. 783년에 涇原兵变으로 德宗이 奉天(지금의 陝西省 乾縣)으로 피하자 장안 수복을 꾀하였으며, 장안 수복 후 渾瑊, 駱元光 등과 함께 785년 河中의 반란군을 토벌했다. 786년 겨울, 토번의 尙結贊이 鹽州, 夏州를 점령하고 자신은 鳴沙에 주둔했다. 덕종은 마수를 綏銀麟勝招討使로 삼아, 駱元光, 韓遊懷 등과 함께 토번을 물리치도록 했다. 이 때 尙結贊은 여러 차례 사신을 보내 강화를 요구했고, 787년 토번의 장군 論頰熱이 마수와 함께 입조하여 강화를 청하니 덕종이 허락했다. 이에 혼감이 尙結贊과 平涼에서 회맹했는데 토번에 계략에 빠져 60여 명의 장군과 관료가 포로가 되니, 앞서 회맹을 주장했던 마수는 병권을 박탈당했다. 『舊唐書』 卷134 「馬燧傳」을 참조.

347) 石州: 山西省 離石縣.

348) 論頰熱: 뢴겔셰르(blon rgyal bsher).

말은 다수가 죽고, 병사는 걸을 수 없었으며 배고픈 기색이 역력했다. 최한(崔澣)이 명사(鳴沙)에 이르자 곧 상결찬에게 조서를 전하여 그가 약속을 어기고 염주와 하주를 함락시킨 일에 대해 꾸짖자 상결찬이 회답하기를, "본래 무정천(武亭川)의 공을 상주지 않아 온 것이며, 또한 변경의 경계비가 쓰러져 강역을 분명히 알기 어려웠으니 이것이 변경에 온 까닭입니다. 경주(涇州)는 성문을 닫고 굳게 지켰으며, 봉상(鳳翔)의 이령공(李令公)[349]은 우리의 사신을 받아들이지 않았으니, 다만 [당측에서] 강성(康成)이 사신으로 왔으나 모두 그간의 사정을 분명히 말 할 수는 없었습니다. 나는 매일 대신이 당도하기를 바랐으나 아무도 오지 않았고, 이에 철군하여 돌아갔습니다. 염주와 하주의 장수들은 우리 토번군을 두려워하여 성곽을 내어 우리와 화의하기를 청했으니 우리가 공격하여 함락시킨 것이 아닙니다. 만약 천자가 다시 회맹을 허락한다면 그것은 우리가 바라는 바이며, 오직 천자의 명을 받들어 염주와 하주를 당에 반환하겠습니다." 또한 청수의 맹약을 말하면서, 당시 참여한 대신이 적어 쉽게 맹약이 파기되었으니 재상과 원수 21명을 파견하여 회맹할 것을 청하였다. 또한 영염절도사(靈鹽節度使) 두희전(杜希全), 경원절도사(涇原節度使) 이관(李觀)[350]은 외번(外蕃)의 신임을 받고 있으니 이들로 하여금 회맹을 주재하도록 청했다. 황제는 다시 최한(崔瀚)을 보내 상결찬에게 말하기를, "두희전은 영주(靈州)를 지키고 있으며 관할 범위가 정해져 있으므로 경계를 넘는 것이 불가하다. 이관은 이미 다른 관직으로 이임하였으니 혼감(渾瑊)을 맹회사(盟會使)로 삼고자 한다."라고 전하였다. 오월에 청수(淸水)에서 회맹하기를 약정하고 토번으로 하여금 먼저 두 주[351]를 반환하도록 하여 오랑캐의 신의를 시험하도록 했다. 상결찬이 청수가 길한 곳이 아니라고 하여 원주(原州) 토리수(土梨樹)에서 회맹할 것을 청하고 곧 두 주를 반환하니 천자가 이를 따랐다.

---

349) 鳳翔節度使였던 이성(李晟)을 지칭.

350) 李觀: 이관은 洛陽 사람이다. 秋官員外郎 李敬仁의 姪孫이다 어려서부터 武藝에 능했고, 과묵해서 장수의 자질이 있었다. 乾元 연간에 朔方節度使 郭子儀에 발탁되어 坊州刺史 아래에서 防遏使로 일했다. 廣德 연간에 토번이 쳐들어왔을 때 이관이 향리의 자제를 이끌고 黑水의 서쪽을 지켜 토번이 쉽게 접근할 수 없었다. 이에 嶺南節度 楊愼에게 발탁되어 偏將이 되었다. 朱泚의 亂 이후 李晟이 천거하여 涇原節度使를 역임했는데, 당시 토번군이 그를 매우 두려워했다고 한다. 뒤에 試殿中監, 右龍武將軍 등을 지냈다.

351) 염주와 하주를 지칭한다.

瑊來受命，拜漢衡兵部尙書以副瑊．瑊率師二萬待期，詔駱元光助之．宰相議所盟地，左神策將馬有鄰建言：「土梨樹林薈巖阻，兵易詭伏，不如平涼夷漫坦直，且近涇，緩急可保也．」乃定盟平涼．瑊約結贊，主客均以兵三千至壇外，誕從四百卬壇，以游軍交邏相入．將盟，結贊伏精騎三萬于西，縱邏騎出入瑊軍，瑊將梁奉貞亦騄馬入虜軍營，陰執之，而瑊不知也．客請瑊等具冠劍，皆就幄更衣，從容肸肆．虜忽三伐鼓，衆譟而興，瑊不知所出，走幄後，得馬不銜而馳，十里始得銜．虜追，矢若雨不傷也，至元光營乃脫．裨將辛榮兵數百據北阜與虜戰，矢盡乃降．判官韓弇·監軍宋鳳朝死之．漢衡與判官鄭叔矩路泌·掌書記袁同直·列將扶餘準馬寧孟日華李至言樂演明范澄馬弇·中人劉延邕俱文珍李朝淸等六十人皆被執，士死者五百，生獲者千餘人．漢衡語虜曰：「我，崔尙書也，結贊與我善．若殺我，結贊亦殺若．」乃不死．人負一木，以繩三約之，係其髮驅之；夜則杙地縶而仆，蒙以罽，守者寢其上．始結贊將劫希全·觀，急以銳兵直趣京師，旣不克，又欲禽瑊等，擣虛入寇，其謀本然．旣引去，至故原州，坐帳中見漢衡等，慢言：「渾瑊戰武功，我力也．許裂地償我，而自食其言．吾旣作金枷，將必得瑊以見贊普，乃今失之，徒致公等，無益也．當使人歸報．」初，漢衡遇亂，從史呂溫身蔽兵，溫傷而漢衡脫，虜人嘉其義，厚給養之．結贊屯石門，以俱文珍·馬寧·馬弇歸唐，而囚漢衡·叔矩河州，辛榮廓州，扶餘準鄯州．帝猶使中人齎詔書賜結贊，拒不受．虜戍鹽·夏，涉春疫大興，皆思歸．結贊以騎三千迎之，火二州廬舍，頹郛堞而去，杜希全分兵保之．帝哀漢衡等陷辱，下詔賜其子七品官，叔矩·泌·弇·日華·榮·至言·澄·良貢·演明一子八品官，袁同直而下一子九品官．以決勝軍使唐良臣屯潘原，神策將蘇太平屯隴州．結贊召漢衡·日華·延邕至石門，以五騎送境上，遣使者奉表來．李觀曰：「有詔不內吐蕃使者．」受漢衡等，放其使．

혼감이 와서 명령을 받들었고, 최한형(崔漢衡)에게 병부상서(兵部尙書)를 재수하여 혼감의 부관을 삼았다. 혼감은 병사 2만을 거느리고 때를 기다렸는데, 낙원광에게 조를 내려 그를 돕도록 했다. 재상이 회맹의 장소에 대해 의논하였는데, 좌신책장(左神策將) 마유린(馬有鄰)이 건의하여 말하기를, "토리수(土梨樹)는 수풀이 우거지고 지세가 험하여 군대가 쉽게 매복할 수 있으므로 지세가 평탄하고 탁 트인 평량(平涼)352)보다 못합니다. 또한 [평량은] 경주

(涇)와 가까워 위급한 상황이 발생할 경우 보호를 받을 수 있습니다." 이에 회맹 장소가 평량으로 정해졌다. 혼감은 상결찬과 약속하여 주객(主客)이 모두 병사 3천을 거느리고 회맹단 밖에 이르고, [임시로 편성한] 시종 4백 명이 회맹단에 오르고, 순찰대가 서로의 군영을 왕래하여 감시하게 했다.[353] 장차 회맹을 하려는데 상결찬이 정예 기병 3만을 서쪽에 매복시키고, [토번측] 순찰 기병이 혼감의 군영으로 들어갔을 때 혼감의 장수 양봉정(梁奉貞) 역시 토번의 군영에 들어가려 하였으나 몰래 그들을 잡아 혼감이 이 사실을 알지 못했다. 객(客)[354]이 혼감 등에게 관을 쓰고 검을 찰 것을 청하니 모두 장막으로 가서 옷을 갈아입고 느긋하게 쉬고 있었다. [이 때] 갑자기 오랑캐가 세 번 북을 울리자 무리가 소리지르며 일어났고, 혼감은 어디로 나가야 할지 모른채 장막 뒤쪽으로 가서 재갈도 물리지 않은 말을 타고 십리나 달려 겨우 재갈을 물렸다. 오랑캐가 추격했고, 화살은 비오듯 하였으나 부상을 입지는 않았고, 낙원광의 군영에 도착하여 위험에서 벗어났다. 비장(裨將) 신영(辛榮)이 병사 수백을 거느리고 북쪽 언덕에 의지하여 적과 싸웠는데 화살이 다하여 항복하고 말았다. 판관(判官) 한엄(韓弇)·감군(監軍) 송봉조(宋鳳朝)가 죽었다. 최한형(漢衡)·판관(判官) 정숙구(鄭叔矩)·노필(路泌)·장서기(掌書記) 원동직(袁同直)·열장(列將) 부여준(扶餘準)·마녕(馬寧)·맹일화(孟日華)·이지언(李至言)·낙연명(樂演明)·범징(范澄)·마엄(馬弇)·중인(中人) 유연옹(劉延邕)·구문진(俱文珍)·이조청(李朝淸) 등 60여 명이 모두 포로가 되었고, 죽은 병사가 오백이며, 포로가 된 병사가 천여 명이었다. 최한형이 오랑캐에게 말하기를, "나는 최상서(尙書)이다. 상결찬은 나와 좋은 사이인데, 만약 나를 죽인다면 상결찬이 너희를 죽일 것이다."하니, 이에 죽이지 않았다. 모든 사람에게 등에 나무 몽둥이를 지게 하고, 밧줄로 세 번 묶고, 다시 [그] 밧줄로 머리카락을 묶어 끌고 갔다. 밤에는 말뚝을 땅에 박아 거기에 묶어 눕히고, 다시 모직물로 덮어 보초가 그 위에 누웠다. 처음에 상결찬은 두희전(希全)과 이관(觀)을 붙들고자 하여 정예병을 이끌고 경사로 곧장 향하였으나 뜻을 이루지 못하였고, 또한 혼감 등을 잡고자 하여 빈틈을 타 침입하였으나 그의 계략이란 것이 원래 그런 정도였다. [상결찬이] 이미 떠난 후 옛 원주(原州)에 이르렀는데 장막에 앉아 최한형 등을 만나 오만하게 말하기

352) 平涼: 甘肅省 平涼縣에 소재한 平涼川을 뜻한다.

353) 『舊唐書』「吐蕃傳」에서는 "初, 瑊與結贊約, 以兵三千人列于壇之東西, 散手四百人至壇下. 及將盟, 又約各益遊軍相覘伺."라고 하여 본문의 "誕從四百叩壇"과 약간의 차이를 보인다. "誕從"이 "散手"인지는 분명하지 않으나 후자의 해석, 즉 "무기를 소지하지 않은 수행원"이라는 부분은 참고할 만하다.

354) 客: 회맹에 참석한 토번측 인사를 말한다.

를, "혼감(渾瑊)이 무공(武功)에서 싸워 이긴 것은 모두 우리 군대가 힘쓴 까닭이다. 땅을 할양하여 우리에게 상주기로 하고도 이행하지 않았다. 나는 이미 금가(金枷)[355]를 만들어 두고, 장차 반드시 혼감을 잡아 젠뽀를 알현하게 할 것이지만, 지금은 기회를 잃었고, 헛되이 그대들을 붙잡아 두었으니 모두 무익하다. 이에 사신을 보내 그대들의 귀환을 알릴 것이다." 처음에 최한형이 어려움을 맞아 종사(從史) 여온(呂溫)이 몸으로 적병을 막다가 여온은 부상을 입었으나 최한형은 위기를 모면했다. 오랑캐는 [여온의] 의로움을 가상히 여겨 후하게 대우하고 보살펴 주었다. 상결찬은 석문(石門)에 주둔하였는데, 구문진(俱文珍), 마녕(馬寧), 마엄(馬弇)을 당으로 돌려보냈으나 최한형, 정숙구(叔矩)는 하주(河州)에, 신영(辛榮)은 곽주(廓州)에, 부여준(扶餘準)은 선주(鄯州)에 구금하였다. 황제는 환관을 시켜 조서를 가지고 상결찬에게 주도록 하였으나 거절당하고 받아들여지지 못했다. 오랑캐는 염주와 하주에 주둔하였는데 봄 전염병이 크게 돌자 모두 귀환하고자 했다. 상결찬은 3천 기병으로 이들을 맞이하였는데, 불을 놓아 염주와 하주의 건물을 불태우고, 외성과 성루를 파괴하고 돌아가니, 두희전(杜希全)은 병사를 나눠 그것을[356] 지켰다. 황제는 최한형 등이 어려움에 빠진 것을 안타깝게 여기고 조서를 내려 그의 아들을 7품관에, 정숙구, 노필, 한엄, 맹일화(孟日華), 신영, 이지언(李至言), 범징(范澄), 양분(良賁), 낙연명(樂演明)의 아들 한 명에게 8품관을, 원동직(袁同直) 이하 아들 한 명에게 9품관을 주었다. 결승군사(決勝軍使) 당량신(唐良臣)에게 반원(潘原)[357]에 주둔하게 하고, 신책장(神策將) 소태평(蘇太平)에게 농주(隴州)에 주둔하게 했다. 상결찬은 최한형, 맹일화, 유연옹을 석문으로 불러, 말 5필을 주어 변경으로 송환했으며, 표(表)[358]를 받든 사신을 [함께] 보내 왔는데, 이관(李觀)이 말하기를, "황제의 명령으로 토번의 사신은 안에 들일 수 없다." 이에 최한형 등은 안으로 들이고, 토번의 사신은 돌려 보냈다.

結贊以羌·渾衆屯潘口，傍青石嶺，三分其兵趨隴·汧陽間，連營數十里，中軍距鳳翔一舍，詭漢服，號邢君牙兵，入吳山·寶雞，焚聚落，略畜牧·丁壯，殺老孺，斷

355) 金枷: 목에 채우는 형구.

356) 염주와 하주를 가리킨다.

357) 潘原: 甘肅省 平涼縣 동쪽.

358) 表: 신하가 군주에게 보내는 奏章, 즉 의견서를 가리킨다.

手剔目，乃去．李晟嘗蹙大木塞安化隘處，虜過，悉焚之．詔神策將石季章壁武功，良臣移師百里城．虜又剽汧陽·華亭男女萬人以畀羌·渾，將出塞，令東向辭國，衆慟哭，投塹谷死者千數．吐蕃又入豐義，圍華亭，絕汲道．守將王仙鶴請救於隴州，刺史蘇清沔合太平兵赴之，虜逆戰，太平不勝，引還．虜日千騎四掠，隴兵不敢出．虜積薪將焚華亭，仙鶴以衆降．清沔潛兵大象龕，夜半，約城中舉火燭天，虜衆驚，因襲其營，乃去．更攻連雲堡，飛石投中，井皆滿．爲虛梁絕塹而升，守將張明遠降于虜．虜分捕山間亡人及牛羊率萬計，涇·隴·邠之民蕩然盡矣．諸將曾不能得一俘，但賀賊出塞而已．連雲堡，涇要地也，三垂峭絕，北據高，虜所進退，候火易通．旣失之，城下卽虜境，每藝稼，必陳兵于野，故多失時．是歲，三州不宿麥．虜數千騎犯長武城，城使韓全義拒之．韓游瓌兵不出，於是虜安行邠·涇間，諸屯西門皆閉，虜治故原州保之．帝取所獲吐蕃生口不二百，徇諸市以安京師．

상결찬(結贊)이 강(羌), 토욕혼(渾)의 무리를 반구(潘口)에 주둔하게 하고, 청석령(靑石嶺)[359]에 의지하면서, 자신의 병사를 삼등분하여 농주와 견양(汧陽) 사이로 급히 나아갔다. 수십 리에 걸쳐 군영이 연접해 있었고, 중군은 봉상(鳳翔)과 일 사(舍)[360]의 거리에 있었는데, [토번군은] 거짓으로 당나라 군대의 군복을 입고, 형군아(邢君牙)의 군대라고 하면서 오산(吳山),[361] 보계(寶雞)[362]로 들어와 마을을 불태우고 가축과 장정을 노략질 하며 노약자를 죽이고 손을 자르고 눈을 도려낸 후 돌아갔다. 이성(李晟)은 일찍이 큰 나무를 베어 안화(安化)[363]의 좁은 길목을 메워두었으니 오랑캐가 지나갈 때 모두 불태웠다. 조를 내려 신책장(神策將) 석계장(石季章)에게 무공(武功)에 진지를 구축하여 주둔하게 하고, 당량신(良臣)에게 군사를 이끌고 백리성(百里城)[364]으로 이동하게 했다. 오랑캐는 다시 견양(汧陽), 화정(華亭)[365]을

359) 靑石嶺: 甘肅省 涇川縣 서북.

360) 舍: 舍는 군대가 하루 행군해서 이동할 수 있는 거리를 뜻하는데, 대개 30리에 해당된다.

361) 吳山: 陝西省 隴縣 동남.

362) 寶雞: 陝西省 寶鷄縣.

363) 安化: 安化峽으로 甘肅省 淸水縣 동쪽.

364) 百里城: 甘肅省 靈臺縣.

365) 華亭: 甘肅省 華亭縣.

유린하여 남녀 백성 만 명을 강(羌)과 토욕혼(渾)의 군대에 주었다. 변경을 벗어나려고 할 때 [포로가 된 당의 백성들에게] 동쪽을 향해 하직하도록 하자 무리가 모두 울며 절벽으로 뛰어 내려 죽은 자가 수천이었다. 토번군이 또한 풍의(豐義)[366]로 들어와, 화정(華亭)을 포위하고, 수로를 끊었다. 그곳을 지키던 장수 왕선학(王仙鶴)이 농주(隴州)에 구원을 요청하자 자사(刺史) 소청면(蘇淸沔)이 소태평(蘇太平)의 병사와 함께 [왕선학에게] 이르러 오랑캐와 싸웠으나 태평은 이기지 못하고 돌아왔다. 오랑캐는 매일 천 명의 기병으로 사방을 노략질하였고, 농주의 병사는 감히 나서지 못했다. 오랑캐가 땔감을 쌓아 화정(華亭)을 불태우려고 하자 왕선학(仙鶴)이 무리를 이끌고 항복했다. 소청면(淸沔)은 몰래 대상감(大象龕)에 병사를 잠입시켜 한밤중에 성안의 아군과 약속하여 밝게 불을 밝혔다. 이에 오랑캐는 깜짝 놀랐고, 그 틈을 타 토번군의 군영을 습격하니 토번군이 철군했다. 다시 토번군이 연운보(連雲堡)[367]를 공격하였는데, 돌을 연운보 가운데로 던지니 이것이 우물을 메웠다. [또한] 부교를 만들어 참호를 건너 성곽에 오르니 그곳을 지키던 장수 장명원(張明遠)이 오랑캐에 항복했다. 오랑캐는 여러 갈래로 나눠 산중으로 도망간 사람들과 소, 양 등 가축 만여 두를 포획했으며, 경주(涇), 농주(隴), 빈주(邠)의 백성을 모두 깨끗이 쓸어버렸다. 모든 장수들은 한명의 포로도 잡을 수 없었고, 단지 적군이 변경을 빠져 나갔음을 자축할 뿐이었다. 연운보(連雲堡)는 경주(涇)의 요지인데, 삼면이 가파른 산지와 접해 있고, 북쪽은 높은 산에 면해 있다. 오랑캐의 움직임은 봉화를 살펴 쉽게 소식을 전할 수 있었다. 그런데 이미 연운보를 잃었으니 성 아래는 곧 오랑캐의 경역이요, 매번 농작물을 손볼 때는 온 들판에 병사를 펼쳐놓아야 했으나 시기를 놓치기 일쑤였다. 그 해, 3주[368]는 맥(麥)을 비축하지 못했다. 오랑캐 수천 기가 장무성(長武城)[369]을 침범하여 성사(城使) 한전의(韓全義)가 이를 막았다. 한유괴(韓游瓌)의 병사는 출병하지 않았고, 이에 오랑캐는 안심하고 빈주와 경주 사이로 진군했으며 모든 주둔지의 서쪽 문을 걸어 잠궜고, 오랑캐는 옛 원주(原州) 성을 수리하여 그곳에 주둔했다. 황제는 사로잡은 2백 명이 안 되는 토번의 포로를 시장에서 참수하여 경사의 인심을 안정시켰다.

366) 豐義: 甘肅省 鎭原縣 서쪽.

367) 連雲堡: 甘肅省 涇川縣 서쪽.

368) 3주: 涇州, 隴州, 邠州를 의미한다.

369) 長武城: 陝西省 長武縣.

四年五月，虜三萬騎略涇·邠·寧·慶·鄜五州之鄙，焚吏舍民閭，係執數萬. 韓全義以陳許兵戰長武，無功. 初，吐蕃盜塞，畏春夏疾疫，常以盛秋. 及是得唐俘，多厚給產，質其孥，故盛夏入邊. 尚悉董星·論莽羅等又寇寧州，張獻甫拒斬裁百級，轉剽鄜·坊乃去.

[정원] 4년(788) 5월에 오랑캐의 3만 기병이 경주(涇), 빈주(邠), 영주(寧),[370] 경주(慶),[371] 부주(鄜)[372] 등 5주의 인근 지역을 약탈하니, 관공서와 민가를 불태우고 수만 명을 포로로 잡아갔다. 한전의(韓全義)는 진허(陳許)의 병사를 이끌고 장무(長武)에서 싸웠으나 공을 세우지 못했다. 처음에 토번이 변경을 침범할 때, 봄과 여름의 전염병을 두려워하여 항상 가을에 침입하였다. 그런데 이번에는 [토번군이] 당의 포로를 얻고, [토번 병사들에게] 후하게 재물을 나눠 주었으며, [그들의] 처자식을 인실로 하였으므로, 한여름에도 변경을 침입해 들어왔다. 상실동성(尚悉董星),[373] 논망라(論莽羅) 등이 또 영주(寧州)를 침입하였는데 장헌보(張獻甫)가 이를 막아 백여 급을 베니, 방향을 바꿔 부주(鄜)와 방주(坊)를 약탈하고 돌아갔다.

五年，韋皐以劍南兵戰臺登，殺虜將乞臧遮遮·悉多楊朱，西南少安. 不三年，盡得巂州地. 久之，北庭沙陀別部叛，吐蕃因是陷北庭都護府，安西道絕. 獨西州人尚爲唐守.

[정원] 5년(789), 위고(韋皐)[374]가 검남(劍南)의 병사를 이끌고 대등(臺登)에서 싸워 오랑

370) 寧州: 甘肅省 寧縣.

371) 慶州: 甘肅省 慶陽縣.

372) 鄜州: 陝西省 鄜縣.

373) 尚悉董星: 샹동셍(shang stong seng).

374) 韋皐: 위고, 字는 城武이며 京兆 사람이다. 大曆(766~779) 초에 華州參軍으로 관직에 나갔다. 宰相 張鎰이 鳳翔隴右節度使가 되었을 때 營田判官이 되었다. 783년 朱泚의 난으로 德宗이 奉天으로 옮겼는데, 鳳翔兵馬使 李楚琳이 張鎰을 죽이고, 朱泚에 귀부하니 隴州刺史 郝通도 李楚琳에 동조하였다. 당시 隴州를 지키고 있던 牛雲光은 과거 朱泚 휘하의 장수였는데, 난이 발발하고 주차의 군대가 奉天을 포위하자 병을 핑계로 韋皐에게 자리를 물려주고 반란에 가담하였다. 牛雲光은 韋皐를 위협하거나

캐의 장수 걸장차차(乞臧遮遮)와 실다양주(悉多楊朱)를 죽이니, 서남 지역이 조금 안정을 되찾았다. 3년이 되지 않아 휴주(巂州) 일대를 얻었다. 한동안 시간이 흐른 뒤 북정(北庭) 사타(沙

또는 속여 반란에 가담하도록 하려 하였으나 오히려 위고가 거짓으로 동조한 것에 속아 죽임을 당했다. 이 일로 위고는 御史大夫·隴州刺史에 임명되었고, 곧 토번에 사신을 보내 원병을 요청하여 위기를 모면하니 檢校禮部尙書를 더해 주었다. 784년 덕종이 환궁하자 左金吾衛將軍, 다시 大將軍에 삼았다. 785년 檢校戶部尙書 겸 成都尹·御史大夫·劍南西川節度使를 삼아 張延賞을 대신하게 했다. 당시 토번은 雲南의 南詔 등을 앞세워 쳐들어오기를 일삼으니 위고는 788년 判官 崔佐時를 南詔에 보내 관계 개선을 꾀했다. 당시 崔佐時가 남조의 羊咀咩城에 이르자 남조의 왕 異牟尋이 사신을 보내 당에 조공할 것을 약속했다. 따라서 그해 東蠻의 驃傍·苴夢衝·苴烏 등이 사신을 보내 입조했다. 789년 위고가 大將 王有道를 보내 東蠻과 함께 옛 巂州의 臺登·北谷에서 토번의 靑海·臘城 2節度를 대파하였다. 이 때 토번의 장수 乞臧遮遮를 사로잡고 巂州를 수복하여 이에 吏部尙書를 더했다. 793년 조정이 鹽州城을 축조할 때 토번의 습격을 우려하여 위고에게 이를 막도록 하자 大將 董勔·張芬을 西山과 南道로 파견하여 峨和城·通鶴軍을 격파하게 했다. 토번 南道元帥 論莽熱이 원병을 이끌고 왔으나 당군에 패배했다. 그 공을 기려 위고를 檢校右僕射에 삼았다. 또한 위고는 西山羌 女·訶陵·白狗·逋租·弱水·南水 등 8國의 酋長을 회유하여 입공하게 하였다. 797년 巂州城을 수복했고, 800년에는 黎·巂 2州에서 토번을 공격하니 토번이 반격했지만 실패했다. 이에 변경을 통솔하고 있던 토번의 장수 馬定德 등이 중앙의 문책을 두려워하여 당에 귀부했다. 801년 吐蕃 昆明城이 관할하던 모소(磨些蠻) 천여 호가 당에 귀부했다. 남서부에서 연패하자 토번의 젠뽀 치데송젠(재위: 798~815)이 북변 靈·朔 2州로 침입하여 麟州를 함락시켰다. 이에 德宗은 成都府로 사신을 보내 위고로 하여금 토번을 공격하게 하니, 위고는 鎭靜軍使 陳洎로 三奇路로 나가게 하고, 威戎軍使 崔堯臣으로 龍溪·石門路 남쪽으로 진격하고, 維保二州兵馬使 仇冕과 保霸二州刺史 董振 등으로 吐蕃 維州城을 공격하게 했다. 또한 北路兵馬使 邢玼 등으로 토번의 棲鷄·老翁城을, 都將 高倜·王英俊으로 하여 옛 松州를, 隴東兵馬使 元膺으로 하여 雅·邛·黎·巂路를 공격하게 했다. 鎭南軍使 韋良金으로 하여 급히 나가게 하고, 雅州經略使 路惟明 등으로 하여 토번의 租·松 등 城을 공격하게 하고, 黎州經略使 王有道로 하여 大渡河를 넘도록 했다. 巂州經略使 陳孝陽과 兵馬使 何大海·韋義 등과 磨些蠻·東蠻의 수령 苴那時 등으로 昆明城·諾濟城을 공격하게 했다. 8월에 출병하여 10월에 이르러 토번의 병사 16만을 격파하고, 7개의 城과 5개 軍鎭을 함락하였으며, 3천 호·6천 명을 포로로 잡아 계속해서 維州를 공략하였다. 이에 靈朔을 침입했던 토번군이 남하하게 되었고, 토번의 젠뽀는 論莽熱을 內大相 겸 東境五道節度兵馬都羣牧大使로 삼아 파견하여 維州의 포위를 풀었다. 그러나 곧 매복했던 군대에 속아 論莽熱은 당군에 생포되었다. 위고는 생포한 論莽熱을 조정에 보냈는데, 덕종은 그를 풀어주고 崇仁里에 거처하도록 했다. 위고는 이로 인해 檢校司徒 겸 中書令을 더하고 南康郡王에 봉해졌다. 805년 順宗이 즉위한 후 檢校太尉를 더해 주었다. 順宗은 지병이 있어 정사에 전념할 수 없었는데 이에 환관 李忠言 등이 권세를 누렸으므로 위고가 상소하여 皇太子가 監國할 것을 청하였고, 이에 동의하는 관료들의 상소가 잇달아 마침내 황태자가 정사를 맡게 되었다. 그해 위고는 갑작스레 죽었다. 이에 太師에 추증하고, 5일 동안 조회를 폐했다. 『舊唐書』 卷140 「韋皐傳」을 참조.

陀)[375]의 일파가 반란을 일으켰고, 토번이 이를 기회로 북정도호부(北庭都護府)[376]를 점령해 안서(安西)의 길이 끊어졌다. 오로지 서주(西州)[377] 사람들만이 당을 위해 땅을 지켰다.

八年, 寇靈州, 陷水口, 塞營田渠. 發河東·振武兵, 合神策軍擊之, 虜引還. 又寇涇州, 掠田軍千人, 守捉使唐朝臣戰不利. 山南西道節度使嚴震破虜于芳州, 取黑水壁, 焚積聚. 自虜得鹽州, 塞防無以障遏, 而靈武單露, 鄜·坊侵迫, 寇日以驕, 數

375) 沙陀: 사타는 서돌궐 계통의 유목 정권이다. 处月·朱邪·朱耶라고도 하며 신강성 준가르 분지의 남부를 중심으로 활동하였다. 唐 高宗 永徽 연간 당이 西突厥 阿史那賀魯을 공략하였다. 702년 무측천이 庭州(현재 新疆 昌吉 吉木薩爾 일대)에 北庭都護府를 설치하고 철륵 정벌에 공이 있었던 沙陀의 수령 朱邪金山을 金滿州都督에 봉해 北庭都護의 관할을 받도록 했다. 뒤에 金山의 아들 朱邪輔國이 토번의 압박을 받고 庭州로 옮겨 왔다. 安史의 난 이후에는 回紇에게 오늘날 신강 일대개 점령되었고 河西, 隴右 일대는 토번에 점령되어 사타 부족은 일시로 吐蕃에 연합하여 庭州를 공략하곤 했다. 뒤에 토번이 사타 부족과 위구르가 연합하는 것을 막기 위해 이들을 甘州(甘肅張掖) 일대로 이주시켰고, 輔國의 아들 朱邪盡忠이 토번의 선봉이 되곤 했다. 800년을 전후하여 위구르가 涼州를 공략하고 이에 토번이 사타 부족을 다시 이주시키고자 하였는데 이에 반발하여 809년 朱邪盡忠이 부족민을 이끌고 당에 귀부했다. 朱邪執宜가 계위한 뒤 靈鹽節度使 范希朝가 그들을 鹽州(오늘날 寧夏 吳忠市 鹽池縣)에 주둔하게 하였다. 뒤에 山西省 朔州 일대로 사민 되어 각종 반란의 진압에 동원되었다. 李國昌은 龐勛을 진압하고 공을 세워 賜姓되었다.

376) 北庭都護府: 북정은 비슈발릭(Bishbalik)으로 천산 산맥 북록에 있는 요충지로 현재 新疆省 孚遠縣(짐사; Jimsa)에 해당된다. 비슈발릭은 투르크 말로 "다섯 개의 城"을 뜻하지만 구체적으로 무엇을 의미하는지는 알려져 있지 않다. 姑師國, 車師後國 등이 있었으나, 姑師國은 李廣利의 원정 이후 투르판 분지의 車師前國 등으로 분열되었고, 車師後國은 柔然에 흡수되어 3세기 무렵 그 이름이 기록에서 보이지 않게 된다. 이후 서돌궐도 이 지역에 거점을 마련했는데, 可汗浮圖城이 그것이다. 628년 무렵 동돌궐의 阿史那社爾도 한때 이곳을 점령했었다. 640년 당이 高昌國을 멸한 후 비슈발릭 일대에 庭州를 두고 그 아래에 金滿縣, 蒲類縣, 輪台縣을 두었는데, 702년 金滿縣에 北庭都護府를 설치했다. 이는 서쪽 쿠차에 두었던 安西都護府와 함께 당 서역 경영의 전초기지로 중요한 의미를 갖게 되었다. 그러나 안사의 난으로 토번이 河西 일대로 진출하면서 790년 북정도호부는 괴멸되었다. 이후 비슈발릭 지역은 위구르의 영향 아래 놓이게 되어 天山 위구르 왕국의 중심지로 발전하였다. 원대에는 别失八里等處行中書省이 두어졌고, 마르코 폴로가 "긴긴 탈라스"라고 했던 곳이 이곳 비슈발릭이다. 이후 모굴리스탄 한국, 오이라트 몽골, 준가르 몽골 등의 통치 아래 놓였으며 청대에 들어와 중심지가 서쪽 우룸치로 옮겨지게 되었다.

377) 西州: 高昌, 현재 신강성 투르판이다.

入爲邊患. 帝復詔城之, 使涇原・劍南・山南深入窮討, 分其兵, 毋令專向東方. 詔朔方河中晉絳邠寧兵馬副元帥渾瑊・朔方靈鹽豐夏綏銀節度都統杜希全・邠寧節度使張獻甫・右神策軍行營節度使邢君牙・夏綏銀節度使韓潭・鄜坊丹延節度使王栖曜・振武麟勝節度使范希朝合兵三萬, 以左神策將軍胡堅・右神策將軍張昌爲鹽州行營節度使, 板築之, 役者六千人, 餘皆陣城下. 九年始栽, 閱二旬訖功, 而虜兵不出, 遂以兼御史大夫紇干遂與兼中丞杜彥光戍之. 當是時, 韋皋功最多, 破堡壁五十餘所, 敗其南道元帥論莽熱沒籠乞悉蓖; 又與南詔破之于神川・于鐵橋, 皋俘馘三萬, 降首領論乞髯湯沒藏悉諾硉.

[정원] 8년(792)에 토번이 영주(靈州)를 침입하여 수구(水口)를 함락시키고, 영전(營田)의 수로를 막았다. 하동(河東)[378]과 진무(振武)[379]의 병사를 일으켜 신책군(神策軍)과 함께 토번을 공략하니 오랑캐가 돌아갔다. 토번이 또 경주(涇州)를 침범하여 둔전의 병사 천 명을 약탈하자, 수착사(守捉使) 당조신(唐朝臣)이 싸웠으나 이기지 못했다. 산남서도절도사(山南西道節度使) 엄진(嚴震)이 오랑캐를 방주(芳州)에서 격파하고, 흑수벽(黑水壁)을 얻었으며, 토번의 물자를 불태웠다. 오랑캐가 염주(鹽州)를 얻은 이래로 변경의 방어가 울타리를 잃었으니 영무(靈武)는 고립무원이요, 부주(鄜)와 방주(坊)는 [늘 쉽게] 침범당하니, 오랑캐는 날로 교만해져 여러 차례 침입하였으므로 변경의 걱정거리가 되었다. 황제는 다시 조를 내려 염주에 성을 쌓도록 하고, 경원(涇原), 검남(劍南), 산남(山南)의 병사로 하여 깊이 들어가 적을 토벌하게 했다. 이로써 적병이 분산되니 오로지 동쪽 공략에 전념할 수 없도록 했다. 삭방・하중・진・강・빈・녕병마부원수(朔方河中晉絳邠寧兵馬副元帥) 혼감(渾瑊), 삭방・영・염・풍・하・수・은절도도통(朔方靈鹽豐夏綏銀節度都統) 두희전(杜希全), 빈녕절도사(邠寧節度使) 장헌보(張獻甫), 우신책군행영절도사(右神策軍行營節度使) 형군아(邢君牙), 하・수・은절도사(夏綏銀節度使) 한담(韓潭), 부・방・단・연절도사(鄜坊丹延節度使) 왕서요(王栖曜), 진무・린・승절도사(振武麟勝節度使) 범희조(范希朝)가 연합한 3만의 군대와 좌신책장군(左神策將軍) 호견(胡堅), 우신책장군(右神策將軍) 장창(張昌)을 염주행영절도사(鹽州行營節度

378) 河東: 山西省의 남부.

379) 振武: 陝西省 楡林 지역.

使)에 임명하여 염주성을 판축(板築)으로 쌓도록 하고, 노역자 6천 명은 모두 성 아래에 포진하도록 했다. [정원] 9년(793)에 시작하여 20여 일이 되어 작업을 마쳤는데, 토번군은 출병하지 않았다. 마침내 겸어사대부(兼御史大夫) 흘간수(紇干遂)가 겸중승(兼中丞) 두언광(杜彥光)을 파견하여 이를 지키게 했다. 당시 위고(韋皋)의 공이 가장 많았는데, 요새와 방벽을 파괴한 것이 50여 소이며, 남도원수(南道元帥) 논망열몰롱걸실비(論莽熱沒籠乞悉蓖)[380]를 격파하고, 또한 남조(南詔)와 함께 신천(神川)[381]에서 토번을 쳐부쉈으며, 철교(鐵橋)[382]에서 잡은 포로와 베어낸 적의 왼쪽 귀가 3만에 이르렀다. 토번의 수령 논걸염탕몰장실낙률(論乞髯湯沒藏悉諾硉)[383]이 투항했다.

十二年, 寇慶州及華池, 殺略吏人. 是歲, 尚結贊死. 明年, 贊普死, 其子足之煎立. 邢君牙築永信城于隴州以備虜, 虜使者農桑昔來請脩好, 朝廷以其無信, 不受. 韋皋取新城, 虜治劍山·馬嶺, 進寇臺登, 巂州刺史曹高仕擊卻之, 禽籠官, 斬級三百, 獲馬·糧·械數千.

[정원] 12년(796), 적이 경주(慶州)와 화지(華池)에 침입하여 관인을 죽이고 약탈했다. 그해 상결찬이 죽었다. 이듬해 젠뽀가 죽고 그 아들 족지전(足之煎)[384]이 등극했다. 형군아(邢君牙)가 영신성(永信城)을 농주(隴州)에 세우고 적의 침입에 대비했다. 오랑캐의 사신 농상석(農桑昔)이 와서 화의를 청했으나 조정에서는 믿을 수 없다고 하여 받아들이지 않았다. 위고(韋皋)가 신성(新城)을 얻었고, 오랑캐는 검산(劍山), 마령(馬嶺)에 진지를 구축하고 대등(臺登)으로 침범하니, 휴주자사(巂州刺史) 조고임(曹高仕)이 이를 격파했는데, 농관(籠官)을 생포하였으며, 3백 급을 참수하고, 말과 양식, 무기 수천 점을 얻었다.

---

380) 論莽熱沒籠乞悉蓖: 뢴망셰르종치뻬(blon mang bsher 'brong khri spe).

381) 神川: 金沙江 강류.

382) 鐵橋: 雲南省 麗江縣 서북.

383) 論乞髯湯沒藏悉諾硉: 뢴치젠탕상닥셰르(blon khri btsan thang bzang stag bsher).

384) 足之煎: 젠뽀 치송데젠이 사망한 것은 정원 13년(797)이며, 그의 아들 무네젠뽀(mu ne btsan po)가 등극했다. 足之煎은 무네젠뽀를 뜻하는 것으로 보이나 왜 그렇게 표기했는지 분명하지는 않다.

十四年，韓全義破虜于鹽州．十六年，靈州破虜于烏蘭橋，韋皋拔末恭·顒二城．十七年，寇鹽州，陷麟州，殺刺史郭鋒，湮隍墮陴，係居人，掠党項諸部，屯橫槽烽．虜將徐舍人者，語俘道人延素曰:「我乃司空英公裔孫也．武后時，家祖以兵尊王室不克，子孫奔播絕域，今三世矣．我雖握兵，心未嘗忘歸也，顧不能自拔耳.」陰使延素夜逸．又言:「吾按邊求資糧，至麟而守者無備，遂入之．知郭使君勳臣家，欲全安之，不幸死亂兵.」語方已，會飛鳥使至，召其軍還，遂引去．飛鳥，猶傳騎也．

[정원] 14년(798) 한전의(韓全義)가 염주(鹽州)에서 적을 물리쳤다. [정원] 16년(800) 영주(靈州)[의 군대]가 적을 오란교(烏蘭橋)[385]에서 물리쳤고, 위고(韋皋)는 말공(末恭)과 옹(顒) 두 성을 점령했다. [정원] 17년(801) 적이 염주(鹽州)로 침입하여 인주(麟州)를 함락해 자사(刺史) 곽봉(郭鋒)을 죽였으며, 성벽을 무너뜨리고 참호를 메웠다. 또한 백성을 납치하고, 당항(党項)의 여러 부를 약탈하고 횡조봉(橫槽烽)에 주둔했다. 오랑캐의 장수 서사인(徐舍人)이라는 자가 포로가 된 도인(道人) 연소(延素)에게 말하기를, "나는 사공(司空) 영공(英公)[386]의 후손이다. 무후(武后) 때, 조상[387]이 군대를 이끌고 왕실을 받들었으나 뜻을 이루지 못하자 자손이 사방으로 흩어져 변방에 이르렀고 지금 그 3세손에 이르렀다. 나는 비롯 [토번의] 병권을 잡고 있으나 마음은 돌아갈 일을 잊은 적이 없다. 다만 스스로 바꿀 수 없을 뿐이다."라고 하고, 몰래 연소(延素)를 밤을 틈타 도망가게 했다. 또한 말하기를, "나는 변경을 순찰하며 군수품을 구하는 일을 하는데, 인주(麟)에 이르러 그곳을 지키는 자의 방비가 허술하여 들어왔을 뿐이다. 곽사군(郭使君)[388]이 훈신(勳臣) 가문 출신인 사실을 알고 있어 그를 보호하고자 했는데 불행히 반란군에게 살해되었다." 말을 마칠 즈음, 마침 비조사(飛鳥使)[389]가 이르러, 군대의 귀환 명령을 알려 돌아갔다. 비조(飛鳥)는 역전(驛傳)과 유사한 것이다.

385) 烏蘭橋: 오란교의 위치는 분명하지 않으나, 陜西省 會州 烏蘭縣 서남에 烏蘭關이 있다.
386) 司空英公: 당조의 개국공신 李勣을 가리킨다.
387) 李敬業을 가리킨다. 李勣의 손자로 무측천에 반발하여 揚州에서 난을 일으켰고, 688년 종실 李沖·李貞도 이경업에 호응하여 博州·豫州에서 난을 일으켰다.
388) 郭使君: 郭行餘이다. 元和 연간의 进士로 楚州刺史에 임명되었는데 漢代 이래 자사를 使君이라 불러 郭使君이라고 불렀다. 邠寧節度使 등을 역임했다.
389) 훈련된 새를 이용해 소식을 전하는 통신 수단을 이르는 말이다.

韋皐出西山與虜戰, 破之雅州. 籠官馬定德本虜之知兵有策慮者, 周知山川險易, 每用兵, 常馳驛計議, 授諸將以行. 比年寇黎·嶲, 皐常折其兵, 定德畏得罪, 遂來降, 因定昆明諸蠻. 吐蕃以下屢叛, 大侵靈州. 時皐圍維州, 贊普使論莽熱沒籠乞悉蓖兼松州五道節度兵馬都統·羣牧大使, 引兵十萬援維州. 皐率南詔兵薄險設伏以待, 纔使千人嘗敵, 乞悉蓖見兵寡, 悉衆追, 墮伏中, 兵四合急擊, 遂禽之, 獻京師. 明年, 吐蕃使者論頰熱復來, 右龍武大將軍薛伾往報.

위고가 서산(西山)에서 출병하여 오랑캐와 싸웠는데 아주(雅州)에서 적군을 격파했다. 농관(籠官) 마정덕(馬定德)은 본래 적군의 책사로 주변 산천 지리 형세를 잘 알아 매번 병사를 움직일 때 늘 역전을 이용해 계책을 만들고, 그것을 모든 장수들에게 알려 이행하게 했다. 매년 오랑캐가 여주(黎)와 휴주(嶲)로 침범하였으나 위고가 이를 막으니 마정덕이 [실패의] 죄를 두려워하여 항복하고 말았으며, 이로 곤명(昆明)의 여러 만족(蠻)을 평정할 수 있었다. 토번은 이후 여러 차례 [휘하 부대의] 반란이 발생하자 영주(靈州)를 크게 침입했다. 이 때 위고가 유주(維州)를 포위하니, 젠뽀가 논망열몰롱걸실비(論莽熱沒籠乞悉蓖) 및 송주오도절도병마도통(松州五道節度兵馬都統), 군목대사(群牧大使) 등을 파견하여 병사 10만을 이끌고 유주(維州)를 구원하게 했다. 위고는 남조(南詔)의 군대를 이끌고 좁은 길목에 매복하여 기다리면서, 겨우 천 명으로 적에 맞섰고, 걸실비가 병사의 적음을 보고 추격하다가, 매복한 곳에 빠지니, 병사들이 사방에서 북을 치며 토번병을 사로잡아 경사에 바쳤다. 다음 해[390] 토번 사자 논협열(論頰熱)이 다시 오니, 우룡무대장군(右龍武大將軍) 설비(薛伾)가 와서 보고했다.

二十年, 贊普死, 遣工部侍郎張薦弔祠, 其弟嗣立, 再使使者入朝.

[정원] 20년(804) 젠뽀가 죽었다.[391] 공부시랑(工部侍郎) 장천(張薦)을 보내 조문하였는데,

390) 정원 18년 즉, 802년.

391) 젠뽀 치송데젠이 사망한 것은 정원 13년(797)이며, 그의 장자 무네젠뽀가 계승하였다가 정원 14년 또는 15년(798~799) 사이에 둘째 아들 치데송젠(khri lde srong brtsan)이 계승하였다. 앞서 정원 12년의 기사에서 상결찬이 죽고, 이듬해 치송데젠이 죽었다고 하였으니 젠뽀의 사망과 계위 사실을

[젠뽀의] 동생이 계위하고 다시 사신을 보내 입조하였다.

順宗立, 以左金吾衛將軍田景度·庫部員外郎熊執易持節往使. 永貞元年, 論乞縷勃藏歸金幣·馬牛助崇陵, 有詔陳太極廷中.

순종(順宗, 재위 805~806)이 즉위한 후, 좌금오위장군(左金吾衛將軍) 전경도(田景度), 고부원외랑(庫部員外郎) 웅집역(熊執易)이 부절을 지니고 토번에 사신으로 파견되었다. 영정(永貞) 원년(805), 논걸루발장(論乞縷勃藏)[392]이 금 등 예물과 말, 소를 바쳐 숭릉(崇陵)[393]의 장례를 도우니, 조를 내려 태극전(太極殿)에 [예물을] 진설하였다.

憲宗初, 遣使者脩好, 且還其俘. 又以使告順宗喪, 吐蕃亦以論勃藏來. 後比年來朝, 然以五萬騎入振武拂鵜泉, 萬騎至豐州大石穀, 鈔回鶻還國者.

헌종(憲宗, 재위 806~820) 초에 사신을 보내 화의를 맺고 포로를 돌려보냈다. 또한 순종(順宗)의 죽음을 알리니 토번 역시 논발장(論勃藏)을 보내왔다. 그 후로 매년 내조했다. 그러나 5만의 기병으로 진무(振武)의 불제천(拂鵜泉)[394]을 침입하고, 만 기로 풍주(豐州)[395]의 대석곡(大石穀)에 이르러, 회골(回鶻)이 귀국하는 것을 약탈했다.

五年, 以祠部郎中徐復往使, 幷賜鉢闡布書. 鉢闡布者, 虜浮屠豫國事者也, 亦曰「鉢

당조가 몰랐던 것은 아니다. 단 무네젠뽀의 뒤를 이어 동생 치데송젠이 계위한 사실에 대해서는 정원 20년 기사에서 처음 언급하였으니 이는 그간 계속된 전쟁으로 조문사의 파견이 이뤄지지 않았기 때문일 가능성이 크다.

392) 論乞縷勃藏: 뢴루상(blon klu bzang).

393) 崇陵: 德宗의 陵이다.

394) 拂鵜泉: 불제천은 몽골 초원 카라코름 부근에 위치한 위구르(回紇, 回鶻)의 중심지 카라발가순 남쪽에 위치한 곳으로 위구르와 당 사이의 주요 교통로 상에 위치한다.

395) 豐州: 오르도스 일대로 황하의 남안에 해당된다. 황하를 경계로 북안에 西受降城이 있다.

掣逋」. 復至鄯州擅還, 其副李逢致命贊普, 復坐貶. 虜以論思邪熱入謝, 且歸鄭叔矩·路泌之柩, 因言願歸秦·原·安樂州. 詔宰相杜佑等與議中書, 論思邪熱拜于廷, 佑答拜堂上, 復以鴻臚少卿李銛·丹王府長史吳暈報之. 自是朝貢歲入. 又款隴州塞, 丐互市, 詔可.

[원화] 5년(810), 사부랑중(祠部郎中) 서복(徐復)이 사신으로 파견되었고, 아울러 발천포(鉢闡布)[396]에게 서신을 보냈다. 발천포라는 자는 오랑캐의 승려로 국사를 담당하고 있었고, 또한 발체포(鉢掣逋)라고도 했다. 서복은 선주(鄯州)에 이르러 마음대로 돌아왔고, 그 부관 이봉(李逢)이 젠뽀에게 조정의 명령을 전달했으니 이 일로 서복은 좌천되었다. 오랑캐가 논사사열(論思邪熱)[397]을 사신으로 입조하여 사례하고 정숙구(鄭叔矩)와 노필(路泌)의 유해를 돌려보내며, 진주(秦), 원주(原), 안락주(安樂州)를 반환할 뜻이 있음을 언급했다. 조를 내려 재상 두우(杜佑) 등에게 [논사사열과] 중서성에서 의논하도록 하여, 논사사열(論思邪熱)은 정(廷)에서 배례(拜禮)하고, 두우는 당상(堂上)에서 답례했다. 다시 홍려소경(鴻臚少卿) 이섬(李銛)과 단왕부장사(丹王府長史) 오훈(吳暈)을 토번에 파견하여 답방하게 하였다. 이로부터 매년 조공이 그치지 않았다. 또한 농주(隴州) 변경에 이르러 호시를 청하니 조정에서 허락했다.

十二年, 贊普死, 使者論乞髯來, 以右衛將軍烏重玘·殿中侍御史段鈞弔祭之. 可黎可足立爲贊普, 重玘以扶餘準·李驂偕歸. 準, 東明人, 本朔方騎將; 驂, 隴西人, 貞元初戰沒于虜者. 使者知不死, 求之, 乃得還. 詔以準爲澧王府司馬, 驂嘉王友.

[원화] 12년(817) 젠뽀가 죽었다.[398] 사신 논걸염(論乞髯)이 와서 [알리니], 우위장군(右衛將軍) 오중기(烏重玘)와 전중시어사(殿中侍御史) 단균(段鈞)을 보내 조문했다. 가려가족(可黎可足)[399]이 젠뽀에 등극했다. 오중기(重玘)가 부여준(扶餘準), 이참(李驂)과 함께 돌아왔

396) 鉢闡布: 뻴첸보옌덴(dpal chen po yon tan).

397) 論思邪熱: 뢴게셰르(blon skyes bsher).

398) 젠뽀 치데송젠은 원화 10년(815)에 죽었다. 여기에서 원화 12년이라고 한 것은 사망 연도가 아니며, 조문 사절이 파견된 해를 뜻한다.

다. 부여준(準)은 동명(東明) 사람으로,[400] 본래 삭방기장(朔方騎將)이었고, 이참(驂)은 농서(隴西) 사람으로 정원(貞元) 초에 전쟁에서 전사하였다.[401] [그러나] 사신이 그가 죽지 않은 것을 알고 구해 돌아올 수 있었다. 조를 내려 부여준은 예왕부사마(澧王府司馬)로, 이참은 가왕우(嘉王友)로 삼았다.

吐蕃使論矩立藏來朝, 未出境, 吐蕃寇宥州, 與靈州兵戰定遠城, 虜不勝, 斬首二千級. 平涼鎮遏使郝玼又破虜兵二萬, 夏州節度使田縉破其衆三千, 詔留矩立藏等不遣. 劍南兵拔峨和·栖雞城. 十四年, 乃歸矩立藏等. 吐蕃節度論二摩·宰相尙塔藏·中書令尙綺心兒總兵十五萬圍鹽州, 爲飛梯·鵝車攻城, 刺史李文悅拒之, 城壞輒補, 夜襲其營, 晝出戰, 破虜萬人, 積三旬不能拔. 朔方將史敬奉以奇兵繞出虜背, 大破之, 解圍去.

토번은 논구립장(論矩立藏)[402]을 보내 내조했고, 아직 토번 사신이 국경을 나가지 못했는데, 토번이 유주(宥州)[403]를 공격하여, 영주(靈州)의 병사와 정원성(定遠城)[404]에서 싸웠는데, 오랑캐가 이기지 못하고, [당군이 토번군] 2천 급을 참수했다. 평량진(平涼鎮)의 알사(遏使) 학자(郝玼)가 또 오랑캐 병사 2만을, 하주절도사(夏州節度使) 전진(田縉)이 오랑캐 3천을 격파했으며, 이에 조정에서는 명을 내려 구립장(矩立藏) 등을 돌려보내지 않았다. 검남(劍南)의 병사가 아화(峨和)[405]와 서계성(栖雞城)[406]을 함락했다. [원화] 14년(819) 구립장(矩立藏) 등을 돌려보냈다. 토번절도(吐蕃節度) 논이마(論二摩),[407] 재상 상탑장(尙塔藏), 중서령

399) 可黎可足: 치죽데젠(khri gtsug lde brtsan, 803~841)이다. 젠뽀 치데송젠(재위 798~815)이 사망하자 그의 아들 치죽데젠이 계위했다. 랄바첸(ral pa can)이라고도 한다.

400) 扶餘準은 스스로 南夫餘(扶餘)를 자칭했던 백제 계통의 사람으로 보인다. 東明은 당이 백제 지역에 설치했던 5개 도독부 중의 하나이다.

401) 貞元 3년 平涼 會盟 때 포로가 되었다.

402) 論矩立藏: 뢴루상(blon klu bzang).

403) 宥州: 靈州城.

404) 定遠城: 寧夏城 寧夏縣 동북.

405) 峨和: 四川省 松潘縣 서남.

406) 栖雞城: 四川省 緜陽縣 부근.

(中書令) 상기심아(尙綺心兒)[408] 등이 15만의 군대를 이끌고 염주(鹽州)를 포위해 비제(飛梯)와 아차(鵝車)로 성을 공격하니 자사(刺史) 이문열(李文悅)이 이를 막았는데, 성이 무너지면 보수하고, 야간에는 적의 진영을 습격하며, 낮에는 나가 싸워 오랑캐 만 명을 격파하니 30일이 되어도 성을 함락시킬 수 없었다. 삭방장사(朔方將史) 경봉(敬奉)[409]이 기습부대를 이끌고 적의 배후를 공격하여 대파하니 적이 포위를 풀고 돌아갔다.

始, 沙州刺史周鼎爲唐固守, 贊普徙帳南山, 使尙綺心兒攻之. 鼎請救回鶻, 踰年不至, 議焚城郭, 引衆東奔, 皆以爲不可. 鼎遣都知兵馬使閻朝領壯士行視水草, 晨入謁辭行, 與鼎親吏周沙奴共射, 彀弓揖讓, 射沙奴卽死, 執鼎而縊殺之, 自領州事. 城守者八年, 出綾一端募麥一斗, 應者甚衆. 朝喜曰:「民且有食, 可以死守也.」又二歲, 糧械皆竭, 登城而譟曰:「苟毋徙佗境, 請以城降.」綺心兒許諾, 於是出降. 自攻城至是凡十一年. 贊普以綺心兒代守. 後疑朝謀變, 置毒靴中而死. 州人皆胡服臣虜, 每歲時祀父祖, 衣中國之服, 號慟而藏之.

처음에 사주자사(沙州刺史)[410] 주정(周鼎)이 당 조정을 위해 [사주를] 굳게 지켰는데, 짼뽀가 아장(牙帳)을 남산(南山)[411]으로 옮겨 상기심아(尙綺心兒)로 하여금 그것을 공격하게 했다. 주정이 회골(回鶻)에 도움을 구했으나 일 년이 지나도록 원병이 이르지 않자, 성곽을 불태우고 무리를 이끌고 동쪽으로 도망가고자 하였으나, 모두 불가하다고 했다. 이에 주정은 도지병마사(都知兵馬使) 염조(閻朝)에게 군사를 이끌고 초원의 수초를 살피게 하였는데, 새벽에 [염조가 주정을] 알현하고 하직 인사를 하는데, 주정의 근신 주사노(周沙奴)와 함께 활을 쏘기로 하고, 활을 힘껏 당긴 후 서로 겸양하다가 갑자기 주사노에게 활을 쏘니 그가 즉사하였고, 곧 주정을 잡아 목 메달아 죽게 하고 자신이 사주를 장악했다. 사주성을 지키길 8년 능(綾) 한 단(端)으로 맥(麥) 일 두(斗)를 매집하니 이에 응하는 자가 많았고, 이에 염조가

407) 論二摩: 샹하상(shang lha bzang).
408) 尙綺心兒: 샹치숨제(shang khri sum rje).
409) 史敬奉.
410) 沙州: 甘肅省 敦煌縣.
411) 南山: 甘肅과 靑海 교계 지역의 산간지방.

기뻐 말하기를, "백성에게 양식이 있으니 끝까지 성을 사수할 수 있다."라고 하였다. 또 두 해가 지나 양식과 군수품이 고갈되자 성에 올라 소리치며 말하기를, "만약 나를 다른 곳으로 유배시키지 않는다면 투항하겠습니다."하니, 상기심아(綺心兒)가 허락하고, 이에 [염조가 성에서] 나와 항복했다. 성을 공격한 이래 11년 후의 일이었다. 젠뽀는 상기심아로 하여금 사주성을 지키도록 했다. 후에 [염조는] 모반 혐의로 의심을 받았는데, 그의 장화 속에 독을 놓아 독사시켰다. 사주 사람들이 모두 오랑캐의 옷을 입고 토번의 신하가 되었으나 매년 조상에 제사를 지낼 때는 중국의 옷을 입고 대성통곡한 후에 이를 숨겼다.

穆宗卽位, 遣秘書少監田洎往告, 使者亦來. 虜引兵入屯靈武, 靈州兵擊卻之. 又犯青塞烽, 進寇涇州, 瀕水而營, 緜五十里. 始洎至牙, 虜欲會盟長武, 洎含糊應之. 至是顯言:「洎許我盟, 我是以來.」逼涇一舍止. 詔右軍中尉梁守謙爲左右神策軍 · 京西北行營都監, 發卒合八鎭兵援涇州, 貶洎郴州司戶參軍, 以太府少卿邵同持節爲和好使. 初, 夏州田縉哀沓, 党項怨之, 導虜入鈔, 郝玼與戰, 多殺其衆. 李光顏又以邠兵至, 乃引去. 復遣使者來. 南略雅州, 詔方鎭與虜接者謹備邊.

목종(穆宗, 재위: 820~824)이 즉위하고,[412] 비서소감(秘書少監) 전계(田洎)를 토번에 보내 이를 알리니, 토번의 사신이 다시 왔다. 오랑캐가 군대를 이끌고 영무(靈武)에 주둔하였고, 영주(靈州)의 병사가 이를 막았다. 또한 청새봉(青塞烽)을 침범하고 경주(涇州)로 들어와 하천을 따라 주둔하니 그 행렬이 50리에 이르렀다. 앞서 전계가 [젠뽀의] 아장에 도착했을 때 오랑캐가 장무(長武)에서 회맹하고자 하였는데, 전계는 입을 닫고 아무 대답도 하지 않았다. 이번에는 [토번측에서] 공개적으로 말하기를, "전계가 우리와 회맹할 것을 허락했다. 우리가 그래서 온 것이다." 그리고 경주(涇)와 일 사(舍)의 거리에 와서 멈춰 섰다. 우군중위(右軍中尉) 양수겸(梁守謙)을 좌우신책군(左右神策軍) 및 경서 · 북행영도감(京西北行營都監)에 임명하고, 8개 진(鎭)의 병사를 내어 경주(涇州)를 돕도록 했다. 또한 전계를 침주사호참군(郴州司戶參軍)으로 좌천시키고, 태부소경(太府少卿) 소동(邵同)을 화호사(和好使)로 삼아 토번에 파견했다. 처음에 하주(夏州) 전진(田縉)이 탐욕스러워 당항(党項)이 이를 원망하다가 토번을

412) 長慶 원년 즉, 821년.

끌어들여 약탈하게 되었다. 이에 학자(郝玼)가 맞서 싸워 많은 무리를 죽였고, 또한 이광안(李光顔)이 빈주(邠)의 병사를 이끌고 당도하니 토번이 퇴각했다. 다시 사신을 보내 왔다. 남쪽으로 아주(雅州)를 경략하고, 여러 방진(方鎭)에 조서를 내려 오랑캐와 접경한 경우 모두 삼가 변방 수비에 주의하도록 했다.

長慶元年, 聞回鶻和親, 犯清塞堡, 爲李文悅所逐. 乃遣使者尚綺力陀思來朝, 且乞盟, 詔許之. 崔植·杜元穎·王播輔政, 議欲告廟. 禮官謂:「肅宗·代宗皆嘗與吐蕃盟, 不告廟. 德宗建中之盟, 將重其約, 始詔告廟. 至會平涼, 不復告, 殺之也.」乃止. 以大理卿劉元鼎爲盟會使, 右司郎中劉師老副之, 詔宰相與尚書右僕射韓皋·御史中丞牛僧孺·吏部尚書李絳·兵部尚書蕭俛·戸部尚書楊於陵·禮部尚書韋綬·太常卿趙宗儒·司農卿裴武·京兆尹柳公綽·右金吾將軍郭鏦及吐蕃使者論訥羅盟京師西郊. 贊普以盟言約:「二國無相寇讎, 有禽生問事, 給服糧歸之.」詔可. 大臣豫盟者悉載名於策. 方盟時, 吐蕃以壯騎屯魯州, 靈州節度使李進誠與戰大石山, 破之. 虜遣使者趙國章來, 且致宰相信幣.

장경(長慶) 원년(821) 회골(回鶻)과 [당]의 화친 소식이 들리자, [토번이] 청새보(清塞堡)를 침입하였으나 이문열(李文悅)에 쫓겨갔다. 곧 사신 상기력타사(尚綺力陀思[413])를 보내 내조하였는데 다시 회맹을 청하여 이를 허락했다. [당시] 최식(崔植), 두원영(杜元穎), 왕파(王播)가 정사를 맡고 있었는데, 이들은 태묘에 [회맹의 일을] 고할 것을 논의했다. 이에 예관(禮官)이 말하기를, "숙종(肅宗)과 대종(代宗) 모두 일찍이 토번과 회맹하였는데, 태묘에 고하지 않았습니다. 덕종(德宗)의 건중(建中) 회맹은 그 약속한 내용이 중요한 것이어서 처음으로 태묘에 고했습니다. 평량(平涼) 회맹 때는 또 다시 태묘에 고하지 않았으니 이는 당시 회맹에 의미를 두지 않은 것입니다."하니, 이에 의논을 멈췄다. 대리경(大理卿) 유원정(劉元鼎)을 회맹사(盟會使), 우사랑중(右司郎中) 유사로(劉師老)를 부관으로 삼았다. 또한 조를 내려 재상과 상서우복사(尚書右僕射) 한고(韓皋), 어사중승(御史中丞) 우승유(牛僧孺), 이부상서(吏部尚書) 이강(李絳), 병부상서(兵部尚書) 소부(蕭俛), 호부상서(戸部尚書) 양어릉(楊於陵), 예

413) 尙綺力陀思: 샹치데(shang khri gdas).

부상서(禮部尙書) 위수(韋綬), 태상경(太常卿) 조종유(趙宗儒), 사농경(司農卿) 배무(裴武), 경조윤(京兆尹) 유공작(柳公綽), 우금오장군(右金吾將軍) 곽총(郭鏦) 및 토번의 사신 논눌라(論訥羅)로 하여 경사의 서쪽 교외에서 회맹하게 했다. 젠뽀는 맹약에서 말하기를, “두 나라는 서로 침범하지 않으며, 포로의 문제가 발생하면 옷과 양식을 주어 돌려보낸다.”라고 하여, 조정에서 동의했다. 회맹에 참여한 대신들의 명단은 모두 문서에 기록했다. 바야흐로 회맹을 하려고 할 때, 토번의 정예 기병이 노주(魯州)[414]에 주둔하고 있었는데, 영주절도사(靈州節度使) 이진성(李進誠)이 대석산(大石山)[415]에서 싸워 이를 격파했다. 오랑캐가 사신 조국장(趙國章)을 보내와 재상에게 서신과 폐물을 바쳤다.

明年, 請定疆候, 元鼎與論訥羅就盟其國, 敕虜大臣亦列名于策. 元鼎踰成紀·武川, 抵河廣武梁, 故時城郭未隳, 蘭州地皆杭稻, 桃李楡柳岑蔚, 戶皆唐人, 見使者麾蓋, 夾道觀. 至龍支城, 耋老千人拜且泣, 問天子安否, 言:「頃從軍沒于此, 今子孫未忍忘唐服, 朝廷尙念之乎? 兵何日來?」言己皆嗚咽. 密問之, 豐州人也. 過石堡城, 崖壁峭竪, 道回屈, 虜曰鐵刀城. 右行數十里, 土石皆赤, 虜曰赤嶺. 而信安王禕·張守珪所定封石皆仆, 獨虜所立石猶存. 赤嶺距長安三千里而羸, 蓋隴右故地也. 曰悶怛盧川, 直邏娑川之南百里, 臧河所流也. 河之西南, 地如砥, 原野秀沃, 夾河多檉柳. 山多柏, 坡皆丘墓, 旁作屋, 赬塗之, 繪白虎, 皆虜貴人有戰功者, 生衣其皮, 死以旌勇, 徇死者瘞其旁. 度悉結羅嶺, 鑿石通車, 逆金城公主道也. 至麋谷, 就館. 臧河之北川, 贊普之夏牙也. 周以槍纍, 率十步植百長槊, 中剸大幟爲三門, 相距皆百步. 甲士持門, 巫祝鳥冠虎帶擊鼓, 凡入者搜索乃進. 中有高臺, 環以寶楯, 贊普坐帳中, 以黃金飾蛟螭虎豹, 身被素褐, 結朝霞冒首, 佩金鏤劍. 鉢掣逋立于右, 宰相列臺下. 唐使者始至, 給事中論悉答熱來議盟, 大享於牙右, 飯舉酒行, 與華制略等, 樂奏 秦王破陣曲, 又奏 涼州·胡渭·錄要·雜曲, 百伎皆中國人. 盟壇廣十步, 高二尺. 使者與虜大臣十餘對位, 酋長百餘坐壇下, 上設巨榻, 鉢掣逋升, 告盟, 一

414) 魯州: 靈夏 서쪽, 河曲 일대에 해당된다.

415) 大石山: 魯州의 동남쪽.

人自旁譯授于下. 已歃血, 鉢掣逋不歃. 盟畢, 以浮屠重爲誓, 引鬱金水以飮, 與使者交慶, 乃降.

이듬해(장경 2년, 822) [토번이] 경계 획정을 요구해 유원정(元鼎)이 논눌라(論訥羅)와 함께 토번에 가서 회맹하니 토번측 대신의 명단을 열거하여 문서에 기록했다. 유원정은 성기(成紀),[416] 무천(武川)을 지나 황하의 광무량(廣武梁)에 도착했는데, 옛 성곽은 무너지지 않았고, 난주(蘭州) 땅에는 모두 메벼를 심고, 복숭아, 배, 유류(楡柳) 등이 무성하며, 백성들은 모두 당나라 사람으로 [당나라] 사신의 깃발과 당개(幢蓋)[417]를 보고 길로 몰려들어 바라보았다. 용지성(龍支城)[418]에 이르자 천여 명의 노인들이 무릎 꿇고 절하고 또 울면서 천자의 문안을 여쭙고 말하기를, "이전에 군대에 종군하여 이런 처지에 놓이니, 지금 자손들은 차마 당의 복장을 잊지 못하고 있는데, 조정은 이 사실을 알고 계신지요? 군대는 언제 옵니까?" 말을 마치고, 모두 통곡하였다. 몰래 이에 대해 물으니, [이들은] 풍주(豐州) 사람들이었다. 석보성(石堡城)을 넘는데, 그곳의 절벽이 가파르고, 길이 험하여 오랑캐는 이를 철도성(鐵刀城)[419]이라고 불렀다. 서쪽으로 수십 리 길이 이어져 있으며, 흙과 돌은 모두 붉은 색이어서 오랑캐는 이를 적령(赤嶺)이라고 불렀다. 신안왕(信安王) 의(禕), 장수규(張守珪)가 정한 경계비가 모두 땅에 쓰러져 있었고,[420] 오직 오랑캐가 세운 비석만이 온전했다. 적령에서 장안까지는 삼천 리가 좀 넘으며, 이는 농우(隴右)의 옛 땅이다. 민달로천(悶怛盧川)[421]이라고 하는 곳이 있는데, 라사천(邏娑川)[422]의 정남 백리에 위치해 있었고, 이곳은 또한 장하(臧河)[423]가 흐르는 곳이었다. 장하의 서남쪽 땅은 마치 연마한 숫돌의 고운 부분처럼 평탄했고, 들판은 비옥했으며, 하천의 양안에는 정류(檉柳) 나무가 많았다. 산에는 백(柏) 나무가 많고, 산비탈은 모두

416) 成紀: 甘肅省 天水縣.

417) 幢蓋: 양산과 유사하게 생긴 의례용 기구.

418) 龍支城: 青海省 西寧市 동남

419) 鐵刀城: 카르착제(mkhar lcags rtse).

420) 開元 17년(729)에 세운 경계비를 말하는 것이다.

421) 悶怛盧川: 멜조(mal dro) 하천으로 이 하천은 라사천 즉, 키츄(skyid chu)의 지류이다. 따라서 라사 남쪽으로 흘러 짱뽀강(gtsang po)으로 유입된다.

422) 邏娑川: 현재 라사를 흐르는 키츄(skyid chu)를 뜻한다.

423) 臧河: 짱뽀강(gtsang po). 현재 서장장족자치구를 동서로 관통하는 야루짱뽀를 뜻한다.

분묘로 가득했는데, 그 곁에는 가옥을 지어 붉은색을 칠하고 흰 호랑이를 그려두었으니 이는 모두 토번 귀족 중 전공을 세운 사람들인데, 이들은 살아서는 호피를 입고, 죽어서는 [이렇게] 용맹을 과시했으며, 순장자는 그 곁에 묻었다. 실결라령(悉結羅嶺)을 넘는데 그곳은 돌을 쫓아 차를 통하게 하였으니 이는 금성공주(金城公主)를 맞이했던 길이다. 미곡(麋谷)에 이르러 여관에 들어갔다. 장하(臧河)의 북천(北川)은 젠뽀의 여름 아장이 있는 곳이다. 창(槍)으로 목책을 삼아 주위를 두르고, 10보마다 매우 긴 삭(槊)을 세워 두었으며, 가운데에는 큰 깃발을 꽂아 세 개의 문을 만들었는데, 문 사이의 거리는 모두 백 보였다. 무장한 군졸이 문을 지켰고, 새 깃털 모자와 호피 혁대를 두른 무축(巫祝)이 북을 두드리고 있었으며, 대개 문으로 들어서는 모든 사람은 몸수색을 한 후 들어갈 수 있었다. 가운데에 높은 대(臺)가 있었고, 주변에는 보석으로 장식한 방패가 둘러져 있었으며, 젠뽀는 장막 가운데에 앉아 있었고, 장막 안에는 황금으로 장식한 교리(蛟螭), 호표(虎豹)가 놓여 있었는데, 젠뽀는 흰색 갈(褐)로 된 옷을 입고 있었고, 조하(朝霞)를 묶어 머리를 가리고, 금으로 조각한 칼을 차고 있었다. 발체포(鉢掣逋)가 오른쪽에 서 있었고, 재상들은 단상 아래 열 지어 있었다. 당의 사신이 처음 이르렀을 때, 급사중(給事中) 논실답열(論悉答熱)[424]이 와서 회맹에 대해 논의했고, 아장의 서쪽에서 크게 연회를 베풀고, 술과 음식을 대접하였는데 이는 중국의 습관과 거의 비슷했다. 「진왕파진곡(秦王破陣曲)」을 연주하고, 또 이어서 「양주(涼州)」, 「호위(胡渭)」, 「녹요(錄要)」와 그 외 여러 곡을 연주하였다. 또한 여러 기인들이 있었으니 그들은 모두 중국인이었다. 회맹단의 넓이는 10보이고, 높이는 2척이었다. 사신과 토번의 대신 10여 명이 서로 마주서고, 추장 백여 명이 회맹단 아래에 앉았다. 회맹단 위에는 큰 탑(榻)을 설치하고, 발체포가 올라 회맹을 고하니, 한 사람이 곁에서 번역하여 아래에서 전해 들었다. 삽혈(歃血)[425]을 하였으나 발체포는 삽혈하지 않았다. 회맹이 끝난 후, 불상 앞에서 다시 맹세하고 울금수(鬱金水)를 마시고 사신과 함께 서로 경하한 후 단에서 내려왔다.

元鼎還，虜元帥尚塔藏館客大夏川，集東方節度諸將百餘，置盟策臺上，徧曉之，且

424) 論悉答熱: 뢴탁셰르(blon stag bsher).

425) 歃血: 회맹할 때 희생한 동물의 피를 모아 회맹에 참여한 사람들이 돌아가며 입술에 적시는 행위를 뜻한다.

戒各保境，毋相暴犯．策署彝泰七年．尚塔藏語元鼎曰：「回鶻小國，我嘗討之，距城三日危破，會國有喪乃還，非我敵也．唐何所畏，乃厚之?」元鼎曰：「回鶻有功，且如約，未始妄以兵取尺寸地，是以厚之.」塔藏默然．元鼎踰湟水，至龍泉谷，西北望殺胡川，哥舒翰故壁多在．湟水出蒙谷，抵龍泉與河合．河之上流，繇洪濟梁西南行二千里，水益狹，春可涉，秋夏乃勝舟．其南三百里三山，中高而四下，曰紫山，直大羊同國，古所謂崑崙者也，虜曰悶摩黎山，東距長安五千里，河源其間，流澄緩下，稍合衆流，色赤，行益遠，它水并注則濁，故世擧謂西戎地曰河湟．河源東北直莫賀延磧尾殆五百里，磧廣五十里，北自沙州，西南入吐谷渾浸狹，故號磧尾．隱測其地，蓋劍南之西．元鼎所經見，大略如此．

유원정(元鼎)이 돌아올 때, 토번의 원수(元帥) 상탑장(尙塔藏)[426]이 대하천(大夏川)[427]의 숙소까지 배웅하고, 동방을 관할하는 여러 장군 백여 명을 불러, 회맹의 문서를 펼쳐 놓고, 그 내용을 두루 알리며, 또한 각기 변경 수비에 경계할 것이며, 서로 침범하지 말도록 명령했다. 회맹문에는 이태(彝泰)[428] 7년이라고 썼다. 상탑장(尙塔藏)이 유원정(元鼎)에게 말하기를, “회골(回鶻)은 작은 나라이고, 우리가 일찍이 토벌한 적이 있으며, [우리가 회골의] 도성[429]으로부터 3일 거리까지 이르러 공격하려고 할 때 국상을 만나 귀환하였으니[430] 그들은 우리의 적수가 아니다. 그런데 당은 왜 그들을 두려워하고 후하게 대하는가?”하니, 원정이 말하기를, “회골은 공이 있고 우리와 화약을 맺어 조금의 땅도 마음대로 공격하여 취하지 않았으니 이로써 후하게 대하는 것입니다.”라고 하였다. 상탑장(塔藏)이 아무 말도 하지 못했다. 유원정이 황수(湟水)를 건너고 용천곡(龍泉谷)에 이르러 서북으로 살호천(殺胡川)을 바라보니, 당초 가서한(哥舒翰)이 쌓은 방벽이 많이 남아 있었다.[431] 황수(湟水)는 몽곡(蒙谷)에서

426) 尙塔藏: 상리상(shang lha bzang).

427) 大夏川: 河州의 남쪽으로, 甘肅省 臨夏縣 동쪽에 해당된다.

428) 彝泰: 이태는 토번의 연호이며, 숄도링(*shol rdo rings*, 『唐蕃會盟碑』)에는 키탁(skyid rtag)이라고 적고 있다.

429) 위구르의 도성 카라발가순을 가리킨다.

430) 당시 토번의 젠뽀 치데송젠의 사망을 가리킨다.

431) 天寶 3년 哥舒翰이 隴右節度使로 활약하면서 이 지역의 방비를 위해 쌓은 방벽의 흔적을 이르는 말이다.

발원하여 용천(龍泉)에 이르러 황하와 만난다. 황하의 상류는 홍제량(洪濟梁)으로부터 서남쪽으로 이천 리 거리에 있고, 물길은 점점 좁아져, 봄에는 걸어서 건널 수 있고, 가을과 여름에는 배를 타고 건널 수 있다. 그 남쪽 삼백 리 지점에 3개의 산이 있는데, 가운데는 높고 사면은 낮아 이를 자산(紫山)이라고 부른다. 곧장 대양동국(大羊同國)으로 통하며 예전에 곤륜(崑崙)[432]이라고 불렀던 곳이다. 토번은 이를 민마려산(悶摩黎山)이라고 부르는데, 동쪽으로 장안과 오천 리 거리이며, [민마려산] 산중에 황하의 발원지가 있어, 푸른 물이 굽이쳐 완만히 흐르고 마침내 여러 물줄기가 모이는데, 물색은 적색으로 변하고, 멀리 흘러 갈수록 여러 물줄기가 유입되어 탁해지니 그런 까닭으로 세상 사람들이 서융(西戎)의 땅을 하황(河湟)이라고 불렀다. 황하 발원의 동북은 곧 막하연적미(莫賀延磧尾)[433]와 오백 리 거리인데, 사막의 넓이는 오십 리이며, 북쪽으로는 사주(沙州)로부터, 서남쪽으로는 토욕혼(吐谷渾)으로 들어가면서 점차 좁아들어 그런 까닭으로 적미(磧尾)라고 불렀다. 대강 그 땅의 위치를 살펴보면, 대개 검남(劍南)의 서쪽이다. 유원정이 보고 겪은 일이 대략 이와 같았다.

虜遣論悉諾息等入謝, 天子命左衛大將軍令狐通·太僕少卿杜載答之. 是歲, 尙綺心兒以兵擊回鶻·党項, 小相尙設塔率衆三萬牧馬木蘭梁. 比歲, 使者獻金盎·銀冶犀·鹿, 貢犛牛.

토번이 논실낙식(論悉諾息) 등을 보내 입조하고 사의를 표했다. 천자가 좌위대장군(左衛大將軍) 영호통(令狐通), 태복소경(太僕少卿) 두재(杜載)를 보내 이에 답했다. 그 해, 상기심아(尙綺心兒)가 병사를 이끌고 회골(回鶻), 당항(党項)을 공격하니, 소상(小相) 상설탑(尙設塔)이 무리 3만을 이끌고 목란량(木蘭梁) 부근에서 말을 방목했다. 매년 사신이 와서 금앙(金盎), 은세공한 물소, 사슴과 이우(犛牛)를 바쳤다.

---

432) 崑崙: 신강성 타림 분지 남부와 청해성 북서 경계에 동서 3천 킬로미터에 걸쳐 뻗어 있는 산맥이다.

433) 莫賀延磧尾: 莫賀延磧의 동쪽 일부 지역을 가리킨다. 막하연적은 현재 哈密와 敦煌 사이에 위치한 哈順 사막을 지칭한다. 당대에는 이곳에 磧西節度使를 두어 安西와 北庭都護府를 총괄하게 했다. 당대에는 서역을 磧西라고도 했는데 이는 막하연적의 서쪽이라는 뜻이다.

寶曆至大和，再遣使者朝．五年，維州守將悉怛謀挈城以降，劍南西川節度使李德裕受之，收符章仗鎧，更遣將虞藏儉據之．州南抵江陽岷山，西北望隴山，一面崖，三涯江，虜號無憂城，爲西南要扞．會牛僧孺當國，議還悉怛謀，歸其城．吐蕃夷誅無遺種，以怖諸戎．自是比五年虜使來，必報．所貢有玉帶·金皿·獺褐·犛牛尾·霞氈·馬·羊·橐它．

보력(寶曆, 825~826)에서 대화(大和, 827~835) 연간에 다시 사신을 파견해 내조했다. [대화] 5년(831)에 유주(維州)를 지키던 장수 실달모(悉怛謀)가 유주성과 함께 항복해, 검남서천절도사(劍南西川節度使) 이덕유(李德裕)가 이를 받아, 부장(符章), 병기, 갑옷 등을 수거하였고, 장수 우장검(虞藏儉)을 보내 이를 지키게 했다. 유주의 남쪽은 강의 북쪽[434] 민산(岷山)에 이르고, 서북은 농산(隴山)을 바라보며, 한면은 절벽이요, 삼면은 강에 면해 있어 토번이 이를 무우성(無憂城)이라고 불렀고, 서남의 요충지였다. 우승유(牛僧孺)가 집권하였을 때, 실달모(悉怛謀)를 돌려보내기로 하고, 유주성도 돌려주었다. 토번은 [실달모 및 일족을] 죽여 후손을 남기지 않았고, 이로써 모든 융적을 두려워하게 했다. 그로부터 5년 동안 매년 토번의 사자가 왔고, 그 때마다 답방하였다. 공물에는 옥대(玉帶), 금명(金皿), 달갈(獺褐), 이우(犛牛)의 꼬리, 하첩(霞氈), 말, 양, 낙타가 있었다.

贊普立幾三十年，病不事，委任大臣，故不能抗中國，邊候晏然．死，以弟達磨嗣．達磨嗜酒，好畋獵，喜內，且凶愎少恩，政益亂．開成四年，遣太子詹事李景儒往使，吐蕃以論集熱來朝，獻玉器羊馬．自是國中地震裂，水泉湧，岷山崩；洮水逆流三日，鼠食稼，人飢疫，死者相枕藉．鄯·廓間夜聞鼙鼓聲，人相驚．

젠뽀가 등극한지 거의 30년이 되었는데, 병환으로 정사를 돌보지 않고, 대신들에게 위임하니 중국에 대항할 수 없어 변경의 사정이 안정되었다. [젠뽀가] 죽고, 동생 달마(達磨)[435]가

434) 佐藤長(1973), 279쪽에서는 江陽을 지명으로 보아 四川省 瀘縣으로 보았다.
435) 達磨: 랑다르마(glang dar ma)이다. 841년 즉위했다.

계위했다.[436] 달마는 술과 사냥, 여색을 즐기고, 심성이 흉악하고 은혜를 적게 베푸니 정국이 점차 혼란해져 갔다. 개성(開成) 4년(839), 태자첨사(太子詹事) 이경유(李景儒)를 사신으로 보내니, 토번이 논집열(論集熱)을 보내 내조하고, 옥기와 양, 말을 바쳤다. 그로부터 토번에는 지진이 일어나 물이 솟아 오르고, 민산(岷山)이 붕괴되었다. 조수(洮水)가 역류하기를 삼 일, 쥐가 곡식을 먹고, 사람들은 전염병과 기아에 허덕이니, 죽은 자를 종횡으로 쌓아 올렸다. 선주(鄯)와 곽주(廓) 사이에서 밤이면 비고(鼙鼓) 치는 소리가 들려 사람들이 서로 놀랐다.

會昌二年, 贊普死, 論贊熱等來告, 天子命將作監李璟弔祠. 無子, 以妃綝兄尙延力子乞離胡爲贊普, 始三歲, 妃共治其國. 大相結都那見乞離胡不肯拜, 曰:「贊普支屬尙多, 何至立綝氏子邪?」哭而出, 用事者共殺之.

회창(會昌) 2년(842)에 젠뽀가 죽자, 논찬열(論贊熱) 등이 와서 사실을 알렸고, 천자가 장작감(將作監) 이경(李璟)에게 조문하게 했다. 젠뽀에게 아들이 없어 젠뽀의 비(妃) 침(綝)[437]의 오라비 상연력(尙延力)[438]의 아들 걸리호(乞離胡)를 젠뽀로 삼았는데, 아직 그는 3세에 불과했으므로, 왕비가 함께 국정을 다스렸다. 대상(大相) 결도나(結都那)는 걸리호(乞離胡)가 배례하지 않는 것을 보고 말하기를, "젠뽀의 친척은 많은데, 왜 하필 침씨의 아들인가?"하니, 걸리호가 울며 나갔고, 집정자들이 일제히 그를 죽였다.

別將尙恐熱爲落門川討擊使, 姓末, 名農力, 「熱」猶中國號「郞」也, 譎詭善幻, 約三部得萬騎, 擊鄯州節度使尙婢婢, 略地至渭州, 與宰相尙與思羅戰薄寒山. 思羅敗走松州, 合蘇毗・吐渾・羊同兵八萬保洮河自守, 恐熱謂蘇毗等曰:「宰相兄弟殺贊普,

436) 치죽데젠(khri gtsug lde btshan, 803~841)이 841년 신하 웨닥나첸(dba's stag rna can)에게 암살되었다. 치죽데젠을 계승한 것이 토번의 마지막 젠뽀 랑다르마(glang dar ma)이다. 그는 치죽데젠의 동생으로 우둠젠('u dum btsan)이라고 부르기도 한다. 형을 암살한 웨닥나첸에 의해 옹립되었다. 佐藤長(1963), 『史林』 1963-5號를 참조.

437) 綝: 침(mchims)으로 토번의 유력 귀족 가문이다.

438) 尙延力: 샹겔릭(shang rgyal rigs).

天神使我舉義兵誅不道，爾屬乃助逆背國耶?」蘇毘等疑而不戰，恐熱麾輕騎涉河，諸部先降，幷其衆至十餘萬，禽思羅縊殺之.

별장(別將) 상공열(尙恐熱)[439]이 낙문천(落門川)[440] 토격사(討擊使)가 되었는데, 그의 성은 말(末)[441]이며, 이름은 농력(農力)이었다. 열(熱)은 중국의 칭호 낭(郞)과 유사한데, 그는 사람을 속이고 미혹되게 하는 데에 능해서, 3부를 아울러 만 기의 병사를 얻었으며, 선주절도사(鄯州節度使) 상비비(尙婢婢)를 쳐서, 빼앗은 땅이 위주(渭州)에 이르니, 재상 상여사라(尙與思羅)와 박한산(薄寒山)[442]에서 싸웠다. 상여사라(思羅)는 패하여 송주(松州)로 도주하였고, [상공열은] 소비(蘇毘), 토욕혼(吐渾), 양동(羊同)의 병사 8만과 함께 조하(洮河)를 지키니, 상공열(恐熱)이 소비(蘇毘) 등에게 말하기를, "재상 형제가 젠뽀를 죽이니, 천신(天神)이 나로 하여금 의병을 일으켜 의롭지 못함을 주벌하라 하였는데, 그대들은 역적의 무리를 도울 것인가?" 하였는데, 소비(蘇毘) 등이 의심하여 싸우지 않자, 상공열(恐熱)이 경기(輕騎)로 하(河)[443]를 건넜고, 이에 여러 부가 먼저 항복하였고, 그 무리를 아울러 십여 만에 이르렀다. [상공열은] 상려사라(思羅)를 잡아 목매달게 하였다.

婢婢，姓沒盧，名贊心牙，羊同國人，世爲吐蕃貴相，寬厚，略通書記，不喜仕，贊普彊官之. 三年，國人以贊普立非是，皆叛去. 恐熱自號宰相，以兵二十萬擊婢婢，鼓鼙·牛馬·橐它聯千餘里，至鎭西軍，大風雷電，部將震死者十餘人，羊·馬·橐它亦數百. 恐熱惡之，按軍不進. 婢婢聞之，厚幣詒書約贚，恐熱大喜曰:「婢婢，書生，焉知軍事. 我爲贊普，當以家居宰相處之.」於是退營大夏川. 婢婢遣將厖結心·莽羅薛呂擊恐熱於河州之南，伏兵四萬，結心據山射書極罵，恐熱怒甚，盛兵出鬬. 結心

439) 尙恐熱: 論恐熱로 뢴콩셰르(blon khong bsher)를 음차한 것이다.
440) 落門川: 甘肅省 隴西縣.
441) 末: 末氏는 바(dba's) 성씨에 해당한다.
442) 薄寒山: 甘肅省 隴西縣 서남.
443) 洮河를 뜻한다.

僞北，恐熱追至數十里，莽羅薛呂以伏兵衷擊，大風雨，河溢，溺死甚衆，恐熱單騎而逃．旣不得志，尤猜忍殺戮，部將岌藏·豐贊皆降，婢婢厚遇之．明年，恐熱復攻鄯州，婢婢分兵五道拒守，恐熱保東谷山，堅壁不出．岌藏繚以重柵，斷汲道，旬日，恐熱走薄寒山，募散卒稍至，得數千人，復戰鶻雞山，再戰南谷，皆大敗．兵羿仍歲不解．

비비(婢婢)의 성은 몰로(沒廬)[444]였고, 이름은 찬심아(贊心牙)로 양동 사람이다. 대대로 토번의 재상을 배출한 가문으로, 관대하고 서적에 통달하였는데, 관리로 봉사하는 것을 좋아하지 않아, 젠뽀가 강권하여 관리로 삼았다.[445] [젠뽀 즉위 후] 3년 만에 토번 사람들이 젠뽀의 계위가 옳지 못하다고 하여 모두 반발하였다. 상공열(恐熱)은 스스로 재상을 칭하고, 병사 20만으로 비비(婢婢)를 공격하였는데, 고비(鼓鼙), 소, 말, 낙타 등이 천여 리에 걸쳐 이어졌고, 진서군(鎭西軍)에 이르러 크게 바람이 불고 뇌성 번개가 쳐 부장 십여 명이 죽고, 양, 말, 낙타 역시 수백 마리가 죽었다. 상공열(恐熱)이 이를 좋지 않게 여겨 군대를 이끌고 나아가지 않았다. 비비(婢婢)가 이것을 듣고, 대량의 폐물과 글을 보내 화의를 청하니 상공열이 기뻐하며 말하기를, "비비(婢婢)는 서생(書生)이니 어찌 군대의 일을 알겠는가? 내가 젠뽀가 된다면, 그를 가거재상(家居宰相)으로 삼을 것이다." 이 때 대하천(大夏川)으로 퇴각하여 주둔하였다. 비비(婢婢)는 장수 방결심(厖結心), 망라설려(莽羅薛呂)를 보내 상공열(恐熱)을 하주(河州)의 남쪽에서 공격하게 했는데, 4만의 군대를 매복시키고, 방결심(結心)이 산에 올라 매우 꾸짖는 글을 매달아 활을 쏘니, 상공열이 이를 보고 매우 노해, 대병을 이끌고 출전하였다. 방결심(結心)은 거짓으로 달아나는 척했고, 상공열(恐熱)은 추격하기를 수십 리, 망라설려(莽羅薛呂)가 매복한 병사로 이를 공격하였다. 이 때 큰 비바람이 몰아치고, 강물이 가득 넘치니, 익사한 자가 매우 많았고, 상공열은 단기(單騎)로 도주했다. 뜻을 이루지 못하자 더욱 잔인하고 난폭해져 마음대로 살륙하니 부장 급장(岌藏)과 풍찬(豐贊)이 모두 [비비에] 항복했다. 이에 비비(婢婢)는 이들을 후대하였다. 다음해 상공열(恐熱)이 다시 선주(鄯州)를 공격하니,

444) 沒廬: 로('bro)氏의 음차이다.

445) 佐藤長(1973), 282쪽에서는 뒤에 등장하는 3년을 앞의 문장과 연결하여, "변경에서 3년간 관료로 근무했다."로 해석하였다.

비비(婢婢)가 병사를 다섯 갈래로 나눠 방어하였는데, 상공열(恐熱)은 동곡산(東谷山)[446]에 웅거하여, 굳게 지키며 나오지 않았다. 급장(岌藏)이 여러 겹으로 목책을 둘러 싸고, 급수로를 끊어 열흘이 지나자 상공열은 박한산(薄寒山)으로 도주하였고, 다시 흩어진 병사를 모으니 수천에 이르러 다시 갈계산(鶡雞山)에서 싸웠고, 다시 남곡(南谷)[447]에서 싸웠으나 모두 크게 패했다. 여러 해 전란이 끊이지 않았다.

大中三年, 婢婢屯兵河源, 聞恐熱謀度河, 急擊之, 爲恐熱所敗. 婢婢統銳兵扼橋, 亦不勝, 焚橋而還. 恐熱間出雞頂嶺關, 馮硤爲梁攻婢婢, 至白土嶺, 敗其將尙鐸羅榻藏, 進戰犛牛硤. 婢婢將燭盧鞏力欲負硤自固以困恐熱, 大將磨離羆子不從, 乃辭疾先歸. 羆子急擊恐熱, 一戰而死. 婢婢糧盡, 引衆趨甘州西境, 以拓拔懷光居守, 恐熱麾下多歸之.

대중(大中) 3년(849) 비비(婢婢)가 하원(河源)에 주둔하였는데, 상공열(恐熱)이 하(河)를 건너고자 한다는 소식을 듣고, 급히 그를 공격하였으나 상공열에게 패했다. 비비(婢婢)는 정예부대를 이끌고 교량을 지켰으나 역시 이기지 못하여 다리를 불태우고 돌아왔다. 상공열은 좁은 길을 통해 계정령관(雞頂嶺關)으로 나와 협곡에 다리를 만들어 비비를 공격하였다.[448] 백토령(白土嶺)[449]에 이르러 [비비의] 장수 상탁라탑장(尙鐸羅榻藏)을 패퇴시키고 이우협(犛牛硤)[450]으로 들어가 싸웠다. 비비의 장수 촉로공력(燭盧鞏力)이 산협을 끼고 진지를 고수하여 상공열을 곤궁하게 만들고자 하였는데, 대장 마리비자(磨離羆子)가 따르지 않자 병이 있다고 사직하고 먼저 돌아갔다. 마리비자가 급히 상공열을 공격하였으나 그 일전으로 전사하였다. 비비는 군량이 다해 무리를 이끌고 감주(甘州) 서쪽 변경으로 향했고, 탁발회광(拓拔懷光)에게 지키게 했는데 상공열 휘하의 다수가 그에 귀부하였다.

---

446) 東谷山: 甘肅省 臨夏縣 동남.

447) 南谷: 甘肅省 渭源縣 서쪽.

448) "恐熱間出雞頂嶺關, 馮硤爲梁攻婢婢"를 佐藤長(1973), 283쪽에서는 "恐熱間出雞頂嶺, 關馮硤爲梁攻婢婢"로 끊어 읽고, 關馮硤을 지명으로 보았다.

449) 白土嶺: 靑海省 西寧 남쪽.

450) 犛牛硤: 무루이 오스(Murui usu) 또는 치추('bri chu)라고 한다.

恐熱大略鄯·廓·瓜·肅·伊·西等州，所過捕戮，積尸狼藉，麾下內怨，皆欲圖之．乃揚聲將請唐兵五十萬共定其亂，保渭州，求冊爲贊普，奉表歸唐．宣宗詔太僕卿陸躭持節慰勞，命涇原·靈武·鳳翔·邠寧·振武等兵迎援．恐熱旣至，詔尚書左丞李景讓就問所欲．恐熱倨夸自大，且求河渭節度使，帝不許．還過咸陽橋，咄歎曰:「我舉大事，覬得濟此河與唐分境.」於是復趨落門川收散卒，將寇邊，會久雨糧絕，恐熱還奔廓州．

상공열(恐熱)이 선주(鄯), 곽주(廓), 과주(瓜), 숙주(肅), 이주(伊), 서주(西) 등지를 크게 노략질하였는데, 지나가는 곳마다 포로를 삼거나 살륙하니, 시신이 어지러이 쌓여 있었고, 휘하 병사들은 안으로 원망하면서 모두 그를 제거하고자 하였다. 이 때 [상공열은] 거짓으로 장차 당의 병사 50만을 청하여 이 난을 수습할 것이라고 하고, 위주(渭州)를 점거하여 젠뽀에 책립되기를 원하여, 표문(表)을 받들어 당에 귀부하였다. 선종(宣宗)은 조를 내려 태복경(太僕卿) 육탐(陸躭)에게 부절을 가지고 가서 [상공열을] 위로하도록 하고, 경원(涇原), 영무(靈武), 봉상(鳳翔), 빈녕(邠寧), 진무(振武) 등의 병사로 하여금 [상공열을] 도와 영접하도록 했다. 상공열이 이미 도착하자 상서좌승(尚書左丞) 이경양(李景讓)에게 조를 내려 그가 원하는 것을 묻게 했다. 상공열은 매우 오만하여 하위절도사(河渭節度使)가 되고자 하였으나 황제는 허락하지 않았다. 귀환하는 길에 함양교(咸陽橋)를 지나며 탄식하며 말하기를, "내가 거사를 일으키고 오직 바란 것은 이 강을 건너 당과 경역을 나누고자 했을 뿐이다." 이에 다시 낙문천(落門川)으로 향해 흩어진 병졸을 거두어 장차 변경을 침범하려고 하였는데, 마침 오랜 비를 만나 양식이 끊겨 상공열은 곽주(廓州)로 도주하였다.

於是鳳翔節度使李玭復淸水；涇原節度使康季榮復原州，取石門等六關，得人畜幾萬；靈武節度使李欽取安樂州，詔爲威州；邠寧節度使張欽緒復蕭關；鳳翔收秦州；山南西道節度使鄭涯得扶州．鳳翔兵與吐蕃戰隴州，斬首五百級．是歲，河·隴高年千餘見闕下，天子爲御延喜樓，賜冠帶，皆爭解辮易服．因詔差賜四道兵，錄有勞者；三州七關地腴衍者，聽民墾藝，貸五歲賦；溫池委度支榷其鹽，以贍邊；四道兵能營田者爲給牛種，戍者倍其資饟，再歲一代；商賈往來於邊者，關鎭毋何留；兵欲墾田，與民同.

이때 봉상절도사(鳳翔節度使) 이빈(李玭)이 청수(清水)를 회복했다. 경원절도사(涇原節度使) 강계영(康季榮)이 원주(原州)를 회복하고, 석문(石門) 등 6개의 관(關)을 얻었으며, 사람과 가축 수만을 얻었다. 영무절도사(靈武節度使)[451] 이흠(李欽)이 안락주(安樂州)[452]를 얻으니 조를 내려 이를 위주(威州)라고 했다. 빈녕절도사(邠寧節度使) 장흠서(張欽緖)가 소관(蕭關)을 회복했다. 봉상(鳳翔)이 진주(秦州)를 아울렀다. 산남서도절도사(山南西道節度使) 정애(鄭涯)가 부주(扶州)를 얻었다. 봉상(鳳翔)의 군대가 토번과 농주(隴州)에서 싸워 오백 급을 참수했다. 그 해 하(河), 농(隴)의 고령자 천여 명이 [경사의] 궐 아래에 와서 알현하자, 천자가 연희루(延喜樓)에서 [이들을] 접견하고 관대(冠帶)를 하사하니, 모두 서로 다투어 머리를 풀고 옷을 갈아입었다.[453] [또한] 조를 내려 4도(四道)의 병사에게 차등 있게 상을 내리게 하니 공이 있는 사람은 기록해서 상을 주었다. 3주(三州) 7관(七關)의 땅[454]에서 비옥한 곳에는 백성들이 개간하도록 하고, 5년 동안 부역을 면제해 주었다. 온지(溫池)는 탁지(度支)에 위임하여 소금의 이익을 취하게 하고, 이를 변경에 공급하도록 했다. 4도(四道) 병사 중 농사를 지을 수 있는 자에게는 소와 종자를 지급하고, 변경을 수비하는 병사에게는 물자와 양식을 두 배로 지급하였다. 변경에 왕래하는 상인은 관진(關鎭)에서 마음대로 머무를 수 없으며, 병사 중에 개간하고자 하는 자는 백성과 같은 조건으로 하였다.

初，太宗平薛仁杲，得隴上地；虜李軌，得涼州；破吐谷渾・高昌，開四鎭. 玄宗繼收黃河積石・宛秀等軍，中國無斥候警者幾四十年. 輪臺・伊吾屯田，禾菽彌望. 開

451) 靈武節度使: 朔方節度使를 후에 靈武節度使라고도 하였다. 관할 지역은 朔方・振武・夏綏・邠寧・涇原・鄜坊 등지이며, 1002년 李繼遷에 의해 이 지역이 함락되면서 폐지되었다.

452) 安樂州: 寧夏省 中衛縣.

453) 解辮: 여기에서 머리를 푼다는 것은 주변 이민족의 머리 모양을 풀어헤치고 한족의 복상으로 바꾼다는 의미이다.

454) 앞서 회복한 지역을 이르는 말로, 原州, 秦州, 安樂州의 3주와 石門, 蕭關 등 7개의 관을 뜻한다.

遠門揭候署曰「西極道九千九百里」, 示戍人無萬里行也. 乾元後, 隴右·劍南西山三州七關軍鎭監牧三百所皆失之. 憲宗常覽天下圖, 見河湟舊封, 赫然思經略之, 未暇也. 至是羣臣奏言:「王者建功立業, 必有以光表於世者. 今不勤一卒, 血一刃, 而河湟自歸, 請上天子尊號.」帝曰:「憲宗嘗念河湟, 業未就而殂落. 今當逑祖宗之烈, 其議上順·憲二廟謚號, 夸顯後世.」又詔:「朕姑息民, 其山外諸州, 須後經營之.」

당초에 태종(太宗)이 설인고(薛仁杲)455)를 토벌하여 농(隴) 위쪽의 땅456)을 얻었고, 이궤(李軌)를 포로로 삼아 양주(涼州)를 얻었으며, 토욕혼(吐谷渾), 고창(高昌)을 격파하여 4진(四鎭)을 개척했다. 이어서 현종(玄宗)은 황하(黃河)의 적석(積石), 완수(宛秀) 등의 군(軍)을 아울렀으니, 중국은 40년 동안 척후나 경비를 두지 않았다. 윤대(輪臺), 이오(伊吾)에 둔전을 개간하니 화숙(禾菽)의 경작지가 넓게 펼쳐졌다. 개원문(開遠門) 위에 쓰기를 "서쪽 끝까지 길은 9천 9백 리"라고 하여, 변경을 지키는 자들에게 만 리 까지 행할 일이 없음을 보였다. 건원(乾元) 이후, 농우(隴右), 검남(劍南) 서산(西山) 3주(三州) 7관(七關)의 군진(軍鎭) 감목(監牧) 3백 곳을 모두 잃었다. 헌종(憲宗)이 항상 천하도(天下圖)를 열람하곤 했는데, 하황(河湟) 일대의 옛 영역을 보고, 성난 모양으로 이들을 경략하고자 하였으나 이를 돌볼 겨를이 없었다. 이 때 여러 신하들이 상주하여 말하기를, "왕이 된 자는 공을 세우고 업을 이뤄야 세상에 드러내 현양할 일이 있는 것입니다. 지금 한 명의 병사도 내지 않고, 피 흘리지 않으면서, 하(河), 황(湟)이 스스로 귀속된다면, 천자께 존호를 바치도록 청하겠습니다."하자, 황제가 말하기를, "헌종(憲宗)은 일찍이 하(河), 황(湟)을 걱정하셨으나 대업을 이루지 못하시고 승하하셨다. 지금 조종의 업적을 좇아 술회하는데, 그 의논이 순종과 헌종의 시호(謚號)를 논하는 데에 이르렀으니, 자랑하여 후세에 드러내게 하라"하고, 또 조를 내려 말하기를, "짐은 잠시 백성을 쉬게 할 것이니, 산외(山外)457) 여러 주(諸州)는 후에 경영할 것을 기다려라."

455) 薛仁杲: 설인고는 617년 隋 煬帝 때 아버지 薛擧와 함께 병사를 일으켜 薛擧는 스스로 西秦霸王을 칭하고 연호를 秦興이라고 했으며 뒤에 秦帝라고 했다. 隴西를 장악하고 세력을 키우던 차에 618년 唐 高祖 李淵이 나라를 세웠다. 같은 해 薛擧가 감숙성 涇州 涇川, 豳州(현재 陝西省 彬縣), 岐州(현재 陝西省 鳳翔) 일대를 장악했다. 唐 秦王 李世民에 의해 진압되었다. 薛仁杲는 淺水源에서 대패하여 투항하였고 시장에서 참수되었다.

456) 隴西를 뜻한다.

明年，沙州首領張義潮奉瓜·沙·伊·肅·甘等十一州地圖以獻．始，義潮陰結豪英歸唐，一日，衆擐甲譟州門，漢人皆助之，虜守者驚走，遂攝州事．繕甲兵，耕且戰，悉復餘州．以部校十輩皆操挺，內表其中，東北走天德城，防禦使李丕以聞．帝嘉其忠，命使者齎詔收慰，擢義潮沙州防禦使，俄號歸義軍，遂爲節度使．其後河·渭州虜將尚延心以國破亡，亦獻款．秦州刺史高駢誘降延心及渾末部萬帳，遂收二州，拜延心武衛將軍．駢收鳳林關，以延心爲河·渭等州都游弈使．

이듬해(대중 5년, 851) 사주(沙州)의 수령 장의조(張義潮)[458]가 과주(瓜), 사주(沙), 이주(伊), 숙주(肅), 감주(甘) 등 11주의 지도를 바쳤다. 당초 장의조는 몰래 영웅호걸과 결탁하여 당에 귀부하였는데, 하루는 여러 무리가 무장하고 주성의 문 앞에서 함성을 지르고 [소란을 피우자], 한인(漢人)들이 모두 이들을 도왔는데, [성문을] 수비하던 토번의 군졸이 놀라 달아났고, 드디어 사주의 일을 [장의조가] 맡아 보게 되었다. [장의조는] 무기, 군수품 등을 잘 정비하였고, 한편으로 경작하고 한편으로 싸워, 그 나머지 주(州)들도 모두 회복하였다. [또한 장의조는] 매우 빼어나고 충성스러운 부장 열 명에게 표문을 몸에 지니고 동북으로 가서 천덕성(天德城)[459]에 이르도록 했는데, 방어사(防禦使) 이비(李丕)가 [이 사실을 조정에] 알렸다. 황제는 그 충성심을 가상히 여겨, 사신에게 조서를 가지고 가서 접수하고 위로하도록 명하니, 장의조는 사주방어사(沙州防禦使)에 발탁하였고, 얼마 지나지 않아 귀의군(歸義軍)[460]이라 칭하고, 곧 절도사로 삼았다. 그 후 하주(河), 위주(渭州)의 토번 장군 상연심(尚延

457) 山外: 西山의 밖을 의미하는데, 四川省 成都 서부에 연접한 산악지대를 뜻한다. 대개 위치는 현재 四川省 松潘縣 疊溪营의 서쪽이다.

458) 張義潮: 장의조(799~872)는 沙州(甘肅省 敦煌) 사람으로 安史의 난 이후 토번에 함락된 이 지역에서 瓜州와 沙州를 회복하여 金山國을 세웠다가 848년 당조에 내조하면서 沙州防禦使에 임명되고 뒤이어 河西十一州節度管內觀察處置等使, 河西萬戶侯가 되었다.

459) 天德城: 오르도스 북쪽 황하 북안에 위치한다.

460) 歸義軍: 당말, 오대, 송초에 걸쳐 하서지역 돈황을 중심으로 토호 張議潮가 토번에 반항하여 세운 지방 정권을 말한다. 대략 848년경의 일로 처음에는 金山國이라고 했는데 당 조정에 입조하면서 절도사에 임명되었다. 914년경 曹義金이 정권을 장악하면서 11세기 중엽 회골과 서하에 차례로 점령될 때까지 대대로 그의 후손이 정권을 장악했다. 귀의군은 계속해서 당조로부터 절도사에 임명되었으나 동시에 甘州 위구르나 타림 분지에 위치한 호탄 등과도 통혼 관계를 맺어 1014년 무렵에는 스스로

心)이 자국이 패망함에 따라 역시 와서 우호관계를 맺었다. 진주자사(秦州刺史) 고병(高駢)이 상연심과 혼말부(渾末部) 만 장(帳)을 꼬드겨 항복시키니, 2주[461]를 수복하였고, 상연심은 무위장군(武衞將軍)에 임명하였다. 고병이 봉림관(鳳林關)[462]을 수복했고, 상연심을 하주, 위주 등지의 도유혁사(都游弈使)로 삼았다.

咸通二年, 義潮奉涼州來歸. 七年, 北庭回鶻僕固俊擊取西州, 收諸部. 鄯州城使張季顒與尙恐熱戰, 破之, 收器鎧以獻. 吐番餘衆犯邠·寧, 節度使薛弘宗卻之. 會僕固俊與吐蕃大戰, 斬恐熱首, 傳京師.

함통(咸通) 2년(861), 장의조(義潮)가 양주(涼州)를 봉헌하며 귀부했다. [함통] 7년(866) 북정(北庭) 회골(回鶻)의 복고준(僕固俊)이 서주(西州)[463]를 공격해서 취하고 여러 부를 수복했다. 선주성사(鄯州城使) 장계옹(張季顒)이 상공열(尙恐熱)과 싸워 이겨, 장비와 무기 등을 수거하여 바쳤다. 토번의 무리가 빈주(邠), 영주(寧)를 침입하니 절도사 설홍종(薛弘宗)이

'沙州 위구르'라고 칭하기도 했다. 1036년 탕구트(党項)가 세운 西夏에 복속되었다.

461) 二州: 여기에서 2주는 앞서 尙延心이 관할하고 있던 河州, 渭州를 뜻한다.

462) 鳳林關: 봉림관은 唐 太宗때인 637년 河州에 설치된 서북의 주요 관문이었다. 이곳은 甘肅省 臨夏縣 서쪽으로 臨夏는 大夏河 북쪽 河州에 해당한다. 현재는 臨夏回族自治州가 설립되어 있는데, 이는 과거 이 지역이 서북 상품교역의 중심지로 많은 무슬림이 거주해 왔기 때문이다. 따라서 이곳을 '작은 메카'라고 부르기도 한다. 현재 甘肅省 積石山縣(保安族東鄕族撒拉族自治縣) 安集鄕 紅路嶺村 閻王砭이라고 하는 석벽 위에 鳳林關이라는 글자가 있고 주변에 關塞의 흔적이 있는 것으로 보아 이 곳이 봉림관이었던 것으로 보이나 1958년 英雄渠를 만들면서 劉家峽 댐에 잠겨 현재는 그 모습을 찾아볼 수 없다. 이곳의 唵歌集이라는 곳은 西魏 이래 서북 물산의 집산지로 당대는 鳳林縣, 송대는 安鄕縣이 두어졌다. 부근에 위치한 고찰 炳靈寺『靈岩寺記』에는 문성공주가 이곳에서 황하를 건넜으며, 634년에서 846년까지 190여 차례에 걸쳐 당과 토번의 사신이 왕래했음이 기록되어 있어 이곳이 당과 토번 사이의 주요 교통로에 위치했음을 알 수 있다. 토번은 앞서 762년 尙野息 장군 등이 봉림관과 河州 일대를 장악한 이래 767년 위의 본문에서 보이듯이 봉림관을 경계로 국경을 삼고자 하였으나 대종은 이에 대한 답을 하지 않았다. 이후 약 10년간 매년 토번의 군대가 靈州, 邠州, 寧州, 原州 등지를 침입하고 있는 것으로 보아 토번측 제안이 수용되지 않았던 것으로 보인다. 그러나 사실상 토번은 이 지역을 계속 장악하였고, 857년 河州와 渭州를 장악하고 있던 토번의 장수 尙延心이 당조에 귀부하면서 봉림관이 수복되었다.

463) 西州: 高昌.

이를 막았다. 마침 복고준이 토번과 크게 전쟁을 벌였는데, 상공열을 참수하여 이를 경사에 보냈다.

八年, 義潮入朝, 爲右神武統軍, 賜第及田, 命族子淮深守歸義. 十三年卒. 沙州以長史曹義金領州務, 遂授歸義節度使. 後中原多故, 王命不及, 甘州爲回鶻所幷, 歸義諸城多沒.

[함통] 8년(867), 장의조가 입조하니 우신무통군(右神武統軍)에 임명하고, [경사에] 저택과 농토를 주었으며, 족자(族子) 장회심(淮深)에게 귀의군(歸義)을 지키도록 했다. [함통] 13년(872) [장의조가] 죽었다. 사주(沙州)는 장사(長史) 조의금(曹義金)[464]에게 담당하게 하였고, 곧 귀의절도사(歸義節度使)에 임명했다. 이후 중원에 많은 일이 발생하여 왕명이 이르지 못하니, 감주(甘州)는 회골에 병탐되었고, 귀의(歸義)의 모든 성도 다수 함락되었다.

渾末, 亦曰嗢末, 吐蕃奴部也. 虜法, 出師必發豪室, 皆以奴從, 平居散處耕牧. 及恐熱亂, 無所歸, 共相嘯合數千人, 以嗢末自號, 居甘·肅·瓜·沙·河·渭·岷·廓·疊·宕間, 其近蕃牙者最勇, 而馬尤良云.

혼말(渾末)은 올말(嗢末)이라고도 하는데, 토번의 노예 부락이었다. 토번의 법에 출병할 때는 반드시 호족에서 징발하도록 하였으니, 모두 노예로 종군하게 하였고, 평시에는 흩어져 살며 농사와 목축에 종사했다. 상공열의 반란을 맞아 돌아갈 곳이 없었는데 서로 불러 모으니 수천 명에 이르러, 올말(嗢末)이라고 자칭하고, 감주, 숙주, 과주, 사주, 하주(河), 위주(渭), 민주(岷), 곽주(廓), 첩주(疊), 탕주(宕) 사이에 거주하였는데 토번 아장(牙帳) 근처에 있는 자가 가장 용맹했고, [그들의] 말도 매우 우량했다.

464) 曹義金: 872년 장의조 사후 사주의 사무를 담당하였고, 곧 歸義軍節度使가 되어 沙州 일대를 통치하였다.

贊曰：唐興，四夷有弗率者，皆利兵移之，蹙其牙，犁其廷而後已．惟吐蕃·回鶻號彊雄，爲中國患最久．贊普遂盡盜河湟，薄王畿爲東境，犯京師，掠近輔，殘馘華人．謀夫虓帥，圜視共計，卒不得要領．晚節二姓自亡，而唐亦衰焉．夫外撫內寧，惟聖人不讓．玄宗有逸德，而拓地太大，務遠功，忽近虞，逆賊一奮，中原封裂，訖二百年不得復完，而至陵夷．然則內先自治，釋四夷爲外懼，守成之良資也．

찬하여 말한다. "당이 흥하여 사방의 오랑캐가 따르지 않는 자가 없었으니, 모두 군대를 내어 정벌하고, 그들의 아장(牙帳)을 짓밟았으며, 조정을 갈아엎은 후에야 그만두었다. 오직 토번, 회골만이 강성함을 떨쳐 중국의 걱정거리가 됨이 가장 오래되었다. 젠뽀는 하(河), 황(湟) 전역을 빼앗고, 경사의 근교까지 접근하여 동쪽의 국경을 삼았으며, 경사를 침범하고 주변을 약탈하면서 화인(華人)을 잔인하게 도륙했다. 지모 있는 신하와 용맹한 장수가 모여서 살피고 함께 계책을 논의했으나 문제의 핵심을 찾아내지 못했다. 뒤늦게 토번과 회골이 스스로 망했으나 당도 역시 쇄하였다. 무릇 밖으로 위무하고 안으로 편안하게 해야 한다고 했으니, 이는 오직 성인만이 양보하지 않은 일이다. 현종은 높은 덕의 소유자였으며, 너른 영토를 개척하고, 먼 곳의 공에 힘썼으나, 가까이의 근심을 홀시하여, 역적이 일어나고, 중원이 분열되어, 이백 년간 수복할 수 없었으니 쇠퇴하게 되었다. 그러므로 먼저 안으로 다스리고 나서 사방 오랑캐의 외환을 없애는 것이 이미 이룩한 성취를 지키는 좋은 계책이다."

| 참고문헌 |

二十五史, 北京: 中華書局, 1959～1977

杜佑,『通典』, 北京: 中華書局, 1988

司馬光,『資治通鑑』, 北京: 中華書局, 1956

王欽若,『冊府元龜』, 北京: 中華書局, 1960

佐藤長 譯註,「吐蕃傳(舊唐書, 新唐書)」,『騎馬民族史－正史北狄傳』, 東京: 平凡社, 1973

R. A. 슈타인 지음/ 안성두 옮김,『티벳의 문화』, 서울: 무우수, 2004

王堯/ 陳慶英 主編,『西藏歷史文化辭典』, 西藏人民出版社, 浙江人民出版社, 1998

王堯 編著,『吐蕃金石錄』, 北京: 文物出版社, 1982

王堯 陳踐 編著,『吐蕃簡牘綜錄』, 北京: 文物出版社, 1985

王堯 著,『敦煌吐蕃文書論文集』, 成都: 四川民族出版社, 1988

王堯 著,『西藏文史考信集』, 北京: 中國藏學出版社, 1994

王堯 著,『水晶寶鬘－藏學文史論集』, 北京: 中國藏學出版社, 2000

王堯 著,『西藏文史探微集』, 北京: 中國藏學出版社, 2005

楊銘 著,『吐蕃統治敦煌研究』, 臺北: 新文豊出版公司, 1997

楊富學, 楊銘 主編,『中國敦煌百年文庫』(民族卷), 甘肅文化出版社, 1999

周偉洲,『南涼與西秦』, 陝西人民出版社, 1987

加藤九祚/ 前嶋信次 編,『シルクロード事典』, 東京: 芙蓉書房, 1993

三崎良章,『五胡十六國の基礎的研究』, 東京: 汲古書院, 2006

長尾雅人 等,『チベット佛教』, 岩波講座 東洋思想 第2巻, 東京: 岩波書店, 1989

佐藤長,『古代チベット史研究』上下, 東京: 東洋史研究會, 1958～1959

佐藤長,『チベット歷史地理研究』, 東京: 岩波書店, 1978

Don Y. Lee, *The History of Early Relations between China and Tibet, From Chiu t'ang-shu, a documentary survey*, Eastern Press, Bloomington, IN, 1981

H. E. Richardson, *A Corpus of Early Tibetan Inscriptions*, Royal Asiatic Society, 1985

Jacques Bacot, Thomas, F.W., and Ch. Toussaint, *Documents de Touen-houang relatifs á l'histoire du Tibet*, Librairie Orientaliste Paul Geuthner, Paris, 1940

Karmay, H., *Early Sino-Tibetan Art*, Aris & Phillips, Warminster, 1975

Li Fang Kuei, and W. South Coblin, *A Study of the Old Tibetan Inscriptions*, Institute of Hisotry and Philology, Special Publications No.91. Taipei, Academia Sinica, 1987

Louis De La Valleé Poussin, *Catalogue of the Tibetan Manuscripts from Tun-Huang in the India Office Liberary*, Oxford University Press, 1962

Matthew T. Kapstein, *The Tibetans*, Blackwell Publishing, 2006

Thomas, F.W., *Tibetan Literary texts and documents concerning Chinese Turkestan*, Pt.1, Literary Texts. London, Royal Asiatic Society, 1935

Thomas, F.W., *Tibetan Literary texts and documents concerning Chinese Turkestan*, Pt.2, Documents. London: Luzac, 1951

Vitali, R., *Early Temples of Central Tibet*, Serindia Publications, London, 1990

Fang Kuei Li, "A Problem in the Sino-Tibetan Treaty Inscription", *Acta Orientalia Hungaricae*, 34(1-3), 1980

Karmay, H., "Tibetan Costume, Seventh to Eleventh Centuries", *Essais sur l'art du Tibet*, Maisonneuve, Paris, 1977

Laufer, "Origin of the Tibetan Writing", *Journal of the American Oriental Society*, 1918

S. W. Bushell, "The Early History of Tibet, from Chinese Sources", *Journal of the Royal Asiatic Society*, 1881

Wylie, Turrell V., "A Standard System of Tibetan Transcription," *Harvard Journal of Asiatic Studies* 22, 1959

Ymaguchi Z., "On the 'Annals' Relating to Princess Wen-cheng", *Memoires of the Research Department of the Toyo Bunko*, n.35, 1977

동북아역사 자료총서 31

譯註 中國 正史 外國傳 11
新唐書 外國傳 譯註 上

초판 1쇄 발행 2011년 5월 30일
초판 2쇄 발행 2012년 12월 12일

엮은이 동북아역사재단
펴낸이 김학준
펴낸곳 동북아역사재단

등록 제312-2004-050호(2004년 10월 18일)
주소 서울시 서대문구 통일로 81(미근동 267) 임광빌딩
전화 02-2012-6065
팩스 02-2012-6189
e-mail book@nahf.or.kr

ISBN 978-89-6187-229-4 94910